Wahl und Krönung Franz II. AD 1792
Das Heilige Reich krönt seinen letzten Kaiser - Das Tagebuch
des Reichsquartiermeisters Hieronymus Gottfried von Müller und Anlagen

Herrn Prof. Kupisch

mit herzlichen und
lieben Grüßen
von Ihrem

Christian Starkenhaus

Münster, den 21.6.95

Rechtshistorische Reihe

Herausgegeben von den Prof. Dres.,
H.-J. Becker, W. Brauneder, P. Caroni, B. Diestelkamp, G. Dilcher, F. Ebel, J. Eckert,
H. Hattenhauer, R. Hoke, D. Klippel, G. Köbler, G. Landwehr, G. Lingelbach, H. Nehlsen,
G. Otte, K.O. Scherner, H. Schlosser, W. Schubert, D. Schwab, E. Wadle, D. Willoweit

Band 130

Peter Lang

Frankfurt am Main · Berlin · Bern · New York · Paris · Wien

Christian Hattenhauer

Wahl und Krönung Franz II.
AD 1792

Das Heilige Reich krönt seinen letzten Kaiser
Das Tagebuch des Reichsquartiermeisters
Hieronymus Gottfried von Müller und Anlagen

Peter Lang
Europäischer Verlag der Wissenschaften

Die Deutsche Bibliothek - CIP-Einheitsaufnahme
Hattenhauer, Christian:

Wahl und Krönung Franz II. AD 1792 : das Heilige Reich krönt seinen letzten Kaiser ; das Tagebuch des Reichsquartiermeisters Hieronymus Gottfried von Müller und Anlagen / Christian Hattenhauer. - Frankfurt am Main ; Berlin ; Bern ; New York ; Paris ; Wien : Lang, 1995
  (Rechtshistorische Reihe ; Bd. 130)
  Zugl.: Münster (Westfalen), Univ., Diss., 1994
  ISBN 3-631-48828-9

NE: Müller, Hieronymus Gottfried von: Tagebuch; GT

Die vorliegende Arbeit
wurde von Prof. Dr. Jörn Eckert
zur Aufnahme in die Reihe empfohlen.

D 6
ISSN 0344-290X
ISBN 3-631-48828-9
© Peter Lang GmbH
Europäischer Verlag der Wissenschaften
Frankfurt am Main 1995
Alle Rechte vorbehalten.

Das Werk einschließlich aller seiner Teile ist urheberrechtlich geschützt. Jede Verwertung außerhalb der engen Grenzen des Urheberrechtsgesetzes ist ohne Zustimmung des Verlages unzulässig und strafbar. Das gilt insbesondere für Vervielfältigungen, Übersetzungen, Mikroverfilmungen und die Einspeicherung und Verarbeitung in elektronischen Systemen.

Printed in Germany 1 2 3 4 5 7

Büste Franz II. mit der Reichskrone in dem als Tempel dargestellten Heiligen Reich, dessen Säulen ("columpne proceres", Kapitel III der Goldenen Bulle) die Kurfürsten bilden. Im Vordergrund die Abbildungen der Wahlbotschafter, im Hintergrund ist Frankfurt zu erkennen (Institut für Stadtgeschichte der Stadt Frankfurt am Main).

VORWORT

Die Arbeit hat im Sommersemester 1994 der Rechts- und Staatswissenschaftlichen Fakultät der Westfälischen Wilhelms-Universität Münster als Dissertation vorgelegen.

Mein besonderer Dank gilt meinem Doktorvater Herrn Prof. Dr. Heinz Holzhauer, der mir in meiner Arbeit große Freiheit gewährte.

Zu danken ist der Konrad-Adenauer-Stiftung, die das Vorhaben mit einem Stipendium unterstützt hat, sowie der Westfälischen Wilhelms-Universität Münster für die Gewährung eines Druckkostenzuschusses. Gedankt sei auch den Mitarbeitern des Österreichischen Staatsarchivs Wien und der Universitätsbibliothek Münster, ferner allen Bibliotheken und Archiven, die mich bei der Literatur- und Quellensuche unterstützt haben. Vor allem sei Herr Dr. Roman Fischer vom Frankfurter Institut für Stadtgeschichte genannt, dessen Hilfe mir vor allem bei der Illustrierung der Arbeit von großem Wert war.

Nicht vergessen möchte ich meinen lieben Freund, Herrn Dr. Stefan Saar, der mir bei den verschiedensten Fragen kritisch und hilfreich zur Seite stand.

Münster/Westfalen, im Dezember 1994

Christian Hattenhauer

INHALTSVERZEICHNIS

Vorwort VII

Inhaltsverzeichnis IX

Abkürzungsverzeichnis XVII

Quellen- und Literaturverzeichnis XXI

Zur Einführung 1
  Situation 1792 - General Custine in Frankfurt 1 - Bedeutung von
  Wahl und Krönung für das Reich 2 - das Wahl- und Krönungs-
  tagebuch des Reichsquartiermeisters von Müller 3 - editorische
  Hinweise 5

A. Einleitung

1. Abschnitt:
Das Heilige Reich zur Zeit der Wahl und Krönung Franz II. 9

Gespräch des Reichsquartiermeisters von Müller und des Fürsten
von Sacken über die "Teutsche Staatsverfassung" 9

I. "Teutschland wird auf teutsch regiert" -
Zur Reichsverfassung 10
  Elemente der Reichsverfassung 10 - Staatsform des HRR 10 -
  negative Beurteilung des Reiches im 19. und der ersten Hälfte des
  20. Jahrhunderts 12 - Bewertungswandel in neuerer Zeit 12 -
  das Reich als Legitimität vermittelnde europäische Friedensordnung 14 - unterschiedliche Bedeutung des HRR für die großen
  und für die kleineren Reichsstände 15

II. "Ein Kern von gediegenem Werthe" - Die Reichsjustiz 19
  Reichshofrat und Reichskammergericht 19 - Neubewertung der
  Reichsgerichte 21 - Freiheitssicherung durch die Reichsjustiz 22 -
  Mandatsprozeß 24 - hohes Ansehen der Reichsgerichte im 19.
  Jahrhundert 26

III. "Die Schutzwehren sind eingerissen" - Die Bewertung der Verfassung in der Publizistik und ihre Wirkung nach 1806 28
Staatsrechtswissenschaft gegen Ende des Reiches 28 - Spott in der Literatur 29 - fehlgeschlagene Wiederbelebung des Reiches nach 1806 30

IV. "Electus Romanorum imperator semper augustus Germaniae rex" - Der Kaiser 33
erforderliche Eigenschaften des Thronkandidaten 33 - Bedeutung der Kaiserkrone für Habsburg 35 - Kaiseramt als Zuschußunternehmen 35 - kaiserliche Regierungsrechte 36 - strategischer Nutzen der Krone 39

V. Das Reich und die Französische Revolution 41
Ereignisse in Frankreich 41 - Auswirkungen der Pariser Augustbeschlüsse von 1789 auf das Reich (Elsaß) 41 - Unruhen in Deutschland und ihre Ursachen 42

VI. Warum gab es keine allgemeine deutsche Revolution? 45
Antwort des Freiherrn von Knigge: kein derart ausgeprägter Absolutismus wie in Frankreich 45 - keine Krise der Monarchie in Deutschland 45 - Mitwirkung des Bürgertums an der Regierung 46 - Zersplitterung des Reiches 47 - weder Führer noch revolutionäre Ideen 47

VII. Die Exekution gegen Lüttich - Revolutionspolitik im kleinen 50
Ereignisse in Lüttich 50 - Reichsexekution gegen Lüttich 50 - Reichskrise durch Politik Preußens in Lüttich 51 - unterschiedliche Haltung im Reich zum Geschehen in Lüttich 53

VIII. Kurswechsel in der Reichspolitik - Von Joseph zu Leopold 54
Neue Reichspolitik Österreichs unter Leopold am Beispiel Lüttich 54 - Charakter und Politik Josephs II. 54 - Charakter und Politik Leopolds II. 55 - österreichisch-preußische Verständigung 56 - Kaiserkrone bleibt bei Habsburg 57

IX. Leopolds Politik gegenüber Frankreich 59
Zivilverfassung für den Klerus verschärft den Konflikt mit dem
Reich 59 - französische Emigranten im Reich 60 - Paduaer
Rundschreiben und Pillnitzer Deklaration 62 - wachsende
Kriegsgefahr 63 - keine Kriegsbereitschaft im Reich 64 -
Tod Leopolds II. 667

X. Der Kandidat - Franz II. 67
Erziehung und Charakter Franz II. 67

2. Abschnitt:
Die Wahl und Krönung Kaiser Franz des Zweiten 71

I. Die Goldene Bulle 71
Entstehung und Regelungsgegenstand 71 - Bedeutung der
Kurfürsten 72 - Sonderweg der böhmischen Kur 74 - keine
Erwähnung der päpstlichen Mitwirkung 75

II. "... provisor ipsius imperii" - Das Reichsvikariat 77
Vikariatsübernahme 1792 77 - Reichsjustiz unter den Vikaren 78 -
der Reichstag im Vikariat 79

III. "... noch ein Thräne jenseits des Grabes" - Reichstrauer 81
Trauerveranstaltungen in Frankfurt 81

IV. "es dürfte also räthlich seyn, keine Damen mitzunehmen" -
Beschleunigung und Kostenersparnis 83
Schulden nach der Krönung von 1790 83 - Bedingungen des
Thronkandidaten Franz an die Kurfürsten 83 - unveränderte
Übernahme der Wahlkapitulation Leopolds II. 84 - Verzicht auf
Prunk 85 - Wahl oder Krönung in Regensburg oder Mainz? 86 -
Ursachen für das Festhalten an Frankfurt 88

V. Kurmainzische Wahlansage 90
bei Kurköln 90 - Abkürzung der Wahlfrist 90

**VI. "daz sol man tun ze Frankenfurt..."-
Frankfurt als Stadt der Wahl und Krönung** 92
   Entwicklung der verfassungsrechtlichen Stellung Frankfurts 92 -
   Reformation gefährdet Stellung als Wahlstadt 92 - Frankfurt löst
   Aachen als Krönungsstadt ab 94 - wirtschaftliche Bedeutung
   von Wahl und Krönung 95 - kulturelles Leben bei Wahl und
   Krönung 96

**VII. "vicemarescallus eius, puta de Papenheim" -
Der Reichserbmarschall** 98
   Entwicklung des Reichserbmarschallamtes 98 - Rechtsverlust
   und Geldmangel 100 - die Streitigkeiten mit der Stadt Frankfurt
   AD 1792 und ihr Hintergrund 102

**VIII. "Ein alle Däme durchreyßender Strohm..."
Die Vorbereitungen zu Wahl und Krönung in Frankfurt** 107
   Reichsquartier 107 - Sicherheit, Ordnung und Versorgung 110 -
   "leichte Mädchen" 112 - Glücksspiel 113 - Zensur 113 -
   Behandlung der Juden während Wahl und Krönung 114

**IX. "Französischer Freyheitssinn" - Auswirkungen der
Französischen Revolution** 116
   Militärische Disziplin der Bürger 116 - Emigrationsdekret 117 -
   revolutionäres Denken unter den Frankfurtern 118 - die
   Stimmung 1792 gegenüber 1790 118

X. Merkwürdige Harmonie - Die Wahlkonferenzen 120
   Beratungen zur Wahlkapitulation 120 - Monita Kurhannovers 122 -
   Streit um die Königstitel im Proömium 123 - neunte Kur für
   Hessen-Kassel? 125

XI. Politik außerhalb der Wahlkonferenzen 127
   zögernde Haltung der Reichsfürsten zum Krieg gegen
   Frankreich 127 - der päpstliche Nuntius Maury: Konflikt
   zwischen Rom und Reichskirche 127

XII. "Ein neuer Vater wird nun leiten..." - Die Wahl 130
   Sicherheitseid der Frankfurter Bürger 130 - Wahlakt 131 -
   Reaktionen im Reich auf die Wahl Franz II. 137

XIII

XIII. Coronatio non facit Imperatorem - Die verfassungsrechtliche Bedeutung der Wahl und ihr Verhältnis zur Beschwörung der Wahlkapitulation und zur Krönung 139
Verhältnis von Wahl und Krönung 139 - rechtliche Bedeutungslosigkeit der Krönung 140 - verfassungspolitische Bedeutung der Krönung 144 - Regierungsantritt erst nach persönlicher Beschwörung der Wahlkapitulation 144

XIV. "Daz riche" - Die Reichskleinodien 148
Verwahrungsorte der Reichskleinodien als Spiegel der Reichsgeschichte 148 - Bedeutung der Reichskleinodien bei der Krönung 1792 150

XV. Die Beschwörung der Wahlkapitulation 152
Verzicht auf den üblichen Einzug 152 - Schwur Franz II. 153 - Ende des Vikariats 154

XVI. "Accipe coronam regni!" - Die Krönung 157
Bürde des Krönungsornats für Franz 157 - Krönung Ottos I. 936 als Urform der Krönung 159

1. Der geistliche Teil der Krönung 162
Krönungsordo 162 - Revers de non praejudicando für Aachen 163 - Zug zum Dom unter Vorantragung der Reichsinsignien 163 - Eindruck bei den Zuschauern 164 - Krönungsstreit zwischen Mainz und Köln 166 - Gutachten Conrings im Krönungsstreit und Vergleichsschluß 167 - Reaktion der Protestanten auf den katholischen Ritus 169 - Skrutinium und Eid 171 - Salbung 173 - geistliche Stellung des Kaisers zwischen Klerus und Volk 175 - Investitur mit Krönungsornat und Insignienübergabe 176 - Kommunion in beiderlei Gestalt und ihre Hintergründe 181 - Thronsetzung 182 - Ritterschlag 182 - Aufnahme des Kaisers ins Aachener Marienstift 185

2. Der weltliche Teil der Krönung 189
Bedeutung des Krönungsmahls und der Erzamtsverrichtungen 189 - Zug zum Römer 189 - kurbraunschweigisches Schatzmeisteramt 191 - Preisgabe 191 - "Kannibalenballett" auf dem Römerberg: Augenzeugenberichte 192 - Ablauf des Krönungsmahls im Römer 193 - Fest des Fürsten von Eszterhàzy 195

**XVII. "... wie gute Kinder einem zärtlichen Vater nachsehen" -
Das Geschehen nach der Krönung** 198
Verzicht auf Eröffnung des Reichshofrats in Frankfurt 198 -
Übersendung der kaiserlichen Siegel für das Reichskammergericht 198 - Huldigung der Frankfurter Bürger und der Frankfurter Juden 198 - Rückkehr des Reichsquartiermeisters nach Pappenheim 201

B. Quellen

**1. Abschnitt:
Wahl- und Krönungstagebuch Kaisers Franz des Zweiten
Majestät 1792 verfaßt von Reichsquartiermeister Hieronymus
Gottfried von Müller** 203

**2. Abschnitt:
Anlagen zur Wahl und Krönung Franz II.** 361

I: Brief des Reichsvizekanzlers Franz de Paula Gundaker Fürst von Colloredo-Mannsfeld an den Kurfürsten von Mainz Friedrich Karl Joseph Freiherrn von Erthal vom 1. März 1792 -
Benachrichtigung vom Tod Leopolds II. 362

II: Frankfurter Ratserlaß vom 8. März 1792 -
Traueranstalten wegen des Todes Leopolds II. 363

III: Erstes Kurmainzer Gutachten: Mainz als Wahlort? 365

IV: Zweites Kurmainzer Gutachten: Mainz als Krönungsort? 375

V: Vortrag des österreichischen Staatskanzlers Wenzel Anton von Kaunitz an Franz vom 2. April 1792 -
Einsparungen bei der Wahl und Krönung 380

VI: Vortrag des österreichischen Staatskanzlers Wenzel Anton von Kaunitz an Franz vom 28. April 1792 -
Fortführung des Reichstags unter den Reichsvikaren 384

VII: Vollmacht des Grafen Friedrich Wilhelm von Pappenheim für den Reichsquartiermeister von Müller vom 1. Mai 1792 386

VIII: Franz an den Kurfürsten von Mainz Friedrich Karl Joseph von
Erthal vom 5. Mai 1792 - Beschleunigung der Wahl 387

IX: Aus der mainzischen Reichskanzlei vom 21. Mai 1792 -
Bemerkungen über die möglichste Beschleunigung des künftigen
Wahl- und Krönungsgeschäfts 389

X: Antwort der Stadt Frankfurt vom 30. Mai 1792 auf eine
erbmarschallische Denkschrift wegen der Jurisdiktionsstreitigkeiten 392

XI: Bedingungen der Frankfurter Hausbesitzer Heinrich Remigius und
Johann Carl Brönner hinsichtlich der Überlassung ihres Hauses an den
1. kursächsischen Wahlbotschafter vom 1. Juni 1792 399

XII: Bemerkungen des österreichischen Hofrates Baron Daiser
anläßlich der Reise Königs Franz in das Reich, Juni 1792 401

XIII: Nachrichten über ein von den Franzosen geplantes Attentat auf
Franz während des Aufenthalts in Frankfurt vom 11. Juni 1792 419

XIV: Entwurf des Salvationsdekrets vom 21. Juni 1792 421

XV: Gemeinsame Erlasse des Reicherbmarschallamts und des Frankfurter Magistrats vom 6. bzw. 21. Juni 1792 - Verbot des Glücksspiels ... 422

XVI: Summarische Note über den Vollzug des Wahlaktes
vom 23. Juni 1792 424

XVII: Frankfurter Ratserlaß vom 26. Juni 1792 -
Leistung des Sicherheitseides 429

XVIII: Frankfurter Ratserlaß vom 28. Juni 1792 -
Ausschaffung der Fremden, Verhalten der Juden 430

XIX: "Überfall" bei Herrn de la Motte wegen Verdachts des Glücksspiels, Bericht des Reichsfouriers Wasser vom 28. Juni 1792 431

XX: Kursächsische Polizei- und Taxordnung vom 30. Juni 1792 433

XXI: Denkschrift des Rats an das Reichserzmarschallamt vom 30. Juni wegen der Angelegenheit um die französischen Putzmacherinnen 446

XXII: Ein Spion in Frankfurt - Bericht des 2. kurböhmischen Wahlbotschafters Freiherrn von Bartenstein in Frankfurt an den österreichischen Hof- und Staatskanzler Fürsten von Kaunitz in Wien vom 12. Juli 1792 449

XXIII: Der Krönungsakt vom 14. Juli 1792 452

XXIV: Bittschrift der Frankfurter Juden an Franz um gleichberechtigte Teilnahme an künftigen Krönungen, ohne Datum 473

XXV: Franz II. an Kurfürsten von Mainz Friedrich Karl Joseph vom 15. Juli 1792 - Übersendung der neuen kaiserlichen Siegel zur Aushändigung an das Reichskammergericht in Wetzlar 474

XXVI: Huldigungsakt der Frankfurter Bürger am 16. Juli 1792 - beschrieben vom Reichsquartiermeister von Müller 475

XXVII: Kaiserliche Taxordnung vom 17. Juli 1792 - Bezahlung des Reichsquartiers 476

XXVIII: Brief des Reichserbmarschalls Karl von Pappenheim an den Reichsquartiermeister von Müller vom 11. August 1792 - Streitigkeit mit dem Magistrat wegen der Putzmacherinnen 479

Wort- und Sacherklärungen 483

Sachregister zum Wahl- und Krönungstagebuch 493

ABKÜRZUNGSVERZEICHNIS

aaO	am angegebenen Ort
Abb.	Abbildung
Arch. f. F. G. u. K.	Archiv für Frankfurts Geschichte und Kunst
Art.	Artikel
Aufl.	Auflage
Bd.	Band
Bde.	Bände
Bearb.	Bearbeiter
bes.	besonders
bzw.	beziehungsweise
Cap.	Caput (= Kapitel)
Diss.	Dissertation
E.	Euer
etc.	et cetera
f., ff.	folgend(e)
f.	für
Fasz.	Faszikel
Flor., fl.	Florin (= Gulden)
Fn.	Fußnote
Frhr.	Freiherr
FS	Festschrift
GB	Goldene Bulle
GiQu	Geschichte in Quellen
Hg.	Herausgeber
HHStA	Haus-, Hof- und Staatsarchiv Wien
Hist. Jb.	Historisches Jahrbuch
HRG	Handwörterbuch zur deutschen Rechtsgeschichte, hrsg. von A. Erler und E. Kaufmann, Bd. 1, Berlin 1971, Bd. 2, Berlin 1978, Bd. 3, Berlin 1984, Bd. 4, Berlin 1990, Bd. 5 im Erscheinen.
HRR	Heiliges Römisches Reich
hrsg.	herausgegeben
HZ	Historische Zeitschrift

insbes.	insbesondere
IPO	Instrumentum Pacis Osnabrugense von 1648
iur.	iuris
JA	Juristische Arbeitsblätter
JuS	Juristische Schulung
Jb. d. Hist. Ver. f. Mittelfranken	Jahrbuch des Historischen Vereins für Mittelfranken
Jg.	Jahrgang
Kap.	Kapitel
k.k.	kaiserlich-königlich
Kr., kr.	Kreuzer
LThK	Lexikon für Theologie und Kirche
m	mille (= tausend)
MEA	Mainzer Erzkanzlerarchiv
MGH	Monumenta Germaniae Historica
mhd.	mittelhochdeutsch
MIÖG	Mitteilungen des Instituts für Österreichische Geschichtsforschung
mwN	mit weiteren Nachweisen
NTStR	Neues Teutsches Staatsrecht
Nr.	Nummer
o.	oben
pp.	perge, perge (und so weiter)
Preuß. Jb.	Preußische Jahrbücher
RHRO	Reichshofratsordnung (AD 1654)
RK	Reichshofkanzlei
RKGO	Reichskammergerichtsordnung (AD 1555)
Rn	Randnummer
S.	Seite
s.	siehe
S C	sine clausula
Script. rer. Germ. in us. scholarum	Scriptores rerum Germanarum in usum scholarum

SB d. Bayer. Akademie d. Wissensch., phil.-hist. Kl.	Sitzungsberichte der Bayerischen Akademie der Wissenschaften, philosophisch-historische Klasse
sog.	sogannte(r/s)
Sp.	Spalte
Tit.	Titel
u.	und
u.	unten
u.a.	unter anderem
u.d.gl.	und dergleichen
usw.	und so weiter
v.	Vers
v.	von
vgl.	vergleiche
W.u.K.A.	Wahl- und Krönungsakten
z. B.	zum Beispiel
ZRG	Zeitschrift der Savigny-Stiftung für Rechtsgeschichte GA = Germanistische Abteilung KA = Kanonistische Abteilung

QUELLEN- UND LITERATURVERZEICHNIS

A. Ungedruckte Quellen

I. Haus-, Hof- und Staatsarchiv Wien, Reichshofkanzlei, Wahl- und Krönungsakten 1792:

1. Faszikel 100 a:
    - Vortrag des österreichischen Staatskanzlers Kaunitz an König Franz: Einsparungen bei der Wahl und Krönung (2. April)
    - Vortrag des österreichischen Staatskanzlers Kaunitz an König Franz: Vikariatsrechte hinsichtlich des Reichstags (28. April)
    - aus der mainzischen Reichskanzlei: Bemerkungen über die möglichste Beschleunigung des künftigen Wahl- und Krönungsgeschäfts (21. Mai)

2. Faszikel 100 b:
    - Wahlbedingungen des Kandidaten Franz gegenüber den Kurfürsten (ohne Datum)
    - Punktation des österreichischen Staatskanzlers Kaunitz für die kurböhmische Wahlbotschaft in Frankfurt (1. Juni)
    - Nachrichten über ein von den Franzosen geplantes Attentat auf Franz während des Aufenthalts in Frankfurt (11. Juni)
    - Ein Spion in Frankfurt; Bericht des 2. kurböhmischen Wahlbotschafters von Bartenstein in Frankfurt an den österreichischen Staatskanzler Kaunitz nach Wien (12. Juli)
    - Bitte der Frankfurter Judenschaft an Kaiser Franz II. um gleichberechtigte Teilnahme an den Krönungsfeierlichkeiten (ohne Datum)

3. Faszikel 100c:
    - Wahl- und Krönungstagebuch des reichserbmarschallischen Kanzleirats Johann Peter Körndörfer
    - Wahl- und Krönungstagebuch des Reichsquartiermeisters Hieronymus Gottfried von Müller
    - Notariatsurkunde über die Öffnung der Brieftaschen des als Spion verdächtigten Grafen von Witgenstein (11. Juli)

4. Faszikel 101 d:
    - Anlagen Nr. 1 - 60 und 61 - 122 zum Tagebuch von Müller

5. Faszikel 101 e:
   - Anlagen Nr. 123 - 196 und 197 - 250 zum Tagebuch von Müller

II. Haus-, Hof- und Staatsarchiv Wien, Mainzer Erzkanzlerarchiv, Wahl- und Krönungsakten 1792:

1. Faszikel 84:
   - Kurfürst von Sachsen an den Kurfürsten von Mainz: Einsetzung des Reichstags während des Interregnums; Beschleunigung des Wahlvorgangs (19. März)
   - Notariatsurkunde über die Wahl Franz II. (5. Juli)

2. Faszikel 85:
   - Reichsvizekanzler von Colloredo-Mannsfeld an den Kurfürsten von Mainz. Benachrichtigung vom Tod Leopolds II. (1. März)
   - König Franz an den Kurfürsten von Mainz: Beschleunigung der Wahl (5. Mai)
   - Kaiser Franz II. an den Kurfürsten von Mainz: Übersendung der neuen kaiserlichen Siegel zur Aushändigung an das Reichskammergericht in Wetzlar (15. Juli)
   - Erlasse des Frankfurter Rats, des Feueramts und des Erbmarschallamts:
     - Traueranstalten wegen des Todes Leopolds II. (8. März)
     -- Offenhaltung der Häuser zur Einquartierung der Wahlgesandtschaften etc. (15. März)
     -- Versorgung mit Lebensmitteln während der Wahl und Krönung (3. Mai)
     -- Handelsverbot für fremde Kaufleute (3. Mai)
     -- Ausschaffung von Bettlern (15. Mai)
     -- respektvolles Betragen gegen die kurfürstlichen Gesandtschaften (15. Mai)
     -- Verbot des Degen- und Stocktragens (15. Mai)
     -- Versorgung mit Lebensmitteln durch auswärtige Händler (7. Juni)
     -- Kontrolle über die Ankunft der Fremden (19. Juni)
     -- Leistung des Sicherheitseides (26. Juni)
     -- Ausschaffung der Fremden, Verhalten der Juden (28. Juni)
     -- Erlaß des Frankfurter Feueramts (5. Juni)
     -- gemeinsame Erlasse des Reichserbmarschallamts und des Rats: Verbot des Glücksspiels (6. bzw. 21. Juni)

3. Faszikel 86:
- Erstes Kurmainzer Gutachten: Mainz als Wahlort?
- Zweites Kurmainzer Gutachten: Mainz als Krönungsort?
- Benachrichtigung vom Tod Leopolds II. und Ansage zur Wahl durch Kurmainz an Kurköln (21. März)

III. Haus-, Hof- und Staatsarchiv Wien, Reichsakten in specie:

1. Faszikel 69:
- Bemerkungen bei Gelegenheit der Reise Seiner Majestät des Kaisers Franz II. in das Reich, verfaßt vom Hofrat des Staatskanzlers Baron Daiser, Wien, im Juni 1792

2. Faszikel 79:
- "Acta Ihro Röm. Kayserl. Maiestät Leopoldi II^{di} höchstseel. Absterbens und Betraurung betr., Mense Mart. 1792", aus der reichserbmarschallischen Kanzlei Regensburg

B. Gedruckte Quellen und Literatur

Agethen, Manfred und **Rödel, Walter G.:** Disskussionsbericht, in: H. Duchhardt (Hg.), Herrscherweihe und Königskrönung im frühneuzeitlichen Europa, Wiebaden 1983, S. 118 - 126.
Angenendt, Arnold: Rex et Sacerdos, Zur Genese der Königssalbung, in: N. Kamp u. J. Wollasch (Hg.), Tradition als historische Kraft, Interdisziplinäre Forschungen zur Geschichte des frühen Mittelalters, Berlin/New York 1982, S. 100 - 118.
Anonymus: Tagebuch einer Reise nach Frankfurt a. M. zur Kaiserkrönung 1792, nach einer Handschrift im Marburger Staatsarchive, mitgeteilt von C, Knetsch, in: Alt-Frankfurt, Jg. 5 (1913), S. 19 - 23 (zitiert: Anonymes Tagebuch).
von Aretin, Karl Otmar:
- Das Reich, Friedensgarantie und europäisches Gleichgewicht 1648 - 1806, Stuttgart 1992;
- Heiliges Römisches Reich 1776 - 1806, Reichsverfassung und Staatssouveränität, 2 Bde., Mainz 1967 (zitiert: HRR I bzw. II);
- Kaiser Joseph II. und die Kammergerichtsvisitation 1766 -1776, ZNR 1991, S. 129 - 144.

Augsburgische Ordinari Postzeitung:
- vom 10. Juli 1792;
- vom 11. Juli 1792;
- vom 20. Juli 1792;
- vom 24. Juli 1792.

Becker, Hans-Jürgen:
- Die Reichskirche um 1800, in: W. Brauneder (Hg.), Heiliges Römisches Reich und moderne Staatlichkeit, Frankfurt 1993, S. 147 - 159;
- "Kaiserkrönung", in: HRG, Bd. 3, Sp. 431 - 438;
- "Mehrheitsprinzip", in: HRG, Bd. 2, Sp. 555 - 561;
- "Ordines der Kaiserkrönung", in: HRG, Bd. 3, Sp. 1289 - 1291.

Becker, W.F.: Die Kaiserwahl Leopolds II. 1790, Eine Untersuchung zur Geschichte des alten Reiches und der Nachwirkungen des Fürstenbundes, Diss. Bonn 1943.

Berbig, Hans Joachim: Der Krönungsritus im alten Reich (1648 - 1806), Zeitschrift für Bayerische Landesgeschichte, Bd. 38 (1975), S. 639 - 700 (zitiert: Krönungsritus).

Berding, Helmut (Hg.): Soziale Unruhen in Deutschland während der Französischen Revolution, Geschichte und Gesellschaft Sonderheft 12, Göttingen 1988.

Berger, Erna und **Bund, Konrad (Hg.):** Wahl und Krönung Leopolds II. 1790, Brieftagebuch des Feldschers der kursächsischen Schweizergarde, Frankfurt am Main 1981.

Bibl, Viktor: Kaiser Franz, der letzte römisch-deutsche Kaiser, Leipzig/ Wien 1938.

Bidenbach, Balthasar: Bedencken vber die Frage: Ob die Christliche Chur= vnd Fürsten der Ausgburgischen Confession mit gutem Gewissen / vnd ohne Ergernüß / mögen seyn bey der Meß vnd andern Päbstlichen Ceremonien / so bey der Krönung der Röm. Königlichen Maj. zu Franckfurt gebraucht werden?, in: B. Carpzov, Commentarius in Legem Regiam Germanorum, Leipzig 1640, S. 763 - 768.

Biener, Christian Gottlob: Bestimmung der kaiserlichen Machtvollkommenheit in der teutschen Reichsregierung, Nach ihrem wahren Ursprung und Absichten aus Urkunden, Staatshandlungen und Gesetzen, Leipzig 1780.

Brand, Jürgen: Zur Rechtsfunktion des Gelages im alten Handwerk, ZRG GA Bd. 108 (1991), S. 297 - 322.

Brauneder, Wilhelm (Hg.): Heiliges Römisches Reich und moderne Staatlichkeit, Frankfurt 1993.

Browe, Peter: Zum Kommunionsempfang im Mittelalter, in: Jahrbuch für Liturgiewissenschaft, Bd. 12 (1932), S. 161 - 177 (zitiert: Kommunionsempfang).

Buder, Christian Gottlieb: Repertorium reale pragmaticum iuris publici et feudalis imperii Romano-Germanici, Jena 1751.

von Bülow, Heinrich Wilhelm: Freimüthige und erläuternde Betrachtungen über die neue kaiserliche Wahl=Capitulation und die zugleich an Kaiserliche Majestät erlassnen Churfürstliche Collegial=Schreiben, besonders die neuen Zusätze der erstern, 1791.

Buschmann, Arno:
- Kaiser und Reich, Klassische Texte und Dokumente zur Verfassung des Heiligen Römischen Reiches Deutscher Nation vom Beginn des 12. Jahrhunderts bis zum Jahr 1806, München 1984;
- Kaiser und Reichsverfassung, in: W. Brauneder (Hg.), Heiliges Römisches Reich und moderne Staatlichkeit, Frankfurt 1993, S. 41 - 66.

Carpzov, Benedikt: Commentarius in Legem Regiam Germanorum sive Capitulationem Imperatoriam Juridico-Historico-Politicus, Leipzig 1640.

von Clauer, Carl: Der Kreuzzug gegen die Franken, 1791, Auszüge in: Deutschland und die Französische Revolution 1789 - 1806, hrsg. v. Th. Stammen und F. Eberle, Darmstadt 1988, Nr. 21, S. 117 - 120.

Cocceji, Heinrich: Juris Publici Prudentia Compendio exhibita, Frankfurt/Oder 1695.

Conrad, Hermann: Deutsche Rechtsgeschichte, Bd. I, Frühzeit und Mittelalter, 2. Aufl., Karlsruhe 1962; Bd. II, Neuzeit bis 1806, Karlsruhe 1966.

Conring, Hermann: Assertio juris Moguntini in coronandis regibus Romanorum, in: Operum Tomus 1, Braunschweig 1730, S. 695 - 709 (zitiert: Assertio).

Corpus Iuris Canonici, hrsg. v. E. Friedberg, 2. Teil, 2. Aufl. Leipzig 1881, Neudruck Graz 1955.

Crankshaw, Edward: Die Habsburger, Wien/München 1981.

Diarium der Wahl und Kaiserlichen Krönung Franz des Zweiten, Frankfurt am Main 1798.

Diarium oder Tage=Buch der Wahl und Krönung Franz des Zweiten, Kaiser der Deutschen, Frankfurt am Main 1792 (zitiert: Diarium 1792).

Diarium, vollständiges, der Römisch=Königlichen Wahl und Kaiserlichen Krönung ... Leopolds des Zweiten, Frankfurt am Main, 1791.

Diestelkamp, Bernhard:
- (Hg.), Die politische Funktion des Reichskammergerichts, Quellen und Forschungen zur höchsten Gerichtsbarkeit im alten Reich, Bd. 24, Köln/Weimar/Wien/Berlin 1993;

- "Huldigung", in: HRG, Bd. 2, Sp. 262 - 265.
Dotzauer, Winfried: Die Ankunft des Herrschers, Der fürstliche "Einzug" in die Stadt (bis zum Ende des Alten Reichs), Archiv für Kulturgeschichte, Bd. 55 (1973), S. 245 - 258.
Duchhardt, Heinz:
- Et Germani eligunt et Germanus eligendus, Die Zulassung ausländischer Fürsten zum Kaiseramt im Jus Publicum des 17./18. Jahrhunderts, ZRG GA Bd. 97 (1980), S. 232 - 253;
- (Hg., zusammen mit R. A. Jackson u. D. Sturdy), European Monarchy, Stuttgart 1992;
- (Hg.), Herrscherweihe und Königskrönung im frühneuzeitlichen Europa, Wiesbaden 1983;
- Protestantisches Kaisertum und Altes Reich, Wiesbaden 1977.
Dumont, Franz: Mainz und die Französische Revolution, in: J. Voss (Hg.), Deutschland und die Französische Revolution, S. 132 - 148.
Eckert, Jörn: Johann Stephan Pütters Gutachten über die Erneuerung der kaiserlichen Wahlkapitulation, in: W. Brauneder (Hg.), Heiliges Römisches Reich und moderne Staatlichkeit, Frankfurt 1993, S. 67 - 91.
Eichmann, Eduard:
- Die Kaiserkrönung im Abendland, ein Beitrag zur Geistesgeschichte des Mittelalters, 2 Bde., Würzburg 1942 (zitiert: Kaiserkrönung I bzw. II);
- Die rechtliche und kirchenpolitische Bedeutung der Kaisersalbung im Mittelalter, in: Festschrift für Georg v. Hertling, Kempten / München 1913, S. 263 - 271;
- Königs- und Bischofsweihe, Sitzungsberichte der Bayerischen Akademie der Wissenschaften, Philosophisch-philologische und historische Klasse, Jg. 1928, 6. Abhandlung, München 1928.
Eike von Repgow: Der Sachsenspiegel
- (Landrecht), hrsg. v. Cl. Frhr. v. Schwerin, Stuttgart ohne Jahresangabe;
- hrsg. v. Chr. Zobel, Leipzig 1569.
Eisenhardt, Ulrich (Hg.): Die kaiserlichen privilegia de non appellando (Quellen und Forschungen zur höchsten Gerichtsbarkeit im alten Reich, Bd. 7), Köln 1980.
Elze, Reinhard:
- Die Ordines für die Weihe und Krönung des Kaisers und der Kaiserin (Fontes Iuris Germanici Antiqui Bd. 9), Hannover 1960;
- "Herrscherweihe", in: LThK, Bd. 5, Freiburg 1960, Sp. 279 - 281.
Erkens, Franz-Reiner: Der Erzbischof von Köln und die deutsche Königswahl, Siegburg 1987.

Erler, Adalbert:
- "Erwählter römischer Kaiser", in: HRG, Bd. 1, Sp. 1010/1011;
- "Kaiser und Reich", in: HRG, Bd. 2, Sp. 546 - 548;
- "Kurwürde", in: HRG, Bd. 2, Sp. 1314 - 1319;
- "Rechtsverweigerung", in: HRG, Bd. 4, Sp. 415 - 417;
- "Reichsapfel", in: HRG, Bd. 4, Sp. 537/538;
- "Reichsinsignien, Reichskleinodien", in: HRG, Bd. 4, Sp. 638 - 641.

Feine, Hans Erich:
- Die Besetzung der Reichsbistümer vom Westfälischen Frieden bis zur Säkularisation 1648 - 1803, Stuttgart 1921;
- Kirchliche Rechtsgeschichte, 1. Band: Die katholische Kirche, 3. Aufl., Weimar 1955;
- Zur Verfassungsentwicklung des Heiligen Römischen Reiches seit dem Westfälischen Frieden, ZRG GA Bd. 52 (1932), S. 65 ff. (zitiert: Verfassungsentwicklung).

Fillitz, Hermann: Die Insignien und Kleinodien des Heiligen Römischen Reiches, Wien 1954 (zitiert: Insignien).

Forster, Johann Georg: Werke - sämtliche Schriften, Tagebücher, Briefe, Bd. 8, Berlin 1974, Bd. 17, Berlin 1989.

Frankfurter Staats=Ristretto vom 17. Juli 1792.

Friederich, Johann Konrad: Denkwürdigkeiten oder Vierzig Jahre aus dem Leben eines Toten, genannt auch "der deutsche Casanova", 1. Band, Leipzig und Weimar 1978.

Fürst, C. G.:
- "Königskanonikat", in: HRG, Bd. 2, Sp. 1042/1043;
- "Papstwahl", in: HRG, Bd. 3, Sp. 1488 - 1494.

Gaupp, Johann Bernhard: Dissertatio politico-juridica de electione Imperatoris continens habilitatem personae eligendae, Tübingen 1712.

Gengler, Heinrich Gottfried (Hg.): Des Schwabenspiegels Landrechtsbuch, 2. Aufl., Erlangen 1875.

Goldinger, Walter: Das Zeremoniell der deutschen Königskrönung seit dem späten Mittelalter, Mitteilungen des Oberösterreichischen Landesarchivs, Bd. 5 (1957), S. 91 - 111 (zitiert: Zeremoniell).

Gönner, Nicolaus Thaddäus: Teutsches Staatsrecht, Landshut 1804.

Görres, Joseph: Rheinischer Merkur, hrsg. v. A. Duch, München 1921.

von Goethe, Johann Wolfgang: Dichtung und Wahrheit, 3. Teil, 12. Buch, Hamburger Ausgabe Bd. IX, 9. Aufl., München 1981.

von Gschließer, Oswald: Der Reichshofrat, Bedeutung und Verfassung, Schicksal und Besetzung einer obersten Reichsbehörde von 1559 bis 1806, Wien 1942.

Häberlin, Carl Friedrich:
- Pragmatische Geschichte der neuesten kaiserlichen Wahlcapitulation und der an kaiserliche Majestät erlassenen kurfürstlichen Collegialschreiben, Leipzig 1792;
- Anhang zur Pragmatischen Geschichte der Wahlcapitulation Leopolds II., welcher die Verhandlungen über die Capituation Franz' II. enthält, Leipzig 1793.

[Hamberger, Julius Wilhelm:] Merkwürdigkeiten bey der römischen Königswahl und Kaiserkrönung, Gotha 1790 (zitiert: Merkwürdigkeiten).

Härter, Karl: Reichstag und Revolution 1789 - 1806, Die Auseinandersetzungen des Immerwährenden Reichstags zu Regensburg mit den Auswirkungen der Französischen Revolution, Göttingen 1992.

Hartung, Fritz: Die Wahlkapitulationen der deutschen Kaiser und Könige, HZ 107 (1911), S. 306 - 344 (zitiert: Wahlkapitulationen).

Hattenhauer, Hans:
- Die geistesgeschichtlichen Grundlagen des deutschen Rechts, 3. Aufl., Heidelberg 1983 (zitiert: Grundlagen);
- Europäische Rechtsgeschichte, Heidelberg 1992;
- Geschichte des deutschen Beamtentums, 2. Aufl., Köln/Berlin/Bonn/München 1993;
- Hermann Conring und die deutsche Rechtsgeschichte, in: Schleswig Holsteinische Anzeigen 1969, S. 69 - 76;
- Über die Heiligkeit des Heiligen Römischen Reiches, in: W. Brauneder (Hg.), Heiliges Römisches Reich und moderne Staatlichkeit, Frankfurt 1993, S. 125 - 146;
- Zur Autorität des germanisch-mittelalterlichen Rechtes, ZRG GA Bd. 83 (1966), S. 258 - 273;
- Zur Geschichte der deutschen Rechts- und Gesetzessprache, Berichte aus den Sitzungen der Joachim Jungius-Gesellschaft der Wissenschaften e.V., Hamburg, Jg. 5 (1987), Heft 2, Hamburg 1987;
- Zur Geschichte von Konsens und Mehrheitsprinzip, in: H. Hattenhauer u. W. Kaltefleiter (Hg.), Mehrheitsprinzip, Konsens und Verfassung, Heidelberg 1986, S. 1 - 22.

Heigel, Karl Theodor:
- Deutsche Geschichte vom Tode Friedrichs des Großen bis zur Auflösung des alten Reiches, Bd. 1: Vom Tode Friedrichs des Großen bis zum Feldzug in die Champagne (1786 - 1792), Stuttgart 1899;
- (Hg.), Das Tagebuch Kaiser Karls VII. aus der Zeit des österreichischen Erbfolgekriegs, München 1883.

Heimpel, Hermann:
- Königliche Evangeliumslesung bei königlicher Krönung, in: Aus Kirche und Reich, Festschrift für F. Kempf, Sigmaringen 1983, S. 447 - 459;
- Königlicher Weihnachtsdienst im späteren Mittelalter, Deutsches Archiv zur Erforschung des Mittelalters, 39. Jg. 1993, S. 131 - 206.

Heinemeyer, Walter (Hg.): Richtlinien für die Edition landesgeschichtlicher Quellen, Marburg/Köln 1978.

Hergemöller, Bernd-Ulrich: Fürsten, Herren und Städte zu Nürnberg 1355/56, Die Entstehung der "Goldenen Bulle" Karls IV., Köln/Wien 1983.

Hermkes, Wolfgang: Das Reichsvikariat in Deutschland, Reichsvikare nach dem Tode des Kaisers von der Goldenen Bulle bis zum Ende des Reiches (Studien und Quellen zur Geschichte des deutschen Verfassungsrechts, Reihe A: Studien, Bd. 2), Karlsruhe 1968 (zitiert: Reichsvikariat).

Hertz, Friedrich: Die Rechtsprechung der höchsten Reichsgerichte im römisch-deutschen Reich und ihre politische Bedeutung, MIÖG Bd. 69 (1961), S. 331 - 358 (zitiert: Rechtsprechung).

Hinz, M.: "Mandatsprozeß", in: HRG, Bd. 3, Sp. 232 - 240.

Hofmann, Hans-Hubert (Hg.): Quellen zum Verfassungsorganismus des Heiligen Römischen Reiches Deutscher Nation 1495 - 1815, Darmstadt 1976 (zitiert: Hofmann, Nr.).

Hoke, Rudolf: Ein theologisches Gutachten von staatsrechtlicher Tragweite, in: Ex aequo et bono, Festschrift für W. M. Plöchl zum 70. Geburtstag, hrsg. v. P. Leisching, F. Pototsching und R. Potz, Innsbruck 1977, S. 107 - 115.

Holenstein, André: Die Huldigung der Untertanen, Rechtskultur und Herrschaftsordnung (800 - 1800), Stuttgart/New York 1991.

Huber, Ernst Rudolf: Deutsche Verfassungsgeschichte seit 1789, Bd. 1, Reform und Restauration, 1789 - 1830, 2. Auflage, Stuttgart 1967.

Hubmann, Franz u. **Trost, Ernst:** Das Heilige Römische Reich deutscher Nation, Wien/München/Zürich/Innsbruck 1978.

Hugelmann, Karl Gottfried: Die Wirkungen der Kaiserweihe nach dem Sachsenspiegel, ZRG KA Bd. 40 (1919), S. 1 - 62.

Jöcher, Christian Gottlieb: Allgemeines Gelehrten-Lexicon, Fortsetzungen und Ergänzungen von H. W. Rotermund, Bd. 5, 1816.

Jung, Rudolf: Ertrag eines Hauses auf dem Römerberg während der Krönung 1790, Arch. f. F. G. u. K. III, Bd. 6 (1899), S. 339 - 340.

Kantorowicz, Ernst H.: Die zwei Körper des Königs, München 1990.

Karl VII., deutscher Kaiser: Das Tagebuch Kaiser Karls VII. aus der Zeit des österreichischen Erbfolgekriegs, hrsg. v. K. Th. Heigel, München 1883.

von Khevenhüller-Metsch, Rudolf und **Schlitter, Hanns (Hg.):** Aus der Zeit Maria Theresias, Tagebuch des Fürsten Johann Josef Khevenhüller-Metsch, Bd. 1764 - 1767, Wien/Leipzig/Berlin 1917.
Kleinheyer, Gerd:
- Die Abdankung des Kaisers, in: Wege europäischer Rechtsgeschichte, Festschrift für K. Kroeschell, Frankfurt am Main/Bern/New York/Paris 1987, S. 124 - 144;
- Die kaiserliche Wahlkapitulationen, Geschichte, Wesen und Funktion (Studien und Quellen zur Geschichte des deutschen Verfassungsrechts, Reihe A: Studien, Bd. 1), Karlsruhe 1968 (zitiert: Wahlkapitulationen).
Kleinheyer, Gerd und **Schröder, Jan:** Deutsche Juristen aus fünf Jahrhunderten, 3. Aufl., Heidelberg 1989.
Klüber, Johann Ludwig: Acten des Wiener Congresses in den Jahren 1814 und 1815, Erster Band, Heft 1 - 4, Neudruck der Ausgabe 1815, Osnabrück 1966.
von Knigge, Adolph:
- Benjamin Noldmanns Geschichte der Aufklärung in Abyssinien oder Nachricht von seinem und seines Herrn Vetters Aufenthalte an dem Hofe des großen Negus, oder Priester des Johannes, Erster Theil, Göttingen 1791, als Nachdruck in: P. Raabe (Hg.), Adolph Freiherr Knigge, Sämtliche Werke, Bd. 14, Liechtenstein 1978;
- Josephs von Wurmbrand politisches Glaubenbekenntniß mit Hinsicht auf die französische Revolution und deren Folgen, Frankfurt und Leipzig 1792, als Nachdruck in: P. Raabe (Hg.), Adolph Freiherr Knigge, Sämtliche Werke, Bd. 15, Liechtenstein 1978;
- Über die Ursachen, warum wir vorerst in Teutschland wohl keine gefährliche politische Hauptrevolution zu erwarten haben (Schleswigsches Journal, Juli 1793, S. 273 - 290), in: Deutschland und die Französische Revolution 1789 - 1806, hrsg. v. Th. Stammen u. F. Eberle, Darmstadt 1988, Nr. 54, S. 254 - 262 (zitiert: Ursachen).
Kocher, Gernot: Zeichen und Symbole des Rechts, Eine historische Ikonographie, München 1992.
Köster, Albert (Hg.): Die Briefe der Frau Rath Goethe, 1. Band, Leipzig 1904.
Kraft, Wilhelm: Das Reichsmarschallamt in seiner geschichtlichen Entwicklung, Jahrbuch des historischen Vereins für Mittelfranken, 78. Bd., Ansbach 1959, S. 1 - 36, 79. Bd., Ansbach 1960/61, S. 38 - 96 (zitiert: Reichsmarschallamt).
Kramer, K.-S.: "Mahl und Trunk", in: HRG, Bd. 3, Sp. 154 - 156.

Krammer, Mario: Das Kurfürstenkolleg von seinen Anfängen bis zum Zusammenschluß im Renser Kurverein des Jahres 1338, Quellen und Studien zur Verfassungsgeschichte des Deutschen Reiches in Mittelalter und Neuzeit, Bd. V, Heft 1, Weimar 1913.
Kretschmar, Georg: Die Offenbarung des Johannes, Stuttgart 1985.
Kriegk, Georg Ludwig: Die deutsche Kaiserkrönung, Zeitschrift für deutsche Kulturgeschichte, Neue Folge, 1. Jg. (1872), S. 77 - 101 u. 133 - 160.
Kühne, Ulrich: Geschichte der böhmischen Kur in den Jahrhunderten nach der Goldenen Bulle, in: Archiv für Urkundenforschung Bd. 10 (1928), S. 1 - 110 (zitiert: Böhmische Kur).
Lammers, W.: "Reichsvikariat", in: HRG, Bd. 4, Sp. 807 - 810.
von Lang, Karl Heinrich: Die Memoiren des Karl Heinrich Ritters von Lang, Faksimile der Ausgabe 1842, Nürnberg 1984.
Latzke, Irmgard: Hofamt, Erzamt und Erbamt im mittelalterlichen deutschen Reich, Diss. phil. Frankfurt am Main 1970.
Laufs, Adolf:
- (Hg.), Die Reichskammergerichtsordnung von 1555, Köln/Wien 1976;
- "Erzämter", in; HRG, Bd. 1, Sp. 1011 - 1015;
- "Goldene Bulle", in: HRG Bd. 1, Sp. 1739 - 1746.
Laukhard, Friedrich Christian: Magister F. Ch. Laukhards Leben und Schicksale, Von ihm selbst beschrieben, Bearbeitet von V. Petersen, 2 Bde., Stuttgart 1908.
Lautermann, Wolfgang (Bearb.): Amerikanische und Französische Revolution (Geschichte in Quellen), München 1981.
Leist, Justus Christoph: Lehrbuch des teutschen Staatsrechts, 2. Aufl., Göttingen 1805.
Limnäus, Johannes:
- Capitulationes Imperatorum et Regum Romanogermanorum Caroli V., Ferdinandi I., Maximiliani II., Rudolphi II., Matthiae, Ferdinandi II., Ferdinandi III., Straßburg 1651;
- Iuris publici Imperii Romano-Germanici libri IX, liber I, Straßburg 1629.
Ludewig, Johann Peter: Vollständige Erläuterung der Güldenen Bulle, 2. Theil, Frankfurt/Main 1719.
Lüdtke, Wilhelm: Der Kampf zwischen Oesterreich und Preussen um die Vorherrschaft im "Reiche" und die Auflösung des Fürstenbundes, MIÖG 45 (1931), S. 70 - 153 (zitiert: Kampf um die Vorherrschaft).
Marx, Roland: Strasbourg, centre de la propagande révolutionnaire vers l'Allemagne, in: J. Voss (Hg.), Deutschland und die Französische Revolution, S. 16 - 25.

Masur, Gerhard: Deutsches Reich und deutsche Nation im 18. Jahrhundert, Öffentliche Antrittsvorlesung, gehalten am 22. Juli 1930 an der Friedrich-Wilhelms-Universität zu Berlin, Preuß. Jb. Bd. 229 (Juli bis September 1932), S. 1 - 23.

von Metternich, Klemens Wenzel Nepomuk Lothar: Aus Metternichs nachgelassenen Papieren, hrsg. v. R. v. Metternich-Winneburg, 1. Teil: Von der Geburt Metternichs bis zum Wiener Congreß 1773 - 1815, 1. Bd., Wien 1880.

Meinert, Hermann: Von Wahl und Krönung der deutschen Kaiser in Frankfurt am Main, Mit dem Krönungstagebuch des Kaisers Matthias aus dem Jahre 1612, Frankfurt am Main 1956.

Mirbt, Carl (Hg.): Quellen zur Geschichte des Papsttums und des römischen Katholizismus, 6. Aufl. hrsg. v. K. v. Rahner, Bd. 1, Tübingen 1967.

Mitteis, Heinrich: Die deutsche Königswahl, Ihre Rechtsgrundlagen bis zur Goldenen Bulle, 2. Aufl., Brunn/München/Wien 1944.

Mitteis, Heinrich und **Lieberich, Heinz:** Deutsche Rechtsgeschichte, 19. Aufl., München 1992.

Möller, Horst:
- Fürstenstaat oder Bürgernation, Deutschland 1763 - 1815, Berlin 1989;
- Primat der Außenpolitik: Preußen und die Französische Revolution 1789 - 1795, in: J. Voss (Hg.), Deutschland und die Französische Revolution, S. 65 - 81.

Monumenta Germaniae Historica:
- Constitutiones et Acta Publica Imperatorum et Regum, Bd. 4, Teil 1, hrsg. v. J. Schwalm, Hannover und Leipzig 1906;
- Epistolae Saeculi XIII e regestis Pontificum Romanorum, gesammelt v. G. H. Pertz, hrsg. v. K. Rodenberg, Bd. 1, Berlin 1883.

Moser, Johann Jacob:
- Neues Teutsches Staatsrecht (Neudruck Osnabrück 1967):
  Bd. 1: Von Teutschland und dessen Staats=Verfassung überhaupt, Stuttgart 1766;
  Bd. 2: Von dem Römischen Kaiser, Römischen König, und denen Reichs=Vicarien, Franckfurt am Mayn 1767 (zitiert: Von dem römischen Kayser);
  Bd. 13: Von der Teutschen Reichs=Stände Landen, deren Landständen, Unterthanen, Landes=Freyheiten, Beschwerden, Schulden und Zusammenkünften, Franckfurt und Leipzig 1769;
- Teutsches Staatsrecht:

Bd. 45: Darinn der Rest der Materie von der Reichs=Stände Comitial=Gesandten und Vertrettern enthalten ist, so dann aber ... von des Reichs=Ertz= und Erb=Marschall=Amts Verrichtungen vor und bey Reichs=Tägen ... gehandelt wird, Franckfurt und Leipzig 1751.
Mozart, Wofgang Amadeus: Briefe und Aufzeichnungen, Gesamtausgabe, Bd. 4: 1787 - 1857, gesammelt u. erläutert v. W. A. Bauer u. O. E. Deutsch, Kassel/Basel/Paris/London/New York 1963.
Neubecker, Ottfried und **Rentzmann, Wilhelm:** Wappenbilderlexikon, München 1974.
von Neurath, Johann Friedrich Albrecht Constantin: Von der Regredienterbschaft und den dabey vorkommenden Rechtsfragen in müßigen, leider! von Amtsgeschäften leeren Stunden zum Zeitvertreibe aufgesetzt von J. F. A. C: v. N...., Gießen und Darmstadt 1807.
Neusser, G.: "Fürstenbund", in: HRG, Bd. 1, Sp. 1356/1357.
Néve, Paul: Die Lütticher Revolution von 1789 vor dem Reichskammergericht, Schriftenreihe der Gesellschaft für Reichskammergerichtsforschung, Heft 8, Wetzlar 1990 (zitiert: Lütticher Revolution).
von Olenschlager, Johann Daniel: Neue Erläuterung der Guldenen Bulle Kaysers Carls des IV., Frankfurt und Leipzig 1766.
Pfeiffer, Christoph Ludwig: Die teutsche Wahl und Crönung des Kaisers und römischen Königs, Frankfurt am Mayn 1787 (zitiert: Teutsche Wahl und Crönung).
Pleticha, Heinrich: Des Reiches Glanz, Freiburg/ Basel/ Wien 1989.
Protokoll des kurfürstlichen Wahlkonvents zu Frankfurt 1792 mit allen Beilagen nach dem Originale nebst einer kurzen Geschichte dieses Wahlkonvents, Frankfurt am Main 1792 (zitiert: Protokoll).
Pütter, Johann Stephan:
- Elementa Iuris Publici Germanici, 4. Aufl., Göttingen 1766;
- Historische Entwickelung der heutigen Staatsverfassung des Teutschen Reichs, Zweyter Theil, Göttingen 1786, Dritter und letzter Theil, Göttingen 1787;
- Institutiones iuris publici Germanici, 5. Aufl., Göttingen 1792 (zitiert: Institutiones);
- Selbstbiographie, Göttingen 1798.
Ramjoué, Fritz: Die Eigentumsverhältnisse an den drei Aachener Reichskleinodien, Diss. iur. Köln 1967, Stuttgart 1968.
von Ranke, Leopold: Über die Trennung und die Einheit von Deutschland, in: Sämtliche Werke, Bd. 49/50, Leipzig 1887.
von Raumer, Karl: Ewiger Friede, Friedensrufe und Friedenspläne seit der Renaissance, Freiburg/München 1953.

Reichard, Heinrich August Ottokar: Seine Selbstbiographie, hrsg. v. H. Uhde, Stuttgart 1877.
Reichardt, Rolf: Deutsche Volksbewegungen im Zeichen des Pariser Bastillesturms, in H. Berding (Hg.), Soziale Unruhen in Deutschland während der Französischen Revolution, Geschichte und Gesellschaft Sonderheft 12, Göttingen 1988, S. 10 ff.
Reuter-Pettenberg, Helga: Bedeutungswandel der Römischen Königskrönung in der Neuzeit, Diss. phil. Köln 1963 (zitiert: Bedeutungswandel).
Rieger, Fritz: Die Altarsetzung der deutschen Könige nach der Wahl, Diss. phil. Berlin 1885 (zitiert: Altarsetzung).
Riesbeck, Johann Kaspar: Briefe eines reisenden Franzosen über Deutschland an seinen Bruder in Paris, hrsg. v. G. A. Narciss, Stuttgart 1967.
Roeck, Bernd: Reichssystem und Reichsherkommen, Die Diskussion über die Staatlichkeit des Reiches in der politischen Publizistik des 17. und 18. Jahrhunderts, Stuttgart 1984.
Roellecke, Gerd: Kalte Verachtung und obszöner Respekt, Politische Layouts nach 1806 und nach 1945, Rechtshistorisches Journal 7 (1988), S. 401 - 411.
Römer-Büchner, Benedikt Jakob: Die Wahl und Krönung der deutschen Kaiser zu Frankfurt am Main, Frankfurt am Main 1858 (zitiert: Wahl und Krönung).
von Rotteck, Carl und **Welcker, Carl Theodor (Hg.):** Staats-Lexikon oder Encyklopädie der Staatswissenschaften, 13. Bd., Altona 1842.
Schembs, Hans-Otto: Wahl und Krönung der deutschen Könige und Kaiser in Frankfurt am Main, Velbert-Neviges 1987 (zitiert: Wahl und Krönung).
Schlecht, Joseph: Das geheime Dispensbreve Pius IV. für die römische Königskrönung Maximilians II., Hist. Jb. Bd. 14 (1893), S. 1 - 38 (zitiert: Geheimes Dispensbreve).
von Schlözer, August Ludwig: Stats=Anzeigen, Bd. 16 1791, Göttingen 1791.
Schmauß, Johann Jacob:
- Compendium iuris publici S. R. I., 4. Aufl., Göttingen 1766;
- Corpus iuris publici S. R. Imperii academicum, enthaltend des Heil. Röm. Reichs deutscher Nation Grund=Gesetze..., hrsg. v. G. Schumann u. H. G. Franken, Leipzig 1794 (Neudruck 1973).
Schmid, Peter: "Marschall", in: HRG, Bd. 3, Sp. 348 - 353.
Schneidmüller, B.: "Salbung", in: HRG, Bd. 4, Sp. 1268 - 1273.
Schomann, Heinz: Kaiserkrönung, Wahl und Krönung in Frankfurt nach den Bildern der Festbücher, Dortmund 1982.

Schramm, Carl Christian: Neues Europäisches Reise-Lexicon, Leipzig 1744, Neudruck Heidelberg 1984.
Schramm, Percy Ernst:
- Die Krönung in Deutschland bis zum Beginn des Salischen Hauses (1028), ZRG KA Bd. 55 (1935), S. 184 - 232 (zitiert: Krönung bis zum Salischen Haus);
- Herrschaftszeichen und Staatssymbolik, Bd. 1, Stuttgart 1954;
- Sphaira, Globus, Reichsapfel, Stuttgart 1958 (zitiert: Sphaira).
Schramm, Percy Ernst und **Fillitz, Hermann:** Denkmale der deutschen Könige und Kaiser, Bd. 2, Ein Beitrag zur Herrschergeschichte von Rudolf I. bis Maximilian I., 1273 - 1519, München 1978.
Schroeder, Klaus-Peter: Die Nürnberger Reichskleinodien in Wien, ZRG GA Bd. 108 (1991), S. 323 - 346 (zitiert: Nürnberger Reichskleinodien).
Schubert, Ernst: König und Reich, Studien zur spätmittelalterlichen Verfassungsgeschichte, Göttingen 1979.
Schulte, Aloys: Die Kaiser- und Königskrönungen zu Aachen 813 - 1531, in: Rheinische Neujahrsblätter, Heft 3, Bonn und Leipzig 1924 (zitiert: Aachener Krönungen).
Schütz, Dieter: Die Beteiligten an der Kaiserwahl nach dem Sachsenspiegel, JA 1993, S. 203 - 211.
Schweder, Gabriel: Introductio in jus publicum Imperii Romano-Germanici novissimum, 4. Aufl., Tübingen 1696.
von Schwerin, Claudius (Hg.): Sachsenspiegel (Landrecht), Ausgabe nach dem Vulgatext in mitteldeutscher Mundart, wie ihn die in der Bibliothek des Stifts Merseburg liegende Handschrift bietet, Stuttgart [1974].
Sellert, Wolfgang:
- "Nichtigkeitsklage, Nichtigkeitsbeschwerde", in: HRG, Bd. 3, Sp. 974 - 978;
- Zur rechtshistorischen Bedeutung der Krönung und des Streites um das Krönungsrecht zwischen Mainz und Köln, in: H. Duchhhardt (Hg.), Herrscherweihe und Königskrönung im frühneuzeitlichen Europa, Wiebaden 1983, S. 21 - 32 (zitiert: Rechtshistorische Bedeutung der Krönung).
Sieber, Siegfried: Volksbelustigungen bei deutschen Kaiserkrönungen, Arch. f. F. G. u. K. III, Bd. 11 (1913), S. 1 - 116 (zitiert: Volksbelustigungen).
Smend, Rudolf: Das Reichskammergericht, Erster [und einziger] Teil: Geschichte und Verfassung (Quellen und Studien zur Verfassungsgeschichte des Deutschen Reiches in Mittelalter und Neuzeit, Bd. IV, Heft 3), Weimar 1911.

Sperling, Eva: Studien zur Geschichte der Kaiserkrönung und -Weihe, Diss. phil. Freiburg 1918.
Staats, Reinhart:
- Die Reichskrone, Göttingen 1991;
- Theologie der Reichskrone, Stuttgart 1976.

vom Stein, Karl: Briefe und amtliche Schriften, Bd. 4: Preußens Erhebung, Stein als Chef der Zentralverwaltung, Napoleons Sturz (Januar 1813 - Juni 1814), neu bearbeitet v. W. Hubatsch, Stuttgart 1963.

Stoll, Adolf: Der junge Savigny, Kinderjahre, Marburger und Landshuter Zeit Friedrich Karl von Savignys, Berlin 1927.

Stolleis, Michael: Geschichte des öffentlichen Rechts in Deutschland, Bd. 1, Reichspublizistik und Policeywissenschaft 1600 - 1800, München 1988.

Strothotte, Heinz: Die Exekution gegen Lüttich 1789 - 1792, Ein Beitrag zur Geschichte des heiligen Römischen Reiches deutscher Nation, Diss. phil. Bonn 1936.

Struve, Burkhard Gotthelf: Corpus Iuris Publici Imperii nostri Romano-Germanici, 3. Aufl., Jena 1738.

Stutz, Ulrich: Der Erzbischof von Mainz und die deutsche Königswahl, Weimar 1910 (zitiert: Der Erzbischof von Mainz).

Trusen, Winfried: Kurmainz und das Einberufungsrecht zur deutschen Königswahl seit der Goldenen Bulle, in: Festschrift für J. Bärmann, Teil 2, Wiesbaden 1967, S. 127 - 152.

Uhlhorn, Manfred: Der Mandatsprozeß sine clausula des Reichshofrats (Quellen und Forschungen zur höchsten Gerichtsbarkeit im alten Reich, Bd. 22), Diss. iur. Göttingen 1989, Köln/Weimar 1990.

Vierhaus, Rudolf: "Sie und nicht wir" - Deutsche Urteile über den Ausbruch der Französischen Revolution, in: J. Voss (Hg.), Deutschland und die Französische Revolution, München 1983, S. 1 - 15.

von Vivenot, Alfred: Quellen zur Geschichte der deutschen Kaiserpolitik Österreichs während der französischen Revolutionskriege 1790 - 1801:
 Bd. 1: Die Politik des österreichischen Staatskanzlers Fürsten von Kaunitz-Rietberg unter Kaiser Leopold II. bis zur französischen Kriegserklärung (Jänner 1790 - April 1792), Wien 1874 (zitiert: Vivenot I);
 Bd. 2: Die Politik des österreichischen Vice-Staatskanzlers Grafen Philipp von Cobenzl unter Kaiser Franz II. von der französischen Kriegserklärung und dem Rücktritt des Fürsten Kaunitz bis zur zweiten Teilung Polens (April 1792 - März 1793), Wien 1874 (zitiert: Vivenot II).

Voltelini, Hans: Eine Denkschrift des Grafen Johann Anton Pergen über die Bedeutung der römischen Kaiserkrone für das Haus Österreich, in: Gesamt-

deutsche Vergangenheit, Festgabe für H. Ritter v. Srbik, München 1938, S. 152 - 168.
Voss, Jürgen (Hg.): Deutschland und die Französische Revolution, München 1983.
Voß, Christian Daniel: Über die Schicksale der deutschen Reichsverfassung, Leipzig 1802.
Wagner, Wolfgang (Hg.): Das Staatsrecht des Heiligen Römischen Reichs deutscher Nation, Eine Darstellung der Reichsverfassung gegen Ende des 18. Jahrhunderts nach einer Handschrift der Wiener Nationalbibliothek (Studien und Quellen zur Geschichte des deutschen Verfassungsrechts, Reihe B: Quellen, Bd. 1), Karlsruhe 1968 (zitiert: Das Staatsrecht des HRR).
Wallner, Günter: Der Krönungsstreit zwischen Kurköln und Kurmainz, Diss. iur. Mainz 1967 (zitiert: Krönungsstreit).
Walter, Gero: Der Zusammenbruch des heiligen Römischen Reichs deutscher Nation und die Problematik seiner Restauration in den Jahren 1814/15 (Studien und Quellen zur Geschichte des deutschen Verfassungsrechts, Reihe A: Studien, Bd. 12), Heidelberg/Karlsruhe 1980 (zitiert: Zusammenbruch).
Wandruszka, Adam:
- Leopold II., Erzherzog von Österreich, Großherzog von Toskana, König von Ungarn und Böhmen, Römischer Kaiser, Bd. 2: 1780 - 1792, Wien/München 1965;
- Die Persönlichkeit Kaiser Leopolds II., HZ Bd. 192 (1961), S. 295 ff.
Weinrich, Lorenz (Hg.): Quellen zur Verfassungsgeschichte des römisch-deutschen Reichs im Spätmittelalter (1250 - 1500), Darmstadt 1983 (zitiert: Weinrich, Nr..).
Weitzel, Jürgen: Das Reichskammergericht und der Schutz von Freiheitsrechten seit der Mitte des 18. Jahrhunderts, in: B. Diestelkamp (Hg.), Die politische Funktion des Reichskammergerichts (Quellen und Forschungen zur höchsten Gerichtsbarkeit im alten Reich, Bd. 24), Köln/Weimar/Wien 1993, S. 157 - 180.
Widukind von Korvei: Die Sachsengeschichte, hrsg. v. P. Hirsch, 5. Aufl., Hannover 1935.
Wieland, Christoph Martin: Betrachtungen über die gegenwärtige Lage des Vaterlandes, in: Sämtliche Werke Bd. 31, Leipzig 1840.
Wiener Zeitung vom 28. Juli 1792.
Willoweit, Dietmar: Deutsche Verfassungsgeschichte, Vom Frankenreich bis zur Teilung Deutschlands, 2. Auflage, München 1992.
Wolf, Armin: Ein "Comic" für den Kaiser, in: H. Duchhardt, R.A. Jackson, D. Sturdy (Hg.), European Monarchy, Stuttgart 1992, S. 185 - 193.

Wolter, Udo: Der Immerwährende Reichstag zu Regensburg (1663 - 1806), JuS 1984, S. 837 - 841.
von Wurzbach, Constant: Biographisches Lexikon des Kaiserthums Osterreich, 21. Theil, Wien 1870.
Zeumer, Karl: Die Goldene Bulle Kaiser Karls IV., 1. Teil: Entstehung und Bedeutung der Goldenen Bulle (Quellen und Studien zur Verfassungsgeschichte des Deutschen Reiches in Mittelalter und Neuzeit, Bd. 2, Heft 1), Weimar 1908.
Ziegler, Walter:
- Franz II. 1792 - 1806, in: A. Schindling/W. Ziegler (Hg.), Die Kaiser der Neuzeit 1519 - 1918, Heiliges Römisches Reich, Österreich, Deutschland, München 1990 S. 288 - 306;
- Kaiser Franz II. (I.), Person und Wirkung, in: W. Brauneder (Hg.), Heiliges Römisches Reich und moderne Staatlichkeit, Frankfurt 1993, S. 9 - 27.
Zobel, Christoff (Hg.): Sachsenspiegell, Leipzig 1569.

C. Tonträger

Mozart, Wolfgang Amadeus, Salieri, Antonio: Missa Solemnis, Te Deum, Krönungsgottesdienst für Leopold II. in Prag, September 1791, Rekonstruktion des Musikprogramms, R. Ziesak, E. v. Magnus, H. Wildhaber, G. Hornik, Wiener Akademie, Martin Haselböck, CD Nr. 150 087-2, bei: Novalis 1992.

Zur Einführung

"Cüstine stattete nun auch in eigener Person der Reichsstadt Frankfurt einen Besuch ab. Den 21. Oktober [1792] kam er mit seinem Generalstab und dem Doktor Böhmer in die Stadt geritten und hielt vor der Hauptwache, vor welcher sich eine Menge Volkes versammelt hatte, den Wundermann zu sehen, vor dem sich die Tore der ersten deutschen Festungen wie durch einen Zauberschlag öffneten. Der Feldherr fragte den Haufen: "Habt ihr den deutschen Kaiser gesehen?" und erwiderte auf das "Ja", das ihm mehrere Stimmen zuriefen: "Wohlan, ihr werdet keinen mehr sehen!" Und hierin hatte er recht. In Mainz hatte man ähnliche Anreden mit donnerndem Applaus und lautem Jubel begrüßt, hier aber blieb das Volk mäuschenstill."[1]

Laut waren die Frankfurter vor eben erst drei Monaten gewesen, als das Heilige Römische Reich deutscher Nation am 14. Juli 1792 in ihren Mauern mit Franz II. seinen letzten Kaiser unter Vivatrufen gekrönt hatte. Und wie hatte sich seitdem das Blatt gewendet! Damals im Sommer war man, irregeführt durch die französischen Emigranten, von einem militärischen Spaziergang, einer "Strafexpedition" der alliierten Österreicher und Preußen gegen die "Revolutionshorden" ausgegangen. Dann aber hatten die militärisch kaum gedrillten und schlecht ausgerüsteten, aber begeistert und tapfer kämpfenden Franzosen, verbündet mit Regen und Ruhr, am 20. September 1792 bei Valmy (Champagne) nicht nur nicht geschlagen werden können, sondern im Gegenschlag Verdun zurückerobert und unter ihrem General, dem Grafen Adam Philippe Custine, Speyer, Mainz und Frankfurt genommen. Während die Mainzer um den Freiheitsbaum tanzten, saß der Schock in der alten Reichsstadt tief, zu frisch war die Erinnerung an den Wahl- und Krönungstag. Und Custine hatte recht, Franz sollte der letzte Kaiser des Heiligen Reiches in der Nachfolge Karls des Großen sein.

Wie im Protest gegen die neuen Ideen jenseits des Rheines war Franz nach den mittelalterlichen Vorschriften über Wahl (Goldene Bulle Karls IV. von 1356) und Krönung (Krönungsordo von 1309) am 14. Juli, dem dritten Jahrestag des Sturmes auf die Bastille, Kaiser geworden, hatte die Reichskrone vom Mainzer Erzbischof empfangen, während der Pariser Pöbel drei Wochen zuvor Ludwig XVI. die Jakobinermütze aufgezwungen hatte. Wie zum Trotz waren im Frankfurter Dom die geistlichen Krönungsweisen erschollen, während die französische Rheinarmee bereits die Marseillaise als blutrünstigen Kampfgesang anstimmte. Stärker hätte der Gegensatz zwischen der neuen und der alten Ordnung, die unter dem französischen Sturm wie ein Karten-

---

1 Johann Konrad Friederich, Denkwürdigkeiten. Bd. 1, S. 82. Friederich (1789 - 1858) war gebürtiger Frankfurter und diente als deutscher Offizier unter Napoleon.

haus zusammenbrechen sollte, nicht sein können. An eine Spielkarte hatte sich auch der Gothaer Schriftsteller Reichard beim Anblick des jungen Franz im Krönungsornat erinnert gefühlt und im Pöbelgeraufe auf dem Römerplatz "ein treues Abbild des alten deutschen Reiches" erblickt, "das durch Hader, Zwietracht und Mißgunst seine Glieder endlich in Trümmer sank: magni nominis umbra!"[2]

Das Reich in seinen letzten Jahren - in Frankfurt wurde es lebendig. Der führende Verfassungsrechtler seiner Zeit, der Göttinger Professor Johann Stephan Pütter, nennt neben Wien, Regensburg und Wetzlar, Wirkungsstätten von Kaiser und Reichshofrat, Reichstag und Reichskammergericht, gerade die alte Reichsstadt am Main, wo bei Wahl und Krönung "die wichtigsten Auftritte zu erwarten sind, die bey unserer Reichsverfassung noch vorkommen können."[3] Bei Wahl und Krönung trafen sich die führenden Staatsmänner des Reiches, dort wurden in wenigen Monaten dringende Reichsangelegenheiten erledigt, für die der Reichstag mit seinem ausgeklügelten, aber auch schwerfälligen Abstimmungsverfahren Jahre gebraucht hätte.

In Frankfurt sah das ganze Reich sein Oberhaupt, das sonst im fernen Wien residierte, in Frankfurt stellte man mit Krönungsornat und Reichsinsignien vor aller Augen die Verbindung zu Karl dem Großen her. Wenn auch kritisch-spöttische Beobachter wie der Ritter von Lang im "Fastnachtspiel einer solchen in ihren zerrissenen Fetzen prangenden Kaiserkrönung das treue Bild der eiskalt erstarrten und kindisch gewordenen alten deutschen Reichsverfassung"[4] sahen, wenn auch den kaiserlichen Herrschaften der Sinn der Krone verschlossen blieb und sie diese als "Narrenhäubl"[5] bezeichneten: Wahl und Krönung in Frankfurt hielten das auseinanderstrebende Reich zusammen, in einem Nationalfest der Deutschen - der Preußen, Österreicher, Kurtrierer, Pappenheimer oder Lübecker, die doch alle Untertanen eines Kaisers waren und unter einer gemeinsamen Friedensordnung lebten, die jedem sein Recht garantierte. Dieses komplizierte Garantiesystem der Reichsverfassung war schon für die Zeitgenossen schwer durchschaubar, so daß die symbolischen Zeremonien zu Frankfurt das "durch so viele Pergamente, Papiere und Bücher beinah verschüttete Deutsche Reich wieder für einen Augenblick leben-

---

[2] Selbstbiographie, S. 275 bzw. S. 274.
[3] Historische Entwickelung der heutigen Staatsverfassung des Teutschen Reichs, S. 246.
[4] Memoiren, S. 212.
[5] So Maria Theresia: Fillitz, Die Insignien des Heiligen Römischen Reiches, S. 44.

dig darstellten".⁶ Sogar der später wild agitierende Mainzer Jakobiner Johann Georg Forster erblickte in der "Wahl und Krönung des Deutschen Reichsoberhaupts eine der wichtigsten Angelegenheiten für unser Vaterland", nachdem er vorher festgestellt hat, daß der "steife, Byzantinische Pomp" der Krönungsfeier als "Erinnerung an das Entstehen der Deutschen Reichsverfassung", deren Vorteile er nicht verkennt, "mit guten Gründen gerechtfertigt werden kann".⁷

Wegen finanzieller und zeitlicher Zwänge war im Jahr 1792 die Durchführung von Wahl und Krönung nach den althergebrachten Regeln alles andere als selbstverständlich, hatte man doch erst vor anderthalb Jahren mit großem Pomp und ungeheuren Kosten Leopold II. zum Kaiser gekrönt. Die Schulden aus dieser Selbstdarstellung des Reichs waren noch nicht bezahlt. Bei Leopolds plötzlichem Tod war die außenpolitische Situation zum Zerreißen gespannt, der Krieg mit Frankreich unvermeidlich. Fast wäre die Tradition dem Zwang, Kosten und Zeit zu sparen, zum Opfer gefallen. Doch nach einigem Hin und Her hielt man an ihr fest, wie um zu zeigen, daß man von den Freiheits- und Gleichheitskrakelern jenseits des Rheines nicht zu beeindrucken war.

Wahlen und Krönungen sind immer auf besonderes Interesse der Zeitgenossen⁸ und der Allgemein-, Rechts- und Kunstgeschichte gestoßen.⁹ Die ungewöhnliche Situation des Jahres 1792 macht die letzte Wahl und Krönung des Heiligen Römischen Reiches aber besonders auffällig. Trotzdem liegen zur Wahl und Krönung Franz II. - im Gegensatz zur Wahl Leopolds II. 1790¹⁰

---

⁶   J.W. Goethe, Dichtung und Wahrheit, 1. Teil, 5. Buch, S. 183, in: Werke, Bd. IX.
⁷   Forster, Sämtl. Werke, Bd. 8, S. 292 f.
⁸   Bekannt sind vor allem die ehrfurchts- und verständnisvolle Schilderung der Wahl und Krönung Josephs II. 1764 durch Goethe, Dichtung und Wahrheit, 1. Teil, 5. Buch, S. 178 -209, Werke, Bd. IX, und die völlig gegensätzliche durch den Ritter von Lang, der als Gentilhomme des Erbtruchseß 1790 in Frankfurt war, Memoiren, S. 205 - 214. Vgl. die Nachweise bei H. Reuter-Pettenberg, Bedeutungswandel der Römischen Königskrönung in der Neuzeit, S. 129 - 135.
⁹   Vgl. in letzter Zeit den amüsanten Beitrag von A. Wolf, Ein "Comic" für den Kaiser, in: H. Duchhardt, R.A. Jackson, D. Sturdy (Hg.), European Monarchy, Stuttgart 1992, S. 185 - 193.
¹⁰   W.F. Becker, Die Kaiserwahl Leopolds II. 1790, Eine Untersuchung zur Geschichte des alten Reiches und der Nachwirkungen des Fürstenbundes, Diss. Bonn 1943; Berger, E. und Bund, K. (Hg.), Wahl und Krönung Leopolds II. 1790 - Brieftagebuch des Feldschers der kursächsischen Schweizergarde, Frankfurt am Main 1981.

und zur Niederlegung der Kaiserkrone durch Franz im Jahr 1806[11]- noch kaum Forschungen vor.[12] Ein besonderer Glücksumstand gibt Gelegenheit, die Frankfurter Ereignisse des Jahres 1792 aus einer anderen Perspektive nachzuerleben, als dies die anläßlich jeder Wahl und Krönung publizierten halbamtlichen Diarien[13] erlauben. Unter dem Titel "Wahl und Crönungs Tagbuch Kaysers Franz des Zweyten Mayestät 1792", verfaßt vom Reichsquartiermeister Hieronymus Gottfried von Müller[14] existiert in Wien eine Quelle von erstrangiger Bedeutung. Als Reichsquartiermeister vertrat von Müller den Reichserbmarschall von Pappenheim, den Erbbeamten des Erzmarschalls von Sachsen. In die Hände des Erbmarschalls war der technische und organisatorische Ablauf der Frankfurter Reichszusammenkunft gelegt. Von Müller (1734-1807) war ein erfahrener Jurist von 58 Jahren, versah in Pappenheim die Ämter eines gräflich-pappenheimischen Regierungsdirektors, Konsistorialpräsidenten und Lehnprobstes und seit 1791 beim Reichstag in Regensburg das des Reichsquartiermeisters.[15] Einige Zeit nach der Wahl und Krönung in Frankfurt fertigte von Müller aus seinen Aufzeichnungen ein handschriftliches Tagebuch von 362 Seiten an, dem er vier Bände[16] mit Korrespondenz,

---

[11] Vgl. nur G. Walter, Der Zusammenbruch des Heiligen Römischen Reiches deutscher Nation und die Problematik seiner Restauration in den Jahren 1814/1815, Diss. iur. Bonn 1979, Heidelberg/Karlsruhe 1980; G. Kleinheyer, Die Abdankung des Kaisers, in: Wege europäischer Rechtsgeschichte, Festschrift für K. Kroeschell, Frankfurt am Main/Bern/New York/Paris 1987, S. 124 - 144.

[12] Ende des Jahres 1993 ist unter dem Titel "Heiliges Römisches Reich und moderne Staatlichkeit" (herausgegeben von W. Brauneder) ein Sammelband mit Referaten erschienen, die aus Anlaß der 200. Wiederkehr der Wahl und Krönung Franz II. im Rahmen eines Symposiums im Dezember 1992 in Wien gehalten worden sind.

[13] Zur Wahl und Krönung Franz II. sind zwei Diarien erschienen: Das "Diarium oder Tage=Buch der Wahl und Krönung Franz des Zweiten, Kaiser der Deutschen", Frankfurt 1792, beschreibt die einzelnen Vorgänge des Wahl- und Krönungsgeschehens nach Art der früheren Wahl- und Krönungsdiarien. Das "Diarium der Wahl und Kaiserlichen Krönung Franz des Zweiten", das erst 1798 in Frankfurt erschien, ist kein Diarium im herkömmlichen Sinne, sondern hat allgemein die Reichsgeschichte aus der Sicht des Jahres 1798 zum Gegenstand. Ein Verzeichnis sämtlicher Diarien und der übrigen anläßlich einer Krönung erschienenen Literatur von 1562 bis 1792 bei Reuter-Pettenberg, Bedeutungswandel der Römischen Königskrönung in der Neuzeit, S. 145 ff.

[14] Haus-, Hof- und Staatsarchiv Wien, Reichshofkanzlei, Wahl-und Krönungsakten, Faszikel 100 c, 101 d und 101 e.

[15] Diese Informationen sind C. G. Jöchers Allgemeinen Gelehrten-Lexicon, Fortsetzungen und Ergänzungen von H. W. Rotermund, Bd. 5, 1816, zu entnehmen, was dem Umstand zu verdanken ist, daß von Müller literarisch hervorgetreten war, u.a. mit einem "Unterricht, wie sich lebendig Begrabene gar leicht wieder aus Sarg und Grabe helfen, und ganz bequem heraus können", ein Werk, das ein Jahr nach seinem Erscheinen bereits die zweite Auflage (Leipzig 1790) erlebte.

[16] HHStA, Reichshofkanzlei, Wahl- und Krönungsakten, Faszikel 101 d, 101 e.

Fourierlisten, Rechnungen, Ratserlassen etc. beifügte. Mit der Niederschrift der Geschehnisse legte der Reichsquartiermeister in erster Linie Rechenschaft über seine Tätigkeit ab, wollte damit aber auch einem Nachfolger Informationen und Ratschläge für die Amtsverrichtung geben. Er zog immer wieder die Tagebücher seiner Amtsvorgänger zu Rate, da er zum ersten Mal sein Frankfurter Amt versah. Angesichts der überragenden Bedeutung des Gewohnheitsrechts (Herkommen, Observanz) im Reichsrecht war es außerdem wichtig, in Hinsicht auf spätere Wahlen und Krönungen die Ereignisse festzuhalten, damit nicht etwa aus bloß behaupteten einmaligen Zugeständnissen des Reichsquartiermeisters an einen Reichsstand für die Zukunft Rechte hergeleitet werden konnten.

Anders als die Wahl- und Krönungsdiarien und die bei derartigen Ereignissen mitgeteilten zahlreichen Augenzeugenberichte erlauben die Aufzeichnungen von Müllers einen Blick hinter die "Kulissen" des "Reichstheaters", machen ein Stück Reichsverwaltung in den letzten Jahren des Heiligen Reichs sichtbar. Doch ist das Tagebuch nicht etwa ein trockener Aktenvorgang. Von Müller war als deutscher Fürstendiener ganz Kind seiner Zeit. Er beschreibt in flüssig zu lesendem Stil mit für den heutigen Leser zum Teil amüsanten Formulierungen nicht nur die Hauptereignisse wie Wahl, Beschwörung der Wahlkapitulation und Krönung. In seinen Aufzeichnungen begegnet der gesamte Alltag eines Reichsquartiermeisters, der mit seinen persönlichen Eindrücken und Erfahrungen nicht zurückhält. Neben seinen ständigen Klagen über Arbeitsüberlastung steht der Bericht über seinen Zusammenstoß mit dem ersten kursächsischen Wahlbotschafter von Schönberg, der ihn wenig vornehm beschimpfte,[17] und über seine Nöte bei der Beschwörung der Wahlkapitulation durch Franz, als er nicht genau wußte, ob er beim Auszug aus dem Dom am richtigen Ausgang stand, wobei ihm "sehr warm" wurde.[18]

Die Edition des Tagebuchs folgt den "Richtlinien für die äußere Textgestaltung bei Herausgabe von Quellen zur neueren deutschen Geschichte" von Johannes Schultze aus dem Jahr 1930.[19] Nach diesen Grundsätzen wurde der Text in Rechtschreibung und Zeichensetzung modernisiert, wobei vor allem bei der Zeichensetzung Kompromisse wegen des zum Teil altertümlichen Satzbaus unumgänglich waren. Abkürzungen wurden aufgelöst, die häufig

---

[17] Tagebuch, S. 203 f. der Handschrift.
[18] Tagebuch, S. 130 ff. (135) der Handschrift.
[19] Erstmals veröffentlicht 1962 in den Blättern für deutsche Landesgeschichte (98. Jg.), S. 1 - 11, und 1978 in den "Richtlinien für die Edition landesgeschichtlicher Quellen" von Walter Heinemeyer, S. 25 - 36.

von Satz zu Satz wechselnde Schreibweise einzelner Wörter (z.B. "Kor" und "Chor") vereinheitlicht. Verständlichkeit und bequemer Textzugang wurden der, in philologischer Hinsicht sicherlich reizvollen, buchstabengetreuen Übertragung des Textes vorgezogen Im Original wird am Rand des ohne Absätze fortlaufenden Textes der Inhalt der nebenstehenden Passagen in abgesetztem Schrifttyp mitgeteilt. Diese Randanmerkungen sind aus Raumgründen als fettgedruckte Zwischenüberschriften in den Text eingefügt worden, der dabei in Absätze eingeteilt wurde. Überschneidungen dieser Überschriften mit dem Text wurden dabei bewußt in Kauf genommen, um die Funktion der ursprünglichen Randanmerkungen zu erhalten. Längen, wie die Beschreibung der Quartiersuche für die kurbrandenburgische Wahlbotschaft, wurden beibehalten. Die Seitenzahlen der Handschrift sind in Klammern in den Text eingefügt. Das Glossar und das Register und ebenso die Verweise in der Einleitung beziehen sich auf die Seiten der Handschrift.

In seinem Tagebuch nimmt von Müller an mehreren Stellen Bezug auf ein weiteres Tagebuch aus dem Reichserbmarschallamt, das des pappenheimischen Kanzleirats Johann Peter Körndörfer mit dem Titel "Tagbuch bey Der Wahl und Krönung Seiner dermahlig römisch kayszerlichen Mayestät Franz II. zu Frankfurth am Mayn 1792".[20] Einige Passagen Körndörfers wurden als Ergänzung in den Text übernommen und durch Kursivschrift kenntlich gemacht. Von den in den vier Anlagebänden gesammelten 250 Schriften,[21] auf die von Müller in seinem Tagebuch Bezug nimmt, wurde ein kleiner Teil unter Angabe der Ziffer in den - chronologisch geordneten und mit römischen Ziffern versehenen - Anlagenteil aufgenommen. Die übrigen Anlagen stehen mit dem Tagebuch in keinem unmittelbaren Zusammenhang, erleichtern jedoch das Verständnis der besonderen Umstände im Jahre 1792. Sie stammen ebenfalls aus dem Haus,- Hof- und Staatsarchiv Wien und sind nach denselben Grundsätzen ediert. Soweit nicht anders vermerkt, handelt es sich um handschriftliche Texte. Um die Lektüre des Tagebuchs und der Anlagen nicht zu behindern, stehen Erläuterungen nicht in Fußnoten, sondern in einem eigenen Glossar.

Zur Terminologie: Für Franz und seine Vorgänger bis zurück zu Karl V. wird unterschiedslos der Titel "Kaiser" verwendet. Die eigentliche Kaiserkrönung wurde jedoch nur bis 1452 vom Papst in Rom vorgenommen. Karl V. war der letzte vom Papst gekrönte Kaiser, wobei die Krönung 1530 in

---

[20] 188 Seiten, HHStA, Reichshofkanzlei, Wahl- und Krönungsakten, Faszikel 100 c.
[21] Jeweils zwei Bände in: HHStA, Reichshofkanzlei, Wahl- und Krönungsakten, Faszikel 101 d und 101 e.

Bologna erfolgte. Damals befand Rom sich nach dem Sacco di Roma Karls noch nicht wieder in einem würdigen Zustand. Schon im Februar 1508 hatte Maximilian I. nach seinem erfolglosen Italienfeldzug im Dom von Trient mit Zustimmung des Papstes den Titel eines erwählten römischen Kaisers ohne Krönung durch den Papst angenommen. Die Frankfurter "Kaiser"-Krönungen der Neuzeit waren rituell deutsche Königskrönungen, die allerdings am "erwählten römischen Kaiser" vollzogen und daher auch als Kaiserkrönungen bezeichnet wurden, wobei die Terminologie uneinheitlich war.[22]

---

[22] Vgl. Reuter-Pettenberg, Bedeutungswandel, S. 124 - 129.

A. EINLEITUNG

1. Abschnitt

Das Heilige Reich zur Zeit der Wahl und Krönung Franz II.

Im Verlauf der Vorbereitungen zur Wahl und Krönung Franz II. in Frankfurt vermittelte der Reichsquartiermeister Hieronymus Gottfried von Müller am 20. Mai 1792 in einer Quartierangelegenheit zwischen der Stadt Frankfurt und dem ersten kurbrandenburgischen Wahlbotschafter Fürst von Sacken:

"Beim Weggehen dankte mir der Fürst außerordentlich für die gute Vermittlung, und als ich mich nach der Krönung bei ihm beurlaubte, ersuchte er mich, in etlichen Tagen, bis dorthin er von Mainz[1] wieder zurück sein werde, morgens zu ihm zu kommen. 'Wir wollen', sprach er, 'uns noch ein bißchen über die teutsche Staatsverfassung miteinander unterhalten.' Ich erschien also, und wir gingen so eine Stunde im Zimmer auf und ab, sprachen von der teutschen Staatsverfassung. Ich hielt sie für glücklich, er nicht so ganz. Ich gab ihm das Beispiel, daß im Teutschen Reiche jeder, der bedrängt würde, seinen Herren verklagen könne. Der Diener dürfe nicht abgedankt werden, ohne es verschuldet zu haben pp. Er meinte, dergleichen Prozesse dauerten aber sehr lange, und ich versicherte ihm, daß es ganz wenig Zeit brauche, um ein Mandat S.C.[2] zu erhalten. Endlich schieden wir voneinander, und ich empfahl mich seiner Gnade."[3]

Die Einstellung der beiden Gesprächspartner zur "teutschen Staatsverfassung" war also gegensätzlich. Während der pappenheimische Staatsdiener sie positiv bewertete, hielt der Preuße nicht allzu viel davon. Auch heute fällt es trotz der Vision eines vereinten Europas schwer, einen von der Idee des Nationalstaats unverstellten Blick auf jene Verfassungsordnung zu gewinnen, unter der die verschiedensten Herrschaften lebten.

---

[1] In Mainz trafen sich die deutschen Fürsten nach der Krönung, um das militärische Vorgehen gegen Frankreich zu besprechen.
[2] Mandatum sine clausula justificatoria, dazu näher u., S. 24 f.
[3] Auszug aus dem Wahl- und Krönungstagebuch des Reichsquartiermeisters von Müller, S. 79 f. der Handschrift.

I. "Teutschland wird auf teutsch regiert" - Zur Reichsverfassung

Die Verfassung des Reiches war im Laufe der Jahrhunderte gewachsen. Sie beruhte wesentlich auf der Goldenen Bulle Karls IV. von 1356,[4] war jedoch im Laufe der Jahrhunderte grundlegend weiterentwickelt worden. Weitere wichtige Bestandteile waren die Wahlkapitulationen der Reichsstände mit dem Kaiser, erstmals 1519 mit Karl V., der Friedensvertrag von Münster und Osnabrück (1648), Reichsabschiede und Reichsschlüsse und der große Bereich ungeschriebener Verfassungsgrundsätze, das sogenannte "Reichsherkommen". Durch den Westfälischen Frieden und den Jüngsten Reichsabschied von 1654 hatte die Reichsverfassung ihre letzte große Umgestaltung erfahren. Nach wie vor war das Reich eine Lehensordnung mit dem Kaiser an der Spitze. Diesem standen die im Reichstag in drei Kurien, nämlich Kurfürstenkollegium, Fürstenkollegium und Städtebank, versammelten Reichsstände gegenüber. Die Städtebank wurde nur an der Abstimmung beteiligt, wenn die ersten beiden Kurien sich nicht einigen konnten. Der seit 1663 ständig in Regensburg tagende Immerwährende Reichstag war ein Gesandtenkongreß. Die Reichsregierung lag in den Händen des vom Kaiser im Einvernehmen mit dem Reichserzkanzler, dem Erzbischof und Kurfürsten von Mainz, ernannten Reichsvizekanzlers. Er stand der Reichshofkanzlei[5] vor. Diese ursprünglich wichtigste kaiserliche Behörde war im Verlauf des 17. und 18. Jahrhunderts durch den Aufstieg Österreichs zur Großmacht in ihrer Bedeutung von der Hofkanzlei überholt worden.[6] Das Reich hatte zwei oberste Reichsgerichte, das Reichskammergericht, das nach seiner Vertreibung aus Speyer seit 1693 in Wetzlar tagte, und den Reichshofrat in Wien.

Über das Wesen seiner Verfassung, über seine Staatsform haben sich die Staatsrechtslehrer des 17. und 18. Jahrhunderts bekanntlich den Kopf zerbrochen,[7] und auch heute ist keine Einigkeit erzielt. War es eine Monarchie, eine Fürstenaristokratie, ein Gebilde mit gemischter Verfassung? Je nach der politischen Gesinnung des Verfassers legten die erschienenen Schriften dem Reich einen eher monarchisch oder eher ständisch geprägten Charakter bei. In seiner berühmten Schrift "De statu Imperii Germanici" (1667) - eine Pro-

---

[4] Zur Goldenen Bulle näher unten, S. 71f.
[5] Zu Aufgaben und Personal der Reichshofkanzlei: H. Hattenhauer, Geschichte des deutschen Beamtentums, S. 60 ff.
[6] H. Mitteis / H. Lieberich, Deutsche Rechtsgeschichte, S. 357 f.
[7] Vgl. beispielsweise J. St. Pütter, Elementa Iuris Publici Germanici, Cap. III, §§ 29 - 35; H. Cocceji, Iuris Publici Prudentia, Cap. VII, §§ 8 - 11. Zum ganzen: B. Roeck, Reichssystem und Reichsherkommen, Die Diskussion um die Staatlichkeit des Reiches in der politischen Publizistik des 17. und 18. Jahrhunderts.

pagandaschrift zugunsten der 1648 erstarkten Territorien - bezeichnet Samuel Pufendorf unter dem Pseudonym Severinus de Monzambano das Reich, dessen Verfassung sich nicht eindeutig in die aristotelische Staatsformenlehre einordnen ließ, als ein "irregulare aliquod corpus et monstro quasi simile". Die Rechtsnatur des Reiches sei nicht definierbar, das Reich sei ein regelwidriges und monströses Gebilde, weder Monarchie noch Föderalstaat.[8] Johann Jacob Moser schnitt die Diskussion um die Verfassungsnatur des Reiches ab:

"Was nutzet es mich dann, wann man mir sagt, es seye eine eingeschränkte Monarchie, oder ein aus vielen unter sich verbundenen kleineren Staaten zusammengesezter grosser Staat? ... Am Ende gehet es also, ... daß es nemlich mehrenteils auf ein ohnnützes Schulgezänke hinauslauffe, wenn man die Regierungsform des teutschen Reichs unter eine schulmäßige Rubric der Kunstbenennung bringen wolte... Teutschland wird auf teutsch regiert, und zwar so, daß, bereits erwehnter maßen sich kein Schulwort, oder wenige Worte, oder die Regierungsart anderer Staaten, darzu schicken, unsere Regierungsart dadurch begreiflich zu machen."[9]

Tatsächlich ist die Rechtsnatur des Heiligen Reiches mit allgemeinen juristischen Begriffen nicht zu begreifen, weil sich in seiner Verfassungsordnung das Denken sehr verschiedener Epochen niedergeschlagen hat.[10] Dies versuchte man mit Bildern anschaulich zu machen. So vergleicht Leopold von Ranke das Reich mit

"jenen Domen, an denen mehr als ein Jahrhundert gearbeitet hat, die in ihrem Umfang gar viele Abteilungen von besonderer Bestimmung und Art einschließen, deren Säulen alle ähnlich, aber alle verschieden, deren Zieraten bis in das kleinste mit unendlicher Mannigfaltigkeit ausgearbeitet sind und die bei alledem einen harmonischen, ja erhabenen Gesamteindruck machen.[11]

Nach Hans Erich Feine lassen sich an der Reichsverfassung des 18. Jahrhunderts wie in einem

"Gebirgsstock, den die Jahrtausende der Erdgeschichte aufgebaut haben, noch die einzelnen Schichten ihres Entstehens erkennen, der Zeitalter, die sie durchlaufen hat. Völlig abgestorbene stehen neben jüngeren, noch lebenskräftigen Verfassungsinstitutionen, und auch aus dem ältesten tragenden Stamm der Verfassung ist das Leben noch keineswegs

---

[8] Die entsprechende Textstelle Pufendorfs in Übersetzung bei: H. Hattenhauer, Die geistesgeschichtlichen Grundlagen des deutschen Rechts, Rn. 55, S. 26.
[9] J. J. Moser, Von Teutschland und dessen Staats=Verfassung überhaupt (NTStR I), S. 547 f., 550.
[10] D. Willoweit, Deutsche Verfassungsgeschichte, S. 167.
[11] L. v. Ranke, Über die Trennung und die Einheit von Deutschland, Sämtliche Werke 49/50, 1887, S. 134 ff. (137).

völlig gewichen. Daneben lassen sich junge Triebe verfassungsmäßigen Lebens erkennen, die zwar auf Reichsboden erwachsen, mit der offiziellen Reichsverfassung doch nur in losem Zusammenhang stehen, immerhin aber Möglichkeiten einer Erneuerung und Kräftigung des Reichsverbandes zu bieten scheinen. In diesem Neben- und Ineinander von Verfassungsformen älterer und jüngerer Zeiten mit ganz verschiedener Lebenskraft liegt die eigentliche Schwierigkeit des rechtlichen Verständnisses der Reichsverfassung im 18. Jahrhundert begründet."[12]

Das Heilige Reich war kein Staat, weder im Sinne absolutistischer, noch moderner Staatslehre.[13] Seit dem Westfälischen Frieden von 1648 standen sich Kaiser und Reich als selbständige Partner gegenüber (IPO Art. VIII § 2). In der Formel "Kaiser und Reich"[14] kam dieser Dualismus von Kaiser und Reichsfürsten zum Ausdruck. Die darin enthaltene Teilung politischer Macht widersprach allem Anspruch auf moderne Staatlichkeit. Die Reichsfürsten übten außenpolitisch unbegrenzte Rechte aus. Es gab keinen europäischen Krieg von Bedeutung, in dem Fürsten des Reiches nicht gegeneinander kämpften.

Daß man in der Geschichtsschreibung des 19./20. Jahrhunderts das Reich am Maßstab moderner Staatlichkeit maß und entsprechend kritisch beurteilte, lag einerseits an der Blüte der europäischen Nationalstaatsidee, andererseits an der Faszination, die Bismarcks kleindeutsches Reich, das ohne Zweifel ein Staat war, auf die deutschen Geister ausübte. Was das Heilige Reich nicht erreicht hatte, schien 1871 durch Bismarck verwirklicht worden zu sein. Die meisten deutschen Historiker urteilten bis in die zweite Hälfte des 20. Jahrhunderts über das Heilige Reich verächtlich.[15] Nachdem erste Gegenstimmen[16] ohne große Beachtung geblieben waren, trat erst in den sechziger Jahren dieses Jahrhunderts ein grundlegender Wandel in der Bewertung des Reiches ein. Vor allem mit dem Werk Karl Otmar von Aretins[17] lernte man, dem späten Heiligen Römischen Reich deutscher Nation Gerechtigkeit wider-

---

[12] H. E. Feine, Zur Verfassungsentwicklung des Heiligen Römischen Reiches seit dem Westfälischen Frieden, ZRG GA Bd. 52 (1932), S. 65 ff. (73).
[13] H. Hattenhauer, Europäische Rechtsgeschichte, S. 505; Willoweit, Deutsche Verfassungsgeschichte, S. 167.
[14] Dazu A. Erler, "Kaiser und Reich", in: HRG Bd. 2, Sp. 546 - 548 mwN.
[15] Als Beispiel: G. Masur, Deutsches Reich und deutsche Nation im 18. Jahrhundert, Preuß. Jb., 229. Bd. (Juli bis September 1932), S. 1 ff.
[16] Bereits 1932 Feine, Verfassungsentwicklung, S. 67; weitere Nachweise bei Aretin HRR I, S. 2 f.
[17] Heiliges Römisches Reich 1776 - 1806, Reichsverfassung und Staatssouveränität, 2 Bde., 1967.

fahren zu lassen und es nicht länger mit unzeitgemäßen Maßstäben zu messen.

Das Heilige Römische Reich deutscher Nation, legitimiert durch römische Kontinuität und christliche Heiligkeit,[18] war keine Nation im modernen Sinne des Begriffs. Die von der Französischen Revolution ausgehende Nationalidee, das Ideal der Einheit von Volk und Staat, hat zwar die deutsche Geschichte des 19./20. Jahrhunderts tief geprägt und war die Grundlage der Reichsgründung von 1871, hat aber mit dem Heiligen Reich nichts gemein. Zwar war seit dem Spätmittelalter die "deutsche Nation" ein Teil des Reichstitels, doch war damit nicht der moderne Nationalbegriff gemeint. Das Reich war ein ethnisch und rechtlich vielfältiges Gebilde, in dem Deutsche ebenso wie Slaven, Savoyarden, Flamen, Italiener etc. lebten, wie ihm auch Staaten sehr unterschiedlicher Verfassungen - Monarchien, Republiken, Ständestaaten, absolutistische Fürstentümer unterschiedlichster Art - angehörten. Vor allem fehlte dem Reich das Hauptkennzeichen moderner Nationalstaatlichkeit, die starke Zentralgewalt. In seiner "Skizze über die dermalige Lage des deutschen Reichs, May 1806" nennt der Kanzleidirektor der Prinzipalkommission beim Reichstag Josef Haas die exekutive Gewalt die "schwächste Seite unserer Verfassung".[19] Das Reich hatte zwar einen Kaiser, dagegen keine Hauptstadt.[20] Die Habsburgerresidenz Wien lag nicht in der Mitte des Reiches. Zudem saß dort nicht der Reichstag, sondern nur der Kaiser und der Reichshofrat. Das Reichskammergericht residierte in Wetzlar, der Reichstag seit 1663 ständig in Regensburg;[21] Frankfurt war Wahlstadt und hatte Aachen seit 1562 als Krönungsstadt abgelöst, Kanzler des Reichs war der Erzbischof von Mainz, der Hauptteil der Reichskleinodien lag in Nürnberg. Nicht geographische, ethnische, administrative, verfassungsrechtliche Einheit war das Kennzeichen des Reiches, sondern bunte Vielfalt in jeder Hinsicht. Im Reich lebten zwei deutlich abgegrenzte Konfessionen nach endlich erreichtem Ausgleich. Das Reich redete in zwei Sprachen: Latein und Deutsch, wobei dem Reichstag das Deutsche und dem Kaiser - jedenfalls offiziell - das Lateinische näherstand. Über die Kunstsprachen Hochdeutsch und Latein überwand man die sprachliche Vielfalt des Reiches, so daß Latein

---

[18] Dazu H. Hattenhauer, Über die Heiligkeit des Heiligen Römischen Reiches, in: W. Brauneder (Hg.), Heiliges Römisches Reich und moderne Staatlichkeit, S. 125 - 146.
[19] Als Anhang abgedruckt bei: Walter, Zusammenbruch, S. 132 ff. (135).
[20] H. Conrad, Deutsche Rechtsgeschichte II, S. 69.
[21] Dazu U. Wolter, Der Immerwährende Reichstag zu Regensburg (1663 - 1806), JuS 1984, S. 837 ff. Zur Auseinandersetzung des Reichstags mit den Auswirkungen der Französischen Revolution:K. Härter, Reichstag und Revolution.

und Hochdeutsch neben den verfassungsrechtlichen Institutionen dessen wichtigste einheitsstiftende Elemente waren.[22] Der Kaiser verpflichtete sich gegenüber den Reichsständen in Art. XXIII, § 3 der Wahlkapitulation,

"in Schriften und Handlungen des Reichs an Unserm kaiserlichen Hofe keine andere Zunge noch Sprache gebrauchen (zu) lassen, denn die deutsche und lateinische."[23]

War das Reich auch kein Staat und schon gar kein Nationalstaat, so war es doch eine Rechtsordnung europäischer Friedenssicherung. Der Charakter der Reichsverfassung als Friedensordnung wurde vor allem durch den Westfälischen Frieden geprägt, bei dem der konfessionelle Ausgleich gefunden worden war und durch den mit Frankreich und Schweden europäische Mächte zu Garanten der Reichsverfassung geworden waren, allerdings gleichzeitig mit der Festschreibung des status quo eine Reformierbarkeit des Reichs praktisch unmöglich geworden war. Innerhalb der europäischen Staatenwelt besaß die Reichsverfassung eine eigene Bedeutung. Jean Jacques Rousseau beschrieb sie folgendermaßen:

"Was in Wirklichkeit das europäische Staatensystem aufrechterhält, so gut das gehen mag, ist in der Hauptsache das Spiel der Verhandlungen, die sich nahezu allzeit im Gleichgewicht halten: aber dieses System hat noch eine andere wirksame Stütze, nämlich das Deutsche Reich, das vom Herzen Europas aus alle anderen Mächte im Zaume hält und vielleicht der Sicherheit der anderen noch mehr dienen kann als seiner eigenen; durch seine Größe und die Zahl und Tapferkeit seiner Völker ein achtunggebietendes Reich, dessen Verfassung allen von Nutzen ist, die, indem sie ihm die Mittel und den Willen zu Eroberungen unterbindet, es zugleich zu einer Klippe der Eroberer macht. Unerachtet der Fehler dieser Reichsverfassung ist es doch gewiß, daß, solange sie besteht, das Gleichgewicht Europas nicht verletzt werden kann, daß kein Herrscher zu befürchten hat, von einem anderen entthront zu werden, und daß der westfälische Friedensvertrag vielleicht für immer die Grundlage des politischen Systems unter uns bleiben wird. Das öffentliche Recht, das die Deutschen so gründlich studieren, ist somit noch weit wichtiger, als sie glauben, denn es ist nicht allein das germanisch-öffentliche Recht, sondern in gewissem Sinne das von ganz Europa."[24]

Daß die Reichsverfassung noch in der Endphase des Reichs etwas Reales war, zeigt die Staatsrechtswissenschaft der zweiten Hälfte des 18. Jahrhunderts. Zwei der größten Staatsrechtslehrer, die das Reich hervorgebracht hat,

---

[22] Näher H. Hattenhauer, Zur Geschichte der deutschen Rechts- und Gesetzessprache, S. 6 ff.
[23] J. J. Schmauß, Corpus iuris publici S. R. Imperii, S. 1639 (Wahlkapitulation Franz II.).
[24] Auszug aus dem Plan des Ewigen Friedens des Herrn Abbé de Saint-Pierre, 1756/1761, in deutscher Übersetzung bei K. v. Raumer, Ewiger Friede, Friedensrufe und Friedenspläne seit der Renaissance, S. 351 f.

Johann Jacob Moser[25] (1701 - 1785) und Johann Stephan Pütter[26] (1725 - 1807), lebten und lehrten in dieser Zeit. Mosers Werk allein umfaßt 500 bis 600 Bände. Akademische Spielereien waren diese Arbeiten trotz der schon von Pufendorf belächelten Schreibwut der deutschen Professoren nicht. Kein Verleger bringt solche umfangreichen Bände ohne wirtschaftliches Interesse heraus. Auch der breite Leserkreis dieser Werke gab sein Geld aus praktischen Gründen aus und nicht etwa aus historischem Interesse für längst abgestorbenes Recht. Ebenso erfolgte die Gründung der Universität Göttingen im Jahre 1737 nicht ohne praktische Erwägungen. Sie sollte eine "Pflanzstätte der Reichsrechtswissenschaft"[27] werden. Auch bei der Wahl und Krönung 1792 zeigte sich, daß die Publizisten, so wurden die Juristen des Reichsstaatsrechts, des Ius Publicum, genannt, keinen geringen Einfluß auf das politische Geschehen hatten. Bei der Wahl und Krönung 1792 riet ein Mainzer Gutachter trotz der Sparzwänge zur Beibehaltung des Krönungsmahls nach der Krönung. Dies sei auch nötig wegen etwaiger Vorwürfe der "deutschen Staatsrechtslehrer..., für künftige Vergessenheit ... den ersten Anlaß gegeben zu haben."[28]

Das Reich besaß nur geringe politische Macht. Sein Wesen und Wert beruhten nicht auf Macht, weder im Heer, noch in der Geltung nach außen, der Wirtschaft, den Finanzen. Es lieferte dem Abendland politische Ideale und bot die Möglichkeit geschichtlich begründeter Selbstdeutung. Nicht die Vermehrung von Macht, sondern rechtlich-politische Legitimation war seine Hauptleistung. Deren Wert war immerhin so groß, daß der Kurfürst von Brandenburg viel Geld ausgab, um vom Kaiser den begehrten Königstitel zu erlangen. Französische Herrscher, wie Franz I. (1519) und Ludwig XIV. (1657) strebten nach dem Besitz des Kaisertitels, und noch Napoleon suchte durch die Ehe mit Marie Louise, der Tochter Kaisers Franz II., die legitimierende Kraft der Reichsidee für sich nutzbar zu machen.[29]

In seiner Endphase konnte das Reich seine Aufgabe als friedenssichernde und Legitimität vermittelnde Friedensordnung wegen der zum Teil gegenläufigen Interessen Preußens und Österreichs nicht vollkommen erfüllen. Die beiden

---

[25] Zu Moser: M. Stolleis, Geschichte des öffentlichen Rechts in Deutschland, Bd. 1, S. 258 - 267; Kleinheyer/Schröder, Deutsche Juristen aus fünf Jahrhunderten, S. 194 - 198.
[26] Zu Pütter: Stolleis, aaO, S. 312 - 316; Kleinheyer/Schröder, aaO, S. 209 - 212.
[27] So Aretin, HRR I, S. 94. Zu Göttingen als der bedeutendsten Universität des Reiches im 18. Jahrhundert: Stolleis, aaO, S. 309 - 317.
[28] Zweites Mainzer Gutachten, HHStA, MEA, W.u.K.A., Fasz. 86, Anlage IV.
[29] Vgl. H. Hattenhauer, Europäische Rechtsgeschichte, S. 505.

deutschen Führungsmächte waren im Laufe des 18. Jahrhunderts als europäische Großmächte aus dem Reich herausgewachsen. Der König "in" Preußen bezog seinen Titel von einem außerhalb der Reichsgrenzen liegenden Territorium, eine wesentliche Stütze der Macht des Hauses Österreich war die ungarische Königskrone. Preußen und Österreich hatten sich zu modernen Staaten entwickelt, die den Friedenssicherungsmechanismus des Reichs nicht mehr nötig hatten. Die alte Reichsverfassung, die zur Rücksicht auf die anderen Reichsstände nötigte, hinderte sie vielfach nur noch an einer eigenständigen Großmachtpolitik. Die Reformen in Österreich und Preußen hatten sich häufig in den Gegensatz zur Reichsverfassung gestellt, in der nur das Gewachsene etwas galt und sich weite Bereiche auf Herkommen gründeten. So verstieß beispielsweise die Neueinteilung der österreichischen Diözesen durch Joseph II. im Jahre 1783,[30] die den deutschen Fürstbischöfen ihre Diözesanrechte auf österreichischem Gebiet nahm, gegen die Wahlkapitulation (Art. I, § 2[31]). Der Kaiser brach die Reichsverfassung im Interesse seiner Landeshoheit. Auch der Schutz, den die Reichsstände daraufhin und wegen Josephs bayrisch-niederländischen Tauschplans unter Friedrich des Großen Führung im Fürstenbund suchten, sollte sich als trügerisch erweisen. Es kam zu einer schweren Reichskrise, als preußische Truppen im Jahre 1789 die Exekution gegen die Lütticher Revolutionäre nicht dem Auftrag des Reichskammergerichts entsprechend ausführten.[32] "Das Schlagwort der Erhaltung der Reichsverfassung bedeutete für Österreich nur noch Stärkung seines politischen Einflusses - nur insoweit waren die kaiserlichen Gerechtsamen noch wertvoll -, für Friedrich den Großen in der Zeit des Fürstenbundes: Hemmung des bedrohlichen Umsichgreifens der josephinischen Poltik."[33] Wenn es um die Durchsetzung ihrer Hausmachtinteressen ging, war für Österreich und Preußen das Reichsinteresse zweitrangig. Dieser Umstand war für die Reichsstände solange keine wirkliche Gefahr, wie die beiden deutschen Großmächte um die Vorherrschaft kämpften. Konnten die Reichsstände dabei noch einigermaßen aktiv in der Reichspolitik mitwirken, so wurde das Reich endgültig zur Verfügungsmasse der beiden Mächte, konnten die Reichsstände "nun von beiden vereinigten Höfen mit weniger Auf-

---

[30] Dazu näher unten, S.54
[31] Schmauß, Corpus iuris publici S. R. Imperii, S. 1571 (Wahlkapitulation Franz II.).
[32] Dazu näher unten, S. 51f.
[33] Feine, Verfassungsentwicklung, S. 85.

wand wohl benutzt"[34] werden, als mit der Konvention von Reichenbach im Juli 1790 die offene Rivalität zwischen Preußen und Österreich endete.

Aus dieser Situation erklärt sich die eingangs[35] geschilderte gegensätzliche Einstellung der beiden Gesprächspartner von Müller und von Sacken zur "teutschen Staatsverfassung". Hier tritt die unterschiedliche Bedeutung zutage, die das Heilige Reich in seiner Endphase für die kleinen und mittleren Reichsstände einerseits und für die beiden größten Reichsstände andererseits hatte. Preußen und Österreich konnten auch ohne das Reich existieren. Die diplomatisch gebotene Rücksicht auf die kleineren Reichsstände, die im Schutz der Reichsverfassung zumeist eine politische Rolle spielten oder spielen wollten, die zu ihrer tatsächlichen Macht außer Verhältnis stand, war ihnen lästig. In abschätziger Weise informierte der österreichische Hofrat Baron Daiser seinen Herrn Franz vor dessen Reise zu Wahl und Krönung nach Frankfurt über den "geschäftigen und etwas eitlen Charakter der deutschen Reichsstände", die "überhaupt von ihrer Hoheit sehr eingenommen" seien, infolge deren "politischer Eitelkeit" und "überspannten Begriffe von Wichtigkeit" immer über Staatsgeschäfte gesprochen werde und die gesellschaftlichen Versammlungen im Reich einem "politischen Kaffeehause" glichen, "wo alles, was die Zeitungen geben, wiedergegeben wird."[36]

Für den preußischen Diplomaten von Sacken entsprach die alte Reichsverfassung mit ihrer Absage an den Machtstaat nicht mehr den Bedürfnissen seines modernen Staates. Er hielt sie - vornehm diplomatisch formuliert - "nicht so ganz für glücklich". Dennoch mußte er ihr noch eine gewisse Bedeutung zumessen, sonst hätte er den Reichsquartiermeister als einen Mann des Reiches und Spitzenbeamten - das Reichsquartiermeisteramt versah gewöhnlich ein "gesetzter, der Rechten, besonders des Staats=Rechts, Ceremoniells und der Teutschen Händel, erfahrener Mann"[37] - nicht um ein Gespräch über diesen Gegenstand gebeten. Dagegen hielt von Müller die "teutsche Staatsverfassung für glücklich". Der Kanzleidirektor des Grafen von Pappenheim, dessen Herrschaft ein kleiner Flicken des vor allem in Süddeutschland aus unzähligen Kleinstterritorien bestehenden Teppichs des Heiligen Reichs war, wußte,

---

[34] Vgl. die "Allgemeinen Bemerkungen bei Gelegenheit der Reise Seiner Apostolischen Majestät in das Reich", des österreichischen Hofrats Daiser, vom Juni 1792, HHStA, Reichsakten in specie, Fasz. 69, Anlage XII.
[35] Oben, S. 9
[36] Bemerkungen des Hofrats Daiser vom Juni 1792, HHStA, Reichsakten in specie, Fasz. 69, Anlage XII.
[37] Moser, Von dem Römischen Kayser (NTStR II), S. 457.

daß die kleineren Reichsstände, dabei vor allem die geistlichen Fürstentümer, ihren Bestand der Reichsverfassung verdankten. Im Südwesten des Reiches war der Reichsgedanke am lebendigsten, herrschte ein ausgesprochenes Reichsbewußtsein. Das Reich war eine Verfassung, in der jedem sein Recht garantiert wurde. Die Klein- und Mittelstaaten waren auf seinen friedenssichernden Dienst angewiesen[38] und erwarteten in letzter Instanz von ihm ihr Recht.

---

[38] H. Hattenhauer, Europäische Rechtsgeschichte, S. 505.

II. "Ein Kern von gediegenem Werthe" - Die Reichsjustiz

Entsprechend seinem Charakter als Friedensordnung und Verfassung war für das Ansehen des Reiches die Rechtsprechung von zentraler Bedeutung.[39] Nach Johann Stephan Pütter war die Reichsverfassung an drei Orten am meisten sichtbar: In Wien, als dem Sitz des kaiserlichen Hofes, des Reichshofrats und der Reichshofkanzlei, in Regensburg, als dem Sitz des Reichstages, und in Wetzlar, wo das Reichskammergericht Recht sprach.[40] Die Zuständigkeit der beiden Gerichte überschnitt sich in manchen Fällen. Reichskammergericht[41] und Reichshofrat[42] waren zugleich oberste Verfassungsgerichte, doch hat diese Aufgabe in erster Linie der Reichshofrat wahrgenommen. Das Reichskammergericht war im 18. Jahrhundert vorwiegend ein Gericht der Reichsstände, während der Reichshofrat immer von der Person des Kaisers abhing. Er ernannte die Reichshofräte. Nach seinem Tod löste sich der Reichshofrat auf,[43] während das Reichskammergericht im Namen der Reichsvikare weiterhin tätig blieb.[44] Der Reichshofrat behielt bis zuletzt, seinem Namen entsprechend, seine Funktion als beratendes Gremium für den Kaiser in Reichssachen. Er war das oberste deutsche Adelsgericht, Reichslehnhof und oberstes Verwaltungs- und Verfassungsgericht des Reiches. In der Mehrzahl der Fälle waren zwar beide Gerichte zuständig, und der Kläger konnte sich für das eine oder das andere Gericht entscheiden, doch war der Reichshofrat insbesondere für Lehensfragen und Fälle, die ganze Länder betrafen, und solche, in denen Fürsten strafrechtlich belangt wurden, allein zuständig. Beim Reichskammergericht wurden überwiegend Rechtssachen von Privatparteien behandelt, während politische und verfassungsrechtliche Sachen eher nach Wien als nach Wetzlar gelangten.[45] Das Verfahren vor dem Reichshofrat vollzog sich auch schneller als in Wetzlar. Dort wurde in einem schleppenden und formalistischen Verfahren streng nach Verfahrensabschnit-

---

[39] Zum den Reichsgerichten: Aretin HRR I, S. 97 ff.; F. Hertz, Die Rechtsprechung der höchsten Reichsgerichte im römisch-deutschen Reich und ihre politische Bedeutung, MIÖG Bd. 69 (1961), S. 331 ff.; H. Hattenhauer, Geschichte des deutschen Beamtentums, S. 54 ff.
[40] Historische Entwickelung der heutigen Staatsverfassung des Teutschen Reichs, Dritter und letzter Teil, S. 214 f.
[41] Vgl. insges. R. Smend, Das Reichskammergericht, 1. (und einziger) Band, 1911.
[42] Vgl. insges.: O. v. Gschließer, Der Reichshofrat, Bedeutung und Verfassung, Schicksal und Besetzung einer obersten Reichsbehörde von 1559 bis 1806, 1942.
[43] Die Reichshofräte wurden allerdings vom neuen Kaiser regelmäßig in ihren Stellen bestätigt, v. Gschließer, aaO, S. 77.
[44] Vgl. unten, S. 78
[45] V. Gschließer, aaO S. 42.

ten prozediert, während der Reichshofrat mehr auf die Billigkeit sah.[46] Vor den Reichshofrat kamen 2000 bis 3000 neue Fälle jährlich, während in Wetzlar nach Pütters[47] Schätzung 230 bis 250 neue Fälle eingingen. Insgesamt arbeitete der Reichshofrat effektiver. Nach der Reichshofratsordnung von 1654, Tit. VII, § 6, sollten sich die

"Procuratores, Agenten und Sollicitatores in ihren Schrifften aller Weitläufftigkeit und Verlänger= auch Verhinderung der Sachen, deßgleichen auch ungebührlicher hitziger Schmach=Schrifften gäntzlich enthalten...".[48]

Ferner durften "die Praesident und Räthe mit langen Informationibus, dadurch ihnen allein die Zeit benommen wird," nicht aufgehalten werden (RHRO Tit. VII, § 13[49]).

Hinter dem Reichshofrat stand die Autorität des Kaisers, während das Reichskammergericht von den Reichsständen erhalten wurde, die auch die meisten Belsitzer[50] vorschlugen. Viele Fürsten standen den Reichsgerichten ablehnend gegenüber, da deren Rechtsprechung sie in ihrer Souveränität einschränkte. Sie verweigerten häufig die Zahlung der für das Reichskammergericht erforderlichen Unterhaltsmittel. So kam es dazu, daß das Gericht stets zuwenig juristische Kräfte besaß, sich große Rückstände[51] häuften und die Gerichtstätigkeit zeitweise völlig zum Stillstand kam. Goethe, der 1772 als Praktikant nach Wetzlar kam, beklagt die dortigen Zustände. Angesichts der Arbeitsüberlastung wegen der Unterbesetzung des Kammergerichts

"beschloß man, nur diejenigen Gegenstände vorzunehmen, welche erinnert wurden. Man wollte von der fortdauernden Beharrlichkeit der Parteien überzeugt sein, und hiedurch ward den größten Gebrechen die Einleitung gegeben..."

---

[46] V. Gschließer, aaO, S. 40.
[47] Historische Entwickelung der heutigen Staatsverfassung des Teutschen Reichs, Zweyter Theil, S. 415.
[48] Schmauß, Corpus Iuris publici S. R. Imperii, S. 945.
[49] Schmauß, aaO, S. 946 f.
[50] Dem, vom Kaiser ernannten, Kammerrichter, der an der eigentlichen Urteilsfindung nicht beteiligt war und nicht juristisch vorgebildet sein mußte, standen die, in eine gelehrte und eine adelige Bank geteilten, Beisitzer (Assessoren) gegenüber. In den einzelnen Senaten führten Präsidenten den Vorsitz. Die Parteien wurden vor Gericht von den Prokuratoren vertreten, während den Advokaten die Vorbereitung des Prozeßmaterials und die Anfertigung der Schriftsätze zufiel, wobei beim RKG eine strikte Trennung allerdings nicht durchgehalten wurde. Näher Conrad, Deutsche Rechtsgeschichte II, S. 162 f. und H. Hattenhauer, Geschichte des deutschen Beamtentums, S. 54 ff.
[51] Im Jahr 1772 soll es 61.233 rückständige Prozesse gegeben haben, Hertz, Rechtsprechung, S. 356.

Bei der Visitation Josephs II. im Jahre 1766 herrschten katastrophale Zustände:

"...ein ungeheurer Wust von Akten lag aufgeschwollen und wuchs jährlich, da die siebzehn Assessoren nicht einmal imstande waren, das Laufende wegzuarbeiten".[52]

Der Freiherr von Knigge läßt seinen Benjamin Noldmann gegenüber dem "großen Negus von Abyssinien" die lange Prozeßdauer beim Reichskammergericht bemängeln:[53]

"... wer das Elend erlebt, bey dem Reichs=Cammergerichte einen Proceß anhängig zu haben, der ist sehr zu beklagen. Dort bleiben jährlich viel hundert Sachen liegen, wovon die zeitliche Glückseligkeit so mancher Familie abhängt. Und das kann, bey dem besten Willen der dortigen Richter, der ein Mahl eingeführten Form nach, gar nicht anders seyn. Nun setzen Ew. Majestät den Fall, daß einem von den unzähligen Herren über Leben und Tod, die in Deutschland ihr Wesen treiben, daß es einem von den kleinen Fürsten einfällt, aus meiner Haut Riemen zu seinen Parforce=Peitschen schneiden zu lassen, wie sie denn zuweilen gar sonderbare Grillen haben, und ich sterbe nun an einer solchen Operation; so hat denn freylich meine arme Witwe das Recht, den Tyrannen in Wetzlar zu belangen. Sie erlebt es nicht, meine Kinder und Kindeskinder erleben es nicht, daß das Urtheil gesprochen wird. Zu Bettlern wird eine ganze Generation."

Unter anderem unter Berufung auf Goethes Schilderung wurde uns bis vor kurzem von den Reichsgerichten ein negatives Bild vermittelt. Man sprach verächtlich von den "verrotteten, stockigen Zuständen am Kammergericht", der Reichshofrat habe "fast immer im kaiserlichen Interesse" geurteilt, auch habe das "klingende Argument die größte Rolle" gespielt.[54] Das Reichskammergericht habe viel zu schleppend gearbeitet und deshalb praktisch keine Bedeutung gehabt. Zufälligkeiten hätten die Aktenbearbeitung bestimmt: Nur wenn eine Maus die Aktenverschnürung einer der zu Bergen getürmten Akten durchgenagt habe, sei diese zum Anlaß für richterliche Tätigkeit genommen worden.[55]

Die Neubewertung des Heiligen Reichs hat auch zu einer gerechteren Bewertung der Tätigkeit der Reichsgerichte geführt.[56] Tatsächlich wurde in Wetzlar angesichts der ständigen Personalnot viel und gut gearbeitet. Die Ladun-

---

52 Dichtung und Wahrheit, 3. Teil, 12. Buch, S. 529 f.
53 Benjamin Noldmanns Geschichte der Aufklärung in Abyssinien, Erster Theil, S. 235 ff.
54 So Masur, Deutsches Reich und deutsche Nation, S. 5.
55 Vgl. H. Hattenhauer, Grundlagen, Rn. 8, S. 4 f.
56 Mitteis/Lieberich, Deutsche Rechtsgeschichte, S. 344. Grundlegend: R. Smend, Das Reichskammergericht, 1911, und O. v. Gschließer, Der Reichshofrat, 1942.

gen des Gerichts ergingen oft schon wenige Tage nach dem Eingang der Klageschrift, die Termine lagen sehr viel dichter, als man nach der traditionellen Ansicht glauben möchte.[57] Lassen wir zu seiner Verteidigung den Vormund und Erzieher Savignys[58] und "vormaligen Assessor bey dem aufgelösten Kais. Reichskammergerichte" Johann Friedrich Constantin von Neurath zu Worte kommen:[59]

"Der alten Prozesse, worin wirklich noch Urtheile nöthig waren, und begehrt wurden, sind warlich bey weitem nicht so wiele, als man in Druckschriften ließt, und das Publikum geglaubt hat. Wenn die Leser oder Registratoren ein Verzeichniß der anhängigen oder noch nicht entschiedenen Prozesse machen mußten, so schlugen sie die alten und neuen Repertorien auf, zählten die anhängigen und noch nicht entschiedenen Prozesse, und zogen hiernach den Calcul. Aber wie viele befinden sich darunter, die durch Consolidation, Veränderung der Umstände, Absterben der Partheyen ihren Werth verlohren haben, verglichen worden sind, ohne daß von den Partheyen die Anzeige geschehen ist? Die Anzahl ist dadurch sehr zusammengeschmolzen, und wir hatten die frohe Aussicht, der Arbeit vollkommen gewachsen zu seyn...",

Infolge der doch nicht so wirkungslosen, Visitation Josephs II. erlebte das Reichskammergericht dank einer Umorganisierung nach 1785 einen Aufschwung,[60] arbeitete in den neunziger Jahren des 18. Jahrhunderts tatsächlich zunehmend effektiver und war kurz vor seiner Auflösung im Jahre 1806 so weit, daß es alle Eingänge aufarbeiten konnte. Zur Niederschlagung der im Zuge der Revolutionsereignisse in Frankreich 1789 auch im Reich ausgebrochenen Unruhen um Hilfe gebeten, traf das Reichskammergericht innerhalb kürzester Frist die erforderlichen Maßnahmen. Es bewies damit seine Bedeutung für die Erhaltung der inneren Sicherheit im Reich und gewann dadurch an Ansehen.[61]

Bei allen Gebrechen der Reichsjustiz spielten Reichshofrat und Reichskammergericht bis zum Ende des Reiches eine entscheidende Rolle bei der Verhinderung eines schrankenlosen Absolutismus im Reich. Tatsächlich konnte, wie von Müller meint, "im Teutschen Reiche jeder, der bedrängt wurde, sei-

---

[57] H. Hattenhauer, Grundlagen, Rn. 9, S. 5 und Geschichte des deutschen Beamtentums, S. 57.
[58] Zur Erziehung Savignys durch Neurath: A. Stoll, Der junge Savigny, S. 27 ff.
[59] In: "Von der Regredienterbschaft und den dabey vorkommenden Rechtsfragen in müßigen, leider! von Amtsgeschäften leeren Stunden zum Zeitvertreibe aufgesetzt von ...", 1807, S. 11 f.
[60] Aretin, Kaiser Joseph II. und die Reichskammergerichtsvisitation 1766 - 1776, ZNR 1991, S. 129 - 144 (131 f.).
[61] Zu den revolutionären Unruhen im Reich und der Lütticher Exekution u., S. 42 ff. bzw. S. 50 ff.

nen Herrn verklagen". Nach Johann Jacob Moser[62] gab es insgesamt acht unverletzbare Rechte der Bürger des Reichs, bei deren Kränkung die Reichsgerichte angerufen werden konnten, so die Wahrung der ordentlichen, in verschiedene Instanzen eingeteilten Gerichtsbarkeit, die Freiheit, den Inhaber der Landeshoheit vor den Austrägalgerichten oder den höchsten Reichsgerichten verklagen zu können und der Schutz der freien Bürger in Ansehung ihrer Person und ihrer Güter. Auch ein privilegium de non appellando,[63] das den Landesherrn vor der Appellation an die Reichsgerichte schützte, nützte nichts, wenn erstinstanzliche Zuständigkeit gegeben war, so bei Anrufung wegen Rechtsverweigerung oder Rechtsverzögerung durch ein landesherrliches Gericht (RKGO von 1555, 2. Teil, XXVI, § 1[64]) und bei der Nichtigkeitsbeschwerde (Nullitätsklage) gegen ein Urteil eines landesherrlichen Gerichts.[65] Das Reichskammergericht war bei allen Klagen gegen Reichsunmittelbare, also auch von Untertanen gegen ihre Landesherren in erster Instanz zuständig (RKGO von 1555, 2. Teil, XXVII[66]). Etwa drei Fünftel der bei Reichskammergericht und Reichshofrat eingehenden Klagen betrafen derartige Fälle.[67] Friedrich Wilhelm I. unternahm sogar - erfolglose - Bestechungsversuche bei Reichshofräten, damit diese Nichtigkeitsklagen seiner Untertanen nicht annahmen.[68] Klagen mitteloser Untertanen oder Inhaftierter wurden bevorzugt behandelt.

"Auf daß auch niemants armuth halber rechtloß gelassen werde, so soll der cammerrichter, so zuzeiten sein wirdt, die sachen der armen, die irer armuth urkundt oder anzeyg bringen und den eydt der armuth inmassen, wie unden gesetzt, erstatten, den advocaten und procuratorn, inen darin zu rathen und zum besten im rechten fürzubringen, bevelhen. Und welchem advocaten oder procurator also sollich sachen befohlen, der sol schuldig und pflichtig sein, bey der peen entsetzung seins ampts die ohne widerrede anzunemen und nit

---

[62] Von der Teutschen Reichs=Stände Landen, deren Landständen, Unterthanen, Landes=Freyheiten, Beschwerden, Schulden und Zusammenkünften (NTStR XIII), S. 937 f.
[63] In einer Auswahl herausgegeben von U. Eisenhardt, Die kaiserlichen privilegia de non appellando.
[64] A. Laufs (Hg.), Die Reichskammergerichtsordnung von 1555, S. 203.
[65] Conrad, Deutsche Rechtsgeschichte II, S. 159; W. Sellert, "Nichtigkeitsklage, Nichtigkeitsbeschwerde", in: HRG, Bd. 3, Sp. 974 - 978; A. Erler, "Rechtsverweigerung", in: HRG, Bd. 4, Sp. 415 - 417. Bereits die Goldene Bulle, Kap. XI, § 4, sah Fälle von Rechtsverweigerung als Ausnahme zu den kurfürstlichen privilegia de non appellando.
[66] Laufs, aaO, S. 204.
[67] Aretin HRR I, S. 99. Diese Untertanenprozesse haben erst in den letzten Jahren die Aufmerksamkeit der Forschung erfahren, grundlegend Hertz, Rechtsprechung, zuletzt: J. Weitzel, Das Reichskammergericht und der Schutz von Freiheitsrechten seit der Mitte des 18. Jahrhunderts, in: B. Diestelkamp (Hg.), Die politische Funktion des Reichskammergerichts, S. 157 - 180.
[68] Hertz, aaO, S. 353 f.

mit wenigerm fleyß dann anderer seiner partheyen sachen zu handlen und fürzubringen, dieselbig auch keynem andern procurator zu ubergeben oder uffhencken..." (RKGO von 1555, 1. Teil, XIX, § 5).[69]

Der Reichshofrat gewährte 1752 einem Metzger Armenrecht, der den Fürsten von Anhalt-Schaumburg wegen einer Forderung belangte, und bestellte einen kaiserlichen Reichshofratsagenten als Anwalt.[70] Prozesse von Bauern gegen ihre Landesherrn und Gutsherren waren sehr häufig[71] und zeigen, daß die Bauern in vielen Gegenden entgegen langläufiger Auffassung keine rechtlosen und geknechteten Wesen waren.

Andererseits ist der Einwand des Fürsten von Sacken hinsichtlich der übermäßigen Dauer derartiger Prozesse berechtigt. Doch dagegen gab es ein Mittel. In dringenden Fällen kam ein Eilverfahren zum Zuge. Dies meinte von Müller, wenn er dem Fürsten entgegnete, "daß es ganz wenig Zeit brauche, um ein Mandat S.C. zu erhalten" Mit einem derartigen Mandatum sine clausula justificatoria, einem strafbewehrten, mit einer Ladung verbundenen gerichtlichen Befehl, wurde dem Beklagten im summarischen, beschleunigten Verfahren des Mandatsprozesses (RKGO von 1555, 2. Teil, XXIII[72]) auf Gesuch des Klägers ein bestimmtes Verhalten in bezug auf den Konfliktgegenstand geboten, ohne daß der Adressat der Anordnung zuvor Gelegenheit zu seiner Verteidigung gehabt hätte. Im Unterschied zum Mandat S.C. war das Mandatum cum clausula justificatoria ein bedingtes Mandat, bei dem der Adressat seinen Widerspruch auf alle rechtlichen Gegengründe stützen durfte. Das Mandat S.C. beschränkte diese Verteidigung vornehmlich auf die Exceptio sub- et obreptionis, auf den Nachweis der Unrichtigkeit der tatsächlichen Mandatsgrundlagen. Das Reichskammergericht hatte durch den Mandatsprozeß eine sonst kaum gegebene erstinstanzliche Zuständigkeit für kritisch zugespitzte Ausnahmesituationen - ohne Rücksicht darauf, ob der auslösende Rechtsstreit vor das Gericht gehörte und konnte damit für einen wirksamen Rechtsschutz sorgen.[73] Titel II, § 4 der Reichshofratsordnung von 1654[74] übertrug den Mandatsprozeß des Reichskammergerichts auch auf den Reichshofrat.[75]

---

[69] Laufs, aaO, S. 105.
[70] Hertz, aaO, S. 339.
[71] Vgl. die Beispiele bei Hertz, aaO, S. 334 ff.
[72] Laufs, aaO, S. 200 f.
[73] Vgl. M. Hinz, "Mandatsprozeß", in: HRG, Bd. 3, Sp. 232 - 240.
[74] Schmauß, Corpus iuris publici S. R. Imperii, S. 911.
[75] Dazu zuletzt: M. Uhlhorn, Der Mandatsprozeß sine clausula des Reichshofrats, Diss. iur Göttingen 1989.

Die Reichsgerichte haben in zahllosen Fällen Unrecht aufgedeckt, gesühnt oder verhütet. Bekannt ist das Eingreifen des Reichshofrats zugunsten des vom Herzog von Württemberg auf dem Hohentwiel in strenger Haft gehaltenen Staatsrechtlers Johann Jacob Moser. Gerade an diesem Fall wird auch die Abhängigkeit des Reichshofrats von der kaiserlichen Politik deutlich: Herzog Karl Eugen war Österreichs Verbündeter im Siebenjährigen Krieg, während Mosers Schuld darin bestand, daß er den Ständen zum Widerstand gegen die verfassungswidrigen militärischen Handlungen des Herzogs geraten hatte. So verbrachte Moser 6 Jahre auf dem Hohentwiel, bis der Reichshofrat sich nach Ende des Krieges für ihn verwendete und seine Freilassung durchsetzte.

Wegen der Beschränkung ihrer Souveränität durch die Reichsjustiz standen viele Fürsten den Reichsgerichten ablehnend gegenüber. Die von Joseph II. zur Verbesserung der Reichsjustiz vorgenommene Reichskammergerichtsvisitation scheiterte vor allem daran, daß die weltlichen, meist protestantischen Reichsstände, damals vor allem Hannover und Sachsen, an einem ihre Landeshoheit beschränkenden Ausbau der Reichsjustiz kein Interesse hatten.[76] Wenn auch wegen der Abhängigkeit der Gerichte von der Exekution ihrer Urteile durch die Reichsstände manche Entscheidung nicht vollzogen wurde, setzte sich ihre Autorität in der Regel doch durch. Auch für mächtige Herrscher war ein Unterliegen vor den Gerichten eine politische Niederlage. Die Besorgnis wegen Eingreifens von Reichskammergericht oder Reichshofrat hat oft bewirkt, daß die Fürsten von Willkürakten Abstand nahmen. So war man in dem kleinen Fürstentum Oettingen, der Heimat des Ritters von Lang, in Finanzangelegenheiten besonders vorsichtig:

"...die Furcht, damit nur ja kein Geschrei, keine Klage der Untertanen beim Reichshofrat entstände, wirkte, daß man in der richtigen Verwendung der ja nicht zu erhöhenden Steuern im höchsten Grade ängstlich und gewissenhaft war."[77]

Zu einem schrankenlosen Absolutismus konnte es in der von der Reichsjustiz gehüteten Rechtsordnung des Heiligen Reichs nicht kommen, eine Einrichtung wie die Bastille als Symbol rechtlicher Willkür war hier nicht denkbar. Die obersten Reichsgerichte sorgten für Schutz vor Willkür und für Rechtssicherheit im Reich. Sie führten außerdem zu einer politischen Verklammerung des Reichsverbandes. Gefährlicher, systemsprengender Streitstoff konnte auf friedlichem Wege in Rechtsfragen umformuliert werden. Es

---

[76] Aretin, Kaiser Joseph II. und die Reichskammergerichtsvisitation 1766 - 1776, ZNR 1991, S. 129 ff. (135/136).
[77] Die Memoiren des Karl Heinrich Ritters von Lang, S. 105.

herrschte die Überzeugung, die gerichtliche Auseinandersetzung sei besser, als zu den Waffen zu greifen. Bis in die letzten Tage des Reiches gingen Klagen beim Reichskammergericht und beim Reichshofrat ein - ein unübersehbarer Hinweis auf das Vertrauen in die höchste Rechtspflege und damit in die Verfassung des Reiches.

In seiner "Skizze der dermaligen Lage des deutschen Reichs, May 1806" beklagt der Kanzleidirektor der Prinzipalkommission in Regensburg den nahenden Verlust der Reichsjustiz in geradezu ergreifender Weise:

"Die richterliche Gewalt war bisher der schönste Theil unserer Verfassung. Zwey Reichsgerichte, deren Räthe mit großer Vorsicht angestellt und von fremden Einfluß unabhängig gemacht waren, wetteiferten miteinander in unpartheiischer Verwaltung der Gerechtigkeit, und sprachen auch dem geringsten Unterhan gegen mächtige Fürsten Recht... Fehlte es auch wegen übler Organisation der exekutiven Gewalt einem großen Theile ihrer Entscheidungen an der Vollziehung: so brandmarkten sie doch den Übertreter der Gesetze mit dem Zeichen der Ungerechtigkeit, dienten der öffentlichen Stimme zur Leitung, und erhielten in der Nation ein reges Gefühl für Recht... Mit schmerzlichem Gefühle muß daher ein jeder Deutscher das Grab dieser wohlthätigen Anstalten sehen."[78]

Noch Mitte des 19. Jahrhunderts wurden die Leistungen der Reichsgerichte in weiten Kreisen anerkannt, vor allem, weil man sie nun schmerzlich vermißte. Das Rotteck-Welckersche Staatslexikon,[79] an dem die berühmtesten deutschen Rechtsgelehrten liberaler Richtung mitarbeiteten, zählt sie "zu den Zierden vormaliger deutscher Reichsverfassung". Und 1857 führt Jakob Benedikt Römer-Büchner[80] zwar den Untergang des Reiches auf die Mängel seiner Verfassung zurück, die aber mit den Reichsgerichten "einen Kern von gediegenem Werthe" umschlossen habe:

"In diesen Palladien der allgemeinen Freiheit waren den Fürsten, den Herren und Reichsstädten Schranken gesetzt, da vor diesen höchsten Gerichtshöfen sie zur Verantwortung gezogen zu werden fürchteten, und schon diese Furcht hat manche ungerechte Massregel verhütet. In dem Reichsoberhaupt, das kleine Despoten zur Verantwortung zog, in den Reichsgerichten, welche die Willkür beschränkten, lag ein wahrer Hort des Rechts für die deutsche Nation; dessfalls wollte selbst das kleine Frankfurt ... 1816 ohne Ersatz für den ehemaligen Reichshofrath die Constitution nicht annehmen."

Dies alles will zum überkommenen negativen Bild der Reichsgerichte ebensowenig passen wie die Tatsache, daß Goethe, ein Mann aus bestem Hause,

---

[78] Abgedruckt bei: Walter, Zusammenbruch, S. 137.
[79] 13. Bd., 1842, Artikel "Reichsgerichte", S. 647 ff.
[80] Die Wahl und Krönung der deutschen Kaiser zu Frankfurt am Main, Vorwort, S. VII f.

ausgerechnet zum Reichskammergericht ging, um dort die juristische Praxis kennenzulernen. Eine Tätigkeit als Praktikant oder Assessor in Wetzlar gehörte für den erfolgreichen Juristen oder Diplomaten zum guten Ton. Pütter nennt unter den 1790 beim Wahlkonvent in Frankfurt anwesenden Wahlbotschaftern eine ganze Reihe von Männern, die ihre Station in Wetzlar absolviert hatten. Wichtiger war dem gescheiten Kleinbürger aus Göttingen allerdings, daß die meisten der hohen Herren ihm schon im Kolleg gegenüber gesessen hatten.[81]

---

[81] Pütter, Selbstbiographie, S. 815 f.

III. "Die Schutzwehren sind eingerissen" - Die Bewertung der Verfassung in der Publizistik und ihre Wirkung nach dem Ende des Reichs

Vor allem im Vergleich mit der französischen Staatsliteratur fällt auf, daß die deutschen Publizisten sich nahezu ausschließlich mit den bestehenden Zuständen im Heiligen Reich beschäftigten, während in Frankreich die aufklärerischen Visionen einer noch zu errichtenden Staatsordnung entwickelt wurden. Die Reichsverfassung als solche wurde von den Staatsrechtslehrern kaum in Frage gestellt. Als Ursache bestehender Mißstände sah man vielmehr ihre Nichtbeachtung an.

"Im Ganzen muß man doch immer der Verfassung des Teutschen Reichs die Gerechtigkeit widerfahren lassen, daß sie in Vergleichung mit anderen Mächten doch nicht die unvollkommenste ist, sondern noch allezeit gewisse Vorzüge hat. Wenigstens liegt es nicht an der Staatsverfassung im Ganzen, wenn Teutschland nicht in allen Theilen sich einer gleichen Wohlfahrt zu erfreuen hat."[82]

Bei aller Kritik an den Mängeln der Reichsverfassung war doch die Überzeugung weitverbreitet, daß man ohne sie nicht leben könne. Sogar der spätere Jakobiner und Vizepräsident des rheinisch-deutschen Nationalkonvents Georg Forster war dieser Meinung:

"Es ziemt dem Deutschen Charakter nicht, mit schwerfälliger Nachahmung unserer leichtsinnigen Nachbarn ein enthusiastisches: *Vive la constitution!* anzustimmen und sie gleich darauf wieder zertrümmern zu wollen; wir dürfen vielmehr zugeben, daß unsere Verfassung, wie alles menschliche Beginnen, ihre Mängel hat, wobei sie aber noch geraume Zeit bestehen kann, und, wenn wir unsern wahren Vortheil kennen, auch noch bestehen wird."[83]

Aus einem merkwürdig anmutenden Überlegenheitsgefühl hinsichtlich der bestehenden Zustände lehnte man teilweise eine Modernisierung der staatlichen Verhältnisse ab. Christoph Martin Wieland, der nicht selten über die Verhältnisse des alten Reiches spottete und zweitweise Sympathien für die Französische Revolution hegte, gelangte nach den Revolutionserfahrungen in seinen vergleichenden Betrachtungen 1795 zu dem Ergebnis:

"Die dermahlige Deutsche Reichsverfassung ist, ungeachtet ihrer unläugbaren Mängel und Gebrechen, für die innere Ruhe und den Wohlstand der Nazion im Ganzen unendlich zu-

---

[82] Pütter, Historische Entwickelung der heutigen Staatsverfassung des Teutschen Reichs, Dritter und letzter Theil, S. 299.
[83] G. Forster, Sämtl. Werke, Bd. 8, S. 292.

träglicher, und ihrem Karakter und der Stufe der Kultur, worauf sie steht, angemessener als die Französische Demokratie."[84]

Immer war das Heilige Reich beißender Kritik ausgesetzt gewesen. Und gerade an seinem Ende existierte eine satirische Literatur von einer in Deutschland selten erreichten Qualität. Ihr literarischer Wert übertraf allerdings zumeist den Wahrheitsgehalt der Schriften. Von der glänzenden Formulierung der gelegentlich berechtigten Kritik beeindruckt, hat die spätere Forschung diese auf Extremfälle bezogenen Werke unzulässig verallgemeinert.[85] Eine Kostprobe hiervon, allerdings erst nach dem Ende des Reiches verfaßt, ist die Verhöhnung der Kleinstaaterei im Reich durch Johann Konrad Friederich:[86]

"Das Heilige Reich war jetzt ein altes, baufälliges und morsches Gebäude, welches der erste Sturm zusammenstürzen mußte; seine mehr als dreihundert Eigentümer waren zum Teil gar komische und sonderbare Käuze, besonders die Duodezsouveränchen, von denen fast jeder in seinem Ländchen seine eigenen, oft sehr kostbaren Spielereien hatte, die seinem armen Völkchen nicht selten die Haut über den Kopf abziehen machten. Jenes Fürstlein vergeudete die von seinen Untertanen erpreßten Gelder mit ausländischen Mätressen, dieses Gräflein oder Markgräflein hatte die Soldatenwut, war ein gewaltiger Paradenheld und hatte ein halbes Dutzend Offiziere, welche zwei Husaren befehligten; ein anderer brachte die Einkünfte seines Ländchens mit Theaterbauten, großen Opernvorstellungen und Theaterprinzessinnen durch; wieder ein anderer war ein wütender Nimrod, stellte ewig Parforce-Jagden an, bei denen nicht nur das Wild, sondern auch die armen Teufel von Bauern par force gehetzt wurden. [...] Dabei waren diese souveränen Herren im höchsten Grade mit Austeilungen von Titeln verschwenderisch, und die Titelwut war aufs höchste gestiegen. In einer kleinen Residenz in der Nähe von Frankfurt wohnten die Staats-, Geheimen Räte und Geheimen Hofräte usw. in einer Art von Schweineställen oder Hundelöchern, und man konnte kaum aus dem Fenster speien, ohne zu riskieren, auf einen Rat zu treffen. Nicht selten konnte man solche Herren an einem Waschzuber oder mit dem Flicken ihrer Amtsröcke beschäftigt finden."

Nun will aber gerade die angeprangerte Verschwendungssucht wenig zu der eben angeführten Aussage Langs passen, wonach man in den kleinen Fürstentümern ängstlich nach Wien und Wetzlar schielte, wenn es um die Verwendung und Erhöhung der Steuern ging. Gewiß gab es Mißstände der von Friederich angeführten Art. Doch seine überzeichnete Verallgemeinerung macht sich schon durch ihren eifernden Stil selbst verdächtig.

---

[84] Christoph Martin Wieland, Betrachtungen über die gegenwärtige Lage des Vaterlandes, Sämtl. Werke, Bd. 31, Leipzig 1840, S. 208 ff. (237), geschrieben im Januar 1793.
[85] Aretin, HRR I, S. 97.
[86] Denkwürdigkeiten, Bd. 1, S. 68 f.

Auch nach 1806 war die alte Reichsverfassung nicht derart verschwunden, wie man annehmen könnte. Franz II., zu dessen Wahl und Krönung man 1792 in Frankfurt zusammengekommen war, sollte 1804 als Franz I. den erblichen Kaisertitel für seine österreichischen Lande annehmen[87] und, nach der Austrittserklärung der Rheinbundstaaten aus dem Reich[88] und auf ein Ultimatum Napoleons, am 6. August 1806 die Krone des Heiligen Römischen Reiches deutscher Nation niederlegen.[89] Alle diese Akte verstießen gegen geltendes Reichsverfassungsrecht. Das Ergebnis der Untersuchung Gero Walters, nach völkerrechtlichen Grundsätzen sei das Reich auch durch diese rechtswidrigen Akte im Ergebnis untergegangen,[90] wird neuerdings unter Hinweis auf die Heiligkeit des Reiches in Frage gestellt. Als verfaßte Christenheit sei das Reich eine überstaatliche Rechtsordnung, die wegen ihrer beanspruchten Heiligkeit und Ewigkeit dem, nur auf vergängliche Staaten anwendbaren, allgemeinen Staats- und Völkerrecht entzogen sei.[91]

Im August 1813 erinnerte der Freiherr vom Stein in einer Denkschrift an Hardenberg an die Segnungen der alten Reichsverfassung und verglich sie mit den nun herrschenden Zuständen:[92]

Die alte Verfassung Deutschlands versicherte jedem seiner Einwohner Sicherheit der Person und des Eigentums, in den größeren geschlossenen Ländern (territoriis clausis) verbürgten beides Stände, Gerichtsverfassung, in denen übrigen die Reichsgerichte, die Oberaufsicht des Kaisers. Die Willkür der Fürsten war durchaus in der Abgaben-Erhebung, in ihrem Verfahren gegen die Person ihrer Untertanen beschränkt. Alle diese Schutzwehren sind eingerissen, 15 Millionen Deutsche sind der Willkür von 36 kleinen Despoten preisgegeben, und man verfolge die Geschichte der Staatsverwaltungen in Bayern, Württemberg und Westfalen, um sich zu überzeugen, wie es einer wilden Neuerungssucht, einer tollen Aufgeblasenheit und einer grenzenlosen Verschwendung und tierischen Wollust gelungen ist, jede Art des Glücks der beklagenswerten Bewohner dieser einst blühenden Länder zu zerstören."

Zu der auch heute noch vertretenen These, niemand habe mehr etwas vom Heiligen Reich gehalten, es sei vielmehr unter der Verachtung aller politisch interessierten Zeitgenossen sang- und klanglos als ein Nichts untergegan-

---

[87] Hofmann, Nr. 67.
[88] Hofmann, Nr. 70 a; A. Buschmann, Kaiser und Reich, S. 650 ff.
[89] Hofmann, Nr. 70 b; Buschmann, aaO, S. 654 f.
[90] Der Zusammenbruch des Heiligen Römischen Reiches deutscher Nation und die Problematik seiner Restauration in den Jahren 1814/15, S. 70, 76 ff., 108 ff., 129 f.
[91] So H. Hattenhauer, Über die Heiligkeit des Heiligen Römischen Reiches, in: W. Brauneder (Hg.), Heiliges Römisches Reich und moderne Staatlichkeit, S. 141 ff.
[92] Freiherr vom Stein, Briefe und amtliche Schriften, 4. Band, neu bearbeitet von W. Hubatsch, S. 243.

gen,[93] will diese Äußerung Steins wenig passen, noch weniger die Tatsache, daß er im folgenden Gedanken einer Reichsreform unter Berücksichtigung des preußisch-österreichischen Dualismus' mit Wiederherstellung des deutschen Kaisertums entwickelt. Auch Joseph Görres, einer der wirksamsten Publizisten seiner Zeit, stritt in seinem "Rheinischen Merkur" für ein erneuertes und gestärktes Kaisertum Österreichs:[94]

... daß die alte Kaiserwürde bei den Deutschen in all ihrem Glanze und ihrer Herrlichkeit wiederhergestellt werde, das fordert die Ehre der Nation; daß sie fortdauernd, bleibend und erblich beim Hause Habsburg beharre, verlangt ihre Sicherheit, und beides ist ohne Zweifel auch der Wunsch, den die große Mehrheit des deutschen Volkes hegt."

Der Reichsgedanke war auch nach 1806 nicht tot. Versuche zur Wiederherstellung des nun national gedeuteten Kaisertums wurden auch von deutschen Staaten angestellt. Während des Wiener Kongresses, in dessen Verlauf die fünf Führungsmächte Österreich, Preußen, Frankreich, Rußland und England die Neuordnung Europas und Deutschlands unter sich ausmachten, kam es auf Anregung Steins zu einer Eingabe von insgesamt 34 deutschen Staaten. Sie beklagten, daß sie von den Verhandlungen ausgeschlossen seien und bestanden auf Beteiligung am Verfassungswerk. Sie wollten[95] "ihre freie Stimme zu den organischen Gesetzen der einzugehenden Staatengesellschaft" abgeben und strebten die Wiederherstellung der deutsche Kaiserwürde an. Für dieses Bestreben, dem zuliebe sie ihrer Souveränität Einschränkungen aufzuerlegen bereit waren, suchten die 34 Unterstützung beim englischen König als einem Mitglied der Pentarchie. Der englische Bevollmächtigte von Münster pflichtete ihnen bei,

"daß der zweckmäßigste Weg, um zu einem befriedigenden Bundes-Verein aller teutschen Staaten zu gelangen, der gewesen sein würde, die alte Reichsverfassung als Grundlage beizubehalten, die Erfahrungen der letzten verhängnisvollen Epoche zu benutzen, und Verbesserungen einzuführen, um die Gebrechen zu vermeiden, welche die Reichsverfassung vorhin untergraben hatten."[96]

Allerdings führten diese Bemühungen nicht zum gewünschten Ergebnis einer Neubegründung des Reichs. In Wien sah man darin nur eine Beschränkung

---

[93] So etwa G. Roellecke, Kalte Verachtung und obszöner Respekt. Politische Layouts nach 1806 und nach 1945, Rechtshistorisches Journal 7 (1988), S. 401 (402 f.).
[94] J. Görres, Rheinischer Merkur, ausgewählt und eingeleitet von A. Duch, S. 105 f.
[95] J. L. Klüber, Acten des Wiener Congresses in den Jahren 1814 und 1815, Bd. 1, Heft 1, S. 72 ff. (73).
[96] Antwort des englischen Bevollmächtigten von Münster auf die Note der deutschen Staaten, Klüber, aaO, S. 83 ff. (84).

österreichischer Souveränität. Wegen des des Verlustes der österreichischen Niederlande war Österreich auf das strategisch wichtige kaiserliche Recht auf ungehinderten Truppendurchmarsch durch das Reich nicht mehr angewiesen. Am 8. Juni 1815 kam es zur Gründung des Deutschen Bundes zwischen souveränen Staaten. Deutlich wird jedoch, daß die Idee des Heiligen Reichs auch nach dessen Untergang lebendig war, daß der Untergang seiner Friedensordnung als schwerer Verlust empfunden wurde.

Festzuhalten bleibt, daß das Heilige Römische Reich deutscher Nation zur Zeit der Wahl und Krönung seines letzten Kaisers in weiten Teilen Deutschlands, vor allem in den kleineren und mittleren Reichsständen, sehr wohl lebendig und bei Kräften war. Im Jahr 1932 nahm Hans Erich Feine eine Neubewertung des Reiches vor:

"Nicht nur für die Reichspublizisten des 18. Jahrhunderts, nicht nur für einzelne begeisterte Reichspatrioten ... war das Reich noch gegenwärtige Wirklichkeit, mochte auch unhistorischer Rationalismus in ihm nur ein lebloses Skelett, einen galvanisierten Leichnam sehen, der verdiente, daß er in Staub zerfalle. Für Millionen Deutscher war die Formel "Kaiser und Reich" mehr als toter Buchstabe, war sie Stolz der Vergangenheit und über alle trübe Gegenwart hinweg Traum einer besseren Zukunft."[97]

---

[97] Feine, Verfassungsentwicklung, S. 66 f.

IV. "Electus Romanorum imperator semper augustus Germaniae rex" - Der Kaiser

"Der Kayser ist die allerdurchlauchtigste Person, welche von den Churfürsten vor sich und im Nahmen der übrigen Stände rechtmäßig ist erwehlet worden, des Reichs Haupt zu seyn und nach den eingegangenen Verträgen dasselbe zu regieren und die Reichs=Gesetze zu handhaben."[98]

Mehr als die Tatsache, daß die Kurfürsten, vom Heiligen Geist erleuchtet, einen gerechten, guten und geeigneten Menschen (hominem iustum, bonum et utilem) zum König und künftigen Kaiser wählen sollen, verrät die Goldene Bulle nicht (Kap. II, § 1). Der Weg war frei für die Staatsrechtslehrer, um mehr oder weniger überzeugend die erforderlichen Eigenschaften des Kaisers zu bestimmen.

"Von denen Eigenschafften, welche diejenige hohe Person an Sich haben müsse, die zum Röm. Kayser erwählet werden könne, haben manche Schrifftstellere vilerley so seltsames Zeug [geschrieben], daß es kein Wunder ist, wann (wie man erzählet,) Chur=Fürst Carl Ludwig zu Pfaltz Sich darüber geärgeret hat."[99]

Christoph Ludwig Pfeiffer zählte kurz auf,

"derselbe müsse sonderheitlich: 1) männlichen Geschlechts; 2) ein gebohrner Teutscher;[100] 3) von teutschen hohem Adel; 4) ein weltlicher Herr; 5) christlicher Religion; und endlich 6) volljährig seyn!"[101]

Im Heiligen Reich war einer Frau das höchste Amt theoretisch zwar nicht verwehrt, praktisch aber unmöglich erreichbar:

"Das Frauenzimmer ist zwar durch kein Reichs=Gesez von der würcklichen Kayserlichen Würde und Regierung ausgeschlossen; doch werden die Chur=Fürsten wohl niemalen eine Person dises Geschlechts zu Ihrem und des Reichs Oberhaupt erwählen."[102]

---

[98] Chr. G. Buder, Repertorium, "Kayser", § 1; Definition ferner bei Moser, Von dem Römischen Kayser (NTStR II), S. 26.
[99] Moser, aaO, S. 32.
[100] Dazu: H. Duchhardt, Et Germani eligunt et Germanus eligendus, Die Zulassung ausländischer Fürsten zum Kaiseramt im Jus Publicum des 17./18. Jahrhunderts, ZRG GA Bd. 97 (1980), S. 232 - 253.
[101] Teutsche Wahl und Crönung, S. 76. Ausführlicher J. B. Gaupp, wie J. J. Moser ein Schüler G. Schweders, in seiner 1712 verteidigten "Dissertatio politico-juridica de electione Imperatoris continens habilitatem personae eligendae".
[102] Moser, aaO, S. 34.

Die erforderlichen Eigenschaften des Kaisers hatten letztmalig nach dem Tod Karls VI. (1711 - 1740) politische Aktualität entfaltet. Mangels männlicher Nachkommen folgte ihm seine Tochter Maria Theresia auf die Throne von Ungarn, Böhmen und der österreichischen Erblande. Eine Kandidatur Maria Theresias für die Kaiserwürde kam dagegen nicht in Frage. Gegen ihren Mann Franz Stephan, seit 1737 unter Verzicht auf sein Stammland Lothringen Großherzog von Toskana, wurde vor allem von Preußen dessen nichtdeutsche Herkunft in die ausschließlich politisch motivierte Diskussion[103] eingebracht. Nach dem Ende des wittelsbachischen Intermezzos Karls VII. (1742 - 1745) war schließlich der Weg für Franz Stephan zum Kaisertum als Franz I. (1745 -1765) frei.

Äußerst umstritten war in der staatsrechtlichen und politischen Literatur die Frage nach der Konfession des Kaisers.[104] Die überwiegend protestantischen Reichspublizisten waren zwar in der Mehrzahl der Ansicht, daß nach der völligen Gleichstellung der Konfessionen im Westfälischen Frieden auch ein Protestant Kaiser werden könne, doch war man sich über die rein theoretische Natur des Problems im klaren:

"Dann da die Catholische in dem Chur=Fürstlichen Collegio ein so grosses Uebergewicht haben, und vermuthlich allezeit behalten werden;[105] so wird sich wohl niemalen der Fall ereignen, daß ein Evangelischer Herr zum Kayser erwählet werde."[106]

Wichtigste Eigenschaft des Thronkandidaten in politischer Hinsicht war, daß er, angesichts der zwischen Kaiser und Ständen geteilten und von letzteren immer stärker beanspruchten Macht im Reich, über eine starke Hausmacht verfügen mußte. Nach Johann Bernhard Gaupp[107] mußte der Kandidat "dives ac potens", reich und mächtig sein. Da nur ein katholischer Kandidat in Frage kam, schieden Preußen, aber auch das Anfang des 18. Jahrhunderts noch mächtige Sachsen, ein evangelischer Reichsstand mit katholischem Kurfürsten, aus. Das Reich war auf Kaiser aus dem Haus Habsburg angewiesen, die sich auf Ungarn, Böhmen und die österreichischen Erblande stützten und seit 1438 die Kaiserwürde in ihrem Haus praktisch erblich gemacht hatten. Daß es zu den Habsburgern keine Alternative gab, zeigte das Beispiel des un-

---

[103] Die dabei veröffentlichen Schriften bei Moser, aaO, S. 31 f.
[104] Dazu H. Duchhardt, Protestantisches Kaisertum und Altes Reich, bes. Kapitel IV, S. 191 - 203.
[105] Erst 1803 war das Kurkollegium mehrheitlich protestantisch, s. u., S. 75.
[106] Moser, aaO, S. 39; in diesem Sinne auch Pfeiffer, Teutsche Wahl und Crönung, S. 89 f.
[107] De electione Imperatoris, S. 26.

glücklichen Ständekaisers Karl VII., der nach der Besetzung seiner Residenz München durch österreichische Truppen in Frankfurt starb. Sogar nach der katastrophalen Reichspolitik Josephs II. kam mangels einer Alternative nur sein Bruder Leopold als Nachfolger in Frage.[108] Und 1792 stand mit Leopolds Sohn Franz der einzige Kandidat für die Kaiserwürde ebenfalls bereits vor der Wahl fest. Nur ein Kaiser mit starker Hausmacht war in der Lage, das Reich aus der außenpolitisch zum Zerreißen gespannten Lage zu führen. Doch was bewog den jungen Habsburger dazu, sich um die Kaiserwürde des Heiligen Reichs zu bemühen?

Im 18. Jahrhundert ließ sich mit der Kaiserwürde kein Geld mehr verdienen, war das Kaiseramt ein Zuschußunternehmen geworden:

"Die Einkünffte eines Römischen Kaysers, so er von dem Reich zu geniessen hat, seynd so gering, daß man fast lieber davon gar schweigen sollte, und wann es nicht gar einem Haus theils um die damit verbundene Ehre zu thun wäre, theils sich bißhero sonst so manche Gelegenheiten geäussert hätten, da ein Kayser und seine Familie dieser Würde reichlich zu geniessen gehabt hätte, so sollte man sich im höchsten Grad wundern, daß sich indessen noch Prinzen gefunden, welche die Römisch=Kayserliche Crone nicht nur angenommen, sondern gar eifrigst gesuchet haben."[109]

Die früher zahlreich aus dem Reich sprudelnden Geldquellen - Zölle, Steuern, Münzgefälle und Bergwerksgelderträge - waren von den Kaisern nach und nach den Reichsständen verpfändet oder verkauft worden. Diese Entwicklung war nicht mehr rückgängig zu machen; die Erfahrung, daß sich einmal gewährte Besitzstände ohne Gefährdung der Regierungsmacht kaum widerrufen lassen, blieb den Kaisern nicht erspart:

"Ja wann ein Kayser in dieser Materie hätte scharf seyn, und es weit treiben wollen, wären nicht nur innerliche Unruhen im Reich zu besorgen gewesen, sondern er würde auch wohl der lezte Kayser aus seiner Familie gewesen seyn."[110]

Die Reichsregierung war also ein Zuschußgeschäft. Personalkosten verursachten vornehmlich die kaiserlichen Gesandtschaften und der Reichshofrat. Demgegenüber erzielte der Kaiser, hauptsächlich aus Steuern der Reichsstädte, weniger Einkünfte als ein hannoverischer Kammerpräsident oder

---

[108] Dazu unten, S. 57 f.
[109] Moser, Von dem Römischen Kayser (NTStR II), S. 537. Vgl. dort insgesamt das 8. Kapitel "Von des Römischen Kaysers Einkünfften", S. 535 - 581.
[110] Moser, aaO, S. 539.

Premierminister Ende des 19. Jahrhunderts.[111] Allein um zur Kaiserwürde zu gelangen, mußte er beträchtliche Geldmittel aufwenden. So mancher Kurfürst ließ sich seine Stimme mit klingender Münze vergüten, die Wahl- und Krönungsfeierlichkeiten verschlangen Unsummen.[112] In der "Punctation für die königlich-kurböhmische Wahlbotschaft nach Frankfurt"[113] stellte der österreichische Staatskanzler Kaunitz denn auch fest, daß sich die Kaiserwürde wirtschaftlich nicht lohne. Dennoch kann man seinen Ausführungen entnehmen, daß man in Wien sehr viel Wert auf den Erhalt des Kaisertitels beim Hause Habsburg legte, ohne dies nach außen hin offenlegen zu wollen. Der bloße ideelle Wert des Titels und der Rang des Kaisers als das erste Haupt in der Christenheit wird dem alten Diplomaten dazu wohl kaum ausgereicht haben. Das führt zur Frage nach der tatsächlichen Macht des Kaisers gegen Ende des 18. Jahrhunderts.

Die Reichsstände hatten die kaiserliche Macht im Laufe der Zeit zunehmend begrenzt. Mußte ihnen 1519 erstmals Karl V. in einer Wahlkapitulation erhebliche Zugeständnisse machen, so verankerte der Westfälische Frieden von 1648 endgültig die ständische Libertät. In der Regierung war der Kaiser nunmehr weitgehend von den Ständen abhängig. Er vertrat zwar das Reich nach außen, durfte aber ohne Zustimmung der Stände weder Verträge noch Bündnisse mit fremden Staaten schließen oder den Krieg erklären. Mit der Ratifikation durch den Kaiser traten die vom Reichstag beschlossenen Gesetze in Kraft. Das Reich blieb auch nach 1648 eine Lehensordnung mit dem Kaiser an der Spitze. Dieser verlieh noch im 18. Jahrhundert die Fürstentümer des Reiches und nahm den von fürstlichen Gesandten abzulegenden Lehnseid persönlich ab. Doch hatten sich die mächtigsten Lehnsnehmer, vor allem Brandenburg-Preußen, unter dem schwachen Karl VII. von der Pflicht zur Leistung des Lehnseides befreit. Die allein dem Kaiser zustehenden Reservatsrechte[114] waren eher kümmerlich.[115] Darunter fiel das Recht der Stan-

---

[111] Kriegk, Die deutsche Kaiserkrönung, S. 86. Einen Überblick über die Einkünfte des Kaiser im Sterbejahr des Reiches gibt J. Haas in seiner "Skizze über die dermalige Lage des deutschen Reiches, May 1806", abgedruckt bei: Walter, Zusammenbruch, S. 132 ff. (136).
[112] Zu den Schulden nach der Krönung von 1790 unten, S. 83.
[113] Vivenot II, Nr. 455, S. 68 ff. (89).
[114] Im Gegensatz zu den Rechten, die der Kaiser nur gemeinsam mit dem Reichstag ausüben konnte (iura comitialia). Zu den iura caesarea reservata: Buder, Repertorium, "Reservata des Kaisers". Man unterschied innerhalb der Reservatsrechte noch danach, ob sie dem Kaiser ausschließlich zustanden (iura reservata exclusiva) oder ob er in ihrer Ausübung mit dem Landesherrn konkurrierte (iura reservata communia oder cumulativa), Conrad, Deutsche Rechtsgeschichte II, S. 67 f.

deserhöhungen und der Ernennung von Notaren mit öffentlichem Glauben, der Verleihung von akademischen Graden und Titeln, der Erteilung von Universitätsprivilegien, ferner das Recht, Minderjährige für volljährig zu erklären und uneheliche Kinder zu legitimieren. So werden es diese Befugnisse wohl kaum gewesen sein, die die Kaiserkrone für Franz erstrebenswert machten, zumal in der Wahlkapitulation von 1790 die kaiserliche Macht nach den bösen Erfahrungen des Reichs mit Joseph II. noch stärker beschnitten worden war. Die Klage des alten Staatskanzlers läßt den Wert der Krone vollends zweifelhaft erscheinen:

"Die alten, dem Reichsoberhaupte günstigen Reichsgesetze verlieren durch Nichtbeobachtung, durch offenbare Widersetzlichkeit und durch die schlauen Subtilitäten der ungebundenen Staatsrechtslehrer[116] in dem Verhältnisse ihre Wirksamkeit, als der altdeutsche Patriotismus abnimmt und an dessen Stelle egoistische politische Systeme an den Reichshöfen entscheidenden Eingang genommen haben."[117]

Nach Kaunitz empfand Franz es als seine Pflicht, dem bedrängten Reich als Oberhaupt seine Dienste anzutragen und die praktisch nur noch lästige Bürde des Kaiseramtes auf sich zu nehmen.

Doch so uneigennützig war das Streben nach der Reichskrone nun auch wieder nicht. Der politische Einfluß des Kaisers im Reich war trotz allem nicht unbedeutend und konnte für seine Hausmacht von großem Nutzen sein. Zu dem Urteil von Kaunitz will es schlecht passen, wenn Christian Gottlob Biener in seiner "Bestimmung der kaiserlichen Machtvollkommenheit in der teutschen Reichsregierung"[118] beim Vergleich der Regierungsrechte der Stände und des Kaisers feststellte:

---

[115] Ein anderes Bild vermittelt jetzt die Untersuchung A. Buschmanns, Kaiser und Reichsverfassung, in: W. Brauneder (Hg.), Heiliges Römisches Reich und moderne Staatlichkeit, S. 41 ff., insbes. S. 42 f., 48, 58 f., der die rechtliche Stellung des Kaisers als bedeutend einstuft.
[116] 1792 hatte Kaunitz vornehmlich den Göttinger Professor Johann Stephan Pütter im Auge. 25 Jahre zuvor waren es neben den schon älteren Severinus de Monzambano (Pseudonym Pufendorfs) und Hippolithus a Lapide (Pseudonym Chemnitz') vor allem die Hallenser Professoren Christian Thomasius und Johann Peter Ludewig, deren Schüler das "eingesogene Gift und den Haß gegen das höchste Reichsoberhaupt" verbreiteten. Angesichts des beherrschenden Einflusses der protestantischen Reichspublizisten dachte man 1766/67 in Wien daran, von diesen einen einflußreichen Schreiber gegen "mässige Pension" für die kaiserliche Propaganda zu gewinnen, vgl. Kaunitz' Gutachten für Joseph II., abgedruckt bei: Khevenhüller-Metsch/Schlitter, Aus der Zeit Maria Theresias, S. 515 ff.
[117] Vivenot II, Nr. 455, S. 68 ff. (69f.); ebenso der Hofrat Daiser in seinen Bemerkungen vom Juni 1792, HHStA, Reichsakten in specie, Fasz. 69, Anlage XII.
[118] Leipzig 1780, 2. Theil, § 87, S. 133 f.

"Wiegt man sie gegeneinander ab, so schlägt die Schaale der kaiserlichen Gerechtsamen weit herunter. Die Maiestät ist also in Teutschland kein leeres Wort, die Machtvollkommenheit ist kein Phantom, kein Schatten, in ihr liegt der größte Teil der Reichsregierung, und der teutsche Kaiser ist immer noch der Monarche Teutschlands, ia der erste und gröste Europäischer Monarchen."

Auch wenn man die kaiserfreundliche Tendenz Bieners in Rechnung stellt, wird der Einfluß des Kaisers nicht gering gewesen sein. Als "Advocatus ecclesiae"[119] konnte er bei der Besetzung der Bischofsstühle[120] ihm genehme Kandidaten durchsetzen, durch Standeserhöhungen kaisertreuer Neufürsten die Zusammensetzung des Reichsfürstenrates beeinflussen, durch kaiserliche Gesandtschaften in den Territorien seine Interessen wahren.[121]

Nicht zu unterschätzen war der militärische Nutzen der Kaiserkrone für die habsburgische Hausmacht. Über die Bedeutung der Kaiserkrone für Österreich hatte der in Reichsdingen besonders bewanderte österreichische Staatsminister Graf Anton von Pergen 25 Jahren vor der Krönung von 1792 eine Denkschrift erstellt.[122] Joseph II., der nach dem Tod seines Vaters in den österreichischen Erblanden 1780 als bloßer Mitregent seiner Mutter Maria Theresia an großen Taten gehindert war, wollte nach dem Regierungsantritt im Reich wenigstens dort seine Ideen verwirklichen, vornehmlich die Reichverfassung zur Stärkung der kaiserlichen Position und zum Nutzen seiner Hausmacht reformieren. Im November 1766 legte er dem Staatskanzler Kaunitz, dem Reichsvizekanzler Colloredo und Pergen einen entsprechenden Fragenkatalog zu Begutachtung vor.[123] Neben der Beantwortung dieser Fragen stellte Pergen außerdem in einer Bearbeitung von sechs eigenen Fragen[124] die Vorzüge der Krone für Österreich heraus, behielt aber gleichzeitig das Wohl des Reiches im Auge: Die Kaiserkrone sei unzweifelhaft das vor-

---

[119] Dazu: Buder, Repertorium, "Advocat", §§ 5 - 10.
[120] Zur Frage, ob die Besetzung der Reichsbistümer mit österreichischen Erzherzögen ratsam sei, vgl. die Bemerkungen des Hofrats Daiser vom Juni 1792, HHStA, Reichsakten in specie, Fasz. 69, Anlage XII.
[121] Willoweit, Deutsche Verfassungsgeschichte, S. 173.
[122] Abgedruckt bei: H. Voltelini, Eine Denkschrift des Grafen Johann Anton Pergen über die Bedeutung der römischen Kaiserkrone für das Haus Österreich, in: Festgabe für H. Ritter v. Srbik, S. 152 ff. (158 - 168); zur Person Pergens ebenda, S. 155 f.
[123] Fragenkatalog Josephs und Gutachten Colloredos und Kaunitz' bei: Khevenhüller-Metsch/Schlitter, Aus der Zeit Maria Theresias, S. 479 ff., 482 ff. u. 502 ff.
[124] "1. Der Wert der Kaiserkrone für jeden Reichsstand. 2. Warum sie für das Erzhaus unschätzbar sei. 3. Ob der Kaiser im Deutschen Reich etwas Großes erreichen könne. 4. Welche Vorteile der Kaiser für sein Haus erwerben könne. 5. Ob der Besitz der Kaiserkrone nicht auch schädlich werden könne. 6. Wie der Kaiser Ruhm und Ansehen erwerben und das Beste seines Hauses erwerben könne", Voltelini, aaO, S. 157.

züglichste Kleinod für ihren Besitzer, da ihr das Ansehen und die Gewalt in der Eigenschaft eines "obristen Richters" und "Oberhauptes über so viele zum Theil mit fremden Cronen prangende mächtige Stände anklebt", auch weil der Kaiser als erstes Haupt in der Christenheit übergroße Vorzüge gegenüber anderen genieße. Der Besitz der Krone habe Österreich erst zu dem gemacht, was es sei, habe die Zahl seiner Feinde verringert und die seiner Freunde vermehrt. Hinsichtlich der Vorteile für Österreich lasse sich "mit Statthaftigkeit darthun, daß ungemein viele, ja die weesentlich und wichtigste zu Vergrößerung der Oesterreichischen Haußmacht von dem Besitz der Kaisercrone abhangen."[125] Pergen nennt neben dem Einfluß auf das Reichspolizeiwesen und dem Umstand, daß der Kaiser ihm unliebsame Reichsgutachten durch Verzögerung der Ratifikation im Ergebnis verhindern könne, im wesentlichen den strategischen Nutzen der Krone. Österreich habe in seinen Kriegen die Möglichkeit, einen Großteil des Reichs auf seine Seite zu ziehen, erhalte Geldmittel von den geistlichen Ständen und in den Türkenkriegen Unterstützung an Mannschaft und Geld aus dem Reich. Der Kaiser könne die "Reichsarmatur in Nothfällen aufbieten und in gewißer Maas nach seinen Absichten gebrauchen" und dürfe Truppenaushebungen im Reich vornehmen. Besonders wichtig für den Zusammenhalt der habsburgischen Lande sei der Umstand, daß der Kaiser "alle Durchmärsche seiner Truppen durch das Reich mit weniger Kösten und Unannehmlichkeiten als alle übrige Stände des Reichs befördern kann, welches dem Durchl. Erzhauß derer Niederlanden halber zum großen Nutzen gereichet." Für Joseph, der die Ratschläge seiner Gutachter kaum befolgte und fast alles falsch machte, was man dem Reich gegenüber falsch machen konnte, war dieser Nutzen am Ende der einzige, der den Erhalt der Krone lohnte. Hätte er seinen Plan, die österreichischen Niederlande gegen Bayern zu tauschen, verwirklichen können und so ein zusammenhängendes Staatsgebiet erhalten, wäre das Reich als Verbindungslinie für Österreich bedeutungslos geworden. Er trug sich mit dem Gedanken, in diesem Fall die Kaiserkrone niederzulegen und Österreich völlig vom Reich zu trennen.[126]

In Wien verbargen sich hinter dem Wunsch nach der Krone insbesondere deren strategische Vorteile. Sie kamen im Krieg gegen Frankreich nicht ungelegen, zumal sich das Reich selbst noch nicht im Krieg befand. Die Verbindung zu den österreichischen Niederlanden war wichtig. Der belgische Aufstand vom Jahre 1789 war noch in frischer Erinnerung. Franz hatte bei seiner

---

[125] Voltelini, aaO, S. 160 f.
[126] Aretin, HRR I, S. 13.

Kandidatur also nicht nur das Wohl des Reiches im Auge, sondern erstrebte die Vorteile der Kaiserwürde.

V. Das Reich und die Französische Revolution

Bei der Krönung von 1792 waren die Auswirkungen des Ersten Koalitionskriegs gegen das revolutionäre Frankreich unübersehbar. Am Krönungstag selbst marschierten Truppen durch Frankfurt nach Westen gegen Frankreich. Unter dem Einfluß der aufgeklärten Staatsphilosophie hatte dort der Dritte Stand das Recht der ihm bisher verwehrten politische Mitwirkung erreicht. Ludwig XVI. war durch die Staatsverschuldung gezwungen worden, zum ersten Mal seit 1614 die Generalstände nach Versailles einzuberufen. Diese hatten eine Steuerreform durchsetzen und auch die bisher privilegierten ersten beiden Stände zur Steuerzahlung heranziehen sollen. Am 17. Juni 1789 erklärte sich der Dritte Stand auf Vorschlag von Sieyès zur Nationalversammlung und schwor am 20. Juni im Ballhaus von Versailles, "sich niemals zu trennen, bis die Verfassung errichtet ist". Man begann mit den Beratungen einer Verfassung. Truppenkonzentrationen um Paris, Gerüchte von einer beabsichtigten Auflösung der Nationalversammlung, die Entlassung des beim Volk beliebten Finanzministers Necker am 11. Juli und die drastische Verschlechterung der Brotversorgung führten zu Unruhen in der Pariser Bevölkerung: Am 14. Juli 1789 erzwang sie die Übergabe der Bastille. Ludwig XVI. mußte dies am 17. Juli öffentlich als rechtmäßig anerkennen, tat es jedoch mit geheimen Vorbehalten. Gleichzeitig entlud sich auf dem Land der Haß der Bauern gegen die Grundherren: Schlösser und Urkunden, Rechtstitel der bäuerlichen Dienste, verbrannten, Klöster wurden zerstört und Pachthöfe geplündert. Angesichts der blutigen Unruhen beriet die Nationalversammlung zunächst über die dringendsten Probleme. In der Nachtsitzung des 4./5. August verzichteten die Privilegierten auf ihre Privilegien. Die Nationalversammlung beschloß die Aufhebung des Lehensherrschaft und die Abschaffung von Standesprivilegien. Damit endete das Ancien Régime.

Die Beschlüsse vom 4./5. August bedeuteten eine erste unmittelbare Auswirkung der Revolution auf das Reich, da von ihnen auch das Elsaß betroffen war. Es gehörte zwar seit den Annektionen Ludwigs XIV. staatsrechtlich zu Frankreich.[127] Dennoch hatten dort noch deutsche Reichsstände Rechte, vor

---

[127] Im Westfälischen Frieden hatte Frankreich die Territorial- und Vogteirechte Habsburgs im Elsaß erhalten, ohne daß aber die Reichszugehörigkeit der jeweiligen Gebiete aufgehoben worden wäre. Nachdem Frankreich 1680 seine Souveränität über das Elsaß proklamiert und sich 1681 auch der Reichsstadt Straßburg bemächtigt hatte, wurden diese Annektionen von Kaiser und Reich im Frieden von Rijswijk (1697) anerkannt und mußten auch im Frieden von Rastatt (1714) hingenommen werden. E. R. Huber, Deutsche Verfassungsgeschichte, Bd. 1, S. 20, Fn. 1.

allem, nach Maßgabe des Lehnrechts, die Gerichtsherrschaft und andere Hoheitsrechte. Dieses Nebeneinander von Herrschaftsrechten war unproblematisch, solange die beteiligten Länder verfassungsmäßig auf einer Stufe standen. Die Abschaffung der Lehensherrschaft durch das revolutionäre Frankreich stand nun jedoch in unvereinbarem Gegensatz zur Reichsverfassung.[128] Die reichständischen Rechte im Elsaß waren durch den Westfälischen Frieden garantiert und blieben auch durch spätere Friedensschlüsse unbeeinträchtigt. Mit ihrer Aufhebung verstieß Frankreich gegen völkerrechtliche Vereinbarungen und verletzte die Rechte des Reiches als des Garanten seiner Glieder.[129]

Doch nicht nur durch Maßnahmen wie die Abschaffung der Lehnsverfassung und, später, die Zivilkonstitution des Klerus, welche die Diözesanrechte der deutschen Bischöfe auf französischem Gebiet beseitigte, beeinflußte die Revolution die Lage in Deutschland. Revolutionäre Funken sprangen von den Aufständen in der französischen Provinz über. Von West nach Ost breitete sich eine Unruhewelle aus, die auf verbreitete Unzufriedenheit auch in den deutschen unteren Schichten schließen läßt.[130] Über die Bedeutung der Unruhen im Reich ist man allerdings bis heute geteilter Meinung, wie es schon die Zeitgenossen waren.[131]

Das Elsaß war wirtschaftlich von Frankreich durch Zollgrenzen getrennt und besaß neben den kulturellen auch starke wirtschaftlichen Bindungen an Deutschland. Von dort breiteten sich die Unruhen schnell nach Osten aus, wobei Straßburg das Zentrum revolutionärer Propaganda war:[132]

"Die Grundsätze von Freyheit und Gleichheit, die seit 1789 in Frankreich von so ausserordentlicher Wirkung waren, schienen in den benachbarten Teutschen Landen beynahe epidemisch zu werden."[133]

---

[128] Aretin, HRR I, S. 252; Willoweit, Deutsche Verfassungsgeschichte, S. 195.
[129] Huber, aaO, Bd. 1, S. 20 f., dort auch zu den Reaktionen im Reich.
[130] Zum folgenden: W. Lüdtke, Der Kampf zwischen Österreich und Preußen um die Vorherrschaft im "Reiche" und die Auflösung des Fürstenbundes, MIÖG 45 (1931), S. 70 (76 ff.) und R. Reichardt, Deutsche Volksbewegungen im Zeichen des Pariser Bastillesturms, in: H. Berding (Hg.), Soziale Unruhen in Deutschland während der Französischen Revolution, S. 10 ff.
[131] Aretin, Das Reich, S. 42 u. 43, Fn. 45, 47; Lüdtke, aaO, S. 75.
[132] Dazu: R. Marx, Strasbourg, centre de la propagande révolutionnaire vers l'Allemagne, in: J. Voss (Hg.), Deutschland und die Französische Revolution, S. 16 - 25.
[133] Pütter, Selbstbiographie, S. 810, Fn. 1.

Auf der östlichen Rheinseite gärte es; in Baden und der österreichischen Ortenau konnten Unruhen rasch beigelegt werden. Dagegen brach in den rechtsrheinischen Besitzungen des Fürstbistums Straßburg eine Rebellion aus, die erst im März 1790 im Wege der Exekution durch Reichstruppen niedergeschlagen wurde. Auch in Württemberg wurde es etwas später unruhig, ohne daß es zu gewaltsamen Ereignissen kam, da der Herzog über eine disziplinierte Militärmacht verfügte. Einen zweiten Unruheherd neben den oberrheinischen Ländern gab es in der Pfalz und den Gebieten an Saar, Mosel und Mittelrhein. In Kurmainz kam es in Bingen und Alzey zu Zusammenrottungen. In Kurtrier steigerte sich die Unzufriedenheit mit dem Landesherrn Erzbischof Klemens Wenzelaus, dem Enkel August des Starken, zu offenem Aufruhr. In Aachen, Köln, Neuß, Boppard kam es zu Unruhen. In Bayern kamen sie nicht zu gewaltsamem Ausbruch, da der von einer Art Revolutionspsychose[134] befallene Kurfürst Karl Theodor alle Klagen in kürzester Zeit abstellte. In Kursachsen kam es im Jahre 1790 zu Aufständen der Landbevölkerung, die einige Zeit die Lage völlig beherrschte. Das Ausmaß dieser Revolten ging weit über das der Unruhen im Westen hinaus. Nur durch ein Truppenaufgebot von mehreren tausend Mann und durch Abhilfe der dringendsten Beschwerden konnten die Unruhen unterdrückt werden. Auch in einigen preußischen Provinzen, so in Schlesien und am Rhein brachen Unruhen aus. Lediglich in Norddeutschland blieb es ruhig.

Die Ursachen der Aufstände auf dem Land sind wie in Frankreich vor allem in den ungünstigen wirtschaftlichen Verhältnissen zu suchen. Die Mißernten des Jahres 1789 und eine allgemeine Teuerung ließen die vorhandenen Mißstände besonders drückend werden. Es häuften sich Klagen über Wildschaden, der den Bauern die ohnehin schlechte Ernte beeinträchtigte, wobei bäuerliche Selbsthilfe als Eingriff in das Jagdrecht des Adels schwer bestraft wurde. Freie Waldnutzung und freie Jagd waren keine neuen Forderungen. Jahrzehntelange Prozesse vor dem Reichskammergericht waren darüber geführt worden.[135] Anlaß für die Unruhen in Kursachsen war die Unzufriedenheit mit den Beamten, denen Unwissenheit, Nachlässigkeit und Schlendrian vorgeworfen wurde.[136] Dazu kam eine unbefriedigende Handhabung der Rechtspflege, die langwierige Prozesse der Bauern mit ihren Grundherren

---

[134] Lüdtke, aaO, S. 78.
[135] Der Prozeß zwischen den Fürsten von Hohenzollern-Hechingen und ihren Untertanen um das Recht auf "freie Pürsch" dauerte über 30 Jahre und kostete mehrere hunderttausend Gulden, Hertz, Rechtsprechung, S. 336.
[136] Vgl. die Aussage des zweiten kurbrandenburgischen Wahlbotschafters in Frankfurt vom 18. Juni 1792, bei Heigel, Deutsche Geschichte I, S. 550.

verursachte. Hinter allem stand die Unzufriedenheit mit der herrschenden Grundherrschaft, die den Bauern vielfältige Lasten auferlegte und die schon vor 1789 zu lokal begrenzten Unruhen geführt hatte.[137]

Auch nach 1789 wurden jedoch selten die neuen Ideen von der anderen Seite des Rheins zur Begründungen der Beschwerden und Forderungen herangezogen. Mit wenigen Ausnahmen hatten die Bewegungen trotz der Übernahme revolutionärer Handlungsformen und Symbole einen altständischen Zug.[138] Man schaute mehr in die Vergangenheit als in die Zukunft, berief sich auf das Herkommen. Bezeichnend dafür war die Suche nach alten Schriften mit den Unterschriften der sieben Kurfürsten, worin deren Gerechtigkeiten aufgezeichnet sein sollten.[139] In Mainz führten die aufständischen Handwerker zwar die Trikolore mit und nannten sich Patrioten, wollten aber lediglich die Wiederherstellung der alten Zunftverfassung durchsetzen.[140] In Bruchsal andererseits gehörte Selbstverwaltung im demokratischen Sinne zu den Forderungen, in Trier die Abschaffung der Vorrechte von Adel, Geistlichkeit, Herrenstand und Domkapitel. In Bayern wurde die Parallele zu Frankreich deutlich, als die Stände im Sommer 1790 den Geldforderungen des Kurfürsten ihre Zustimmung versagten und die Einberufung der Generalstände verlangten, die zuletzt 1665 zusammengetreten waren.

---

[137] Dazu Möller, Fürstenstaat oder Bürgernation, S. 148 ff.
[138] So beim Knotenaufstand in Mainz: F. Dumont, Mainz und die Französische Revolution, in: J. Voss (Hg.), Deutschland und die Französische Revolution, S. 133.
[139] Lüdtke, Kampf um die Vorherrschaft, S. 78 f.
[140] Dumont, aaO, S. 133.

VI. Warum gab es keine allgemeine deutsche Revolution?

Im Juli 1793 beschäftigte sich Adolph von Knigge mit der Frage einer allgemeinen deutschen Revolution[141] und gelangte zu ihrer Verneinung: In den meisten deutschen Ländern sei der Druck des Despotismus längst nicht so stark wie in Frankreich vor der Revolution.

"Viele unserer Beherrscher fühlen dann auch, daß sie in der Welt eine zu kleine Rolle spielen, um sich über die öffentliche Meinung hinwegzusetzen. Auch werden sie nicht in einem so asiatischen Glanze erzogen, kennen die Leiden und Freuden des Privatlebens und haben Sinn für menschliche und gesellige Tugenden. Ja! nicht nur geht es in den mehrsten teutschen Ländern gar nicht so grausam her, sondern in manchen herrscht sogar, eine lange Reihe von Jahren hindurch, eine recht glückliche Verfassung, welche das Volk der Regierungsform geneigt macht."[142]

So herrschten Fürsten wie der kunstsinnige und an der Idee des Wohlfahrtsstaates orientierte Herzog Karl August von Sachsen-Weimar, der Freund seines Ministers Goethe, und der aufgeklärte Reformer Markgraf Karl Friedrich von Baden, der Folter und Leibeigenschaft aufhob und für seine mustergültige Verwaltung berühmt ist.

In der deutschen Bevölkerung herrschte ein dynastisches Gefühl, eine - auch religiös geprägte - Anhänglichkeit an das angestammte Herrscherhaus. Eine Krise der Monarchie wie in Frankreich gab es in Deutschland im 18. Jahrhundert nicht. Charismatische Herrscher vom Rang Friedrichs II. und Maria Theresias festigten dort das Königtum. Weniger politische Macht als vielmehr ihre Autorität und verkörperte Legitimität machten, trotz aller Kritik, den Bestand der Monarchie für lange Zeit unangreifbar.[143] Am 29. August 1789 schrieb die Mainzer Zeitung:

"Die Religion wirkt zu stark auf die Gesinnungen der Rheinländer, um den Eid zu brechen, den sie ihrem Fürsten geleistet haben".[144]

Die durch Kaiser und Reichsjustiz geschützten Rechtsordnung des Reichs tat ein übriges:

---

[141] "Über die Ursachen, warum wir vorerst in Teutschland wohl keine gefährliche politische Hauptrevolution zu erwarten haben" (Schleswigsches Journal, Juli 1793, S. 273 - 290), in: Deutschland und die Französische Revolution, hrsg. v. Th. Stammen u. F. Eberle, Nr. 54, S. 254 ff.
[142] Knigge, aaO. S. 258.
[143] Huber, Deutsche Verfassungsgeschichte, Bd. 1, S. 7.
[144] Zitiert bei H. Strothotte, Die Exekution gegen Lüttich, S. 5.

"Man hat Landstände, welche dringende Vorstellungen thun; Man darf den Landesherrn selbst bey seinen Gerichtshöfen verklagen - dies lässt einen Schein von Freiheit übrig; Endlich wendet man sich nach Wetzlar, oder nach Wien."[145]

In Deutschland gab es keinen völlig von der politischen Teilhabe ausgeschlossenen Dritten Stand wie in Frankreich. Das Bürgertum war in keinem deutschen Territorium zu einer Stärke gelangt, die ihm erlaubt hätte, alleinige politische Verantwortung zu übernehmen. Andererseits war ihm die politische Teilhabe nicht wie in Frankreich durch eine vom übrigen Land isolierte Hofgesellschaft verwehrt. Vielmehr war im Lauf des 18. Jahrhunderts die Rolle des Bürgertums in Führungspositionen von Staat und Gesellschaft immer einflußreicher geworden. Die deutschen Fürsten hatten sich in der Auseinandersetzung mit den Landständen bevorzugt bürgerlicher Räte und Verwaltungsbeamter bedient und beim Ausbau des Verwaltungsstaates auf qualifizierte Akademiker bürgerlicher Herkunft nicht verzichten können.

"Wir haben nicht, wie ehemals in Frankreich, nur einen Mittelpunct, den ein kleiner Cirkel privilegirter Volks-Schinder umgiebt; sondern eine Menge Höfe, durch deren Bedürfnisse und Aufwand ein zahlloses Heer von Menschen seine Existenz fortführt, Jahrgelder und andere Zuflüsse geniesst, oder noch zu erhaschen hofft; und diese ewig treuen Diener der Fürsten-Gewalt leben nicht etwa in einem einzigen Paris und Versailles zusammengedrängt; sondern zerstreuet in allen den unzähligen Residenzen, mittleren Städten und Landgütern umher, wo wiederum viel tausend Personen durch sie subsistiren und auf die allgemeine Volksstimme, zum Vortheile der jetzigen Verfassung, Einfluß haben. Der, durch Zurücksetzung gekränkte tiers-état hat in Frankreich die Revolution bewürkt und den Volkshaufen getrieben; Woraus aber besteht bey uns größtentheils der tiers-état? Aus Fürsten-Dienern, Räthen, Secretarien, Beamten, Officianten, Hof-Factorn, Livranten, Advocaten, Ärzten u. d. gl., die Alle, mehr oder weniger, von den Brosamen leben, welche von der Herren Tischen fallen."[146]

In Deutschland gab es keinen Paris vergleichbaren zentralen Revolutionsherd. Das baldige Erlöschen der meisten Aufstände spricht für einen oberflächlichen Verlauf der Bewegung. Knigge fand die Begründung in der Stimmung, Mentalität und Struktur der unteren Schichten:

"Es herrscht im Allgemeinen unter dem niedrigen Volke in Teutschland weniger schädliche Aufklärung, wie in Frankreich, weniger Raisonnier-Sucht, weniger Lebhaftigkeit, Unternehmungs-Wagehals-Abenteuer-Geist, mehr Phlegma und noch mehr vernünftige Religiösität, besonders in protestantischen Ländern. Es giebt nicht so viel müßigen Pöbels, der bey dergleichen Revolutionen immer als Werkzeug gebraucht wird. Selbst in den grössern Residenzen leben weniger Leute, die nichts zu verliehren haben. Der größte Theil

---

[145] Knigge, Ursachen, S. 258; zur Rolle der Reichsgerichte bereits oben, S. 19 ff.
[146] Knigge, aaO, S. 259.

solcher Taugenichte lässt sich zu Soldaten anwerben und wird also selbst Maschine in der Hand des Fürsten."[147]

Hinzu kam die Zersplitterung des Heiligen Reichs - die Revolution mußte viele Schlagbäume überwinden:

"Angenommen aber auch, daß ein Volk in Teutschland so auf's Äusserste getrieben würde, daß ein allgemeiner Geist der Rebellion es ergriffe, so fühlt vielleicht gerade dies Völkchen sich allein zu schwach, zur Ausführung zu schreiten. Es ist aber von Nachbarn umgeben, die keine Ursache haben, mit ihm gemeinschaftliche Sache zu machen, die vielmehr ihren Fürsten lieben, auf den ersten Wink bereit sind, mit bewafneter Hand einzurücken und die Ruhe wieder herzustellen."[148]

Es gab überdies niemanden, der sich an die Spitze revoltierender Massen gestellt hätte. Die Wirkung der französischen Revolution auf Deutschland bestand vielmehr in erster Linie in der geistigen Auseinandersetzung der literarisch-philosophischen Öffentlichkeit mit ihr. Bei aller Begeisterung für die Geschehnisse in Frankreich hatte man einen gewaltsamen Umsturz in Deutschland zumeist nicht im Auge, sondern hoffte auf die Abstellung der Mißstände durch Reformen. In einem entscheidenden Punkt unterschieden sich die deutschen Anhänger der Revolution von den Vertretern des Dritten Standes in Frankreich. In seiner Schrift "Qu'est-ce que le tiers état?"[149] hatte Sieyès den Mangel an Macht als den größten Mangel bezeichnet. Die deutschen Anhänger der Revolution spürten in den Ideen von 1789 allein die großen Kräfte, sahen in ihrer Mehrzahl die Ideen der Grundrechte, der Gewaltenteilung und des Repräsentativsystems als die neuen Verfassungsprinzipien an, die es zu entwickeln galt. Man war in Deutschland an ein im wesentlichen funktionierendes Rechtssystem gewöhnt, kannte keinen schrankenlosen Absolutismus.

"Nicht der Mangel an Macht, sondern der Mangel an Recht wäre den Repräsentanten des deutschen Geistes dieser Zeit als der schlimmste Mangel erschienen."[150]

Die anfängliche Begeisterung für die Revolution war zudem bald durch die zunehmende Gewalt gedämpft worden. So hatte der Göttinger Publizist Ludwig Schlözer Verständnis für die Klagen der unteren Volksschichten,

---

[147] Knigge, aaO, S. 261.
[148] Knigge, aaO, S. 258.
[149] In Übersetzung auszugsweise abgedruckt bei: Huber, Deutsche Verfassungsgeschichte, Bd. 1, S. 12.
[150] So Huber, aaO, Bd. 1, S. 14.

wollte seinem Volk aber die Schrecken der Revolution ersparen und hoffte auf Reformen ohne Mitwirkung des Volkes:[151]

"Mir kömmt kein Volk in der Welt reifer zur ruhigen Wiedereroberung verlorener Menschenrechte vor, als das deutsche, und zwar gerade wegen seiner von Unwissenden oft oft verlästerten Staatsverfassung. Langsam wird die Revolution hier freilich geschehen, aber sie geschieht! Die Aufklärung steigt, wie in Frankreich, von unten herauf, aber stößt oben wieder an Aufklärung: wo gibt es mehr kultivierte Souveräne, als in Deutschland?"

Gelegentlich war die Beurteilung deutscher und französischer Verhältnisse zwiespältig. Der Schweizer Historiker und Diplomat in kurmainzischen Diensten Johannes Müller hatte in Paris noch den 14. Juli 1789 als den schönsten Tag seit Untergang der römischen Weltherrschaft begrüßt. "Um wenige Burgen reicher Barone, um die Köpfe weniger, meist schuldiger Großen ist die Freiheit wohlfeil erkauft." Doch schon im September 1789 machen ihn die Unruhen in der Schweiz "etwas bange", und er sieht drohende Unruhen im Reich. Noch heißt es: "Es müssen periodische Revolutionen kommen, sonst schlummert alles in Sinnlosigkeit ein." Im Mai 1790 schreibt er dann:

"Ich halte nicht nur für die beste Politik, sondern selbst für ein Werk der Barmherzigkeit gegen betörte Untertanen, aufrührerischen Geist nicht zu Kräften kommen zu lassen, sondern durch überraschend schnelle Maßregeln zu schrecken."[152]

Doch von welchen theoretischen Grundlagen sollten die Führer einer eigenständigen Deutschen Revolution auch ausgehen? Anders als in Frankreich, wo im ganzen 18. Jahrhundert der zukünftige aufgeklärte Staat Gegenstand literarischer Beschäftigung gewesen war, befaßten sich die Staatsrechtslehrer im Heiligen Reich, vor allem im letzten Drittel des 18. Jahrhunderts, intensiv mit der bestehenden Reichsverfassung. Eine breite theoretische Diskussion über die Umgestaltung des Reiches bzw. über das Ideal eines modernen Staates hat es nicht gegeben. Sogar Forster, der als Prototyp des deutschen Jakobiners später entschlossen den Anschluß seiner Mainzer Republik an Frankreich betrieb, sah keine Veranlassung, die Reichsverfassung in Frage zu stellen.[153] Zu einer Deutschen Revolution hätte ein einleuchtendes Bild des künftigen Deutschlands gehört. Reformvorschläge, die in den deutschen Ländern, etwa in Bayern, Württemberg und Baden, erörtert wurden, über-

---

[151] A. L. v. Schlözer, Staatsanzeigen, Bd. 16, S. 96.
[152] J. v. Müller, Sämtliche Werke, 30. Teil, Briefe vom 14. 8., 16. 9. 1789. 10. 3. und 6. 5. 1790.
[153] Oben, S. 28.

trug man nicht auf das Reich. Man konnte sich keine andere als die lockere Form der Reichsverfassung im Zusammenleben aller Deutschen vorstellen.[154]

Das Reich war also gegen die Revolution weitgehend immun. Ausgebrochene Unruhen konnten durch Reichsexekutionen[155] niedergeschlagen werden, die das Reichskammergericht schnell und effektiv in die Wege leitete. In der ersten Phase des Zusammenstoßes der alten Reichsverfassung mit den revolutionären Strömungen hatte sich die Verfassung, gerade weil man in Wetzlar die Entscheidungen juristisch und nicht politisch gefällt hatte, als erstaunlich wirksam erwiesen.[156]

---

[154] Aretin, Das Reich, S. 45.
[155] Vom Reichskammergericht nach Tit. XLIX des 3. Teils der RKGO von 1555 (Laufs, RKGO, S. 268 ff.) zur Wiederherstellung von Ruhe und Ordnung angeordnete "Polizeiaktionen", deren Ausführung den Reichskreisen oblag. Zur Reichsexekution gegen Lüttich sogleich.
[156] Aretin, HRR I, S. 228/229.

VII. Die Exekution gegen Lüttich - Revolutionspolitik im kleinen

Von anderer Qualität als die Unruhen in den deutschen Ländern war der Aufstand, der am 18./19. August 1789 im reichsunmittelbaren Fürstbistum Lüttich ausbrach und das Reich in eine tiefe Krise stürzte.[157] An den Reaktionen Preußens, Österreichs sowie der westlichen Reichsstände auf diesen "echt französischen Revolutionsableger" lassen sich die unterschiedlichen Einschätzungen der Revolution erkennen. Auch zeigt sich am Lütticher Beispiel die im Verhältnis zur Politik Josephs II. geänderte Reichspolitik Österreichs unter Leopold II.

Lüttich gehörte zwar zum westfälischen Kreis, hatte sich aber in den letzten Jahrhunderten an Frankreich angenähert. Mit dem Anschluß an die französische Kultur waren ab 1750, vor allem während der Herrschaft Bischof Velbrücks (1772-1784), die Ideen der Aufklärung tief in das Bewußtsein der Bevölkerung gedrungen. Ein Streit zwischen dem Bischof und einem Lütticher Bürger[158] um die die Errichtung einer weiteren Spielbank in Spa führte zwar allgemein zur Forderung der Wiederrichtung der alten, durch ein Edikt 1684 abgeschafften ständischen Rechte. Doch traten dabei Ideen von Volkssouveränität und Gewaltenteilung zutage. Hinter dem Kampfruf: "Wiederherstellung der alten Verfassung!" verbarg sich das Streben, die modernen Ideen durchzuführen. Am 18. August 1789 riß das Volk die Regierung an sich, setzte die vom Bischof ernannten Bürgermeister ab und wählte durch Akklamation neue Bürgermeister und Stadträte. Der Bischof stimmte der Wahl und der Aufhebung des Ediktes von 1684 zu, weswegen man vom glücklichen Ende der unblutigen Revolution ausging, floh in der Nacht vom 26. auf den 27. August allerdings nach Trier.

Am selben Tag erließ das Reichskammergericht von Amts wegen zwei Mandate und leitete das Verfahren wegen Landfriedensbruchs gegen die Aufständischen ein. Der erste Beschluß verpflichtete die Direktoren des westfälischen Kreises - den Kurfürsten von Köln als Bischof von Münster, den König von Preußen als Herzog von Kleve und den Kurfürsten von Bayern als

---

[157] Zur Exekution gegen Lüttich: P. Néve, Die Lütticher Revolution von 1789 vor dem Reichskammergericht, Schriftenreihe des Vereins für Reichskammergerichtsforschung, Heft 8; H. Strothotte, Die Exekution gegen Lüttich 1789 - 1792; Lüdtke, Kampf um die Vorherrschaft, S. 87 ff.; Aretin, HRR I, S. 218 ff.; kurzer Überblick bei Huber, Deutsche Verfassungsgeschichte, Bd. 1, S. 20.
[158] Dieser Streit gelangte vor das Reichskammergericht, dazu Néve, aaO, S. 14 ff.

Herzog von Jülich -durch ein mandatum poenale, auxiliatorium et protectorium,

"mit erforderlicher Mannschaft, auf Kosten der Lütticher Rebellen, dem Fürstbischof zu Hilfe zu kommen und ihn mit seinen Räten, Dienern und treugebliebenen Untertanen wiedereinzugliedern und wider alle Gewalttätigkeiten kräftigst zu schützen, öffentliche Sicherheit zu wahren, die Regierungsverfassung wieder in den Stand herzustellen, wie sie vor der Empörung gewesen, die abgesetzten Magistratspersonen wieder in ihre Ämter einzusetzen und darin bis zur neuen Wahl zu belassen, welche nach der bisherigen Form vorgenommen und von welcher die tumultuarisch angestellten Personen ausgeschlossen sein sollten, endlich gegen die Urheber der Rebellion zu inquirieren, sie in gefängliche Haft zu bringen, die flüchtigen aber mit Steckbriefen und Güterbeschlag verfolgen zu lassen".[159]

Im zweiten Mandat, eingekleidet in litterae patentes an alle Einwohner des Stifts und der Stadt Lüttich, wurde diesen befohlen, dem Bischof und den Kreisdirektoren gehorsam zu sein, auf allen Aufstand und alle Neuerungen zu verzichten, die Waffen niederzulegen, sich aller Kleidung und aller Zubehöre, die mit aufrührerischen Emblemen versehen sind, zu entledigen, aufständische Liedchen und erfundene Vorwürfe zu unterlassen, nicht mehr scharenweise loszuziehen, Speisewirtschaften und Schenken rechtzeitig zu verlassen und ihre Ansprüche nur auf dem Rechtswege, "quae ipsis per praesentes reservatur", zu verfolgen.[160]

Preußen versuchte, zwischen Bischof und Ständen zu vermitteln, und scheute sich, die Exekution durchzuführen. Berlin hatte die Lütticher Stände im Rahmen seiner antiösterreichischen Politik bisher unterstützt, um durch die Sicherung des Maasübergangs gegen die österreichischen Niederlande und Frankreich einen festen Posten vorzuschieben. Schon um die - in seinem scheinbaren Interesse liegende - Revolution in den österreichischen Niederlanden[161] nicht zu entmutigen, mußte Preußen eine allzu scharfe Durchführung des Reichskammergerichtsauftrags verhindern. So machte der preußische Gesandte Dohm auf der Sitzung der drei Kreisdirektorialgesandten am 25. November 1789 den Lüttichern eine Reihe von Zugeständnissen, unter anderem die Aufhebung des Edikts von 1684. Das war ein Verstoß gegen die Reichs- und Kreisverfassung. Die Vollstrecker einer Exekution hatten allein im Interesse des Reichs zu handeln und nicht im eigenen.[162] Ende November

---

[159] Zitiert bei Néve, aaO, S. 24.
[160] Vgl. Néve, aaO, S. 24 f. mwN.
[161] Kurzer Überblick zu dieser Revolution bei Huber, Deutsche Verfassungsgeschichte, Bd. 1, S. 19 f.
[162] Aretin, HRR I, S. 222.

rückten die Exekutionstruppen, 4000 Preußen und 1000 Jülicher, unter dem Jubel der Bevölkerung in Lüttich ein. Eine Wiedereinsetzung des Fürstbischofs erfolgte nicht. Preußen hoffte, mit der vermittelnden Haltung seinen Einfluß in Lüttich zu wahren.

Auf Drängen des Kölner Kurfürsten Max Franz, des jüngsten Sohnes Maria Theresias, erneuerte der 2. Senat des Reichskammergerichts den Auftrag, "zur wirklichen Exekution dieses Mandats nach dessen ganzem Inhalt ohne weitere Nachsicht vorzuschreiten"[163] und die Lütticher Verfassung in den Stand vor der Revolution zu bringen, wobei von Amts wegen die bischöflichen Konzessionen vom 18. August rückgängig gemacht wurden. Preußen, das sich als Führungsmacht des Fürstenbundes in besonderer Weise zum Schutz der Reichsverfassung verpflichtet hatte,[164] stand als Rechtsbrecher da. Friedrich Wilhelm II. versuchte, das Reichskammergericht einzuschüchtern, und stellte ihm ein Ultimatum, das preußische Vorgehen zu billigen. Er erhielt aus Wetzlar nicht einmal eine Antwort, zog am 16. April 1790 die preußischen Truppen ab und gab die Festung Lüttich den Aufständischen zurück. Damit war Preußens Politik endgültig gescheitert. Das Reich war zwar politisch und militärisch machtlos, es besaß jedoch die Macht, rechtsverletzende Politik zum Scheitern zu bringen.[165]

Ohne die preußischen Truppen gelang es der verbleibenden Exekutionsarmee aus Münsteraner, Pfälzer, Mainzer und Trierer Truppen jedoch nicht, die begeistert und tapfer für ihre Freiheit kämpfenden Lütticher zu schlagen. Die Reichstruppen mußten sich ohne Erfolg zurückziehen - die Gefechte nahmen das Ereignis der Kanonade von Valmy vorweg. Man strebte militärische Unterstützung durch Österreich an, das sich jedoch abwartend verhielt und selbst genug mit der Revolution in den österreichischen Niederlanden zu tun hatte. Nach der Niederschlagung der belgischen Revolution erließ das Reichskammergericht ein Dekret, das litterae requisitoriales an das General-Gubernatorium der österreichischen Niederlande richtete, mit der Aufforderung, den mit der Exekution befaßten Reichskreisen mit hinlänglicher Mann-

---

[163] Erlaß vom 13. November, verkündet am 4. Dezember 1789, zitiert bei: Lüdtke, Kampf um die Vorherrschaft, S. 93. Der Spruch schloß mit einer Ermahnung an den Fürstbischof, daß, "wenn die Ruhe überall wiederhergestellt und er in sein Besitztum wiedereingetreten sei wie vor dem Tumult, er sich von selbst ernsthaft mit den Beschwerden des Volke beschäftigen und der Ständeversammlung Vorschläge zur Verfassungsreform unterbreiten werde", Néve, Lütticher Revolution, S. 28.
[164] Zum Fürstenbund unten, S. 55.
[165] Aretin, HRR I, S. 225.

schaft beizustehen in Gemäßheit des burgundischen Vertrages von 1548.[166] Am 12. Januar 1791 besetzten österreichische Truppen endlich Lüttich, ohne auf nennenswerten Widerstand zu stoßen. Der Bischof wurde wieder eingesetzt und die alte Verfassung wiederhergestellt. Bei der grausamen Reaktion, die nun über Lüttich hereinbrach, wurden die Patrioten schonungslos verfolgt, gefangengesetzt und abgeurteilt. Dies veranlaßte das Reichskammergericht, mittels vier Sentenzen die Einhaltung rechtstaatlicher Grundsätze, insbesondere die Unabhängigkeit der Justizbehörden anzumahnen.[167] Mit dem Ende der Lütticher Exekution wurde es im Reich vorerst wieder ruhig.

In der Lütticher Sache wird die unterschiedliche Funktion des Reichskammergerichts deutlich, das einerseits Berufungs- und Verwaltungsgericht im Streit um die Spielkonzession war, sich dann andererseits als ein Internationaler Gerichtshof in der Exekution betätigte.[168] Ferner traten am Beispiel Lüttich die unterschiedlichen Haltungen im Reich auch zu den revolutionären Ereignissen in Frankreich zutage. In Österreich herrschte eine abwartende Gelassenheit. Preußen, das von allen deutschen Ländern am wenigsten revolutionsanfällig war, wollte aus den Revolutionen in Lüttich, den österreichischen Niederlanden und Frankreich außenpolitisch Kapital schlagen und Österreich schwächen.[169] Berlin knüpfte mit der revolutionären französischen Regierung sogar wegen einer Allianz Verbindungen an. Die Gefährlichkeit der Revolution wurde nur in den westlichen Reichsständen klar erkannt, wo man mit Erschrecken die Unzulänglichkeit der eigenen Verwaltung bemerkte und ähnliche Zustände wie in Frankreich fürchtete. Man erklärte den Ausbruch der Revolution in erster Linie als eine Folge der schlechten und korrupten Verwaltung.[170] Dem Westen des Reichs war vor allem daran gelegen, den Revolutionsfunken auszutreten. Treibende Kraft bei der Exekution gegen Lüttich war daher Max Franz von Köln. Die Sprengkraft der neuen Ideen blieb allerdings weiterhin verborgen.

---

[166] Vgl. Néve, aaO, S. 31.
[167] Néve, aaO, S. 32 mwN.
[168] Vgl. Néve, aaO, S. 32 f.
[169] Vgl. H. Möller, Primat der Außenpolitik, Preußen und die Französische Revolution, in: J. Voss (Hg.), Deutschland und die Französische Revolution, S. 65 - 81.
[170] Aretin, HRR I, S. 251.

VIII. Kurswechsel in der Reichspolitik - Von Joseph zu Leopold

Das Eingreifen in Lüttich war Ausdruck einer neuen Reichspolitik Österreichs unter Leopold II. Sein Bruder Joseph II. war am 20. Februar 1790 gestorben. Auf ihn hätte Max Franz in der Lütticher Angelegenheit wohl nicht zählen können. Für Joseph war das Reich lediglich als Instrument der österreichischen Politik von Interesse gewesen. Seine Stellung als Kaiser bewertete er vornehmlich nach ihrem Nutzen für Österreich. Während seiner Regierung häuften sich die Gutachten zur Frage, ob die Bürde der Reichskrone für das Haus Habsburg noch von Vorteil sei. Der genial veranlagte, zwar selbstlos, aber hastig und überstürzt regierende Aufklärer - "alles sollte fliegen, ehe es gehen konnte"[171]- hatte sich mit seinen rücksichtslosen Reformen das Reich und auch seine Untertanen völlig entfremdet, für die er doch nur das beste wollte, völlig entfremdet.

Die geistlichen Reichsfürsten, bisher die Hauptstütze des Kaisers im Reich, hatte Joseph durch die Neueinteilung der österreichischen Diözesen gegen sich aufgebracht. Die Unterwerfung der Kirche unter den Staat sollte so weit gehen, daß die Diözesen mit den staatlichen Verwaltungsbezirken übereinstimmten. Dies geschah unter dem Vorwand besserer Seelsorge, diente aber vornehmlich dazu, den österreichischen Staat zu bereichern. Nun erstreckten sich viele Reichsdiözesen auf österreichisches Gebiet. Joseph beschnitt unter anderen die Diözesen Passau, Salzburg, Regensburg, Konstanz und Chur und kam dadurch in Konflikt mit dem Reich. Sein Vorgehen verletzte nicht die politische, sondern nur die geistliche Integrität der auf österreichisches Gebiet übergreifenden Reichsbistümer, traf aber die Fürstbischöfe empfindlich. Ihre zumeist unbedeutend kleinen Territorien verliehen ihnen zwar Sitz und Stimme im Reichstag, ihre Einnahmen hingegen schöpften sie aus den Diözesen. So war der Fürstbischof von Passau durch die Maßnahmen Josephs kaum mehr in der Lage, seine Hofhaltung zu finanzieren.[172] Am Reichstag wurde das Vorgehen Josephs als Verletzung der Reichsverfassung, besonders aber seiner Verpflichtung zur Wahrung der Rechte der Reichsstände aus Artikel I, § 7, Art. XIX, § 3 und Art. XXI, § 5 Abs. 6 der Wahlkapitulation gewertet.[173] Mit dem Plan, Bayern gegen die österreichischen Niederlande zu tauschen, um Österreichs Stellung im Reich zu stärken, hatte Joseph auch die

---

[171] H. W. v. Bülow, Freimüthige Betrachtungen über die neue Kaiserliche Wahl= Capitulation, S. 10.
[172] Aretin, HRR I, S. 139 u. 140.
[173] Vgl. die Weisung Kaunitz' an Borié vom 7. Mai 1783 mit Wiedergabe der einzelnen Kapitulationsartikel, bei: Aretin, HRR II, Aktenstück 13.

weltlichen Fürsten vor den Kopf gestoßen. Als Reaktion auf seine die Übergriffe war es am 23. Juli 1785 zur Gründung des deutschen Fürstenbundes[174] zwischen Friedrich II. und den Kurfürsten von Sachsen und Hannover gekommen, dem sich in den folgenden Monaten die meisten mitteldeutschen und einige süddeutsche Staaten, darunter mit dem Kurfürsten von Mainz auch der Erzkanzler des Reichs, angeschlossen hatten.

So hatte Joseph am Ende seines Lebens das Reich gegen sich, und seine Untertanen murrten. Eine bedingungslose Zentralisierungspolitik hatte zu Aufständen in Ungarn und den österreichischen Niederlanden geführt. In Ungarn mußte er am 28. Januar 1790, kurz vor seinem Tod, die Reformen zurücknehmen. Auch militärisch war die Lage gespannt. 1787 hatte Joseph im Bund mit Rußland den letzten Türkenkrieg begonnen. Er diente nicht mehr der Verteidigung des Abendlandes, sondern als reiner Eroberungskrieg ausschließlich der Machterweiterung Österreichs. Preußen schloß 1790 ein Bündnis mit der Türkei und hielt mit allen Unzufriedenen Verbindung. Mit seinem bayerisch-niederländischen Tauschplan hatte Joseph den preußischen Rivalen zum Gegenschlag gereizt, und Österreich war stark geschwächt und erschüttert durch den unsinnigen Krieg mit der Türkei und die Unruhen in Galizien, Ungarn und den Niederlanden. Preußen wartete nur darauf, ihm eine entscheidende Niederlage zuzufügen. Schon im Jahr 1789 rechnete Joseph mit einem preußischen Überfall. Im April 1790 marschierten preußische Truppen als eine tödliche Bedrohung für Österreich an der böhmischen Grenze auf. Die inneren und äußeren Umstände waren geeignet, die österreichische Monarchie zu stürzen. Zweifelhaft war zudem, ob nach der katastrophalen Reichspolitik Josephs die Kaiserkrone für Österreich erhalten bleiben würde.

Dem maßvollen und weisen Leopold gelang es, das österreichische Staatsschiff aus der drohenden Katastrophe zu steuern. Er schlug einen der Politik seines Bruders, gegen dessen despotisches Vorgehen er eine starke Abneigung entwickelt hatte, völlig entgegengesetzten Kurs ein. Leopold hatte ein gewinnendes Wesen, Güte und Menschlichkeit. Von seinem Vater Franz Stephan von Lothringen hatte er das Interesse für Naturwissenschaft, Technik und Industrie geerbt, war voll Lern- und Wißbegierde. In der österreichischen Sekundogenitur Toskana hatte er als "Pietro Leopoldo" eine Reform vollbracht, die Neutralitätspolitik, Handelsfreiheit, Rechtsvereinheitlichung, Heeresreform, Agrarpolitik und Gemeindereform umfaßt hatte. In 25 Jahren

---

[174] Vgl. G. Neusser, "Fürstenbund", in: HRG, Bd. 1, Sp. 1356/1357; Vertragstext bei Hofmann, Nr. 62.

hatte er eine in Europa einzigartige Musterherrschaft errichtet. Vor allem auf dem Gebiet der kommunalen Selbstverwaltung, des Strafrechts und der Rechtspflege - er schaffte als erster die Todesstrafe ab - waren seine Reformen weit über die auch in anderen europäischen Staaten vorgenommenen Maßnahmen hinausgegangen. Stolz konnten die Toskaner später den Franzosen entgegenhalten, daß sie in den "Riforme Leopoldine" auf friedlichem Wege bereits erreicht hätten, was die Revolution mit Feuer und Schwert bewirken wolle.[175]

In den Arbeiten zu seinem, an seinem Bruder Joseph gescheiterten, toskanischen Verfassungsprojekt hatte Leopold - zehn Jahre vor der französischen Revolution - moderne, auf Konstitutionalismus, Gewaltenteilung, Rechtsstaat und Volkssouveränität gegründete Ideen zum Ausdruck gebracht. In seiner berühmten, zur Versöhnung der belgischen Revolutionäre verfaßten Propagandaschrift legte er sein "Glaubensbekenntnis" im Schreiben vom 25. Januar 1790 an seine Schwester Marie Christine ab:[176]

"Ich glaube, daß der Souverän ... nur der Delegierte seines Volkes ist..., daß jedes Land ein Grundgesetz oder einen Vertrag zwischen dem Volk und dem Souverän haben soll, welches die Autorität und die Macht des letzteren beschränkt..., daß die ausübende Gewalt dem Souverän, die gesetzgebende aber dem Volk und seinen Vertretern zusteht... Daß der Souverän sich weder direkt noch indirekt in die Zivil- oder Kriminalgerichtsbarkeit einmischen ... darf ... daß die Anordnungen des Souveräns erst Gesetzeskraft erhalten und zum Gehorsam verpflichten nach der Zustimmung der Stände; daß das Militär nur zur Landesverteidigung verwendet werden darf und niemals gegen das Volk. Daß niemand verhaftet oder abgeurteilt werden darf, außer auf Befehl der ordentlichen Richter und nach den ordentlichen Formen und öffentlich, aber niemals durch irgendeinen willkürlichen Befehl, selbst nicht von Seiten des Souveräns selbst. Ich glaube endlich, daß der Souverän nur durch das Gesetz regieren soll und daß dessen Schöpfer das Volk ist, welches niemals verzichten konnte noch durch irgendeine Verjährung oder schweigende oder erzwungene Zustimmung eines unverjährbaren Rechtes beraubt werden konnte, das das Recht der Natur ist und aufgrund dessen es eingewilligt hat, einen Souverän zu haben, das heißt, ihm einen Vorrang einzuräumen, damit er dessen Glück und Wohl bewirke, nicht wie er es will, sondern wie sie selbst es wollen und empfinden. Denn der einzige Zweck der Gesellschaften und Regierungen ist das Glück ihrer Individuen..."

Nach seinem Regierungsantritt erwies Leopold sich als glänzender Politiker. Mit seinem bedächtigen und überlegten Vorgehen gelang es ihm, in der kurzen Zeit bis zu seinem Tod am 1. März 1792 nahezu sämtliche Krisen zu meistern, in die Österreich durch die Politik Josephs geraten war. Zuerst ging Leopold daran, die akute Bedrohung durch Preußen abzuwenden. Zum Är-

---

[175] A. Wandruszka, Leopold II., Bd. 2, S. 385.
[176] Zitiert bei: Wandruszka, aaO, S. 217 f.

ger des alten Preußenhassers Kaunitz nahm Leopold einen radikalen Kurswechsel mit dem Ziel der Versöhnung vor, der von der Konvention von Reichenbach (27. Juli 1790) über die Pillnitzer Erklärung (27. August 1791) schließlich zum österreichisch-preußischen Defensivbündnis vom 7. Februar 1792 führte. Nachdem er die preußische Bedrohung gebannt hatte, ging Leopold an die Lösung der übrigen Probleme. Er beendete den Türkenkrieg, einigte sich mit den Ungarn und gewann das Vertrauen seiner Untertanen zurück, indem er fast alle von seinem Bruder verfügten Verordnungen widerrief. Langsam steuerte Leopold auf den Weg der theresianischen Reformgesetzgebung zurück. Die belgische Revolution beendete er, teils durch Zwang, teils durch versöhnliche Versprechen.

Auch in der Reichspolitik schlug Leopold einen der Politik Josephs entgegengesetzten Weg ein. Seinen Bruder Max Franz bat er um Hilfe bei der Erhaltung der Kaiserkrone für Habsburg und bei Rückgewinnung des Vertrauens der Reichsstände. Der Fürstenbund sollte wieder überflüssig werden.[177] Max Franz kam dem gerne nach und setzte mit der neuen Rückendeckung aus Wien erfolgreich alles daran, Preußens Ansehen im Reich zu verringern. Mit seiner Beratung und Unterstützung gelang es Leopold, das Mißtrauen gegen Österreich zu beseitigen und seinen alten Einfluß im Reich wiederherzustellen. Preußen verlor die Führungsrolle, die es als Vormacht des Fürstenbundes erlangt hatte. Allzu offensichtlich für die kleineren Reichsstände und die Mitglieder des Fürstenbundes hatte Preußen seine Politik statt am Reichswohl am Eigeninteresse ausgerichtet, sich mit den Revolutionären in Belgien, Lüttich, Ungarn und Böhmen, mit Polen und sogar mit dem alten Reichsfeind, den Türken, zur Verwirklichung seiner ehrgeizigen Vergrößerungspläne verbündet. Nur zu gern war man bereit, sich wieder der alten deutschen Führungsmacht anzuschließen.[178]

Die Kaiserkrone blieb Habsburg erhalten. Die am 30. September 1790 in Frankfurt vorgenommene Kaiserwahl war schon vorher zugunsten des Habsburgers entschieden worden, da Friedrich Wilhelm II. ihm im Zusammenhang mit der Reichenbacher Konvention die brandenburgische Kurstimme zusagte. Mit seiner liebenswürdigen, natürlichen Art baute Leopold noch während der Krönungsfeierlichkeiten das Mißtrauen im Reich gegen die Wiener Politik ab und nahm auch erfahrene Staatsmänner und Diplomaten für sich ein. Der

---

[177] Leopold an Max Franz vom 17. 2. 1790, bei: Lüdtke, Kampf um die Vorherrschaft, S. 130.
[178] Vgl. den Brief J. v. Müllers an seinen Bruder vom 7. Januar 1790, Sämtliche Werke, Bd. 30, Nr. 451, S. 249 f.

zweite kurbrandenburgische Wahlbotschafter in Frankfurt, Johann Eustachius Graf von Schlitz, genannt von Goertz, der 1792 wieder dieses Amt verrichten sollte, berichtete an seinen König, der neue Kaiser scheine ein aufgeklärter, unterrichteter, fähiger Mann zu sein; er spreche gut und in einem herzlichen Ton, der für den Hörer etwas Gewinnendes habe; doch spreche er viel, vielleicht ein wenig zu viel! Nicht selten überrasche der Freimut, womit er verfängliche Dinge offen heraussage.[179] Überall im Reich erscholl das Lob "Leopolds des Weisen", dessen toskanische Regierung für Deutschland die schönsten Hoffnungen eröffnete. Doch die Krönung Leopolds sollte der letzte Höhepunkt im Dasein des Heiligen Römischen Reichs sein. Die Kaiserkrönung Franz II. am 14. Juli 1792 stand schon völlig unter dem Eindruck des ersten Koalitionskriegs gegen das revolutionäre Frankreich. Im Herbst 1790 hegte man noch Hoffnung auf eine lange Friedenszeit unter der Herrschaft eines weisen und milden Kaisers, eines "modernen Titus".[180]

---

[179] Zitiert bei: Wandruszka, aaO, S. 309.
[180] Wandruszka, aaO, S. 310.

IX. Leopolds Politik gegenüber der Frankreich

Das neue Vertrauen des Reiches drängte Leopold in die Rolle eines Verteidigers der Reichsstände gegen die Maßnahmen der französische Revolutionsregierung. Auf Preußen, das sich in der Lütticher Angelegenheit gegen die Reichsverfassung gestellt und bis zu dem Zusammengehen mit Österreich sogar mit der revolutionären Regierung in Paris Verbindungen wegen einer Allianz angeknüpft hatte, wollte man nicht rechnen. Leopold dagegen galt nach seinem Eingreifen in die Lütticher Angelegenheit als Schirmherr gegen die Revolution, wegen deren Ausbreitung man vor allem im Westen des Reiches in Sorge war.

Durch die Augustbeschlüsse waren die Lehnsrechte des Reichs und seiner Stände im Elsaß aufgehoben worden. Mit der Einführung der Constitution civile du clergé vom 12. Juli 1790, welche die Diözesen den neugebildeten Departements angeglichen und die Geistlichen zu Staatsbeamten gemacht hatte, verschärfte die französische Nationalversammlung den Konflikt. Die deutschen Bischöfe verloren ihre Diözesanrechte auf französischem Gebiet. Während des Wahlkonvents in Frankfurt waren diese Probleme 1790 erörtert worden. Da jedoch weder Preußen noch Österreich, noch die anderen weltlichen Kurfürsten an einer Klärung interessiert waren, wurde auf Betreiben der rheinischen Kurfürsten lediglich ein Passus gegen revolutionäre Propaganda in Art. II, § 8 der Wahlkapitulation Leopolds II. aufgenommen. Eine von Kurköln angestrebte Verpflichtung des Kaisers in der Kapitulation, die durch die französische Nationalversammlung verletzten Rechte zurückzugewinnen, wurde vom Kurfürstenkollegium abgelehnt. Doch wurde der Kaiser in einem Kollegialschreiben zu Schutz und Beistand gegen die Beschlüsse der Nationalversammlung aufgefordert.[181]

Während die weltlichen Fürsten schwankten, ob sie die ihnen von Frankreich angebotenen Entschädigungen für ihre verlorenen Rechte und Besitzungen im Elsaß und in Lothringen annehmen sollten, beharrten die geistlichen auf starrer Ablehnung aller französischen Angebote. Sie mußten die alte Reichsverfassung festhalten, auf deren Geltung ihre Existenz und ihr Ansehen be-

---

[181] Kurfürstliches Kollegialschreiben vom 1. September 1790, bei: Schmauß, Corpus iuris publici S. R. Imperii, S. 1653 f.; vgl ferner C. F. Häberlin, Pragmatische Geschichte der neuesten kaiserlichen Wahlkapitulation, S. 158; Pütter, Selbstbiographie, S. 830; Vgl. näher die Bemerkungen des Hofrats Daiser vom Juni 1792, HHStA, Reichsakten in specie, Fasz. 69, Anlage XII; dort auch die weitern Schritte, insbes. der Reichsschluß vom 6. August 1791.

ruhten, und drangen auf ein militärisches Vorgehen gegen Frankreich. Auch Friedrich Wilhelm II. wollte den Krieg. Er hoffte, im Kampf gegen das durch die Revolution vermeintlich geschwächte Frankreich Landgewinn zu machen, in dem Glauben, daß ohne Landerwerb ein preußischer König vor der Geschichte des Hauses Hohenzollern nicht zu bestehen vermochte. Nach der "Polizeiaktion" gegen die Revolutionäre wollte man Ludwig XVI. die Rechnung präsentieren. Schon im August 1790 dachte Berlin daran, das Elsaß als Entschädigung für einen Krieg gegen Frankreich zu annektieren.[182]

Auch die französischen Emigranten drängten, unterstützt von Rußland,[183] mit einer unglaublichen Schamlosigkeit und Dreistigkeit zum Krieg. Sie beschworen die Gefahr einer Ansteckung der belgischen Provinzen durch das revolutionäre Frankreich und bestürmten Leopold, das Revolutionsfeuer nach Löschung in den Niederlanden auch in dessen Zentrum auszutreten. Unter Führung der Brüder Ludwigs XVI., des Grafen von Artois und des Grafen von Provence, der späteren Könige Ludwig XVIII. und Karl X., hatten die Emigranten seit 1791 ihren Schwerpunkt am Rhein in Mainz und Koblenz. Den Kurfürsten von Mainz und Trier war während der Lütticher Exekution ihre militärische Ohnmacht deutlich geworden. Sie fühlten sich von Österreich und Preußen alleingelassen. Trier rief daraufhin verfassungsrechtliche Probleme hervor, indem es die Hilfsangebote der russischen Gesandten in der Elsässer Angelegenheit annahm und Rußland unter dem Titel eines Garanten des Westfälischen Friedens um Beistand ersuchte.[184] Die rheinischen Fürsten duldeten die Aufstellung von Emigrantenkorps, die ihnen billigen Schutz zu gewähren schienen. Die irreführenden Schilderungen der Emigranten schürten die Kriegsbereitschaft: Man sprach von einer "Strafexpedition" gegen die "Revolutionsbanden". Der preußische General von Bischoffwerder soll gesagt haben:

"Kaufen Sie nicht zu viele Pferde! Die Komödie dauert nicht lange, wir sind im Herbste wieder zu Hause!"[185]

Die Kriegsvorbereitungen der Emigranten im Kurfürstentum Trier waren eine Provokation für das revolutionäre Frankreich und putschten die Gemüter diesseits und jenseits des Rheins gewaltig auf. Die Zustände in Koblenz be-

---

[182] Aretin, HRR I, S. 259/260.
[183] Bemerkungen des Hofrats Daiser vom Juni 1792, HHStA, Reichsakten in specie, Fasz. 69, Anlage XII.
[184] Bemerkungen des Hofrats Daiser vom Juni 1792, aaO.
[185] Zitiert bei: Heigel, Deutsche Geschichte I, S. 535.

schreibt Friedrich Christian Laukhard, der als preußischer Musketier dort gerade eingerückt war:

"Ich ging ... schon den ersten Tag in ein Weinhaus, wo Franzosen ihr Wesen trieben und ließ mich in ein Gespräch mit ihnen ein. Aber abgeschmacktere Großsprecher habe ich meine Tage nicht gefunden, und ich kann es noch immer nicht spitz kriegen, wie irgendein Deutscher für solche Franzosen einige Achtung hat haben können! Diese elenden Menschen verachten uns Deutsche mit unsrer Sprache und unsern Sitten ärger, als irgendein Türk die Christen verachtet... Unsre Sprache verstanden sie nicht und mochten sie auch nicht lernen. Sie nannten sie jargon de cheval, de cochons - Pferde- und Schweinesprache... Nun rannten diese elenden Menschen aus ihrem Lande und posaunten in der ganzen Welt herum aus: Frankreichs Verfassung sei zugrunde gerichtet, in Frankreich herrsche Anarchie, und wenn nicht alle Monarchen hälfen, hier Einhalt tun, so stände ihnen das nämliche bevor. Dadurch nun, daß die Emigranten die allerlügenhaftesten Vorstellungen von der Lage ihres Vaterlandes verbreiteten, sind sie eigentlich die rechten Stifter, die rechte fax und tuba des fürchterlichen Krieges und aller seiner greuelvollen Folgen geworden. Man hat ihnen, leider, auf die unverantwortlichste Art geglaubt... Von dem traurigen Sittenverderben, welches die Emigrierten in Deutschland gestiftet haben, bin ich auch Zeuge geworden. 'Hier in Koblenz', sagte ein ehrlicher alter Trierischer Unteroffizier, 'gibt's vom zwölften Jahr an keine Jungfer mehr. Die verfluchten Franzosen haben hier weit und breit alles so zusammengekirrt, daß es Sünd und Schande ist.' Das befand sich auch in der Tat so: alle Mädchen und alle noch etwas brauchbaren Weiber, selbst viele alte Betschwestern nicht ausgenommen, waren vor lauter Liebelei unausstehlich... Der ganze Rheinstrom von Basel bis Köln ist von diesem Auswurf des Menschengeschlechts vergiftet und verpestet, und die Spuren der greulichen Zerrüttung in den Sitten werden in jenen unglücklichen Gegenden noch lange erschrecken. Die infame Krankheit, welche man schon in den Rheingegenden 'Emigrantengalanterie' nennt, ist allgemein und allen Ständen mitgeteilt."[186]

In Wien hatte man zum Krieg gegen Frankreich wenig Neigung. Leopold war dem "Kriegsgeist wilder Eroberung"[187] abgeneigt und hoffte, den Konflikt mit Frankreich auf diplomatischen Wege lösen zu können. Er hatte nicht den Krieg mit den Türken beendet und einen mit Preußen vermieden, um sich in ein neues kriegerisches Abenteuer zu stürzen. Als im Oktober 1790 der in preußischen Diensten stehende Marchese Lucchesini ihm im Auftrag seines Königs den Plan eines Krieges gegen das revolutionäre Frankreich vortrug und dabei auf das gemeinsame Interesse aller Fürsten an der Aufrechterhaltung von Autorität, Ruhe und Ordnung hinwies, erwiderte Leopold kühl, die Vorgänge in Frankreich seien eine starke Lehre für alle Souveräne. Sie seien künftig verpflichtet, sich großer Mäßigung gegenüber ihren Untertanen zu befleißigen.[188]

---

[186] Magister F. Ch. Laukhards Leben und Schicksale, Bd. 2, S. 12 ff.
[187] Wandruszka, aaO, S. 356.
[188] Wandruszka, aaO, S. 354.

Als Großherzog von Toskana hatte Leopold den Beginn der Französischen Revolution mit Sympathie, fast mit Begeisterung begrüßt. In Paris kamen Ideen zum Durchbruch, zu denen er sich selbst seit langem bekannte. Dazu trat eine unverhohlene Schadenfreude über das Debakel des bourbonischen Königtums und seiner Regierung. Zudem schienen die inneren Auseinandersetzungen Frankreichs seine Stellung als europäische Großmacht für lange Zeit zu schwächen. Durch einen Krieg mit Frankreich konnte der Kaiser nichts gewinnen, sondern nur verlieren. Mindestens ebenso wie einen Sieg der radikalen Umsturzpartei verabscheute Leopold eine royalistische Reaktion. Er wollte sie nicht noch mit eigenem militärischen Einsatz herbeiführen. Leopold hoffte auf einen Sieg der gemäßigten Kräfte in Frankreich, die das Königtum in Form seines Ideals der konstitutionellen Monarchie erhalten würden. Doch es fiel ihm zunehmend schwerer, seine abwartende Haltung durchzuhalten. Der Kaiser war zum Schutz der Reichsstände verpflichtet, deren Rechte durch die Beschlüsse der Nationalversammlung verletzt worden waren. Am 27. Februar 1791 erfolgte der verzweifelte Hilferuf Marie Antoinettes, dem er sich als Bruder wie als Kaiser nicht völlig verschließen konnte. Nach der in Varennes gescheiterten Flucht des Königspaares, ergriff Leopold die Initiative und forderte am 6. Juli 1791 in Padua durch ein Rundschreiben die europäischen Monarchen auf, sich mit ihm zu vereinen, um Freiheit und Ehre des französischen Königs und seiner Familie wiederherzustellen und den Ausschreitungen der Revolution ein Ende zu bereiten. Die Nationalversammlung solle in einer Deklaration aufgefordert werden, dem König und seiner Familie sofort die ihnen nach Völker- und Menschenrecht zustehende Freiheit zurückzugeben. Jeder weitere Anschlag auf Freiheit, Leben und Sicherheit der königlichen Familie würde, so der Deklarationsentwurf, von den europäischen Souveränen gerächt werden; sie würden nur jene Gesetze und jene Verfassung in Frankreich als legitim anerkennen, denen ein im völligen Besitz seiner Freiheit befindlicher König freiwillig und ungezwungen zustimme.[189]

Am 27. August 1791 erklärten Friedrich Wilhelm und Leopold im Schloß zu Pillnitz bei Dresden die gegenwärtige Situation des französischen Königs

"als ein gemeinsames Interesse für alle Könige Europas. Sie hoffen, daß dieses Interesse nicht verfehlen wird, von den Mächten anerkannt zu werden, deren Hilfe angerufen worden ist, und daß sie sich in der Folge nicht weigern werden, gemeinschaftlich mit den unterzeichneten Majestäten, gemäß ihren Kräften, die wirksamsten Mittel anzuwenden, um den König in den Stand zu setzen, in größter Freiheit die Grundlage eines monarchischen Regiments zu festigen, die gleichermaßen den Rechten der Souveräne und dem Wohl der

---

[189] Wandruszka, aaO, S. 360.

französischen Nation entsprechen. Dann und in diesem Falle (alors et dans ce cas) sind der Kaiser und der König von Preußen entschlossen, sofort in wechselseitigem Verständnis mit den notwendigen Hilfsmitteln zu handeln, um gemeinsam den angestrebten Zweck zu erreichen. In der Voraussetzung werden sie ihren Truppen die geeigneten Befehle erteilen, um sie in den Stand zu setzen, einzuschreiten."[190]

Die Pillnitzer Erklärung ließ Leopold ausarbeiten, um die emigrierten Brüder Ludwigs XVI., deren Anwesenheit sich nicht hatte vermeiden lassen und deren teils phantastische, teils unverschämte Anträge die Monarchen entschieden zurückwiesen, nicht mit völlig leeren Händen abziehen zu lassen. Dabei beabsichtigte er kein militärisches Vorgehen. "Alors et dans ce cas" war auf einen Bündnisbeitritt Englands gemünzt, womit sicher nicht zu rechnen war.[191] Seine fehlende Kriegsbereitschaft hatte Leopold dem Grafen von Artois auch schon vor der Pillnitzer Zusammenkunft erklärt. Sie wurde an der Verminderung der österreichischen Armee um 25.000 Mann erkennbar.[192] In Frankreich legte man die Erklärung als Herausforderung aus, vor allem weil die revolutionsfeindlichen Brüder Ludwigs XVI. darin erwähnt waren. Tatsächlich wurde sie auch von den Emigranten entgegen der Absicht Leopolds zur Kriegshetze benutzt.

Als am 3. September 1791 die neue, konstitutionell-monarchische Verfassung Frankreichs in Kraft trat, sah man in Wien die Revolution für beendet an. Dieser Standpunkt wurde scheinbar bestätigt, als Ludwig XVI. am 14. September den Eid auf die Verfassung leistete und die Revolution für beendet erklärte. Am 23. Oktober erging eine Note Leopolds an Frankreich, in der er die Verfassung anerkannte und die Nationalversammlung vor Schritten gegen das Reich warnte. Am 12. November erfolgte ein erneutes Rundschreiben an die europäischen Mächte. Darin wurde von einer Intervention gegen Frankreich Abstand genommen, da Leben und Ehre des Königs von Frankreich nicht mehr gefährdet seien. Doch Marie Antoinette ließ durch den Grafen Esterhazy in St. Petersburg in einer für den kaiserlichen Hof sehr bloßstellenden Weise schildern, unter welchem Druck das Königspaar tatsächlich stand. In Wien konnte man nicht länger behaupten, Ludwig habe die Verfassung freiwillig beschworen.

Die Lage verschärfte sich um die Jahreswende 1791/1792. Im Kurfürstentum Trier zogen die Emigranten Truppen zusammen. Ludwig XVI. stellte dem

---

[190] W. Lautermann (Bearb.), Amerikanische und Französische Revolution (GiQu), Nr. 226, S. 266.
[191] Huber, Deutsche Verfassungsgeschichte, Bd. 1, S. 23.
[192] Wandruszka, aaO, S. 366/367.

Kurfürsten von Trier in drohendem Ton ein Ultimatum, bis zum 15. Januar 1792 alle Emigrantenvereinigungen aufzulösen. Durch diese von der Nationalversammlung geforderte Note erhoffte sich die königstreue Partei eine Intervention des Auslands. Am 3. Dezember hatte Ludwig bereits ein Geheimersuchen um militärische Intervention Preußens gestellt. Im Hinblick auf die wachsenden Kriegsbereitschaft in Frankreich erging am 21. Dezember eine österreichische Note an Frankreich. Ihr verschärfter Ton war darauf berechnet, "die anmaßende Nationalversammlung zur Vernunft zu bringen"; bei ernstlicher Bedrohung des Kurfürsten von Trier werde Österreich diesem beistehen, "zur Aufrechterhaltung der öffentlichen Ordnung und zur Wahrung der Sicherheit und Ehre der Krone" hätten sich die Nachbarn des unruhigen Frankreichs zu einer Entente zusammengeschlossen.[193] Mit dieser Note wurde die Kriegsbereitschaft in Frankreich nur weiter geschürt. In den ersten Tagen des Jahres 1792 kam es in der Kammer zu stürmischen Kundgebungen. Alle Parteien waren empört über die beleidigende Einmischung der Fremden und forderten den Krieg. Am 14. Januar 1792 stellte die Nationalversammlung Leopold ein Ultimatum, bis zum ersten März den Verzicht auf jede Einmischung zu erklären. Daraufhin gab man in Wien die abwartende Haltung auf und beschloß die Entsendung von Truppen in die österreichischen Vorlande und die Niederlande. Am 7. Februar schlossen Österreich und Preußen eine militärische Defensivallianz. Am 17. Februar überreichte der österreichische Gesandte in Paris eine Note, in der die ultimativen Forderungen Frankreichs mit allem Nachdruck zurückgewiesen wurden und der Kaiser bemerkte, er wolle dennoch Mäßigung walten lassen, da ihm Frankreichs Unglück Mitleid einflöße. Diese Bemerkung erregte in Paris einen Sturm der Entrüstung. Am 28. Februar überreichte der preußische Gesandte eine ähnlich lautende Note, mit der die österreichisch-preußische Übereinstimmung deutlich wurde.[194]

Bei den Kriegsvorbereitungen mußte man allerdings auf das Reich Rücksicht nehmen. In seiner Mitteilung an den österreichischen Gesandten am Reichstag zu Regensburg über Truppenmobilmachung für Vorderösterreich bemerkt Staatskanzler Kaunitz:

"Bei diesen Anstalten nehmen wir aber den sorgfältigen Bedacht, keine Gelegenheit zu Feindseligkeiten zu geben. Der k.k. Hof tut alles, damit das Reich nicht mit Frankreich durch Zufall in Krieg verwickelt werde, weil dasselbe, der Gerechtigkeit der Sache seiner bedrängten Reichsstände ungeachtet, zu offensiven Schritten nach der Meinung mehrerer ansehnlichen Reichsstände noch nicht berechtigt ist, am wenigsten aber sich in einer re-

---

[193] Bibl, Kaiser Franz, S. 34.
[194] Aretin, HRR I, S. 261.

spektablen Kriegsverfassung befindet, und der schnelle Ausbruch eines Krieges vielleicht hie und da das Signal zu inneren Unruhen sein dürfte."[195]

Zum Leidwesen Österreichs und Preußens waren die deutschen Reichsstände nicht bereit, sich einem Krieg gegen Frankreich anzuschließen. Sie wandten sich im Gegenteil eher Frankreich zu. Den Fürsten schwante angesichts der neuen Einigkeit der beiden deutschen Führungsmächte nichts Gutes. Dies zu Recht - ihre Befürchtung, zerrieben zu werden, sollte sich schließlich 1795 im Frieden von Basel[196] bestätigen. -

"Die Reichsfürsten und Minister, die wir hier zu sehen Gelegenheit haben, scheinen sich samt und sonders auf die Seite Frankreichs zu neigen... Sie fürchten die Vorherrschaft des österreichischen Hauses im Reiche und suchen sich auf indirektem Wege durch Bereitung von Schwierigkeiten im Reiche bei Frankreich in Gunst zu setzen und sich im voraus dieser mächtigen Stütze zu versichern, da ja Frankreich früher oder später doch wieder die gebührende Stellung unter den großen Nationen Europas einnehmen wird."[197]

In München, wo aus Angst vor jakobinischer Ansteckung der Bevölkerung die Zensur am schärfsten gehandhabt wurde, fuhr man bei der immer größeren Kriegsgefahr nach außen einen Annäherungskurs an Frankreich, um einen Übergriff plünderungslustiger Sansculotten auf die rheinische Pfalz zu vermeiden. Karl Theodor von der Pfalz suchte seine Neutralität zu wahren und machte sogar Anstalten, Österreich den Durchmarsch seiner Truppen zu verwehren.[198] In einem Vortrag an König Franz[199] schlug Kaunitz vor, die Reise nach Frankfurt über München zu machen:

"Bei dieser Gelegenheit würde Eure Majestät auch den Herrn Kurfürsten von der Pfalz mit einem Besuch beehren und dadurch verbinden können. Welches in politischer Rücksicht, da die gute Stimmung dieses Herrn für den höchsten Dienst in mehrern Betracht sehr wichtig ist, allerdings erwünschlich wäre."

Ein Krieg gegen Frankreich war in weiten Kreisen der Reichsbevölkerung, auch in Preußen und Österreich - in Wien fürchtete man hohe Kriegssteuern - alles andere als populär. Das Vorgehen Frankreichs gegen das alte Lehenswesen im Elsaß, an dem sich der Konflikt entzündet hatte, fand man weithin begreiflich. Auch deutsche Fürsten hatten Änderungen der Lehnsverfassung

---

[195] Zitiert bei: Bibl, aaO, S. 38/39.
[196] Vertrag bei Hofmann, Nr. 63.
[197] So klagte der preußische Wahlbotschafter Graf von Görtz beim Frankfurter Wahlkonvent 1792, zitiert bei: Heigel, Deutsche Geschichte I, S. 551.
[198] Heigel, aaO, S. 537 ff. Bei der Übernahme seines Vikariats wurde die Annäherung Karl Theodors an Frankreich deutlich, dazu unten, S. 77.
[199] Vom 2. April 1792, HHStA, RK, W.u.K.A., Fasz. 100 a, Anlage V.

vorgenommen. Warum sollte dies nicht auch der französischen Regierung gestattet sein? Auch eine Rückeroberung von Elsaß und Lothringen zur Wiederherstellung der alten Zustände wurde nicht befürwortet. Man erwartete davon eine Steigerung des ohnehin schon übermächtigen österreichischen Einflusses.[200] Vor einem Krieg hatte im Juni 1791 Carl von Clauer in seinem "Kreuzzug gegen die Franken"[201] gewarnt:

"So weit die Waffen der Franzosen reichen, so werden die Häuser der Fürsten, des Adels und ihrer Diener in Flammen stehen, und die rauchenden Provinzen am Rhein werden gar bald dem übrigen Deutschland eine Verheerung ankündigen, die weit schrecklicher seyn wird, als es die Scenen des 30jährigen Krieges gewesen sind. Wir wohnen in der Nachbarschaft eines leise schlummernden Löwen. Aber hüthet Euch ihn zu wecken, damit er nicht aufspringe und den Schuldigen mit dem Unschuldigen zerreiße."

Und im Januar 1792 wandte sich der angesehene Freiherr von Knigge unter dem Pseudonym Joseph von Wurmbrand gegen ein Eingreifen der europäischen Mächte in Frankreich:

"Warum sollten diese Frankreich angreifen? Um einer Nation die Befugniß streitig zu machen, ihre Regierungsform, mit unbezweifelter Einstimmung ihres Königs, zu verändern? Um eine Constitution über den Haufen zu werfen, die Vernunft, Recht, Treue und Glauben und Frieden mit den Nachbarn zu Grundpfeilern hat?"

Von den Auswüchsen der freiheitlichen Bewegung in Frankreich werde zu viel Aufhebens gemacht.

"Ob Gibraltar den Engländern, oder Spaniern gehört, das ist gewiß für die Welt, und vielleicht für das wahre Glük der beyden streitenden Nationen selbst, ein ziemlich unbedeutender Umstand; und dennoch hat der Kampf um diesen Felsen in einigen Stunden mehr Menschen, die gar nicht dabey interessirt waren, das Leben geraubt, als ein jahrlanger Kampf um Freiheit und Gesezze in Frankreich.... Daß ein Landesvater Tausende seiner Kinder, (daß es Gott erbarme!) das heist seiner Unterthanen stükweise verhandle, um sie irgendwo, fern von ihrem Vaterlande, todtschiessen zu lassen, wenn damit Geld zu verdienen ist,[202] wovon nachher Buhlerinnen und Müßiggänger unterhalten werden; das erlauben ihm die Menschenfreunde; aber wenn bey so einer allgemeinen Gährung der unbändige Pöbel unter zehn Schelmen auch vielleicht, in der blinden Wuth, ein paar ehrliche Leute, gegen welche man Verdacht hat, aufhenkt; so wird davon ein Lerm gemacht, als wenn kein Mensch in Frankreich seines Lebens sicher wäre."[203]

---

[200] Bibl, aaO, S. 39.
[201] Auszüge in: Deutschland und die Französische Revolution 1789 - 1806, hrsg. v. Th. Stammen u. F. Eberle, Nr. 21, S. 117 ff.
[202] Knigge spielt auf den Soldatenhandel des Landgrafen von Hessen-Kassel im nordamerikanischen Unabhängigkeitskrieg an.
[203] Josephs von Wurmbrand politisches Glaubensbekenntniß, Sämtliche Werke Bd. 15, S. 85 und S. 70 f.

Mitten in dieser politischen Hochspannung, während von beiden Seiten zum Krieg gerüstet wurde, starb überraschend Kaiser Leopold am 1. März 1792 um 15.30 Uhr, den Gerüchten nach durch französisches Gift,[204] nach dem Sektionsbefund aber wohl an einer Lungen- und eitrigen Rippenfellentzündung. Pütter berichtet in seiner Selbstbiographie:[205]

"Von Vorfällen solcher Art hat mich keine Nachricht so aus der Fassung gebracht, wie die von diesem Todesfall."

Mit ihm ging ein großer Diplomat dahin, der vielleicht die außerordentlichen Schwierigkeiten gemeistert hätte, denen sein junger unbegabter Sohn ziemlich hilflos gegenüberstand.[206]

---

[204] Auch das Gerücht, der Kaiser habe sich durch von ihm in seinem chemischen Laboratorium hergestellte Aphrodisiaca vergiftet, war weit verbreitet, vgl. Wandruszka, Leopold II., Bd. 2, S. 383. Das ärztliche Bulletin über die letzten Tage Leopolds befindet sich unter den vom Reichserbmarschallamt angelegten "Acta Ihro Röm. Kayserl. Maiestät Leopoldi IIdi höchstseel. Absterbens und Betrauung betr., Mense Mart. 1792.", HHStA, Reichsakten in specie, Fasz. 79.
[205] S. 834.
[206] So Aretin HRR I, S. 261.

X. Der Kandidat - Franz II.[207]

Joseph hatte seinen Neffen als den zukünftigen Thronfolger bereits mit 16 Jahren aus Florenz, wo "der Körper durch Klima und Sitten geschwächt werde und die Seele verschrumpfe",[208] nach Wien geholt, um ihn auf seine Aufgabe vorzubereiten. Scharf hatte er dessen Unbeweglichkeit, Apathie und Geistesträgheit kritisiert:

"Er ist von Charakter eher langsam, heuchlerisch und gleichgültig, offenbart deshalb auch wenige entschiedene Leidenschaften. Dessenungeachtet scheint er Energie und System im Charakter zu haben... Allem Anschein nach hat er fleißig gearbeitet und sich viele Kenntnisse erworben. Er weiß für sein Alter theoretisch und praktisch sehr viel... aber es ist alles Maschine, Diktando-Schreiben, keine eigenen Gedanken, kein eigener Stil im Schreiben wie im Sprechen."[209]

Joseph unterwarf seinen Neffen harten körperlichen wie geistigen Übungen. Seine ständige beißende persönliche Kritik führte bei Franz zu einer grundsätzlichen, bis zum Trotz sich verstärkenden Opposition im allgemeinen, besonders aber in staatspolitischen Dingen.[210] Zeitlebens wurde er von starken Minderwertigkeitskomplexen geplagt. Von seinem Vater hatte Franz den Sinn für Häuslichkeit und Schlichtheit geerbt, doch während dieser mehr von der Art eines Gelehrten hatte, war der Sohn in seiner Gutmütigkeit und Leutseligkeit eher ein biederer, behäbiger Bürger, der seinen trockenen Humor am liebsten in breitem Wienerisch äußerte.[211] Seine an Apathie grenzende Gemütsruhe sollte Franz in der vor ihm liegenden Zeit die schwersten Demütigungen ertragen helfen. So berichtete er nach der Katastrophe von Austerlitz seiner Gemahlin: "Heute wurde eine Schlacht ausgetragen, die kein sehr schönes Ende nahm."[212] Das abwertende Bild, das uns bisher von Franz vermittelt wurde, wird jedoch in jüngster Zeit von Walter Ziegler in Frage gestellt.[213]

---

[207] Zur Persönlichkeit Franz II. (I.) zuletzt: W. Ziegler, Kaiser Franz II. (I.), Person und Wirkung, in: W. Brauneder (Hg.), Heiliges Römisches Reich und moderne Staatlichkeit, S. 9 - 27.
[208] Heigel, Deutsche Geschichte I, S. 512.
[209] Zitiert bei: Bibl, Kaiser Franz, S. 13.
[210] W. Ziegler in: Schindling/Ziegler (Hg.), Die Kaiser der Neuzeit 1519 - 1918, S. 289 - 306 (290).
[211] Heigel, aaO, S. 513.
[212] E. Crankshaw, Die Habsburger, S. 175.
[213] Zuletzt: Kaiser Franz II. (I.), Person und Wirkung, in: W. Brauneder (Hg.), Heiliges Römisches Reich und moderne Staatlichkeit, S. 9 - 27.

Im Gegensatz zu Leopold hegte Franz eine besondere Vorliebe für das Militär. Er hatte sich in Gefechten als tapfer erwiesen, war aber im Gegensatz zu seinem Bruder Karl, dem späteren Sieger von Aspern, militärisch unbegabt. Er bejahte den Krieg gegen Frankreich. Von dem Thronwechsel war eine veränderte Haltung Wiens zu den Kriegsplänen zu erwarten. So schrieb Graf Fersen an Marie Antoinette:

"Erzherzog Franz war immer wohlgesinnt; ich weiß, daß er oft über das weiche, langsame, unbeständige Wesen seines Vaters aufgebracht war; er ist mit ganzer Seele Soldat und hat mehr von der Art seines Oheims Joseph, als von der seines Vaters. Dies wird den Einfluß des Königs von Preußen noch steigern, da der Wiener Hof ihn gewinnen muß, um zur Kaiserwürde zu gelangen, und da dieser Monarch so gute Gesinnung für Ihre Sache an den Tag legt, kann die jüngste Wendung für Sie nur vorteilhaft sein."[214]

Als Franz das Erbe seines Vaters antrat, war er 24 Jahre alt. Obwohl er nach Josephs Tod bis zur Ankunft seines Vaters Leopold und dann zeitweise während dessen Abwesenheit schon die Regierungsgeschäfte geführt hatte, stand er der neuen Situation hilflos gegenüber. Am 20. März 1792 erfolgte die Kriegserklärung der französischen Nationalversammlung an Österreich. Daraufhin erklärte Preußen Frankreich den Krieg. Das Reich mußte alsbald einen Kaiser haben. Einziger Kandidat war Franz.

---

[214] Brief vom 9. März 1792, zitiert bei: Heigel, aaO, S. 522 f.

Tod Leopolds II. (Institut für Stadtgeschichte der Stadt Frankfurt am Main)

2. Abschnitt

Die Wahl und Krönung Kaiser Franz des Zweiten

Unmittelbar nach dem Tod Leopolds II., am 1. März 1792 um 15. 15 Uhr, begab sich der Reichsvizekanzler von Colloredo-Mannsfeld in die Reichskanzlei, verschloß das Gebäude des - ausschließlich von der Person des Kaisers abhängenden und mit dessen Tod ipso jure erloschenen[1] - Reichshofrats, dessen Akten versiegelt wurden, nahm die kaiserlichen Siegel in Verwahrung und übermittelte dem Kurfürsten von Mainz als dem Erzkanzler des Reichs die Todesnachricht.[2]

I. Die Goldene Bulle

Ein letztes Mal sollte die Krönung eines Kaisers des Heiligen Römischen Reichs deutscher Nation nach dem Recht der Goldenen Bulle Karls IV. von 1356[3] erfolgen. Dieses ursprünglich schlicht "Kaiserliches Rechtbuch" genannte Gesetz war kein Ochse mit goldenen Hörnern, wie ihn nach einer Anekdote des 17. Jahrhunderts einmal ein Engländer im Frankfurter Römer zu sehen erwartet haben soll, sondern das wichtigste Reichsgrundgesetz. Es trug seinen Namen nach der goldenen Kapsel (bulla) des kaiserlichen Siegels und war ursprünglich in lateinischer Sprache abgefaßt, wurde aber schon bald ins Frühneuhochdeutsche übersetzt. So ließ bereits 1371 der Frankfurter Rat eine Übersetzung anfertigen. Vom Text gab es sieben, mit dem kaiserlichen Siegel beglaubigte Originalurkunden, die alle den gleichen rechtlichen Wert

---

[1] "So bald der Kayser todt ist, höret alles, was vom Kayser abhanget, auf", Buder, Repertorium, "Interregnum", § 6.
[2] Franz Gundaker zu Colloredo-Mannsfeld an den Kurfürsten von Mainz vom 1. März 1792, HHStA, MEA, W.u.K.A., Fasz. 85, Anlage I. Der Briefwechsel des Reichserbmarschallamts wegen des Todes Leopolds befindet sich in den "Acta Ihro Röm. Kayserl. Maiestät Leopoldi IIdi höchstseel. Absterbens und Betraurung betr., Mense Mart. 1792", HHStA, Reichsakten in specie, Fasz. 79.
[3] Dazu K. Zeumer, Die Goldene Bulle I; A. Laufs, "Goldene Bulle", in HRG: Bd. 1, Sp. 1739 - 1746; Moser, Von Teutschland und dessen Staats=Verfassung überhaupt (NTStR I), S. 214 - 225. Zur Entstehung der Goldenen Bulle: B.-U. Hergemöller, Fürsten, Herren und Städte zu Nürnberg 1355/56. Lateinischer Text mit deutscher Übersetzung bei: L. Weinrich (Hg.), Quellen zur Verfassungsgeschichte des römisch-deutschen Reichs im Spätmittelalter (1250 - 1500), Nr. 94 a und b, S. 315 ff.

hatten: je ein Exemplar erhielten der böhmische König, die Erzbischöfe von Mainz, Trier und Köln, der Pfalzgraf bei Rhein und, allerdings etwas später, die Städte Frankfurt und Nürnberg.[4] Das Frankfurter Exemplar gehörte zu den Hauptsehenswürdigkeiten der Stadt und wurde mit größter Sorgfalt aufbewahrt. Ihr widmet Carl Christian Schramms "Neues Europäisches Reiselexikon" von 1744[5] mehr als eine Seite und berichtet unter anderem:

"An. 1664 wurden von dem Chur=Mayntzischen Abgesandten, in Beyseyn der dazu abgeordneten Herren des Raths, zweyer Syndicorum, mit Zuziehung zweyer Notarien, auch vier Zeugen, in das zu Franckfurt befindliche Lateinische Original, andre seidene Fäden, weil die vorigen Alters halber dünne und unhaltbar waren, hinein gezogen, welches auch den 5. Febr. 1710 mit eben dergleichen Umständen wiederholet worden."

Die Goldene Bulle hatte die Königsfolge endgültig regeln und das Reich befrieden sollen. Bis in letzte Einzelheiten wurde das Wahlverfahren geregelt, nachdem es zuvor neunmal zu einem Doppelkönigtum gekommen war. Die Goldene Bulle kodifizierte das auf fränkische Überlieferung zurückgehende Gewohnheitsrecht und berücksichtigte auch frühere Wahlverhandlungen, kirchenrechtliche Vorschriften, Präzedenzfälle und Privilegien. Das Reich wurde endgültig als Wahlmonarchie verfaßt, das Mehrheitsprinzip[6] verankert (Kap. II, § 4[7]). Als geistliche Kurfürsten wurden die Erzbischöfe von Mainz, Trier und Köln, als weltliche der König von Böhmen, der Pfalzgraf bei Rhein, Herzog von Sachsen und der Markgraf von Brandenburg bestimmt.[8] Ihre Stellung wurde derart gestärkt, daß Kapitel III die Kurfürsten als Säulen des Reiches (columpne proceres)[9] bezeichnet, die das Heilige Reich wie die Kerzen des siebenarmigen Leuchters erleuchten sollten (vor Kap. I[10]). Die Siebenzahl der Kurfürsten ermöglichte Mehrheitsentscheidungen und hatte sich im Jahrhundert vorher durchgesetzt. Ursprünglich waren alle Fürsten des Reichs im Besitz des Wahlrechts gewesen. Der zwischen 1221 und 1224 entstandene Sachsenspiegel nennt in Landrecht III, § 57, 2 sechs vorstimmbe-

---

[4] Vgl. Buschmann, Kaiser und Reich, S. 105 f.
[5] "Franckfurt am Mayn", § 13.
[6] Dazu: H. J. Becker, "Mehrheitsprinzip", in: HRG, Bd. 3, Sp. 431 - 438; ferner H. Hattenhauer, Zur Geschichte von Konsens und Mehrheitsprinzip, in: H. Hattenhauer u. W. Kaltefleiter (Hg.), Mehrheitsprinzip und Verfassung, S. 1 ff.
[7] Weinrich, Nr. 94 a, S. 336/337.
[8] Da auf einige weltliche Kurwürden mehrere Familien Ansprüche erhoben, hatte man sich bei den Verhandlungen über die Goldene Bulle auf vier Fürsten geeinigt, die alle in gerader weiblicher Linie von Rudolf von Habsburg abstammten, Schembs, Wahl und Krönung, S. 28.
[9] Weinrich, aaO, S. 338.
[10] Weinrich, aaO, S. 318/319.

rechtigte Kurfürsten, die aber in der Kur noch an die vorausgegangene Wahlentscheidung aller Fürsten gebunden sind:[11]

"In des keisers kore sal der erste sin der bischof von Menze, der andere der von Trire, der dritte der von Kolne. Unter den leienvursten ist der erste der palenzgreve von dem Rine, des riches druczesse, der andere der hertzoge von Sachsen, der marschalk, der dritte der markgreve von Brandenburg, der kemerer. Der schenke des riches, der koning von Behemen, der en hat keinen kure, umme daz, daz er nicht dutsh ist. Sint kiesen des riches vursten alle, phafen unde alle leien. Die zu deme ersten an der kore benannt sind, de en sollen nicht kesen nach irem mutwillen, sunder wen de vursten unde alle zu koninge erwelen, den sollen se keisen."[12]

Der Schwabenspiegel (um 1270) kennt in Kap. CIX sieben Kurfürsten mit alleinigem Wahlrecht, wobei allerdings in den älteren Handschriften statt des Böhmen der Herzog von Bayern als vierter weltlicher Kurfürst genannt wird. Die Kontroverse um die bayrische Kurwürde[13] endete 1290 mit der Bestätigung von Schenkenamt und Kurwürde der Böhmenkönige durch Rudolf.[14]

Neben der Regelung der Zusammensetzung des Kurkollegiums führte die Goldene Bulle das Erbrecht der Primogenitur in den Kurfürstentümern ein und erklärte die Kurlande für unteilbar, um eine durch deren Zergliederung drohende Stimmenvermehrung zu vermeiden, Kap. VII, § 1 und Kap. XXV.[15] Sogar die Erziehung der Kurprinzen wurde geregelt: Diese hatten neben ihrer Muttersprache Deutsch vom 7. bis zum 14. Lebensjahr auch Lateinisch, Italienisch und Slawisch zu lernen, Kap. XXXI.[16] Die Kurfürsten erhielten Privilegien, so das privilegium de non evocando und de non appellando, Kap. XI, und waren von den Lehnstaxen befreit, Kap. XXX, § 1.[17] Verbrechen an den Kurfürsten sollten als Majestätsverbrechen bestraft werden, Kap. XXIV.[18] Damit war die Grundlage ihrer über Jahrhunderte dauernden hohen politischen Bedeutung gelegt.

---

[11] Dazu H. Mitteis, Die deutsche Königswahl, S. 163 ff., und D. Schütz, Die Beteiligten an der Kaiserwahl nach dem Sachsenspiegel, JA 1993, S. 203 ff. (204 f.) mwN.
[12] Sachsenspiegel, Landrecht, hrsg. v. Cl. Frhr. v. Schwerin, S. 125 f.
[13] Dazu Conrad, Deutsche Rechtsgeschichte I, S. 219.
[14] Weinrich Nr. 55, S. 176 ff. Zur (Sonder-)Stellung der böhmischen Kur vor der Goldenen Bulle: Zeumer, Die Goldene Bulle I, Exkurs II, S. 245 ff.
[15] Weinrich, Nr. 94 a, S. 344 ff., bzw. Nr. 94 b, S. 380 ff.
[16] Weinrich, Nr. 94 b, S. 392 ff. Dazu H. Hattenhauer, Zur Geschichte der deutschen Rechts- und Gesetzessprache, S. 6 f.
[17] Weinrich, Nr. 94 a, S. 354 ff., bzw. Nr, 94 b, S. 390/391.
[18] Weinrich, Nr. 94 b, S. 376 ff.

Die von der Goldenen Bulle bestimmte Zusammensetzung des Kurkollegiums sollte sich noch einige Male ändern.[19] Nach der Schlacht am Weißen Berge bei Prag verlor 1620 Kurfürst Friedrich V. von der Pfalz, der "Winterkönig", den die böhmischen Stände 1619 als Führer der protestantischen Union zum König gewählt hatten, seine Kurwürde. 1623 ging sie an den Herzog von Bayern aus der pfälzisch-wilhelminischen Linie über.[20] Im Westfälischen Frieden wurde die pfälzische Kur bei Bayern belassen und für die Pfalz eine neue, achte Kurwürde errichtet, gleichzeitig jedoch bestimmt, daß die Pfälzer Würde bei Aussterben der wilhelminischen Linie wieder an die Pfalz zurückfallen und die achte Kurwürde erlöschen solle, Art. IV, §§ 3, 5, 9 IPO.[21] Eine neunte Kurwürde hatte Leopold I. in politischer Bedrängnis eigenmächtig unter Widerspruch der Reichsstände 1692 an Herzog Ernst August von Braunschweig-Lüneburg-Calenberg verliehen. Die Kurwürde wurde 1708 durch einen Reichsschluß bestätigt. 1777 starb die pfälzisch-wilhelminische Linie aus, wodurch bayrische und pfälzische Kur wieder vereint waren.

Einen Sonderweg ging die böhmische Kur.[22] Sie war zwar durch Karl IV. in der Goldenen Bulle reichsrechtlich festgeschrieben. Auch waren dem Böhmenkönig sogar Sonderrechte vor den übrigen Kurfürsten eingeräumt worden, doch ging durch die Vereinigung von böhmischer Kur und Kaiserkrone unter den Luxemburgern (1346 - 1437) und erneut (ab 1526) unter den Habsburgern ihre Bedeutung derart zurück, daß Böhmen seinen Platz im Kurfürstenrat, abgesehen von den Königswahlen,[23] aufgab. Die Reichsgeschäfte wurden über Jahrhunderte von nur sechs Kurfürsten wahrgenommen. Bei den Königswahlen nahmen die habsburgischen Thronkandidaten als Könige von Böhmen zwar unter Ausschluß von den Kapitulationsverhandlungen an der Wahl teil, verzichteten in der Regel aber darauf, sich selbst zu wählen.[24] Ebensowenig übten sie das böhmische Erzschenkenamt aus - der Herr konnte nicht zugleich sein Diener sein. Erst im Zusammenhang mit der Errichtung der neunten hannoverischen Kur erfolgte 1708 die feierliche Read-

---

[19] Dazu A. Erler, "Kurwürde", in: HRG, Bd. 2, Sp. 1314 - 1319; Mitteis/Lieberich, Deutsche Rechtsgeschichte, S. 352.
[20] Der Lehenbrief Kaiser Ferdinands II. bei H.H. Hofmann (Hg.), Quellen zum Verfassungsorganismus des HRR deutscher Nation, Nr. 29.
[21] Hofmann, Nr. 34 a, S. 170 ff.
[22] Ausführlich U. Kühne, Geschichte der böhmischen Kur in den Jahrhunderten nach der Goldenen Bulle, Archiv für Urkundenforschung Bd. 10 (1928), S. 1 - 110.
[23] Die böhmische Wahlstimme wurde dabei von 1440 bis 1519 von ständischen Gesandtschaften geführt, Kühne, aaO, S. 2, bes. S. 78 ff.
[24] Vgl. Kühne, aaO, S. 38 ff.

mission Böhmens in den Kurfürstenrat.[25] Dadurch wurde das katholische Übergewicht im Kurkolleg gesichert.[26] Die böhmische Kur war wieder den übrigen gleichgestellt, böhmische Wahlgesandte nahmen an den Kapitulationsverhandlungen teil und votierten für ihren Herrn.[27] Allein 1740/42 wurde das böhmische Votum zum Ruhen gezwungen, als die politischen Verhältnisse gegen Maria-Theresia entschieden. Da sie eine Frau war, wurde sie nicht als Trägerin der böhmischen Kur anerkannt, die Böhmens Kur wurde ausgeschlossen.[28] 1745 war es dann keine Frage mehr, daß Maria-Theresia die böhmische Kurstimme, wenn auch durch Wahlbotschafter, zugunsten ihres Gemahls Franz Stephan von Lothringen führte.

1792 versammelten sich die Wahlbotschaften von acht Kurfürsten in Frankfurt. Kurz danach kam es 1803 noch einmal zu grundlegenden Veränderungen in der Zusammensetzung des Kurfürstenkollegiums: Nach § 25 des Reichsdeputationshauptschlusses gab es mit Regensburg, auf das die mainzische Kur und das Erzkanzleriat übertragen wurden, nur noch eine geistliche Kur, während nach § 31 mit Salzburg, Baden, Württemberg und Hessen-Kassel vier neue weltliche hinzukamen. Erstmals hatten die Protestanten die Mehrheit im Kurkollegium (6:4). Die neuen Kurfürsten sollten aber nie küren. Die Salzburger Kurwürde ging nach dem Frieden von Preßburg 1805 an Würzburg über. 1806 erloschen die Kurwürden mit dem Ende des Reichs. Lediglich der Kurfürst von Hessen-Kassel nannte sich ab 1814 mit Wiedererlangung seines Landes wieder "Kurfürst", während die übrigen inzwischen großherzogliche (Baden 1805) und königliche Titel (Bayern, Sachsen und Württemberg 1806, Hannover 1814) angenommen hatten.

Von Bedeutung ist das Schweigen der Goldenen Bulle an entscheidender Stelle: Eine Mitwirkung des Papstes bei der Wahl des deutschen Königs wird mit keinem Wort erwähnt.[29] Die Päpste hatten wiederholt das Recht für sich beansprucht, das Wahlverfahren zu überprüfen und den Gewählten zu bestätigen.[30] Johannes XXII. sprach Ludwig dem Bayern vor erfolgter päpstlicher

---

25   Zeumer, Die Goldene Bulle I, S. 234, vgl. dazu das Reichsgutachten vom 30. Juni 1708 bei Hofmann, Nr. 51.
26   Vgl. Kühne, aaO, S. 62 ff.
27   Zur Wiederausübung des böhmischen Erzschenkenamts vgl. Reuter-Pettenberg, Bedeutungswandel, S. 101 ff.
28   Dazu Kühne, aaO, S. 94 ff.
29   Zeumer, Die Goldene Bulle I, S. 192 ff., sieht im Schweigen der Goldenen Bulle zur päpstlichen Approbation nicht deren Ablehnung. Dagegen aber überzeugend Mitteis, Die deutsche Königswahl, S. 221 f.
30   Conrad, Deutsche Rechtsgeschichte I, S. 220 f.

Bestätigung das Recht auf Führung des Königstitels und auf die Regierung des Reichs ab. Darauf erging 1338 zu Rhense ein Weistum der Kurfürsten, demzufolge fortan der von ihrer Mehrheit erwählte König keiner Bestätigung durch den Papst bedürfe.[31] Ludwig erweiterte im selben Jahr auf einem Reichstag in Frankfurt diesen Beschluß im Gesetz "Licet iuris"[32] dahin, daß der Erwählte mit der Wahl Gewalt und Titel des Kaisers erwerbe.[33] Doch wurde die seit dem 12. Jahrhundert übliche Wahlanzeige an den Papst, mit der die Bitte um die künftige Kaiserkrönung verbunden war, beibehalten. Um eine Bestätigung wurde nur noch in Ausnahmefällen nachgesucht.[34] Die Goldene Bulle schloß sich radikalen Ansicht des Jahres 1338 allerdings nicht an, sondern bestimmte, daß der deutsche König zum Kaiser erhoben werden sollte, Kap. II, § 2.

Die Goldene Bulle gehört zu den wenigen Gesetzen des Spätmittelalters, die nahezu unverändert bis zum Ende des Reichs in Geltung waren. Auch bei der Wahl und Krönung Franz II. fanden die "sibyllinischen Bücher der goldenen Bulle"[35] genaue Beachtung. Dies zu einer Zeit, als sich in Frankreich bereits andere Ideen durchgesetzt hatten und man in Paris Ludwig XVI. die Jakobinermütze aufzwang, wenige Wochen bevor Franz II. in Frankfurt mit der altehrwürdigen Krone des Heiligen Reichs gekrönt wurde.

---

[31] Weinrich, Nr. 88.
[32] Weinrich, Nr. 89.
[33] Zur Bedeutung des Rhenser Kurvereins und des Gesetzes "Licet iuris" für die verfassungsrechtliche Stellung der Wahl: unten, S. 141.
[34] Conrad, aaO, S. 221.
[35] So der Ritter von Lang, Memoiren, S. 213.

II. Provisor imperii - Das Reichsvikariat

Als Leopold starb, war ein Römischer König als Nachfolger, anders als beim Tod Franz I. dessen Sohn Joseph, nicht zur Stelle. Kurmainzische Pläne, Leopolds Sohn Franz bereits 1790 in Frankfurt zum Römischen König zu wählen und gleichzeitig mit seinem Vater zu krönen,[36] waren nicht verwirklicht worden -Leopold hatte das eben erst wiedergewonnene Vertrauen im Reich nicht aufs Spiel setzen wollen. Bis zur Wahl des neuen Kaisers hatte das Reich daher kein Oberhaupt. Zu Reichsverwesern, Vicarii Imperii,[37] während des Interregnums bestellte die Goldene Bulle in Kapitel V den Pfalzgrafen bei Rhein in "rheinischen und schwäbischen Landen sowie im Gebiet des Fränkischen Rechts" (Rheinisches Vikariat) und den Herzog von Sachsen in "Ländern, in denen Sächsisches Recht gilt" (Sächsisches Vikariat). Angesichts der ungenauen Formulierung waren die räumlichen Grenzen der beiden Vikariate streitig. Im Jahr 1790 war es zu einem Vergleich[38] gekommen, dessen Bestätigung der Reichstag aber nie vorgenommen hatte. Streitigkeiten zwischen Kurbayern und Kurpfalz wegen des Rheinischen Vikariats waren mit dem Aussterben des bayrischen Kurhauses 1777 und der Übernahme durch Kurpfalz gegenstandslos geworden. 1792 übernahmen Karl Theodor von der Pfalz und Friedrich August von Sachsen ihre Ämter als Vikare des Reiches. Ersterer erließ sein Vikariatspatent unter dem 12. März, letzterer unter dem 7. März.[39] Die Patente[40] wurden im jeweiligen Vikariatsbezirk angeschlagen.[41] Im Kirchengebet der meisten Territorien traten die Vikare an die Stelle des Kaisers.[42]

Die Vikariatsübernahme war überschattet von der großen Politik. Karl Theodor nutzte sie zur Annäherung an Frankreich. Am 14. März 1792 wurde der Hofkriegsrat Lipowsky in aller Stille nach Landau abgeordnet, um dem französischen Kommandanten Kellermann die Versicherung zu überbringen,

---

[36] Wandruszka, Leopold II., Bd. 2, S. 302.
[37] = Reichsvikariat vacante imperio. Daneben gab es noch das verfassungsrechtlich ungeregelte und seit Karl V. nicht mehr eingetretene Reichsvikariat zu Lebzeiten des Kaisers (vivente imperatore oder absente rege), vgl. W. Hermkes, Das Reichsvikariat in Deutschland, S. 3; Conrad, Deutsche Rechtsgeschichte II, S. 70. Buder, Repertorium, "Vicarii Imperii" § 2, unterscheidet zwischen "Vicarii Imperii" und "Vicarii Imperatoris". Zum Reichsvikariat noch: W. Lammers, "Reichsvikariat", in: HRG, Bd. 4, Sp. 807 - 810.
[38] Dazu näher Hermkes, aaO, S. 13 ff.
[39] Hermkes, aaO, S. 121.
[40] Das kursächsische Patent von 1711 bei: Hofmann, Nr. 52, S. 282 f.
[41] Hamberger, Merkwürdigkeiten, S. 12.
[42] Vgl. Moser, Von dem Römischen Kayser (NTStR II), S. 794.

daß der Stellvertreter des Kaisers sich ein Vergnügen daraus machen werde, mit Frankreich "freundnachbarliches" Einverständnis zu beobachten, dafür aber auch des Wohlwollens der französischen Regierung sich versehe.[43]

Die Befugnisse der Reichsvikare waren zum Teil in der Goldenen Bulle aufgezählt. Wichtig war das Recht, Gericht zu halten. Rechtssachen, die in die Zuständigkeit des mit dem Tod des Kaisers aufgelösten Reichshofrats gehörten, kamen vor die Vikariatshofgerichte,[44] deren Entscheidungen im Namen des jeweiligen Reichsvikars ergingen. 1792 wurden Vikariatshofgerichte in München bzw. Dresden errichtet. Waren diese Gerichte ursprünglich nur für neue Sachen zuständig gewesen, so wurde erstmals in der Wahlkapitulation Karls VI. von 1711 (Art. III § 16) bestimmt, daß auch bereits beim Reichshofrat anhängig gewesene Verfahren vor die Vikariatshofgerichte gehörten. Kurmainz hatte die Reichshofratsakten an die Reichsvikare herauszugeben, diese wiederum mußten alle Akten nach Beendigung des Interregnums spätestens innerhalb von sechs Monaten dem neuen Kaiser einschicken.[45]

Die Entscheidungen des Reichskammergerichts, das als ständische, vom Kaiser unabhängige Institution auch bei dessen Tod bestehen blieb, ergingen während des Interregnums unter dem Namen und dem gemeinsamen Siegel der Reichsvikare. Am 12. März 1792 gab Kurpfalz und am 1. April Kursachsen dem Kammergericht den Antritt des Vikariats bekannt.[46] Beide Kurhöfe sprachen außerdem die "Bestätigung" des Kammergerichts aus. Eine derartige Bestätigung war von Erzkanzler und Gericht unter Hinweis auf dessen Fortbestand stets als überflüssig zurückgewiesen worden. Während des Interregnums 1790 hatte Kurpfalz daher erklärt, eine Bestätigung des Kammergerichts habe nicht die Bedeutung, "demselben dadurch seine Existenz und Wesenheit zu verschaffen, sondern nur durante interregno den fortwährenden Schutz von Vikariats wegen desto mehr zu versichern."[47] Diese Auffassung teilte auch Kursachsen. Dennoch erfolgte 1792 erneut eine "Bestäti-

---

[43] Heigel, Deutsche Geschichte I, S. 538. Zur Neutralitätspolitik Bayerns bereits oben, S. 64.
[44] Mitglied des rheinischen Vikariatshofgerichts war 1742, 1745 und 1790 der bayrische Jurist Wiguläus Xaverius Aloysius von Kreittmayr, der Schöpfer der ersten umfassenden Kodifikation des Naturrechtszeitalters, vgl. G. Kleinheyer / J. Schröder, Deutsche Juristen aus fünf Jahrhunderten, S. 153 ff.
[45] Auch dies erstmalig in der Wahlkapitulation Karls VI., Art. III § 17, bestimmt.
[46] Hermkes, Reichsvikariat, S. 122.
[47] Zitiert bei Hermkes, aaO, S. 109.

gung". Die Vikare ließen dem Gericht über Kurmainz ihre Vikariatssiegel zustellen.[48]

Zu den von den Reichsvikaren beanspruchten Rechten gehörte die Wiederherstellung der Tätigkeit des Reichstags nach Beginn des Interregnums und dessen Beschickung mit eigenen Prinzipal-Kommissarien. Der Behauptung der Vikare, der Reichstag erlösche mit dem Tod des Kaisers und bedürfe einer Wiedereinsetzung durch die Vikare,[49] hatte der Reichstag im Schluß vom 7. Juni 1790 entgegengehalten, daß

"die Thätigkeit der bey Ableben eines Reichsoberhaupts schon bestehenden Reichsversammlung ohnehin auch bey dem Eintritt des Zwischenreichs von sich selbsten ohne einiges weiteres und besonderes Zuthun ihren ununtrochenen Fortgang behalte."[50]

Die Vikare rückten dagegen in einer gemeinsamen Erklärung[51] zu diesem Schluß von ihrer Ansicht nicht ab. Auch 1792 wurde dieser Standpunkt deutlich. Friedrich August von Sachsen erklärte dem Reichserzkanzler seine Bereitschaft, "damit während des Zwischenreichs der Reichstag zum allgemeinen Besten in Thätigkeit gesezet werden möge", und nahm hierbei auf die Erklärung der Vikare von 1790 Bezug.[52] Die Streitigkeiten des Interregnums von 1790, bei denen es auch um ein von den Vikaren gefordertes gebührendes Zeremoniell für ihre Prinzipalkommission gegangen war, sollten auch 1792 fortgesetzt werden und den Reichstag an der zügigen Arbeit bei Abfassung der neuen Wahlkapitulation hindern.[53]

Mit der Wahl Franz II. am 5. Juli 1792 endete das letzte Interregnum des Heiligen Reichs. Das Verweseramt der Pfalz und Sachsens endete dagegen erst mit der Beschwörung der Wahlkapitulation durch den neuen Kaiser am 12. Juli, da sich Franz in Art. XXX § 6 seiner Wahlkapitulation verpflichtet hatte, sich nicht vor diesem Schwur der Regierung zu unterziehen,

---

[48] Kurpfalz wollte anfangs kein neues Siegel schicken, sondern lediglich beim Siegel von 1790, das sich noch beim Erzkanzler befand, die Jahreszahl ändern lassen. Dieser erklärte sich jedoch dazu für nicht berechtigt, so daß auch Kurpfalz ein neues Siegel zustellen ließ, Hermkes, aaO, S. 123.
[49] Diese Ansicht vertritt auch Pfeiffer, Teutsche Wahl und Crönung, S. 52.
[50] Schmauß, Corpus iuris publici S. R. Imperii, S. 1560 ff. (1562 f.)
[51] Schmauß, aaO, S. 1564.
[52] Schreiben vom 19. März 1792, HHStA, MEA, W.u.K.A., Fasz. 84.
[53] C. F. Häberlin, Anhang zur Pragmatischen Geschichte der Wahlcapitulation Leopolds II., welcher die Verhandlungen über die Capitulation Franz' II. enthält, Einleitung, S. 365; Hermkes, aaO, S. 121 f.

"sondern geschehen zu lassen, daß die in der goldenen Bulle benannten Vikarien indessen anstatt Unser die Administration des Reichs kontiunieren".[54]

---

[54] Erstmals in der Kapitulation Karls VI.. Zu den Verhandlungen des Jahres 1711 vgl. G. Kleinheyer, Die kaiserlichen Wahlkapitulationen, S. 121 ff. und dort die Anlagen 4 und 5, S. 155 ff; Conrad, Deutsche Rechtsgeschichte II, S. 72 f. Zur Bedeutung der Bestimmung im einzelnen unten, S. 145.

III. "...noch eine Thräne jenseits des Grabes" - Reichstrauer

An der Beisetzung Kaiser Leopolds II. nahm das Reich keinen Anteil.

"Mit dem Begräbniß des verblichenen Kaysers haben Churfürsten, Fürsten und Stände nichts zu thun, sondern überlassen solches den nächsten Anverwandten dessen hohen Hauses. Doch nimmt das ganze Reich an der Trauer Antheil.[55] Die Trauer-Verkündigung geschiehet von den Canzeln, und werden Vigilien, Processiones, Trauer- und Leichen-Predigten gehalten, auch besondere Gebete vor den Schirm des Reiches, vor dessen Wohlfahrt und vor eine glückliche Wahl öffentlich von den Canzeln verlesen, nachdem es die Beschaffenheit jeder Religion verstattet. Dieser luctus publicus ist aber mehr eine Höflichkeit, als Nothwendigkeit, daher theils an Orten mit wenigern Gepränge geschiehet, und theils fast ganz unterlassen werden will. Niemals aber kan dergleichen von den Reichs-Unterthanen vor sich angestellet werden: sondern sie müssen vorher den Befehl ihrer Landes-Obrigkeit abwarten."[56]

In Frankfurt erging dieser Befehl am 8. März 1792[57], sobald man Kenntnis von Leopolds Tod erlangt hatte, "und man sahe den Schmerz auf jedem treuen Bürger ausgedrückt".[58] Der Tod des Kaisers wurde bekannt gemacht und das Unterlassen "jeder öffentlichen Lustbarkeit bei Tag und bei Nacht" befohlen. In den Reichsstädten war die Verehrung für den Kaiser als dem unmittelbaren Oberhaupt traditionell am größten; entsprechend ausgeprägt und auch kostspielig waren dort die Trauerbekundungen.[59] Die Mutter Goethes beschreibt die Trauer in Frankfurt um Joseph II.[60]:

"Der Tod des Kaisers hat unsere Stadt zu einem lebendigen Grabe gemacht; das Läuten aller Glocken, welches 4 Wochen täglich zweimal, nämlich Morgens von 11 bis 12 und Abends von 5 bis 6 geschieht - hat einen so lugubren Ton, daß man weinen muß, man mag wollen oder nicht. Der ganze Magistrat in tiefer Trauer -die Garnison schwarz, mit Flor Alles umwickelt, - die kaiserliche Werbung, die Räthe, Residenten u.s.w. Alles, Alles schwarz, - das hat ein überaus trauriges Ansehen. Künftigen Sonntag den 7ten März ist bei allen drei Religionen in allen Kirchen Leichenpredigt - unsre Hauptkirche wird ganz schwarz behängt, - Jung und Alt erscheint in tiefer Trauer - Sänger und Sängerinnen sind zur Trauermesse verschrieben und dieser einzige Umstand kostet allein 2.000 Flor."

---

[55] Vgl. Pütter, Selbstbiographie, S. 834. Eine gedruckte "Elegie auf den Tod Leopold des Zweiten [...] von B....r und G....l" mit 13 Strophen ist den "Acta Ihro Röm. Kayserl. Maiestät Leopoldi IIdi höchstseel. Absterbens und Betraurung betr., Mense Mart. 1792" beigefügt, HHStA, Reichsakten in specie, Fasz. 79.
[56] Buder, Repertorium, "Interregnum" § 6.
[57] Anlage Zahl 38b zum Tagebuch von Müller sowie HHStA, MEA, W.u.K.A., Fasz. 85, Anlage II.
[58] Diarium 1792, 1. Abschnitt, S. 2.
[59] Hamberger, Merkwürdigkeiten, S. 3.
[60] Brief an Fritz von Stein vom 1. März 1790, bei: A. Köster (Hg.), Die Briefe der Frau Rath Goethe, I, S. 211.

1792 lief der Trauergottesdienst folgendermaßen ab:

"Auf den 25. Merz wurde von Einem Hochedlen und Hochweisen Magistrat die allgemeine Trauer angesezt, an welchem Tag sowohl in der Stadt als denen hieher gehörigen Dorfschaften die Gedächtnis=Predigten gehalten werden sollten. An diesem Tag versammlete sich wohlgedachter Ein Hochedler Rath des Morgens gegen 8 Uhr in dem Römer, von wo dieselben in Korpore in die 2te Haupt=Kirche zu St. Katharinen giengen, indem die 1te Haupt=Kirche sich noch im Bau befande. Allda wurde nach Absingung des Liedes: "Meine Lebenszeit verstreicht etc." und einer Trauer=Musick von dem Senior Ministerii Herrn Dr. Hufnagel über die Worte aus der Offenbarung Johannis im 4. Kap. vers 13 "Seelig sind die Todten, die im Herrn sterben etc." eine rührende Predigt gehalten, welche auch gedruckt worden. Die Texte zu den andern Predigten waren aus Sprüchwörter Salomonis Kap. 14. v. 32 und Psalm 73. v. 23 - 26 genommen. Eine löbliche Bürgerschaft erschien bey denenselben mehrentheils in schwarzer Kleidung und schenkten dem geliebten Kaiser Leopold noch eine Thräne jenseits des Grabes."[61]

Das Kirchengebet für den Kaiser entfiel, und vier Wochen lang wurde alle Kirchenmusik mit der Orgel untersagt. Die Ratsstube war schwarz behängt, die beiden Bürgermeister trugen lange Trauermäntel und fuhren in schwarzen Kutschen auf. Alle Ratsherren mußten blau angelaufene Degen und Schuhschnallen tragen. Im Bürgereid wurde der Name des Kaisers weggelassen, und alle Schreiben der Stadtkanzlei wurden schwarz besiegelt.[62]

---

[61] Diarium 1792, 1. Abschnitt, S. 5 f.
[62] Römer-Büchner, Wahl und Krönung, S. 6 f.

IV. "...es dürfte also räthlich seyn, keine Damen mitzunehmen" - Beschleunigung und Kostenersparnis

Zwei Umstände sollten die Wahl und Krönung Franz II. prägen: Zum einen der Erste Koalitionskrieg gegen das revolutionäre Frankreich, zum anderen die Tatsache, daß man erst vor anderthalb Jahren mit großem Aufwand und hohen Kosten Leopold gekrönt hatte. Die Schulden dieser Krönung waren noch längst nicht bezahlt, vor allem die Finanzen der geistlichen Kurhöfe waren zerrüttet.[63] Der Kurfürst von Köln stand beispielsweise noch bei einigen Frankfurter Hauseigentümern in der Kreide.[64] Zudem waren für die Krönung von 1790 keine Ausgleichszahlungen des Wiener Hofs an die geistlichen Kurfürsten erfolgt, die den Großteil der Kosten trugen. 1765 hatten Mainz 75.000 Gulden und Köln und Trier je 50.000 Gulden neben den üblichen Ehrengeschenken erhalten. Um bei der Wahl und Krönung, die "größtmögliche Zeit- und Unkostenersparnis" zu erreichen, mußten die wegen des Ausbleibens der Geldzahlungen verstimmten geistlichen Kurhöfe beschwichtigt werden. Kaunitz bat Franz daher, ihm zur Weiterleitung an die Kurhöfe 150.000 Gulden zu bewilligen, was auch geschah.[65] Allerdings verzichtete der Kurfürst von Köln als "Oheim Seiner Apostolischen Majestät" auf die Zuwendung.[66] Einige Mitglieder der Reichsritterschaft, die dem Herkommen nach dem neuen Kaiser ein Krönungsgeschenk von 30.000 Gulden zu überreichen hatte, erkundigten sich unter der Hand, "ob nicht die Nachlassung dieses Krönungsdonatives von 8.000 Gulden dermal, da die Krönungen so schnell aufeinander folgen, zu erhalten wäre", was aber "als unbescheiden" unbeantwortet blieb.[67]

In einer von Kaunitz vorbereiteten Punktation für die österreichischen Minister an den geistlichen Kurhöfen und in München und Dresden[68] legte Franz die Bedingungen für seine Thronkandidatur offen. Er konnte voraussetzen, daß kein anderer Wahlbewerber vorhanden und das Reich auf einen Habsburger als Kaiser angewiesen war. Die kluge und konziliante Reichspolitik Leopolds einerseits, die Unterstützung revolutionärer Ereignisse durch Preußen andererseits hatten dazu geführt, daß sich das Reich wieder an Öster-

---

[63] Häberlin, Anhang zur pragmatischen Geschichte der Wahlcapitulation Leopolds II., Vorerinnerung, S. VI.
[64] Tagebuch, S. 83 der Handschrift.
[65] Kaunitz an Franz vom 10. März 1792, Vivenot I, Nr. 285, S. 413.
[66] Heigel, Deutsche Geschichte I, S. 546.
[67] Bemerkungen des Hofrats Daiser, HHStA, Reichsakten in specie, Fasz. 69, Anlage XII.
[68] Ohne Datum, Vivenot I, Nr. 286, S. 413 ff.

reich angelehnt hatte. Hinzu war die Aussöhnung Österreichs mit Preußen gekommen. Neben den Kurhöfen von Mainz, Köln, Trier, Pfalzbayern und Sachsen hatte am 6. März auch Friedrich Wilhelm II. seine Kurstimme für Franz zugesagt,[69] womit der Wahl des österreichischen Erzherzogs nichts mehr im Wege stand. Allein Kurhannover, dessen Verhältnis zu Wien nicht das beste war, hielt mit seiner Stimme zurück. Franz konnte aus sicherer Position seine Bedingungen stellen. Kaunitz riet,

"eine Sprache in dem Reiche bei dieser Gelegenheit führen zu lassen, welche keine Geringschätzung und keine Absicht verräth, von der gegenwärtigen augenblicklichen Verlegenheit des Reiches Vortheil ziehen zu wollen, da die dem allgemeinen Vertrauen, worin der eigentliche Nutzen und das Staatsinteresse des Erzhauses in dem Reiche dermal bestehet, sehr nachtheilig sein würde."[70]

Als Grundvoraussetzung seiner Kandidatur nennt Franz die unveränderte Übernahme der Wahlkapitulation[71] Leopolds II. von 1790. Damals war das Wahlgeschäft durch die Kapitulationsberatungen sehr in die Länge gezogen worden. Auf insgesamt 22 Wahlkonferenzen hatte man auf die Reichspolitik Josephs II. reagiert und sich durch zahlreiche Zusätze vor ähnlichen Wiederholungen zu sichern gesucht.[72] Besonders von Kurbraunschweig waren unzählige Anträge, zum großen Teil allerdings grammatische Fragen betreffend, gestellt worden. Sie beruhten hauptsächlich auf drei Gutachten des Göttinger Staatsrechtsprofessors Johann Stephan Pütter,[73] der als Rechtskonsulent der kurbraunschweigischen Wahlbotschaft 1790 wie bereits 1764 in Frankfurt

---

[69] Friedrich Wilhelm II. an Jacobi, Vivenot I, Nr. 278, S. 405.
[70] Kaunitz an Franz vom 10. März 1792, Vivenot I, Nr. 285, S. 411.
[71] Die Kapitulationsverhandlungen waren Hauptgegenstand der Wahlkonferenzen. Seit der Wahl Karls V. 1519 mußte der jeweilige Kaiser vor seiner Wahl eine Kapitulation beschwören bzw. durch einen Vertreter beschwören lassen, in der seine Pflichten gegenüber dem Reich bestimmt waren. Nach Ch. D. Voß, Über die Schicksale der deutschen Reichs=Staatsverfassung, S. 311, sind sie die wichtigsten und vollständigsten Grundlagen der deutschen Staatsverfassung, da in ihnen, wie sonst nirgends, "die Verhältnisse zwischen Haupt und Gliedern so vollständig und genau" bestimmt waren. J. St. Pütter nennt sie 1787 in seinen "Institutiones iuris publici Germanici" (Lib. I, Cap. V § 39) das vornehmste unter den Grundgesetzen des Reiches. Vor allem durch die immer ausführlichere Wahlkapitulation war die kaiserliche Macht im Laufe der Zeit stark eingeschränkt worden. Dazu insgesamt: G. Kleinheyer, Die kaiserlichen Wahlkapitulationen.
[72] F. Hartung, Die Wahlkapitulationen der deutschen Kaiser und Könige, HZ 107 (1911), S. 306 ff., (341).
[73] Pütter, Selbstbiographie, S. 805 ff. Dazu J. Eckert, Johann Stephan Pütters Gutachten über die Erneuerung der kaiserlichen Wahlkapitulation, in: W. Brauneder (Hg.), Heiliges Römisches Reich und moderne Staatlichkeit, S. 67 - 91.

zugegen war,[74] 1792 klagt Kaunitz denn auch in der "Punctation für die königl. kurböhmische Wahlbotschaft nach Frankfurt"[75] über die "schlauen Subtilitäten der ungebundenen Staatsrechtslehrer", die "publizistischen Subtilitäten der hohen Schule zu Göttingen" und über den "Schulwitz", von dem man bei dem letzten Wahlkonvent "geplagt" worden sei.

Die unveränderte Übernahme der Wahlkapitulation von 1790 versprach also eine erhebliche Zeit- und damit Kosteneinsparung. Nach einer Berechnung der Reichskanzlei[76] würde das Kapitulationsgeschäft, da ohnehin angesichts der kurzen Regierungszeit und des guten Verhältnisses zwischen Leopold und dem Reich wenige Anträge zu erwarten seien, in zwei, höchstens drei Sitzungen durchzuführen sein,

"wenn man von Seiten des Directorii selbe [die Wahlkapitulation] ... von einigen, sich vielleicht darin vorfindenen grammatikalischen Fehlern reinigen wollte, um nicht einer Botschaft, welche sich das vorige Mal in ihren Monitis sehr damit beschäftigte, abermal Stoff zu aufhaltenden Monitis zu geben."

Insgesamt seien für Wahl und Krönung bei guter Organisation lediglich 24 Tage zu veranschlagen. Die Forderung nach Übernahme der alten Wahlkapitulation verstärkte allerdings das im Reich schon bestehende Mißtrauen gegenüber der neuen Freundschaft zwischen den beiden deutschen Großmächten. Man fühlte sich in Regensburg durch die Äußerung des kaiserlichen Gesandten erpreßt, sein Gebieter werde sich eine drückende Wahlkapitulation nicht aufdrängen lassen, sondern lieber von jeder Bewerbung absehen.[77]

Weitere Kostenersparnis und Beschleunigung erwartete Franz vom Verzicht auf unnötige Prachtentfaltung und unwesentliche Förmlichkeiten, da sich das Reich erst vor anderthalb Jahren in seinem vollen Glanz gezeigt habe. Die Einzelheiten seien noch festzulegen. Aus Wien kam dazu der Vorschlag,[78] statt der üblichen drei nur einen Wahlbotschafter zu benennen, auf den feierlichen Einzug des Kaisers zu verzichten, überhaupt das Gefolge zu vermindern und statt in teuren Galaaufzügen in der Hauptsache in Trauer aufzufahren. Mainz fügte noch hinzu:

---

[74] Pütter, aaO, S. 803 ff.
[75] Vom 1. Juni 1792, Vivenot II, Nr. 455, S. 68 ff. (69 u. 76).
[76] Vom 21. Mai 1792, HHStA, RK, W.u.K.A., Fasz. 100 a, Anlage IX.
[77] Heigel, Deutsche Geschichte I, S. 538 f.
[78] Kaunitz an Franz vom 2. April 1792, HHStA, RK, W.u.K.A., Fasz. 100 a, Anlage V, dort auch die folgenden Passagen.

"Die Damen vermehren vorzüglich den Aufwand, es dürfte also rätlich sein, keine Damen mitzunehmen".

Auch Kursachsen forderte den Verzicht auf die Damen. Dieser Punkt erschien Kaunitz, wie auch Kurbrandenburg,[79] jedoch mit Rücksicht auf die Gattin Franzens bedenklich. Franz selbst mußte erst nachfragen und konnte "noch nicht bestimmt sagen, ob Ihre Königin Majestät mitgehen wird oder nicht". Die übrigen Kurhöfe schlossen sich der Ansicht an, es müsse den Botschaftern überlassen, ob sie ihre Frauen und weibliches Gefolge mitnehmen wollten oder nicht.

Auf den Einzug des Kaisers wurde schließlich verzichtet. Ein zweiter kurböhmischer Botschafter wurde dagegen doch benannt, da man in Berlin die von der Goldenen Bulle geforderte Aufstellung von mindestens zwei Wahlgesandten (Kap. I, § 15) beachtet wissen wollte[80] und zwei Botschafter ernannt hatte. Nun erforderte nach Meinung des Kanzlers Kaunitz es der Anstand,

"daß Eure Majestät als König in Böhmen und unter den weltlichen Kurfürsten der erste im Range eine nicht weniger ansehnliche Botschaft abschicken; jedoch der dritte Botschafter, da nach der bereits getroffenen Einverständnis bei dem Wahlgeschäfte keine eigentlichen Geschäfte vorkommen sollen, gar wohl unterbleiben und diese Auslage erspart werde."[81]

Auch die Wahl am herkömmlichen, in Kap. XXIX, § 1 der Goldenen Bulle bestimmten Wahlort Frankfurt drohte den Zeit- und Kostensparzwängen zum Opfer zu fallen. Man dachte anfangs an Regensburg, Köln, Augsburg und Mainz als Wahlorte. Aus Regensburg kam ein Vorschlag, dem die Krönung wohl zum Opfer gefallen wäre:

"Löblich war ... der Plan, den man zu Regensburg entwarf, diesmahl an diesem Ort, wo bereits ein jeder Kurhof seinen Gesandten hatte, mit möglichster Entfernung aller Feyerlichkeiten und alles leeren Ceremoniells zur Wahl des neuen Reichsoberhaupts zu schreiten, diesem durch eine Deputation den Wahlvertrag zu überschicken, um ihn in deren Beyseyn zu beschwören, sodann aber es ihm zu überlassen, wann die Krönung - die alsdann wohl ganz unterbleiben seyn würde - geschehen solle."[82]

---

[79] Heigel, aaO, S. 548.
[80] Heigel, aaO, S. 548.
[81] Dem ersten kurböhmischen Wahlbotschafter, Anton von Eszterhazy, wurden 50.000 (1790: 70.000) Gulden, dem zweiten, von Bartenstein, 16.000 (1790: 26.000) Gulden bezahlt. Kaunitz an Franz vom 14. April 1792, HHStA, RK, W.u.K.A., Fasz. 100 a.
[82] Häberlin, Anhang zur pragmatischen Geschichte, Vorerinnerung S. VI f.

Dem stand allerdings die Goldene Bulle eindeutig entgegen. In Berlin wurde von dem Vorschlag Abstand genommen, da man befürchtete, die Erörterung über die Zulässigkeit einer Abweichung von den Bestimmungen der Goldenen Bulle werde mehr Zeit kosten als die Beobachtung aller herkömmlichen Förmlichkeiten.[83] Auch der Kurfürst von Mainz widersprach einer Wahl in Regensburg unter Hinweis auf die Goldene Bulle, befürwortete aber eine Verschiebung der Krönung auf eine ruhigere Zeit. Dieser Vorschlag wurde wiederum in Wien abgelehnt, da er eine Verdoppelung der Kosten bedeutet hätte.

Ernstzunehmende Konkurrenz erwuchs Frankfurt mit Mainz, der Residenz des Kurfürsten und Erzkanzlers. Der Thronkandidat bevorzugte die Stadt wegen "ansehnlicher Gebäude, Ueberfluß an Lebensmitteln" und der "gänzlich vom Landesherrn abhangenden Einhaltung guter Polizei".[84] Gegen die Frankfurter Kaufmannschaft hegte man in Wien Mißtrauen wegen ihrer Verbindungen zur französischen Seite.[85] In Mainz machte man sich schon Hoffnungen, Wahl und Krönung diesmal ausrichten zu können. Ein staatsrechtliches Gutachten Kurmainzer Herkunft beschäftigte sich mit der Frage, "ob es thunlich und räthlich sey, daß die bevorstehende Kayserwahl für dieses mal zu Maintz vorgenommen werde":[86] Die Goldenen Bulle sehe in Kap. XXIX, § 1 durch die Wendung "nisi impedimentum legitimum obviaret" die Möglichkeit vor, bei Bestehen eines' rechtlich anerkannten Hinderungsgrundes die Wahl nicht in Frankfurt vorzunehmen. So seien in der Vergangenheit mehrfach Kaiser in anderen Reichsstädten gewählt und gekrönt worden, doch sei dazu immer ein Mehrheitsbeschluß des Kurfürstenkollegiums erforderlich gewesen sei. Mainz sei allerdings nicht Reichsstadt, sondern stehe als kurfürstlich-mainzische Residenz unter kurmainzischer Landeshoheit, so daß mit Vorbehalten der übrigen Kurfürsten zu rechnen sei. In organisatorischer Hinsicht könne die Wahl und Krönung zwar auch in Mainz vorgenommen werden. Dies sei vor allem in wirtschaftlicher Hinsicht für die Einwohner der Stadt wünschenswert. Auch politisch spreche manches dafür, doch sei ein entsprechender Beschluß des Kurfürstenkollegiums kaum zu erwarten. Tatsächlich wurde einer Verlegung des Wahlkonvents nach Mainz in Berlin, Dresden und Hannover widersprochen. Die Wahl sollte wieder zu Frankfurt stattfinden. Der Frankfurter Rat befahl schon am 15. März den Bürgern, ihre

---

[83] Heigel, aaO, S. 545 mwN.
[84] Vivenot I, Nr. 286, S. 413 ff. (415), Punkt 12.
[85] Kaunitz in der Punktation für die kurböhmische Wahlbotschaft, Vivenot II, Nr. 455, S. 68 ff. (79).
[86] HHStA, MEA, W.u.K.A., Fasz. 86, Anlage III.

Häuser zur Einquartierung der Wahlgesandtschaften "leer und offen" zu halten.[87] Ein zweites kurmainzisches Gutachten erfolgte "ad quaestionem: ob der Krönungsakt nicht wenigstens hier in Maintz zu vollbringen sey?".[88] Wenn eine Krönung in Aachen, dem von Kap. XXIX, § 1 der Goldenen Bulle vorgesehenen Krönungsort, nicht möglich sei, sei bei der Festsetzung eines anderen Krönungsortes anders als bei der des Wahlortes die Meinung des Thronkandidaten von einigem Gewicht, da dieser nach der Wahl über die volle kaiserliche Macht verfüge.[89] Der Gutachter schätzte die Chancen einer Krönung in Mainz daher günstig ein und machte sich Gedanken über deren Ausgestaltung. Doch die letzte Kaiserkrönung des Heiligen Reichs sollte ebenfalls in Frankfurt stattfinden, wie dies, mit wenigen Unterbrechungen, seit der Krönung Maximilians II. 1562 üblich war. Die Vorliebe des Thronkandidaten für Mainz als Krönungsort hatte sich nicht durchgesetzt.

Auch dem Wunsch des Kurfürsten von Mainz, Franz möge während der Wahl und Krönung nicht wie sonst üblich in Frankfurt, sondern in Mainz Quartier nehmen, entsprach Franz auf Anraten seines Staats- und Hofkanzlers nicht. Kostenersparnis sei kaum zu erzielen, die

"wohlgesinnte Reichsstadt Frankfurt könnte wohl auch schmerzlich empfinden und als ein Zeichen einer Ungnade oder Abneigung betrachten, wenn Eure Majestät in ihren Mauern nicht den Wohnsitz nehmen wollte."[90]

Daß es trotz der außenpolitisch gespannten Lage wieder wie 1790 zu einer regulären Wahl und Krönung in Frankfurt gekommen ist, dürfte auf zwei Gründen beruhen. Einmal wollte man sich im Reich von dem Krieg mit dem revolutionären Frankreich an der Durchführung des althergebrachten Rituals demonstrativ nicht hindern lassen. Nicht von ungefähr legte man schließlich auch den Krönungstermin auf den 14. Juli, den dritten Jahrestag des Sturms auf die Bastille. Zum anderen war die Furcht groß, man könnte sich durch Abweichungen vom Althergebrachten Vorwürfe einhandeln, wobei Meinung und Einfluß der Reichspublizisten hoch eingeschätzt wurden. Im zweiten

---

[87] Anlage Zahl 38a zum Tagebuch von Müller und HHStA, MEA, W.u.K.A., Fasz. 85.
[88] HHStA, MEA, W.u.K.A., Fasz. 85, Anlage IV.
[89] Zur Vornahme der Krönung war der Kaiser lediglich aus der Wahlkapitulation verpflichtet, Art. III, § 7 der Kapitulationen Leopolds II. und Franz II. Zur verfassungsrechtlichen Bedeutung von Wahl einerseits und Krönung andererseits s.u., S. 139 ff.
[90] Kaunitz an Franz vom 2. April 1792, HHStA, RK, W.u.K.A., Fasz. 100 a, Anlage V.

Mainzer Gutachten[91] heißt es zur Frage nach dem Festhalten am Krönungsmahl nach der Krönung:

"Ich würde ... nicht raten, daß ... auf die Unterlassung dieses Aktes angetragen werde, weil man sich von den Kurhöfen sowohl als den deutschen Staatsrechtslehrern den Vorwurf zuziehen möchte, für künftig völlige Vergessenheit ... den ersten Anlaß gegeben zu haben."

---

[91] HHStA, MEA, W.u.K.A., Fasz. 86, Anlage IV.

V. Kurmainzische Wahlansage

Nach Kap. I, §§ 15 und 16 der Goldenen Bulle[92] hatte der Kurfürst von Mainz in seiner Eigenschaft als Erzkanzler des Reichs innerhalb eines Monats nach Bekanntwerden des Todes des Kaisers seinen Mitkurfürsten den Tod bekannt zu machen und sie zur Wahl eines neuen Kaisers nach Frankfurt zu laden.[93] Für die Wahlausschreibung teilte die Goldene Bulle in Kap. XVIII das Formular mit. Graf von Walderdorf als kurmainzischer Gesandter übergab dem Kurfürsten Max Franz von Köln am 21. März 1792 in Bonn einen diesem Text nachgebildeten, aber nicht wortgleichen "Einfoderungs- und Einladungsbrief"[94] des Erzkanzlers:

"... so berichten Wir der Schuldigkeit und unserer Amtsgebür nach nicht allein Euer Liebden hiermit durch unseren offenen besiegelten Brief obberürten der Kaiserlichen Majestät betrübten Ablebens, sondern ersuchen auch darauf dieselben nach Innhalt der goldenen Bulle und erfodern Sie als unseren Mitkurfürsten vermög unseres Erzkanzleriatumts hiermit und in Kraft dieses offenen besiegelten Briefes, auf Dienstag, den 3ten nächstkommenden Monats July, welches von dem Tage der Verkündigung an zu rechnen drei Monate seyn wird, durch sich selbst oder Ihre Bottschafter oder Verweßer, Einem oder mehr mit ganzer voller Gewalt, in der Stadt Frankfurt am Main zu erscheinen, nach Art, Form und Gestalt der darüber aufgerichteten Gesetze zu handeln und übereinzukommen, mit anderen unseren Mitkurfürsten von der Wahl eines römischen Königs zum künftigen Kaiser zu machen und allda bis zu Ende derselben Wahl zu verharren, auch zu tun und zu gebühren, wie in den heilsamen Satzungen hievon geordnet ist."

Die Wahlfrist von drei Monaten wurde selten abgekürzt, weil die Rechte der Reichsverweser dadurch gelitten hätten.[95] 1792 machte Kurmainz den Kurhöfen neben der offiziellen Terminfestsetzung auf den 3. Juli durch vertraute Korrespondenz den Vorschlag, angesichts der Ereignisse in Frankreich bereits am 4. Juni in Frankfurt mit dem Wahlgeschäft zu beginnen.[96] Mit der Abkürzung des Interregnums war man allseits einverstanden, doch wurde von Dresden betont, daß die durch außergewöhnliche Umstände veranlaßte Beschleunigung keinen Rechtsnachteil für die Reichsvikare nach sich ziehen

---

[92] Weinrich, Nr. 94 a, S. 328 ff.
[93] Dazu W. Trusen, Kurmainz und das Einberufungsrecht zur deutschen Königswahl seit der Goldenen Bulle, in: Festschrift für J. Bärmann (1967), 2. Teil, S. 127 - 152.
[94] Zitiert in der Notariatsurkunde über die durch Kurmainz gegenüber Kurköln vorgenommene Wahlansage, Diarium der kurkölnischen Wahldenunciation, HHStA, MEA, W.u.K.A., Fasz. 86.
[95] Vgl. Moser, Von dem Römischen Kayser (NTStR II), S. 62.
[96] Punctation für die königlich-kurböhmische Wahlbotschaft vom 1. Juni 1792, Vivenot II, Nr. 455, S. 68 ff. (71), Protokoll des kurfürstlichen Wahlkonvents, Vorrede S. II und S. 9; Römer-Büchner, Wahl und Krönung, S. 19 f.

dürfe.⁹⁷ Kurhannover hatte angesichts der Fristbestimmungen der Goldenen Bulle rechtliche Bedenken, bereits früher mit den Wahlverhandlungen zu beginnen.⁹⁸ Vom 4. Juni als Beginn des Wahlgeschäfts rückte man daher ab, konnte dann aber auch Hannover für den 15. Juni gewinnen.⁹⁹ Als erste erschienen bereits am 5. Juni die kurbrandenburgischen Wahlbotschafter am Wahlort, und am 12. Juni war von jedem Kurhof mindestens ein Wahlbotschafter in Frankfurt anwesend. Am 15. Juni wurde die erste Präliminarkonferenz abgehalten.

---

⁹⁷ Heigel, Deutsche Geschichte I, S. 547.
⁹⁸ Auszug des diesbezüglichen Briefwechsels zwischen Kurhannover und Preußen im Brief Franzens an den Kurfürsten von Mainz vom 5. Mai 1792, HHStA, MEA, W.u.K.A., Fasz. 85, Anlage VIII. Die Möglichkeit der Fristverkürzung war in der Reichspublizistik umstritten, vgl. Pfeiffer, Die teutsche Wahl und Crönung des Kaisers, S. 51 f.
⁹⁹ Vgl. die Punktation des Fürsten Kaunitz für die kurböhmische Wahlbotschaft, Vivenot II, Nr. 455, S. 68 ff. (71 f.).

VI. "...daz sol man tun ze Frankenfurt" - Frankfurt als Stadt der Wahl und Krönung

Kap. XXIX, § 1 der Goldenen Bulle bestimmte, "ut regis Romanorum futuri imperatoris in civitate Frankenfordie celebraretur electio".[100] Als Wahlort konnte Frankfurt schon bei Erlaß der Goldenen Bulle im Jahr 1356 auf eine über zweihundertjährige Tradition zurückblicken.[101] Die Stadt hatte seit der Besiedlung des Rhein-Main-Gebiets durch die Franken um 500 ständig an politischer und wirtschaftlicher Bedeutung gewonnen. Am Kreuzungspunkt zweier Handelsstraßen gelegen, entwickelte sie sich zu einem wichtigen Handelszentrum und war Sitz einer fränkischen Pfalz. Zur Zeit Karls des Großen tritt Frankfurt zum ersten Mal urkundlich in Erscheinung. Ludwig der Deutsche machte die Stadt nach der Teilung des Frankenreichs im Vertrag von Verdun 843 zur Residenz des ostfränkischen Teilreiches. Unter den sächsischen und salischen Herrschern verlor Frankfurt zwar an Bedeutung, erhielt aber durch die Staufer in seiner politischen und wirtschaftlichen Entwicklung entscheidenden Auftrieb. Frankfurt wurde ausgebaut und Stadt genannt. 1147 predigte Bernhard von Clairvaux in Anwesenheit Konrads III. in Frankfurt zum Kreuzzug. Am selben Tag wurde Heinrich, der zehnjährige Sohn Konrads, dort zum König gewählt, starb dann aber noch vor seinem Vater. 1152 fand in Frankfurt die Wahl Friedrich Barbarossas statt, von dem die Stadt später ihr erstes Messeprivileg erhielt. Mit dieser Wahl begann die sechseinhalb Jahrhunderte währende Tradition Frankfurts als Stadt der Wahl der deutschen Könige und Kaiser. Um 1270 bestimmte der Schwabenspiegel in Kap. CVIII: "Alse man einen künic kiesen wil, daz sol man tun ze Frankenfurt."[102] Im Jahr 1308 erklärten die Kurfürsten bei der Wahl Heinrichs VII.:

"qua die in oppido Frankenvord, loco quidem ad hoc solito et consueto, nobis omnibus, qui debuerunt voluerunt et potuerunt electioni celebrande commode interesse - ad procedendum in electionis negotio prelibato."[103]

Die Goldene Bulle verankerte 1356 diese Tradition gesetzlich. Von den 22 deutschen Herrschern erhielten lediglich fünf nicht in Frankfurt ihre Würde. Im Jahr 1372 erlangte Frankfurt, in seiner wirtschaftlichen Stellung durch ein

---

[100] Weinrich, Nr. 94 b, S. 388.
[101] Zur Geschichte Frankfurts als Wahlstadt vgl. H.-O. Schembs, Wahl und Krönung der deutschen Könige und Kaiser in Frankfurt am Main, S. 17 ff.
[102] Schwabenspiegel, Landrecht, hrsg. v. H. G. Gengler, S. 95.
[103] MGH, Constitutiones et Acta Publica Imperatorum et Regum (ed. J. Schwalm), Tomus IV, Pars I, Nr. 262, S. 229.

zweites Messeprivileg Ludwigs des Bayern gestärkt, mit dem Erwerb des Reichsschultheißenamts Reichsunmittelbarkeit.

Mit der Reformation wankte Frankfurts Stellung als Wahlstadt.[104] Auf dem Reichstag zu Augsburg 1530 bekannte sich die Stadt zum Protestantismus und lehnte mit den anderen protestantischen Reichsstädten den Reichstagsabschied ab. Inzwischen war es in Frankfurt zu einem fast schrankenlosen Gewaltregiment der evangelischen Prädikanten gekommen, denen gegenüber der zur Mäßigung bereite Rat machtlos blieb. Die Wahlkirche, der St. Bartholomäusdom, wurde evangelisch. Das veranlaßte Karl V., die Wahl seines Bruders Ferdinand 1531 in Köln statt in Frankfurt vornehmen zu lassen. Um an ihr Recht zu erinnern, sandten die Frankfurter Speisen und Getränke nach Köln, die die Kölner aber aus dem Fenster warfen.[105] Mit dem förmlichen Übertritt der Stadt zum lutherischen Bekenntnis und dem Beitritt zum Schmalkaldischen Bund war das Verhältnis zum Kaiser auf dem Tiefpunkt angelangt. Der Rat, bedrängt durch den Mainzer Erzbischof und wegen drohender Verhängung der Reichsacht besorgt, wandte sich mit der Bitte um Vermittlung an den Kurfürsten von der Pfalz. Dieser riet zur Rückgabe des Domes an den katholischen Klerus, welchem Vorschlag selbst die evangelischen Reichsstände beitraten. Auch die Reformatoren empfahlen diesen Schritt. 1548 wurden nach Verkündung des Augsburger Interims 1547, der Dom und andere Kirchen wieder den Katholiken zurückgegeben. Nach dem Augsburger Religionsfrieden 1555 blieb Frankfurt eine protestantische Stadt, doch ihre größte Kirche, der Dom, war katholisch und blieb Wahlkirche des Heiligen Reichs. Frankfurt hatte trotz der Reformation seine Stellung als Wahlort der deutschen Könige nicht eingebüßt, in seinen Mauern sollten sogar ab 1562 zehn von vierzehn Kaisern außerdem ihre Krone empfangen.

Nach der Goldenen Bulle war Aachen Ort der deutschen Königskrönung, Kap. XXIX.[106] Im Mittelalter waren die deutschen Könige noch in Mailand oder Monza zu Königen der Lombarden gekrönt worden und hatten die römische Kaiserwürde daraufhin in Rom durch den Papst empfangen,[107] erst-

---

[104] Zum folgenden: H. Meinert, Von Wahl und Krönung der deutschen Kaiser in Frankfurt am Main, S. 22 ff. und Schembs, aaO, S. 32 ff.
[105] S. Sieber, Volksbelustigungen bei deutschen Kaiserkrönungen, Arch. f. F. G. u. K. III, Bd. 11 (1913), S. 1 - 116 (12).
[106] Weinrich, Nr. 94 b, S. 388/389.
[107] Pütter, Institutiones, § 496; Kriegk, Die deutsche Kaiserkrönung, S. 94.

malig Karl der Große am Weihnachtstag 800. Auch der Sachsenspiegel[108] unterscheidet:

"... Wenn der [König] gewiet [= geweiht] wirt von den bischofen, de dar zu gesatzt sint, unde uf den stul ze Achen kumt, so hat er koningliche gewalt unde koninglichen namen. Wenne in der pabist wiet, so hat er des riches gewalt unde keiserlichen namen."[109]

Aachen und Rom sollten im 15. bzw. 16. Jahrhundert ihre Bedeutung als Krönungsorte verlieren. In Rom wurde als letzter deutscher König Friedrich III. 1452 zum römischen Kaiser gekrönt. Maximilian I. führte ab 1508 mit Zustimmung des Papstes ohne eine Krönung in Rom den Titel eines "erwählten römischen Kaisers".[110] Eine päpstliche Krönung erfuhr zuletzt Karl V. im Jahr 1530, dies allerdings in Bologna, da in Rom die Verwüstungen durch den Sacco di Roma Karls (1527) noch nicht beseitigt waren. 1562 wurde die Bestimmung der Goldenen Bulle mißachtet, als man Maximilian II. in Frankfurt statt in Aachen krönte.[111] Der Erzbischof von Köln, der die Krönung in Aachen hätte vollziehen müssen, war kurz vorher gestorben, und der neugewählte Erzbischof konnte bis zum angesetzten Termin die Weihe nicht mehr empfangen. Den Kurfürsten war außerdem der Weg von Frankfurt nach Aachen wegen der winterlichen Witterung zu beschwerlich. Ferner dürften die Kosten eine Rolle gespielt haben. Möglicherweise trug man mit der Verlegung der Krönung auch der Verlagerung des politischen Schwerpunkts des Reiches nach Osten Rechnung. Aachen ließ sich zwar damals und bei jeder folgenden Krönung sein Recht als Krönungsstadt mit einem Revers de non praeiudicando[112] verbriefen, doch künftig fanden die Krönungen in der Regel im Anschluß an die Wahl in Frankfurt statt.

Als das Reich 1792 zur Wahl und Krönung Franz II. in Frankfurt zusammenkam, war die freie Reichsstadt ein bedeutender Messeplatz mit etwa 25.000 Einwohnern, deren Wohlstand und Selbstbewußtsein nicht eben gering waren. Anfang der achtziger Jahre des 18. Jahrhunderts schreibt Johann Kaspar Riesbeck in den "Briefen eines reisenden Franzosen über Deutschland an seinen Bruder in Paris":[113]

---

[108] Landrecht III, § 52, 1.
[109] Sachsenspiegel, hrsg. v. Cl. Freiherr v. Schwerin, S. 122.
[110] Erklärung Maximilians bei Hofmann, Nr. 3; dazu: Römer-Büchner, Wahl und Krönung, S. 4; Conrad, Deutsche Rechtsgeschichte II, S. 66; Erler, "Erwählter römischer Kaiser", in: HRG, Bd. 1, Sp. 1010/1011.
[111] Dazu Reuter-Pettenberg, Bedeutungswandel, S. 17 ff.
[112] Text bei Römer-Büchner, aaO, S. 42. Näher unten, S. 163 ff.
[113] Hrsg. von G. A. Narciss, S. 259 f.

"Frankfurt ist eine große und schöne Stadt. Prächtigere und bessere Gasthäuser als die hiesigen findet man in Deutschland nicht. Nebst Hamburg ist diese Stadt die einzige Reichsstadt, die sich in ihrem alten Glanz erhält. Im Gegenteil: während die ehemals so mächtigen Städte Nürnberg, Augsburg und andere immer mehr zerfallen, nimmt Frankfurt immer mehr zu. Es verschönert sich auch äußerlich ungemein. Es wird sehr lebhaft gebaut, und die vielen neuen Häuser zeugen, daß die Einwohner ihren Reichtum mit Geschmack verwenden wollen. Überall sieht man Spuren eines hohen Wohlstandes. Die Möblierung der Häuser, die Gärten, die Equipagen, die Kleidungen, der Schmuck der Frauen, kurz alles übersteigt das Bürgerliche und grenzt nahe an die verschwenderischste Pracht."

Quelle dieses Wohlstandes war nicht nur der blühende Handel der Frankfurter Kaufleute, sondern auch die Stellung Frankfurts als Wahl- und Krönungsstadt. Denn neben hohem politischen und ideellem Nutzen brachte eine Wahl und Krönung den Frankfurtern auch wirtschaftlichen Gewinn. Der Stadtsäckel wurde allerdings arg strapaziert. Die Repräsentationsräume im Römer mußten mehrfach erneuert werden. Auf dem Römerberg waren Tribünen zu errichten. Die hölzerne Brücke, der Baldachin, unter dem der Kaiser vom Dom zum Römer schritt und der traditionell anschließend in das Eigentum des Reichserbmarschalls überging, die Ochsenküche, der Weinbrunnen und das Mahl der Abgesandten der Städte gingen auf Kosten der Stadt. Garnisonsverstärkung, Böller[114] und Glockenläuten mußten ebenso wie Tagegelder für die Ratsdeputierten bezahlt werden. Die Stadt ließ Gedenkmünzen prägen. Ehrengeschenke für die zahlreichen Herrschaften verursachten Kosten. Der kaiserlichen Familie schenkte man kostbare Gold- oder Silberbecher, den kurfürstlichen Gesandten wurde Hafer und Ehrenwein überreicht, der Reichserbmarschall erhielt 1792 drei Ohm (= 480 Liter) Rheinwein. In dem Gutachten zur Frage der Wahl bzw. Krönung in Mainz[115] wird eine Gesamtbelastung der Frankfurter Stadtkasse von regelmäßig mehr als 100.000 Gulden genannt. Für die Wahl und Krönung Leopolds II. 1790 werden die Ausgaben der städtischen Verwaltung auf 250.000 - 300.000 Gulden beziffert.[116]

---

[114] 1792 wurden insgesamt 1.875 Kanonenschüsse von den Wällen Frankfurts abgefeuert - "Den 3. Jul. bey dem Einzug Ihro Kurfürstl. Gnaden von Mainz 25 Stück. Bey Ankunft Ihro Kurfürstl. Durchl. zu Trier 25 Stück. Den 5. Jul an dem Wahltage 300 Kanonen. Den 8. Jul. bey der Ankunft Ihro Kurfürstl. Durchl. zu Kölln 25 Stück. Den 12. Jul. bey dem Einzug Ihro Kaiserl. Majestät 300 Kanonen. Den 14. Jul. an dem Krönungsfest 300 Kanonen. Den 16. Jul. bey der Huldigung 300 Kanonen. Den 19. Jul. bey der Abreise Ihro Kaiserl. Maj. 300 Kanonen. Den 29. Jul. bey dem Dankfest der Wahl und Krönung 300 Kanonen.", Diarium 1792, 2. Abschnitt, S. 47 f.
[115] HHStA, MEA, W.u.K.A., Fasz. 86, Anlage III; vgl. bereits oben, S. 87.
[116] Sieber, Volksbelustigungen, S. 13.

Unter dem Strich blieb jedoch für die Bürgerschaft, besonders für die Händler und Gewerbetreibenden ein gewaltiger Gewinn, der sich auf rund acht Millionen Gulden veranschlagen läßt.[117] Die beiden kurz aufeinanderfolgenden Wahlen und Krönungen von 1790 und 1792 führten zu einem derartigen Wohlstand in der Bevölkerung, und auch die

"Finanzen der alten Reichsstadt waren trotz allen Unterschleifen und Verschleuderungen in einem so guten Zustand, daß von nichts geringerem als der gänzlichen Aufhebung aller Abgaben die Rede war".[118]

So war auch in dem Mainzer Gutachten der wirtschaftliche Nutzen ein wichtiger Grund für das Bestreben, die Wahl oder jedenfalls die Krönung nach Mainz zu ziehen; die hohen Kosten für die Stadt, die es möglichst zu vermindern gelte, könnten durch Gewinnabschöpfung bei den Bürgern ausgeglichen werden:

"Bliebe alsdann gleichwohl noch eine merkliche Summe solcher Kosten übrig, die sich nicht abwenden ließen, so würde hiesige Stadt in Betreff der großen Geldsummen, die in das hiesige Publikum ausflössen und den Wohlstand der Stadt vermehrten, auf ihren eigenen Kredit ein in der Zeitfolge ohne alle Beschwernis wiederabzulegendes Kapital aufzunehmen haben, wozu die ohnehin mit einer sehr geringen herrschaftlichen Schatzung von 4/m fl. beschwerte Bürgerschaft das ihrige in einem Verlauf von einem Jahr leicht und gern beitragen könnte."[119]

Während einer Wahl und Krönung blühten in Frankfurt nicht nur Handel und Gewerbe. Auch das kulturelle Leben erlebte in dieser Zeit einen großen Aufschwung.[120] 1790 reiste Mozart nach Frankfurt und mußte, um das nötige Reisegeld aufzubringen, Wertgegenstände verpfänden. Seine Hoffnung, die Festmessen zu dirigieren, wurde enttäuscht. Man zog ihm Antonio Salieri vor, der zusammen mit 15 Musikern des Wiener Hofs die kurfürstlich-mainzische Kapelle verstärkte. Mozart trug am 15. Oktober 1790 lediglich seine als "Krönungskonzerte" bekannt gewordenen, aber nicht eigens für die Krönung komponierten Klavierkonzerte Nr. 19 und Nr. 26 im Frankfurter Stadtschauspielhaus vor. Der Kaiser war allerdings schon abgereist, und es waren wenig Zuhörer gekommen -seine "Academie" fiel "von Seiten der Ehre herr-

---

[117] H. Schomann, Kaiserkrönung, S. 14 f. Allein am Krönungstag 1790 erzielte ein Hausbesitzer am Römerplatz durch die Vermietung seiner Fenster und zusätzlicher Tribünenplätze einen Reingewinn von 5453 fl. 30 Kr., R. Jung, Ertrag eines Hauses auf dem Römerberg während der Krönung 1790, Arch f. F. G. u. K. III, Bd. 6 (1899), S. 339 f.
[118] Friederich, Denkwürdigkeiten, Bd. 1, S. 64.
[119] HHStA, MEA, W.u.K.A., Fasz. 86, Anlage III.
[120] Zum folgenden Sieber, aaO, S. 54 ff.; Schembs, aaO, S. 74.

lich, aber in Betreff des Geldes mager" aus - "Es war zum Unglück ein groß Dejeuné bei einem Fürsten und großes Manoever von den Hessischen Truppen, - so war aber alle Tage meines Hierseyns immer Verhinderung."[121]

Die Krönungen gaben wichtige Anstöße für die Entwicklung des deutschen Theaters. Ein anspruchsvolles Publikum, die Hoffnung auf ein Engagement an einem Hof und die Konkurrenz zwischen mehreren Schauspielertruppen, forderten die Entfaltung aller Kräfte und Fähigkeiten.[122] 1790 waren drei Schauspieltruppen in Frankfurt gewesen, darunter eine französische, auf die der Rat besonders streng Acht gab. Sie hatten keine Stücke spielen dürfen, "welche auf den Freyheitsgeist und in specie auf die französische Revolution irgend einen Bezug hätten". 1792 spielte man in zwei Häusern, die beide unter der Leitung des Direktors des kurfürstlich-mainzischen Nationaltheaters Koch standen.[123] Neben dem schon vorhandenen Komödienhaus war auf dem Heumarkt ein neues "Nationaltheater" errichtet worden, bei dessen Bau

"ein Balken, der etwas faul war und welchen die Handwerksleute übergelegt, entzweigebrochen und ein Handwerksmann sich gleich zu Tode gefallen, der andere aber tödlich verwundet wurde".[124]

August Wilhelm Iffland hatte bereits 1790 drei eigene Stücke vorgeführt und verfaßte auch für die Krönung 1792 ein Theaterstück, "Der Eichenkranz", das er dem Magistrat widmete.[125] Ein weiteres Stück Ifflands, "Die Hagestolzen", und die Operette "Die zwei kleinen Savoyarden" spielte man am 17. Juli in Gegenwart des Kaiserpaares, während im Stadtschauspielhaus am nächsten Tag "Heinrich der Löwe" gegeben wurde.[126]

---

[121] Brief Mozarts an seine Frau vom 15. Oktober 1790, Mozart-Gesamtausgabe Bd. IV, Nr. 1140.
[122] Sieber, Volksbelustigungen, S. 103.
[123] Die Einrichtung einer Freiloge für den Reichserbmarschall und der unentgeltliche Eintritt für das Kanzleipersonal gehörten zu den überlieferten Rechten des Reichserbmarschallamtes, auf deren Beachtung der Reichsquartiermeister von Müller eifersüchtig achtete und die er auch nach einigen Schwierigkeiten beim Theaterdirektor Koch durchsetzen konnte, Tagebuch, S. 81 f. der Handschrift.
[124] Tagebuch, S. 115 der Handschrift.
[125] Sieber, Volksbelustigungen, S. 56.
[126] Diarium 1792, 1. Abschnitt, S. 56.

VII. "...vicemarescallus eius, puta de Papenheim" - Der Reichserbmarschall[127]

Während die politische Leitung des Wahl- und Krönungsgeschäfts in den Händen der kurmainzischen Wahlbotschaft als Direktorialwahlbotschaft lag, war der Reichserbmarschall Graf von Pappenheim für dessen Vorbereitung, vor allem die Einquartierung der Reichsgesandtschaften, Organisation und den ordnungsgemäßen Ablauf zuständig. Stammsitz der Grafen von Pappenheim ist das gleichnamige Städtchen im heutigen bayerischen Bezirk Mittelfranken, über dem sich auf einem nordöstlich gegen das Altmühltal vorspringenden Felsrücken die Ruinen ihrer Burg erhalten haben. Von den in Kap. XXVII, § 6 der Goldenen Bulle[128] genannten vier Namen der Erbbeamten sollten nur die Grafen von Pappenheim bis zum Ende des Reiches ihr Amt innehaben. Der Reichserbmarschall wurde vom Kurfürsten von Sachsen als dem Reichserzmarschall aufgefordert, sich entweder selbst nach Frankfurt zu begeben oder einen Vertreter dorthin zu senden. Dieser Vertreter war der Reichsquartiermeister, "worzu ein gesetzter, der Rechten, besonders des Staats=Rechts, Ceremoniells und der Teutschen Händel, erfahrener Mann genommen wird".[129] 1792 war der pappenheimische Kanzleidirektor Hieronymus Gottfried von Müller, ein erfahrener Jurist von 58 Jahren, Reichsquartiermeister.[130]

Das Marschallamt war das unterste der alten, schon in merowingischer und karolingischer Zeit bestehenden königlichen Hofämter. Der Marschall, von "Mähre" und "Schalk" (= Knecht), war verantwortlich für die königlichen Marställe. Daneben gab es den Seneschall oder Alt-Truchsess, den Schenken und den Kämmerer. Nach dem Ende der Karolingerzeit kam es zu einer Unterscheidung von gewöhnlichem Hofamt und Erzamt. Letzteres wurde ein Ehrenamt, das nur zu besonderen Anlässen, insbesondere Krönungen verrichtet wurde.[131] Das Marschallamt war etwa seit 1050 in der Familie der Pappenheimer erblich, der Reichsmarschall wurde daher seit dem 14. Jahr-

---

[127] Dazu ausführlich: W. Kraft, Das Reichsmarschallamt in seiner geschichtlichen Entwicklung, Jb. d. Hist. Ver. f. Mittelfranken, Bd. 78 (1959), S. 1 ff., Bd. 79 (1960/1961), S. 38 ff.; ferner: Peter Schmid, "Marschall", in: HRG, Bd. 3, Sp. 348 -353; Buder, Repertorium, "Erbmarschall".
[128] Weinrich, Nr. 94 b, S. 386/387.
[129] Moser, Von dem Römischen Kayser (NTStR II), S. 457.
[130] Die Vollmacht des Grafen von Pappenheim für von Müller (Anlage Zahl 17 zum Tagebuch von Müller) ist Anlage VII.
[131] Zur Trennung von Hof- und Erzamt: I. Latzke, Hofamt, Erzamt und Erbamt im mittelalterlichen deutschen Reich, S. 21 ff.

hundert "Reichserbmarschall" genannt.[132] Sein Amtssymbol war der Stab, der an den ursprünglichen Stock erinnerte, mit dem die Pferde zusammengehalten und Übergriffe auf diese wertvollen Schützlingen abgewehrt wurden. In seiner Standarte führte der Marschall von Pappenheim zwei gekreuzte Schwerter, die seit 1376 auch der Kurfürst von Sachsen als Erzmarschall[133] übernahm und die allgemein zum Zeichen des Marschallamts wurden.

Der Aufgabenbereich des Reichsmarschalls war anfangs umfangreich gewesen. Als Aufseher über die Pferde des Königs war er Chef der Reiterei und stieg später (im 11. und 12. Jahrhundert) zum Anführer des gesamten kaiserlichen Heeres auf. Er war u. a. zuständig für die Anordnung der Lager, Quartierzuweisungen, Verpflegung und Nachschub. Er übte die Gerichtsbarkeit im Heer aus und fungierte als Seuchenpolizei. Im Frieden war der Reichsmarschall für die persönliche Sicherheit und Gesundheit des Königs und seiner Familie verantwortlich, indem er Wachen und Türhüter aufstellte, dafür sorgte, daß vom König besuchte Städte und Burgen frei von Seuchen[134] waren, und indem er dem König den Weg durch die Menge bahnte. Außerdem übte der Marschall die Aufsicht und das Gericht über das Hofgesinde aus. Bei Reichstagen hatte er in Zusammenarbeit mit dem Rat der jeweiligen Stadt Quartier für die Tagungsteilnehmer bereitzustellen, die Verpflegungszufuhr zu gewährleisten, die Lebensmittelpreise festzulegen und zu überwachen, die Sitzungen anzusagen und die sanitären Verhältnisse zu beaufsichtigen.[135] Wichtig war die Beachtung der für mittelalterliche Zeiten charakteristischen Förmlichkeit bei der Zurichtung der Sitze, Tische und Stühle in den Versammlungs-und Sitzungsräumen. Im Tagebuch von Müllers finden sich daher Skizzen über die Einrichtung des Wahlkonferenzzimmers

---

[132] Die Goldene Bulle nennt ihn ausnahmsweise "vicemarescallus" - "Reichsuntermarschall" und bringt dadurch eine Unterordnung des Marschalls von Pappenheim unter den Reichserzmarschall, den Herzog von Sachsen zum Ausdruck (Kap. XXVII, § 1, Weinrich, Nr. 94 b, S. 384/385), dessen Erzamt gleichzeitig reichsrechtlich festgelegt wurde.
[133] Nach J. D. v. Olenschlager, Neue Erläuterung der Güldenen Bulle, § LXXII (6), S. 280, ist das eine Schwert das herzogliche Gerichts-, das andere das Reichsschwert, das der Kurfürst von Sachsen nach Kap. XXII GB dem Kaiser vortrug.
[134] In den Häusern, die der König zum Quartier nahm, mußten aus hygienischen Gründen die Latrinen geräumt werden, eine Arbeit, die Knechte des Untermarschalls wahrnahmen. In Nürnberg hielt sich lange noch die Bezeichnung "Pappenheimer" für die Kloakenräumer nach einer entsprechenden Polizeiverordnung aus dem 13. Jahrhundert, Kraft, Reichsmarschallamt, S. 15.
[135] Bis zum Ende des Immerwährenden Reichstags im Jahre 1806 mußten in Regensburg der reichserbmarschallischen Kanzlei jede Woche ein Verzeichnis der in dieser Woche Verstorbenen eingeliefert werden, Kraft, Reichsmarschallamt, S. 26.

im Römer, die Sitzordnung bei Marschalls- und Polizeikonferenzen und die Aufstellung bei der Abnahme des Sicherheitseides.[136]

Seine darüberhinausgehende militärische Bedeutung hatte das Marschallamt seit Ende der Staufer und dem Inkrafttreten der Goldenen Bulle eingebüßt. Mit dem Verschwinden der großen Reichsheere und dem Aufkommen der Territorialheere hatte der Marschall bis auf kümmerliche Reste die Funktion des Heerführers verloren. Mit Begründung des Immerwährenden Reichstags in Regensburg 1663, bei dem sich der Kaiser durch den Prinzipalkommissär und die Stände durch Gesandte vertreten ließen, war die persönliche Anwesenheit des Erbmarschalls am Tagungsort nur noch in Ausnahmefällen erforderlich. Auch der Reichsquartiermeister war nur noch selten in Regensburg, sondern versah sein pappenheimisches Regierungsamt. In Regensburg unterhielt man nur eine kleine Kanzlei,[137] deren Haupttätigkeit es war, die Reichsgesandtschaften zu den Sitzungen zu laden.[138] Nur bei Wahl- und Krönungskonventen lebte der alte Glanz des Reichserbmarschallamts wieder auf. Auch die herkömmlichen erbmarschallischen Unterbeamten, der Reichsfourier, ursprünglich für die Lebensmittelversorgung zuständig, der Reichsprofoß[139] als "Reichspolizeidiener"[140] versahen dann ihre Dienste.

Der Bedeutungsverlust ihres Amtes hatte für die Pappenheimer zu Rechts- und damit Einkommenseinbußen geführt. Die immer selbstbewußteren Reichsstädte, denen die Eingriffe in ihre stadtherrlichen Rechte, etwa die Festsetzung der Lebensmittelpreise, stets ein Dorn im Auge gewesen waren, hatten Ende des 16. und Anfang des 17. Jahrhunderts die Schwäche des Erbmarschalls ausgenutzt, um ihn zum Verzicht auf einen Großteil seiner Rechte zu zwingen. Zuvor hatte der Erbmarschall erhebliche Einkünfte aus seinem Amt[141] bezogen. Er hatte das Geleit für sämtliche den Reichstag besuchenden fremden Personen, für die anwesenden Juden und auch für die Dirnen besessen, über die er auch die Jurisdiktion ausgeübt hatte. Aus Geleitgeldern, Judenschutz, der Gerichtsbarkeit und Strafgeldern hatte er sein

---

[136] Tagebuch, S. 125, 165, 190, 242 der Handschrift.
[137] Moser, Teutsches Staatsrecht, Bd. 45, S. 345.
[138] Buder, Repertorium, "Reichsquartiermeister".
[139] "Der Reichs=Profos machet bey solennen Einzügen, mit einem Stab in der Hand, den Anfang des Zugs, schlägt die Tafel, worauf derer Gesandten Principalen Nahmen stehen, vor derer Comitial-Gesandten Quartieren an, verwahret die, so von dem Reichs=Erb=Marschall=Amt gefangen gesetzet werden, u.s.w. von welchen Verrichtungen allen der Reichs=Profos dann seine Utilia zu gaudiren hat.", Moser, aaO, S. 346.
[140] So Kriegk, Die deutsche Kaiserkrönung, S. 83.
[141] Dazu: Moser, aaO, S. 342 ff.

Haupteinkommen bezogen. Hinzu waren Lebensmittelzölle, Gebühren für Handelserlaubnisse an fremde Krämer, Handwerker und Spielleute und Gebühren aus dem Glücksspiel gekommen. Mit Vergleichen zwischen dem Reichserbmarschall und den Reichsstädten von 1614 bzw. 1619 hatte er die meisten seiner Rechte gegen eine Ablösesumme aufgegeben. Nun wurden die Grafen von Pappenheim in der Folgezeit von chronischer Finanznot heimgesucht, denn ihr Amt war kostspielig.

Immerhin warfen Wahl- und Krönungstage noch einiges ab. Man erhielt Ehrengeschenke beim Empfang fremder Potentaten und von der Stadt 1792 drei Ohm (480 Liter) Wein. Der Kaiser, dem der Reichserbmarschall bei dessen Abwesenheit am Wahlort das Wahlergebnis mündlich als Kurier zu überbringen hatte, zeigte sich großzügig. 1792 gehörte zu den Ehrengeschenken des Kaisers unter anderem "eine mit des Kaisers Brustbild gezierte, mit 75 Stück große Brillanten doppelt garnierte goldene, mit blau unterlegte Tabatiere",[142] deren Wert allein auf 20.000 Gulden geschätzt wurde.[143] Hinzu kamen Gratialien der Kurhöfe von insgesamt 21.745 Gulden, 800 Gulden von der Stadt Frankfurt und 30 Dukaten von der Frankfurter Judenschaft. Entsprechend Kap. XXVII, § 6 der Goldenen Bulle[144] gab Kursachsen ein Pferd mit Sattel Zaumzeug, den silbernen Streicher samt Streichmaß und den Marschallsstab für die Verrichtung des Haferritts am Krönungstag.[145] Doch genügten diese Einkünfte bei weitem nicht, um das kostspielige Erbmarschallamt zu bestreiten.[146] Der Geldmangel zwang die Grafen von Pappenheim zur Veräußerung eines Teils ihrer Ländereien und zur Erhebung von Extra-Landessteuern.[147] Auf Anmahnen Kursachsens befaßten sich zwar mehrfach der Kaiser und die Stände mit der Frage einer Anwartschaft auf ein Reichslehen für den Erbmarschall, doch ohne Ergebnis. 1792 machte er sich Hoffnung auf den Zoll in dem "Weiten Wald", nahm aber von weiteren Bemühungen Abstand.[148] Auch wurde beschlossen, ihm Beiträge aus den Steuermonaten zu geben, doch

---

142 Die Rechnung des Kanzleirats Körndörfer über diese Geschenke ist in den Text des Reichsquartiermeister-Tagebuchs auf S. 337 der Handschrift eingeschoben.
143 "Diese Dose mußte später Hebräisch lernen und fiel oder ging vielmehr durch die Hände des Juden Meyer Amschel Rothschild, Vater der jetzigen Häuser Rothschild, der ein ziemliches Profitchen an diesem Kleinod machte...", Friederich, Denkwürdigkeiten, Bd. 1, S. 54.
144 Weinrich, Nr. 94 b, S. 386/387.
145 Tagebuch, S. 176 der Handschrift.
146 Zum folgenden: Kraft, Reichsmarschallamt, Bd. 79, S. 78 f. und 86 f.
147 So hatte die Grafschaft Pappenheim für die Krönung 1790 10.000 Gulden beigesteuert, 6.000 Gulden hatte man aus der Familienschatulle entnehmen müssen.
148 Tagebuch, S. 174 f. und 201 der Handschrift.

blieb auch das ohne nennenswerten Erfolg. 1791 und 1792 wurde ihm zwar ein Römermonat von 83.964 Gulden bewilligt,

"davon aber das wenigste noch bezahlt war und wegen der unglücklichen, so weit aussehenden Kriegszeiten, wer weiß, wann, wird berichtiget werden."[149]

Man war in Pappenheim ständig in Geldnot und hatte keine Aussicht auf durchgreifende Besserung, obwohl die auch 1792 wieder eingereichte Bittschrift des Reichserbmarschalls an das Kurkollegium um Erhöhung der Gratialien[150] positiv beschieden wurde.

Es war nicht verwunderlich, daß man sich auf pappenheimischer Seite nur ungern mit dem Rechtsverlust an die Reichsstädte abfinden wollte. Auch 1792 kam es daher zu den üblichen Streitigkeiten zwischen dem Erbmarschallamt und der Stadt Frankfurt. Wieder brachen "Jurisdiktionsstreitigkeiten" aus, auch erlaubte der Reichserbmarschall trotz eines Ratserlasses vom 3. Mai zwei französischen Putzmacherinnen das Handwerk. Er brachte den Rat dadurch so gegen sich auf, daß dieser das Wahlgeschäft durch die Verweigerung der Sicherheitseidsleistung lahmzulegen drohte. Die Inanspruchnahme der Gerichtsbarkeit und der Polizeigewalt durch den Reichserbmarschall über die Fremden, die zu keiner Reichsgesandtschaft angehörten, sowie seine Handelserlaubnisse an auswärtige Händler und Handwerker hatten schon in der Vergangenheit zu erbitterten Auseinandersetzungen mit den jeweiligen Städten der Reichsversammlungen geführt. Alsbald nach seinem Eintreffen in Frankfurt bezog Reichsquartiermeister von Müller Stellung:[151] Da die Gerichtsbarkeit im Reich im Namen von Kaiser und Reich ausgeübt werde, übe sie der Kaiser bei seiner Anwesenheit selbst aus - vertreten durch das Erzmarschallamt, dieses wiederum vertreten durch das Erbmarschallamt. Die Stadt hielt dem entgegen, "daß durch den Westphälischen Frieden jedem Reichsstand die Jurisdiktion eigentümlich zugestanden worden, also auch gewiß den Reichsstädten und somit der Reichsstadt Frankfurt", und bezog sich ferner auf den Vergleich aus dem Jahr 1614[152] zwischen Reichserbmarschallamt und den Reichsstädten. Hatte ein Provisionaldekret Rudolphs II. im Jahre 1582 die alten Rechte des Reichserbmarschalls noch bestätigt, so stand diesem nach § 3 des Vergleichs von 1614 weder die Ge-

---

[149] Tagebuch, aaO.
[150] Anlage Zahl 107 zum Tagebuch von Müller sowie Protokoll, Beilage 23, S. 114.
[151] Tagebuch, S. 44 ff. der Handschrift.
[152] Abgedruckt bei Schmauß, Corpus iuris publici S. R. Imperii, S. 704 ff. und bei Moser, Teutsches Staatsrecht, Bd. 45, S. 378 ff. (379 ff.); dort auch die Vorgeschichte, S. 349 ff.

richtsbarkeit über die Fremden noch die Kompetenz für Handelserlaubnisse zu:

"[...] Was aber die civilem und criminalem Iurisdictionem über die Fremde, die sich zur Zeit währender Reichs=Versammlung in denselben [Städten] aufhaltende, [...] so wohl in denen zwischen sich selbst untereinander, als auch mit einem Burger sich begebende Handlungen, auch alles, was solcher Iurisdiction anhängig, und die dahero fliessende emolumenta und fructus, benahmentlich die Einziehung alles, auch bey der Juden Gar= Küchen, fallenden Ungeldes, oder dessen Befreyung, Anrichtung der Glücks=Hafen, Gar= Küchen, Ellen, Maaß und Gewicht, Schutz= oder Politen=Geld von den fremden Krämern, Fechtern, Spielern, Spiel=Leuten und unzüchtigen Weibern, Erforderung Zolls, oder andern angemaßten Rechtens von den Victualien und dergleichen, wie das Nahmen haben mag, so von dem Reichs=Erb=Marschallen bißhero gesucht, angericht, zugelassen oder eingezogen werden wollen, belangen thut, solle solches alles hinführo von Erb= Marschallen unterlassen und er sich dessen ferner nicht anzumassen haben; jedoch von gedachten Frey= und Reichs=Stätten, ihme Reich=Erb=Marschallen [...] in recompensam dessen allen, und zu gütlicher Hinlegung deren, diser Puncten halben, bißhero gehabten Stritten, ein tausend Gulden, zu 60 Kreutzer gemeiner Reichs=Währung, wie an jedem Ort gang und geb ist, erstattet werden."

Die uneingeschränkte Zuständigkeit in Zivil- und Strafsachen hatte der Reichserbmarschall nur bei Angelegenheiten zwischen dem Personal der reichsständischen Gesandtschaften behalten. Mit diesen wiederum hatten sich allerdings ebenfalls Kompetenzkonflikte ergeben.[153] Die Zuständigkeit von Stadt bzw. Erbmarschallamt in Strafsachen mit Beteiligung von Bürgern der Stadt oder von Fremden hatte eine komplizierte Regelung gefunden, bei der an die Herkunft des Beklagten bzw. an die Art der Strafe angeknüpft wurde.

Die Streitigkeiten waren durch den Vergleich aber nicht beigelegt.[154] 1619 weigerte sich die Stadt Frankfurt, die vereinbarten 1.000 Gulden zu bezahlen, da sich der Vergleich nur auf Reichs-und nicht auf Wahl- und Krönungstage beziehe. Durch einen neuen Vergleich zwischen dem Reichserbmarschall und der Stadt Frankfurt wurde 1619 der Vergleich von 1614 entsprechend erweitert und die Entschädigungssumme bei Wahl- und Krönungstagen auf 400 Gulden festgesetzt. War man in Pappenheim schon mit dem Vertrag von 1614 nicht zufrieden gewesen, so sah man den Vergleich von 1619 als unwirksam an, da der damalige Reichserbmarschall nur als Vertreter des ältesten Reichserbmarschalls und ohne Vollmacht gehandelt habe und auch eine Ratifizierung durch das Erzmarschallamt nicht erfolgt sei. In der Folge verwahrte man sich bei Wahl- und Krönungstagen regelmäßig gegen den Ver-

---

[153] Vgl. Buder, Repertorium, "Erbmarschall" § 19; Peter Schmid, "Marschall", in: HRG, Bd. 3, Sp. 348 - 353.
[154] Zum folgenden Buder, aaO, §§ 16 u. 17.

gleich von 1619, nahm allerdings die darin vereinbarten 400 Gulden an. In einem Gutachten der juristischen Fakultät zu Halle[155] wurde der Standpunkt der pappenheimischen Grafen bestätigt, ein Anspruch auf Zahlung von 1.000 Gulden angenommen und die Frage, "ob nicht bey fernern Schwierigkeiten dem Reichs=Erb=Marschall freystehe, von dem errichteten transact de anno 1614, so viel die Wahl= und Crönungs=Tage betrift, abzugehen und sich ihrer völligen Gerechtsamen wiederum zu gebrauchen", bejaht.[156] Gelegentlich der Wahl- und Krönung Leopolds II. 1790 hatte das Erbmarschallamt der Stadt eine dem Gutachten folgende Denkschrift übergeben.[157] Danach hielt man sich auf Seiten des Erbmarschallamtes nicht mehr an den Vergleich von 1614 gebunden. Diesen habe die Stadt Frankfurt "durchlöchert". Der Vergleich von 1619 sei nicht rechtswirksam vereinbart worden. Daher nahm der Erbmarschall entsprechend dem kaiserlichen Dekret von 1582 die alten Rechte wieder in Anspruch. Dementsprechend reklamierte von Müller gleich zu Beginn seiner Amtstätigkeit die Gerichtsbarkeit für seine Behörde. In ihrer Antwort auf die Denkschrift[158] bestritt die Stadt deren Aussagen. Ein Durchlöcherung des Vergleichs von 1614 sei nicht erfolgt. Durch die Annahme des Geldes von der Stadt habe der Erbmarschall zugleich die Wirksamkeit des Vergleichs von 1614 bestätigt. Auch 1792 verlangte der Reichserbmarschall 1.000 Gulden von der Stadt, diese wollte nur 400 geben. Man einigte sich auf 800 Gulden, doch stellte der Reichsquartiermeister die Rechnung, wohl um einer endgültigen Entscheidung nicht vorzugreifen, nur über 400 Gulden aus.[159]

Die Rechtslage war 1792 nach wie vor streitig. So legte von Müller bei der stadtpolizeilichen Verhaftung eines fremden Advokaten und eines französischen Offiziers, die miteinander in tätlichen Streit geraten waren, Protest ein, da die Sache in die Zuständigkeit seiner Behörde falle.[160] Mehr als dieser Protest blieb von Müller nicht, da "die Stadt die Staatsgewalt in Händen hat" und er keine Unterstützung durch das Erzmarschallamt, der kursächsischen Wahlbotschaft, erhielt. Vielmehr war die Botschaft bemüht, es nicht zu un-

---

[155] Ausführlich mit allen Verträgen, Dekreten, Denkschriften etc. dargestellt vom hallischen Professor Johann Peter Ludewig in seiner "Vollständigen Erläuterung der Güldenen Bulle", 2. Teil, Tit. XXVII, § 7, (b) X, S. 821 - 889.
[156] Ludewig, aaO, S. 827.
[157] Verfasser war der pappenheimische Hofrat Löblein. Der Inhalt wird in der Antwort der Stadt Frankfurt vom 30. Mai 1792 wiedergegeben, Anlage Zahl 64 zum Tagebuch von Müller, Anlage X.
[158] Anlage Zahl 64 zum Tagebuch von Müller, Anlage X.
[159] Tagebuch, S. 357 der Handschrift.
[160] Tagebuch, S. 121 f. der Handschrift.

nötigen Streitereien um derartige Kleinigkeiten mit der Stadt kommen zu lassen. Angesichts der Kriegslage und auch aus Angst vor dem "französischen Freyheitssinn"[161] ging man behutsam vor und nahm sogar Partei zugunsten der Stadt.

Während die Jurisdiktionsstreitigkeiten ohne Auswirkungen auf das Wahlgeschäft blieben, führte die reichserbmarschallische Inanspruchnahme des Rechts, Handelserlaubnisse an auswärtige Händler und Handwerker zu erteilen, zu ernsten Problemen. Die Wahlbotschaften hatten mit Rücksicht auf die angespannte Lage schon zu Beginn des Konvents erklärt, sie selbst würden auswärtigen Händlern keine derartigen Erlaubnisse erteilen. Der Erbmarschall beharrte hingegen auf seinem vorgeblichen Recht, drang jedoch am Ende nicht durch. Seine Erlaubnis zur Errichtung eines "Bücherglückshafens", einer Tombola mit Buchpreisen, erregte kein weiteres Aufsehen.[162] In der Angelegenheit der französischen Putzmacherinnen, denen der Erbmarschall eine Handwerkserlaubnis erteilt hatte, erhitzten sich die Gemüter dagegen derart, daß der Rat die Verweigerung des nach Kap. I, § 19 der Goldenen Bulle[163] vorgeschriebenen Sicherheitseids androhte und sich unter Hinweis auf den Vergleich von 1614 an die kursächsische Wahlbotschaft als Erzmarschallamt wandte,[164] auf deren Druck hin der Erbmarschall zum Nachgeben gezwungen war und die Putzmacherinnen die Stadt verlassen mußten.

Doch waren die Spannungen zwischen dem Rat und dem Erbmarschall noch nicht beendet. Für seinen Vater, der als der älteste seines Geschlechts zur Führung des Amts berufen war, versah Graf Karl Theodor[165] Friedrich von Pappenheim, ein junger Rittmeister von 21 Jahren, den Dienst als Reichserbmarschall. Er hatte offenbar ein aufbrausendes Temperament und einen stolzen, draufgängerischen Charakter. Das Wort "Furcht" kenne er nur dem Namen nach, schrieb er dem Reichsquartiermeister nach der Krönung, als er sich bereits auf dem Feldzug gegen Frankreich befand.[166] Karl von Pappenheim sollte später in den Feldzügen gegen Frankreich noch durch seine Tap-

---

[161] Tagebuch, S. 90 der Handschrift. Zu den Auswirkungen der Französischen Revolution unten, S. 116 ff.
[162] Tagebuch, S. 93 f., 196 und Einschub Körndörfers auf S. 230 der Handschrift.
[163] Weinrich, Nr. 94 a, S. 332/333.
[164] Denkschrift vom 30. Juni 1792, Anlage Zahl 166 zum Tagebuch von Müller, Anlage XXI.
[165] Sein Taufpate war Karl Theodor von der Pfalz, Kraft, Reichsmarschallamt, S. 88.
[166] Brief vom 11. August 1792, Anlage Zahl 237 zum Tagebuch von Müller, Anlage XXVIII.

ferkeit auffallen.[167] In der Angelegenheit wegen der Putzmacherinnen stellte er den zweiten Frankfurter Bürgermeister Mühl im Theater in aller Öffentlichkeit heftig zur Rede.[168] Der Rat bestand daraufhin auf einer förmlichen Entschuldigung, die von Pappenheim anfangs verweigerte und erst in dem schon genannten Brief an von Müller widerwillig ausstellte, da der Rat als Druckmittel die Herausgabe des Baldachins und die Zahlung der vereinbarten 800 Gulden verweigerte.

---

[167] Vgl. C. v. Wurzbach, Biographisches Lexikon des Kaiserthums Oesterreich, S. 281 f.
[168] Geschildert in der Denkschrift vom 30. Juni 1792, Anlage Zahl 166 zum Tagebuch von Müller, Anlage XXI.

VIII. "Ein alle Däme durchreyßender Strohm..." - Die Vorbereitungen zu Wahl und Krönung in Frankfurt

Wahl und Krönung erforderten in organisatorischer Hinsicht zuerst die Unterbringung und Versorgung der Wahl- und Reichsgesandtschaften sowie der sonstigen Fremden. Für 1792 wird die Besucherzahl auf das Zwei- bis Dreifache der Frankfurter Einwohnerschaft,[169] also auf 50.000 bis 75.000 Personen geschätzt. Allein der Kurfürst von Mainz reiste mit einem Gefolge von 1.500 Menschen an, unter denen sich auch ein kurfürstlicher Hühneraugenoperateur befand.[170] 1790 waren eine Amme und ein Kapaunenstopfer dabeigewesen,[171] 1612 ein Kammerzwerg.[172] Die Bestimmung in Kapitel I, § 17 der Goldenen Bulle,[173] nach der jedem Kurfürsten ein Gefolge von höchstens 200 Personen - darunter nicht mehr als 50 Bewaffnete - zustand, wurde augenscheinlich nicht mehr beachtet.

Da die vorhandenen Gasthäuser bei weitem nicht ausreichten, wurden die Fremden bei den Frankfurter Bürgern zwangsweise einquartiert. Lediglich der Stadtschultheiß, die beiden Bürgermeister, die beiden zur Durchführung der Einquartierung abgeordneten Ratsmitglieder und die Bewohner städtischer Gebäude waren von der Quartierpflicht befreit. Schon am 15. März befahl der Frankfurter Rat seinen Bürgern, ihre Wohnungen bis zur "Reichseinquartierung leer und offen" zu halten.[174] Sogenanntes Reichsquartier erhielten nur die an Wahl und Krönung amtlich beteiligten Personen, die nur einen mäßigen, durch die kaiserliche Taxordnung[175] bestimmten Preis entrichten mußten. Gewinn ließ sich daher für die Frankfurter insoweit nicht machen. 1792 war dem Gothaer Schriftsteller Reichard und seiner Familie auf Vermittlung seines Freundes Johannes von Müller ein Freiquartier im Mainzer Distrikt zugewiesen worden,

"aber als mein Wirth erfuhr, daß ich nicht in Diensten des Kurfürsten von Mainz stehe, brach er in bittere Klagen aus, die ich nur dadurch heben konnte, daß ich ihm so viel Miethe bezahlte, wie er von jedem anderen Fremden auch erhalten hätte."[176]

---

[169] Sieber, Volksbelustigungen, S. 60.
[170] Tagebuch Körndörfers, HHStA, RK, W.u.K.A., Fasz. 100 c, S. 84 der Handschrift.
[171] Die Memoiren des Karl Heinrich Ritters von Lang, S. 213.
[172] Sieber, aaO, S. 20.
[173] Weinrich, Nr. 94 a, S. 330/331.
[174] Anlage Zahl 38a zum Tagebuch von Müller sowie HHStA, MEA, W.u.K.A., Fasz. 84.
[175] Vom 17. Juli 1792, Anlage Zahl 210 zum Tagebuch von Müller, Anlage XXVII.
[176] Reichard, Selbstbiographie, S. 271.

Vor allem ausländischen Gesandten wurden große Summen abverlangt. So mußte sich der päpstliche Gesandte, der kein Quartier mehr in der Stadt bekam, im Jahre 1790 für 3.000 Karolin in einem Gartenhaus einmieten,[177] und der russische Botschafter mußte damals während seines sechswöchigen Aufenthalts für zwölf Zimmer mit Stallung 5.500 Gulden zahlen.[178] Von besonderer Güte waren die einfacheren Fremdenzimmer selten. Ein Besucher der Krönung von 1792 kam in der Nacht vor dem Krönungstag kaum zum Schlafen, "denn die unzähligen Wanzen, die bei 1.000 an den Bettvorhängen, ohne die im Bett befindlichen zu gedenken, herumspazierten, ließen mich kein Auge zu tun."[179] Um die Einnahmen der Frankfurter nicht zu schmälern und weil es bei der vorigen Krönung zu Bestechungen und Ungerechtigkeiten gekommen war, achtete der Rat 1792 durch Ausgabe von Quartierlisten darauf, daß nur Personen der amtlichen Gefolge Reichsquartier erhielten,[180] und verhinderte sogar, daß den Nürnberger und Aachener Insigniendeputationen Reichsquartier eingeräumt wurde.[181]

Die Einquartierung war die erste Tätigkeit des Reichsquartiermeisters von Müller in Frankfurt. Da er sich als Kanzleidirektor in Pappenheim noch einiger Streitigkeiten wegen des Todes des regierenden Grafen hatte annehmen müssen, kam er erst am Abend des 8. Mai 1792 in Frankfurt an und stieg im "Römischen Kaiser" ab. Am nächsten Tag begann er mit seiner Arbeit, denn bereits in der ersten Junihälfte sollten die ersten Wahlbotschafter eintreffen. Die von den Kurhöfen einmütig beschlossene Beschleunigung von Wahl und Krönung traf ihn besonders hart. Ständig klagt er über den Geschäftsdrang:

"Es war wie ein alle Dämme durchreißender Strom, an ein Ausschnaufen war gar nicht zu gedenken... Man sollte an 20 Orten zugleich sein. An eine Nachtruh war so wenig zu gedenken, daß man sich nur zuweilen etliche Stunden des Nachts auf das Bett hinwarf und da, für Sorgfalt, ja nichts zu vergessen, keine rechte Ruhe hatte, weil die Eilfertigkeit, womit diesmal alles gehen mußte, keinen Aufschub leiden durfte."[182] - "Ich war so wenig Herr von meiner Zeit, daß mein Mittagessen manchmal in einem Glas Burgunder und einem Stück Nürnberger Lebkuchen, den mir die nürnbergischen Herren Deputierten schickten, bestand."[183]

---

[177] Brief der Mutter Goethes an Fritz von Stein vom 12. Juni 1790, bei: A. Köster, Die Briefe der Frau Rath Goethe, I, S. 214.
[178] Kriegk, Die deutsche Kaiserkrönung, S. 89.
[179] Anonymes Tagebuch, S. 20.
[180] Vgl. die Streitigkeiten um gedruckte Quartierlisten, Tagebuch, S. 68 der Handschrift.
[181] Allerdings mußten beide Städte nur einen ermäßigten Preis zahlen, Tagebuch, S. 125 der Handschrift.
[182] Tagebuch, S. 219 f. der Handschrift.
[183] Tagebuch, S. 146 der Handschrift.

Die Einquartierung fiel in die Zuständigkeit des Erbmarschallamts. Das Recht, Quartier bei den Bürgern auch zwangsweise durchzusetzen, war lange zwischen den Städten und dem Reichserbmarschall streitig gewesen. Durch den Vergleich aus dem Jahr 1614 verlor der Reichserbmarschall diese Befugnis, und es mußten ihm dafür von der Stadt besondere Verordnete zur Seite gestellt werden. Also machte sich von Müller zusammen mit den städtischen Deputierten, Senator Dr. Moors und dem Schöffen von Barckhausen daran, Wohnungen zu besichtigen und Quartiere mit einem Zeichen zu versehen, das aus einem Fähnchen mit zwei Schwertern bestand.[184] Jede Gesandtschaft versuchte natürlich, das beste Stadtviertel und als Hauptquartier das beste Haus zu erlangen. In Frankfurt hatte sich im Laufe der Zeit eine feste Verteilung der Quartiersprengel an die Kurhöfe herausgebildet.[185] Dennoch gab es immer wieder Streit um den Umfang der einzelnen Distrikte.[186] In jedem Distrikt wählte man die besten Häuser für die Kurfürsten bzw. die Wahlbotschafter, die übrigen für das Gefolge. Um die Quartiere der kurbrandenburgischen Botschaft waren schon 1790 Probleme aufgetreten.[187] Von Müller plante diesmal ein anderes Vorgehen,[188] wozu es jedoch nicht kam.

Gerne sahen die Frankfurter den Reichsquartiermeister nicht im Haus. Am Reichsquartier ließ sich nichts verdienen, und die Bürger wurden in ihren Wohnungen sehr eingeschränkt. Bekannt ist die Schilderung von Goethes Mutter, bei der 1790 unter anderen die mecklenburgische Prinzessin und spätere preußische Königin Luise Quartier fand:

"Bei mir waren die Quartierherren noch nicht - ich traue mir deswegen nicht vor die Tür zu gehen und sitze bei dem herrlichen Gotteswetter wie in der Bastille, -denn wenn sie mich abwesend fänden, so nähmen sie vielleicht das ganze Haus, denn im Nehmen sind die Herren verhenkert fix, und sind die Zimmer einmal verzeichnet, so wollte ich's keinem rathen, sie zu anderem Gebrauche zu bestimmen."[189]

Schäden an Häusern und Mobiliar gaben oft Anlaß zu Klagen. Häufig wurden die Mauern zwischen mehreren Häusern durchbrochen, um Platz für die

---

[184] Abgebildet im Tagebuch, S. 41 der Handschrift.
[185] Moser, Von dem Römischen Kayser (NTStR II), S. 67 ff.
[186] So hatte man 1742, als die böhmische Kur suspendiert war, deren Quartiersbezirk beschnitten, dazu Kühne, Geschichte der böhmischen Kur, S. 98 ff., und oben S.73. Noch 1792 hatte Kurböhmen seine alten Rechte nicht wiedererlangt.
[187] Vgl. Pütter, Selbstbiographie, S. 812, Fn. m.
[188] Tagebuch, S. 42 ff. der Handschrift.
[189] Brief der Mutter Goethes an Fritz von Stein vom 12. Juni 1790, bei: Köster, aaO, S. 214 f.

Wahlbotschaften zu schaffen, und die Bedienten der hohen Herren nahmen wenig Rücksicht auf die kostbaren Möbel der reichen Frankfurter.[190] Bei der letzten Krönung hatte sich offenbar die Frau des ersten kursächsischen Wahlbotschafters von Schönberg den Unmut ihres Wirtes zugezogen. Er weigerte sich 1792 erfolgreich, den Botschafter, vor allem aber dessen Gemahlin aufzunehmen:

"Sie Frankfurter... wüßten, daß sie ihre Quartiere für alles, was zur Krönung gehöre, hergeben müßte. Das täten sie auch gerne. Aber für die Gemahlinnen der Herren Wahlbotschafter und andere von der Suite wären sie es nicht schuldig. Ihre Häuser litten durch das Durchbrechen in andere zu sehr, und nicht immer seien die Behandlungen der Damen von der Art, daß sie guten Willen der Hausbesitzer hervorbrächten."[191]

Quartierprobleme infolge hartnäckiger Weigerung einiger Hausbesitzer, ihr Haus herzugeben, lösten sich dadurch, daß man 1792 nicht so viele Quartiere wie 1790 benötigte. Die ernste Lage hatte manchen Gast von Rang abgehalten, nach Frankfurt zu kommen: "Viele Dutzend der damaligen deutschen Souveränchen blieben aus, und von den Kurfürsten hatten sich nur die geistlichen Herren eingefunden."[192] Es hatte Mühe gekostet, die zur Begleitung der Botschafter erforderlichen Edelleute aufzubringen, in Preußen hatten sich auf den ersten Aufruf nur zwei schlesische Edelleute gemeldet.[193]

Neben der Unterbringung war die Versorgung der Besucher zu organisieren. Am 3. Mai erging ein Ratserlaß,[194] in dem die Bürger, Bäcker, Metzger, Gastwirte, Lebensmittel- und Futterhändler aufgefordert wurden, Vorräte anzulegen. Am selben Tag verbot der Rat auswärtigen Kaufleuten den Handel in der Stadt außerhalb der Messen, damit sie nicht den Frankfurter Kaufleuten "in ihrer burgerlichen Nahrung Eintrag thun".[195] Am 7. Juni erlaubte man aber auswärtigen Händlern den Handel mit Lebensmittel, um die Versorgung der Stadt sicherzustellen.[196] Bei den Krönungen zuvor war man au-

---

[190] Tagebuch, S. 64 f. der Handschrift. Es entstanden Schäden bis zur Höhe von 4000 fl., Sieber, Volksbelustigungen, S. 17. Vgl. dazu die Bedingungen der Hauseigentümer Brönner vom 1. Juni 1792 für die Überlassung ihres Hauses, Anlage Zahl 71 zum Tagebuch von Müller, Anlage XI.
[191] Tagebuch, S. 57 ff. der Handschrift.
[192] Friedrich, Denkwürdigkeiten, Bd. 1, S. 50 f.
[193] Heigel, Deutsche Geschichte I, S. 549.
[194] HHStA, MEA, W.u.K.A., Fasz. 85.
[195] Anlage Zahl 87 zum Tagbuch von Müller sowie HHStA, MEA, W.u.K.A., Fasz. 85. In der Vergangenheit war es häufiger zu erheblichen Gewinneinbußen der Frankfurter Kaufleute gekommen, vgl. Kriegk, Die deutsche Kaiserkrönung, S. 87.
[196] HHStA, MEA, W.u.K.A., Fasz. 85.

ßerdem auf Lebensmittellieferungen benachbarter Reichsstände angewiesen gewesen.

Auch die Wahrung von Ruhe und Ordnung während der Wahl und Krönung mußte sichergestellt werden. Dazu ergingen mehrere Erlasse des Frankfurter Rats an seine Bürger. Der Kurfürst von Sachsen erließ zudem am 30. Juni 1792 in seiner Eigenschaft als Reichserzmarschall eine Polizei- und Taxordnung[197] für die Mitglieder der Reichsgesandtschaften und die Fremden. Wichtig war vor allem anderen die Wahrung des Friedens unter den reichsständischen Gesandtschaften: Nach Artikel I der Polizei- und Taxordnung sollte keiner

"dem andern wegen der unterschiedlichen Sprachen, Sitten und Kleider noch einigerlei anderer, sonderlich Religions- und Glaubenssachen willen weder mit Worten, Schriften noch in andere Wege antasten, schelten, schmähen, verachten und verspotten, in- oder außerhalb der Kirchen Ungelegenheiten anfangen noch sonst etwas Tätliches einer gegen den anderen fürnehmen oder den Seinigen zu tun gestatten, auch von den Wahl- und Reichssachen nichts Unbedächtliches diskurrieren...".

Die Bürger sollten den Kurfürsten, Wahlbotschaftern und deren Gefolge

"mit allem unterthänigsten, unterthänigen, schuldigen und gebührenden Respect, Ehrerbietung und Achtung begegnen".[198]

Eine Wahl und Krönung in Frankfurt zog nicht nur Musiker, Dichter und Schauspieler an. Auch die Bettler, Taschendiebe und Dirnen, wollten sich ihren Anteil am Geschäft sichern. Ein Ratserlaß befahl,

"daß von dato innerhalb acht Tagen alle in hiesiger Stadt und deren Gebiete etwa befindlichen Bettelleute und Herrenloses Gesindel sich ohnaufhältlich wegbegeben und ihren Staab von hinnen weiter fortsetzen".[199]

Rigorose Maßnahmen drohte die Polizei- und Taxordnung in Artikel VIII an:

"Es sollen auch alle und jede Personen, was Nation oder Standes sie sind, welche nicht Herrendienste haben und solche bescheinigen können, ingleichen diejenigen, welche kein Handwerk oder sonsten ehrliche Handtierung treiben, worunter insbesondere die unzüchtigen Weibspersonen, auch die fremden ausländischen Bettler und Siechen, Gebrechlichen und mit abscheulichen Leibesschäden oder der hinfallenden Seuche beladenen kranken

---

[197] Anlage Zahl 158 zum Tagebuch von Müller, Anlage XX.
[198] Ratserlaß vom 15. Mai 1792, Anlage Zahl 38d zum Tagebuch von Müller sowie HHStA, MEA, W.u.K.A., Fasz. 85.
[199] Ratserlaß vom 15. Mai 1792, Anlage Zahl 38c zum Tagebuch von Müller sowie HHStA, MEA, W.u.K.A., Fasz. 85.

Leute, alsobald nach Verkündigung dieser Ordnung ohne allen Verzug sich aus der Stadt verfügen und ferner darinnen und sonderlich die Bettler weder um und neben den Kirchen noch sonsten und außerhalb der Stadt an dem Graben nicht finden noch betreten lassen oder zu gemeiner Stadtarbeit mit angelegten Springen, Ketten und Banden geschmiedet und dadurch von Faulheit und Müßiggang abgehalten werden..."

Entsprechende Verordnungen hatten sich bei den vergangenen Wahlen und Krönungen allerdings als nicht sonderlich wirkungsvoll erwiesen. Es hatten sich immer ganze Scharen von Bettlern eingefunden, die ihre Nächte auf den Straßen und Plätzen verbrachten, am Mainufer lagerten und sogar primitive Hütten aufschlugen. Taschendiebe waren vor allem in Sachsenhausen zu finden.[200] Viele zahlungskräftige Herren förderten das älteste Gewerbe der Welt. Die Mädchen in Frankfurt galten als besonders zudringlich:

"Kein Mannsbild kann hier in der Dämmerung auf einer öffentlichen Promenade spatzieren, ohne von ihnen angefallen zu werden."[201]

Besonders Bornheim war berüchtigt. Während der Wahl und Krönung 1790 "geriet" - er schrieb sein Tagebuch für seine Frau in Dresden - der Feldscher der sächsischen Schweizergarde dort in ein Bordell:

"Dießen Nachmittag um 1 Uhr kam der Herr Rottmeister Dittmann, Rottmeister Carl und der Rottmeister Diefftrunck zu mir, mich einzuladen nach Pernaum [= Bornheim], eine Stunde von Franckfurth, zu Biere spatzirenzugehen; ich konte es ihnen nicht abschlagen, nebst noch 18 Schweizer. Wir kehrten in der "Krone" ein und truncken Wein mit Seltzer Waßer [= Selterswasser]. Wir waren nicht eine Viertelstunde da, so ließen sich 3 schöne Frauenzimmer sehen, welche wohl angezogen und schöne von der Talge [= Taille] waren. Ich merckte, daß ich betrogen war und sagte nichts dazu. Ich dachte bey mir selbst: daß ist ein Hauß zu Capernostern [kapern = fangen]! Wie wir aber etliche Bouteillen Wein getruncken hatten, so fingen die andern jungen Leuthe an zu tanzen. Verführt war ich wurden durch die drei Rottmeisters; ich war lustig mit den Frauenzimmern zu reden, aber nicht, was sie verlangten; wir alle machten Spaaß. Sie sungen alle Studentlieder und truncken mit uns und so vergnügt, daß sie weineten, von uns Abschiedt zu nehmen, und [haben] uns beständig die Gesundheit getruncken: "Es leben die schönen Sachßen!" Wir haben alle zusammen 20 Bouteillen Wein getruncken ohne den Berliner Waßer. Zuletzt gab[en] sie noch 2 Bouteillen zum Gratiale als Liebe der schönen Sachßen! Da kan man sehen, was wir für Ehre hier gehabt haben gegen die andern Nationen! Eine war dabey, dieße war schöne gewachßen und bedaurte, daß sie sich zu dem Medie [= Metier] begeben hätte; sie sachte zu mir, die Noth hätte sie dazu gezwungen, sie wolte es jetzo noch mit-

---

[200] Sieber, Volksbelustigungen, S. 21.
[201] J. K. Riesbeck, Briefe eines reisenden Franzosen an seinen Bruder in Paris, hrsg. v. G. A. Narciss, S. 261.

nehmen, weil es die beste Zeit wäre, nach der Kayßerwahl wolte sie ein guter Freundt von hier mit wegnehmen. Und so giengen wir alle, wie wir gekommen seyn, nach Hause."[202]

Zur Wahrung von Sicherheit und Ordnung wurde ferner an das Verbot des Degen-, Hirschfänger- und Stocktragens erinnert.[203] Das Frankfurter Feueramt untersagte das "gefährliche Tobacksrauchen bey feuerfangenden Sachen".[204] Das Verbot des "Hazardspiels"[205] zeigte wenig Wirkung. Vor allem die vornehmen Herren gaben kein gutes Beispiel, sondern nahmen die Karten sogar mit in den Römer, um dort in den Pausen im Nebenzimmer Bank zu halten.[206] Ein "Überfall" von Reichsfourier und Reichsprofoß mit Unterstützung der Stadtwache zur Überführung der Spieler blieb erfolglos.[207] Allerdings ist zweifelhaft, ob es dabei mit rechten Dingen zuging. Denn bei der letzten Wahl und Krönung 1790 hatte der Reichsprofoß Tabin, der auch 1792 dieses Amt versah, nach dem Bericht des Ritters von Lang sein Amt eher lässig geführt:

"Den Beschluß in den vornehmen Gasthöfen bis zum frühen Morgen machten gewöhnlich die Spiele an den in lauter Gold aufgetürmten Banken, welche der in regelmäßiger Stunde ankommende Reichsprofoß, ein Subaltern des Erbmarschalls, scheinbar auseinandertreiben wollte, dafür aber mit einem, zwei, auch fünf bis sechs oft in die Hände gedrückten Dukaten beschworen und zur Tür hinausgeschoben wurde, und zwar ging er gewöhnlich mit einem oder zwei Dukaten ganz still und heimlich ab, schrie und schimpfte aber bis zum Schäumen, je nachdem er mehrere Stücke in der Hand verspürte, weil er es für seine Schuldigkeit hielt, sich nach einer so großmütigen Belohnung in seiner höchst möglichen Anstrengung sehen zu lassen."[208]

Bücher und Zeitschriften wurden unter verschärfte Zensur genommen, namentlich 1790 und 1792, als sich von Frankreich her revolutionäres Gedankengut breitmachte.[209] Die kurmainzische Kanzlei wies am 11. Juni 1792 den Frankfurter Magistrat an, dieser

---

[202] Berger/Bund (Hg.), Wahl und Krönung Leopolds II., Brieftagebuch des Feldschers der kursächsischen Schweizergarde, S. 30 ff.
[203] Ratserlaß vom 15. Mai 1792, Anlage Zahl 38e zum Tagbuch von Müller sowie HHStA, MEA, W.u.K.A., Fasz. 85; Artikel VI der Polizei- und Taxordnung (Anlage XX).
[204] Erlaß vom 5. Juni 1792, Anlage Zahl 73b zum Tagebuche von Müller sowie HHStA, MEA, W.u.K.A., Fasz. 85; ebenso Artikel IV der Polizei- und Taxordnung (Anlage XX).
[205] Gemeinsame Erlasse des Rats und des Reichserbmarschallamts vom 6. bzw. 21. Juni 1792, HHStA, MEA, W.u.K.A., Fasz. 85, Anlage XV.
[206] Kriegk, Die deutsche Kaiserkrönung, S. 88.
[207] Bericht des Reichsfouriers Wasser vom 28. Juni 1792, Anlage Zahl 94b zum Tagebuch von Müller, Anlage XIX.
[208] Die Memoiren des Ritters Karl Heinrich von Lang, S. 213 f.
[209] Sieber, Volksbelustigungen, S. 23.

"habe allen Buchhändlern und Zeitungsschreibern anzubefehlen, Nichts, was nur den mindesten Bezug auf das Wahlgeschäft habe, in öffentlichen Druck ergehen oder sonst debitiren zu lassen, ehe daß es von der kurmainzischen Direktorialwahlbotschaft revidiret und genehmigt sey".[210]

Den einheimischen Juden, die man in Frankfurt gewöhnlich ziemlich rücksichtslos behandelte,[211] gestattete man während der Wahl- und Krönungszeit größere Freiheit: Sie wurden von der Pflicht zur lästigen Tracht der Kappen und Mäntel entbunden und erhielten Erlaubnis, auf eigene Kosten ihre Gasse bewachen zu lassen. 1792 durften sie allerdings nicht mehr im sogenannten Judenbad im offenen Main baden, denn der kurkölnische Wahlbotschafter von Weidenfels, der dort im Frankensteinschen Hof wohnte, hatte beim Rat ein Verbot erwirkt.[212] Die Frankfurter Juden durften nachts und an Sonn- und Feiertagen die Judengasse nicht verlassen und die Promenaden der Stadt überhaupt nicht betreten. Auch Stöcke durften sie nicht tragen. Während der Wahl- und Krönungstage standen die Bußen für Übertretungen dieser Verbote dem Reichserbmarschallamt zu. Der Ritter von Lang schildert die Fahndung des Reichsprofosses bei der Wahl und Krönung 1790:

"Am Tage schlich er in seiner bordierten Uniform mit Degen auf kleinere Beute [als beim nächtlichen Glücksspiel] aus, um arme Judenburschen zu fangen, wenn er sie einen Haarzopf tragend oder mit einem Spazierstock in der Hand oder gar in den öffentlichen Spaziergängen wandelnd ertappte. Es wäre nötig gewesen, man hätte seinen Taufschein bei sich getragen, um nicht von diesem Ameisenbär als eine Judenseele aufgegabelt und um 1 fl. 30 kr. geplündert zu werden."[213]

An den Tagen der Leistung des Sicherheitseids, der Wahl und der Krönung mußten die ungefähr 8.000 Frankfurter Juden in ihrer Gasse bleiben.[214] Für den Tag vor der Krönung 1792, also den 13. Juli, hatten sie vom Kaiser die Erlaubnis bekommen, ihre Gasse verlassen zu dürfen. Von den Zuständen in der Judengasse und von diesem Tag berichtet ein unbekannter Krönungsbesucher:[215]

"Heute hatte ich das Glück, die berühmte Judengasse zu sehen und zu betreten... Da den Juden ihr enger Distrikt vorgeschrieben und am Anfang und zu Ende mit Toren verschlos-

---

[210] Protokoll des kurfürstlichen Wahlkonvents zu Frankfurt 1792, Vorrede, S. IV.
[211] Vgl. die Schilderung J. K. Friederichs, Denkwürdigkeiten, Bd. 1, S. 62.
[212] Sieber, Volksbelustigungen, S. 23.
[213] Die Memoiren des Karl Heinrich Ritters von Lang, S. 214.
[214] Zum Wahltag vgl. den Ratserlaß vom 28. Juni 1792, HHStA, MEA, W.u.K.A., Fasz. 85, Anlage XVIII.
[215] Anonymes Tagebuch, S. 20.

sen war, und sich doch ihre Menschenzahl jährlich ziemlich vermehrt, so mußten sie natürlicher Weise immer mehr in die Höhe bauen. Allerorten wo man hinblickte, sah man zerlumpte Judenkinder, die diese Gasse dermaßen verunreinigten, daß man Mühe hatte, nur mit dem Fuße ein reines Plätzchen zu erreichen. Zu Anfang wohnen die reichen Juden, also war es hier so ziemlich ordentlich, sobald man aber ohngefähr den dritten Teil durchpassiert war, so fing der Wohlgeruch an. Um mich aber in meinem guten Vorsatz, die Gasse ganz zu durchstreichen, nicht irre machen zu lassen, hielt ich mir, ohne mich an die bettelnden Judenkinder, die mich bis an das andere Ende verfolgten, zu kehren, die Nase fest zu und erreichte endlich zu meinem größten Vergnügen das Ende. Es war sonst gebräuchlich, daß man die Juden an jedem festlichen Tage, also auch an diesem, in ihre Gasse einsperrte, allein heute hatten sie vom Kaiser die Erlaubniß bekommen, auch heraus zu kommen... Allein heute hatte der Kaiser Ursach, seine zu gütige Erlaubniß zu bereuen. Als er nämlich heute Nachmittag herumfuhr, um bei den Kurfürsten seine Visiten zu machen, so verfolgten ihn die Juden unaufhörlich mit ihren Liebkosungen, wodurch endlich die Pferde wild wurden, einen Reitknecht herabwarfen und ihm ein Bein zerschlugen."

1764 hatten die Frankfurter Juden die Erlaubnis erhalten, dem Krönungszug von Fenstern aus zuzusehen, ohne sich auf der Straße sehen zu lassen. 1790 baten sie um dieselbe Erlaubnis. Ihre Bitte war insofern berechtigt, als die fremden Hofjuden, die mit den Gesandtschaften ankamen, Pässe und Erlaubnis von ihren Botschaften erwirkten. Doch scheinen 1790 nur wenige Frankfurter Juden derartige Pässe zum Zuschauen erhalten zu haben. 1792 sah der alte Rothschild aus einem Dachfenster dem Krönungszug zu, "noch andere Juden mußten sich begnügen, aus den Kellerlöchern wenigstens die Beine der vorüberziehenden Herrschaften betrachten zu können".[216] Reichard beobachtete, wie eine Jüdin, die sich trotz des Verbotes am Krönungstag auf der Straße sehen ließ, roh und grausam behandelt wurde.[217] Nach der Krönung 1792 übergaben die Frankfurter Juden unter Hinweis auf die im Jahre 1764 genossene Toleranz ein Schreiben an Franz mit der Bitte um gleichberechtigte Teilnahme an den Krönungsfeierlichkeiten, deren Gewährung man in einem "Project" für die nächste Krönung ins Auge faßte.[218] Auch sonst galten bei Wahl und Krönung für die Frankfurter Juden Besonderheiten. So überreichten sie den hohen Herrschaften jeweils ein Ehrengeschenk. Der Reichserbmarschall erhielt 1790 30 Dukaten. Auch die Huldigung gegenüber dem neugekrönten Kaiser erfolgte gesondert von den übrigen Frankfurtern. Im Jahr 1792 geschah dies am 17. Juli vor Stellvertretern des Kaisers im Hof des Zeughauses, in dem hierzu auf Kosten der Frankfurter Judengemeinde eine Bühne, die sogenannte "Judenkanzel" errichtet worden war.[219]

---

[216] Friederich, Denkwürdigkeiten, Bd. 1, S. 63.
[217] H. A. O. Reichard, Selbstbiographie, S. 273.
[218] Ohne Datum, HHStA, RK, W.u.K.A., Fasz. 100 b, Anlage XXIV.
[219] Vgl. Sieber, Volksbelustigungen, S. 44, und unten, S. 198.

IX. "Französischer Freyheitssinn" - Auswirkungen der Französischen Revolution

1792 waren die Einflüsse der Französischen Revolution und der beginnende Krieg mit Frankreich unübersehbar. In Frankfurt befanden sich Scharen französischer Emigranten. Täglich marschierten preußische und österreichische Truppen durch die Stadt nach Westen. In einem Lager bei Bergen wurden, wie schon 1790, 10.000 hessische Söldner zusammengezogen, die diesmal allerdings nicht den Eindruck einer leeren Schaustellung machten.[220] Zum Schutz von Wahl und Krönung war nämlich die bürgerliche Miliz mangels Zahl und militärischer Disziplin nicht in der Lage. Über den Aufmarsch der Bürger am Krönungstag berichtet der unbekannte Tagebuchverfasser:

"Die Bürger der Stadt mußten heute, ohne Unterschied ihres Standes, im Gewehre sein und mit den Stadtsoldaten die gangbarsten Straßen und Plätze besetzen, die Wohlachtbaren Herren Sachsenhäuser nicht ausgeschlossen. Diese machten den allerschönsten Zug, indem sie, (um zu zeigen, daß sie sich nicht aus kleinstädtischen Gesinnungen an das militärische Zeremoniell hielten) lauter buntfarbige Kleider anhatten. Hier war einer in einem blauen Rock, dort in einem grünen, hier in einem braunen, dort in einem violetten, kurz, keine Farbe war ausgelassen. Eine ebenso große Verschiedenheit herrschte in den Westen und Hosen und in Ansehung der Schuh und Stiefel. Hier war einer in einem langen steifen Zopf, dort einer in einer kleinen, runden Schusterperrücke; hier einer in einem Haarbeutel, dort einer in einer großen Allongeperrücke, hier einer mit einem ganz kahl geschorenen Kopf, dort einer mit fliegenden Haaren. Degen hatten sie nicht alle, aber jeder seine gerostete Flinte. Die Frankfurter machten schon einen besseren Aufzug; sie hatten doch wenigstens alle blaue Röcke und waren reinlich angezogen. Die reichsten und vornehmsten Kaufleute machten eine Compagnie zu Pferd und diese sah wirklich gut aus, da sie eine schöne Uniform trugen und schöne Pferde hatten, und diese hatten auch die Ehre, die ganze Zeit über, daß sich der Kaiser in Frankfurt aufhielt, das kaiserliche Zimmer zu bewachen."[221]

Innerhalb der Stadtmauern wurden besondere Sicherheitsmaßnahmen getroffen. Man befürchtete ein Attentat französischer Agenten auf Franz und war in Wien auf mögliche Sprengsätze in den Fußböden seines Quartiers hingewiesen worden.[222] Die Ankunft der Fremden - besonders die der Franzosen -

---

[220] Heigel, Deutsche Geschichte I, S. 549.
[221] Anonymes Tagebuch, S. 23. Ebenso waren die Bürger auch 1790 aufmarschiert und hatten ihre Gewehre bei den Freudensalven nicht gleichzeitig, sondern durch- und nacheinander abgeschossen, Sieber, aaO, S. 24.
[222] Kopie des Schreibens des Freiherrn von Sumerau an den Grafen von Schlick vom 11. Juli 1792, HHStA, RK, W.u.K.A., Fasz. 100 b, Anlage XIII; vgl. auch das Tagebuch, S. 294 der Handschrift. In der Punktation für die kurböhmische Wahlbotschaft weist Kaunitz auf diese Gefahr besonders hin, Vivenot II, Nr. 455, S. 68 ff. (79 f.).

wurde an den Stadttoren und in den Herbergen mit Hilfe vorgedruckter Formulare registriert, die die Wirte jeden Abend ausgefüllt an die Oberpolizeidirektion zu schicken hatten; der Rat wies Wirte und Bürger an,

"auf das Betragen, die Worte und die Werke der bey ihnen einkehrenden, unter keiner Suite oder Protection der hier versammelten höchstansehnlichen Herrn Wahlbottschafter befindlichen Fremden ein genaues Augenmerk zu richten und bei Vermerkung einigen ruhestöhrenden Benehmens davon sobalden einem der regierenden Herrn Burgermeister Anzeige zu thun...".[223]

Vor Spionen in französischen Diensten aus den eigenen Reihen war man ebenfalls nicht sicher, wie die Enttarnung eines deutschen Adeligen zeigte.[224]

Mißtrauen gegenüber Fremden während der Wahl hatte sich bereits in der Goldenen Bulle, Kap. I, § 20,[225] niedergeschlagen, wonach Fremden der Aufenthalt während des gesamten Wahlgeschäfts nicht gestattet war. Entsprechende Emigrationsdekrete waren allerdings in der Vergangenheit regelmäßig mit dem Inhalt ergangen, daß die Fremden die Stadt erst am Tag vor der eigentlichen Wahl verlassen mußten.[226] Ebenso regelmäßig erging mit Rücksicht auf die Vorschriften der Goldenen Bulle ein "Salvationsdekret" mit Hinweis auf den Ausnahmecharakter der Abweichung von Kap. I, § 20 GB. 1792 war man vorsichtiger und erließ das decretum emigrationis bereits acht Tage vor dem Wahltermin. Fremden, die unter der Protektion einer Wahlbotschaft standen, blieb der Aufenthalt in Frankfurt allerdings weiter gestattet. Auch in dieser Hinsicht war man 1792 ängstlicher: Kurböhmen wünschte, daß "in Ansehung der an Fremde zu ertheilenden Protektion sämtliche Herren Botschafter sich dahin einverstehen möchten, solche an keine andere als an Bekannte zu ertheilen".[227] Hochrangigen Gästen, wie dem päpstlichen Nuntius, dem russischen und dem dänischen Gesandten, wurde der Aufenthalt nach Legitimation beim Kurkollegium bis zum Tag vor der Wahl gestattet.

---

[223] Ratserlaß vom 19. Juni 1792, HHStA, MEA, W.u.K.A., Fasz. 85; vgl. auch das Tagebuch, Einschub Körndörfers, S. 141 der Handschrift.
[224] Bericht Bartensteins an Kaunitz über die Enttarnung des Grafen von Witgenstein vom 12. Juli 1792, HHStA, RK, W.u.K.A., Fasz. 100 b, Anlage XXII. Die Koffer und Brieftaschen des verdächtigen Grafen waren am 11. Juli 1792 unter notarieller Aufsicht ergebnislos geöffnet worde, Notariatsinstrument vom 11. Juli 1792, HHStA, RK, W.u.K.A., Fasz. 100 c.
[225] Weinrich, Nr. 94 a, S. 332/333.
[226] Dazu bemerkt Hamberger, Merkwürdigkeiten, S. 63: "... dies Gesetz wird nicht mehr so ganz buchstäblich befolgt."
[227] Protokoll des kurfürstlichen Wahlkonvents zu Frankfurt 1792, S. 21.

Gegenüber den Frankfurter Bürgern waren die Wahlbotschaften wegen des "französischen Freyheitssinns" und der Verbindungen, die einige Frankfurter nach Frankreich hielten, dieses Mal besonders behutsam und vermieden ängstlich jeden Konflikt mit der Stadt. Die Frankfurter nahmen Wahl und Krönung 1792 nicht mehr so wichtig wie früher.

"In den Familien, Gasthöfen und Weinstuben sprach man zwar viel von der bevorstehenden Krönung, allein die täglich von Paris kommenden hochwichtigen Nachrichten machten, daß man sie fast nur als eine Nebensache betrachtete."[228] Viele Bürger, darunter viele Frauen, nahmen offen für Frankreich und die Revolution Partei, da ihnen die Zeit gekommen schien, "endlich einmal den Plunder veralteter Schnurrpfeifereien und Vorurteile auf die Seite zu schaffen."[229]

Es hatten sich geradezu zwei feindliche Lager gebildet, zwischen denen es häufig zu Streitigkeiten und sogar Tätlichkeiten kam. Um weitere Aufheizung der Stimmung zu verhindern, wurde das Tragen von Nationalkokarden, wie bereits 1790, verboten.[230]

Die Stimmung war gegenüber der letzten Krönung wie ausgewechselt. Hatte man damals voller Optimismus in die Zukunft unter der Herrschaft "Leopolds des Weisen" geblickt, so herrschte nun Zukunftsangst vor. Der damals neunzehnjährige spätere österreichische Staatskanzler Metternich war, wie schon 1790, Zeremonienmeister der katholisch-westfälischen Reichsgrafenbank und beschreibt die Verschiedenheit beider Wahl- und Krönungstage:

"Der Anblick, den Frankfurt damals gewährte, war von dem, welchen diese Stadt zwei Jahre früher geboten hatte, bedeutend verschieden. Frankreich war unter der Herrschaft des Schreckens gebeugt. Die Ereignisse drängten sich in rascher Aufeinanderfolge; zu schlagend war der Contrast zu dem, was in Frankfurt, und dem, was im benachbarten Königreiche vorging, um den Geistern zu entgehen und sie nicht peinlich zu berühren."[231]

Auch der erste kurbrandenburgische Wahlbotschafter Fürst von Sacken hebt in einem Schreiben an seinen Hof die

"eigentümliche Stimmung der Gemüter im Reiche, die Gesinnungen der deutschen Fürsten, die da und dort im Volk herrschende Gährung, die zwischen dem Reichsadel und dem gelehrten Stande glimmende Eifersucht, den allgemein eingeschlichenen Partheygeist"[232]

---

[228] Friederich, Denkwürdigkeiten, Bd. 1, S. 51.
[229] Friederich, aaO.
[230] Sieber, Volksbelustigungen, S. 28.
[231] Metternich, Nachgelassene Papiere, Teil 1, 1. Bd., S. 15.
[232] Bericht vom 31. Juli 1792, bei Heigel, Deutsche Geschichte I, S. 549.

hervor. Bei den Ministern der drei geistlichen Kurfürsten herrschte offene Sorge vor einem täglichen Zusammenbruch des fürstlichen Regiments.

X. "Merkwürdige Harmonie" - Die Wahlkonferenzen

Der offizielle Termin der ersten Wahlkonferenz war zwar von Kurmainz den Bestimmungen der Goldenen Bulle entsprechend auf den 3. Juli 1792 gelegt worden, man hatte sich aber in "vertrauter Korrespondenz" angesichts der ernsten Lage bereits über seine Vorverlegung auf den 15. Juni geeinigt[233] Schon am 12. Juni war von jedem Kurhof zumindest ein Wahlbotschafter in Frankfurt anwesend, und am 15. Juni fand eine Präliminarkonferenz im Kompostell, dem kurmainzischen Quartier, statt. Da die Goldene Bulle in Kap. IV, § 2[234] den Kurfürsten von Mainz zum Wahlleiter bestimmte, lag auch die Leitung in den der eigentlichen Wahl vorgeschalteten Wahlkonferenzen in den Händen von Kurmainz, die kurmainzische Wahlbotschaft war Direktorialwahlbotschaft. Die Ansage zu den Wahlsitzungen erfolgte durch das Reichserbmarschallamt auf Weisung der kurmainzischen Wahlbotschaft. Durch das "Protokoll des kurfürstlichen Wahlkonvents zu Frankfurt 1792"[235] sind wir über Verlauf und Gegenstand der Wahlkonferenzen unterrichtet. Erst seit 1742 wurden diese Protokolle amtlich gedruckt, allerdings nur für den Gebrauch der Regierungen; seit 1790 waren auch sie allgemein zugänglich.[236]

Tatsächlich hielt man sich an den Vorsatz, sich nicht mit Förmlichkeiten und untergeordneten Streitfragen aufzuhalten. Rascher als sonst wurde über Zeremoniell, Herbeischaffung der Reichsinsignien und ähnliche Fragen Beschluß gefaßt. Die Wahl des einzigen Thronkandidaten Franz von Österreich stand ohnehin bereits im voraus fest. Das Protokoll[237] bemerkt dazu:

"Das Merkwürdigste bei diesem ganzen Wahlkonvente ist die Harmonie sämtlicher Kurhöfe, die Wiederbesetzung des kaiserlichen Throns auf alle mögliche Weise zu beschleunigen."

Waren 1790 22 Sitzungen nötig gewesen, in denen vor allem Fragen der kaiserlichen Wahlkapitulation erörtert wurden, so brachte man 1792 das ganze Wahlgeschäft in nur 10 Sitzungen zustande. In der Präliminarkonferenz wurde einmütig beschlossen, die erste reguläre Wahlsitzung, oder Prin-

---

[233] S.o., S. 90 f.
[234] Weinrich, Nr. 94 a, S. 340/341.
[235] ... mit allen Beilagen nach dem Originale nebst einer kurzen Geschichte dieses Wahlkonvents.
[236] F. Hartung, Die Wahlkapitulationen der deutschen Kaiser und Könige, HZ 107 (1911), S. 306 ff. (309).
[237] Vorrede, S. VIII.

zipalkonferenz, statt am 3. Juli am 18. Juni vorzunehmen und sich danach dreimal wöchentlich zu treffen. Bereits jetzt wies man den Reichserbmarschall, vorläufig in mündlicher Form, an, sich um die Einrichtung zur Wahl im Bartholomäusdom zu kümmern und den Verlauf der feierlichen Aufzüge am Wahl- wie am Krönungstag neu auszuarbeiten. Auch wurde dem Magistrat und dem Reichserbmarschallamt aufgegeben,

"auf alle Fremde ein vorzügliches Augenmerk zu richten, Leute ohne Karakter und bestimmtes Geschäft, die unter keiner botschaftlichen Protektion stehen, in der Stadt nicht zu dulden; das Betragen der übrigen aber bei Wahrnehmung irgend einer Unsicherheit für die öffentliche Ruhe sogleich dem Collegio zur anderweitigen Vorkehre pflichtmäßig anzuzeigen."[238]

In der ersten Wahlsitzung am 18. Juni im schwarz ausgehängten Konsultationszimmer des Römers wurde die Vollmacht jeder Gesandtschaft verlesen und geprüft, ob die Erfordernisse des in Kapitel XIX der Goldenen Bulle[239] mitgeteilten Vollmachtsformulares gewahrt waren. Die in Kapitel IV, § 2 der Goldenen Bulle[240] vorgeschriebene Reihenfolge wurde bei dieser Verlesung wie überhaupt bei allen weiteren Abstimmungen eingehalten: Nach Trier, Köln, Böhmen, Pfalz, Sachsen, Brandenburg und Braunschweig machte Mainz als Wahlleiter den Schluß. In der zweiten Sitzung am 20. Juni beschloß man, diesmal das Emigrationsdekret, das die Fremden zum Verlassen der Stadt während der Wahl verpflichtete (Kap. I, § 20 GB)[241], bereits acht Tage vor dem Wahltermin zu erlassen.[242] Die Abstimmung für den 5. Juli als vorläufigen Wahltag fiel einmütig positiv aus. Selbst Hannover stimmte zu, trotz seiner Besorgnis, mit dieser Festsetzung würden die Kapitulationsverhandlungen eingeschränkt. Für die folgenden Verhandlungen über die Wahlkapitulation wurde ein zeitsparendes Verfahren beschlossen: Nur die Punkte der Kapitulation Leopolds II., zu denen Monita, Änderungswünsche, vorgebracht worden waren, sollten verlesen und über eine Änderung abgestimmt werden. Vorher hatten Mainz, Trier, Köln, Böhmen, Pfalz und Brandenburg erklärt, diesmal keine Änderungswünsche vorzubringen. Franz hatte bekanntlich zur Hauptbedingung seiner Kandidatur die unveränderte Übernahme der Kapitulation Leopolds gemacht und wollte eine weitere Beschränkung der kaiserlichen Machtstellung nicht hinnehmen. Böhmen meinte

---

[238] Protokoll. S. 5.
[239] Weinrich, Nr. 94 a, S. 368 ff.
[240] Weinrich, Nr. 94 a, S. 340/341.
[241] Weinrich, Nr. 94 a, S. 332/333.
[242] Grund war die Sorge vor revolutionärer Ansteckung durch Franzosen, dazu bereits oben, S. 116 ff.

dann auch, daß angesichts der alten Kapitulation "eine noch größere Beschränkung einem zukünftigen Kaiser allzu beschwerlich und unannehmbar fallen dürfte".[243] Widerstand gegen die unveränderte Übernahme der alten Kapitulation kam von Hannover, dessen Verhältnis zu Wien nach Kaunitz von "fühlbarer Kälte" bestimmt war. Bereits in seiner Punktation[244] hatte er die böhmischen Wahlgesandten vor den zu erwartenden Schwierigkeiten mit diesem Kurhof gewarnt:

"Alle möglichen Anstände haben wir also nur von der kurhannöverischen Botschaft zu erwarten. Die Ursache hiervon liegt in dem politischen Systeme des Londoner Hofs, und die streng protestantischen Grundsätze des kurhannöverischen Ministeriums, die durch die publicistischen Subtilitäten der hohen Schule zu Göttingen[245] sorgsam unterhalten werden, finden auf diese Art eine gelegene Anwendung, und es hat sich bei dem vorigen Wahlconvente gezeigt, wie sehr man durch Schulwitz dieser Art bei einem Geschäfte solcher Art geplagt werden kann. Durch gute Gründe, mit gelassener Standhaftigkeit vorgetragen, ist damals diesen Zudringlichkeiten, ohne Aufsehen und Bitterkeit zu erregen, begegnet worden, und mit der nämlichen klugen Benehmensart und einer unerschütterlichen Geduld wird auch dermal die königl. kurböhmische Wahlbotschaft durch alle von dieser Seite etwa bevorstehenden Schwierigkeiten um so mehr durchdringen und dabei unangenehme öffentliche Auftritte vermeiden können, als wir nun so glücklich sind, unsere Partei ansehnlich verstärkt zu sehen."

1790 hatten die zahlreichen kurbraunschweigischen Monita das Wahlgeschäft aufgehalten. Auch 1792 sorgte man sich auf Seiten Kurbraunschweigs besonders um die Wahrung der reichsständischen Rechte:

"Die allzu frühe Bestimmung des Wahltermins vor Berichtigung der Wahlkapitulation, die Versuche, die Verlesung der Leopoldinischen Kapitulation zu umgehen, die Zumutung, daß alle Monita zur Kapitulation auf einmal sollten übergeben werden, die Niederschlagung der Einholungszeremonien u. a."

erregten in Hannover die Furcht, es sei

"die jetzige, von dem gewöhnlichen Gang abweichende Wahl auf einer der Erblichkeit des Throns ähnlichen Seite zu betrachten".[246]

Der kurbraunschweigische Gesandte von Beulwitz erklärte, sein Gebieter werde sich das Recht, Wünsche und Beschwerden vorzubringen, niemals verkümmern lassen und nur einem ausdrücklichen Beschluß der Mehrheit

---

[243] Protokoll, S. 26.
[244] Vom 1. Juni 1792, Vivenot II, Nr. 455, S. 68 ff. (76).
[245] Kaunitz spielt auf Johann Stephan Pütter an, auf dessen Gutachten sich die Monita Kurbraunschweigs 1790 gestützt hatten.
[246] Zitiert bei Heigel, Deutsche Geschichte I, S. 550.

sich fügen. Auch von der Seite Sachsens kamen Bedenken gegen eine unveränderte Übernahme der alten Kapitulation. In der Folge wurden nur von Sachsen und Hannover Monita angebracht, von Sachsen eines, von Hannover fünf. Doch nur mit dem gemeinsamen Monitum zu Art. VI, § 4[247] ("Die Worte: "noch wider Uns" sind, als blos auf einen zeitigen römischen König bezogen, auszulassen") drangen beide Kurhöfe durch, da hier ein bloßes Kanzleiversehen zu verbessern war. Es hatte seine Ursache in der Übernahme einer fehlerhaften Version Johann Jacob Mosers, und man stellte nun den Text der Kapitulation Franz I. wieder her.[248] Die übrigen Vorschläge Hannovers, denen die anderen protestantischen Kurhöfe zum Teil beitraten, wurden von der Mehrheit verworfen.

Die Berichtigung des Proömiums, des Vorworts der Kapitulation, erfolgte erst am Ende der Kapitulationsverhandlungen in der Konferenz vom 2. Juli. Dabei führte ein von Brandenburg unterstützter hannoverischer Antrag zu einer etwas erregten Diskussion: Beantragt wurde, den königlichen Mitgliedern des Kurkollegiums (Kurfürst von Brandenburg als König von Preußen, Kurfürst von Hannover als König von Großbritannien) den Titel "Majestät" beizulegen. Besonders Köln, dessen Kurfürst gleichzeitig Großmeister des deutschen Ordens war, reagierte hinsichtlich des preußischen Titels empfindlich. Der Deutsche Orden und das gesamte Reich machten noch immer Ansprüche auf Preußen geltend,[249] und Köln stimmte mit Trier und Pfalzbayern gegen diesen Antrag. Sachsen, Brandenburg und Hannover stimmten dafür. Böhmen schloß sich Köln an, wohl aus Rücksicht auf den Kurfürsten von Köln, denn Kaunitz hatte die kurböhmischen Gesandten die freie Entscheidung überlassen:

"E. Liebden und E. Exc. können diesfalls nun ohne Anstand der Mehrheit beistimmen und dem so sehnlichen Verlangen von Kurhannover stattgeben... Ich sehe nicht, was Kurköln mit dem so eifrigen Widerspruch im Grunde gewinnt, welchen diese Kur wegen des deutschen Ordens gegen den preußischen Majestätstitel bei jeder Gelegenheit fruchtlos erhebt und sich dadurch Gehässigkeiten zuzieht."[250]

---

[247] Vgl. Schmauß, Corpus iuris publici S. R. Imperii, S. 1591 (Wahlkapitulation Franz II.).
[248] Protokoll, S. 34 f.
[249] Bartenstein an Kaunitz vom 21. Juni 1792, Vivenot II, Nr. 477, S. 108 f.; vgl. ferner Conrad, Deutsche Rechtsgeschichte II, S. 107.
[250] Kaunitz an Eszterházy und Bartenstein vom 29. Juni 1792, Vivenot II, Nr. 485, S. 119.

Um die Wende vom 17. zum 18. Jahrhundert hatten die Kurfürsten von Sachsen (1697 Polen), Brandenburg (1701 Preußen) und Hannover (1714 Großbritannien) Königstitel erlangt. In der Folge hatte jede Wahlkapitulation diesen Titulaturstreit erlebt, wobei die Aufnahme der Majestätstitel immer verhindert worden war. Nicht nur die streitigen Ansprüche auf Preußen waren Ursache des anscheinend kleinlich anmutenden Streits. An ihm zeigt sich vielmehr, wie die kleinen und kleinsten Stände als die eigentlichen Träger des Reichs wenigstens in der Theorie immer noch versuchten, die aus dem Reich herausgewachsenen europäischen Mächte dort festzuhalten.[251] 1792 wurde schließlich der vermittelnde Vorschlag der kurmainzischen Wahlbotschaft dankbar angenommen und das Problem gelöst, indem man in der Kapitulation alle Bezeichnungen "Liebden" wegließ, wodurch auch der Verzicht auf den Titel "Majestät" ermöglicht wurde.[252] Im Proömium[253] wurde außerdem das Wort "Herren" eingefügt. Bis auf diese Änderungen und die Änderung des Art. IV, § 4 war also die Kapitulation Franz II. mit derjenigen Leopolds II. identisch. Die Hauptbedingung des Thronkandidaten war damit erfüllt.

Die unveränderte Übernahme der alten Wahlkapitulation war für die Reichsjuristen nur von geringem Interesse, da sie insofern kein Arbeitsmaterial erhielten. Dies war dem spöttischen Bericht des Ritters von Lang zufolge zwei Jahre zuvor anders gewesen:

"Die in ganzen Strichen herbeigeflogenen deutschen Professoren und Docenten rissen sich um die nassen Druckbogen der neuen Wahlcapitulation, um zu erforschen, an welcher Stelle etwa aus einem Komma ein Semikolon geworden, und berühmten sich zum Theil, daß sie es bewirkt."[254]

Bekanntlich[255] beruhten die damaligen Änderungen vor allem auf Gutachten Johann Stephan Pütters. Der "etwas geschwätzige und eitle"[256] Professor aus Göttingen wird seinen Erfolg nicht für sich behalten haben.[257] 1792 konnte er sich nicht profilieren und hatte den Antrag des hannoverischen Hofs, die Wahlbotschaft wie schon 1764 und 1790 als Rechtskonsulent nach Frankfurt

---

[251] Hartung, Wahlkapitulationen, S. 343.
[252] Protokoll, S. 62 f.
[253] Schmauß, aaO, S. 1568 - 1570.
[254] Memoiren, S. 213.
[255] S.o., S. 84 f.
[256] So Sieber, Volksbelustigungen, S. 8.
[257] Pütter, Selbstbiographie, S. 810 f., nennt seine 1790 in Frankfurt anwesenden Kollegen.

zu begleiten, abgelehnt, "weil ... vorauszusehen war, daß ausser der eigentlichen Wahl und Krönung... in Geschäfften wenig vorkommen möchte".[258]

Die Wahlverhandlungen waren niemals straffer und schneller erfolgt, niemals zuvor die Beschlüsse einmütiger gefaßt worden als bei der letzten Zusammenkunft der kurfürstlichen Vertreter im Frankfurter Römer. Während der Verhandlungen wußte der zweite kurböhmische Wahlbotschafter und Reichshofratsvizepräsident von Bartenstein, der als Mann vom Fach der eigentlich geschäftsführende österreichische Gesandte in Frankfurt war, nicht mehr, "was außer dem kaiserlichen Empfang annoch zu reguliren sein werde und womit wir uns bei künftigen Sitzungen beschäftigen werden."[259]

Weitere Gegenstände der Sitzungen waren der Verlauf der feierlichen Züge bei Wahl, bei Einholung des Kaisers mit anschließender Beschwörung der Wahlkapitulation und am Krönungstag. Deren Organisation fiel in die Zuständigkeit des Reichserbmarschallamts, und Reichsquartiermeister von Müller hatte alle Hände voll zu tun. Die Bitte des Reichserbmarschalls um Erhöhung seiner Gratialien[260] wurde von den Kurhöfen zustimmend beschieden.[261] Auch beschloß man, daß Prinz Friedrich Wilhelm von Württemberg die Wahlbotschaft im Namen des Kurkollegiums dem zukünftigen Kaiser überbringen sollte; dem Mitbewerber Prinz Friedrich von Hessen fiel nicht eine Stimme zu.[262] Reichserbmarschall Graf Karl von Pappenheim sollte im Vorweg die Botschaft mündlich als Kurier übermitteln. Zusätzlich schickte die kurböhmische Wahlbotschaft nach der Wahl noch den Grafen Karl von Eszterházy aus, um Franz die Nachricht als erste zu überbringen.[263]

In vertrauten Briefen an die Kurhöfe war ferner die Errichtung einer neunten Kur sowohl von Württemberg als von Hessen wieder angeregt worden; in Frankfurt war davon allerdings nur nebenher die Rede. Preußen hatte zwar dem Landgrafen von Hessen-Kassel seine Unterstützung zugesagt. Der Landgraf verfügte über eine schlagkräftige Armee von 20.000 Mann und eine wohlgefüllte Kasse aus dem Soldatenhandel. Er hatte den bedrängten geistli-

---

[258] Pütter, aaO, S. 835.
[259] Bartenstein an Kaunitz vom 21. Juni 1792, Vivenot II, Nr. 477, S. 108.
[260] Vom 18. Juni 1792, Anlage Zahl 107 zum Tagebuch von Müller sowie Protokoll, Beilage 23, S. 113.
[261] Protokoll, S. 59.
[262] Heigel, Deutsche Geschichte I, S. 551.
[263] Eszterházy und Bartenstein an den Römischen König vom 5. Juli 1792, Vivenot II, Nr. 487, S. 122.

chen Kurfürsten "mit etwas unfreundlicher Zudringlichkeit"[264] seinen Schutz gegen die französische Bedrohung versprochen, wenn sie ihm dafür behilflich wären, die neunte Kur zu erhalten. Doch diese hatten Bedenken, eine erloschene katholische Kur (Bayern) durch eine protestantische zu ersetzen, und lehnten den hessischen Vorstoß ab.[265] Da auch aus Hannover keine Unterstützung kam, wurde auf eine offene Bewerbung verzichtet.[266] Im Krieg gegen Frankreich war der Landgraf allerdings als Verbündeter für Preußen und Österreich wichtig. "Damit sein Eifer für die gute Sache nicht etwa erkalte", wollte man ihm in Wien

"die mögliche Aussicht belassen, dereinst in seinem Ansuchen durch Kurböhmen vorzüglich in dem Falle unterstützt zu werden, wenn er sich um das Reich wesentliche Verdienste sammeln würde".

Die kurböhmischen Wahlbotschafter sollten ihn deshalb mit unverfänglichen Äußerungen solange hinhalten.[267]

---

[264] Bemerkungen des Hofrats Daiser vom Juni 1792, HHStA, Reichsakten in specie, Fasz. 69, Anlage XII; dort auch nähere Überlegungen zur Frage einer neunten Kur.
[265] Aretin, HRR I, S. 270 f.
[266] Heigel, aaO, S. 551.
[267] Kaunitz an Bartenstein vom 20. Juni 1792, Vivenot II, Nr. 466, S. 97.

XI. Politik außerhalb der Wahlkonferenzen

Nicht nur bei den Frankfurtern,[268] sondern auch bei den Diplomaten drängte der Krieg mit Frankreich das Wahlgeschäft in den Hintergrund. Die zur Landesverteidigung notwendige engere Verbindung der Reichskreise wurde besprochen, jedoch nicht öffentlich beraten. Deutlich wurde die Abneigung der kleineren deutschen Staaten gegen den Krieg der beiden Großmächte. So klagte der kurbrandenburgische Wahlbotschafter Graf von Goertz:

"Die Reichsfürsten und ihre Minister, die wir hier zu sehen Gelegenheit haben, scheinen sich samt und sonders auf die Seite Frankreichs zu neigen; die Siege österreichischer Armeen scheinen ihnen gar nicht am Herzen zu liegen. Sie geben sich zwar Mühe, ihre Gedanken und Wünsche zu verbergen, aber ihre üble Gesinnung dringt trotzdem aus allen Äußerungen hervor. Sie fürchten die Vorherrschaft des österreichischen Hauses im Reiche und suchen sich auf indirektem Wege durch Bereitung von Schwierigkeiten im Reiche bei Frankreich in Gunst zu setzen und sich im voraus dieser mächtigen Stütze zu versichern, da ja Frankreich früher oder später doch wieder die gebührende Stellung unter den großen Nationen Europas einnehmen wird."[269]

Vor allem der pfalzbayrische Wahlbotschafter Graf Oberndorff wurde von preußischer und österreichischer Seite - allerdings erfolglos -bedrängt, seinen Kurfürsten Karl Theodor, der einen vorsichtigen Neutralitätskurs führ, zur Kriegsteilnahme zu bewegen.

Unter den fremden Gästen fiel der außerordentliche Gesandte des Papstes, der Abbé und Erzbischof von Nizäa Maury, ehemaliges Mitglied der französischen Nationalversammlung und dort der glänzendste Redner der Rechten gegen die modernen Staatstheorien, besonders auf.[270] Maury hatte Frankreich verlassen müssen und war nach Rom geflohen, da er den 1790 geforderten Eid auf die französische Verfassung verweigert hatte. Papst Pius VI. hatte ihn nach Frankfurt geschickt, damit er sich bei den kriegsführenden Mächten für die Rückgabe der Stadt Avignon und der Grafschaft Venaissin, die im September 1791 nach einer Volksabstimmung an Frankreich gekommen waren, einsetzen sollte. Maury sollte ferner das Interesse des Papstes im Nuntiaturstreit zwischen Papsttum und der deutschen Adelskirche[271] vertre-

---

[268] S. o. S. 118.
[269] Bericht der kurbrandenburgischen Wahlbotschafter an den Berliner Hof vom 10. Juli, zitiert bei Heigel, aaO, S. 551 f.
[270] Metternich, Nachgelassene Papiere I, S. 15.
[271] Zu Struktur und Situation der Reichskirche zuletzt: H.-J. Becker, Die Reichskirche um 1800, in: W. Brauneder (Hg.), Heiliges Römisches Reich und moderne Staatlichkeit, S. 147 - 159.

ten. Die deutschen Erzbischöfe wollten sich im Zuge des Febronianismus - Wegbereiter war der unter dem Pseudonym Febronius publizierende Trierer Weihbischof Johann Nikolaus von Hontheim - dem römischen Einfluß entziehen und strebten die Errichtung einer deutschen Nationalkirche an.[272] Dem stand insbesondere die Gerichtsbarkeit der päpstlichen Nuntiaturen im Reich entgegen. Höhepunkt des Konfliktes war die Einrichtung einer päpstlichen Nuntiatur in München 1784 durch den Kurfürsten Karl Theodor gewesen, der nach dem Vorbild Josephs II. die Errichtung bayerischer Landesbistümer anstrebte. Hierbei sollte der Nuntius etwa die Stellung eines bayerischen Erzbischofs einnehmen.[273] 1790 hatten die deutschen Erzbischöfe beim Frankfurter Wahlkonvent ihre Position in Art. 14, § 3 der Wahlkapitulation Leopolds[274] im Ergebnis durchsetzen können: Die Frage einer Abschaffung der Nuntiaturen wurde an den Reichstag verwiesen, wo der Nuntiaturstreit bereits anhängig war. Dort war eine Entscheidung zuungunsten des Papstes zu erwarten.[275] Rom lag nun sehr daran, die Übernahme dieser Politik in die neue Wahlkapitulation zu verhindern.[276]

Maury drang mit den Anliegen des Papstes in beiden Fällen nicht durch. Die Übernahme des Art. 14 in die neue Wahlkapitulation konnte er aus den bekannten Gründen nicht verhindern. Sein herrischer, drohender Ton im Umgang mit den Gesandten der geistlichen Kurfürsten schüchterte diese nicht ein, sondern verschärfte den Konflikt. In seiner Note an das Kurkollegium zur Angelegenheit um Avignon[277] ließ er darüber hinaus das nötige diplomatische Fingerspitzengefühl vermissen, indem er den Beistand des künftigen Kaisers als "Advocatus Ecclesiae", also in dessen Eigenschaft als Beschützer der Kirche und des Papstes, suchte. Die protestantischen wie die geistlichen Kurfürsten, letztere vor dem Hintergrund des Nuntiaturstreits, mußte er dadurch vor den Kopf stoßen. Davon berichtet der Brief der kurböhmischen Wahlbotschafter an Kaunitz:[278]

---

[272] Dazu H. E. Feine, Kirchliche Rechtsgeschichte, Bd. 1, S. 494 f. und 506 ff.; Möller, Fürstenstaat oder Bürgernation, S. 270 f.
[273] Willoweit, Deutsche Verfassungsgeschichte, S. 181.
[274] Vgl. die Wahlkapitulation Franz II., Schmauß, Corpus iuris publici S. R. Imperii, S. 1614 f.
[275] Aretin, HRR I, S. 424 ff. Nach Becker, aaO, S. 148, war Art. 14 § 3 eine "scharfe Kampfansage der Reichskirche an die römische Kurie".
[276] Vgl. die Punktation des Staatskanzlers Kaunitz für die kurböhmische Wahlbotschaft vom 1. Juni 1792, Vivenot II, Nr. 455, S. 68 ff. (78 f.).
[277] Abgedruckt im Protokoll, S. 164 f.
[278] Vom 9. Juli 1792, Vivenot II, Nr. 489, S. 123 f. Verfasser war wohl der 2. Botschafter von Bartenstein.

"... Übrigens ist in Geschäften nichts von Beträchtlichkeit vorgefallen, als daß der päpstliche Nuntius eine Note an das kurfürstliche Collegium übergeben, in welcher derselbe ein Collegialschreiben an den künftigen Kaiser nachsuchet, um in demselben die Beschützung der päpstlichen Rechte auf Avignon und das Comtat Allerhöchst Deroselben, als *Advocatus Ecclesiae*, anzuempfehlen. Der Inhalt dieser Note beweiset schon, daß der päpstliche Nuntius einen schwachen Begriff von der Reichsverfassung habe, da er den Grund seines Begehrens auf die *Advocatiam Ecclesiae* setzet, welche von dem protestantischen Antheil nicht anerkannt wird, hiernächst aber auch die Wirkung eines Collegialschreibens nicht einsiehet, sondern dasselbe als eine unbedeutende Empfehlung betrachtet. Da es nun von weitaussehenden Folgen sein würde, wenn das kurfürstliche Collegium Se. Maj. den Kaiser als *Advocatum Ecclesiae* zu Vertheidigung der sämmtlichen dem päpstlichen Stuhl in und außer Deutschland zustehenden Gerechtsame aufzufordern befugt wäre..., so habe meine Einwilligung zu einem solchen Schreiben ohnmöglich ertheilen können; da jedoch die Entziehung von Avignon gegen das Völkerrecht anstoßet und dem päpstlichen Stuhl andurch die größte, auf alle Staaten einen Bezug habende Ohnbill zugefügt worden ist, so habe hiebei allen Glimpf gebrauchet und dem päpstlichen Nuntio die Zurücknahme seiner Note und die Erlassung eines auf dieses Gesuch einen Bezug habenden päpstlichen Breve an das künftige Reichsoberhaupt angerathen, welches erstere von demselben wohl auch bis morgen oder übermorgen wird befolget werden, nachdem man ihm von allen Seiten nicht verhehlet, daß er mit seinem Gesuch würde abgewiesen werden, worüber er jedoch sehr ohnzufrieden ist, maßen andurch seine Abschickung und die großen darauf verwandten Kosten gänzlich fruchtlos werden. Jedermann wundert sich allhier, wie der päpstliche Hof diesen Mann, der zwar als ein großer Redner bekannt ist und in Frankreich eine Rolle gespielt hat, zu gegenwärtiger Gesandtschaft auserwählt habe, der von der deutschen Reichsverfassung nicht den mindesten Begriff hat und sich allhier den Ruf der Heiligkeit nicht erwirbt..."

XII. "Ein neuer Vater wird nun leiten..." - Die Wahl

Voraussetzung für die Vornahme der Wahl war neben der Ausführung des Emigrationsdekrets die Leistung des Sicherheitseids durch die Frankfurter Bürgerschaft nach Kap. I, § 19 der Goldenen Bulle.[279] Der Eid verpflichtete zur Verteidigung der Kurfürsten mit Leib und Leben, zur Sicherung des Wahlgeschäfts und Aufrechterhaltung der Ordnung. Er war Ende des 18. Jahrhunderts nur noch bloße Zeremonie, da die Verteidigung der Wahlstadt durch die Bürger und die wenigen Truppen im Ernstfall kaum möglich gewesen wäre.[280] Vielmehr lagerten zu diesem Zweck 1790 und 1792 10.000 landgräflich-hessische Söldner in der Nähe von Bergen bei Frankfurt.

Ursprünglich fand die Eidesleistung zu Beginn der Wahlzeit statt, sobald die ersten Kurfürsten in der Stadt eingetroffen waren, später wenigstens kurz vor dem Wahltag, da die Kurfürsten, wenn überhaupt, erst zu diesem Termin anreisten. Die weltlichen Kurfürsten nahmen schon seit längerem in der Regel nicht persönlich an Wahl und Krönung teil. Die geistlichen Kurfürsten waren zumeist bei der Wahl anwesend, 1792 allerdings nur die Kurfürsten von Mainz und Trier. Unabdingbar war die Anwesenheit der Erzbischöfe von Mainz, Trier und Köln lediglich am Krönungstag wegen ihrer Aufgaben in der Krönungsmesse.

Die Eidesleistung war auf den 2. Juli festgesetzt worden.[281] Der Bürgerschaft wurde vom Rat befohlen,

"daß sie gedachten Montag Vormittag vor 10 Uhr ohne Gewehr, in ihren Mänteln oder andrer anständiger Kleidung auf dem Römerberg erscheinen."[282]

Dem Rat nahmen die kurmainzischen Wahlbotschafter den Eid im Römer ab, während die nach Quartieren aufmarschierte Bürgerschaft und die Bürgerwehr von einer Tribüne auf dem Römerberg aus vereidigt wurden.[283] Bereits am 23. Juni war den Legationssekretären der Wahlbotschaften eine

---

[279] Weinrich, Nr. 94 a, S. 332/333. Vorbild war die Konklaveordnung Gregors X. von 1274, K. Zeumer, Die Goldene Bulle, S. 16.
[280] Dazu bereits oben, S. 116.
[281] Der ursprünglich auf den 28. Juni festgesetzte Termin hatte verlegt werden müssen, da die Ankunft der kursächsischen Schweizergarde zu diesem Zeitpunkt nicht gewiß war, Protokoll, S. 40.
[282] Ratserlaß vom 26. Juni 1792, HHStA, MEA, W.u.K.A., Fasz. 85, Anlage XVII.
[283] Tagebuch, S. 239 ff. der Handschrift.

"Summarische Note über den Vollzug des Wahlakts"[284] diktiert worden, nachdem man sich tagszuvor auf die Übernahme des Wahlablaufs von 1790 geeinigt hatte.[285] In dieser Note wurde der Ablauf am Wahltag genau festgelegt, dies nicht zuletzt, um Streitigkeiten zu vermeiden. Am Tag vor der Wahl wurden die Frankfurter in Kenntnis gesetzt, daß am nächsten Tag die Sturmglocke geläutet werde, "damit niemand deswegen in Schröcken gerate."[286] Die Stadttore wurden geschlossen, die Schlüssel dem Kurfürsten von Mainz übergeben, um am nächsten Tag vom Reichserbmarschall ins Konklave gebracht zu werden.

Am 5. Juli leitete das dumpfe Läuten der Sturmglocke des Doms um 6 Uhr den letzten Wahltag des Heiligen Römischen Reichs ein. Daß damit gleichzeitig ein Sturm von Westen her eingeläutet wurde, den die alte Ordnung nicht überleben sollte, damit rechnete niemand. Die Frankfurter Bürgerkompanien bezogen unter klingendem Spiel ihre Wachplätze.

"Unter Paradirung der Bürgerschaft und des Militairs geschahe nach 9 Uhr der feyerliche Aufzug der Herren Churfürsten und Wahlbothschafter in 6spännigen Wägen und unter Voraustretung des zahlreichen Hofstaates und Gefolges, in einer ihrer erhabenen Würde angemessenen Pracht, nach dem Römer."[287]

Dort kleideten sich die beiden geistlichen Kurfürsten in ihre Kurgewänder: bis auf den Boden reichende, mit Hermelin besetzte und mit einem Hermelinkragen versehene Mäntel aus scharlachrotem Tuch, dazu rote, hermelinbesetzte Mützen.[288] Unter den Blicken unzähliger Schaulustiger und andauerndem Glockenläuten ging der feierliche Zug der Kurfürsten und ersten Wahlbotschafter vom Römer zum St. Bartholomäusdom. Reichsquartiermeister von Müller "war schon des Morgens 4 Uhr nur im Überrock auf den Straßen, wodurch der Zug ging, in der Kirche und auf dem Römer" gewesen, um nach dem rechten zu sehen.

Am prächtigen Nordportal des Doms, das unter der Bewachung der kursächsischen Schweizergarde stand, wurde das Kurkolleg vom Reichserbmarschall empfangen. In der Kirche befanden sich bereits die übrigen Wahlbot-

---

[284] Anlage Zahl 124 zum Tagebuch von Müller sowie Protokoll, Beilage 18, S. 96 ff., Anlage XVI.
[285] Protokoll, S. 38.
[286] Tagebuch, S. 265 der Handschrift.
[287] Augsburgische Ordinari Zeitung vom 10. Juli 1792.
[288] Abbildung des Kurfürsten von Köln bei der Krönung 1790 bei: G. Kocher, Zeichen und Symbole des Rechts, Abb. 119, S. 84 f.

schafter in der schwarzen spanischen Hoftracht Philipps II. Den Kurfürsten und katholischen ersten Wahlbotschaftern wurde am Eingang vom Mainzer Weihbischof Heimes das Weihwasser gereicht, worauf sie der Reichserbmarschall von Pappenheim und der Reichserbtürhüter von Werthern in den mit Seidentapeten behängten Chor[289] geleiteten und ihnen ihre Plätze im Chorgestühl anwiesen. Die Türen des Domes wurden inzwischen geschlossen, und der Reichsquartiermeister sorgte dafür, daß niemand ohne Einlaßkarte hinein gelangte - bei dem starken Menschengedränge vor der Tür ein äußerst mühsames Geschäft. Die sonst üblichen Streitereien zwischen der kursächsischen und der kurmainzischen Garde über die Aufstellung im Dom waren 1792 schon im Vorfeld beigelegt worden. Doch kam es nun zu Handgreiflichkeiten zwischen den kursächsischen Schweizern, die niemanden bewaffnet in den Dom einließen, und der kurtrierischen Garde, die eben dies verlangte. Von Müller gelang nur mit Mühe die Schlichtung.[290]

Den Verlauf der Wahl protokollierten zwei Notare, der Mainzer Staatsrechtsprofessor und kurmainzische Legationssekretär von Roth und der kurfürstlich-mainzische geheime Hofsekretär Seitz.[291] In Befolgung der Goldenen Bulle feierte das Kurkolleg die Messe "De Sanctu Spiritu",

"damit der Heilige Geist ihre Herzen erleuchte und ihren Sinnen das Licht seiner Kraft eingieße, damit sie gestützt auf seine Hilfe einen gerechten, guten und geeigneten Mann als Römischen König und künftigen Kaiser wählen können", Kap. II, § 1 GB.[292]

Gleichzeitig zogen sich die protestantischen Wahlbotschafter in die Wahlkapelle zurück - das einzige Zugeständnis, das das katholische Zeremoniell während der Wahl und Krönung der Lehre Luthers machte. Im Anschluß an die Messe erfolgte die Leistung des Wahleides in der von Kap. II, § 2 der Goldenen Bulle bestimmten Formel.[293] Ihn leisteten die Kurfürsten von Mainz und Trier sowie der kurkölnische Botschafter mit auf die Brust gelegten Fingern, während die weltlichen Botschafter die Finger auf das auf dem Altar bei Kap. 1, Vers 1 "In principio erat verbum" aufgeschlagene Johan-

---

[289] Die Einrichtung der Domkirche zur Wahl besorgten Kurmainz und Kurböhmen auf eigene Kosten. Wegen der Tapeten hatte von Müller Schwierigkeiten mit dem kurböhmischen Hoffourier, Tagebuch, S. 227 f. der Handschrift.
[290] Tagebuch, S. 273 ff. der Handschrift.
[291] Instrumentum notariale über die vollzogene Wahl Franz II. vom 5. Juli 1792, HHStA, MEA, W.u.K.A., Fasz. 84; daraus die folgenden Zitate.
[292] Weinrich, Nr. 94 a, S. 333 ff.
[293] Weinrich, Nr. 94 a, S. 334/335. Vorbild ist wahrscheinlich der im Schwabenspiegel in indirekter Rede mitgeteilte Wahleid der Kurfürsten (Gengler, Schwabenspiegel, cap. CIX, § 3), Zeumer, Die Goldene Bulle I, S. 17.

nesevangelium legten. Das Reichsevangeliar zeigt heute hier Spuren der Handauflegung.[294] Diesen Unterschied in der Eidesleistung sah Kap. II, § 1 der Goldenen Bulle[295] vor. Der Eid war "vulgariter", also in deutscher Sprache abzulegen, die Goldene Bulle teilte die Eidesformel jedoch nur lateinisch mit, so daß man auf eine deutsche Übersetzung des gesetzlichen Formulars zurückgreifen mußte.[296] Nach der Eidesleistung begaben sich die Kurfürsten und ersten Wahlbotschafter in die Wahlkapelle im Südostwinkel von Chor und Querhaus. Der Erzbischof von Mainz befragte das Kurkollegium in Anwesenheit der Notare und einiger Zeugen,[297] "ob Ihnen etwas erinnerlich beifalle, was an Fortsetzung der Wahl könne hinderlich seyn", und erinnerte sie an das Mehrheitsprinzip der Goldenen Bulle.[298] Dann verließen die Notare und Zeugen auf Weisung des Erzbischofs von Mainz die Kapelle, der Reichserbmarschall verschloß die Tür und das Konklave[299] begann. Vor der Tür hielt der Reichserbtürhüter von Werthern Wache. Vorbild für das in Kap. II, § 3 der Goldenen Bulle[300] bestimmte Konklaveprinzip war das auf dem Konzil von Lyon (1274) durch Papst Gregor X. erlassene[301] Dekretale "Ubi Periculum maius":[302] Zur Verhinderung von Wahlverschleppungen sollte den Kurfürsten, wenn sie sich innerhalb von 30 Tagen nicht geeinigt hatten, nur noch Brot und Wasser gereicht werden. Das war 1792 nicht notwendig. Der Kurfürst von Mainz befragte die Wähler in der von Kap. IV, § 2 der Goldenen Bulle[303] betimmten Reihenfolge nach ihrer Stimme ("Quem Tu eligis in Imperatorem?") und wurde dann selbst von Kursachsen befragt. Nach einer halbe Stunde wurden die Türen der Wahlkapelle geöffnet, der Kurfürst von Mainz holte Notare und Zeugen herein und verkündete ihnen, daß man

---

[294] Erler, "Reichsinsignien, Reichskleinodien", in: HRG, Bd. 3, Sp. 638 - 641 (639).
[295] Weinrich, Nr. 94 a, S. 333 ff.
[296] Zeumer, aaO, S. 16 f.
[297] 1790 war Johann Stephan Pütter als einer der Zeugen im Konklave von der kurbraunschweigischen Botschaft benannt und dort "von bürgerlichem Stande, den Churtrierischen dritten Wahlbotschafter nicht eingerechnet, der einzige", Selbstbiographie, S. 825.
[298] Kap. II, § 4 GB; auch hier gab es Vorbilder im Kirchenrecht, dazu: Zeumer, Die Goldene Bulle Karls IV., S. 18 ff. und H.-J. Becker, "Mehrheitsprinzip", in: HRG, Bd. 3, Sp. 431 - 438.
[299] Das Konklave (von lat. clavis, Schlüssel) war "dreifach" - geschlossen waren Stadttore, Domtüren und Türen der Wahlkapelle.
[300] Weinrich, Nr. 94 a, S. 334 ff.
[301] Dies wiederum nach dem Vorbild der italienischen Kommunen und der Wahlkonstitutionen der Dominikaner, C. G. Fürst, "Papstwahl", in: HRG, Bd. 3, Sp. 1488 - 1494.
[302] Bei C. Mirbt (Hg.), Quellen zur Geschichte des Papsttums und des römischen Katholizismus, Bd. 1, Nr. 741, S. 455.
[303] Weinrich, Nr. 94 a, S. 340/341.

"die einmüthige Stimme dem Durchläuchtigsten großmächtigen Fürsten, Herrn Franz, König zu Ungarn, Boheim, Dalamzien, Kroazien, Slavonien, Gallizien, Lodomerien und Jerusalem, Erherzogen von Österreich, Herzog zu Burgund und Lothringen, zu Steyer, zu Kärnten und Crain, Großherzogen zu Toskana..."

gegeben habe. Darauf erfolgte eine erneute Befragung der Wähler, "ob nicht dieses Alles, wie anjetzo vermeldet, Ihre Meinung, Wille und Gemüth seye", was diese mit "Ja!" bestätigten. Anschließend beschworen die kurböhmischen Gesandten, die die Wahl bereits zuvor für Franz angenommen hatten, nach Vorlage ihrer Vollmacht die Wahlkapitulation im Namen ihres Herren.

Solange die Gewählten noch persönlich zur Wahl gekommen waren, hatte sich an die Annahme der Wahl die Altarsetzung, exaltatio, angeschlossen,[304] die zum ersten Mal bei der Wahl Heinrichs VII. 1308 nachweisbar ist[305] und zuletzt vermutlich 1690 bei der Wahl Josephs I. in Augsburg stattgefunden hat.[306] Möglicherweise hatte die exaltatio an die Schilderhebung der deutschen Herzöge und später der Könige angeknüpft. Sie hatte ursprünglich die Bedeutung einer Publikationshandlung gehabt und der Wahl als Investiturakt die volle Gültigkeit verliehen.[307] War der Gewählte ein Kurfürst, so war sie noch in der Wahlkapelle erfolgt, anderenfalls war der König im Chor auf den Altar erhoben worden.

Nun erfolgte die Proklamation des neuen Kaisers: Zuerst durch den Erzbischof von Mainz in der Wahlkapelle. Danach begaben sich Kurfürsten und Wahlbotschafter auf eine Proklamationsbühne vor dem Chor, und der kurmainzische Dompropst Graf von der Leyen verkündete das Wahlergebnis dem Volk, das inzwischen durch die geöffneten Domtüren hereingeströmt war. Er beendete die zweite Proklamation mit einem "Vivat Rex!",

"dem das gegenwärtige Volk mit ungemein fröhlichen Ausrufen: "Vivat Rex!" antwortete und seine ob dieser königlichen Wahl geschöpfte Freude und Vergnügen an den Tag legte, die kurmainzischen Trompeter und Pauker sich tapfer hören ließen, alle Glocken der Stadt geläutet und die Stücke auf den Wällen gelöst wurden."

---

[304] Pütter, Institutiones iuris publici Germanici, § 493, S. 581; Pfeiffer, Teutsche Wahl und Crönung, S. 143.
[305] F. Rieger, Die Altarsetzung der deutschen Könige nach der Wahl, S. 1.
[306] Rieger, aaO, S. 35 f; Kriegk, Die deutsche Kaiserkrönung, S. 93.
[307] Vgl. Conrad, Deutsche Rechtsgeschichte I, S. 220, Fn. 6 mwN; Rieger, aaO, S. 4 f., 41 ff. Weitere Deutungen der Altarsetzung und Nachweise zur Frage, ob sie von der Königs- auf die Bischofswahl übertragen wurde oder umgekehrt, bei: Feine, Die Besetzung der Reichsbistümer vom Westfälischen Frieden bis zur Säkularisation, S. 233, Fn. 4.

Wahl Franz II. am 5. Juli 1792 (Institut für Stadtgeschichte der Stadt Frankfurt am Main)

Proklamation Franz II. am 5. Juli 1792 (Institut für Stadtgeschichte der Stadt Frankfurt am Main)

Die Kurfürsten und ersten Wahlbotschafter unterschrieben das Notifikationsschreiben, das der Prinz von Württemberg dem in Würzburg weilenden Franz überbrachte. Graf Karl von Pappenheim teilte diesem das Wahlergebnis außerdem mündlich mit, "als Kurier mit Vorreitung 30 blasender Postillons". Gegen zwei Uhr kehrten Kurfürsten und Wahlbotschafter zuerst auf den Römer, dann in ihre Quartiere zurück.

Der Wahltag galt als ernster Feiertag. Bis nach Beendigung des Wahlakts in der Kirche durfte kein Ausschank von Bier, Wein oder Kaffee erfolgen, und alle Häuser, Kramläden und Werkstätten mußten geschlossen bleiben.[308]

"Nachmittags 4 Uhr wurde wegen dieser so höchstbeglückten Wahl bei dem Kurböhmischen Hrn. Wahlbotschafter, Fürsten von Esterhazy, die allerdevotesten Glückwünsche im Namen Eines Hochedeln Raths durch Hrn. Schöffen von Olenschlager, Hrn. Syndicus Lange und Hrn. Senator Doctor Hezler feyerlichst abgestattet. Bei gedachtem Herrn Fürsten war zugleich große Assemblee und des Abends Dero Hotel mit Wachslichter sehr niedlich erleuchtet."[309]

Das Volk nahm mit Erleichterung auf, daß das Reich in dieser schwierigen Zeit wieder ein Oberhaupt hatte. In der "Augsburgischen Ordinari Postzeitung" vom 11. Juli war zu lesen:

> Zuruf an Deutschland !
>
> Vorüber ist dein Waisenstand,
>   Ein neuer Vater wird nun leiten,
>   Durch den dunkeln Raum der Zeiten,
> Dich geliebtes deutsches Vaterland !
>
> F r a n z, dein lieber neuer Kaiser,
>   Heil ! dir ward ein schönes Loos:
>   Ist ein Menschen=Freund, ein Weiser,
>   Und durch Herzens=Adel groß.
>
> Seegnend blickt die Gottheit nieder,
>   Heitre dich - verwaißtes Reich !
>   Jauchzt Ihr meine deutschen Brüder,
>   Goldene Tage winken Euch !!!

---

[308] Sieber, Volksbelustigungen, S. 43.
[309] Diarium 1792, 1. Abschnitt, S. 24.

Kritisch-spöttisch äußert sich dagegen wieder einmal Johann Konrad Friederich zur Wahl, "bei der man keine Wahl mehr hatte":[310] "Sie [Kurfürsten und Wahlbotschafter] hatten Gott in der Kirche gebeten, ihnen doch bei diesem schweren Geschäft beistehen zu wollen, damit sie eine würdige Wahl träfen, und geschworen, daß sie nach ihrem Gewissen den fähigsten und würdigsten der deutschen Fürsten, um die hohen Verrichtungen eines Kaisers verstehen zu können, erwählen wollten! Ob dies auch kein falscher Eid war? - Eine Viertelstunde nachdem sie eingesperrt gewesen, verkündete schon das Geläute aller Glocken und der Donner der Kanonen, daß das mühsame Werk glücklich vollbracht sei, und die Wähler wurden wieder in Freiheit gesetzt."

---

[310] Denkwürdigkeiten, Bd. 1, S. 52 und 53.

XIII. "Coronatio non facit Imperatorem" - Die verfassungsrechtliche Bedeutung der Wahl und ihr Verhältnis zur Beschwörung der Wahlkapitulation und zur Krönung

Nun war Franz II. gewählt - welche Stellung hatte er damit erlangt? War er bereits mit seiner Wahl Inhaber sämtlicher Majestätsrechte? An die Wahl sollten sich schließlich noch die persönliche Beschwörung der Wahlkapitulation (12. Juli) und die Krönung (14. Juli) anschließen. Zur verfassungsrechtlichen Bedeutung der Akte beim Herrschaftsantritt eines neuen Kaisers wurden und werden unterschiedliche Auffassungen vertreten. Zur Klärung der Rechtslage ist zuerst das Verhältnis von Wahl und Krönung zu betrachten und dann die Frage zu stellen, welche Bedeutung die Beschwörung der Wahlkapitulation durch Franz hatte.

Die Bedeutung der Wahl läßt sich vor dem Hintergrund der Krönung erkennen. Wichtig ist daher die Frage, welche Bedeutung den Aachener und späteren Frankfurter Krönungen in der Neuzeit noch zukam.[311] Christoph Ludwig Pfeiffer ist 1787 der Ansicht,

"daß der neuerwählte Kaiser nach erfolgter Wahl, nothwendig auch die teutsche Crönung allerst muß empfangen, und die Wahlcapitulation in Person beschworen haben, ehe derselbe die völlige Majestät (majestatem personalem et realem) überkömmt und als regierender Kaiser (actu regnans) wirklich anzusehen ist! Denn die förmliche Beschwörung der Wahlkapitulation pflegt als eine besondere Handlung, (actus separatus) gewöhnlich vor der Crönung herzugehen; und diese sodann erst unmittelbar darauf zu erfolgen; so, daß durch diese allerdings gleich nothwendige besondere Zwischenhandlung, die eigentliche beide Haupthandlungen der der solennen Kaiserwahl und Crönung, gleichsam unzertrennlich mit einander verbunden werden; alle dreie zugleich aber das ganze Wahlgeschäfte wirklich ausmachen; und mithin auch den erwählten und gecrönten Kaiser allererst in seine eigentliche Wirklichkeit setzen."[312]

Der Schluß Pfeiffers von der tatsächlichen und regelmäßigen Abfolge von Wahl, Beschwörung der Wahlkapitulation und Krönung auf den teilkonstitutiven Charakter eines jeden dieser Akte - der Herrschaftsantritt gleichsam als gestreckter Rechtsakt - wird auch heute noch geteilt,[313] ist jedoch nicht

---

[311] Dazu W. Sellert, Zur rechtshistorischen Bedeutung der Krönung und des Streites um das Konsekrationsrecht zwischen Mainz und Köln, in: H. Duchhardt (Hg.), Herrscherweihe und Königskrönung im frühneuzeitlichen Europa, S. 21 ff. und zuletzt F.-R. Erkens, Der Erzbischof von Köln und die deutsche Königswahl, S. 91 - 107.
[312] Pfeiffer, Teutsche Wahl und Crönung, S. 121 f.
[313] So von R. Jackson in dem von M. Agethen u. W.G. Rödel verfaßten Diskussionsbericht, in: H. Duchhardt (Hg.), Herrscherweihe und Königskrönung im frühneuzeitlichen Europa, S. 118 ff. (119).

zwingend. Mit seinem unbedingten Festhalten an dem Erfordernis der Krönung für den Regierungsantritt des Kaisers stand Pfeiffer allein. Er hatte bedeutende Juristen wie Johann Jacob Moser, Johann Jacob Schmauß und Burkhard Gotthelf Struve[314], soweit ersichtlich die gesamte prominente Staatsrechtslehre, gegen sich.[315] Schmauß[316] faßt sich kurz: "Die ganze Majestät empfängt der Kaiser durch seine Wahl." Und Moser meint zur Notwendigkeit der Krönung:

"Die Crönung ist niemalen an und für sich bey einem Regenten nöthig... In Teutschland aber ist sie in so fern nöthig, weil sie nicht nur von den ältesten Zeiten an herkömmlich ist, sondern weil auch alle Röm. Kaysere und Könige in Ihren Wahl=Capitulationen ausdrücklich darzu angewiesen werden... Übrigens hat die Crönung nicht den allermindesten Einfluß auf die Regierung des Reichs, und die dazu gehörige Gerechtsame. Sie gibt und nimmt nichts... Die ein[z]ige herkommliche Würckung der Crönung bestehet darinn, daß ein regierender Röm. Kaiser Sich vor Empfang derselbigen nur Röm. König, nachhero aber Röm. Kayser nennt"[317]

Bereits für Heinrich Cocceji war die Rechtslage im Jahr 1695 eindeutig gewesen: Zum Kaiser werde man durch die beiden Akte Wahl und Inauguration, wobei erstere die königliche Stellung schaffe, während letztere der (kaiserlichen) Würde wegen hinzutrete -

"Primus in Imperio Rex est vel Imp. qui duobus actibus creatur; electione & inauguratione; illa constituit regem, haec honoris ergo accedit; estque juris positivi."[318]

---

[314] Corpus Iuris Publici Imperii nostri Romano-Germanici, Cap. VIII, § XII, S. 265 u. Cap. VIII, § I, S. 250: "Per electionem constituitur Imperator, quae dignitatis summa est Imperii."
[315] Weitere Nachweise zum Schrifttum bei Sellert, aaO, S. 27 f.
[316] Compendium Juris Publici, Liber I, Cap. 3 § 2, S. 19. Vgl. ferner J. Ch. Leist, Lehrbuch des teutschen Staatsrechts, S. 193.
[317] Moser, Von dem Römischen Kayser, S. 313 und 314. Zum Titel des Kaisers ferner: Wagner (Hg.), Das Staatsrecht des HRR, Verfasser vermutlich der Wiener Naturrechtslehrer Franz von Zeiller ca. 1794 - 1797, § 13 (S. 44): "... Vor der Krönung in Deutschland heißt er erwählter römischer König, nach dieser erwählter römischer Kaiser, nach der Krönung in Rom, die aber schon seit Karl V. unterblieben ist, gekrönter römischer Kaiser." 1804 meint N. Th. Gönner, Teutsches Staatsrecht, S. 143: "..., die teutsche Krönung macht ihn zum Kaiser, und der Beisatz: 'erwählter' römischer Kaiser sollte aus der kaiserlichen Titulatur gestrichen werden."
[318] Juris Publici Prudentia Compendio exhibita..., Cap. VIII, § 1, S. 160.

Und Johannes Limnäus hatte 1629 kurz festgestellt, daß die Krönung keinen Kaiser mache: "Coronatio non facit Imperatorem."[319] Entscheidend für den Erwerb der Regierungsrechte war danach allein die Wahl. Das war nicht immer so gewesen. Vielmehr war die Krönung im Laufe der Zeit in ihrer rechtlichen Bedeutung immer stärker hinter die Wahl zurückgetreten. Dabei ist zwischen deutscher Königskrönung und römischer Kaiserkrönung zu unterscheiden. Dem Sachsenspiegel[320] (zwischen 1221 u. 1224) läßt sich die konstitutive Wirkung beider Krönungen entnehmen:

"Die dutschen sullen durch recht den koning kiesen. Wenne der gewiet wirt von den bischofen, de dar zu gesatzt sint, unde uf den stul zu Achen kumt, so hat her koningliche gewalt unde koninglichen namen. Wenne in der pabist wiet, so hat her des riches gewalt unde keiserlichen namen."[321]

Im Streit mit Papst Johannes XXII. hatten die deutschen Kurfürsten im Kurverein zu Rhense 1338 und Ludwig der Bayer im kurz darauf zu Frankfurt ergangenen Gesetz Licet Iuris[322] versucht, theoretisch unterstützt von Marsilius von Padua und William von Ockham, sich von der päpstlichen Mitsprache unabhängig zu machen.[323] Die Kurfürsten hatten erklärt, der von ihnen gewählte König bedürfe keiner päpstlichen Bestätigung. Ludwig war noch weiter gegangen: Allein aufgrund der Wahl sei der Gewählte sofort wirklicher König und Römischer Kaiser, dem Gehorsam zu leisten sei und der über die volle kaiserliche Amtsgewalt verfüge, ohne daß es auf eine päpstliche Bestätigung ankomme. Es war dabei nur um die Erlangung der römischen Kai-

---

[319] Tomus Primus Iuris Publici Imperii Romano-Germanici, Lib. II, Cap. IV, Rn. 81; außerdem Rn. 38: "Coronatio ... magis honoris & celebritatis causa peragitur, quam necessitatis essentialis."
[320] Landrecht III, 52, § 1.
[321] Sachsenspiegel, hrsg. v. Cl. Frhr. v. Schwerin, S. 122. Nach Conrad, Deutsche Rechtsgeschichte I, S. 233, geht der Sachsenspiegel von der konstitutiven Bedeutung der jeweiligen Krönungen aus. Anderer Auffassung ist Eichmann, Die rechtliche und kirchenpolitische Bedeutung der Kaiserweihe im Mittelalter, FS-Hertling, S. 263 (271), ihm folgend Hugelmann, Die Wirkungen der Kaiserweihe nach dem Sachsenspiegel, ZRG KA Bd. 40 (1919), S. 1 ff. Dem Sachsenspiegel liege die Ansicht der Kaiserpartei (Nachweise bei Eichmann, aaO) zugrunde, wonach die Wahl zum deutschen König die volle kaiserliche Gewalt verleihe. Die kurialistischen Schriftsteller maßen dem päpstlichen Krönungsakt verständlicherweise konstitutive Bedeutung zu (Nachweise bei Eichmann, aaO, S. 270).
[322] Bei Weinrich Nr. 88 bzw. 89. Dazu Struve, Corpus Iuris Publici, Cap. 8, § XII, S. 265: "Licet a prima statim electione Impp. omnia Imperii iura potuissent exercere, prout etiam per decretum Rensense atque Francofurtense a. 1338 fuisset declaratum, ut electus ab Electoribus verus atque legitimus sit Rex, atque Imperator, absque ordinatione Papali."
[323] Vgl. Conrad, Deutsche Rechtsgeschichte I, S. 221.

serwürde gegangen; beide Beschlüsse waren daher nur im Hinblick auf die römische Kaiserkrönung von Bedeutung, der sie jede Wirkung absprechen wollten. Diese Auffassung hatte sich jedoch im Reichsstaatsrecht nicht durchsetzen können.[324] Weiterhin hatte man sich am Sachsenspiegel orientiert: Die Krönung in Rom war für die Kaiserwürde unabdingbar geblieben.[325] Die Goldene Bulle hatte 1356 diesen Zustand festgeschrieben, indem sie bestimmte, daß der deutsche König zum Kaiser erhoben werden solle, der "rex Romanorum in cesarem promovendus"[326] sei, Kap. II, § 2.[327] Die päpstliche Krönung in Rom war nicht Regelungsgegenstand dieses Reichsgrundgesetzes gewesen. Karl IV. hatte auch keine Veranlassung gehabt, die radikale Haltung von 1338, die stark von der damaligen politischen Situation gewesen beeinflußt war, gesetzlich zu verankern.

Entscheidende Weichen stellte die Goldene Bulle jedoch für die tatsächliche und rechtliche Bedeutung der deutschen Königskrönung. Das läßt sich bereits aus Kapitel II § 4[328] entnehmen, wonach der Gewählte sogleich nach seiner Wahl den Kurfürsten ihre Privilegien bestätigt, also bereits über die königlichen Rechte verfügt. Zudem sprechen Regelungsgegenstand und Regelungszweck vollends für die Verlagerung der entscheidenden Bedeutung von der Krönung auf die Wahl. Eine eingehende Regelung erfährt nur die Wahl. Mit der der deutschen Königskrönung in Aachen beschäftigt sich die Goldene Bulle nur am Rande, nennt bei der Abstimmungsreihenfolge in einem Nebensatz den Konsekrator (Kap. IV, § 2) und bestimmt an versteckter Stelle Aachen als Krönungsort (Kap. XXIX, § 1[329]). Auch beziehen sich die beim feierlichen Krönungszug und beim Krönungsmahl herangezogenen Vorschriften allgemein auf das Zeremoniell der großen Hoftage. Man hatte 1356 vor allem ein geregeltes Wahlverfahren benötigt, um Doppelwahlen zu vermeiden und klare Machtverhältnisse zu ermöglichen.[330] War erst ein deutscher König gewählt, hatte dessen Krönung nachrangige Bedeutung. Bei den Doppelwahlen war die Krönung am rechten Ort und mit den Reichsinsignien zur zusätzlichen Legitimation des Königs von entscheidender Bedeutung gewesen. Diese Wirkung mußte bei einem einzigen, einheitlich gewählten Kandidaten verblassen.

---

[324] So Conrad, aaO, S. 233.
[325] Nach Ansicht Eichmanns, aaO, jedoch nur für den Kaisertitel.
[326] Weinrich, Nr. 94 a, S. 334.
[327] Conrad, aaO, S. 233.
[328] Weinrich, Nr. 94 a, S. 336/337.
[329] Weinrich, Nr. 94 a, S. 340/341, bzw. Nr. 94 b, S. 388/389.
[330] Dazu bereits oben, S. 72.

Das 16. Jahrhundert brachte den Bedeutungsverlust der römischen Kaiserkrönung. Das Erfordernis der Kaiserkrönung durch den Papst in Rom wurde bis zum Ende des Mittelalters eingehalten. In Rom wurde 1452 zuletzt Friedrich III. gekrönt, Karl V. empfing als letzter die Krone aus der Hand des Papstes 1530 in Bologna. Vorher hatte Maximilian I. mit Zustimmung des Papstes 1508 nach seinem fehlgeschlagenen Italienfeldzug ohne Krönung in Rom den Titel eines "erwählten römischen Kaisers" angenommen.[331] Mit dem Verzicht auf die päpstliche Krönung und mit der Annahme dieses Titels verlor der im Mittelalter voll ausgebildete staatsrechtliche Unterschied zwischen dem deutschen Königtum und dem römischen Kaisertum seine Bedeutung.[332]

Hatte die Goldene Bulle das Gewicht derart auf die Wahl verlagert, daß die deutsche Königskrönung in ihrer Bedeutung verblassen mußte, so hatte der Wegfall der römischen Krönung zum endgültigen rechtlichen Bedeutungsverlust der Krönung überhaupt geführt. In der Neuzeit war die Krönung für den Erwerb der Regierungsrechte bedeutungslos geworden. Der Kaiser war nur aus Art. III, § 7 der Wahlkapitulation verpflichtet:

"Als auch Uns geziemen will, und Wir hiemit versprechen, die römisch=königliche Krone förderlichst zu empfangen: so sollen und wollen Wir alles dasjenige dabey thun, so sich derenthalben gebühret."[333]

Zwischen Wahl und Krönung konnte also, je nach den Bemühungen des "erwählten römischen Königs", eine mehr oder weniger lange Zeitspanne liegen. Hätte man 1792 den Regensburger Vorschlag hinsichtlich der Wahl verwirklicht, dann wäre die Krönung wegen der außenpolitisch angespannten Lage auf unbestimmte Zeit verschoben worden, wenn es überhaupt noch dazu gekommen wäre.[334] Gedanken darüber, ob die Regierungshandlungen des Kaisers wegen der fehlenden Krönung etwa unwirksam seien, drängten sich offenbar niemandem auf. Um das führerlose Reich mit einem Oberhaupt zu versehen, genügte vollauf die Wahl.

---

[331] Seine Erklärung bei Hofmann, Nr. 3.
[332] Conrad, Deutsche Rechtsgeschichte II, S. 66. Die Terminologie "Kaiserkrönung - Königskrönung" für die verbleibende Frankfurter Krönung war in der zeitgenössischen Literatur uneinheitlich, vgl. Reuter-Pettenberg, Bedeutungswandel, S. 124 ff.
[333] Wahlkapitulation Franz II. bei: Schmauß, Corpus iuris publici S. R. Imperii, S. 1478.
[334] S.o., S. 86.

Dennoch war die Krönung nicht "leere Zeremonie" oder "hohler Schein".[335] Eine derart positivistische Einschätzung dürfte heute als überholt anzusehen sein.[336] Zwar bezeichnet Limnäus die Krönung als "solemnitas accidentalis", fährt aber fort,

"quae potissimum hunc in finem recepta, ut publico actu innotescat, quisnam ille sit, cui Regium munus electione iam dum concreditum ...".[337]

Limnäus stellt also die Publizitätsfunktion der Krönung in den Vordergrund. Gabriel Schweder, der Lehrer Johann Jacob Mosers, stellt zusätzlich auf die stabilisierende Wirkung ab; die Krönung erneuere die Wahl und die Übertragung der Reichsgewalt "ad authoritatem electo stabilendam".[338] Auf diese Bestätigung wollte und konnte beispielsweise Karl VII. keineswegs verzichten, als er 1742 als der erste nichthabsburgische Kaiser seit 1438 auf einen wackeligen Thron gewählt wurde. Seine Freunde befürchteten, ein Aufschub der Krönung könne Karls Gegner dazu bewegen, die Wahl anzufechten.[339] Die Krönung war als feierliche Inauguration des Gewählten wegen ihrer Publizität und Autorität vermittelnden Wirkung von hoher verfassungspolitischer Bedeutung. Sie gab Kaiser und Reich Gelegenheit zur öffentlichen Selbstdarstellung und dem Volk die Möglichkeit zur Identifikation.[340] Nicht trotz, sondern wegen der kritischen außenpolitischen Lage des Jahres 1792 durfte auf die Krönung nicht verzichtet werden.

Angesichts dieser Funktion der Krönung bleibt die Frage nach der rechtlichen Bedeutung der Beschwörung der Wahlkapitulation in ihrem Verhältnis zur Wahl. Der Goldenen Bulle war die Wahlkapitulation noch fremd. Nach ihrem Üblichwerden war die Beschwörung im unmittelbaren Anschluß an die Wahl erfolgt, anfangs noch durch den Gewählten persönlich. Der Regierungsantritt war mit dem Ende des Wahlverfahrens zusammengefallen. Auch bei der späteren Abwesenheit der Kandidaten war es vorerst dabei geblieben, daß die mit Beschwörung der Kapitulation durch die bevollmächtigten Vetreter des Gewählten beendete Wahl gleichzeitig den Regierungsantritt des Kaisers be-

---

[335] So U. Stutz, Der Erzbischof von Mainz und die deutsche Königswahl, S. 56 f.
[336] Sellert, Rechtshistorische Bedeutung der Krönung, S. 31.
[337] "Eine beiläufige Festlichkeit, vornehmlich zu dem Zweck, damit in einem öffentlichen Akt bekannt werde, wer derjenige sei, dem das königliche Amt doch schon mit der Wahl anvertraut worden ist", Capitulationes Imperatorum et Regum Romanogermanorum, Rn. 4, S. 521 f.
[338] Introductio in jus publicum Imperii Romano-Germanici novissimum, S. 241.
[339] Reuter-Pettenberg, Bedeutungswandel, S. 130; Heigel (Hg.), Das Tagebuch Kaiser Karls VII. aus der Zeit des österreichischen Erbfolgekriegs, S. 50 f.
[340] So Sellert, aaO, S. 31.

deutete.[341] Seit 1711 war jedoch der persönliche Eid auf die Wahlkapitulation durch den "erwählten Kaiser" das entscheidende Ereignis für den Antritt der Reichsregierung geworden.[342] Damals hatte sich mit Karl VI. erstmals ein Kaiser verpflichtet, sich nicht vor diesem Schwur der Regierung zu unterziehen,

"sondern geschehen zu lassen, daß die in der goldenen Bulle benannten Vikarien indessen anstatt Unser die Administration des Reichs kontinuieren", (Art. XXX der Wahlkapitulation).[343]

Nach Limnäus hatte der Kaiser nach der Wahl ein ius ad rem erworben, das sich durch die Beschwörung der Wahlkapitulation zum ius in re wandele.[344] Durch die Aussetzung der Regierung bis zur Beschwörung der Wahlkapitulation erlitt die Wahl einen faktischen Bedeutungsverlust. Man kann allerdings nicht von dem Eid als konstitutivem Element der Königserhebung ausgehen; die Formulierung faßt dies als Verzicht des Gewählten auf ein ihm an sich zustehendes Recht. Theoretisch blieb es daher auch nach 1711 dabei, daß der Gewählte die Regierungsrechte mit der Wahl erlangte, sich der Ausübung dieser Rechte aber bis zur Ablegung des persönlichen Kapitulationseides enthielt.[345] Franz verfügte demnach bereits mit seiner Wahl am 5. Juli 1792 über die vollen Regierungsrechte, auch wenn er die Regierung erst mit der persönlichen Beschwörung der Wahlkapitulation am 12. Juli antrat. Seine Krönung am 14. Juli hatte keine verfassungsrechtliche sondern nur noch politische Bedeutung.

Zweifel an diesem Ergebnis weckt aber die Tatsache, daß Franz am Tag nach seiner Krönung über den Erzbischof von Mainz als Erzkanzler des Reiches seine kaiserlichen Siegel an das Reichskammergericht schickte. Er tat dies mit der Begründung:

---

[341] J. Limnäus (1629), Tomus Primus Iuris Publici, Lib. II, Cap. IV., Rn. 70: "In Regem Romanorum electus, statim peracta Electione & confirmatis Electorum privilegiis, virtute Sacri Imperii, omnia negotia administrat."
[342] Vgl. Pütter, Institutiones Iuris Publici Germanici, § 495, S. 582; Wagner (Hg.), Das Staatsrecht des HRR, § 157, (S. 89) und Leist, Lehrbuch des teutschen Staatsrechts, S. 209. Unrichtig daher die Ansicht Kriegks, Die deutsche Kaiserkrönung, S. 92, wonach der Kaiser erst nach der Krönung die Regierung antrete und bis zu diesem Zeitpunkt auch das Reichsvikariat fortbestehe.
[343] Vgl. Kleinheyer, Die kaiserlichen Wahlkapitulationen, S. 121 ff.
[344] Capitulationes Imperatorum et Regum Romanogermanorum, Nr. 7, S. 17.
[345] Kleinheyer, aaO, S. 123.

"Da Wir nach angetretener Unserer kaiserlichen Regierung Unsere reichsväterliche Obsorge vorzüglich auf die ungehinderte Beförderung der gottgefälligen Justiz gerichtet haben und daher erforderlich ist, daß an Unserm kaiserlichen Kammergericht zu Wetzlar die dortigen gerichtlichen Handlungen und Expeditionen nunmehr unter Unserm kaiserlichen Insiegel geführt und fortgesetzt werden."[346]

Zeitpunkt und Formulierung des Schreibens legen den Schluß nahe, erst nach der Krönung sei der Regierungsantritt erfolgt. Dagegen erfolgte die Entlassung der Reichsvikare durch den Kaiser, sichtbares Zeichen des kaiserlichen Regierungsantritts, in der Regel und mangels anderer Anhaltspunkte wohl auch 1792, nach der Beschwörung der Wahlkapitulation im kaiserlichen Quartier.[347] Bereits danach hätte also die Siegelübersendung also erfolgen können. Daß dies erst nach der Krönung am 15. Juli erfolgte, dürfte sich durch Zeitmangel erklären: Franz war erst am 11. Juli abends in Frankfurt angekommen, am 12. Juli erfolgte die Beschwörung der Wahlkapitulation, am 14. Juli wurde er zum Kaiser gekrönt. In dieser kurzen Zeit hatte er viele Verpflichtungen zu erfüllen, so Visiten der Kurfürsten, Audienzen, die Anprobe des Krönungsornats etc.[348] Außerdem mag auch der Umstand von Bedeutung gewesen sein, daß Franz nach der Krönung den Kaisertitel führen konnte und unter diesem seine ersten Regierungshandlungen vornehmen wollte. Das letzte Interregnum des Heiligen Reichs war bereits mit der Wahl, das Vikariat aber erst mit der persönlichen Eidesleistung am 12. Juli 1792 beendet worden.

Probleme brachte diese Rechtslage für den Reichsquartiermeister von Müller, dies allerdings bei der Frage nach der Geltung der Wahlkapitulation. Es hatte Nachrichten über ein geplantes Sprengstoffattentat auf den Kaiser gegeben.[349] Als er daraufhin vor der Ankunft des Kaisers als Inhaber der Reichspolizeigewalt dessen Quartier hatte untersuchen wollen, "um allenfallsiges vorbereitetes Unglück abzuwenden", hatten die österreichischen Hofbeamten protestiert, weil diese Aufgabe ihnen zukomme.

"Hier war nun die große Staatsfrag: Nach der Wahlkapitulation dürfen die kaiserlichen Offizialen den Reichsoffizialen keine Hinderung machen [Art. III, § 22 der Wahlkapitulation Franz II.[350]]. Aber der Kaiser war zwar gewählt, doch noch hatte er keinen Einzug

---

[346] Franz an den Kurfürsten von Mainz vom 15. Juli 1792, HHStA, MEA, W.u.K.A., Fasz. 85, Anlage XXV.
[347] Schomann, Kaiserkrönung, S. 24.
[348] Vgl. den Bericht Cobenzls an Kaunitz vom 25. Juli 1792, Vivenot II, Nr. 493.
[349] Kopie des Schreibens des Freiherrn von Sumerau an den Grafen von Schlick vom 11. Juni 1792, HHStA, RK, W.u.K.A., Fasz. 100 b, Anlage XIII, dazu bereits oben, S. 116.
[350] Schmauß, Corpus iuris publici S. R. Imperii, S. 1582 f.

gehalten, noch war er nicht gekrönt. Die Entscheidung möchte wohl bis jetzo noch nicht erfolgt sein, und dort mußte man mit Minuten geizen. Ich mußte also nachgeben und die reichserbmarschallischen Rechte verwahren."

Da die Wahlkapitulation bereits unmittelbar nach dem Wahlakt durch die kurböhmischen Wahlbotschafter im Namen ihres Herren beschworen worden war, war sie auch bereits verbindlich geworden. Von Müller dürfte sich also im Recht befunden haben. Er revanchierte sich auf seine Weise:

"Auch wurde ich dadurch in seiner Art entschädigt, daß ich in der Kirche jenen Kreuzgang, wo seine Majestät zur Krönung in die inwendige Kirche gehen und welcher ganz tapeziert ist, mit kursächsischen Schweizern ganz genau mit Aufhebung der Tapeten visitiert [habe] und sonst niemanden dazu ließ."[351]

---

[351] Tagebuch, S. 294 ff. der Handschrift.

XIV. "Daz riche" - Die Reichskleinodien

Das Kurkollegium hatte Aachen und Nürnberg in Ersuchungsschreiben gebeten, die für den Krönunsgakt erforderlichen Reichsinsignien zur Verfügung zu stellen.[352] Bei der feierlichen Einholung der Aachener und Nürnberger Insigniendeputationen am 7. Juli hatte von Müller mitzuwirken.

Die Reichsinsignien[353] verkörperten für das ältere Denken das Reich selbst und wurden im Mittelalter daher gelegentlich als "daz riche" bezeichnet. Es war im Mittelalter noch nicht als juristische Person definiert worden und konnte über die Reichsinsignien als ein transpersonales Gebilde begriffen werden. Man kann insoweit vom "dinglichen Charakter der Reichsinsignien"[354] sprechen. Die Herrschaft über die Insignien war daher auch Herrschaft über das Reich.[355] Mit den echten Insignien des Reiches gekrönt[356] zu sein, war neben der Krönung am rechten Ort (Aachen) eine der wesentlichen Rechtsgrundlagen legitimer Herrschaft.[357] Terminologisch ist zwischen den Insignien, also den weltlichen Herrschaftszeichen und dem Krönungsornat des deutschen Königs einerseits, und den Reliquien Christi und verschiedener Heiliger andererseits zu unterscheiden. Insignien und Reliquien zusammen werden als der "Reichs- oder Kronschatz" bzw. als die Reichskleinodien bezeichnet.[358] An den Verwahrungsorten der späteren Nürnberger Kleinodien, die sich nach den wechselnden Schwerpunkten des Reichs bzw. der Herrschergeschlechter richteten, spiegelt sich die Reichsgeschichte insgesamt wieder. Und bis heute bestimmt die Politik den Aufenthaltsort des Reichsschatzes.[359] In früher Zeit führte der Herrscher den Schatz auf seinen Zügen mit. Die Reichskrone bestand ursprünglich aus acht nur lose verbundenen

---

[352] Protokoll, S. 22 ff.
[353] Dazu die von den Illustrationen her sehr ansprechende Darstellung der Reichskleinodien und ihrer Geschichte von H. Pleticha: Des Reiches Glanz.
[354] So H. Fillitz, Die Insignien und Kleinodien des Heiligen Römischen Reiches, S. 6.
[355] Dazu näher E. Schubert, König und Reich, S. 246 ff.
[356] Zu Bedeutung und Symbolik der Krönungsinsignien im Rahmen des Krönungszeremoniells unten, S. 176 ff.
[357] A. Erler, "Reichsinsignien, Reichskleinodien", in: HRG, Bd. 3, Sp. 638 - 642; K.-P. Schroeder, Die Nürnberger Reichskleinodien in Wien, ZRG GA Bd. 108 (1991), S. 330.
[358] Schroeder, aaO, S. 325; vgl. auch Pfeiffer, Teutsche Wahl und Crönung, S. 151 f.
[359] Der Reichsschatz wird heute in der weltlichen Schatzkammer der Wiener Hofburg verwahrt, wohin er nach der Flucht vor Napoleon gelangt ist. Zu den Ansprüchen Nürnbergs auf Herausgabe der Nürnberger Stücke vgl. zuletzt den bereits genannten Aufsatz Schroeders, aaO, S. 323 - 346. Zu den Rechtsverhältnissen hinsichtlich der Aachener Stücke vgl. insbesondere die Dissertation F. Ramjoués, Die Eigentumsverhältnisse an den drei Aachenern Reichskleinodien.

Platten - man konnte sie bequem in die Satteltasche stecken.[360] Die Kleinodien wurden in salischer Zeit im Dom zu Speyer und unter den Staufern seit 1125 auf der Reichsfeste Trifels in der Eifel verwahrt. Rudolph von Habsburg ließ sie sich nach dem Interregnum 1273 von dort ausliefern, um sie in das habsburgische Stammland auf die Kyburg bei Winterthur zu bringen. 1350 brachte sie Karl IV. zuerst auf den Hradschin und ab 1356 auf die Festung Karlsstein bei Prag. Von dort wurden sie 1421 wegen der Hussitenaufstände nach Blutenburg bei Ofen ausgelagert. Die Verwahrung der Kleinodien in Böhmen und Ungarn rief heftige Kritik im Reich hervor. Mit Urkunde vom 29. 9. 1423 verlieh Kaiser Sigismund dem "Rate und der State gmeinlich zu Nuremberg" das Privileg zur Verwahrung "unser und des heiligen reichs heiligtum" innerhalb der städtischen Mauern auf ewige Zeiten "unwiderruflich".[361] Das Privileg ließ sich Sigismund mit 1.000 ungarischen Goldgulden bezahlen, für Nürnberg, die Stadt mit der höchsten Steuersumme im Reich, gewiß kein unzumutbarer Betrag.[362] Neben dem mit Gold kaum aufzuwiegenden ideellen Vorteil für das Ansehen Nürnbergs im Reich ging die Rechnung für die Stadt in finanzieller Hinsicht auch deswegen auf, weil gleichzeitig eine Messe genehmigt wurde, die sich an die jährliche Heiltumsweisung der Reichskleinodien anschloß und die der Stadt auch nach der durch die Reformation bedingten Einstellung der Weisungen erhalten blieb. Die Reformation brachte die Stellung Nürnbergs als Verwahrungsort der Reichskleinodien ins Wanken. Vor allem das katholisch gebliebene Aachen wollte die Heiligtümer des Reiches nicht fortan den Händen von Ketzern anvertraut wissen und erhob Anspruch auf die Verwahrung auch der Nürnberger Stücke.[363] Aachens Bemühungen blieben zwar erfolglos. Doch bis zur letzten Krönung 1792 wollte sich die Stadt nicht mit dem Nürnberger Besitzrecht an den Reichskleinodien abfinden und legte dagegen regelmäßig "mit halsstarriger Unnachgiebigkeit"[364] Protest ein.

In der Nürnberger Heilig-Geistkirche lagerte über 372 Jahre der Hauptteil der Kleinodien - die Krone, die Krönungsgewänder, der Reichsapfel, die Szepter, das Reichs- oder Mauritius- und das Zeremonienschwert, das Reichskreuz, die Heilige Lanze und alle übrigen Reliquien mit Ausnahme der

---

[360] Erler, aaO; Schroeder, aaO, S. 329.
[361] Urkunde bei Schramm / Fillitz, Denkmale der deutschen Könige und Kaiser, Bd. 2, S. 39 f.
[362] Schroeder, aaO, S. 330.
[363] Dazu Ludewig, Vollständige Erläuterung der Güldenen Bulle, 2. Teil, Tit. XX, § 1, S. 272 - 275.
[364] Berbig, Krönungsritus, S. 649; Moser, Von dem Römischen Kayser (NTStR II), S. 306.

Stephansbursa - und wurde jeweils zur Krönung erst nach Aachen und ab 1562 nach Frankfurt überführt. Aus Aachen kamen der Säbel Karls des Großen, das Reichsevangeliar und die Stephansbursa. Vor allem am Ende des 18. Jahrhunderts erfuhren die Reichskleinodien besondere Aufmerksamkeit. Nach dem Streit um den Reichsschatz setzte man sich zum ersten Mal in zahlreichen Schriften kritisch mit den auf die Reichskleinodien bezüglichen Quellen auseinander. Im Jahr 1790 erschien im Auftrag des Nürnberger Patriziers Hieronymus Wilhelm Ebner von Eschenbach eine monumentale Edition mit Abbildungen des Reichsschatzes, im selben Jahr gab Christoph Gottlieb von Murr die vollständige Beschreibung der Nürnberger Kleinodien heraus; ihr folgte 1801 die der Aachener Stücke.[365]

Bei der Krönung Franz II. 1792 hatten die Reichskleinodien längst nicht mehr die Symbolkraft, die ihnen das Mittelalter beigemessen hatte. Sie stellten aber noch immer eine unmittelbare Verbindung zur Tradition Karls des Großen her. Erst das 19. Jahrhundert sollte den Glauben an ihre karolingische Herkunft zerstören.[366] Am 7. Juli 1792 wurden nacheinander die Insigniendeputationen aus Aachen und Nürnberg bei dem Wachturm vor dem Bockenheimer Tor von einer reichserbmarschallischen Abordnung und einer Abteilung Stadtkavallerie feierlich empfangen und in die Stadt in ihre Quartiere geleitet.[367] Die Nürnberger führten ihre Insignien in einem von sechs Pferden gezogenen Planwagen mit sich. Bis zur Krönung behielten die Deputierten die Insignien bei sich in ihren Quartieren. Vor allem die Nürnberger hegten traditionell Mißtrauen gegen den Kaiser, er könnte die Insignien nicht wieder herausgeben wollen, und achteten peinlichst darauf, daß die Insignien nicht etwa über Nacht aus ihrer Obhut gelangten.[368]

Obwohl die Insignien für die Krönung unabdingbar waren, erhielten die Deputationen kein kostengünstiges Reichsquartier, so sehr sich Aachen und Nürnberg beim Reichsquartiermeister auch darum bemüht hatten. Mit der Begründung, "allzeit hätten diese beeden Reichsstädte, denen an der Ehre, die Krone und Insignien aufbewahren und bei der Krönung so ansehnliche Funktionen verrichten zu dürfen, schon genügen müsse, die Quartiere nicht nach dem Reichsquartierfuße bezahlt", sträubte sich die Stadt Frankfurt 1792

---

[365] Fillitz, Insignien, S. 6 f.
[366] Reuter-Pettenberg, Bedeutungswandel, S. 123. Aus der Zeit Karls des Großen stammen lediglich das Reichsevangeliar und die Stephansbursa.
[367] Tagebuch, S. 287 ff. der Handschrift.
[368] Zur Krönung von 1445: Schulte, Aachener Krönungen, S. 43 f.

erfolgreich gegen die Einräumung von Reichsquartier. Man einigte sich allerdings auf Quartiere zu einem ermäßigten Tarif.[369]

---

[369] Tagebuch, S. 123 ff. der Handschrift.

XV. Die Beschwörung der Wahlkapitulation

Für den Reichsquartiermeister war die Zeit bis zum Einzug des Kaisers am 12. Juli und der an diesem Tag erfolgenden Beschwörung der Wahlkapitulation weiterhin mit einer Fülle von Arbeit verbunden. Das Quartierungsgeschäft drängte immer mehr. "Fast stündlich" mußte er die Einrichtungen für Krönungsakt und Krönungsmahl in Dom und Römer kontrollieren. In Konferenzen mit den Gesandtschaftsmarschällen wurde der Empfang des Kaisers und der Zug in die Kirche zur Beschwörung der Wahlkapitulation erörtert. Für dessen reibungslosen Ablauf ließen von Müller und der städtische Baudirektor die auf die Straßen vorragenden Dachrinnen und die Kramläden entfernen.

Einigen an vergangene Krönungszeiten erinnernden Glanz verbreitete der erste kurböhmische Wahlbotschafter Fürst von Eszterházy in dieser an feierlichem Gepränge relativ armen Wahl- und Krönungszeit. Nach einem Ball am Wahltag gab er am 9. Juli

"in dem Gasthause zum großen rothen Haus ein prächtiges Souper und Ball, dem alle hier anwesende höchste Herrschaften und Hrn. Wahlbothschafter nebst andern Standespersonen beywohnten. Es dauerte solcher bis 4 Uhr des folgenden Morgens und der ganze Hof war auf das herrlichste erleuchtet... Das Süpporte und der Eingang war mit einer sehr niedlichen Erleuchtung verschönert, wo oben die transparente Innschrift war: 'Geweiht der muntern Freude über die seelige Eintracht des erhabenen Wahl=Rats, als der Jahre nur acht noch fehlen, vom tausende des deutschen Kaiserthums.'"[370]

Gast auf diesem prächtigen Ball war auch Reichard. Eszterházy, einer der reichsten Männer Europas, hatte keine Kosten gescheut:

"Die großartigste Überraschung an diesem Festabend war die mit einigen hundert Damen besetzte Tafel im reichverzierten Gartenlokale; ein gradezu einziger Anblick, der selbst dem neben mir stehenden jovialen Kurfürsten von Köln einen derben Fluch der Bewunderung entlockte."[371]

Man hatte aus Kostengründen auf einen feierlichen Einzug des Gewählten[372] verzichtet, und auch die Kurfürsten hielten 1792 keinen Einzug. Franz traf

---

[370] Diarium 1792, 1. Abschnitt, S. 28 f.
[371] Reichard, Selbstbiographie, S. 272.
[372] Zu den früher üblichen äußerst prunkvollen Einzügen: Schembs, Wahl und Krönung, S. 40 ff., Schomann, Kaiserkrönung, S. 22 ff und Sieber, Volksbelustigungen, S. 33 ff. Im Mittelalter bot der Empfang des Herrschers für die Stadt eine geeignete Möglichkeit, um ihre Zustimmung zum Wahl- und Krönungsakt durch Gestaltung eines festlichen Einzugs zu bezeugen, die Verweigerung des Einzugs war eine wichtige Vorentscheidung bei der

unter Vorreitung von 16 kaiserlichen Posthaltern und dem Frankfurter Poststallmeister am Abend des 11. Juli "in aller Stille" in Frankfurt ein und nahm Quartier im Braunfels, nachdem ihn der Erzbischof von Mainz tags zuvor in Seligenstadt empfangen hatte.

Von den Vorgängen bei der Beschwörung der Wahlkapitulation am 12. Juli 1792 beschreibt von Müller nur den feierlichen Zug zum Dom: "da ich als Reichsquartiermeister bei meinem Posten an der Kirchtüre auch wieder bleiben mußte, so konnte ich natürlich nichts bemerken."[373] Die von ihm zur Vervollständigung seiner Aufzeichnungen beigelegte Anlage[374] stammt schon aus dem Jahre 1764, und das gedruckte "Diarium der Wahl und Krönung Franz des Zweiten" übergeht die Vorgänge im Dom. Doch läßt sich diese Lücke anderweitig füllen:[375]

"Bei dem Eintritt in die Kirche begab sich der Kaiser in seinen Betstuhl, rechts neben dem hohen Altar, und die geistlichen Kurfürsten in die Sacristei, um den Kurhabit anzulegen. Demnächst begaben sich Kaiser und Kurfürsten in die Wahlkapelle, deren Thüre der Reichs-Erbthürhüter verschloss. Hier hielt der Kurfürst von Mainz einen Vortrag wegen Beschwörung der Wahlkapitulation, führte den Kaiser zum Altar, auf welchem ein Evangelienbuch lag, worauf derselbe zwei Finger legte, und stellte ihm die Eidesformel zu: 'Wie wir mit Worten unterrichtet sind und die verfasste durch unsere gevollmächtiget Botschaft gleich nach unserer Wahl allhier in Frankfurt bewilligte und mit unserm angehängten grossen Insiegel von sich gestellte und extradirte Artikel oder Wahlkapitulation in sich halten, dem wollen wir, Franz, erwählter römischer König, also stets und getreulich nachkommen und halten, auch sonsten alles das thun, was uns als römischen Kaiser gebühret, als uns Gott helfe und die Heiligen.'"

Nach der Beglückwünschung zum Regierungsantritt durch den Kurfürsten von Mainz im Namen des Kurkollegiums stellte Franz Reverse über die Ei-

---

Anerkennung des Herrschers, vgl. W. Dotzauer, Die Ankunft des Herrschers, Archiv für Kulturgeschichte, 55. Bd (1973), S. 245 ff. (254 u. 259). Die einziehenden Kaiser mußten von mit Stangen bewaffneten Knechten geschützt werden. Zum einen drängte das Volk sich möglichst dicht an die Person des Kaisers heran, wohl um eine heilkräftige Berührung des Herrschergewandes zu erhaschen. Der Glaube an die Heilkraft einer solchen Berührung erstarb in Frankreich bis zur Revolution nicht ganz. Zum anderen versuchten sich Verbrecher und andere aus der Stadt Verbannte, die sog. "Ballinge", an den Wagen oder das Pferd des einziehenden Kaisers zu klammern, da sie nach einer alten Sitte dann wieder eingelassen und begnadigt wurde, Sieber, aaO, S. 34 f.; Dotzauer, aaO, S. 254.

[373] Tagebuch, S. 303 der Handschrift.
[374] Zahl 197.
[375] Durch die Darstellung Römer-Büchners, Die Wahl und Krönung der deutschen Kaiser zu Frankfurt am Main, S. 29 f. und S. 56. Beschrieben werden die Vorgänge des Jahres 1792. Der zitierte Text ist aus beiden Stellen zusammengefaßt. Eidestext auch bei Hamberger, Merkwürdigkeiten, S. 110 f.

desleistung aus.[376] Acht gleichlautende Ausfertigungen der Kapitulation wurden darauf mitsamt den Reversen an die Kurfürsten bzw. ihre Wahlbotschafter übergeben.[377] Auf ein Anklopfen von innen öffnete der Reichserbtürhüter die Tür, der Kaiser begab sich wieder in seinen Betstuhl, die Kurfürsten legten ihre Kurgewänder in der Sakristei ab und der Rückzug begann. Der Reichsquartiermeister, der vor der Tür des Domkreuzgangs Wache stand, schwitzte während der Vorgänge im Kircheninnern Blut und Wasser; er war durch die widersprechenden Aussagen zweier Geistlicher nicht mehr sicher, durch welche Tür der Rückzug erfolgen würde.

"Mir wurde dabei sehr warm ... Unter solcher grausamen Verlegenheit war die Solennität zu Ende, und wie herzlich froh war ich, als ich den Zug von der Kirche heraus in den Kreuzgang kommen sah."[378]

Nach der Ankunft im kaiserlichen Quartier

"ward der überaus große und schöne Ochs, dessen Hörner verguldet, mit Bändern gezieret, und dessen Rücken mit einer goldnen Decke behangen war, welcher in der auf dem Römerberg eigens dazu erbauten großen Hütte gebraten, und am Krönungstag dem Volk preiß gegeben wird, unter Begleitung von Musik und einiger Wache, von 4 Metzgern, die in rothen Westen mit weißen Schürzen niedlich gekleidet waren, zur Schau in der Stadt herumgeführt."[379]

Am selben Tag überbrachte eine Ratsdeputation das Ehrengeschenk der Stadt für den Kaiser,

"welches in einem silbernen vergoldeten Waschbecken, zwei silbernen Armleuchtern, nebst 100 Stück doppelten und 1000 einfachen Krönungsdukaten bestand."[380]

Mit der Beschwörung der Wahlkapitulation trat der Kaiser seine Regierung an,[381] und meldete seinen Regierungsantritt dem Reichstag zu Regensburg.[382] Bereits am 7. Juli hatte

"der Hr. Kurfürst von der Pfalz ... dem Reichsvikariats=Hofgerichte eröffnen lassen, daß nach glücklich vollbrachter Wahl eines allerhöchsten Reichs=Oberhaupts die Verwesung des Reichs zu Ende gehe und hiernächst die zu Dero bisherigen Reichsvikariats=Hofgericht verordnete Präsident, Kanzler und Assessoren, nebst den Sekretaren,

---

[376] Bei Schmauß, Corpus Iuris Publici, S. 1651 f.
[377] Dazu war Franz nach Art. XXX, § 8 der Wahlkapitulation verpflichtet.
[378] Tagebuch, S. 135 ff. der Handschrift.
[379] Diarium 1792, 1. Abschnitt, S. 34.
[380] Römer-Büchner, aaO, S. 56.
[381] S.o., S. 144 ff.
[382] Hamberger, Merkwürdigkeiten, S. 112.

Agenten, Registratoren und Taxatoren, auch das übrige Kanzleipersonale, des Sr. Kurfürstl. Durchl. als Reichsverweser abgeschwornen Eides und Amtspflichten nunmehr entlassen seyn."[383]

Die Reichsvikare ließen nun ihre Patente abnehmen[384] und hatten nach Art. III, § 16 der Wahlkapitulation[385] die Akten ihrer Vikariatshofgerichte innerhalb einer Frist von sechs Monaten an den neuen Kaiser einzuschicken.

---

[383] Wiener Zeitung vom 28. Juli 1792.
[384] Vgl. N. Th. Gönner, Teutsches Staatsrecht, S. 135.
[385] Schmauß, Corpus iuris publici S. R. Imperii, S. 1580.

Der vierundzwanzigjährige Franz II. im Krönungsornat (Bildarchiv der Österreichischen Nationalbibliothek, Wien)

XVI. "Accipe coronam regni!" - Die Krönung

Am Tag vor der Krönung erfolgte in der Regel die Anprobe und Anpassung des Krönungsornats,

"da nicht jeder teutscher Prinz, der des großen Carls Kleidung tragen soll, auch von eben dieses Kaisers Statur ist; auch mancher vielleicht bei der Crönung, in dem großen und weiten Umfange dieser kaiserlichen Kleidungsstüke ohnfehlbar sich verlieren, und den Augen der Zuschauer dadurch ganz unsichtbar seyn dürfte, daferne solche nicht vorher demselben anpassend und erträglich pflegten gemacht oder eingerichtet zu werden. Gleichwohl ist und bleibt dieser große und schwere Kaiseranzug, benebst der vierzehnpfündigen Kaisercrone, für junge schwächliche teutsche Prinzen, immer ein sehr beschwerlicher Zierrath, dessen kostbare und heilige Last dieselben nach überstandener Crönung, wohl nicht wieder zurük wünschen möchten! - Indessen erfordert das teutsche Herkommen bei gedachter Crönung, daß der Neugecrönte damit angethan, feierlich aus der Kirche nach dem Römer zurük kehre, und der tyrannischen Gewalt des teutschen Ceremoniells dabei geduldig sich unterwerfe! Ein für die zahllosen Zuschauer desto reizenderer und freudenvollerer Anblik! - je beschwerlicher und überlästiger auch dieser glänzende alte teutsche Kaiserschmuk den iztmaligen damit angethanen römisch=teutschen Kaisern und römischen Königen auf Haupt und Schultern ist!"[386]

Das ließ für Franz, "der nicht von starker Complexion"[387] war, nichts Gutes hoffen. Tatsächlich sollte er Schwierigkeiten bekommen, die Krönung zu überstehen:

"Unser bester Kaiser wandelte auch während der Ceremonien eine kleine Ueblichkeit wegen der Hitze und der Schwere seiner Kleidungen an, von welcher er sich jedoch in wenigen Minuten erholte und den Ueberrest der Krönung ganz wohl überstand."[388]

Am 13. Juli wurde unter Pauken- und Trompetenschall das auf den nächsten Tag angesetzte Krönungsfest verkündet. Dieser Termin, der dritte Jahrestag des Sturms auf die Bastille, war nicht ohne Berechnung gewählt worden:

"Mehrere schwachköpfige Aristokraten hatten sich stark gegen die Wahl dieses Tages erklärt und behauptet, daß er von einer schlimmen Vorbedeutung für das heilige Römische Reich sein könnte, und diesmal hatten diese Unglückspropheten recht, dagegen hatten aber andere starksinnige Geister eingewendet, man müsse dem Volk gerade zeigen, daß man sich nicht fürchte, und ihm zum Trotz diesen Tag wählen, und diese Meinung drang durch."[389]

---

[386] Pfeiffer, Teutsche Wahl und Crönung, S. 159 f.
[387] [= Leibesbeschaffenheit], so der Verfasser des zweiten Mainzer Gutachtens, HHStA, MEA, W.u.K.A., Fasz. 85, Anlage IV, am Ende.
[388] Bartenstein an Kaunitz vom 15. Juli 1792, Vivenot II, Nr. 494.
[389] Friederich, Denkwürdigkeiten, Bd. 1, S. 55.

Während jenseits des Rheins blutrünstige Kriegsgesänge erklangen, so die in der Nacht vom 25. auf den 26. April 1792 von Rouget de Lisle in Straßburg für die Rheinarmee gedichtete Marseillaise, erschollen im Frankfurter Dom am Jahrestag des Bastillesturms die mittelalterlichen Gesänge der Krönungsfeierlichkeit.

Am Morgen des 14. Juli 1792[390] kündigten alle Frankfurter Glocken die Krönung Franz II. an. Auch der Dichter wollte nicht zurückstehen:[391]

>Du, tiefgebeugte Trauernde!
> Blik auf, erheitre Dich,
>Entsage, Teutschland! Deinem Schmerz,
>Die Freude - sieh! drückt Dich ans Herz,
> Die Zeiten hellen sich.
>
>Der trüben Tage sind zwar viel,
> Die Du bisher gesehen:
>Kaum sonnte Dich ein holder Stral,
>So mußtest Du, zum zweitenmal,
> Im Florgewande gehn.
>
>Die Schrecken stürmten um Dich her,
> Betäubung faßte Dich -
>Doch weg mit allem, was Dich beugt,
>Die Freude, die den Gram verscheucht,
> Umarmt und tröstet Dich.
>
>Sie bringt den n e u e n V a t e r her,
> Und nimmt von Dir die Nacht:
>Drum, Teutschland, auf, ermuntre Dich!
>Sieh'! Deine Sonne zeiget sich,
> Dein großer Tag erwacht.
>
>Von Frankfurts Wällen schallt umher,
> Der fernen Nation:
>Der König F r a n z erhebt sich heut,
>Im Glanze seiner Herrlichkeit,
> Zum teutschen Kaiserthron.
>
>Und jeder biedre Teutsche fühlt,
> Dich, Vaterland, beglückt;

---

[390] Die von Franz während seines Aufenthaltes in Frankfurt täglich neu ausgegebene Parole lautete am Krönungstag "Karolus und Aachen", Diarium 1792, 2. Abschnitt, S. 46 - eine Reminiszenz an das Recht Aachens als Krönungsstadt?
[391] Stiel im Diarium 1792, 1. Abschnitt, S. 35 ff.

Und wer I h n, Deinen Kaiser, sieht,
Wie Er die Herzen an sich zieht,
Wird ganz von I h m entzückt.

Vom hohen Sonnenhimmel sehn
Herab, und freuen sich,
Der gute J o s e p h, Dir so hold,
Der allgeliebte L e o p o l d,
Und segnen, Deutschland, Dich.

Und wünschen, wie auch wünschen wir,
Daß Deine Veste hält,
Daß all die Wolken bald verziehn,
Und wonnevolle Tage blühn,
Der ganzen Menschen=Welt.

Und denkt, ihr fernen Zeiten, einst
Den schönen Zeitlauf euch;
So sagt, daß jedes Herz sich hebt:
Ein Leben unter F r a n z gelebt,
Dem Himmel war es gleich!

Die Krönung gliederte sich in einen geistlichen Teil im Frankfurter Dom und in einen weltlichen Teil, den Zug vom Dom zum Römer und das anschließende Krönungsmahl im Römer mit Verrichtung der Erzämter. Von Müller konnte ebenso wie bei Wahl und bei Beschwörung der Wahlkapitulation das Geschehen im Kircheninnern nicht verfolgen: "Der Reichsquartiermeister sieht von allem wenig oder nichts und hat die meiste Plag bei dem Wahl- und Krönungsgeschäft". Er fügte seinem Bericht als Zahl 200[392] das Krönungsprogramm bei. In diesem "Krönungsakt des römischen Kaisers 1792" werden geistlicher wie weltlicher Teil des Krönungszeremoniells in allen Einzelheiten beschrieben, wobei allerdings von den Gebeten und liturgischen Formeln nur die Anfangsworte mitgeteilt werden. Er entspricht dem von 1790 und war am 1. Juli von Kurmainz den Gesandtschaftssekretären und -räten der Wahlbotschaften diktiert worden.[393]

---

[392] "Krönungsakt des römischen Kaisers 1792", Anlage XXIII. Als Beilage 33 im Protokoll, S. 141 ff. Von Müller gibt als Quelle das gedruckte Tagebuch Franz II. an (S. 317 f. der Handschrift); in beiden Diarien sind entsprechende Passagen nicht vorhanden. Im gedruckten "Diarium der Römisch-Königlichen Wahl und Kaiserlichen Krönung Leopolds des Zweiten" wird auf S. 315 das Wahlprogramm aus dem Protokoll des Wahlkonvents 1790 zitiert. Möglicherweise bezieht sich von Müller ebenfalls auf das Protokoll von 1792, wobei dann allerdings seine Seitenangabe nicht korrekt ist.
[393] Protokoll, S. 59, das Krönungsprogramm als Beilage 33 auf S. 141 ff.

Die Kaiserkrönungen auf deutschem Boden waren rituell Königskrönungen, die allerdings am erwählten römischen Kaiser vollzogen wurden.[394] Zum Verständnis der Vorgänge des Jahres 1792 sind daher nicht die Kaiserkrönungen in Rom, sondern die Krönungen in Aachen bzw. Frankfurt maßgebend. Die erste deutsche Königskrönung fand im Jahr 936 in Aachen statt. Durch den Augenzeugenbericht des aus einem der vornehmsten sächsischen Geschlechter stammenden Mönches Widukind von Corvey in seiner Geschichte der Sachsen sind wir über die Krönung von 936 gut informiert.[395] Otto der Große wurde in einem weltlichen Rechtsakt vor dem Karlsmünster von den Herzögen, vornehmsten Grafen und den übrigen angesehensten Großen auf den Thron erhoben, bei der anschließenden geistlichen Herrscherweihe im Marienmünster erfolgte die Übergabe der Insignien und es setzte sich die Verschmelzung von Salbung und Krönung durch.[396] War die Krönung bei den Franken noch ein rein weltlicher Akt gewesen, bestehend aus Schilderhebung, Investitur mit Speer oder Lanze und Thronsetzung, und hatte die Kirche nur durch die Salbung mitgewirkt, so verschmolzen nun fränkisch-germanische Traditionen mehr und mehr mit der Liturgie der Meßfeier. Die Krönung wurde ein kirchlich-liturgischer Akt.[397] Die kirchliche Thronsetzung des Sachsen Otto erfolgte in Anknüpfung an die karolingische Tradition durch Einweisung auf den Thron Karls des Großen. Bei dem Krönungsmahl in der Aachener Pfalz erfolgte die Verrichtung der Erzämter durch die Herzöge von Lothringen (Kämmerer), Franken (Truchseß), Schwaben (Mundschenk) und Bayern (Marschall). Mit dieser Krönung, bei der Insignienübergabe und Verrichtung der Erzämter erstmals auftreten, entstand ein festes Krönungszeremoniell, das bis zur letzten Krönung 1792 galt.

---

[394] Eichmann, Kaiserkrönung I, S. IX.
[395] Widukind, Rerum Gestarum Saxonicarum libri III (Script. rer. Germ. in. us. schol.), liber 2, cap. 1 und 2, S. 63 ff.
[396] Berbig, Krönungsritus, S. 649.
[397] Eichmann, Königs- und Bischofsweihe, S. 4.

Krönung Franz II. durch die Erzbischöfe von Mainz, Trier und Köln am 14. Juli 1792 im Frankfurter Dom (Institut für Stadtgeschichte der Stadt Frankfurt am Main)

1. Der geistliche Teil der Krönung[398]

Der Ablauf der späteren deutschen Königskrönungen orientierte sich an einem wahrscheinlich im Jahre 1309 zur Krönung Heinrichs VII. erarbeiteten Ordo, der sich größtenteils auf den um 961 entstandenen und um 980 überarbeiteten sogenannten Mainzer Ordo stützt.[399] Die Einbeziehung der Dreikönigsliturgie in diesen Ordo läßt als Entstehungszeit auf die Krönung Heinrichs VII. schließen, die am 6. Januar 1309 in Aachen stattfand.[400] Das schon durch seinen Introitus[401] "königliche"[402] Formular mit dem Evangelium nach Matthäus 2, 1 - 12 (Cum natus esset) bot sich für die Krönungsmesse besonders an.[403] Eine Rolle wird ferner der Umstand gespielt haben, daß damals der Erzbischof von Köln Inhaber des Krönungsrechts[404] und Köln Aufbewahrungsort der Reliquien der Heiligen Drei Könige war.[405] Auch 1792 wurde dem Ordo von 1309 entsprechend das Amt de Epiphania domini gefeiert, obwohl die Krönung im Sommer stattfand. Die späteren Krönungen unterschieden sich nicht wesentlich von der Urform von 936. Es gab einige wichtige Zusätze, wie den sechsteiligen Fragenkatalog - das sogenannte Skrutinium -, den Genuß des Abendmahls durch den Gekrönten, den Ritterschlag nach der Krönung und die Aufnahme des Königs in die Stiftsgeistlichkeit einer Kirche. Dabei wurde die frühere Aufnahme des Kaisers in das Kapitel St. Peter in Rom in Deutschland durch seine Aufnahme in das Aachener Marienstift nachgeahmt. Die Handlung wurde vor allem im Barock immer

---

[398] Einen Eindruck vom musikalischen Ablauf einer Krönungsmesse vermittelt die Rekonstruktion des Musikprogramms der böhmischen Königskrönung Leopolds II. vom September 1791 in Prag: Mozart, Missa Solemnis, Salieri, Te Deum, auf CD 1992 erschienen bei Novalis Nr. 150087-2.
[399] Vgl. P. E. Schramm, Die Krönung in Deutschland bis zum Beginn des Salischen Hauses (1028), ZRG KA Bd. 55 (1935), S. 184 ff. (232); dort sind im Anhang, S. 309 ff. bzw. 325 ff. die Ordines von 961 und 980 abgedruckt.
[400] Goldinger, Zeremoniell, S. 104 u. S. 110. Dieses Datum taucht verhältnismäßig häufig bei den deutschen Krönungen auf, vgl. die Übersicht bei Sieber, Volksbelustigungen, S. 105 f.
[401] "Ecce advenit dominator Dominus, et regnum in manu eius et potestas et imperium. Deus, iudicium tuum regi da, et iustitiam tuam filio regis."
[402] So H. Heimpel, Königliche Evangeliumslesung bei königlicher Krönung, FS-F. Kempf, S. 447.
[403] Bei der Krönung Karls VI. am 22. 12. 1711 soll allerdings nach Moser, Teutsches Staatsrecht Bd. 2, S. 465, "das gewöhnliche Amt de Spiritu Sancto angefangen" worden sein. Dies erscheint angesichts des Ordo unwahrscheinlich - möglicherweise verwechselt Moser Krönungs- und die Wahlmesse nach Kap. II, § 1 der Goldenen Bulle.
[404] Zum Streit zwischen Kurköln und Kurmainz um das Krönungsrecht unten, S. 166 ff.
[405] Vgl. Erkens, Der Erzbischof von Köln und die deutsche Königswahl, S. 43.

prächtiger und reicher an Formalitäten. So bestand der Konsekrationsaltar im Jahr 1790 aus gediegenem Silber.[406]

Die geistlichen Kurfürsten und die zweiten und dritten Wahlbotschafter fuhren am 14. Juli 1792 von ihren Quartieren in den Dom und nahmen dort die Aachener und Nürnberger Insignien in Empfang. Den Abgesandten Aachens und des Aachener Marienstifts wurde jeweils zur Wahrung des Rechtes Aachens als des von der Goldenen Bulle bestimmten Krönungsortes der seit 1562 übliche formelhafte[407] Revers de non praejudicando im Namen des Kurkollegiums ausgehändigt. Er besagte, daß zwar nach der Wahl Franz II.

"dem alten löblichen Gebrauche nach, sich gebühret, daß Se. königl. Majestät die königliche Krone in des heil. Reichs Stadt Aachen erfordern und empfangen sollen, inwelchem Dieselbe Ihre Majestät, desgleichen Wir nicht ungeneigt gewesen wären, die Stadt Aachen zu besuchen, und daselbst solche königliche Krönung ergehen zu lassen, da nicht sonderbar gewesene Ursachen eingefallen, in deren Erwägung mit Ihrer königl. Majestät Wir Uns verglichen und entschlossen, die königliche Krönung diesmal allhier vornehmen und ergehen zu lassen; wie dann auch solche Krönung diesmal anheut jetzo hier in der Stadt Frankfurt in dieser des heiligen Bartholomäistifts Kirche ordentlich und zierlich geschieht; auch dazu Probst, Dechant und Kapitel der Stiftskirche zu Aachen auch dasige Stadtmagistratsdeputirte dazu in Schriften berufen und erfodert worden; - daß Wir demnach, und hierauf Uns gegen gemeldte von Aachen erklärt, ihnen zugesagt und versprochen, daß solche allhier vorzunehmende und geschehene königliche Krönung gar nicht dahin gemeinet, sie denen von Aachen, oder dem löblichen Stuhle auch Stifte daselbst an dem altlöblichen Gebrauche und Herkommen, noch auch hergebrachten Rechte und Gerechtigkeit, jetzt oder künftig präjudiziren, oder abbrüchig seyn, auch Ihnen samt und sonders alle Rechte und Gerechtigkeiten, nicht weniger als ob diesmal die Krönung zu Aachen geschehen wäre, folgen und gereichen solle."[408]

Ein Teil der Reichsinsignien wurde in der Kirche auf den Insignien-, den Konsekrations- und den Altar in der Kurkapelle zurechtgelegt; Krone, Szepter, Reichsapfel und das Reichs- oder Mauritiusschwert wurden in das kaiserliche Quartier, das Braunfels, gebracht, um von dort im feierlichen Zug zum Dom durch die Erbbeamten dem Kaiser vorangetragen zu werden. In Beachtung von Kap. XXII der Goldenen Bulle[409] trugen der Reichserbmarschall Graf Karl von Pappenheim als Vertreter des Kurfürsten von Sachsen

---

[406] Kriegk, Die deutsche Kaiserkrönung, S. 98.
[407] 1562, bei der erstmaligen Krönung in Frankfurt, waren die Reverse noch ausführlicher gewesen, Reuter-Pettenberg, Bedeutungswandel, S. 23.
[408] Protokoll, S. 154 (155). Zur Verlagerung der Krönung von Aachen nach Frankfurt oben, S. 94.
[409] Weinrich, Nr. 94 b, S. 374/375.

das Schwert,[410] der Reichserbtruchseß Graf von Zeil-Trauchburg als Vertreter des Kurfürsten von der Pfalz den Reichsapfel und der Verweser des Reichserbkämmereramtes Fürst von Hohenzollern-Sigmaringen als Vertreter des Kurfürsten von Brandenburg das Szepter. Der Reichserbschenk Graf von Althan als Vertreter des Königs von Böhmen war kein Insignienträger, wohl weil der König von Böhmen selbst ein gekröntes Haupt war und nach der Goldenen Bulle mit seiner eigenen Krone unmittelbar hinter dem Kaiser schritt.[411] Die Insignien sind seit der Zeit Karls V. in die Wappen der jeweiligen Kurfürsten übergegangen.[412]

Zum Träger der Reichskrone bestimmt die Goldene Bulle keinen Erzbeamten, 1356 gab es schließlich nur vier weltliche Kurfürsten. Nach Kap. XXVI, § 1 GB [413] sollen die Aachener und die Mailänder Krone von Fürsten niederen Ranges getragen werden, die hierzu vom Kaiser nach seinem Ermessen bestellt werden. 1792 wurde die Krone vom Reichserbschatzmeister Graf Prosper von Sinzendorf als Vertreter des Kurfürsten von Hannover getragen. Das Erzschatzmeisteramt war nach dem Dreißigjährigen Krieg für Kurpfalz neu geschaffen worden, da dessen Kur und Erztruchsessenamt Bayern übernommen hatte. Bei den Augsburger Wahlverhandlungen des Jahres 1653 hatte es Kurfürst Karl Ludwig verstanden, sich für sein Erzschatzmeisteramt die Reichskrone als Vortragsinsignie auszubedingen.[414] Mit der Vereinigung von bayerischer und pfälzischer Kur (1777) wurde das Erzschatzmeisteramt frei und von Kurhannover übernommen, das sich bis dahin mit dem, wegen Kompetenzüberschreitungen mit dem Erzmarschallamt rechtlich problematischen, Erzbanneramt hatte begnügen müssen.[415]

Viele Zuschauer hatten alle Fenster und Tribünen besetzt, man hatte sogar Löcher in Wände und Dächer gebrochen. Der feierliche Zug in den Dom und vor allem die Gestalt des jungen Kaisers - mit der "Blüte der Gesundheit auf

---

[410] Zum Schwertträgeramt bis zum Erlaß der Goldenen Bulle: Zeumer, Die Goldene Bulle, S. 239 ff.
[411] Kriegk, aaO. Bei der Verrichtung seines Erzamts stellt die Goldene Bulle den König von Böhmen ausdrücklich von der Pflicht frei, seine Krone zu tragen, Kap. IV, § 3, Weinrich, Nr. 94 a, S. 342/343.
[412] Kriegk, aaO; Kursachsen übernahm die gekreuzten Schwerter, Kurpfalz, ebenso wie Kurbayern, den Reichsapfel und Kurbrandenburg das Szepter in ihre Wappen, vgl. O. Neubecker / W. Rentzmann, Wappenbildlexikon, S. 362, 365 und 355.
[413] Weinrich, Nr. 94 b, S. 382/383.
[414] Berbig, Krönungsritus, S. 652 f.; Reuter-Pettenberg, Bedeutungswandel, S. 86 f.
[415] Reuter-Pettenberg, aaO, S. 95 ff. Näheres unten, S. 191.

den Wangen" und den "Zügen der Freundlichkeit an Augen und Lippen"[416] - rief große Wirkung hervor. Ihr konnten sich auch kritische und der ganzen Feierlichkeit fremd gegenüber stehende Beobachter nicht entziehen. Der konservative Reichard berichtet vom Zug 1792:

"Der Zug war wirklich imposant, und die edle Gestalt des blonden, jugendlichen Franz, der auf einem schönen, stolzen Schimmel mit Anstand und Würde saß, erfüllte alle Zuschauer mit Theilnahme und Beifall, der in lauten stürmischen Zuruf ausbrach und selbst meine kleine Tochter ansteckte."[417]

Sogar der spätere Jakobiner und Vizepräsident des rheinisch-deutschen Nationalkonvents, der kurmainzische Bibliothekar Johann Georg Forster empfand Rührung:

"Der Kaiser sieht so jung, gutartig und unschuldig aus, daß sein Anblick zu Pferde, mit der Hauskrone auf dem Haupt, wie er in die Kirche zog, mir und Andern unwillkürlich die Thränen in die Augen brachte."[418]

Unter den begeisterten Rufern befand sich auch Johann Konrad Friederich. Es war sein dritter Geburtstag - er behauptete, am Tag des Sturmes auf die Bastille geboren zu sein. Über diese Prozession ergoß er seinen gewöhnlichen beißenden Spott einmal nicht:

"Als der Kaiser in der Nähe unserer Wohnung angekommen war, da insinuierte mir meine schöne Tante Scholze ..., mich im Arm haltend, jetzt müsse ich Vivat schreien, und ich schrie mit den andern aus vollem Halse mein "Vivat Franziskus!", und zwar solange, als ich den Gegenstand sah, dem es galt... Indessen hatte trotz allem Vivatrufen die ganze Zeremonie einen etwas sehr düsteren Anstrich, und ein gewaltiger Platzregen, der fiel, ehe der Kaiser noch den Dom erreicht hatte, durchnäßte den ganzen Zug bis auf die Haut.[419] - Es gab Leute, die damals prophezeiten, dies sei der Leichenzug des Heiligen Römischen Reichs - und auch diese Propheten hatten wahrgesagt."[420]

An der Tür zum Kreuzgang des Doms stieg der Kaiser vom Pferd. Über ihm wurde nach Empfang des Weihwassers vom Kurfürsten von Mainz als Konsekrator das Gebet "Unsere Hilfe steht im Namen des Herrn" gesprochen.

---

[416] So die Augsburgische Ordinari Postzeitung vom 20. Juli 1792.
[417] Reichard, Selbstbiographie, S. 273.
[418] Brief an Christian Gottlob Heyne vom 17. Juli 1792, Sämtl. Werke, Bd. 17, Nr. 76, S. 143.
[419] Nur Franz blieb unter seinem Baldachin einigermaßen trocken und lachte über den komischen Anblick des Gefolges und der Zuschauer, Sieber, Volksbelustigungen, S. 63.
[420] Friederich, Denkwürdigkeiten, Bd. 1, S. 56 f.

Konsekrator, Leiter der Herrscherweihe, war 1792 der Erzbischof von Mainz. Um das Konsekrationsrecht hatte es in der Vergangenheit zwischen Kurköln und Kurmainz Streitigkeiten gegeben.[421] Die Goldene Bulle, die sich zur eigentlichen Krönung kaum äußert, regelt diese wichtige Frage nur an versteckter Stelle in Kap. IV, § 2, und zwar im Zusammenhang mit der Reihenfolge, in der der Erzbischof von Mainz als Wahlleiter die Kurfürsten befragt:

"primo quidem interrogabit a Treverensi archiepiscopo, cui primam vocem competere declaramus, sicut invenimus hactenus competisse, secondo Coloniensi archiepiscopo, cui competit dignitas necnon officium Romanorum regi primum diadema regium imponendi..."[422]

Zwar wird Kurköln in dieser Bestimmung vom Wortlaut her nicht eigentlich das Amt des "Consecrators" zugewiesen, sondern nur das des "Coronators", also das der bloßen Kron-Aufsetzung. Doch legten bei der eigentlichen Krönung alle drei Erzbischöfe Hand an. Die Bestimmung der Goldenen Bulle ist daher weit zu fassen: Kurköln wird die Funktion des Konsekrators zugewiesen, die Salbung, Übergabe der Insignien und Inthronisation umfaßt.[423] Die Goldene Bulle verankerte auch in diesem Punkt wieder ein Gewohnheitsrecht. Das Konsekrationsrecht hatte von der fränkischen Zeit bis ins Frühmittelalter dem Erzbischof von Mainz zugestanden, "als ein aus seinem Primat fließendes" und als ein "mit seiner Stellung in Kirche und Reich gegebenes Recht".[424] Nachdem Aachen ständiger Krönungsort geworden war, war es dem Erzbischof von Köln als Metropoliten der Krönungsstadt gelungen, das Konsekrationsrecht an sich zu ziehen.[425] Die Festschreibung Aachens als Krönungsort durch die Goldene Bulle (Kap. XXIX, § 1)[426] schien die Stel-

---

[421] Vgl. Moser, Teutsches Staatsrecht 2. Teil, S. 455 ff. und Von dem Römischen Kayser (NTStR II), S. 346 ff.; Buder, Repertorium, "Kayserliche Crönung", §§ 6 - 12; Aus unserem Jahrhundert: Stutz, Der Erzbischof von Mainz, 1910; G. Wallner, Der Krönungsstreit zwischen Kurköln und Kurmainz, Diss. jur. Mainz 1967; W. Sellert, Zur rechtshistorischen Bedeutung der Krönung und des Streites um das Krönungsrecht zwischen Mainz und Köln, in: H. Duchhardt (Hg.), Herrscherweihe und Königskrönung im frühneuzeitlichen Europa, 1983 S. 21 - 32; zuletzt F.-R. Erkens, Der Erzbischof von Köln und die deutsche Königswahl, 1987, S. 112 ff.
[422] Weinrich, Nr. 94 a, S. 340.
[423] Über diese Auslegung war man sich im zeitgenössischen Schrifttum einig. Im Krönungsstreit wollte allerdings die mainzische Seite anfänglich das "...regi...diadema regium imponendi..." tatsächlich auf das bloße Aufsetzen der Krone verstanden wissen; vgl. Wallner, Krönungsstreit, S. 87 f.
[424] Stutz, aaO, S. 14; Wallner, aaO, S. 41 ff.
[425] Stutz, aaO, S. 19 ff.; Reuter-Pettenberg, aaO, S. 55.
[426] Weinrich, Nr. 94 b, S. 388/389.

lung des Kölners noch zusätzlich unanfechtbar und dauerhaft gefestigt zu haben. Doch die Gesetzesabweichung durch die Verlegung des Krönungsortes nach Frankfurt sollte dem Kölner auch sein Konsekrationsrecht nehmen. Hinzu traten allerdings noch weitere Umstände.

Als 1562 die erste Krönung in Frankfurt vorgenommen wurde, war der Nachfolger des soeben verstorbenen Kölner Erzbischofs noch nicht geweiht. Der Mainzer Erzbischof mußte als Konsekrator einspringen. Es war keine Selbstverständlichkeit, daß geistliche Kurfürsten über geistliche Weihen verfügten. Auch 1575 bei der Krönung Rudolfs II. in Regensburg stand kein geweihter Kölner Kurfürst zur Verfügung. Dieser mußte sogar im Zug der weltlichen Kurfürsten mitreiten und durfte sich nicht, wie sonst üblich, zuvor zur Vorbereitung der Messe mit dem Konsekrator und den übrigen hohen Geistlichen zur Krönungskirche begeben.[427] Sein Nachfolger, Ferdinand von Köln, war zwar ein entschiedener Kämpfer auf Seiten der Katholiken, hatte aber sogar auf die einfache Priesterweihe verzichtet, so daß 1612, 1618 und 1636 wiederum der Mainzer Erzbischof, 1630, bei der Krönung Eleonores, sogar der Erzbischof von Trier konsekriert, weil auch der Mainzer nicht geweiht war.[428] Erst bei der Krönung Ferdinands IV. 1653 gab es wieder mit Maximilian Heinrich einen Kurfürsten von Köln, der Priester- und Bischofsweihe empfangen hatte. Sein Konsekrationsprivileg konnte er allerdings nicht durchsetzen, da der Mainzer Erzbischof, der erst kurz vor der Krönung durch den päpstlichen Nuntius die Weihe erhalten hatte, den Kaiser auf seine Seite gezogen hatte. Weitere Schritte Kurkölns blieben erfolglos. In den Jahren 1654 und 1655 brach darauf ein juristischer Federkrieg aus, in dessen Verlauf mehr als zehn zum Teil heftige und polemische Streitschriften zwischen Köln und Mainz gewechselt wurden.[429]

Den Mainzer Standpunkt vertrat geschickt der berühmte Helmstedter Polyhistor Hermann Conring[430] (1606 - 1681) in seiner "Assertio iuris Moguntini in coronandis regibus Romanorum".[431] Der kurmainzischen Seite mußte

---

[427] Reuter-Pettenberg, aaO, S. 62.
[428] Stutz, aaO, S. 44 f.; Reuter-Pettenberg, aaO, S. 62 f.
[429] Ausführliche Darstellung der Schriften und der Argumente der jeweiligen Seite bei: Buder, Repertorium, "Kayserliche Crönung", §§ 8 - 10; Wallner, aaO, S. 16 ff., 23 ff. bzw. 38 ff.
[430] Zu Conring vgl. H. Hattenhauer, Hermann Conring und die deutsche Rechtsgeschichte, Schleswig-Holsteinische Anzeigen 1969, S. 69 - 76; Kleinheyer/Schröder, Deutsche Juristen, S. 62 ff.
[431] Conring lieferte die "Assertio" am 27. Oktober 1655 dem Mainzer Hof ab. Sie erschien insgesamt in drei Auflagen (1655, 1656, 1664) und wurde noch zu Anfang des 18.

angesichts des Wortlautes der Goldenen Bulle der Nachweis gelingen, daß diese dem Kölner Erzbischof das Krönungsrecht keineswegs endgültig verliehen habe, sondern nur als Diözesanrecht, also für den Fall, daß die Krönung in seiner Diözese vorgenommen werde. Conring führte das Krönungsrecht von Mainz auf dessen Primat im Kurkollegium zurück, das allein im Kölner Sprengel durch ein auf positiver Bestimmung beruhendes Sonderrecht beschränkt sei. Außerhalb seiner Diözese habe Köln nämlich seit Bestehen des Reiches noch niemals eine Krönung vorgenommen, dies sei vielmehr immer durch Mainz geschehen. Daher komme dem Mainzer offenbar das Krönungsrecht außerhalb des Kölner Sprengels zu.[432] Man kann Conring allerdings vorwerfen, "der Historiker in ihm sei etwas über den Juristen Herr geworden",[433] da er die Goldene Bulle etwas leicht nahm, bei deren Abfassung man eine Krönung anderswo als in Aachen und damit außerhalb der Kölner Diözese nicht im Auge hatte, und die daher dem Kurfürsten von Köln wahrscheinlich doch das absolute Konsekrationsprivileg verleihen sollte. Conrings Gutachten legte den Grund für den schließlich am 16. und 25. Juni 1657 geschlossenen Vergleich.[434] Er scheint auf den ersten Blick zugunsten des Kölners ausgefallen zu sein, da derjenige Kurfürst Konsekrator sein solle, in dessen Erzbistum die Krönung stattfinde, das Krönungsrecht fortan als Diözesanrecht gelten solle.[435] Sollte aber die Krönungsstätte außerhalb beider Erzbistümer liegen, hätten sie einander abzuwechseln. Doch sollten sie sich beide dafür einsetzen, daß die Bestimmung der Goldenen Bulle hinsichtlich des Krönungsortes eingehalten werde. Mainz hatte also Köln die Konsekration dadurch zu ermöglichen, daß es auf die Krönung in Aachen hinwirkte. Obwohl alle Wahlkapitulationen der Folgezeit (Art. III, § 8 der Kapitulation Franz II.)[436] den Vergleich bestätigten, war doch der mainzische Erfolg perfekt. Weder Aachen noch eine andere Stadt im kölnischen Erzbistum sollte eine Krönung erleben. 1658 war eine Krönung zwar in Köln geplant,

---

Jahrhunderts mehrfach nachgedruckt (so 1723 und 1724), Wallner, aaO, S. 36. Verwendet wurde im folgenden der der dritten Auflage entsprechende Text in Conrings Werken, Bd. 1, S. 695 - 709. Dort auch der Vergleich zwischen Köln und Mainz vom 16. Juni 1657.
[432] Conring, Assertio, S. 705 ff.; dazu Stutz, aaO, S. 48 f.
[433] So Stutz, aaO, S. 48 f.; zustimmend Sellert, Rechtshistorische Bedeutung der Krönung, S. 24, Fn. 35; dagegen Wallner, aao, S. 93, der sich den mainzischen Argumenten anschließt.
[434] Abgedruckt bei: Conring, Assertio, S. 708 f.; Schmauß, Corpus Iuris Publici S. R. Imperii, S. 1028, Moser, Teutsches Staatsrecht 2. Teil, S. 462; Stutz, aaO, S. 51 Fn. 1; Entwürfe und Texte des Vergleichs bei Wallner, aaO, S. 120 ff. Auf die politischen Hintergründe des Vergleichs - Einigung der Reichsfürsten als Gegengewicht zu Habsburg - weist Sellert, aaO, S. 32, hin.
[435] Stutz, aaO, S. 51 f.
[436] Schmauß, Corpus iuris publici S. R. Imperii, S. 1478.

da Aachen zwei Jahre zuvor durch Brand teilweise zerstört war, doch zog man aus praktischen Erwägen schließlich Frankfurt vor. Wegen der dennoch durch Kurköln im mainzischen Bereich erfolgten Konsekration wurde Kurmainz durch einen Revers seines Diözesanrechtes versichert.[437] Die kurmainzische Spekulation auf eine endgültige Verlegung der Krönung in seinen Bereich ging auf. Nur einmal noch, 1742, erfolgte die Konsekration, wiederum gegen Revers, durch Kurköln, dies aus familiären Gründen: Der Kurfürst von Köln, Clemens August aus dem Hause Bayern hatte Wert darauf gelegt, seinen Bruder, den unglücklichen Karl VII., selbst zu konsekrieren.[438] 1792 war daher, entgegen dem Wortlaut der Goldenen Bulle, aber dem Vergleich von 1657 entsprechend, Kurfürst und Erzbischof Friedrich Karl von Mainz Konsekrator bei der letzten Krönung des Heiligen Reichs. Kurfürst Max Franz von Köln legte offenbar keinen gesteigerten Wert darauf, seinen Neffen Franz zum Kaiser zu weihen und eine Ausnahme von dem Vergleich zu erreichen.

Der Verlauf der Zeremonien, die mehrere Stunden beanspruchten, zeigt starke Anklänge an den Ritus der Bischofsweihe.[439] So erfolgte der Weiheakt wie bei jener durch drei Bischöfe, hier die Erzbischöfe und geistlichen Kurfürsten.[440] Alba, Stola und Dalmatika des Krönungsornats sind liturgische Gewänder. Diese Parallele scheint auch dem Ritter von Lang, der 1790 als Gentilhomme des Reichserztruchseß` den Krönungszug verfolgte, nicht entgangen zu sein. Dafür hatte er nur beißenden Spott übrig:

"Die herabwürdigenden Ceremonien, nach welchen der Kaiser alle Augenblicke vom Stuhl herab und hinauf, hinauf und herab sich ankleiden und auskleiden, einschmieren und wieder abwischen lassen, sich vor den Bischofsmützen mit Händen und Füßen ausgestreckt auf die Erde werfen und liegen bleiben mußte, waren in der Hauptsache ganz dieselben, womit der gemeinste Mönch in jedem Bettelkloster eingekleidet wird."[441]

Über Franz wurde Psalm 19, Vers 10 gesprochen. Anschließend begann die Messe "de Epiphania domini" und wurde bis zum Graduale fortgesetzt. Danach wurde der Kaiser vor den Altar geführt, wo er sich in Kreuzform, d.h. mit ausgebreiteten Armen, niederwarf. Dazu wurde die Allerheiligenlitanei gesungen. Bei deren Beginn zogen sich die evangelischen Wahlbotschafter

---

[437] Stutz, aaO, S. 53 f.
[438] Reuter-Pettenberg, Bedeutungswandel, S. 65.
[439] Dazu: E. Eichmann, Königs- und Bischofsweihe, SB d. Bayer. Akademie d. Wissensch., phil.-hist. Kl. 1928, Nr. 6.
[440] Eichmann, aaO, S. 45 f.
[441] Memoiren, S. 209.

von dem Altar in ihre Stühle zurück. Drastischer war die Reaktion der protestantischen Kurfürsten kurz nach dem Augsburger Religionsfrieden bei der Krönung Maximilians II. 1562 ausgefallen:[442] Als der Konsekrator die Messe anstimmte, verließ der Kurfürst von der Pfalz fluchtartig seinen Sitz, gefolgt von den Kurfürsten von Sachsen und Brandenburg. Die drei kehrten jedoch rechtzeitig zurück, um ihren kurfürstlichen Pflichten bei der Insignienübergabe nachzukommen. 1575 verließen die Protestanten ebenfalls die Kirche. Erst bei der Krönung Matthias' (1612) verzichteten sie auf ihr demonstratives Verhalten. Auch 1619 verließen die Vertreter der weltlichen Kurfürsten, die selbst nicht bei der Krönung zugegen waren, den Kirchraum nicht mehr. Zuletzt kam es 1637 bei der Krönung Ferdinands III. in Regensburg aus der Mitte der protestantischen Wahlgesandten zum Protest gegen die katholischen Zeremonien. Der kursächsische Gesandte lehnte die Teilnahme an der Messe ab. Nach dem Westfälischen Frieden ereigneten sich derartige Vorfälle nicht mehr. Das hatte seinen Grund in einer gewandelten Anschauung vom Charakter des Krönungsakts. Schon zur Krönung von 1562 lag ein Gutachten des lutherischen Theologen Balthasar Bidenbach[443] vor, wonach das Krönungszeremoniell nicht mehr religiöse Handlung, sondern weltlicher Staatsakt sei:

"Wie nun sie ihrer Person halben / für Weltliche Chur= und Fürsten gehalten werden / also ist auch ihr Officium in diser Action politicum, vnd sie leisten nichts anders / dann ein politicum officium, derohalben / wie Hochgedachte Chur= vnd Fürsten in andern weltlichen Sachen der Käyserlichen Majestät gehorchen / also mögen sie salva conscientia diesen Dienst auch verrichten / darauff sie als weltliche Personen belehnet sind / vnd gelobet haben."[444]

Für die protestantischen Fürsten war also die Krönung keine gottesdienstliche Handlung mehr. Nur mit dieser Begründung war es ihnen möglich, an der katholischen Krönungszeremonie teilzunehmen.[445] Im 18. Jahrhundert war der konfessionelle Ausgleich verfestigt. Man hatte sich auf Seiten der Protestanten mit dem, trotz der protestantischen Bevölkerungsmehrheit, katholischen Charakter des Reiches abgefunden und wußte seine Rechte

---

[442] Zum folgenden: Reuter-Pettenberg, aaO, S. 50 ff.
[443] "Bedencken vber die Frage: Ob die Christliche Chur= vnd Fürsten der Augsburgischen Confession mit gutem Gewissen / vnd ohne Ergernüß / mögen seyn bey der Meß vnd andern Päbstlichen Ceremonien / so bey der Krönung der Röm. Königlichen Maj. zu Franckfurt gebraucht werden?, abgedruckt bei: B. Carpzov, Commentarius in Legem Regiam Germanorum, S. 763 ff.; dazu R. Hoke, Ein theologisches Gutachten von staatsrechtlicher Tragweite, Plöchl-FS, S. 107 ff.
[444] Bidenbach, aaO, S. 765.
[445] So Sellert, Rechtshistorische Bedeutung der Krönung, S. 30.

durch den Westfälischen Frieden dauerhaft gewahrt. Die Herrscherweihe in den Formen der katholischen Messe führte 1792 bei den protestantischen Wahlgesandten nur noch dazu, daß sie die unmittelbare Umgebung des Altars verließen.

Zwischen Litanei und dem Evangelium erfolgte die eigentliche Krönung. Sie begann mit dem sogenannten Skrutinum, der Prüfung. Dieser sechsteilige Katalog bestand aus Fragen und Antworten: "Vis...?" (willst du), "Volo" (ich will). Er hatte sein Vorbild im fränkisch-deutschen Ritus der Bischofsweihe.[446] Im Skrutinium wird der Kandidat geprüft, ob er die für die passive Wahlfähigkeit nach der regula Apostoli (Tit. 1, 7 - 9; 1. Tim. 3, 2 - 7) erforderlichen Eigenschaften und Gesinnung besitzt.[447] Ebenso wird die Eignung und Rechtgläubigkeit des designierten Thronfolgers nochmals förmlich festgestellt. Dazu mußte er sich vornehmlich zur Verteidigung des katholischen Bekenntnisses und seiner Kirche bereit erklären.[448] Franz beantwortete 1792 die sechs Fragen mit "Volo" und schwor den üblichen Eid. Nach dem Krönungsordo von 1309 mußte die lateinische Eidesformel dem Kaiser auch deutsch vorgesagt werden, da der Kaiser in der Regel des Lateinischen nicht mächtig war; der in Kap. XXXI der Goldenen Bulle angeordnete Unterricht für die Kurfürstensöhne in der lateinischen Sprache scheint nicht in ausreichender Weise erfolgt zu sein oder jedenfalls erfolglos verlaufen zu sein. Der Kaiser sollte sich später nicht auf Unkenntnis berufen können:

"quia rex tamquam illitteratus et laicus praemissas interrogationes et earum responsiones in latine dictas non intellegit, dominus Coloniensis per se vel per clericum ... praemissas interrogationes et earum responsiones domino regi in vulgari nostri, id est teutonico manifestius declarabit."[449]

Problematisch war die Parteinahme durch das "Volo" des Kaisers zugunsten des katholischen Bekenntnisses und die Verpflichtung, dem Papst Folge zu leisten, längst nicht mehr. In der Reichspublizistik werden Fragen und Ant-

---

[446] R. Eltze "Herrscherweihe", in: LThK, Bd. 5, Sp. 279 - 281.
[447] Eichmann, Königs- und Bischofsweihe, S. 15 und 63.
[448] Die Einschaltung: "Vis iura regni et imperii, bona eiusdem iniuste dispersa conservare et recuperare et fideliter in usus regni et imperii dispensare?" ist von Mario Krammer, Das Kurfürstenkolleg, S. 169, Fn. 1, mit der 1276 Rudolf von Habsburg eidlich abgenommenen Verpflichtung gegenüber den Kurfürsten, Reichsgut fortan nur mit ihrer Zustimmung zu verwenden, in Zusammenhang gebracht worden.
[449] Zitiert bei Eichmann, Kaiserkrönung II, S. 124.

worten des Skrutiniums kommentarlos wiedergegeben.[450] Schon bei der ersten Krönung nach dem Augsburger Religionsfrieden (1555) im Jahr 1562 in Frankfurt war das "Volo" durch ein Abkommen unter den Kurfürsten von 1558[451] entschärft worden. Sie hatten sich verglichen, daß keiner dem anderen in religiösen Dingen zu nahe treten werde. Das erste Gebot des Augsburger Religionsfriedens hatte gegenseitige Duldung der Konfessionen zum Inhalt. Die Tatsache, daß die katholische Kirche in politischer Hinsicht nicht mehr die Una Sancta war, war mit diesem Kurfürstenvergleich auf Zusammenkünfte wie Wahlen und Krönungen übertragen worden. "Ohne eine derartige Konvention hätte das königliche "Volo" 1562 wie eine Kampfansage klingen müssen. So aber wurde es zu einem leeren Versprechen, das keine Konsequenzen zu haben brauchte."[452] Der Westfälische Frieden (IPO Art. V, § 1)[453] hatte den Augsburger Religionsfrieden bestätigt und dauerhaft die Gleichrangigkeit (sit aequalitas exacta mutuaque) der Konfessionen hergestellt, so daß das Versprechen des Kaisers für das Reich ohne rechtliche Konsequenzen blieb. Der mutmaßliche Verfasser des schon mehrfach genannten, zwischen 1794 und 1797 entstandenen Prinzenvortrags für Erzherzog Anton Victor, Franz von Zeiller, hält sich ebenfalls nicht weiter mit dem Skrutinium auf:

"Der Konsekrator stellt an den Kaiser verschiedene Fragen, deren einige noch von dem vorigen päpstlichen Einfluß zeugen."[454]

Auf den Eid folgte unter Hinweis auf das 13. Kapitel (Vers 1) des Römerbriefes - "Jedermann sei untertan der Obrigkeit, die Gewalt über ihn hat" - die Frage des Konsekrators an die Anwesenden, ob sie sich einem solchen König unterwerfen wollten, die diese mit der Akklamation, einem dreimaligen "Fiat" bejahten. Diese Frage an das "Volk" hat ihre Parallele im deutschen Ritus der Bischofsweihe vom späten 10. oder frühen 11. Jahrhundert, wo ebenfalls im Anschluß an das Skrutinium Zustimmung und Wunsch von Klerus und Volk festgestellt werden.[455] Zugleich erinnert die rituelle Zustimmung des Volks noch an das Volkswahlrecht. Es war in förmlicher Weise festzustellen, daß das Volk öffentlich und einstimmig Zustimmung und Un-

---

[450] So bei Moser, Von dem Römischen Kayser (NTStR II), S. 325, Teutsches Staatsrecht Bd. 2, S. 467; Pütter, Institutiones, S. 587; Schmauß, Compendium, S. 42; Struve, Corpus Iuris Publici, S. 224.
[451] Bei Schmauß, Corpus Iuris Publici, S. 210 ff.
[452] Reuter-Pettenberg, Bedeutungswandel, S. 43.
[453] Hofmann, Nr. 34 a, S. 172/173.
[454] Wagner, Das Staatsrecht des HRR, § 158, S. 89.
[455] Eichmann, Königs- und Bischofsweihe, S. 45.

terwerfung bekundet habe.⁴⁵⁶ Historisches Verständnis läßt der Ritter von Lang, obwohl von Haus aus Reichspublizist, in der Beschreibung dieses Aktes anläßlich der Krönung Leopolds II. vermissen:

"Am possirlichsten war es, als eine Bischofsmütze im lieblichsten Nasentone und lateinisch zur Orgel hinauf intonirte, ob sie da oben nun wirklich Serenissimum Dominum, Dominum Leopoldum wollten in regem suum habere, worauf der bejahende Chorregent gewaltig mit dem Kopf schüttelte, seinen Fidelbogen greulich auf und nieder schwenkte, die Chorjungfern und Singknaben aber im höchsten Discant herunterriefen: fiat! fiat! fiat! So wie also von Seiten dieser kleinen Herrschaft nichts mehr entgegen zu stehen schien, ging's nun mit der Krone eilends auf das kaiserliche Haupt, vom Empor aber mit Heerpauken und Trompeten donnernd herab: Haderipump! Haderipump! Pump! Pump!"⁴⁵⁷

Über Franz wurde der Segen gesprochen, und er wurde zur Salbung entblößt. Darauf salbte der Erzbischof von Mainz den unter der Vierung knienden Kaiser, und zwar salbte er mit Katechumenenöl das Kreuzeszeichen auf Scheitel, Brust, zwischen die Schultern und am rechten Arm zwischen Hand und Ellenbogen.⁴⁵⁸ Dazu wurde eine Antiphon über die Salbung Salomos durch Samuel und den Priester Sadok (1. Könige 1, 34) intoniert. Die Salbung der deutschen Könige geht auf die Krönung Pippins im Jahr 751 zurück, der sich beim Herrschaftsantritt zur besonderen Legitimierung seiner neuen Dynastie⁴⁵⁹ durch fränkische Priester, möglicherweise Bonifatius, an den Händen salben ließ. Seit 816 wurden die fränkischen Könige am Haupt gesalbt. Die erste sicher nachweisbare ostfränkische Königssalbung erfolgte erst 911.⁴⁶⁰ Unsicher ist, ob die Salbung der Könige Israels (beispielsweise Saul, David, Salomon, Joas)⁴⁶¹ im Alten Testament das unmittelbare Vorbild für die Königssalbungen der Franken war oder ob sie aus dem keltisch-angelsächsischen Bereich übernommen worden ist.⁴⁶² Neuerdings wird die Sal-

---

⁴⁵⁶ Eichmann, aaO, S. 63. Zur Bedeutung der rituellen Prüfung des Kandidaten und der Zustimmung durch das Volk beim Übergang vom Geblüts- zum Wahlprinzip des deutschen Königtums ders., aaO, S. 63 f.
⁴⁵⁷ Memoiren, S. 209 f.
⁴⁵⁸ Nach Schmauß, Compendium Iuris Publici, S. 42, wird der Kaiser insgesamt siebenmal gesalbt, nämlich außerdem "auf dem Nacken, auf dem Gelencke des Arms und in der flachen Hand".
⁴⁵⁹ Die Merowingerkönige wurden nicht gesalbt; ein starkes Erbkönigtum hatte die kirchliche Sanktion nicht nötig, Eichmann, aaO, S. 30.
⁴⁶⁰ Schramm, Krönung bis zum Salischen Haus, S. 195.
⁴⁶¹ Vgl. 1. Samuel 10, 1; 16, 1; 16, 13; 1. Könige 1, 34; 2. Chronik, 23, 11 - weitere Beispiele und Fundstellen bei Eichmann, Kaiserkrönung I, S. 79. Die sakrale Königssalbung scheint im Orient verbreitet gewesen zu sein, Eichmann, aaO, S. 6.
⁴⁶² Elze, "Herrscherweihe", in: LThK, Bd. 5, Sp. 279 - 281, für Ersteres: Eichmann, aaO, S. 4. und Schramm, Krönung bis zum Salischen Haus, S. 184.

bung der christlichen Könige mit der Taufliturgie in Zusammenhang gebracht, in der der Täufling als Nachfolger Christi zum rex et sacerdos geworden sei.[463] Dies steht im Widerspruch zur überkommenen, insbesondere von Eduard Eichmann entwickelten Lehre, wonach sich die Königssalbung parallel zur Bischofssalbung entwickelt habe.[464]

Als Salböl wurde 1792 Katechumenenöl verwandt. Von den drei heiligen Ölen der kirchlichen Liturgie - Krankenöl, Katechumenenöl, Chrisma oder Chrisam - kamen nur Katechumenenöl oder Chrisma in Frage. Das Katechumenenöl, oleum exorcizatum, war durch Exorzismus geheiligt, ein Gebet zur Vertreibung der Dämonen aus dem Öl. Es erhielt dadurch seine reinigende Kraft, die bösen Geist auch aus aus dem Körper der Gesalbten vertrieb. Dies galt besonders für die Körperteile, in denen sich der Böse gerne festsetzte, aus Gelenken, Brust und Nacken.[465] Der rechte Arm wurde als Sitz der Kraft und der Tapferkeit in Abwehr und Angriff gesalbt. Mit der Salbung zwischen den Schulterblättern sollte das Phlegma ausgetrieben werden und ein frisch-fröhlicher, christlicher Geist einziehen.[466] An der Schulter erfolgte die Salbung, weil auf ihr die weltliche Herrschaft ruhte gemäß dem Wort Jesaja 9, 5: ...ein Sohn ist uns gegeben, und die Herrschaft ist auf seiner Schulter...[467] Im Gegensatz zur abwehrenden Kraft des Katechumenenöls erfüllte das Chrisma den Gesalbten mit der Gnade des Heiligen Geistes, der durch die Weihe in das Öl herabgestiegen war.[468] Wie bei der fränkischen Bischofsweihe war die Königssalbung ursprünglich mit Chrisma vollzogen worden. Das Haupt wurde dadurch mit der Kraft des Heiligen Geistes erfüllt. Schon im 9. Jahrhundert war jedoch das königliche Doppelamt als "rex et sacerdos", Königspriestertum, von der Kirche bestritten worden. Im ostfränkisch-deutschen Reich verwandte man daher nur noch Katechumenenöl, während das Chrisma der Bischofsweihe vorbehalten blieb. Weiterhin mit Chrisma wurden dagegen die westfränkischen und später die französischen Könige gesalbt.[469] Die Salbung des Kaisers durch den Papst in Rom erfolgte in abge-

---

[463] A. Angenendt, Rex et Sacerdos, Zur Genese der Königssalbung, bes. S. 110, 115, 117 f. Zur Teilnahme des gesalbten Täuflings am Königtum Christi bereits Eichmann, aaO, S. 22 und Kaiserkrönung I, S. 145, Fn. 26. Vgl. ferner E. H. Kantorowicz, Die zwei Körper des Königs, S. 321, Fn. 12, und E. Sperling, Studien zur Geschichte der Kaiserkrönung und Weihe, S. 23.
[464] B. Schneidmüller, "Salbung", in: HRG, Bd. 4, Sp. 1268 - 1273.
[465] Eichmann, Königs- und Bischofsweihe, S. 21.
[466] Eichmann, Kaiserkrönung I, S. 146.
[467] Eichmann, aaO, S. 147, und Königs- und Bischofsweihe S. 50.
[468] Eichmann, aaO, S. 22 und Kaiserkrönung I, S. 86.
[469] Schneidmüller, aaO.

wandelter Weise. Nachdem seit der ersten Hälfte des neunten Jahrhunderts immer wieder die Unvereinbarkeit von Königtum und Priesterweihe betont worden war,[470] wurde der Kaiser vom 10. Jahrhundert an mit Katechumenenöl nur noch am rechten Arm und zwischen den Schulterblättern gesalbt. Die Hauptsalbung blieb dem Bischof vorbehalten, und das Chrisma fand keine Verwendung mehr, weil damit nur Haupt und Hände gesalbt werden durften. Papst Innozenz III. nannte in dem Dekretale von 1204[471] die Gründe für die Änderung der Kaisersalbung. Der Kaiser sei nicht Haupt, sondern nur Arm der Kirche. Gleichzeitig wurde der Königssalbung sakramentaler Charakter abgesprochen.[472]

Mit Salbung und Krönung erhielt der Kaiser folglich keine geistliche Weihe.[473] Er genoß allerdings bestimmte, den Laien sonst nicht gewährte Vorrechte. So empfing er am Krönungstag die Kommunion in beiderlei Gestalt,[474] durfte in der Weihnachtsmette den auf den ersten Vers von Lukas 2 gekürzten evangelischen Teil der siebenten Lektion des Breviers "Exiit edictum a Caesare Augusto ..." singen[475] und wurde am Krönungstag als Kanoniker in das Aachener Marienstift aufgenommen.[476] Diese Rechte waren aber nicht Zeichen einer geistlichen Weihe. Seit dem 13. Jahrhundert lehrte die Kirchenrechtswissenschaft einmütig, daß dem Kaiser oder König kein Weihegrad zustand und er ihn auch nicht durch die Salbung erhielt.[477] Er hatte auch ohne Einbeziehung in die klerikale Hierarchie eine besondere Stellung in der Kirche[478] und wurde mit seiner Salbung über die übrigen Laien herausgehoben. Die auch 1792 verwendete Thronsetzungsformel "Sta et retine" bringt dies zum Ausdruck, indem sie dem Kaiser eine Mittlerstellung zwischen Klerus und Volk zuweist: "mediator cleri ac plebis".

---

[470] Zum Streit zwischen Hierokraten und Dualisten um die Bedeutung der Kaisersalbung vgl. Kantorowicz, Die zwei Körper des Königs, S. 324 ff.
[471] Corpus Iuris Canonici, hrsg. v. E. Friedberg, Teil 2, S. 131 ff.
[472] Dazu Eichmann, Kaiserkrönung I, S. 147 f; Schramm, Krönung bis zum Salischen Haus, S. 256; Kantorowicz, Die zwei Körper des Königs, S. 321 ff.
[473] Eichmann, Königs- und Bischofsweihe, S. 57 ff.; Reuter-Pettenberg, Bedeutungswandel, S. 42; Schulte, Aachener Krönungen, S. 52 f.
[474] Näher unten, S. 181 f.
[475] Dazu H. Heimpel, Königlicher Weihnachtsdienst im späten Mittelalter, Deutsches Archiv zur Erforschung des Mittelalters, 39. Jg. (1983), S. 131 ff.
[476] Näher unten, S. 185.
[477] Heimpel, aaO, S. 132 ff.
[478] C.G. Fürst, "Königskanonikat", in: HRG, Bd. 2, Sp. 1042/1043.

Nach der Salbung wurde das Öl von den Weihbischöfen von Mainz und Erfurt mit reiner Wolle abgetupft. Der Gesalbte wurde unter Vorantragen der Insignien in die Wahlkapelle geführt und dort von den Aachener und Nürnberger Deputierten und dem kurbrandenburgischen ersten Wahlbotschafter Fürsten von der Osten in die Pontifikalgewänder - die purpurnen Strümpfe und Schuhe, Dalmatika, Alba, diese gebunden mit dem blauen Zingulum, Stola und Handschuhe - gekleidet. Das Kaiserornat ist weitgehend dem Bischofsornat angeglichen, ein Anklang an das Königspriestertum.[479] Der Kaiser wurde durch die "Investitur" (lat. vestis: Kleid) im wahrsten Sinne mit seinem neuen Amt bekleidet. Vor dem Altar erfolgte anschließend die Übergabe der Insignien - auch hier wieder Parallelen zur Bischofswahl. Zuerst wurde Franz von den Erzbischöfen von Mainz und Trier der blanke Säbel Karls des Großen überreicht. Nach dem Mainzer Ordo verkörpert das Schwert die Herrschergewalt.[480] Symbolik und Funktion des Schwertes und die dem Herrscher damit auferlegten Pflichten werden aus der Übergabeformel deutlich.[481] Die Verleihung erfolgt zum Schutz der heiligen Kirche Gottes. Mit dem Schwert soll der Herrscher sich nach Psalm 45, 4 umgürten, sich bereit zur Erfüllung seiner Pflichten halten. Mit dem Schwert umgürtet soll er kraftvoll Gerechtigkeit üben: "vim aequitatis exerceas". Dabei galt es ursprünglich noch nicht als Sinnbild der Gerichtsgewalt[482] des Herrschers. Dies war nach biblischer Anschauung vielmehr das Szepter, der Gerichtsstab.[483] Das Schwert ist der Formel zufolge vielmehr Waffe gegen die Feinde des christlichen Glaubens, zum Schutz von Witwen und Waisen - eine der vornehmsten Pflichten des christlichen Herrschers - und Hilfsmittel einer starken und gerechten Amtsführung.

Nach der Schwertreichung beringte der Erzbischof von Mainz den Finger des Kaisers und sprach die Übergabeformel. Im Alten Testament erscheint der Ring Symbol bei der Herrschaftsübergabe, Esther 3, 10; 8, 2. Im Gleichnis vom verlorenen Sohn (Lukas 15, 11 - 32) steckt der Vater seinem heimge-

---

[479] Eichmann, Kaiserkrönung II, S. 129.
[480] Ludewig, Vollständige Erläuterung der Güldenen Bulle, 2. Teil, Tit. XXII, § 1, S. 281, sieht das Schwert als Zeichen des "Blutbannes und der Landeshoheit". Limnäus, Capitulationes, S. 521 f., Rn. 4, setzt das Schwert mit "potestas" gleich. Das Schwert ist dabei an die Stelle der im fränkischen Reich üblichen Speerreichung getreten, Eichmann, aaO, S. 111.
[481] Zum folgenden Eichmann, aaO, S. 108 ff. (zur im wesentlichen gleichlautenden Formel bei der Kaiserkrönung in Rom).
[482] Vgl. die Buchmalerei in der Stratter-Bibel, Salzburg 1469, bei: Kocher, Zeichen und Symbole des Rechts, Abb. 57, S. 48.
[483] Eichmann, aaO, S. 109; vgl. Psalm 45, 7,8 und Hebräer 1, 8, 9.

kehrten Sohn einen (Siegel-)Ring als Zeichen der Teilhabe an seiner Herrschaft und als Vollmachtssymbol an den Finger. Als Bischofsring steht er für die bischöfliche Würde, für den Glauben und für Verschwiegenheit, weil in der Seelsorge der Mund wie mit einem Ring oder Siegel verschlossen sein mußte.[484] In der Übergabeformel ist der Ring Zeichen der Königswürde (regiae dignitatis anulus) und als Zeichen des katholischen Glaubens (catholicae fidei signaculum). Der Ring galt allgemein als ein Unterpfand des Glaubens, das den Träger band und befähigte, Unglauben abzuwehren. Hier wird dieser Gedanke in den herrscherlichen Bereich übertragen: Der König soll Mehrer und Festiger (auctor et stabilitator) des christlichen Glaubens sein.[485] Das Anstecken des Rings wird auch dahin gedeutet, daß der Kaiser mit dem Römischen Reich vermählt werde.[486]

Ein Ring hat nie zu den Reichsinsignien gehört.[487] Für seine Beschaffung war der Konsekrator zuständig. Als 1742 ausnahmsweise der Kurfürst von Köln seinen Bruder Karl VII. konsekrierte, hatte er vergessen, für den Ring zu sorgen. Er hatte irrig angenommen, die Nürnberger Deputation sei dafür zuständig. Daher mußte er dem Kaiser seinen eigenen Ring anstecken. Zur Krönung Franz I. im Jahr 1745 hatte man in Wien eigens einen großen und wertvollen Ring anfertigen lassen, um nicht wieder in eine peinliche Lage zu kommen. Da ein Ring nie zum Nürnberger Reichsschatz gehört hatte, konnten seitens der nürnbergischen Gesandtschaft erfolgreich Versuche abgewehrt werden, die Nürnberg zur Anschaffung eines Smaragdringes zu verpflichten.

Danach reichte der Konsekrator dem Kaiser das Szepter in die rechte und den Reichsapfel in die linke Hand. Vor der Bearbeitung des Mainzer Ordo um das Jahr 1309 war in der Übergabeformel noch von sceptrum et baculus, Szepter und Stab die Rede. An die Stelle des Stabes trat der Reichsapfel, der in fast allen Ländern zu der mit dem Szepter korrespondierenden Insignie geworden ist.[488] In der Übergabeformel findet allerdings nur das Szepter, nicht aber der Reichsapfel Erwähnung.[489] Im Alten Testament ist das Szepter

---

[484] Eichmann, aaO, S. 94.
[485] Schramm, Krönung bis zum Salischen Haus, S. 260.
[486] So Berbig, Krönungsritus, S. 659.
[487] Zum folgenden Berbig, aaO, S. 673 f.
[488] Schramm, aaO, S. 261. Im kaiserlichen Krönungszeremoniell tritt der Reichsapfel erstmals 1191 auf, Eichmann, aaO, S. 120.
[489] In der Mitte des 14. Jahrhunderts nennt der Utrechter Domherr Johann von Beka folgende Übergabeformel: Accipe globum sphaericum, ut omnes terrae nationes Romano im-

und nicht die Krone das eigentliche Machtsymbol. Es steht für die Herrschaft selbst und ist insbesondere Attribut des Richters, Sinnbild einer strengen Gerechtigkeit. Vornehmste Aufgabe des Herrschers ist es, Gericht zu halten und Recht zu schaffen. Doch ist das sceptrum auch Zeichen der herrschaftlichen Huld, der Gnade und des Friedens; wer Macht hat zu züchtigen, kann auch Gnade vor Recht walten lassen.[490] In der Übergabeformel steht das Szepter, wobei der Ausdruck "virga" synonym verwendet wird, für virtus (Kraft) und veritas im Sinne von Rechtlichkeit, Unparteilichkeit, Gerechtigkeit. Das Szepter ist Herrschaftszeichen zum Schutz der Schwachen und Schrecken der Hochmütigen. Es ist Symbol für die Stellvertretung des Kaisers in der Herrschaft Christi, der den Kaiser mit dem Szepter als Schlüssel in das Haus Gottes eingelassen hat. Das Szepter steht für eine milde Herrschaft, voll Gnade und Erbarmen - den Gefangenen und den in Finsternis und Todesschatten Sitzenden (Psalm 107, 10) soll der Herrscher aus dem Kerker hinausführen. Er soll dem Vorbild Gottes auf dem Thron der Gerechtigkeit folgen, die Gerechtigkeit lieben und das Unrecht hassen (Psalm 45, 8). Das Szepter ist hier wieder Gerichtsstab.

Der Globus, Weltkugel, Reichsapfel[491] ist Symbol der Weltherrschaft des Kaisers über Könige und Reiche. Er geht auf das Symbol der Sphaira zurück, die in der griechischen Antike den als Kugel gedachten Himmel verkörperte.[492] Eine betont unpolitische Deutung hatte ihm Papst Gregor IX. in einem Schreiben an Friedrich II. beigelegt:[493] Der Kaiser trage das Szepter der Gerechtigkeit in der rechten und den Reichsapfel in der linken Hand. Wegen seiner Kugelform sei der Globus ohne Anfang und ohne Ende, initio carens et fine, wie das Göttliche, Ewige: ein Zeichen der ewigen, unendlichen Barmherzigkeit (Psalm 103, 17), der das ewige Reich versprochen sei (Matthäus 5, 7). Barmherzigkeit oder Gnade und Gerechtigkeit sind danach dem Kaiser mit Apfel und Szepter in die Hände gegeben. Die Harzmasse, mit der der Reichsapfel zur Stabilisierung gefüllt ist, wurde im Mittelalter auch als christliche Erinnerung an den Kaiser an seine irdische Vergänglichkeit, an den Erdenstaub angesehen.[494] Um 1325 erfährt der Reichsapfel eine ähnliche Deutung bei Johann von Buch in der Glosse zum Sachsenspiegel:

---

perio subicias, zitiert bei Schramm, Sphaira, S. 96 f., der allerdings die Angabe des konkreten Krönungsaktes schuldig bleibt.
[490] Eichmann, aaO, S. 84.
[491] Dazu die umfassende Darstellung P. E. Schramms: "Sphaira, Globus, Reichsapfel."
[492] Erler, "Reichsapfel", in: HRG, Bd. 4, Sp. 537/538.
[493] Mon Germ., Epistolae saeculi XIII I, Nr. 365, S. 278 ff.
[494] Gervasius von Tilbury, MGH, Scriptorum Tomus XXVIII, S. 367.

"Zum vierden hat das Reich einen gülden Apffel / Denselben kan man auff vnd zuthun / vnd ist voll erden. Dieser bezeichnet den Keyser selbst / Dann wie die erde im golde ist / also ist er auch ein sterblicher mensch in seiner Keyserlichen hoheit / wirdigkeit vnd ehre".[495]

Nach der Investitur mit dem Krönungsmantel oder Pluviale - eine eigene Übergabezeremonie gab es hierfür nicht - wurde Franz zum im wahrsten Sinne krönenden Abschluß der Insignienübergabe von den drei Erzbischöfen gemeinsam die Reichskrone auf das Haupt gesetzt. Anders als im Alten Testament, wo die Krone als königlicher und priesterlicher Kopfschmuck Zeichen der Heiligkeit des gesalbten Herrschers und seiner hohen glanzvollen Stellung ist, während die Herrschaft durch das Szepter symbolisiert wird,[496] wurde im christlichen Krönungsbrauch die Krone als das eigentliche Herrschaftssymbol zur letzten Steigerung der Investitur übergeben.

Die Reichskrone selbst bietet Schlüssel für ihre Deutung.[497] Sie besteht aus acht Platten, von denen vier mit Darstellungen vorbildlicher Könige - Himmelskönig, David, Salomon, Ezechiel-die anderen vier mit Edelsteinen - Smaragden, Saphiren, Amethysten - und Perlen besetzt sind. Die noch freien Flächen enthalten Türmchen und goldene Vierblätter. Symbol ist zunächst die Achtzahl der Platten, aus denen sie zusammengesetzt ist. Die Acht steht in der christlichen Zahlensymbolik für die Vollkommenheit und "neue Schöpfung". Sie übersteigt die Sphäre der irdischen Siebenzahl und war Symbol für Auferstehung und Ewiges Leben.[498] Die Reichskrone ist Abbild des himmlischen Jerusalem der Offenbarung (Offenbarung 21, 16 ff.), in dem Christus seinen Thron aufschlagen wird. Die beiden Seitenplatten über den Schläfen stehen durch die Anordnung der Edelsteine und Perlen für die großen Gottesthron-Visionen (Offenbarung 4, 2 - 7 und 22, 1 -5). Die zwölf Steine weisen auf die zwölf Stämme Israels und auf die Tore des himmlischen Jerusalems (Offenbarung 21, 15-21) hin. Aufbau und Mauern dieser Stadt finden ihre Entsprechung in der Form, den Edelsteinen und den Platten, den

---

[495] Glosse zum Sachsenspiegel, in: Chr. Zobel, Sachsenspiegell, Landrecht III 60 § 1. Der Glossator hat offenbar den Reichsapfel nie zu Gesicht bekommen.
[496] Eichmann, Kaiserkrönung II, S. 57 u. 83.
[497] Dazu R. Staats, Theologie der Reichskrone, und ders., Die Reichskrone, 1991, bes. S. 53 ff.
[498] Vgl. Fillitz, Insignien, S. 20.; Eichmann, aaO, S. 69. Staats, Die Reichskrone, S. 55, erinnert an die Schlußworte von Augustins "De civitate Dei", die auf die ewige Glückseligkeit am letzten und "achten" Welttag hinweisen. Viele Taufkapellen, auch die Aachener Pfalzkapelle Karls des Großen, haben daher oktogonalen Grundriß.

"Mauern" der Reichskrone.[499] Nach der Kronformel symbolisiert die Krone sanctitatis gloriam et opus fortitudinis - die Ehre der Heiligkeit des Herrschers als Gesalbten des Herrn und seine Macht und Stärke. Der König soll sich dessen bewußt sein, daß er "durch die Krone", per hanc coronam, Teilhaber sei ministerii nostri, an unserem bischöflichen Amt. Auch die Bischöfe tragen eine Krone: die Tonsur, corona clericatus.[500] Die Teilhabe sei derart ausgestaltet, daß die Bischöfe in interioribus, dem Inwendigen nach, Hüter und Führer der Seelen seien, während der König in exterioribus als wahrer Diener Gottes und als ein tapferer Verteidiger der Kirche Christi und des von ihm Gott verliehenen Reiches gegen alle Widrigkeiten beistehen solle. So wird die Krone für den König zur Ehre der Heiligkeit (gloria sanctitatis), weil er an den Aufgaben des apostolischen Amtes teilnimmt. Der König solle sich bewähren als tauglicher Verwalter (utilis executor) der ihm anvertrauten Herrschaft, als einer, der dem Unrecht wirksam begegnen wurde, und als regnator proficuus, als ein Herrscher, "der nicht bloß vorsteht (praeest), sondern vor allem fürsteht (prodest)",[501] Zum Lohn werde der Herrscher unter den glorreichen Helden (athletae), geschmückt mit den Edelsteinen der Tugenden und gekrönt mit dem Lohn (praemium) der ewigen Glückseligkeit, und werde zusammen mit Jesus Christus ohne Ende frohlocken.

Die Insignienformeln sind Ermahnungen zur Befolgung der Pflichten eines Herrschers und machen seine Verbindlichkeit gegenüber Gott und Menschen deutlich. Die Kirche erfüllte ihre ihre Aufgabe, die Völker mit gelehrten Königen zu versehen und der Despotie eines gottlosen, ungerechten und tyrannischen Königs zu wehren.[502] Im Gegensatz zu dieser hohen staatstheoretischen Bedeutung für das Verständnis der Rechts- und Staatsphilosophie des frühen Mittelalters wird der praktische Wert der Formeln nicht allzu groß gewesen sein. Sie erfolgten ausschließlich in lateinischer Sprache, die die Kaiser in der Regel nur unzureichend beherrschten. Die Belehrungen bei der Insignienübergabe waren und blieben daher bloße Formeln - anders als der dem Kaiser auch auf deutsch vorgelesene Eid nach dem Skrutinium - und werden keinen nachhaltigen persönlichen Eindruck auf den Kaiser gemacht haben.[503]

---

[499] Dazu näher Staats, aaO, S. 62 ff.; Eichmann, aaO, S. 57 u. 83; Fillitz, Insignien, S. 19 f. Ferner G. Kretschmar, Die Offenbarung des Johannes, S. 144.
[500] Eichmann, aaO, S. 66.
[501] Eichmann, aaO, S. 66 f.
[502] Eichmann, aaO, S. 125.
[503] Dazu näher Eichmann, aaO, S. 124 f.

Im Krönungsornat trat Franz nun an den Altar und leistete den Krönungseid auf das Reichsevangeliar, zuerst in lateinischer und dann in deutscher Sprache. Im Anschluß daran wurde er wieder in seinen Stuhl geführt, das Evangelium wurde gelesen und die Liturgie fortgesetzt. Franz empfing wie ein Priester "von dem Herrn Consecratore sacram hostiam und den Wein in des Herrn Consecratoris Kelch." Aufgrund seines halbgeistlichen Charakters als Gesalbter des Herrn stand dem König am Krönungstag - im Unterschied zu den Laien, die nur die Hostie empfingen - die Kommunion in beiderlei Gestalt zu. Dieser Sakramentsempfang ist nicht im Ordo vorgesehen, sondern nur den Berichten von Teilnehmern zu entnehmen.[504] Die Kommunion wurde dem Kaiser und dem König am Krönungstag und bei einer Messe durch den Papst noch im späten Mittelalter sub utraque specie (unter beiderlei Gestalt) gereicht.[505] Diese auch 1792 beachtete Tradition hatte zwischenzeitlich eine Unterbrechung erfahren. Die Kommunion in beiderlei Gestalt war erstmals von Friedrich III. bei seiner zweiten Romfahrt im Jahr 1468 ausgesetzt worden. Dies als bewußte Distanzierung zu der häretischen hussitischen Lehre, welche die allgemeine Kommunion unter beiderlei Gestalt forderte. Friedrich III. erwies sich damit als Befreier der katholischen Religion, als "catholicae religionis assertor".[506] Die einfache Kommunion, "sub una specie", war bei den folgenden Krönungen beibehalten worden. Bei seiner Kaiserkrönung in Bologna 1530 hatte Karl V. allerdings, wohl um den Schein zu wahren, das vinum purificationis getrunken, den Wein, mit dem der Priester nach der Kommunion seine Hände abgespült hatte.[507] Anläßlich der Krönung Maximilians II. 1562 wurde der von diesem seit langem gewünschte Kommunionsempfang in beiderlei Gestalt ein heikles Problem.[508] Maximilian hatte wiederholt erklärt, er werde auf die heilige Handlung ganz verzichten, wenn man ihm den Kelch vorenthalte. Sein Wunsch nach Kommunion sub utraque specie stützte sich allerdings nicht auf das alte Vorrecht des Königs. Maximilian neigte innerlich der protestantischen Lehre zu. Sein Vater, Ferdinand I., bat 1560 den Papst um einen Dispens für seinen Sohn in der Frage des Laienkelchs. Es sei anderenfalls zu befürchten, daß Maximilian "sich vollständig den nichtkatholischen Dogmen anschließe". Trotz wohlwollenden Entgegenkommens zögerte der Papst, sich zu sehr festzulegen. Da die Kommunion bei

---

[504] Goldinger, Zeremoniell, S. 108.
[505] Eichmann, Kaiserkrönung I, S. 307.
[506] Eichmann, aaO, S. 308; ferner: P. Browe, Zum Kommunionsempfang im Mittelalter, Jb. f. Liturgiewissensch., Bd. 12, (1932), S. 167 f.
[507] Eichmann, aaO, S. 308 u. S. 319.
[508] Dazu J. Schlecht, Das Geheime Dispensbreve Pius IV. für die römische Königskrönung Maximilians II., Hist. Jb. 14 (1893), S. 3 ff.

Krönungen von großer Bedeutung war, mußte Ferdinand, der seinem Sohn die Nachfolge in Böhmen, Ungarn und dem Reich sichern wollte, sie bald geklärt wissen. Auf erneute dringende Vorstellung Ferdinands durch ein eigenhändiges, nur für die Augen des Papstes bestimmtes Gesuch[509] erteilte dieser am 10. Dezember 1561 den ersehnten Dispens durch ein geheimes Breve.[510] Pius dispensierte Maximilian nicht etwa in der Weise, daß diesem der Kelch gestattet sei. Er übertrug vielmehr sein Recht zur Dispensation an Ferdinand. Dieser durfte nun seinem Sohn unter bestimmten Voraussetzungen die Doppelkommunion gestatten - ohne Einschränkung auf einen bestimmten Fall oder bestimmte Zeit und nach Maßgabe seines Gewissens. Es handelt sich um einen der seltenen Fälle einer Übertragung geistlicher Jurisdiktion an Laien.[511] Aufgrund des päpstlichen Indults, das er am Tag vor der Krönung dem Erzbischof von Mainz vorgewiesen hatte, verzichtete bei der ersten Krönung im Frankfurter Dom 1562 mit Maximilian zum ersten und einzigen Mal ein römischer König auf die Kommunion bei der Krönung - unter dem ärztlich attestierten Vorwand, nicht so lange nüchtern bleiben zu können und deswegen vorher zu Hause kommunizieren zu müssen.[512] Bei seiner Krönung 1575 in Regensburg folgte Rudolph II. dem Vorbild seines Vaters nicht und empfing die Kommunion öffentlich und nach katholischem Ritus, also unter einerlei Gestalt. Dies wurde von der katholischen Welt mit großer Genugtuung vermerkt.[513] Erst bei der ersten Krönung nach dem Westfälischen Frieden, der Ferdinands IV. in Regensburg 1653, wurde das alte Recht des Königs auf priesterliche Kommunion wieder aufgegriffen. Man nahm irrtümlich an, auch bei der Krönung Ferdinands III. 1636 sei in beiderlei Gestalt kommuniziert worden, und wollte sich nach diesem Vorbild richten.[514] Bei allen folgenden Krönungen erfolgte die Kommunion sub utraque specie, so auch im Jahr 1792.

Als die Krönung noch in Aachen vorgenommen wurde, wurde der Kaiser im Anschluß an die Kommunion in die Oberkirche des Aachener Münsters geführt. Dort erfolgte auf dem Stuhl Karls des Großen,[515] dem "stul ze Ache" des Sachsenspiegels (Landrecht III, Kap. 52), die Thronsetzung. In Frankfurt

---

[509] Abgefaßt in einem "barbarischen Latein mit spanischem Akzent" - "Caesar est super grammaticum", abgedruckt bei Schlecht, aaO, S. 28 ff.
[510] Abgedruckt bei Schlecht, aaO, S. 31 f.
[511] Schlecht, aaO, S. 17.
[512] Schlecht, aaO, S. 20; Reuter-Pettenberg, Bedeutungswandel, S. 34 f. und S. 47.
[513] Reuter-Pettenberg, aaO, S. 48.
[514] Reuter-Pettenberg, aaO, S. 49 f.
[515] Vorbild war der Thron Salomos, 1. Könige 10, 18 - 20. Vgl. P. E. Schramm, Herrschaftszeichen und Staatssymbolik I, S. 338 f.

war zu diesem Zweck im südlichen Querschiff ein Thronsessel errichtet worden, der dem Karlsthron nachgebildet war. Nach dem Ritter von Lang sah er aus "wie eine Hennensteige".[516] Der Erzbischof von Mainz sprach die Thronsetzungsformel und Franz nahm auf dem Thron Platz. In der Thronsetzungsformel "Sta et retine" wird zuerst das Wahlprinzip des Heiligen Reichs betont. Franz hatte sich in Art. II, § 2 der Wahlkapitulation[517] verpflichtet, er werde sich

"keiner Succession oder Erbschaft desselben [des Reichs] anmaßen, unterwinden, noch unterfangen, noch danach trachten, dasselbe auf Uns, Unsere Erben und Nachkommen, oder auf jemand anders zu wenden".

Die Besorgnis wegen eines Erbkaisertums findet auch im Krönungszeremoniell ihren Ausdruck: Franz solle bedenken, daß er den Thron weder aufgrund Erbrechts noch durch väterliche Nachfolge, "non jure haereditario nec paterna successione", sondern durch die Stimmen der Kurfürsten erhalte, vor allem aber durch die Macht Gottes, des Allmächtigen, und durch die Übergabe der Erzbischöfe, aller Bischöfe und der übrigen Diener Gottes. Dann erfolgt der schon erwähnte Hinweis auf die halbgeistliche Stellung des Kaisers als "mediator cleri et plebis", den Jesus Christus als Mittler zwischen Gott und den Menschen, "mediator Dei ac hominum" (1. Timotheus 2, 5) auf dem Reichsthron stärken möge und mit sich im ewigen Reich regieren lasse.

Damit war die Krönung abgeschlossen. Dem erwählten Kaiser Franz II. wurden die "Glückwünsche und Huldigungen unter allen möglichen Arten von Knie= und Buckelbeugungen abgestattet."[518] Der Erzbischof von Mainz stimmte den Hymnus Ambrosianus, das "Te Deum laudamus", an,

"welcher von der Kapelle unter Läutung der Glocken, Lösung des klein und großen Geschützes und allerseits gegenwärtigem Trompeten- und Paukenschall, auch des Volkes Jubelgeschrei abgesungen wurde."[519]

Die Messe war beendet, die Kurfürsten kleideten sich in der Sakristei wieder in ihre Kurgewänder.

Seine erste Amtshandlung als erwählter römischer Kaiser nahm Franz während des Te Deums noch vom Thron aus vor und schlug mit dem Zeremoni-

---

[516] Memoiren, S. 210.
[517] Schmauß, Corpus iuris publici S. R. Imperii, S. 1574.
[518] So der Ritter von Lang zur entsprechend verlaufenen Krönung Leopolds, Memoiren, S. 210.
[519] "Krönungsakt des römischen Kaisers", Anlage XXIII

enschwert, dem sogenannten Schwert Karls des Großen, eine Anzahl von Kandidaten zu Rittern, deren Namen tagszuvor von den Kurhöfen an die Mainzer Wahlbotschaft gegeben worden waren. Mit der Ausübung eines seiner Majestätsrechte, des Rechts der Standeserhöhung, bekundete er feierlich eine Machtvollkommenheit, die nur einem gekrönten Haupt zustand.[520] Der Ritter von Lang behauptet, er habe sich im Jahr 1790 vor dieser Ehre - in die Rechte der Reichsritterschaft als eines geschlossenen Standes trat man durch den Ritterschlag nicht ein - gerade noch "retten" können:

"Es hätte wenig gefehlt, so wäre mir, ohne zu wissen wie, die erste kaiserliche Gnade widerfahren. Um Alles noch gemächlicher mitanzuschauen, stieg ich auf etlichen Latten auf einen Platz in der Kirche, der bei weitem minder stark besetzt und gedrängt war, bis ich dann endlich von einem Bekannten, der mir seine Glückwünsche bringen wollte, erfuhr, daß dieses die Bühne für Diejenigen sei, welche der Kaiser zu Rittern schlagen wollte; ich machte mich also mit einem Sprung über diese bevorgestandene Ritterschaft hinweg."[521]

Wie bereits erwähnt, führte der Ritterschlag nicht zum Eintritt in den Ritterstand. Er verlieh nur einen Titel, eine formliche Ehre und nicht immer eine Standeserhöhung. Als Krönungszeremoniell galt er dennoch, da der Kaiser den Ritterschlag eigenhändig ausführte, als eine besondere Ehre. Nicht nur Edelleute, sondern auch Grafen und Reichsfürsten, sogar Kurfürsten, bewarben sich um den Ritterschlag. Auch ein mehrfacher Ritterschlag war keine Seltenheit. Im 15. und 16. Jahrhundert war es zu einer wahren Inflation des Ritterschlags gekommen. Im Jahre 1486 wurden von Maximilian I. vom Aachener Karlsthron aus mehr als 200 Ritterschläge erteilt, und am Schluß des Krönungsmahls erging durch den Herold die Aufforderung, wer den Ritterschlag noch erhalten wolle, möge sofort oder auch später im Palast vor dem König erscheinen.[522] Bei der Aachener Krönung Karls V. hatten nur wenige Deutsche den Ritterschlag empfangen wollen;

"der deutsche Adel wollte den kaiserlichen Ritterschlag lieber durch Besiegung der Feinde sich verdienen und auf der Tiberbrücke empfangen; auch hörte er auf, denselben hoch zu schätzen, weil er sah, Männer von niederer Herkunft und schmutzige Handelsleute durch Geld sich den Weg zur höchsten Ehre bahnen konnten."[523]

---

[520] Römer-Büchner, Wahl und Krönung, S. 75 Fn*; Kriegk, Die deutsche Kaiserkrönung, S. 99.
[521] Memoiren, S. 210. Lang sollte später seinen Rittertitel vom Königreich Bayern erhalten, das mit derartigen Standeserhöhungen geradezu um sich warf.
[522] Kriegk, Die deutsche Kaiserkrönung, S. 99 f.
[523] Zeitgenössischer Bericht, zitiert bei Kriegk, Die deutsche Kaiserkrönung, S. 100. Damals sollen fast 2.000 Ritterschläge erteilt worden sein, Schulte, Aachener Krönungen, S. 73 f.

In den späteren Jahrhunderten war Voraussetzung für den kaiserlichen Ritterschlag der Nachweis von vier ehelichen Ahnen. Frankfurter Patrizier haben sich merkwürdigerweise nie unter den Kandidaten befunden, im Gegensatz zu den Nürnberger Krongesandten: 1792 wurden ein Tucher, ein Harrdorf und ein Wöldern von Franz zu Rittern geschlagen.

Die Kandidaten wurden dem Kaiser vorgestellt und nacheinander aufgerufen. Nach einem vermutlich aus dem Jahr 1452 stammenden Vorrecht und Brauch erschien vor allen anderen ein Mitglied der Familie der Kämmerer von Worms, eines der ältesten und vornehmsten deutschen Adelsgeschlechter und seit 1315 als Erben der ausgestorbenen Familie Dalberg Träger des Zunamens "von Dalberg". Auf den Ruf "Ist kein Dalberg da?" trat in voller Ritterrüstung, mit dem Helm in der Hand, Heribert, Kämmerer von Worms, Freiherr von und zu Dalberg vor, empfing als erster den Ritterschlag aus der Hand Franz II. und erhielt die Bestätigung seines Vorrechts, indem ihm eine darüber ausgestellte Urkunde an einem roten Band umgehängt wurde. Das Vorrecht der Dalbergs hielt sich sogar über das Ende des Heiligen Reichs hinaus: Napoleon I., zu dessen Adel die auf dem französisch gewordenen linken Rheinufer ansässigen Dalbergs gehörten, nahm es unter die Attribute der französischen Kaiserwürde auf.[524]

Von Krönungsakt und Ritterschlag erschöpft, ließ sich Franz auf dem Kaiserthron ein Glas Rotwein reichen.[525] Doch die Zeremonien in der Kirche waren noch nicht beendet. Wie üblich erfolgte noch die Aufnahme des neuen Kaisers als Kanoniker in das Aachener Marienstift. Dieses Königskanonikat[526] - die frühere Aufnahme in die Stiftsgeistlichkeit von St. Peter in Rom wurde in Aachen wohl seit dem 13. Jahrhundert durch Aufnahme als Mitkanoniker in das Marienstift nachgeahmt[527] - war ein weiteres Zeichen der halbgeistlichen Stellung des gesalbten Kaisers. Der Kaiser hatte Sitz und Stimme im Kapitel. Wenn er in Aachen war, empfing er die Einkünfte einer Tagespfründe und sang in der Weihnachtsmette die siebente Lektion des Breviers "Exiit edictum a Caesare Augusto ut describeretur universus orbis".[528] Franz II.

---

[524] Kriegk, aaO, S. 101.
[525] Berbig, Krönungsritus, S. 678.
[526] Dazu: Fürst, "Königskanonikat", in: HRG, Bd. 3, Sp. 1042/43.
[527] Kriegk, aaO, S. 99; Schulte, Aachener Krönungen, S. 53.
[528] Browe, Kommunionsempfang, S. 166 f. Umfassend Heimpel, Königlicher Weihnachtsdienst im späteren Mittelalter, Deutsches Archiv zur Erforschung des Mittelalters, Jg. 39 (1983), S. 131 f.

schwur den Kanonikereid[529] - und zahlte an das Stift aus einem Vergleich über dessen Einkunftsrechte bei der Krönung 3.500 Gulden.

"Diese Gerechtigkeiten waren: 1) dem Stift Aachen verbleibt das Tuch in der Kirche, worauf der Kaiser zu seinem Betstuhl gegangen, nebst den Kissen und Teppichen vor dem Betstuhl, worauf derselbe kniete. 2) Die Kleider, so der Kaiser bei der Krönung anhatte. 3) Die goldenen Teppiche, womit sowohl der Betstuhl als der kaiserliche Thron behängt war. 4) Sechsundfünfzig Goldgulden, welche nach dem Gebrauch der Prälaten[530] für die Stiftsgerechtigkeiten bezahlt worden. 5) Drei Fuder des besten Weines, davon zwei die Stiftskirche zu unsrer lieben Frauen und das dritte das Collegium des heil. Adalbert bekam."[531]

Nach der Aufnahme des Kaisers in das Marienstift traten die inzwischen in ihre Kurgewänder gekleideten drei geistlichen Kurfürsten zu dem Kaiser, und der Zug verließ den Dom.

---

[529] Eidesformel bei Römer-Büchner, Wahl und Krönung, S. 76.
[530] D.h. die doppelte Aufnahmegebühr, Schulte, aaO, S. 49.
[531] Römer-Büchner, aaO, S. 76.

Postkarte mit Darstellung des Krönungszuges sowie der Verrichtung der Erzämter auf dem Römerberg am 14. Juli 1792 (Institut für Stadtgeschichte der Stadt Frankfurt am Main)

Silbernes Hafermaß samt Abstreicher des Reichserbmarschalls von Pappenheim (Institut für Stadtgeschichte der Stadt Frankfurt am Main)

2. Der weltliche Teil der Krönung

Der Zug vom Dom zum Römer leitete den weltlichen Teil der Krönung ein: das Krönungsmahl im Römer und die feierliche Verrichtung der Erzämter auf dem Römerplatz. Ein Mahl ist erstmals bei der Krönung Ottos I. 936 nachweisbar.[532] Die Gemeinsamkeit schaffende und damit friedensstiftende Wirkung von Mahl und Trank[533] galt auch hier. Doch ist das Mahl nicht einfach "starkes Symbol und aktueller Vollzug der Gemeinschaft".[534] Dem gemeinsamem Essen und Trinken kam auch bestätigende Wirkung zu. So war das Gelage beispielsweise im altnorwegischen Recht dem Thing bei der Herstellung von Öffentlichkeit gleichgestellt. Seine Wirkung lag in der offenkundig machenden Besiegelung des Rechtsgeschäftes, die man auch Ratifizierung nennen könnte.[535] Die bestätigende Wirkung von Mahl und Trank begegnet bereits im Alten Testament, so bei Versöhnungen (1. Mose 26, 26-31 und 31, 44-46). Auch im alten deutschen Recht lassen sich viele Beispiele finden.[536] Die heute noch üblichen Essen nach Hochzeiten, Beerdigungen, bei Richtfesten u.s.w. und die Geschäftsessen erinnern uns noch an diese Funktion von Mahl und Trank. Das Krönungsmahl im Anschluß an den geistlichen Krönungsakt sollte also ursprünglich die Krönung nach außen kundmachen und ratifizieren. Die dabei dem neuen König von den Herzögen des Reiches geleisteten Dienste waren öffentliche Anerkennung der herausgehobenen Stellung des Gekrönten und Huldigung.

Über eine aus 20.000 Bohlen bestehende "Brücke" ging der Kaiser zu Fuß in "seinem abgeschabten Mantel" und "seinen alten Kaiserpantoffeln"[537] mit Szepter und Reichsapfel in den Händen unter einem Baldachin, der von zehn Ratsmitgliedern getragen wurde.

"Das kurfürstliche Trifolium hielt die Zipfel seines Mantels, und kaiserliche und kurfürstliche Garden machten den Beschluß. Kaum war der letzte Mann derselben vorüber, so fiel das gute Volk über das ihm preisgegebene Tuch her und riß es in Stücke. Der schließende Offizier mußte beständig rückwärts wie ein Krebs marschieren und mit seinem Degen ab-

---

[532] Widukind, Rerum Gestarum Saxonicarum libri III, liber 2, cap. 2, S. 66 f.
[533] Vgl. K.-S. Kramer, "Mahl und Trunk", HRG, Bd. 3, Sp. 154 - 156. Ferner A. Holenstein, Die Huldigung der Untertanen, S. 472 ff.
[534] So A. Holenstein, aaO, S. 474.
[535] So J. Brand, Zur Rechtsfunktion des Gelages im alten Handwerk, ZRG GA Bd. 108 (1991), S. 297 ff. (309).
[536] Beispiele bei Brand, aaO, S. 310 ff.
[537] Ritter von Lang, Memoiren, S. 211, zur Krönung Leopolds II.

wehren, wollte er nicht, daß er und vielleicht die ganze Prozession von denen, welche das Tuch abrissen und abschnitten, über den Haufen geworfen würde."[538]

Noch immer schien der Volksglaube ungebrochen zu sein, wonach das Tuch die Kraft habe, Krankheiten zu heilen, weil der Gesalbte des Herrn damit in Berührung gekommen war.[539] In einer knappen halben Stunde war auch von der Brücke nichts mehr zu sehen. War das Geschehen in der Kirche nur einem beschränkten, durch Eintrittskarten berechtigten Zuschauerkreis[540] zugänglich gewesen, so nahm nun das gesamte Volk ungestümen Anteil am Krönungsgeschehen. Bei den Preisgaben war es in der Vergangenhei regelmäßig zu blutigen Ausschreitungen gekommen. Am 11. Juli war daher folgender Ratserlaß ergangen, dessen Wirkung allerdings gleich Null blieb:

"Aus kaiserl. Allerhöchster Gnade, Milde und Gütigkeit pflegt Preis gegeben zu werden, benamentlich bei dem Geld auswerfen, sodann dem Weinspringen und Freigebung des Habers, des gebratenen Ochsens, der Küche auf dem Römerberg und das über die Brücke, worüber Ihre kaiserliche Majestät sich aus dem Dom begeben werden, zu legenden Tuchs, keine Thätlichkeiten noch Gewalt auszuüben, sondern einem Jeden, der Deute gemacht, zu lassen, viel weniger jemand zu verwunden noch an Leib oder Gliedern zu beschädigen."[541]

Am Römer angekommen, trat Franz in seinem Ornat auf den Balkon und zeigte sich der Menge, wobei er Szepter und Reichsapfel in den Händen hielt. Im Verlauf der ungefähr einstündigen Verrichtung der Erzämter "schien ihm aber auch die Krone, der Reichsapfel und das Zepter schwer zu werden, denn die Hände sanken allmählich etwas tiefer."[542] Reichard wurde beim Anblick Franz II. an die "alten Kaiser- oder Königsbilder auf den Blättern von Spielkarten erinnert."[543] Kurz jubelte ihm das Volk zu, wandte dann aber seine Aufmerksamkeit dem Geschehen auf dem Römerberg zu, wo die Erbbeamten die auf die vier germanischen Hausämter zurückgehenden Erzämter[544] verrichteten. Mehr als 850 Jahre nach der ersten Erzamtsverrichtung im Jahr 936 wurden ein letztes Mal die Vorschriften des Kapitels XXVII der Goldenen Bulle[545] lebendig und feierlich Marschalls-, Kämmerer-, Truchsessen-

---

[538] Friederich, Denkwürdigkeiten, Bd. 1, S. 57.
[539] Berbig, Krönungsritus, S. 656.
[540] Im Jahr 1742 bot ein Kaufmann 1.000 Gulden für einen guten Platz in der Kirche, Sieber, Volksbelustigungen, S. 62.
[541] Abgedruckt bei Römer-Büchner, Wahl und Krönung, S. 77.
[542] Anonymes Tagebuch, S. 21.
[543] Reichard, Selbstbiographie, S. 275.
[544] Vgl. oben, S. 98.; A. Laufs, Erzämter", in: HRG, Bd. 1, Sp. 1011 - 1015.
[545] Weinrich, Nr. 94 b, S. 384 ff.

und Schenkenamt ausgeübt. Die Ausübung des Erzschatzmeisteramts durch den Erbbeamten des Kurfürsten von Hannover machte den Schluß: Graf von Sinzendorf warf Krönungsmünzen unter das Volk.

Ein Erzschatzmeisteramt sieht die Goldene Bulle nicht vor, es war erst bei der Neubegründung der pfälzischen Kurwürde nach dem Dreißigjährigen Krieg geschaffen worden, da Kurbayern mit der pfälzischen Kurwürde auch das damit verbundene Truchsessenamt erhalten hatte: Der Kurfürst von der Pfalz hatte seitdem die Krönungsmünzen auszuwerfen, was bisher von Herolden beim Zug aus der Kirche besorgt worden war. Als für Kurhannover im Jahr 1692/1708 eine neunte Kurwürde geschaffen wurde, war die Schaffung eines eigenen Erzamtes problematisch.[546] Gegen das kurhannoverische Reichsbannerherrenamt protestierte der Herzog von Württemberg mit der Begründung, seinen Vorgängern sei die Sturmfahne 1336 zu Lehen gegeben worden, die Sturmfahne sei aber mit der Reichsfahne identisch. Auch der Erzmarschall hatte Einwände, da er das Erzbanneramt als bereits von seinem eigenen Amt umfaßt sah. Erst nach dem Aussterben der bayrischen Wittelsbacher 1777, wodurch bayrische und pfälzische Kurwürden zusammenfielen, erhielt Kurhannover das schon seit 1745 begehrte Schatzmeisteramt.

Nach der Verrichtung der Erzämter gingen die von den Erzbeamten gestellten Gerätschaften und Reittiere gemäß Kap. XXVII, § 6 der Goldenen Bulle[547] in das Eigentum der Erbbeamten über. Hafer, Wein und der Ochse wurden der Menge preisgegeben. Die Preisgabe war überkommener Ausdruck der vornehmsten Tugend, die das Mittelalter von einem Herrscher forderte: der Freigebigkeit. Damit bewies er neben seinem Überfluß seine Milde (clementia).[548] Doch hatte die Preisgabe auch einen Rechtscharakter. Bei den Germanen war die Gabe die zweite große, neben dem Eid bestehende Form der Begründung und Sicherung von Rechtspflichten. Das Geben war zauberische Rechtshandlung zur Erhaltung oder zur Heilung des Rechtsfriedens.[549]

---

[546] Vgl. im einzelnen Reuter-Pettenberg, Bedeutungswandel, S. 95 ff.; Moser, Von dem Römischen Kayser, S. 429 ff. In der öffentlichen Diskussion um ein neues Amt gab es u.a. Vorschläge wie "Erzfalkonier", "Erzpfandhüter", "Erzgeneral", 1754 sogar "Erzadmi-ral" für eine noch zu beschaffende deutsche Flotte, Sieber, Volksbelustigungen, S. 77.
[547] Weinrich, Nr. 94 b, S. 386/387.
[548] Schulte, Aachener Krönungen, S. 10; Vgl. ferner Ludewig, Vollständige Erläuterung der Güldenen Bulle, 2. Teil, Tit. XXVII, § 5 (m), S. 732.
[549] H. Hattenhauer, Zur Autorität des germanisch-mittelalterlichen Rechtes, ZRG GA Bd. 83 (1966), S. 258 ff (272). Zur Symbolik des Schenkens ferner: Holenstein, Die Huldigung der Untertanen, S. 460 ff.

Die Szenen in der Volksmenge auf dem Römerberg waren nichts für zartbesaitete Gemüter. Der erwähnte Ratserlaß über das Verhalten bei der Preisgabe hatte offenbar nichts gefruchtet. Das "Kannibalenballett" war heftiger und widerwärtiger denn je. Reichard berichtet als Augenzeuge:

"Zum Anschauen der Feierlichkeiten auf dem Römer diente mir und meiner Familie ein wohlgelegenes, theuer gemiethetes Fenster[550]; mein Nachbar am Nebenfenster war ein genuesischer Graf nebst seiner von Juwelen strotzenden Gattin und einer Tochter, deren Stolz sich jedoch später dankbar vor dem Inhalte unseres Speisekorbes beugte, mit dem wir uns, gewitzigt durch die Warnung eines kundigen Freundes, für jenes Zimmerverließ gerüstet hatten, aus welchem in vielen Stunden keine Erlösung zu hoffen war. Die ineinandergeschobene Menschenmasse auf dem Platze unter uns, das Gedränge vor und in den Fenstern, auf den Dächern und Giebeln der umliegenden Gebäude, Thore, Häuser - dies ganze Geknäuel und Gewoge wird meinem Gedächtniß stets gegenwärtig bleiben... Es war ein Kampf der Habgier, der Mißgunst und der Schadenfreude. Hatte hier einer mühsam etwas Hafer in seinen Sack gefaßt, so schlitzte das Messer des Nachbars schnell den Sack auf; dort diente das Brod als Wurfgeschütz; hier floß die Weinspende auf den Boden, indem jeder dem anderen das Gefäß vom Munde wegriß oder in die Zähne stieß; die ausgeworfenen Silber- und spärlichen Goldgroschen wurden nur durch das Wagniß von Gesundheit und Leben erbeutet.[551] ... Das Ganze war ein treues Abbild des alten deutschen Reiches, das durch Hader, Zwietracht, Mißgunst seiner Glieder endlich in Trümmer[552] sank: magni nominis umbra! Nur die Fleischerzunft trug auch diesmal wieder glorreich den Sieg über ihre handfesten Gegner, die Küfer, Ablader und Genossen, davon, indem sie den gebratenen Ochsen erkämpfte, auf dessem ekelhaften, halb rohen, halb geschmorten Leichnam der Obergeselle triumphirend ritt..."[553]

Anders als Reichard steckte ein anonymer Besucher mitten in der tobenden Menge:

"Nun kam die Reihe an den Erbschatzmeister, der aus einem roten, mit Gold durchwirkten Beutel goldne und silberne, große und kleine Münzen auswarf. Hierbei gab es ebenfalls

---

[550] Zwei Jahre vorher kostete ein Tribünenplatz auf dem Römerberg 8 - 9 fl., ein Fensterplatz 50 fl. und ein vierfenstriges Zimmer sogar 2200 fl. am Tag, Sieber, Volksbelustigungen, S. 61. Ferner Jung, Ertrag eines Hauses auf dem Römerberg während der Krönung 1790, Arch. f. F. G. u. K. III, Bd. 6, S. 339 f., wonach der Leinwandhändler Scheidler allein am Krönungstag mit der Vermietung seines Hauses und einiger Tribünenplätze einen Reingewinn von 5.453 fl. 30 kr. machte.
[551] "Ein Zimmergesell war so glücklich, allein 55 Münzen zu erbeuten", Augsburgische Ordinari Postzeitung vom 20. Juli 1792. Der Bäckergeselle Johannes Schaan ergatterte den Beutel des Erbschatzmeisters und machte sich mit den darin enthaltenen Dukaten später selbständig. Seine Familie führt das Geschäft heute noch, eine Großbäckerei mit mehreren Filialen, Hubmann/Trost, Das Heilige Römische Reich deutscher Nation, S. 286.
[552] Der Ritter von Lang sieht im krachenden Zusammensturz der von der Menge geplünderten Ochsenküche ein "Sinnbild, wie es dem heiligen Reiche in der Kürze bald selbst ergehen sollte.", Memoiren, S. 212.
[553] Selbstbiographie, S. 273 ff.

rechtschaffende Prügel, wenn sich einer bückte, ein Stück aufzuheben; andere hielten die Hüte auf, um etwas darin zu fangen, allein sobald sein Nachbar sah, daß er etwas gefangen hatte, so riß er ihm den Hut aus den Händen und ließ ihn in die Luft spazieren, so daß hernach, als der Platz etwas ledig war, allerwegen Hüte und verlorene Schuhe auf der Erde zu sehen waren. Verschiedene Münzen fielen vor mir nieder, allein ich scheute mich, sie aufzuheben, denn sobald ich dazu Anstalt machte, war gewiß ein Dutzend da, das auch Jagd darauf machte; um also meine Hände nicht zertreten zu lassen, mußte ich Verzicht darauf tun. Endlich war ich so glücklich, mit dem Fuße auf eins zu treten, und nun behielt ich meinen Platz, bis ich es unbemerkt aufheben konnte; weiter konnte ich aber keines habhaft werden... Nun verrichtete der Erbschenk sein Amt, indem er auf zweimal roten und weißen Wein in einem silbernen Becher holte und den Wein auch dem Volke preis gab. Jetzt fiel alles, was Hüte hatte, über den Adler[554] her, hielt den Hut unter den Zapfen, und beschüttete, weil doch niemand zum trinken kommen konnte, sich und seinen Nachbarn damit. Einige indessen, deren Verstand durch den Wein, den glücklicherweise hatten trinken können, aufgeklärt worden war, fingen an, ihre Nachbarn auf eine sehr verständliche Art durchzubläuen. Dies war das Signal zu einer allgemeinen Schlägerei, und da jetzt die Erzämter alle verrichtet waren und sich ein großer Teil des Volkes verlaufen hatte, so bekamen die kriegführenden Mächte freies Feld. Jetzt waren auch keine Stadtsoldaten mehr im stande Einhalt zu tun, und es ging alles drunter und drüber, der Adler wurde in Trümmer geschlagen. Das laute Heulen der Geprügelten und das unaufhörliche Rufen: Vivat Franz II.! gab eine gar abscheulich schöne Vokalmusik. Diese ganze Zeit über mußte der Kaiser auf dem Altan stehen bleiben, und so oft es eine rechte derbe Prügelei gab, geruhten Allerhöchstdieselben mit dem bei ihm stehenden Kurfürsten von Mainz darüber zu lachen."[555]

Nach der Verrichtung der Erzämter begann das Krönungsmahl[556] im großen Römersaal, in dessen Verlauf Franz allerdings keinen Bissen zu sich nahm.[557] Sonderlich verlockend wird das halbrohe Fleisch des Krönungsochsen, der, als "bos Troianus"[558] gefüllt mit allem möglichen Getier und Geflügel, im "höllischen Feuer" der bretternen Ochsenküche "unter pestilenzartigem Gestank"[559] geröstet worden war, wohl auch nicht gewesen sein. Die Sitzordnung bei der Tafel folgte den Vorschriften der Goldenen Bulle (Kap.

---

[554] Den eigens errichteten Weinbrunnen krönte eine doppelköpfiger Adler, aus dessen Schnäbeln jeweils roter und weißer Wein floß, Sieber, Volksbelustigungen, S. 87 f.
[555] Anonymes Tagebuch, S. 22.
[556] Nach dem anonymen Tagebuch, S. 22, soll beim Mahl 1792 die Öffentlichkeit aus Angst vor einem Attentat ausgeschlossen gewesen sein. Insoweit bestehen jedoch Zweifel, weil von Müller von einem Öffentlichkeitsausschluß nichts berichtet, vielmehr von einem unbeschreiblichen Gedränge der Zuschauer im Römersaal spricht, Tagebuch, S. 329 der Handschrift.
[557] Berbig, Könungsritus, S. 679.
[558] Mit dem Ursprung des Krönungsochsentradition beschäftigt sich Ludewig, Vollständige Erläuterung der Güldenen Bulle, 2. Teil, Tit. XXVII § 5 (m), S. 731 ff.
[559] So der Ritter von Lang, Memoiren, S. 212.

XXVIII)[560]. Bei der Krönung Rudolphs von Habsburg 1273 in Aachen hatte um die Verteilung der Sitz ein heftiger Rangstreit geherrscht. Das Mahl hatte um einen Tag verschoben werden müssen; Rudolph machte in dieser Zeit habsburgische Heiratspolitik und schob die Vermählung zweier Töchter mit Kurfürsten ein.[561] Ein für alle Mal fand deshalb die so wichtige Sitz- weil Rangordnung in der Goldenen Bulle ihre Regelung (in den Kapiteln III; IV, § 1; XXI; XXII; XXIII; XXVIII). Franz saß allein an einer sechs Fuß erhöhten Tafel auf vier Stufen vor der Fensterfront des Römersaals. An dessen Längsseiten tafelten an einstufig erhöhten Einzeltischen die Kurfürsten von Mainz, Trier und Köln. Die Tische der abwesenden Kurfürsten, auf denen jeweils drei Schüsseln standen, blieben unbesetzt. Ihre Gesandten durften nach Kap. XXIX, § 2 der Goldenen Bulle[562] nicht an der Tafel teilnehmen und speisten außerhalb des Römers.

Vor der Mahlzeit stellten sich die drei geistlichen Kurfürsten zur vorschriftsmäßigen Verrichtung ihres Erzkanzleramtes[563] nach Kapitel XXVII, § 2 der Goldenen Bulle[564] vor der kaiserlichen Tafel auf. Der Kurfürst von Mainz sprach, entsprechend der in Kapitel XXIII der Goldenen Bulle[565] festgelegten Ordnung, den Tischsegen. Darauf übergaben die drei Erzbischöfe Franz den Stab mit den Reichssiegeln, den dieser ihnen sofort wieder aushändigte, worauf der Kurfürst von Mainz, da die Krönung in seinem Erzbistum stattfand, sich das große Reichssiegel um den Hals hängte. Das Siegel wurde einige Tage später von Kurmainz dem Reichsvizekanzler von Colloredo-Mannsfeld zugestellt. Der Stab, dessen Material- und Herstellungskosten die Erzbischöfe gemeinsam trugen, wurde sein Eigentum.[566]

Unter Pauken- und Trompetenschall trugen Reichsgrafen die Speisen für den Kaiser auf. 1790 waren in diesem Zusammenhang die für diese Zeit typischen Zeremonialstreitigkeiten entstanden, die den Ritter von Lang als vorüberge-

---

560 Weinrich, Nr. 94 b, S. 388/389.
561 Schulte, Aachener Krönungen, S. 76.
562 Weinrich, Nr. 94 b, S. 388 ff.
563 Lediglich das deutsche Erzkanzleramt des Kurfürsten von Mainz war noch von Bedeutung. Die Ämter Kurkölns und Kurtriers als Erzkanzler durch Italien bzw. durch Gallien und das Königreich Arelat waren reine Titel, da alle Reichsangelegenheiten von der (deutschen) Reichskanzlei erledigt wurde, Conrad, Deutsche Rechtsgeschichte II, S. 77; Pfeiffer, Teutsche Wahl und Crönung, S. 195.
564 Weinrich, Nr. 94 b, S. 384/385.
565 Weinrich, Nr. 94 b, S. 374 ff.
566 Dies läßt sich der Goldenen Bulle nicht unmittelbar entnehmen, war jedoch unbestritten, vgl. Olenschlager, Neue Erläuterung der Güldenen Bulle, § XCIV, § 3, S. 373.

henden Funktionsträger der Reichsgrafenbank beschäftigt hatten. Dem Reichserbmarschall von Pappenheim hatte von Lang das "exorbitante, unübersehliche, unberechenbare und folgenschwere Begehren, die Herren Söhne und Vettern beim Schüsseltragen und Aufwarten zuzulassen" abschlagen müssen, da Pappenheim keine Reichsgrafschaft, sondern nur eine unmittelbare reichsritterschaftliche Besitzung war.[567] Doch die eigentlichen Probleme beim Schüsseltragen sollten noch kommen. Das kaiserliche Hofmeisteramt hatte insgesamt 37 Schüsseln zum Auftragen vorgesehen.

"Nun war aber seit Carolo Magno, oder auch etwas später, das reichsgesetzmäßige Herkommen, daß jederzeit die erste Schüssel von einem Schwaben, die zweite von einem Wetterauer, die dritte von einem Franken, und die vierte, und so allemal die letzte, von einem Westphälinger Grafen getragen werden mußte. Allein nach diesem Turnus hätt' es sich getroffen, daß die 37ste Schüssel, als die allerletzte, wieder auf einen schwäbischen Grafen gekommen wäre, worüber alle anwesende Schwaben ... in den heftigsten Unwillen ausbrachen, während gleichwohl auch keiner der andern Stände des Reichs dieser 37sten Schüssel sich annehmen wollte. Es schien nur wenig zu fehlen, daß es nicht gar zu einem bürgerlichen Reichsgrafen=Krieg gekommen wäre. Die kaiserliche Hofküche schlug es geradezu ab, diese verwünschte 37ste Schüssel etwa wegzulassen, welches ihr auch nicht zu verdenken war, weil sie sich darüber mit allen Küchenzetteln von Kaiser Rudolfus her, auszuweisen vermochte. Endlich doch kam gleichsam wie vom Himmel her der geistreiche Einfall, aus dieser großen Schüssel vier kleinere zu machen, worauf dann die letzte richtig wieder auf einen Westfälinger traf."[568]

Nach dem Krönungsmahl, das bis nach drei Uhr dauerte, sprach der Erzbischof von Mainz das Dankgebet, und es erfolgte "unterm steten Jubel und Vivatrufen" der feierliche Rückzug in das kaiserliche Quartier. Dort zog Franz die Krönungsgewänder aus, und die Nürnberger und Aachener Deputierten nahmen die Insignien wieder in ihre Obhut. Der Kaiser empfing nun prächtige Gratulationsvisiten der Kurfürsten, Wahlgesandten und der übrigen anwesenden Fürsten. Dafür, daß wenigstens der Krönungstag an die frühere Pracht erinnerte, sorgte der erste kurböhmische Wahlbotschafter; den Tagesausklang beschreibt die Augsburgische Ordinari Postzeitung vom 20. Juli 1792:

"Kaum brach die Nacht an, so wurde jedermann durch die Pracht einer Erleuchtung,[569] die des Herrn Fürsten Esterhazy Hochfürstl. Gnaden veranstalten liessen, in Bewunderung und Erstaunen hingerissen. Vor dem Palais des Herrn Fürsten war ein von Holz erbautes, mit feinem Leinwand überzogenes Haus nach einem fürtreflichen Geschmak erbaut. In

---

[567] Ritter von Lang, Memoiren, S. 206 f.
[568] Ritter von Lang, aaO, S. 207 ff.
[569] 1792 wurde auf einen Großteil der sonst üblichen Illuminationen verzichtet. Neben Eszterházy illuminierten lediglich noch einige Frankfurter Bürger ihre Häuser.

den Fenstergesimsen des untern Stockwerkes sahe man die Bildnisse Karls des Grossen, Heinrichs I., Ottonis I., Rudolphs I., Friedrichs I. und Maximilians I. In dem 2ten Stockwerk war ein Säulengang von dorischer Ordnung, auf dem sich Paucken und Trompeten hören liessen. In der Mitte war des Kaysers Brustbild mit Brillantfeuer illuminiret. Auf der Gallerie sahe man tausende Figuren und Opferaltäre. In der Mitte war der kayserl. Adler erleuchtet und Strahlen giengen von ihm aus. - Die Menge der Menschen, die dieses herrliche Schauspiel, das den Herrn Fürsten 8 bis 10.000 Gulden[570] kosten mag, gesehen haben, ist unbeschreiblich. Ihro Majestäten und der ganze Hofstaat nahm diese Beleuchtung in Augenschein, und das Volk, das bey diesem Feuertempel bezaubert stand, kehrte erst bey dem Anbruche des Tages in seine Wohnungen zurück. So endigte sich dieser für Deutschland merkwürdige Tag, an welchem es wieder ein würdiges Oberhaupt erhielte, dessen Regententugenden bereits anerkannt sind, und Deutschlands Wohlfahrt sichern werden."

Der neunzehnjährige Metternich war vom Fürsten mit der Leitung des Festes beauftragt worden. Er eröffnete den Ball mit der zwei Jahre jüngeren Prinzessin Luise von Mecklenburg, der späteren Königin von Preußen.[571]

Im Frankfurter Staatsristretto vom 16. Juli 1792 konnte man im Anschluß an die Schilderung der Krönungsfeierlichkeiten lesen:

> "**Brüder!** segnet den Tag, an welchem vieler
> Tausend beglückter Menschen Wünsche stiegen
> Himmelwärts, die dem Vater alles Guten
> Dankten mit Freude!
>
> Segnet, segnet die Hand des Gottes, dessen
> Ewigheilige Wege unerforschlich
> Sind, und lobt ihn mit mir, daß er uns Franzen
> Gabe zum Kayser -

---

[570] Diese Summe wird in nahezu allen Zeitungen genannt, das anonyme Tagebuch nennt mehr als 40.000 Gulden. Der Fürst war sehr großzügig, doch seine Gläubiger mußten schnell sein. Am 17. Juli 1792 stand folgende Anzeige im "Frankfurter Staats=Ristretto": "Se. Hochfürstliche Durchlaucht Fürst von Esterhazy de Galantha, als erster Churböhmischer Wahlbothschafter, macht jeden Livranten und Handwerkern zu wissen, daß Jedweder, wer an Ihme oder seinen Leuten etwas zu fordern, bis Ende dieß laufenden Monats Juli sich also gewiß bey seinem Herrn Haushofmeister Lorenz Schenberger anzumelden habe, wie im widrigen nach Verlauf dieser Zeit, die gänzliche Abreise geschehen, dieselben nicht mehr gehöret, und den Verlust sie sich selbst zuzuschreiben haben würden." Dachte der Fürst, "Generalfeldmarschalllieutenant, Obrist über ein Regiment zu Fuß, Kapitain der königl. Ungarischen adelichen Leibgarde", etwa an den "Roulement", den Trommelwirbel beim Auszug einer militärischen Einheit, nach dem Reklamationen wegen unbezahlter Schulden der Soldaten von den Chefs nicht mehr angenommen wurden? - vgl. dazu Friederich, Denkwürdigkeiten, Bd. 1, S. 324 u. 618.
[571] Metternich, Nachgelassene Papiere I, Bd. 1, S. 16.

Bittet, glückliche Deutschen! daß noch lange
Franz beglücke die Erde, daß die goldnen
Tage seiner Regierung und zum Besten
    Lange noch fliehen!

Spät erst müssest Du **Franz** den höhern Welten,
Spät dich nähern dem Orte, wo des Lebens
Ewig fliesende Quelle nie versieget:
    Und wo die hohen

Stimmen von dir beglückter Völker jauchzend:
Heil Dir Vater der Völker! Dich begrüßen,
Lange müssest Du noch hier wallen bey uns
    Dreymal Beglückten!"

XVII. "... wie gute Kinder einem zärtlichen Vater nachsehen" - Das Geschehen nach der Krönung

Der Tag nach der Krönung war Ruhetag. Es gab außer den üblichen Glückwunschvisiten keine offiziellen Feierlichkeiten. Normalerweise stand nach der Krönung die für die Verfassung des Reiches so wichtige Justiz im Vordergrund. Die sonst übliche[572] feierliche Wiedereröffnung des Reichshofrats in Frankfurt fiel 1792 den bekannten Kosten- und Zeitzwängen zum Opfer. Man sparte die Reisekosten der Reichshofräte, und ließ ihnen Zeit zu wichtigeren Dingen, "indem was in Frankfurt herkömmt, ohnehin nur pro forma geschieht und von keiner Bedeutung sein kann."[573] Die nach der Krönung üblichen Formalitäten erledigte die Reichskanzlei ebenfalls aus Kostengründen nicht in Frankfurt, sondern in Wien. Hinsichtlich des Reichskammergerichts ergaben sich 1792 keine Besonderheiten. Es gab hier nichts zu sparen: Am 15. Juli übersandte Franz sein kaiserliches Siegel zur Weiterleitung nach Wetzlar an den Kurfürsten von Mainz in dessen Eigenschaft als Erzkanzler,

"da Wir nach angetretener Unserer kaiserlichen Regierung Unsere reichsväterliche Obsorge vorzüglich auf die ungehinderte Beförderung der gottgefälligen Justiz gerichtet haben und daher erforderlich ist, daß an Unserm kaiserlichen Kammergericht zu Wetzlar die dortigen gerichtlichen Handlungen und Expeditionen nunmehr unter Unserm kaiserlichen Insiegel geführt und fortgesetzt werden."[574]

Am gleichen Tag erfolgten die üblichen Glückwunschvisiten. Das Korps der "bürgerlichen Herren Ober=Offiziers" wartete um 10 Uhr dem neuen Kaiser im Namen der Bürgerschaft auf, und der Advokat Dr. Schulin hielt eine Rede.[575] Ferner wurde

"unter Trompeten und Pauckenschall die auf morgen den 16. d. Sr. Majestät dem Kaiser von der ganzen hiesigen Burgerschaft zu leistende Huldigung auf 21 Stadtplätzen kund gemacht."[576]

Die Huldigung der Bürgerschaft bildete den Abschluß der offiziellen Feierlichkeiten. Die Frankfurter bezeichneten sich deshalb gern als "erste Kinder

---

[572] Moser, Teutsches Staatsrecht II, S. 498; Pütter, Institutiones, § 502, S. 591.
[573] Vortrag Kaunitz' an Franz vom 2. April 1792, HHStA, RK, W.u.K.A., Fasz. 100 a, Anlage V.
[574] Franz an den Kurfürsten von Mainz vom 15. Juli 1792, HHStA, MEA, W.u.K.A., Fasz. 85, Anlage XXV.
[575] Abgedruckt im Diarium 1792, 1. Abschnitt, S. 58 ff.
[576] Diarium 1792, 1. Abschnitt, S. 51.

des Reiches". Von den übrigen Reichsstädten huldigten die vornehmsten gegenüber kaiserlichen Vertretern,

"die übrige geringere Reichsstädte müssen jedoch, um von dieser für sie allzu kostbaren Localhuldigung verschont zu bleiben, gegen Erlegung einer gewissen Summe Geldes, worüber sie mit dem kaiserlichen Reichshofrath überein zu kommen pflegen, vor diesen, durch ihre bei demselben angestellte Agenten, alsdann die nemliche Huldigung an den Kaiser sammt und sonders behörig ablegen."[577]

Die Huldigung[578] verlief ähnlich wie die Ableistung des Sicherheitseids vor der Wahl. Die Huldigung der Frankfurter Bürgerschaft war kein Untertaneneid, sondern ein Lehnseid der Reichsstadt. Bei den frühmittelalterlichen Herrschererhebungen waren Wahl und Huldigung nicht zu trennen gewesen; jede Wahl war zugleich ein Gelöbnis der Treue und Unterordnung gewesen. Nach germanischer Auffassung hatte man sich nur dem unterzuordnen, den man selbst erhoben hatte.[579] Die Königserhebung hatte allmählich mit Ausbildung eines festen Wählerkreises den Charakter eines volkstümlichen Gemeinschaftsaktes verloren. Der in Form des Lehnseides geleistete Untertaneneid beschränkte sich nach der Mediatisierung der meisten Herrschaften auf die Reichsunmittelbaren. Da die Lehnbarkeit vom Reich Indiz für die Reichsunmittelbarkeit geworden war, waren deren Huldigungseide nicht nur der Form, sondern auch ihrem Inhalt nach Lehnseide.[580]

Eine Beschreibung des Huldigungsakts hat der Reichsquartiermeister von Müller seinem Tagebuch beigelegt.[581] Die Huldigung durch den Rat erfolgte 1792 ohne den sonst üblichen Handkuß. Dabei bat der Rat um die Gnade, daß ihm Zukunft das Knieen erlassen werde.[582] Vom Balkon des Römers nahm Franz den Huldigungseid entgegen - geleistet "mit dem nur einem deutschen Volke eigenen Enthusiasmus".[583]

Sie schwuren, "treu und gehorsam zu sein, Ihro kaiserlichen Majestät Frommen und Bestes zu werben und Schaden zu warnen, und alles zu thun, das getreue und gehorsame

---

[577] Pfeiffer, Teutsche Wahl und Crönung, S. 204 f.
[578] Dazu umfassend: Holenstein, Die Huldigung der Untertanen; ferner B. Diestelkamp, "Huldigung", HRG, Bd. 2, Sp. 262 - 265.
[579] Mitteis, Die deutsche Königswahl, S. 52 f.
[580] So Diestelkamp, "Huldigung", HRG, Bd. 2, Sp. 262 - 265 (263), der als Beispiel gerade die Huldigung der Reichsstädte nennt.
[581] Anlage Zahl 204 zum Tagebuch von Müller, Anlage XXVI.
[582] Schembs, Wahl und Krönung, S. 86.
[583] Diarium 1792, 1. Abschnitt, S. 52.

Unterthanen Ihro kaiserlichen Majestät, als ihrem allergnädigsten Herrn, schuldig und pflichtig zu thun seynd, getreulich und ohne Gefährde."[584]

Die Frankfurter Juden hatten am 15. Juli dem neuen Kaiser gratuliert und ihr Krönungsgeschenke[585] überreicht,

"welche nicht sowohl ihres Werthes, als lediglich der rührenden Art wegen, mit welcher sie dargeboten wurde, mit allerhöchsten Beyfall aufgenommen worden sind."[586]

Die eigentliche Huldigung und Vereidigung der Frankfurter Juden erfolgte am 17. Juli vor Vertretern des Kaisers im Hof des Zeughauses. Dort war auf Kosten der Judengemeinde eine besondere Bühne, die "Judenkanzel", errichtet worden.[587]

Das Übrige ist schnell erzählt. Die Stadt leerte sich zusehends. Die meisten Gesandten und Fürsten begaben sich nach Mainz, wo die deutschen Mächte ihr Vorgehen gegen Frankreich abstimmen wollten. Die Mainzer Ereignisse liefen dem Geschehen in Frankfurt den Rang ab. Was in Frankfurt bei dem Verzicht auf Pracht und Prunk eingespart worden war, wurde in Mainz ausgegeben. Am 16. Juli reisten die Kurfürsten von Mainz und Trier "im strengsten Incognito" ab. Franz, die kaiserliche Familie und der Kurfürst von Köln folgten am 19. Juli. Das Diarium von 1792 berichtet:[588]

"Tiefer Schmerz war allerwegen auf eines jedem Gesichte verbreitet, und der so laute Jubel am Tag des feierlichen Zugs nach der Wahl= und Domkirche bei Beschwörung der Wahlkapitulation, der Krönung, und des Tages der Huldigung verwandelte sich nun auf einmal in banges Seufzen, so daß die tiefgebeugte Einwohner kaum noch vermögend waren, ihrem so innigst geliebten Volks=Vater, ein laut ertöndendes Vivat und Lebe=Wohl nachzurufen. Mit Thränen in den Augen stunden sie da, und sahen ihrem geliebten Franz und der Kaiserin Majestät nach, sahen Ihm nach, wie gute Kinder einem zärtlichen Vater nachsehen, wenn Geschäfte seines Berufes ihn auf lange Zeit von ihnen entfernen. Gott schenke diesem theuren Vater des Vaterlandes beständige Gesundheit und ein langes Leben, und kröne alle seine Handlungen mit dem besten Erfolge."

---

[584] Text bei Römer-Büchner, Wahl und Krönung, S. 85.
[585] Zu den Einkünften des Kaisers aus dem Reich gehörten ursprünglich die Judensteuern, nämlich die Kronsteuer beim Antritt der kaiserlichen Regierung und ein jährlicher Opferpfennig von 3.000 fl. Bis auf das gewöhnliche Geschenk der Frankfurter Judenschaft nach der Krönung war davon nichts übriggeblieben, vgl. Moser, Von dem Römischen Kayser, S. 558 ff; ferner, Kriegk, Die deutsche Kaiserkrönung, S 86.
[586] Augsburgische Ordinari Postzeitung vom 24. Juli 1792.
[587] Sieber, Volksbelustigungen, S. 44; Diarium 1792, 1. Abschnitt, S. 62.
[588] Diarium 1792, 1. Abschnitt, S. 57 f.

Am 29. Juli feierten die Frankfurter ein Dankfest mit Glockenläuten und einem Gottesdienst in der Katharinenkirche mit "erbaulicher Predigt" und "fürtreflicher Musik". Beim Salutschießen wurde ein Kanonier, der nicht gehörig ausgeputzt hatte, derart verletzt, daß er am 11. August starb.[589]

Der Reichsquartiermeister von Müller war mit seiner Arbeit allerdings noch nicht fertig. Er hatte Quartierstreitigkeiten auszumitteln; Kurböhmen wollte die zur schnelleren Errichtung der Holzgerüste im Dom zusätzlich eingestellten Schreiner, Kurmainz die zusätzlichen Domwächter nicht bezahlen. Vor allem aber beschäftigte ihn die Weigerung des Rates, den Baldachin bis zur völligen Genugtuung durch den Reichserbmarschall herauszugeben.[590] Dieser reiste zur Armee ab. Auch das gesamte reichserbmarschallische Gefolge verließ Frankfurt. Von Müller mußte noch bis zum 18. August bleiben und erhielt am Ende doch noch den Baldachin und das Frankfurter Gratial.

"Endlich packte ich denn nun meine Tagebücher und die Papiere zusammen in die Küsten und reiste ab. Da ich aber nicht nur das kurmainzische Gratial und das Frankfurter Quantum, sondern noch mehr vor den Herrn Reichserbmarschall bei mir hatte, so mir Herr Kanzleirat Körndörfer daließ und ich ihm bei meiner Zurückkunft überließ, so konnt` ich bei Nacht nicht reisen und kam also am 21. August glücklich, gottlob!, in Pappenheim an."[591]

Einen Monat darauf erdröhnte die Kanonade von Valmy, und genau zwei Monate später verhieß der Revolutionsgeneral Custine den verängstigten Frankfurtern, sie hätten mit Franz den letzten Kaiser gesehen.[592]

---

[589] Diarium 1792, 1. Abschnitt, S. 63 f.
[590] Dazu bereits oben, S. 106.
[591] Tagebuch, S. 357 f. der Handschrift.
[592] Friederich, Denkwürdigkeiten, Bd. 1, S. 82. Zitiert oben, Einführung, S. 1.

B. QUELLEN

1. Abschnitt:

Wahl- und Krönungstagebuch

Kaisers Franz des Zweiten

Majestät

AD 1792

verfaßt von

Reichsquartiermeister

Hieronymus Gottfried von Müller

Vorbemerkung

Bei dieser Wahl und Krönung ging alles in einer solchen außerordentlichen Eilfertigkeit (Die kurfürstliche Zusammenkunft war erst - man sehe Zahl 9 - auf den 3. Juli bestimmt, und am 14. Juli war schon die Krönung; es wurde also alles eher angestellt und in größter Eile betrieben.), daß man Tag und Nacht unaufhörlich beschäftiget war, über nichts aber bleiben konnte, weil - es ist gewiß nicht übertrieben gesagt - alle Minuten etwas anderes dazwischen kam, dies besorgt und jenes nicht unterlassen werden sollte. Zu dem kam, daß niemand von dem ganzen Hochgräflich reichserbmarschallischen Personal noch bei einer Krönung war; nämlich nicht

1) der amtierende Herr Reichserbmarschall,
2) der Reichsquartiermeister,
3) der Herr Kanzleirat Körndörfer,
4) der Herr Reichsfourier Wasser.

Die Tagebücher gaben nicht immer die nötige Auskunft. Auch war die Zeit zu kurz, als daß man gleich auf der Stelle den befragten Gegenstand zu finden vermochte, ohnerachtet man sich Register, Bemerkungen und dergleichen vorbereitungsweise gemacht hatte. So durchkreuzten sich oft zwanzig und mehrere Geschäfte. Man mußte sich also durchfinden. Es half nichts. Ob solches und wie es dann doch mit glücklichem Erfolge gegangen sei, zeigen die unter Zahlen 217, 242, 243 befindlichen Schreiben der beeden königlich-preußischen und kurbrandenburgischen vortrefflichen Herren Botschafter Fürsten von Sacken Durchlaucht und Grafen von Görtz Exzellenz an des amtierenden Herrn Reichserbmarschallen Grafen Karl Hochgräfliche Gnaden und der unter Zahl 241 zu findende beurkundete Auszug eines Berichts des kursächsischen Herren Gesandten Grafen von Hohenthal Exzellenz zu Regensburg an mich den Reichsquartiermeister.

Um eingangs bemerkte außerordentliche Eilfertigkeit zu bewähren und den Gegenhalt abzumessen, so zeigt sich aus den hiesigen Wahl- und Krönungstagebüchern, und zwar:

Aus dem über Karls VI. (weiter zurück ist kein Tagebuch vorhanden) Allerhöchsten Angedenkens, daß der Reichsquartiermeister am 16. Juni 1711 zu Frankfurt am Main ankam, die Krönung am 22. Dezember des nämlichen Jahres geschehen, also beinahe 6 Monate Zeit war, und endlich die Abreise des Reichsquartiermeisters am 13. Januar 1712 erfolgte, dahero dessen Aufenthalt 7 Monate weniger 3 Tage gedauert habe.

2.

Aus dem über Karls VII. Allerhöchsten Andenkens, wo der Reichsquartiermeister am 3. Januar 1741 zu Frankfurt am Main ankam, die Krönung am 8.

März 1742 geschehen, also 1 Jahr, 2 Monate, 5 Tage Zeit war, und endlich die Abreise des Reichsquartiermeisters am 6. September des nämlichen Jahrs erfolgte, dahero dessen Aufenthalt bei 1 Jahr und 8 Monate gedauert habe.

3.

Aus dem über Franz I. Allerhöchsten Angedenkens, wo der Reichsquartiermeister am 2. Mai 1745 zu Frankfurt am Main ankam, die Krönung am 4. Oktober des nämlichen Jahrs geschehen, also 5 Monate beinahe Zeit war, und die Abreise des Reichsquartiermeisters am 25. Oktober des nämlichen Jahres erfolgte, dahero dessen Aufenthalt gegen 6 Monate gedauert habe.

4.

Aus dem über Josephs II. Allerhöchsten Angedenkens, wo der Reichsquartiermeister am 17. Dezember 1764 zu Frankfurt am Main ankam, die Krönung am 3. April 1765 geschehen, also 4 Monate beinahe Zeit war, und die Abreise des Reichsquartiermeisters am 11. Mai des nämlichen Jahrs erfolgte, dahero dessen Aufenthalt beinahe 5 Monate gedauert habe.

Wer das Wahl- und Krönungsgeschäft kennt, die Besorgungen eines Reichsquartiermeisters dabei weiß, wird dieses Zeitabmaß am richtigsten beurteilen können, wo man auf Tage und Stunden geizen muß. Bei meiner Nachhauskunft hatte ich, da inzwischen meine Meublen, Bücher und unzählig viel Papiere aus der Stadtvogtei in meine neue Wohnung, das Syndikaturhaus, mußten gebracht werden, nun mit etwelcher Auseinanderklaubung mich zu beschäftigen und die damals in der größten Gärung befindlichen Irrungen zwischen den Hohen Herrschaften beilegen zu suchen getrachtet.

Dies soll und wird mich also rechtfertigen, wenn ich nicht die Tage so pünktlichst ansetze, was gerade an diesem oder jenem Tage geschehen - wohl verstanden bei solchen Gegenständen, die von keiner Bedeutung sind. Denn ob ich heute oder morgen in dieser oder jener Straße Quartier gemacht, da oder dorten Mittag oder Abend gegessen habe, trägt zur Hauptsache nicht bei. Genug, daß Quartier gemacht und bei den Tafeln, wo öfters Geschäfte und Besorgungen von Belange angebracht und sich darüber benommen werden konnte, erschienen worden. Man sehe dergleichen Bemerkungen in des Reichquartiermeisters Heberner Krönungstagebuche, Blatt 571, über Karls VI. Allerhöchsten Angedenkens.

Tagebuch
bei dem Wahl- und
Krönungsgeschäfte
zu
Frankfurt am Main

Kaiser Leopolds des 2 ten Majestät Tod - Nachricht davon.
Nachdem die höchstraurige Nachricht von dem so geschwinden Tode Ihro Kaiserlichen Majestät Leopold des Zweiten Allerhöchsten Angedenkens eingekommen - man sehe Zahl 1, 2 (gleiche Berichte langten auch bei Seiner Regierenden Hochgräflichen Exzellenz unmittelbar ein, die Höchstsie behielten), welcher am 1. März 1792 erfolgte,
Vorbereitende Anzeige um Verwendung an das Erzmarschallamt um Unterstützung wegen der Jurisdiktion mit der Stadt Frankfurt wegen Fourierlisten und wegen besserer Quartiere für die kurbrandenburgische Botschaft.
so haben Höchstgedacht Seine Regierende Hochgräfliche Exzellenz sich vorbereitend an den reichs(2)erzmarschallischen kurfürstlich sächsischen Hof zu Dresden gewendet, um wegen der Jurisdiktionsstrittigkeiten mit der Reichsstadt Frankfurt am Main, dann wegen der so lange ausbleibenden Fourierlisten und des doch sodann nachfolgenden größeren Personalstandes als die Listen enthalten, besonders auch wegen besserer Bequartierung der kurbrandenburgischen vortrefflichen Botschaft um Höchste Verwendung gebeten - Zahl 3. Es erfolgte aber keine Antwort darauf.
Die Reichstadt Aachen sucht um Quartier, und zwar um Reichsquartier, an.
Indessen, als man sich dahier genüglich vorbereiten wollte, auch allschon ein Ersuchungs(3)schreiben von der Reichsstadt Aachen einlief, worin selbige nicht nur um Quartier bat, sondern auch verlangte, jetzo und künftig Reichsquartier (Reichsquartier ist, was nach der Taxordnung, davon unten mehr, bezahlt wird) zu haben, deswegen auch Abschrift von dem Höchsten Kurhofe Sachsen, als Reichserzamte, angestelltem Gesuche beischloß - Zahl 4, 5,
Des ältesten amtsführenden Herrn Reichserbmarschallen und Regierenden Grafen zu Pappenheim Johann Friedrich Ferdinand Exzellenz Tod.
so traf auch das hiesige reichserbmarschall-pappenheimische Haus das Unglück, daß des ältesten amtsführenden Herrn Reichserbmarschallen und Regierenden Grafen zu Pappenheim Johann Friedrich Ferdinand Höchsten An-

gedenkens am 13. April dieses 1792(4)sten Jahrs zu München an einem zurück getretenen Podagra sturben.

Der Herr Vater verlangt die Regierung.

Dieser Todesfall verursachte zwischen des ältesten Herrn Reichserbmarschallen [Exzellenz] als Herrn Vaters, welche, ob Sie schon wegen Ihres hohen Alters vor 19 Jahren die Regierung Ihrem ältesten, nun auch mit Tode abgegangenen Herrn Sohn abgetreten und mit des nun Regierenden Herrn Hochgräflicher Exzellenz, Ihrem noch einzigen Herrn Sohne, gleichen Vertrag auf diesen, nun würklich eingetroffenen Fall errichtet haben, dennoch die Regierung wiederver(5)langten und mit dieses nun Regierenden Herrn Hochgräflicher Exzellenz starke Verdrießlichkeiten [hatten], die sich aber durch den selbstredend ebenfallsigen Abtrittsvertrag bald gehoben,

Der Streit hebt sich, und der noch einzige Herr Sohn übernimmt die Regierung und die Führung des Reichserbmarschallamtes.

so daß Seine jetzo Regierende Hochgräfliche Exzellenz Herr Friedrich Wilhelm die Regierung und das Reichserbmarschallamt als ältester amtsführender Reichserbmarschall sogleich übernahmen.

Auch verlangten der Herr Vater, das Erbmarschallamt bei der bevorstehenden Wahl und Krönung zu führen, von welcher Idee Sie durch des kursächsischen Herrn Gesandten zu Regensburg [Exzellenz] abgebracht wurden.

Auch gegen die Ausübung des Erbamtes bei der bevorstehenden Wahl und Krönung machte Höchstermeldter Herr Vater starke Bewegung, weil Hochsie sich diese Ereignis bei den beedemaligen Regierungsabtritten vorbehielten. Dagegen aber des kurfürstlichen Herrn Direktorialgesandten zu Regensburg Grafen von Hohenthal Exzellenz Hoch(6)sie erinnerten, daß, da Sie schon damals wegen Alters und Schwächlichkeit die Regierung und das Reichserbamt abtraten, nun nach beinahe 20 Jahren Sie

Dieser älteste Herr Reichserbmarschall, weiland Hochgräfliche Exzellenz, sturben 1793 im 92. Jahre.

unmöglich mehr imstande sein könnten, das Amt bei der vorstehenden Wahl und Krönung zu führen. Hiedurch wurde auf dieser Seite einigermaßen Ruhe geschafft.

Irrungen in dem Hochgräflichen Hause, die sich mit der Zeit gehoben haben. Auch diese haben sich durch Vergleich gehoben.

Es ent(7)stunden aber auch mit der verwittibten Frauen Gräfin, geborene Gräfin zu Leiningen Westerburg Hochgräflicher Exzellenz, über die Schuldenübernahme, über die Römermonate und die Unterhaltungssumme weitaussehende Irrungen, die sich doch auch in der Folge gehoben haben.

Alle diese Ereignisse, die mir als Regierungskanzleidirektor auflagen, verhinderten mich an der so nötigen Vorbereitung dergestalt, daß Seine Regierend Hochgräfliche Exzellenz meine Abreise nach Frankfurt von einem Tage zum anderen verschoben und ich auch würklich zu spät ankam und (8) manches darüber hören mußte.

Am 19. April
Schreiben des königlich-preußischen kurfürstlich-brandenburgischen Ministeriums um Quartiere für die Gesandtschaft zu Frankfurt.
langte von dem königlich-preußischen kurfürstlich-brandenburgischen Ministerium zu Berlin ein Schreiben um Quartier für die Gesandtschaft zu Frankfurt ein, worin bemerkt worden, daß der königlich-preußische Gesandte zu gedachtem Frankfurt, Freiherr von Hochstetter, angewiesen ist, sich mit dem Reichsquartiermeister darüber zu benehmen - Zahl 6.

Am 21. April
Antwort hierauf.
Antwort hierauf mit der Bemerkung, daß wegen des Quartiers allschon an das Höchste Reichserzmarschallamt sich gewendet worden, darauf alle Tage Antwort erwartet werde. Zahl 7 (man sehe Seite 2 und Zahl 3).

Am 26. April
Wunsch des königlichen und kurböhmischen 1. Herrn Wahlbotschafters, das Schweizerische Haus zu Frankfurt zum Quartier zu haben.
ein Schreiben von dem Herrn Ritter von Leveling aus Wien (9) an mich Reichsquartiermeister, in welchem jener den Wunsch des königlich und kurfürstlich-böhmischen Wahlbotschafters Fürsten von Esterhazy Durchlaucht äußerte, das neuerbaute Schweizerische Haus zu Frankfurt auf der Zeil im kurpfälzischen Distrikt zu haben - Zahl 8 a.
Am nämlichen Tage ein gleiches an des ältesten amtsführenden Herrn Reichserbmarschallen Hochgräfliche Exzellenz selbst von Höchstermeldtem Fürsten Esterhazy dieses Schweizerischen Hauses willen - Zahl 8 b, darin dieser sich darauf berufe, daß man bei der letzten Krönung der königlich-preußischen kur-

brandenburgischen vortrefflichen Botschaft auch in einem andern Distrikte Quartier angewiesen.
Dieses Haus war gar noch nicht zu bewohnen, weil alles erst im Bauen begriffen war. Es wird freilich ein Palast, wie man aus der Anlage sehen konnte.

Am 27. April
Reskript von Kursachsen: die Benachrichtigung des Wahltags und die deswegen gemachte Verordnung.
langte das Höchste kursächsische Reskript [an], darin der Wahltag auf den 3. Juli dieses Jahres benachrichtiget worden und die diesfallsigen Verordnungen an das Reichserbmarschallamt ergangen sind, nebst Abschrift, was an den Magistrat (10) zu Frankfurt am Main erlassen worden - Zahl [9,] 10.

Solches überschickt der kursächsische Direktorialgesandte zu Regensburg an den nun Regierenden und ältesten amtsführenden Herrn Reichserbmarschall.
Dieses Höchste Reskript überschickte des kursächsischen Herrn Direktorialgesandten zu Regensburg Grafen von Hohenthal Exzellenz an Seine [des] nun Regierenden und ältesten amtsführenden Herrn Reichserbmarschallen Hochgräfliche Exzellenz - Zahl 11.

Antwort an Hochgedachten Herrn Direktorialgesandten, daß der Reichsquartiermeister Befehl erhalten abzureisen, wobei zugleich die Ursache angegeben wird, warum die Veränderungsfälle in dem Hochgräflich reichserbmarschallischen Hause nicht eher an den Höchsten Kurhof, sondern einstweilen an Hochermeldten Herrn Direktorialgesandten gemacht worden.
Antwort unterm nämlichen 27. April an Hochgedachten Herrn Direktorialgesandten, daß der Reichsquartiermeister Befehl erhalten, mit dem Reichsfourier nach Frankfurt abzureisen, indessen die Ursache angegeben wird, warum der Todesfall des erstverstorben des ältesten amtsführenden Herrn Reichserbmarschallen und der Regierungsantritt des jetzigen nicht eher an den Höchsten Kurhof und das (11) Erzmarschallamt erfolgte, sondern nur einstweilen an mehr Hochermeldten Herrn Direktorialgesandten geschehen (man sehe die Kabinettskorrespondenz; diese hat Kanzleirat Freyer).

In neben gedachter Antwort geschieht zugleich Erwähnung, daß der amtsführende Reichserbmarschall um die Erlaubnis ansuchen werden, Ihro ältesten Herrn Sohn, Grafen Karl, für Sie die Stelle vertreten zu lassen.
In diesem Schreiben geschieht zugleich Erwähnung, daß Seine Regierend Hochgräfliche Exzellenz des ältest amtsführenden Herrn Reichserbmarschal-

len um die Erlaubnis ansuchen werden, Ihro ältesten Herrn Sohns Grafen Karl Hochgräfliche Gnaden, der in königlich-ungarischen Diensten als Rittmeister steht und außer des ältesten 90jährigen Herrn Reichserbmarschallen nach Ihnen (nämlich des Herrn Vaters) der nachälteste ist, für Sie die Stelle vetrete, da Ihre (12) Gesundheitsumstände es nicht erlaubten, diesen wichtigen Posten zu versehen - Zahl 12.

Antwort an den Herrn Fürsten Esterhazy, daß das Schweizerische Haus schwer werde zu bekommen sein, weil die Kurhöfe auf ihren Distrikten beharren.

Antwort unterm nämlichen Tage an den Herrn Fürsten Esterhazy (man sehe Seite 9 und Zahl 8 b), darin vorgestellt wurde, daß das Allesino Schweizerische Haus schwer werde zu bewürken sein, da bekanntlich jeder Kurhof auf seinem Distrikt aufmerksam beharrt, daß die kurbrandenburgische Wahlbotschaft bei der letztern Krönung in dem damals leer gewordenen kurhannöverischen Distrikte von darum Quartier erhalten, weil in dem kurbrandenburgischen Distrikte gerade lauter alte Gebäude sich befinden und man (13) damals dieser Hohen Botschaft vom Höchst und Hohen Erz- und Erbmarschallamte eine angemessene Bequartierung schriftlich verheißen.

Doch möge der Herr Fürst sich hierüber mit Kurpfalz, in dessen Distrikt das Haus stünde, benehmen.

Indessen wäre vielleicht ein Mittel, wenn der Fürst sich selbst an den pfalzbayrischen Hof wenden wollte und zur erleichternden Einleitung mit dem zu Wien sich befindenden kurpfalzbayrischen Gesandten Grafen von Hallberg Exzellenz sich benehmten - Zahl 13.

Am 28. April

Anzeige an das Höchste Reichserzmarschallamt von dem Tode des Regierenden Herrn Reichserbmarschalls und Grafens, dann von der Übernahme der Regierung und des Reichserbmarschallamts, nicht minder, daß das obgedachte Reskript werde befolgt und der Reichsquartiermeister abreisen werde. Zugleich wird um die Erlaubnis angesucht, das Erbamt durch einen der beeden Herren Söhne versehen dürfen zu lassen.

Anzeige an das Höchste Reichserzmarschallamt von dem Tode des jüngst verstorbenen ältesten amtsführenden Herrn Reichserbmarschallen und Regierenden Grafens, dann Übernahm der Führung des Erbamtes und (14) Regierung; ferner, daß das Höchste Reskript (unter Zahl 9 und S. 9) werde befolgt und der Reichsquartiermeister dieser Tage abgehen werde. In dieser Anzeige wird zugleich um die Erlaubnis, daß das Hohe Erbamt durch einen

der beeden ältesten Herren Söhne Seiner Regierenden Hochgräflichen Exzellenz dürfe versehen werden, angesucht - Zahl 14.
In einem Nachschreiben wird die kurbrandenburgische Quartiersache erinnert.
Nachschreiben, worin die kurbrandenburgische Quartierangelegenheit erinnert wird - Zahl 15.

Am 1. Mai
Vollmacht für den Reichsquartiermeister und Schreiben des Herrn Reichserbmarschalls an die Stadt Frankfurt.
Konzept der Vollmacht für mich als Reichsquartiermeister, Mundum, Konzeptschreiben des ältesten amtsführenden Reichserbmarschallen an die Stadt Frankfurt a. M. - Zahl 16, 17, 18. (15)
Ein Kanzleirat von Pappenheim geht immer in dem reichserbmarschallischen Gefolge mit.
Bishero war beschlossen, daß der Herr Kanzleirat Freyer, der bei der letztern Krönung Reichsfourier war, als Kanzleirat, weil immer einer in dem Gefolge ist, der die häuslichen Angelegenheiten, auch einige Dienstverrichtungen, zu besorgen hat, wie dessen Haustagebuch beweist, mitgehen sollte, durch Nachrichten von wichtigen und andern Orten her aber gedachter Herr Kanzleirat Freyer nicht empfohlen war (mehreres will ich aus Schonung nicht bemerken),
Herr Kanzleirat Körndörfer geht mit.
so wurde der Herr Kanzleirat Körndörfer aus Regensburg zu diesem Posten beschrieben, der ihn auch besorgte und dessen Tagebuch das mehrere zeigen muß.

Am 2. Mai
Einige von dem Kanzleirat Freyer aufgesetzte und dem Reichsquartiermeister von dem Regierenden Herrn zugefertigte Punkte.
erhielt ich einige zu beobachtende (16) Punkte für den Reichsquartiermeister, welche der Herr Kanzleirat Freyer aufgesetzt, Herr Bauinspektor Wieser mundiert und Seine Regierende Hochgräfliche Exzellenz eigenhändig unterschrieben haben, wie Zahl 19 bewährt.
Verwahrung des Reichsquartiermeisters darauf.
Wie ich mich dagegen verwahrt habe, und wie Höchstgedacht Seine Regierende Hochgräfliche Exzellenz sich gegen mich sehr gnädig geäußert haben,

zeigt Zahl 20 a, 20 b, 20 c. Es beweist aber auch, wenn ich hätte üblen Gebrauch davon machen wollen, wie sehr Herr Kanzleirat Freyer Höchstgedachte Seine Regierende Hochgräfliche Exzellenz kompromittiert und sich selbst noch größere und die größte Verantwortung zugezogen hätte.
Zahl 21. Ein Schreiben an mich von Herrn Zaggelmayer (17) zu Augsburg, darin er 2 Bürger zu Frankfurt zu möglichster Verschonung empfiehlt.

Schreiben der Stadt Aachen an den Reichsquartiermeister, mit 2 Beilagen, was an das Höchste und Hohe Erz- und Erbmarschallamt wegen Quartier ergangen.

Zahl 22. Schreiben der Stadt Aachen an mich wegen Quartier, nebst beiliegenden 2 Abschriften, was gedachte Stadt an das Höchste und Hohe Erz- und Erbmarschallamt deswegen erlassen - Zahl 23, 24.
Zahl 25. Konzept eines Passes für den dahiesigen Schutzjuden Amson Reutlinger nach Frankfurt.

Antwort dahin.

Zahl 26. Antwort von des Herrn Reichserbmarschallen Hochgräflicher Exzellenz. Zahl 27: Gleiche von mir.

Die zu Frankfurt wohnende Prinzessin von Anhalt bittet, sie nicht wieder wie das letzte Mal zu delogieren.

Zahl 28. Schreiben der Prinzessin von Anhalt zu Frankfurt an Höchstgedachten Herrn Reichserbmarschall, um sie nicht wieder wie das vorige Mal zu delogieren, (18) nebst Abschrift eines von des verstorbenen Herrn Reichserbmarschall Höchsten Angedenkens - Zahl 29. Ich war schon abgereist, als dieses eintraf. Man sehe Tagebuch von der letzten Krönung über diesen Gegenstand.

Abreise des Reichsquartiermeisters nach Frankfurt.

Da mich endlich Seine Regierende Hochgräfliche Exzellenz, der Herr Reichserbmarschall, mein gnädigster Herr, von den so vielfachen hiesigen Geschäften entließen, so reiste ich am 6. Mai von hier nach Frankfurt in meinem Reisewagen mit 4 Postpferden ab.

Nimmt den Reichsfourier mit sich.

Hatte bei mir den bei dem Hochseligen Herrn Reichserbmarschall und Regierenden Grafen als Kabinettsekretär gestandenen Herrn Wasser, (19) der Reichsfourier wurde, dann meine 2 Bedienten.

Der Reichsprofoß geht mit den Postwagen.

Der Reichsprofoß Tabin von hier, welcher auch bei der vorigen Krönung diese Stelle hatte, ging mit dem Postwagen, auf welchem auch 2 Kisten mit Akten und die sämtlichen ältern Krönungstagebücher, auch noch die Staatslivreen für meine Leute, waren.

Bemerkung über die Bagage eines Reichsfouriers.

Ich muß hier für die Zukunft bemerken, daß der Herr Kanzleirat Freyer, der als Reichsfourier mit dem seligen Reichsquartiermeister Schnetter bei der letzten Krönung reiste, darüber Verdruß erhielt, daß der Herr Reichsquartiermeister des Herrn Freyer Coffre nicht auf seinen Wagen nehmen wollte, (20) den der damalige Hochselige Herr Reichserbmarschall dadurch entschied, daß Herr Freyer seinen Coffre auf den Postwagen tun mußte. Mir begegnete der nämliche Fall, und um weiteren Verdrießlichkeiten auszuweichen, ließ ich dessen Coffre doch auf den meinigen packen, der aber dadurch sehr ruiniert worden ist. Immer läßt sich wohl denken, daß ein Reichsquartiermeister sehr viel Bagage für sich und seine Leute, dann Akten, die er notwendig gleich mit sich nehmen muß, habe, folglich unmöglich noch für eine Person einen Coffre mitnehmen könne. (21)

Notwendiges Zusammensehen des reichserbmarschallischen Personals und genaue Subordination unter den Reichsquartiermeister.

Indessen verursachte diese Angelegenheit schon gleich im Anfange übles Geblüt, gerade zu einer Zeit und bei einem Geschäfte, wo Einigkeit und Zutrauen am nötigsten ist. Wie denn überhaupt jeder Sachverständige anraten wird, daß ein zeitiger Reichsquartiermeister auf strenge Subordination zu sehen habe, er aber auch darin unterstützt werde, weil sonst keine Ordnung möglich ist, die doch so, wie zwar überall, hauptsächlichst aber bei diesen Gegenständen erheischt wird.

Ankunft des Reichsquartiermeisters zu Frankfurt.

Meine Reise ging über Ansbach, Würzburg. Überall bekam ich sehr müde Pferde, so daß ich (22) erst am 8. nachts gegen 10 Uhr zu Frankfurt eintraf, wo ich im Wirtshause "Zum Römischen Kaiser" abstieg.

Am 9. Mai,

Gleich morgens schickt der kurbrandenburgische Herr Resident wegen des Quartiers ein Promemoria, nach welchem der bei dem Oberrheinischen Kreise befindliche königliche Gesandte die Besorgnis eines Quartiers mit über sich habe.

gleich morgens 8 Uhr, schickte der zu Frankfurt wohnende brandenburgische Resident Häberlein ein Promemoria - Zahl 30, darin dieser anzeigt, daß der bei dem Oberrheinischen Kreise stehende königlich-preußische Herr Geheimrat Freiherr von Hochstetter von des Königs von Preußen Majestät beauflaget sei, mit ihm, Herrn Residenten, in Zeiten um ein schickliches Quartier für die kurbrandenburgische Hohe Wahlbotschaft besorgt zu sein, (23) da bei dem letzten Wahlkonvente sich manche Schwürigkeiten zum Nachteile dieses Höchsten Kurstandes ergeben hätten, der Kurbrandenburg bisher zugeteilte Stadtbezirk keine den Zeitumständen gemäßen Gebäude in sich fasse, während andere Stadtgegenden ansehnliche Häuser im Überflusse hätten, so daß die vorträglichsten leer bleiben, indeme die diesseitigen Hohen Wahlbotschaften entweder in unzugänglichen Winkeln eingedrängt, oder von einem Ende bis an das andere zerstreut wohnen sollen. Natürliche Billigkeit, wenn auch nicht die Observanz sich damit vereinbare, spreche schon (24) das Wort, daß, bevor die Hochansehnlichen sämtlichen Herren Wahlbotschafter Exzellenzien der Würde gemäß einquartiert sind, auf niemanden, wes Standes er auch sei, Rücksicht genommen werden könne noch dürfe, wobei der Herr Resident sich mündlich vorbehält, das mehrere bei der Anwesenheit des Freiherrn von Hochstetter vorzustellen.

Antwort und mündliche Erklärung auf dieses Promemoria.
Ich setzte mich sogleich, um vorderhand dem Herrn Residenten durch eine Denkschrift zu antworten - Zahl 31, daß des ohnlängst verstorbenen Herrn Reichserbmarschallen weiland Hochgräfliche Exzellenz immer den ganz bemessenen (25) Grundsatz gehegt hätten, wie ohne alle vorherigen Hinsichten die ersten Quartiere in der Stadt für die Hohen Herren Wahlbotschafter Exzellenzien bestimmt sollten werden. Höchstsie hofften, diesen richtigen Grundsatz in Zeit und Gelegenheit auch mit allgemeiner Zufriedenheit in Erfolg zu bringen, leider aber habe sie der Tod überrascht. Des nun ältesten amtsführenden Herrn Reichserbmarschalls Hochgräfliche Exzellenz seien nicht minder für diese Absicht und werden zu deren Erreichung alle mögliche Verwendungen einschlagen. Der Gegenstand seie indessen sehr wichtig, da bekanntermaßen auf Herkommen das ganze große Gebäude ruhe, und also, wenigstens nicht gleich, der bisherige Gebrauch mit dem (26) Quartierdistrikte pp.

Der königlich-preußische Gesandte am Oberrhein will selbst zum Reichsquartiermeister kommen.
So weit war ich, wie das Konzept zeigt, als der Herr Resident selbst zu mir kam und mich benachrichtigte, daß der Freiherr von Hochstetter von seinem bei Frankfurt gelegenen Gute Praunheim angekommen wäre und sich die Ehre ausbäte, wenn es mir recht seie, um 11 Uhr mit ihm, Herrn Residenten, zu mir zu kommen. Ich erklärte dem Herrn Residenten vorläufig, was alles schon geschehen seie, daß man nämlich sich von reichserbmarschallischer Seite an das Höchste Reichserzmarschallamt gewendet, aber noch immer keine Antwort erhalten habe (man sehe S. 2 und Zahl 3), zeigte dem Herrn Residenten mein Konzept, daran ich (27) eben arbeitete, und sagte ihm, daß ich den Geheimen Rat mit vielem Vergnügen erwartete, darauf Herr Resident

sich mit der Bitte wegbegab, mich mit weiterer Bearbeitung der Denkschrift nicht mehr zu beladen, weil die vorhabende mündliche Unterredung voraus[sichtlich] schon genug wäre.

Reichsquartiermeister überschickt sein Kreditiv an den Bürgermeister.

Hierauf schickte ich durch Herrn Reichsfourier Wasser mein Kreditiv an den Herrn Bürgermeister von Lauterbach.

Weitere Besprechung über das brandenburgische Quartier mit dem königlich-preußischen Geheimen Rat und Senator Willemer.

Bis ich nur etwas in meinem Zimmer von den nötigsten Papieren und meiner Gerätschaft in Ordnung bringen konnte, kam auch der Herr Banquier und Senator Herr Willemer, der den Charakter als preußischer Geheimer Rat hat und verschiedene Geschäfte besorgt, und wir (28) sprachen über diesen Quartierungsgegenstand.

Der neben gedachte königlich-preußische Gesandte kommt zum Reichsquartiermeister.

Als er wieder weg war, kam der Herr Geheime Rat Freiherr von Hochstetter, ein sehr höflicher Mann, mit Herrn Residenten Häberlein und drangen darauf, aus den Reservequartieren ein paar heraus zu haben, weil bis auf den 20. dieses Monats die Hohen Herren Wahlbotschafter ankämen und doch die Einrichtung gemacht werden müßte (hier erhielt ich schon einen etwelchen Vorwurf, daß ich nicht eher eingetroffen wäre).

Der österreichische Resident übergibt bei dem Reichsquartiermeister ein Allerhöchstes Ersuchungsschreiben von des Königs von Ungarn Majestät um Quartier für die königliche kurböhmische Botschaft.

Als wir uns so miteinander besprachen, ließ sich der österreichische, zu Frankfurt wohnende Herr Resident von Rödlein melden, den ich sogleich vorließ, und der mir in Gegenwart obiger beeder Herren ein Allerhöchstes Ersuchungsschreiben von des Königs von Ungarn Majestät - Zahl 32 a - um Quartier für die königliche kurböhmische Botschaft

- darin besonders vorkommt, (29) daß von dem kurböhmischen Quartiersdistrikt im Jahre 1741 sehr viele und ansehnliche Häuser weggekommen, teils zu andern kurfürstlichen Distrikten geschlagen, teils anderen Botschaftern und Gesandten, zumalen von fremden Potenzien, eingeraumet, auch andern Personen angewiesen worden, dahero alle hiezu gehörigen Häuser für die königliche kurböhmische Botschaft aufzubehalten. (Bemerkung, daß bei der letztern und bei der 1764sten und der 1745sten Krönungen gleiches verlangt worden) - mit der Bitte übergab, es sogleich zu erbrechen. Ich tat dies sofort, las es und antwortete, daß man sich vom Reichserbmarschallamt eifrigst werde angelegen sein lassen, alles Mögliche zu tun. Worauf er, von Rödlein, unter der (30) Äußerung, daß ich mit den gegenwärtig gewesenen Herren noch werde zu sprechen haben, sich alsobald wieder fortbegab.

Nach solchem fing ich mit dem Herrn Geheimen Rat und Herrn Häberlein die Quartierunterredung wieder an. Und sie gingen dann endlich mit dem Verlasse fort, daß, sobald die Ratsdeputation zur Einfourierung zu mir kommen würde, da ich diese Deputation noch nicht kennte, ich die Veranstaltung zur Besichtigung einiger Häuser veranstalten würde. Nach dem Essen berichtete ich sogleich diesen Vorgang nach Pappenheim.

Postfreiheit der Briefe und Paquete, auch der Zeitung.
Schickte ich auch den Herrn Reichsfourier Wasser auf die Post wegen der Briefe- und Paquetefreiheit und auch der Zeitung, so auch willfährig versichert worden und (31) geschehen ist. Nur ging es mit der Zeitung nicht richtig, die man sehr unordentlich bekam und öfters erinnern lassen mußte.

Gegenkompliment der Stadt mit Benennung der Deputation.
Kam der städtische Sekretär mit einem Gegenkompliment von dem Herrn Bürgermeister von Lauterbach an mich, der mir zugleich zu wissen machen ließ, es seien der Herr Schöff von Barckhausen und Herr Dr. Senator Moors zu Deputierten ernannt. Ich antwortete ihm, daß ich die Deputation desto bälder erwartete, als die königlich-preußische kurbrandenburgische Quartiersangelegenheit äußerst betrieben werde.

Am 10. Mai
Weitere königlich-preußische kurbrandenburgische Quartierssache.
erhielt ich ein Billett von dem Herrn Residenten Häberlein wegen der königlich-kurbrandenburgischen Quartierung - Zahl 32 b. Ließ sich der königlich-preußische Herr Geheime Rat Senator Willemer bei mir melden und fragte bei seiner Erscheinung an, ob man heute die Häuser für (32) die kurbrandenburgische Botschaft besichtigen werde. Ich erklärte ihm, daß sich noch keine Stadtdeputation bei mir gemeldet hätte und die Sache solange noch müßte verschoben werden.

Visite des Reichsquartiermeisters bei den Herren Bürgermeistern.
Wollte ich dem Herrn Bürgermeister von Lauterbach meine Visite machen, der mir wieder zurückwissen ließ, wie er sich zu entschuldigen habe, indem er Arznei eingenommen, würde aber die Ehre haben, mich bald zu besichtigen. Der andere Herr Bürgermeister namens Mühl, bei dem ich mich ebenfalls melden ließ, war auf dem Römer. Herr von Lauterbach ließ zugleich bemerken, wenn ich etwas notwendig hätte, möchte ich mich nur an den vikariierenden Herrn Bürgermeister von Humbracht wenden.
Die Deputation kommt zu dem Reichsquartiermeister.
Weil nun immer noch keine städtische Deputation erschien, sandte ich den Reichsfourier zu ermeldtem Herrn von Humbracht, um mit diesem hierüber zu sprechen. Noch ehe aber Herr Reichsfourier zurückkehrte, fuhren die beeden Herren Stadtdeputierten vor meinem (33) Quartier an oder vielmehr, wie in den großen Wirtshäusern gewöhnlich ist, hinein, ließen sich anmelden und ich nahm sie an.
Weitläufige und umständliche Unterredung wegen des kurbrandenburgischen Quartiers. (Diese Quartiersangelegenheit kann sich vor die Zukunft leicht heben, da eine ganze neue Straße zu Frankfurt erbaut ist und die schönsten Häuser nun darin stehen.)
Nach beederseits abgestatteten Komplimenten machte ich den Vortrag wegen des kurbrandenburgischen Quartiers. Die Deputation, die mir vorhero den Wunsch geäußert hatte, daß ich eher hieher gekommen wäre, wendete dagegen ein, es würde sich gewiß kein Kurhof in seinen Distrikt eingreifen lassen. Sogar die Bürgerschaft in dem Distrikte, wo eine neue Botschaft wollte einverleibt werden, würde darüber Beschwerde führen, weil es gewiß keine geringe Last verursacht, wenn jemand sein Haus dazu hergeben müße, wobei es oft so wenig allein bliebe, daß vielmehr noch in Nebenhäuser müsse durchgebrochen werden.
Besichtigung einiger Quartiere für Kurbrandenburg.
Es wurde indessen denn doch in der Stadt herumgefahren und einige große Häuser besichtiget, (34) die für die Hohen Botschaften geschickt wären, immer aber von Seiten der Stadtdeputation dabei erinnert, daß wenigstens ohne Einwilligung der Höchsten Kurhöfe keine Einquartierung stattfinden könne, welches man von Reichsquartiermeisteramts wegen wohl selbst ermäßigte. Reservequartiere, wohin man auf alle Fälle Bedacht nahm, sind nur im vorigen kurhannöverischen Distrikte. Von Zeit zu Zeit wurde durch Beschickungen von dem Freiherrn von Hochstetter oder dem Herrn Senator Willemer oder dem Residenten Häberlein Erinnerung gemacht, geschickt, selbst gesprochen, mit der Erklärung, (35) wie die königliche kurfürstliche

Wahlbotschaft in den Personen des Herrn Fürsten von Sacken Hochfürstlicher Gnaden und des Herrn Grafen von Görtz Exzellenz in Zeit von 14 Tagen eintreffen würden. Man nahm ein oder den andern dieser obgedachten 3 Herren selbst mit in die Häuser. So sehr sie aber auch immer darauf drungen zu entscheiden und selbst der Herr Resident mit augenblicklicher Abschickung einer Estaffete nach Berlin drohte, so war doch immer keine ergiebige Auskunft, weil man erst das Tunliche bei dem treffenden Kurdistriktshofe erwürken mußte und hiezu die Zeit zu kurz war. Mehrschon ermeldte 3 Herren sahen am Ende selbst ein (36), daß man alle Mittel versucht hatte, sich aber auf der Stelle keine Ausmittlung treffen lasse.

Am Ende soll der erste königliche und kurbrandenburgische Herr Wahlbotschafter sein Quartier, das er bei der letzten Krönung hatte, beziehen, darin aber die Fürstin von Dessau wohnt.

Es blieb also nichts übrig, als des Herrn Fürsten von Sacken Hochfürstliche Gnaden in das Quartier im Reservedistrikt, welches Sie bei der letztern Krönung gehabt haben, wieder einzuquartieren, nämlich in dem Hofrat Blelischen Hause, welches die Fürstin von Dessau bewohnt.

Am 11. Mai,
da man unter dem Herumfahren, und wenn man auch eine Stunde wieder zu Hause war, unglaublich überloffen wurde - dieser empfahl sich, jener protestierte schon voraus, ein dritter befragte sich über dies oder jenes, und doch mußte jedermann vorgelassen und gesprochen werden,

Der königlich-preußische Gesandte beim Oberrheinischen Kreise versichert, daß der Höchste reichserzmarschallische Hof den Vorschlag, den 2. kurbrandenburgischen Herrn Botschafter in das Leersische Haus zu quartieren, genehmiget.

und wo abends vorhero Herr Resident Häberlein nochmals erschien mit der Aus(37)richtung, es hätte der Freiherr von Hochstetter Nachricht, daß die königlich-kurfürstlichen Herren Wahlbotschafter bereits am 22. dieses Monats hier sein würden und der Höchste erzmarschallische kursächsische Hof den Vorschlag, daß des Herrn Grafen von Görtz Exzellenz in das Leersische Haus kursächsischen Distrikts kämen, genehmiget hätte. Als weswegen ich mit der nächsten Post von Dresden Verhaltungsbefehle erhalten würde, nachdeme ich diesem frühen Morgen abermals ein Billett von ihm erhalten habe - Zahl 32 c,

Allein dieses Quartier war für den Herrn Reichserbmarschall bestimmt.

war nun der neue Umstand, daß dieses Leersische Haus für den Herrn Reichserbmarschall, gleichwie bei der letzten Krönung, bestimmt war.
Negotiation mit der Fürstin von Dessau.
Inzwischen mußte eine ordentliche Negotiation angefangen werden, um die Höchsterwähnte Fürstin von Dessau, man sehe Zahl 28, 29, soviel möglich mit guter Art zur Abgebung des Quartiers zu bringen. (38) Dies wurde auch von mir durch etliche an den fürstlichen Hofkavalier und an den fürstlichen Herrn Hofrat Biel geschriebene Billetts, mit welchem ich auch mündlich redete, endlich auch mit persönlicher Besprechung der durchlauchtigsten Fürstin selbst in ihrem Quartier dergestalt bewürkt,
Die Fürstin bequemte sich gutwillig.
daß diese Fürstin durch ihren Hofrat Biel erklären ließ, sie würde nach Bockenheim ziehen, wenn man ihr ein Absteigquartier in der Stadt verschaffte, falls sie zuweilen herein käme. Und man könne also ihr Haus bis künftigen Montag, jedoch ohne alle Meublen (diese wäre sie nicht schuldig herzugeben), übernehmen. Die brandenburgischen Herren Bevollmächtigten vermuteten dies voraus, dahero Herr Senator Willemer alles Nötige zur Meublierung zu besorgen versicherte.
Das Leersische Haus wird besichtiget.
Als man das Leersische Haus besichtigte, fand sich, daß solches in der Zeit von der letzten Krönung her unter die leersische Familie (39) abgeteilt worden und nur so viel Zimmer auf ebener Erde übrig seien, daß der in Aktivität kommende Herr Reichserbmarschall, weil Hochsie kein [sic!] so großes Gefolg haben, kaum sich werde begnügen können. Man hoffte also, vielleicht doch noch ein anderes bemessenes Quartier für des Herrn Grafen von Görtz Exzellenz ausfindig zu machen, wenn man mit der nächsten Post von Dresden die Höchste Absicht des erzmarschallischen kurfürstlichen Hofs erfahren würde.

Sowie man sich nur ein wenig erholte und imstande war, weiter um sich zu sehen, so vernahm man, wie bereits vor einigen Wochen einige Meublen von des kur(40)hannöverischen Herrn Botschafters Freiherrn von Ompteda Exzellenz angekommen seien;
Französische Emigranten.
auch daß viele französische Emigranten teils schon hier sein und in Privat-, auch Wirtshäusern logieren, teils noch ankommen, sich aber ganz ruhig halten (weiters fand ich auch in einem Hause viele Küsten und Coffre, die aus Worms geflüchtet waren);

Eine schon zu Frankfurt bestehende Schauspielergesellschaft.
ferner, daß hier bereits eine Schauspielergesellschaft bestehe, deren Vertrag bis auf das Monat September geht. Hierüber habe ich in einer Unterredung mit den städtischen Herren Deputierten die reichserbmarschallischen Befugnisse vor der Hand bemerkt, zur Zeit aber mit Nachdruck doch nichts herauszubringen vermogt, nachher ich in der Folge doch hoffen solle, wenn jetzo nur einige Muße übrig bleibt, da uns die kurbrandenburgische Quartierung fast gar nichts anders denken und reden ließ.
Anfang der Einquartierung und im kursächsischen Distrikte angefangen.
Endlich konnte ich den würklichen Anfang mit der Einquar(41)tierung im Beisein der städtischen Deputation machen, und zwar gehörig in dem kursächsischen Distrikte, wo sofort die gewöhnliche reichserbmarschallische Zeichnung durch den Reichsprofoß Tabin mit Kreide an die Türen angemacht wurden. Das Zeichen sieht so aus: C^- R $Böhm$

Diese Zeichen werden mit Kreide an die Haustüren, auch an die Türen der Zimmer gemacht, die zu den Quartieren bestimmt werden. An die Haustüren werden sodann in den Hauptquartieren die großen Wappen, in den andern Quartieren die kleinen, alles durch den Reichsprofoß, oder wenigstens mit dessen Beihülfe bei den großen Wappen, angemacht.

Hier muß ich die allgemeine Bemerkung machen, daß ich die Frankfurter bei der Besichtigung der Häuser würklich sehr gefällig befunden habe. Freilich müssen sie auch gefällig behandelt werden.
Klagen wegen der letztvorigen Krönungszeit.
Gleich ist ein alles, und ich mußte mir nachdrücklich auch wohl laut vorstellen lassen, daß ihnen bei der letzten Krönung an ihren zum Teil sehr kostbaren Meublen sehr vieler Schaden geschehen, auch wohl gar geflissentlich ruiniert worden, welches man ihnen nichteinmal vergütete. Ihre Zimmer hätten sie auf die Zeit, die ihnen bestimmt wurde mit dem angesetzten Tage, zu ihrer größten häuslichen Beschwerde, bereithalten müssen, und am Ende wurde ihnen (42) nur von dem Tage an, wo diese Quartiere bezogen wurden, die Bezahlung geleistet.
Beruhigung hierüber.
Auf meine Versicherung, daß ich alles anwenden werde, ihr billiges Gesuch zu unterstützen, wurden sie nicht nur beruhiget, sondern bezeugten sich noch mehr bereitwillig. Ich konnte in so wenig Tagen die Erfahrung machen, weil

ich wegen Aufsuchung der besten Häuser in der Stadt mit der Deputation herumfuhr und also viele Leute zu sprechen Gelegenheit hatte.
Zwei vom Reichsquartiermeister aufgestellte Grundsätze
1.) wegen Quartier der Hohen Wahlbotschaften;
Auch sind noch zwei Grundsätze anzufügen, die ich gleich anfangs aufstellte:
1. Wegen der Quartiere der Hohen Herren Botschafter.
Wenn keine Auskunft wegen der kurbrandenburgischen Hohen Botschaftsbequartierung sich treffen ließe, die doch allerdings zu hoffen [sei], so bringe die Natur der (43) Sache mit sich, daß zuerst das größte und beste Haus für des künftigen Kaisers Majestät auserwählt werde, um dieses kaiserliche Quartier herum die weiters besten Häuser für die Hohen Herren Wahlbotschafter nebst dem Herrn Reichserbmarschall. Die Gefolge blieben sodann in den einmal festgesetzten Distrikten. Freilich würde manches sehr weit voneinander entfernt kommen. Es müßte dahero das Notwendigste und Unentbehrlichste noch an die ersten Hauptquartiere angeschlossen werden. Wir sahen wohl alle ein, daß dieser Plan bemessen wäre, allein, daß es auch eine große Negotiation bedürfe, die die Ausführung möglich mache, am allerwenigsten aber dermalen die Kürze der Zeit so etwas (44) zulasse, indessen, leicht voraussehend, bei jeder dergleichen Ereignis sich wegen der kurbrandenburgischen Quartierung Schwürigkeiten ergeben würden, die zwar sich auch wieder ausmitteln, am Ende aber doch einmal ein festdauerndes Ganzes bewürken möchte.
2.) Wegen der Jurisdiktion.
2. Wegen der Jurisdiktion.
Im deutschen Reiche wird die Jurisdiktion namens Kaiserlicher Majestät und des Reichs ausgeübt. Da also, wo diese Majestät selbst gegenwärtig ist, übt sie die Jurisdiktion selbst, und zwar durch das Höchste Erzmarschallamt und dieses durch das Hohe Erbmarschallamt aus. Es müßte also alle andere Jurisdiktion so lange stillestehen. Von Seiten der Stadt wurde erwidert, daß durch den Westphälischen Frieden (45) jedem Reichsstand die Jurisdiktion eigentümlich zugestanden worden, also auch gewiß den Reichsstädten und somit der Reichsstadt Frankfurt. Der bekannte Rezeß mit dem Hohen Reichserbmarschallamte von 1614 bestimme alles. Und ob man schon allerlei Einwendungen dagegen zu machen gedenke, so wären sie doch nicht imstande, solches zu vermitteln. Es blieb also bei noch weiterer Unterredung für und dagegen, daß man sich hieher gütlich und, wenn es wider Verhoffen nicht zu bewürken wäre, wenigstens zu rechter Zeit rechtlich auseinandersetze und nicht immer eine Wahl und Krönung abwarte, weil da zwar die eigentlichen Gegenstände vorkämen, aber gewiß die Zeit (46) nicht dazu wäre, und man also sowohl das Höchste Kurkollegium, als eigentlich den Höchsten Kurhof

Sachsen, nur immer behellige und sich jeden Schritt noch saurer machte und doch in der Hauptsache nichts ausrichte.

Am 12. und 13. Mai
Quartier zu machen fortgefahren. Bericht nach Dresden.
im Quartierbesehen und -bezeichnen fortgefahren und Bericht nach Dresden erstattet - Zahl 33, nebst fortdauernder Überhäufung von allerlei einschlagenden Nebenbesorgungen. Und immer neue Erinnerung von kurbrandenburgischer Seite wegen des Quartiers - Zahl 32 d.
Tägliche Konferenz, ehe die Quartierung angefangen wird, auf dem Römer
Dies veranlaßte mich, den Vorschlag zu machen, alle Morgen, ehe die Quartiervisitation angefangen wurde, sich in einem Zimmer auf dem Römer mit der Stadtdeputation zu versammeln und dahin jeden, der in Quartiersangelegenheiten etwas vorzubringen habe, hin(47)zuweisen. Denn bis man erst immer eine Konferenz in meinem Zimmer hätte veranstaltet, welches ich denn doch etliche Male, um im Besitzstande zu bleiben, tat, wäre öfters von vielen Umständen geworden. Und es mußte schlechterdings alles zusammengezogen werden, um Zeit zu gewinnen. Ich fuhr also täglich in meinem Wagen von meinem Quartier aus auf den Römer. Bis meine Eqipage ankam, wurde mir immer ein Stadtwagen vor mein Quartier geschickt, der mich abholte und die 2 Stadtordonnanzen hinten aufstunden. Die 2 Stadttrabanten, die an der innern Türe des Römers, wodurch man in das Zimmer gehen mußte, [standen,] paradierten. Oben im Zimmer waren Kaffee, Schokolade, Konfekt, süße Weine. Es wurde da immer das Nötige verabredet, die Leute vorgelassen, und besorgt. Dann ließ ich meinen Wagen nach Haus fahren und fuhr mit den beeden (48) Deputierten in einem Stadtwagen, wo 2 Stadtordonnanzen hinten aufstunden und immer zu unserer Bedienung waren. Zuweilen nahm ich auch meinen Wagen und Pferde nebst meinen 2 Bedienten, wenn wir uns teilten, da nämlich ein Stadtdeputierter mit dem Reichsfourier und einer mit mir fuhr, weil wir sonst nicht imstande wären gewesen, alle Häuser in Frankfurt von oben bis unten, alle Remisen [und] Stallungen in der Kürze der Zeit in Augenschein zu nehmen, wo öfters vielfache Dispüten entstunden, dadurch man zuweilen drei-, viermal in ein Haus hinmußte. Da bei der allgemeinen Besichtigung der größten und besten Quartiere das Kaufmann-Schulzische Haus im pfälzischen Distrikte auf der Zeil, welches Herr Resident Häberlein hauptsächlich empfohlen hat, das erste war, zumalen es gleich in der Nachbarschaft meines noch einstweiligen Quartiers "Zum Römischen Kaiser" (49) war, und bei der letzten Krönung ein starkes Kom-

merz (man sehe nur etwas davon in des seligen Herrn Reichsquartiermeisters Schnetter Tagebuch Seite 72, 86) mit diesem Hause vorging, welches ich mir hart vorrücken lassen mußte,

Das Schulzische Haus auf der Zeil will für den durchlauchtigsten Prinzen Max Pfalzgrafen aufbewahrt werden.

so erklärte Herr Schulz, es seie sein Haus für den durchlauchtigsten Prinzen Max, Pfalzgrafen bei Rhein, schon bestellt. Er dürfe und könne also keine Einquartierung annehmen und müsse solche verbitten. Er betrug sich dabei sehr höflich, machte mir auch Versicherungen, die ich aber gleich auf der Stelle und dann auch bei Gelegenheit ein für allemal abschlug und etliche Male wiederholte.

Erklärung des Reichsquartiermeisters hierüber.

Ich erklärte Herrn Schulz, wie ihm bekannt wäre und bekannt sein müßte, daß keine Einquartierung ohne das Reichsquartiermeisteramt stattfinde. Gerade dermalen machte eine ganze neue Einquartierung einer Hohen Wahlbotschaft beinahe eine (50) völlige Abänderung von der bisherigen Distriktsobservanz und eine Zurückgehung auf Grundsätze nötig, da der Höchste königliche und kurfürstlich-brandenburgische Hof mit der in diesem Distrikt bisherigen Einquartierung nicht zufrieden zu sein erklärt (man sehe die Verhandlungen hierüber bei der letzten Krönung). Ich kennte jede verehrungsvolleste Hinsicht auf den durchlauchtigsten Prinzen Max. Allein, dieser große Reichsfürst würde mir es gewiß verübeln, wenn ich nicht die Hohe Wahlbotschaft in meinem festen Augenmerke behielte und sie über jede andere Rücksicht setzte. Soferne also sein, Herrn Schulzens, Haus sich zu einem Quartier für einen der Hohen königlich-brandenburgischen Herren Wahlbotschafter eigne, so könnte und dürfte ich ihn nicht davon befreien. Es wurden also die Zimmer besehen, wobei jedoch Herr Schulz (51) seine vorigen Äußerungen zuweilen wiederholte, die ich ihm allzeit ebenso widerlegte. Beim Abschiednehmen, da ich das Haus noch nicht bezeichnen ließ, versicherte mich Herr Schulz, daß er eine Estaffete an den durchlauchtigsten Prinzen abschicken müßte, deme ich erwiderte, wie ich solches nicht wehren könne, und mich auf die Gerechtigkeit dieses großen Reichsfürsten selbst nochmals berufte. Dies alles haben der königlich-preußische Gesandte Freiherr von Hochstetter, der Herr Geheime Rat Senator Willemer und der Herr Resident Häberlein mitangehört und -gesehen.

Der Reichsquartiermeister erhält ein Schreiben von diesem durchlauchtigsten Prinzen.

Würklich erhielt ich auch etlich Tage darauf ein sehr gnädiges Schreiben von diesem Prinzen, daß ich über dieses Schul(52)zische Haus nicht disponieren möchte - Zahl 34. Schriftlich das Verlangen abzuschlagen einem Fürsten, der eine solche wichtige Anwartschaft auf eine Kurwürde selbst hat, fand ich bedenklich, noch dazu, als das befragte Haus im pfälzischen Distrikte liegt. Dem Fürsten es zuzusagen konnte und durfte ich nicht, weil ich wider die Gerechtigkeit der Sache würde gestoßen haben. Dies verursachte also, daß ich lieber gar nicht antwortete, hier und da aber bei Tafeln oder in Gesellschaft mich nach Personen erkundigte, die in empfohlenem Ansehen bei dem Prinzen stehen, und da ich welche fand, gelegenheitlich als im engsten Vertrauen meine große Sorgfaltkeit und den Wunsch äußerte, da es (53) bekannt war, wie Seine Durchlaucht selbst kämen, Höchstsie persönlich zu sprechen, wie es sich in der Folge zeigen wird. Indessen, als endlich die beeden Hohen kurbrandenburgischen Herren Wahlbotschafter bequartiert worden und der Prinz das Schulzische Haus, weil es in dem kurpfälzischen Distrikte gelegen, doch erhielt, ließ ich mich bei ihm melden und wurde auch vorgelassen. Er ließ sich just friesieren, war im Bademantel und waren etliche Officiers bei ihm. Er war sehr gnädig, entschuldigte sich, daß ich ihn so anträfe und drohte mir so, doch sehr freundlich, mit dem Finger. Ich sagte: "Ich rufe Euer Durchlaucht Gerechtigkeit und Großmut zugleich auf."

Zufriedenheit des Prinzen.
Er antwortete: "Mein lieber Herr Reichs(54)quartiermeister, Sie haben ganz recht getan. Sie konnten gar nicht anderst handeln. Sie haben es vollkommen wohl gemacht." Er sprach noch eine Weile mit mir, und dann beurlaubte ich mich.

Es war aber noch immer nicht ein Haus für des Herrn Grafen von Görtz Exzellenz zu finden, weil bald da zuwenig Zimmer, bald dort keine große Küche war. Kurz, überall schien etwas zu fehlen, und immer hoffte man, doch noch ein solches Haus zu finden, welches dies alles beisammen hätte und welches die königlich-kurbrandenburgischen Herren Abgeordneten selbst wünschten.

Besichtigung des königlich-preußischen Herrn Generallieutenants von Lengenfeld Quartier für die brandenburgische Botschaft.
Der Herr Senator Dr. Moors, städtischer Deputierter, schrieb mir ein Billett - Zahl 35 a - und machte darin einen Vorschlag, ein Haus in dem Reservedistrikte zu besichtigen, davon das erste Stockwerk der zu Frankfurt wohnende königlich-preußische Herr Generallieutenant von Lengenfeld, der die Werbinspektion (55) hat, innen hat. Wir fuhren also hin. Der Herr General erklärte, daß er sich sehr wundere, wie sein Quartier wolle besichtiget werden. Er wäre hier das, was der Fürst Reuß, der als königlich-böhmischer General die Werbinspektion habe, seie. Dessen Quartier habe man nicht besehen. Man erklärte dem Herrn von Lengenfeld, wie kein Haus in Frankfurt

verschont werde und also auch das Quartier des Herrn Fürsten von Reuß Durchlaucht würde besehen werden,...
   Besichtigung des königlich-böhmischen Herrn Generals Fürsten von Reuß, auch des königlich-dänischen Gesandten, Quartiers.
(Dies geschah auch. Ich ging mit der städtischen Deputation durch alle Zimmer. Der Herr Fürst war nicht selbst da, aber ein Offizier führte uns herum, auch bei dem königlich-dänischen Gesandten, der aber selbst da war.)

... bei ihm, Herrn General, aber käme der wichtige Umstand zur Frage, daß sein königlich-kurfürstlicher Hof außer[halb] (56) seinem Distrikte Quartier für die Hohe Botschaft verlange und man sich schon alle ordentliche Mühe gegeben habe. Er erwiderte:"Wenn es mein König befiehlt, so werde ich gleich auf der Stelle mich bequemen, ohne diesen Allerhöchsten Befehl aber nicht." Es wurde noch lange für und dagegen gesprochen, und es schien, als ob die mit zugegen gewesenen königlichen Herren Abgeordneten selbst keine rechte Lust gehabt hätten, darauf zu beharren. Also fuhr jeder wieder ab, bis auf weiters.
   Besichtigung des königlich-preußischen Kammerherrn von Malabert Hauses.
Von da fuhren wir in das Haus des königlich-preußischen Kammerherrn von Malabert, der zu Frankfurt Bürger ist und ein eigenes schönes Haus in dem kurhannöverischen Distrikte besitzet. Auch da gab es Einwendungen, so daß Herr von Malabert erklärte, (57) er seie zwar preußischer Kammerherr, aber auch Frankfurter Bürger. Noch immer also nichts Bestimmtes.
   Hindernisse bei der kursächsischen Bequartierung wegen des ersten Herrn Wahlbotschafters Herrn von Schönberg.
Inzwischen begaben sich auch bei der kursächsischen Bequartierung Hindernisse, die nicht minder weitaussehend waren, und zwar wegen des ersten Hohen Herrn Wahlbotschafters Grafen von Schönberg Exzellenz. Dieser Herr Wahlbotschafter hatte sein Quartier bei letzterer Krönung in dem Mezler Bethmännischen Hause, von welchem in ein anderes durchgebrochen worden. Herr Mezler Bethmann brachte solche Beschwerungen vor, die ihm damals widerfuhren, daß man, da seine lauten Klagen nicht leer befunden worden und er erklärte, ein für allemal [nicht] den Herrn Grafen von Schönberg, am allerwenigsten aber dessen Frau Gemahlin, einzunehmen und alsogleich eine Estafette nach Dresden mit der abgenötigten Beschwerung zu schicken, nur immer suchte, ihn mit Güte auf andere Gedanken zu bringen. Aber (58) alle Vorschläge, alle Wege waren umsonst. Endlich erklärte Herr Mezler Bethmann, des Herrn Grafen von Schönberg Exzellenz wolle er als Hohen Wahlbotschafter einnehmen, nie und nimmermehr aber dessen Ge-

mahlin. Sie Frankfurter - und diese Sprache mußte ich an mehreren Orten hören - wüßten, daß sie ihre Quartiere für alles, was zur Krönung gehöre, hergeben müßten. Das täten sie auch gerne. Aber für die Gemahlinnen der Herren Wahlbotschafter und andere von den Suiten wären sie es nicht schuldig. Ihre Häuser litten durch das Durchbrechen in andere zu sehr, und nicht immer seien die Behandlungen der Damen von der Art, daß sie guten Willen der Hausbesitzer hervorbrächten. Sowie nun inzwischen der kursächsische Hoffourier Blaßmann angekommen und diesem alles Obige eröffnet wurde, so beharrte er auf der absoluten Einquartierung des Herrn Grafen von Schönberg in dieses Haus, versicherte, ausdrückliche Befehle dazu zu haben, ja nicht von diesem Hause abzugehen, (59) desto heftiger wurde Herr Mezler Bethmann. Bis endlich, nachdeme alles versucht worden, die gegründeten Ursachen des Herrn Bethmann durchdringen mußten und ich dem Herrn Hoffourier die Unmöglichkeit erklärte, deswegen ein anderes bequemes Haus sogleich würde aufgesucht werden. Herr Hoffourier drohte mit Abschickung [von] Estafetten, glaubte mich zu warnen für den Herrn Grafen von Schönberg und gab und mußte sich endlich geben, da ich ihm geradeheraus sagte, daß bei mir Drohungen nicht angewendet seien, indem die Gerechtigkeit der Sache mich verteidigen müßte. Nach vielen Beratschlagungen und Visitierung verschiedener Häuser wurde denn endlich bei der verwittibten Madame Bernard und Stadtlieutenant Herrn Brönner ein Quartier mit Durchbrechung der Häuser bestimmt, jedoch mit unsäglichen Verdrusse besonders bei Herrn Brönner. Darauf für des 2. kursächsischen Hohen Herrn Wahlbotschafters Grafen von Riaucour Exzellenz bei Herrn Gontard, welches Quartier (60) ohne Anstand hergegeben worden. Alles dieses war in dem kursächsischen Distrikte.

Endlich langte auch ein Schreiben von dem Herrn Kanzleirat Freyer aus Pappenheim an mich ein - Zahl 35 b, darin die beeden Herren Reichserbmarschalle in dem Gondartischen Hause auf dem Hirschgraben wollen bequartiert sein und der Gräfin Görz, Tochter des Generals Wurmser, alles soll angeboten werden, was zu ihrer Zufriedenheit sein könne. Da aber der zweite kursächsische Herr Botschafter Graf von Riaucour auch das Gondartische Haus schon wieder im Sinne gehabt (man sehe Tagebuch von letzterer Krönung, S. 43), so war da nichts zu machen. Indessen gab man sich alle Mühe, die Frau Gräfin von Görz ausfindig zu machen, wo ich erfuhr, daß sie sich zu Offenbach befände. Ich gab dahero meinem guten Freund, dem zu Frankfurt wohnenden Herrn Geheimen Rat Schulin, der mir versicherte, sie sehr wohl zu kennen, bittend auf, ihr alsbald von meinem Auftrage Eröffnung zu machen und daß ich ihre Befehle erwartete.

Am 14. Mai, da man mit steter (61) Fortsetzung der Quartierbesehung und -bezeichnung sich beschäftiget, erklärte auf einmal der königlich-preußische Gesandte Freiherr von Hochstetter, er habe ein Reskript von Berlin erhalten, daß das in dem kursächsischen Distrikte gelegene Haus der verwittibten Madame Leers und das schon gedachte von Malabertische Haus im kurhannöverischen Distrikte von beeden Höchsten Kurhöfen der kurbrandenburgischen Botschaft wäre überlassen worden. Allein das von Malabertische Haus war noch zuwenig und in dem Leersischen Hause war vorläufig das Hauptquartier von des amtierenden Herrn Reichserbmarschalls Grafen Karl Hochgräflicher Gnaden bestellt, wie bei der letzten Wahl und Krönung geschah. Man wußte zu Berlin noch nicht, konnte es nicht wissen, daß die Frau Fürstin von Dessau für diesmal so gutwillig ihr Quartier herzugeben sich erklärte. Der Herr Gesandte ließ mich das Reskript nicht lesen. Dahero erbat ich mir sein Ehrenwort (62) für seine Versicherung aus, welches er mir auch gab. Diesemnach besichtigte man das Leersische Haus für des 2. kurbrandenburgischen Herrn Wahlbotschafters Grafen von Görtz Exzellenz und wurde auch bezeichnet – allein, auch hier mit einer Menge Gegenvorstellungen, die aber alle mußten abgewiesen werden, um doch endlich einmal zum Zweck zu kommen. Hierauf fuhr man wiederholt in das von Malabertische Haus. Es war aber ein für allemal nicht ausgedehnt genug, zumalen da des ersten Herrn Wahlbotschafters Fürsten von Sacken Hochfürstliche Gnaden von Berlin her Palais gewohnt sind. Die Hoffnung auf das fürstlich-dessauische Quartier beruhigte also etwas, als auf einmal diese Fürstin von Dessau Durchlaucht geradeheraus erklären ließ, daß sie nicht weiche und es darauf ankommen ließe. Die vorigen Wege und Negotiationen mußten wieder eingeschlagen werden. Aber diesmal waren sie (63) ganz umsonst, da die Fürstin vermutlich Nachricht hatte, daß von Berlin aus Rücksicht auf sie genommen worden. Die Fürstin erklärte, daß sie nicht aus ihrem Quartiere ging, man müßte sie denn mit Wache herausbringen. In der Nacht wurde daher noch ein eigener Bote nach Praunheim etliche Stunden von Frankfurt, wo sich der Freiherr von Hochstetter im Sommer aufhält, abgeschickt, mit einer versiegelten Denkschrift – Zahl 36 a, und von demselben eine bestimmte Erklärung verlangt, ob [er] das von Malabertische Haus wolle behalten oder die nötigen Mittul bei der Frau Fürstin sollen angewendet werden. Der Herr Gesandte kam am 15. Mai des Morgens selbst. Er [hatte] dem Boten eine schriftliche Antwort – Zahl 36 b – mitgegeben und meldete mir seine Ankunft. Auch ersuchte [er mich], Herrn Geheimen Rat Willemer, Herrn Residenten Häberlein und die beeden Herren Stadtdeputierten dazu einzuladen, diese auch erschienen, und äußerte, er könne es bis auf die Exekution der Fürstin nicht

ankommen lassen. Nun mußte also das von Malabertische Haus her, da keine Zeit mehr zu versäumen war, wie Zahl 36 c zeigt (64), und in Nebenhäuser gebrochen werden.
Ankunft einiger Hoffouriere.
Während der Zeit kamen einige Hoffouriere an. Diese neuen Umstände verursachten in größter Eile, in welcher alles, durch hundertlei Nebensachen durchgedrängt, gehen mußte, Bericht nach Dresden, welcher auch erstattet wurde - Zahl 37.
Ursache, warum gegen die Hauptquartiere der Hohen Botschaften so viele Klagen geführt worden.
Der Hauptgrund, warum so laute Klagen gegen die Hauptquartiere einiger Hoher Botschaften geführt wurden, verursachte, daß bei der letztern Krönung, besonders bei Herrn Mezler Bethmann die Meublen sehr ruiniert wurden (man sehe das Tagebuch von der letzten Krönung), und ich besänftigte meistens endlich doch diese klagenden Hausbesitzer mit der Versicherung, pflichtmäßigst darauf anzutragen, wie die Herren Gesandtschaftsmarschälle genauest (65) auf die Domestiquen achthaben werden und dasjenige sicher und gewiß werde vergütet werden, was beschädiget würde.

Am 16. Mai
Fortgefahren mit Quartiermachen.
wurde immer mit Quartierbesichtigung und -bezeichnung fortgefahren.

Indessen kommt hier zu bemerken,
Reichsquartiermeister macht den beeden Herren Stadtdeputierten Visite.
daß ich denen beeden Herren Stadtdeputierten die Gegenvisite gemacht, wie auch die beeden Herren Bürgermeister mir,
Annahme zweier Skribenten, denen der Titul Kanzlisten gegeben worden.
daß ich einen Kopisten namens Landmann angenommen. Dann noch einen mit Namen Wild, weil einer unmöglich fertig werden konnte. Beeden legte ich den Titul als Kanzlisten bei, um sie desto leichter in die Quartiere der Hohen Herren Wahlbotschafter schicken zu können,
Der Reichsquartiermeister erhält die gewöhnlichen Schreibmaterialien.
daß die gewöhnlichen Schreibmaterialien bestehend
    1 Kiste Kanzleipapier,
    8 Stangen rotes und

4 Stangen schwarzes Siegelwachs,
100 Stück Federkiel,
12 Stück rote und
12 Stück schwarze Bleistift,
1 Papierscher, (66)
1 schwarzes hölzernes Tintenfaß,
1 Streusandbüchse, Streusand,
1 Krug Tinte,
Federmesser

abgeliefert und darüber eine Quittung erteilt, auch dem Mann, der alles gebracht hat, 24 Kr. Trinkgeld gegeben worden (Das übrige Papier sowie Tinte muß gekauft werden),

Reichsquartiermeister erhält Exemplare von vorläufigen magistratischen Verordnungen wegen Aufbehaltung der Häuser bis zur Einquartierung, dann Traueranstalten wegen des Absterbens Seiner Kaiserlichen Majestät, ordentlichen Betragens währender Krönung pp.

daß von der bereits ergangenen magistratischen Verordnung wegen Aufbehaltung der Häuser und Quartiere bis zur Reichseinquartierung einige Exemplare übergeben worden sowie auch einige von der magistratischen Verordnung die Traueranstalt bei dem Tode weiland Seiner Majestät Kaiser Leopolds II., dann wegen schuldigen Betragens währender Wahl und Krönung, auch wegen der Tragung der Stöcke und Degen pp., ferner wegen Reinigung von Bettel und herrenlosem Gesindel, auch solcher Personen, die der Bürgerschaft in ihrer Nahrung großen Abbruch tun und mit keinem Erlaubnisschein versehen sind, davon eines Zahl 38 a, 38 b, 38 c, 38 d, 38 e beiliegt,(67)

Die Torzettul werden dem Reichsquartiermeister durch eine Ordonnanz richtig abgeliefert, mit der weitern Verfügung, die Ankunft eines Hohen Herrn Wahlbotschafters sogleich zu melden.

daß die verlangten Torzettul durch eine Ordonnanz abgeliefert wurden, welches auch richtig geschehen, noch mit der von mir nötig gefundenen Verfügung, daß, sooft einer der Hohen Herren Wahlbotschafter ankomme, mir es alsbald gemeldet werde,

Reichsquartiermeister fährt alsobald nach der Ankunft zu jedem der Hohen Herren Wahlbotschafter, um ihm aufzuwarten.

indem ich allzeit sogleich zu jedem Hohen Herren Wahlbotschafter fuhr, um ihm aufzuwarten und zu hören, ob und inwieferne in Ansehung des Quartiers etwas weiters zu besorgen sein möchte, welches sämtliche Hochgedachten

Herren Botschafter sehr gut aufnahmen. Zur Probe liegen hier 2 solche Torzettul an - Zahlen 39, 40.

Die Stadtdeputierten erklären, daß sonst die Überbringung der Torzettul bei der Ankunft des Herrn Reichserbmarschalls diesem geschehen seie, aus Achtung für den Reichsquartiermeister aber auch ihm solche fort überbracht werden sollen.

Hier ist noch anzufügen, wie mir die Herren Stadtdeputierten erklärt haben, daß die Torzettulüberbringungen und Meldungen bei der Anwesenheit des Herrn Reichserbmarschallen Hochdiesem geschehen, aus besonderer Achtung aber für mich ich solche auch fort erhalten werde, welches auch (68) pünktlichst erfolgt ist.

Die Stadt hat gedruckte Quartierlisten machen lassen, die nur von den Stadtdeputierten ausgefertiget werden wollten. Besprechung hierüber.

Als auf dem Quartierszimmer bei unserer gewöhnlichen Zusammenkunft Herr Reichsfourier Wasser gedruckte Quartierlisten liegen sahe, die nur lediglich von der Stadtdeputation ausgefertiget werden wollten, und mir solches hinterbrachte, so sprach ich sogleich mit diesen Herren Deputierten, verlangte, daß es als eine Neuerung abgestellt werden sollte, maßen das Reichserbmarschallamt einzig und allein die Einquartierung habe, eine Stadtdeputation aber nur dabeiseie, um allenfalls die nötige örtliche Auskunft zu geben und ihre Bürger anzuhalten, auch zu sehen, ob einer oder der andere nicht unbillig belastet würde. Die Deputation erwiderte, daß eben der Druck, den bei der letzten Krönung die Bürgerschaft zu erdulden hatte, indeme man mit der Einquartierung ein Kommerz getrieben, die Veranlassung seie und diese Verfügung zur äußersten Notwendigkeit gemacht habe. Es seien damals (es wurde von dem vorigen Reichsfourier und nunmehrigen Herrn Kanzleirat Freyer nicht zum besten gedacht, um mich noch glimpflich auszudrücken) Häuser ganz verschont, einige dagegen hart belegt worden. Man (69) habe es erst mit allen Umständen nachhero erfahren. Die Bürgerschaft müsse also gesichert sein, und der Magistrat habe dieses nach seiner Schuldigkeit auf sich genommen. Sie erkennten die Rechte der Einquartierung des Hohen Reichserbmarschallamts, aber sie müßten ihre Bürger anweisen, daß sie das Quartier einnehmten. Aus diesem fließe natürlich das Recht, gedruckte Zettul dazu verfertigen lassen zu dürfen. Dadurch würde allem Unterschleif vorgebauet. Ob ich nun gleich der Deputation entgegensetzte, wie die Bürgerschaft bereits Beweis haben müsse, daß diesmal von Seiten des Hohen Reichserbmarschallamtes geradezu und ohne alle Nebenabsicht gehandelt werde, auch jede Erkaufung, oder was dieser gleich sehe, gelegentlich schon abgewiesen worden seie und ganz sicher auch in der

Folge abgewiesen werde werden. (Es wurden mir zu verschiedenen Malen Angebote gemacht, auch versiegelte Pakete, darin vermutlich Gold war, weil sie für Silbergeld zu klein gewesen, hingereicht. Ich schlug aber alles aus unter der Erklärung, daß ich gerade und ohne alles Ansehen der Person zu Werke ginge, aber auch jedem mit freier Stirne unter die Augen treten würde.) So erwiderte gedachte Deputation, wie sie bereits genügliche Proben (70) von meinen Versicherungen hätten. Indessen wäre die Bürgerschaft allschon beauflaget, kein Quartier anzunehmen ohne solche gedruckten Scheine, und es würde großes Aufsehen erregen, wenn man nun auf einmal wieder etwas anders verfügen wollte.

Am Ende protestiert und gleiche Zettul vom Reichsquartiermeisteramte ausgeteilt.

Die Zeit war zu kurz, die Eile drang immer heftiger an und ich mußte mich also, wie gar oft, nur protestierend verwahren, denn zur rechtlichen Auseinandersetzung war wahrlich kein Zeitpunkt. Zu dieser Verwahrung ließ ich noch gleiche Quartierzettul vom Reichsquartiermeisteramte drucken, die den Hoffourieren gegeben wurden, da auch die Mitunterschrift gedachten Reichsquartiermeisteramts versagt wurde. Zur Probe liegt ein solcher Zettul an - Zahl 41.

Die Hoffouriere wollen als eine Neuerung diese Zettul nicht annehmen.

Allein, diese Zettulausteilung verursachte bei den indessen angekommenen und sich gemeldeten Hoffourieren Bewegung. Sie wollten sie nicht annehmen.

Die Hoffouriere wollen wohl dem Reichsquartiermeister, aber nicht den Deputierten die Quartierlisten vorzeigen.

Hinzu kam noch, daß die Hoffouriere ihre Quartierlisten zwar mir, dem Reichsquartiermeister, aber nicht der Stadtdeputation vorzeigen, niemandem aber in die Hand geben wollten. Es war darauf und daran, daß die nächster Tage eintreffenden Bagagen und vieles Personal (71) der Hohen Botschaften auf der Straße stehen bleiben mußten.

Fügen sich endlich doch.

Nach langen und mit unsäglicher Mühe angewandten Vorstellungen, daß man von Reichsquartiermeisteramts wegen jetzo auf der Stelle nichts anders zu tun vermöge als zu protestieren, welches sehr oft und in Beisein verschiedener Hoffouriere gegen die Deputation wiederholt worden, daß es unmöglich angehe und zum größten Nachteile geschehen würde, wenn die Bagagen und das Personal der Hohen Botschaften auf der Straße uneinquartiert bleiben müßten, fügten sich diese Hoffouriere doch, und es war da wieder Ruhe, und die Einquartierung ging wieder vor sich.

Die Hohen Herren Wahlbotschafter finden des Reichsquartiermeisters Benehmen hiebei für angemessen.
Da des 2. kurhannöverischen Hohen Herrn Wahlbotschafters Freiherrn von Ompteda Exzellenz einer der ersten war, die zu Frankfurt anlangten, und ich Hochihro bei meiner alsbaldigen Aufwartung diese Ereignis erzählte, so waren Sie ganz meiner Meinung und fanden mein Benehmen bemessen, wie auch verschiedene der übrigen Hohen Herren Botschafter, welche ich in der Folge gelegentlich darüber gesprochen habe, und besonders (72) des ersten kursächsischen Herrn Botschafters Grafen von Schönberg Exzellenz.

Am 17. Mai
langte ein Reskript von des ältesten amtsführenden Herrn Reichserbmarschalls, meines gnädigsten Herrens, Hochgräflicher Exzellenz ein - Zahl 42, welches Herr Kanzleirat Freyer verfaßt hat und welches eine Antwort auf meinen am 9. dieses Monats erstatteten untertänigsten Bericht (man sehe S. 30) war. Da sich aber alles indessen gegeben hatte, blieb es auch bei den gemachten Veranstaltungen. In dem 1790-Krönungstagebuche steht nichts von der in diesem Reskripte vorkommenden Beantwortung. Übrigens habe ich weder schriftlich noch mündlich Abbitte zu tun gehabt, wie der Herr Verfasser des Reskripts hoffte. Vielmehr darf ich mich laut auf die Höchsten Kurhöfe berufen, und das Zahl 241 befindliche Schreiben des kursächsischen Direktorialgesandten zu Regensburg Grafen von Hohenthal Exzellenz wird mich genüglich rechtfertigen.

Zwei Reskripte aus Dresden; in dem einen wird befohlen, das Leersische Haus dem ersten kurbrandenburgischen Herrn Wahlbotschafter zu überlassen,
Auch erhielt ich zwei Höchste Reskripte aus Dresden - Zahl 43. In dem ersten wurde befohlen, daß das Leersische Haus für den ersten kurbrandenburgischen Hohen Herrn Botschafter für diesmal zu überlassen [sei], wofern (73) sich nicht unübersteigliche und in der Entfernung nicht vorauszusehende Hindernisse dagegen finden sollten - S. 60 - 62,

in dem andern, die kurpfälzische und königlich-kurböhmische Wahlbotschaften, deren beede Höfe das Ansuchen dorthin erlassen, behörig zu bequartieren, im allgemeinen sich aber an das am 19. Juni 1790 erteilte Dekret zu halten.
in dem zweiten, daß ich die kurpfälzische und königlich-kurböhmische Wahlbotschaften, da die Höchsten und Allerhöchsten beeden Höfe dorthin ebenfalls das Ersuchen gestellt haben, behörig zu bequartieren und mich im allgemeinen an das meinem Vorfahrer vom 19. Juni 1790 erteilte Dekret zu

halten hätte. Indessen aber, man sehe S. 61 - 64, die Bequartierung der beeden Hohen kurbrandenburgischen Herren Wahlbotschafter sich bereits erlediget hat, so wird dieses untertänigst berichtet werden.

Am 18., 19. Mai

Kurböhmische, -brandenburgische und -hannöverische Fourierlisten sowie die übrigen werden dem Reichsfourier übergeben, solche abgeschrieben und nach Dresden gesandt.

wurden die von den kurböhmischen, kurbrandenburgischen und kurhannöverischen [Hoffourieren] übergebenen Fourierlisten dem Herrn Reichsfourier Wasser so wie alle Hoffourierlisten übergeben und solche abgeschrieben, um sie nach Dresden mit dem nächsten Berichte zu senden,

Kurtrierischer und -kölnischer [Hoffourier] entschuldigen sich, daß sie solche noch nicht vorgelegt.

dagegen der kurtrierische und kurkölnische sich entschuldigen, daß sie solche noch nicht vorgelegt.

Fortgefahren mit Einquartieren.

Indessen immer in Quartierbesichtigung, -bezeichnung und -ausweisung fortgefahren. (74)

Des Königs von Ungarn Majestät verlangen das Braunfels zum Quartier. Die deswegen geschehene Besorgung.

Da des Königs von Ungarn Majestät das Quartier im Braunfels verlangten, so wurde solches sogleich beaugenscheiniget und dem kurböhmischen Hoffourier gänzlich überlassen; dabei zu bemerken, daß diese vortrefflichen königlichen Herrschaften sich mit allem begnügten und auch da Allerhöchstihro menschenfreundliches gutes Herz gezeigt haben, wie denn auch des Erzherzogs Karl Königliche Hoheit in einem kleinen Quartiere neben dem Braunfels gut zufrieden waren.

Am 20. Mai

Des kurböhmischen ersten Herrn Wahlbotschafters Quartier ist im Cronstettenstift.

hat man auch das Cronstettstift für des königlich-kurböhmischen ersten Herrn Wahlbotschafters Fürsten von Esterhazy Hochfürstliche Gnaden bezeichnet und dem böhmischen Hoffourier überlassen.

Herr Fürst von Thurn und Taxis verlangt Quartierungsfreiheit für das Reichsoberpostamt.
Langte gestern ein Ersuchungsschreiben von des Fürsten von Thurn und Taxis Durchlaucht ein - Zahl 45, darin derselbe anführt, wie aus den vorigen Wahl- und Krönungszeiten bewußt seie, daß vermög kaiserlicher Patente und Privilegien das kaiserliche Reichsoberpostamt jederzeit von Einquartierungen befreiet und auch das in der Stadt (75) wohnende kaiserliche Reichsoberpostamtspersonal möglichster Dingen mit dergleichen verschont bleibe.
Erklärung des Reichsquartiermeisters über dergleichen verlangte Freiheit.
Über diese sowie auch über die im Darmstädtischen Hofe verlangte privilegierte Befreiung erklärte ich hier und da, wenn die Rede davon wurde, auch gegen den Herrn Oberpostdirektor von Franz, der mir Visite, die ich ihm erwiderte, machte, daß, wenn auch Privilegien hierüber existieren sollten, sie nur vom Kaiser und Reich gegeben wären. Wenn nun der Fall eintrete, daß Kaiser und Reich das bloß durch Gnade gleichwohl Ausgenommene selbst, noch dazu nur auf wenige Zeit, nötig hätten, so würde es Undank heißen, wenn man sich nicht fügen wollte. Und Gnadenerteilungen könnten auf großen Undank wieder zurückgenommen werden. Man fuhr also etlichemal in das Oberpostamt, um das Quartier (76) zu besehen, da allzeit ein Sekretär da war, der sich entschuldigte, daß der Herr von Franz nicht zu Hause seie. Dahero diesem Sekretär gesagt wurde, man würde wiederkommen und Herrn von Franz die Stunde wissen lassen. Nachdem aber immer mehr Bagage von den Hohen Wahlbotschaftern ankam und die mit einer unzähligen Menge von Zwischendingen verknüpfte Besichtigung und Bezeichnung der Quartiere unaufhaltbar öfters noch in spaten Abend mußte besorgt [werden], auch das Personal der Hohen Botschafter nicht so stark war als das vorige Mal, so ließ man es diesmal bei den obenbemerkten Äußerungen (man sehe indessen S. 18, 19, 30, 31 vorigen Tagebuchs).
Das königlich-preußische Ministerium zu Berlin überschickt die Fourierliste von der Hohen kurbrandenburgischen Wahlbotschaft und benachrichtiget zugleich wegen eines Gesandtschaftsquartiers.
Nicht minder langte gestern ein Schreiben von dem königlich-preußischen Ministerium aus Berlin ein - Zahl 46, 47, mit (77) welchem [es] die Fourierliste der Hohen kurbrandenburgischen Wahlbotschaft überschickte und zugleich benachrichtigte, daß dieser königliche Kurhof wegen Abtretung eines anständigen Hauses in Unterhandlung stehe und der königlich-preußische Gesandte von Hochstetter sowie der Gesandtschaftsmarschall und Kammerherr von Schack alle erforderliche Auskunft geben werden, dahero des Herrn

Reichserbmarschalls Hochgräfliche Exzellenz angelegenst ersucht werden, beiden darunter bestens beizustehen und Deroseits zur Erleichterung der Sache alles beizutragen. Da sich nun die Quartierung bereits gegeben hatte und der angekommene brandenburgische Herr Gesandtschaftsmarschall von Schack wohl zufrieden war sowie die Hohe Botschaft selbst, welches nicht nur die Beilagen 217, 242, 243 beweisen, sondern auch, daß ich als Reichsquartiermeister mein Gratial von diesem königlichen Hofe erhielt, das mein Herr Vorfahrer selig nicht bekam - man sehe voriges Tagebuch und die tref(78)fenden Beilagen - so war das Allerhöchste Ansuchen erfüllt.

Der kurbrandenburgische erste Herr Wahlbotschafter verlangt für mehrere Personen Quartier, als in der eingekommenen Liste stehen.
Allein, ich kam mit des ersten Hohen Herr Wahlbotschafters Fürsten von Sacken Hochfürstliche Gnaden in ein ernsthaftes Gespräch, da diese Hohe Botschaft vor mehrere Personen Quartier verlangte, als in der aus dem Ministerium von Berlin ausgesandten Fourierliste standen.

Königlich-preußische Truppen marschieren durch die Stadt, sogar am frühen Morgen des Krönungstags selbst.
Da die beständigen Vorbeimärsche und Vorbeischiffung königlich-ungarischer Truppen und die Durchmärsche königlich-preußischer Regimenter, welch letztere immer durch die Stadt selbst, sogar am frühen Morgen des Krönungstags selbst zogen, viele Officiers, auch Commissars in die Stadt brachten, so suchte der brandenburgische Gesandtschaftsmarschall und der mit ihm gekommene Hoffourier für ein oder den andern der letztern Reichsquartier.

Reichsquartiermeister entschuldigte sich, daß er außer dem in der Liste befindlichen Personal kein Reichsquartier verschaffen könne. Die Stadtdeputation beschwerte sich auch. Der erste Herr Wahlbotschafter erklärte, er als königlicher Minister könnte die Liste erweitern.
Man schlug es ab, der Gesandtschaftsmarschall und der Hoffourier beschwerten sich darüber. Die Sache kam an den Herrn Fürsten von Sacken. Er erklärte, daß königliche Minister so viele Vollmacht hätten, die Fou(79)rierlisten zu erweitern.

Da die Stadt sich am allermeisten dagegen setzte und es als eine Neuerung von Folgen ansah, so wurde die Sache endlich doch vermittelt.
Die Stadt besonders setzte sich sehr dagegen. Der Fürst bat mich sehr gnädig, die Sache zu vermitteln zu suchen. Ich tat es, fuhr vom Römer aus mit dem einen Deputierten, Herrn Senator Moors, wieder zum Fürsten, der au-

ßerordentlich höflich den Herrn Deputierten aufnahm, und [dieser setzte] endlich seine Unterschrift auf die neue Liste, welches er anfänglich nicht tun wollte. Beim Weggehen dankte mir der Fürst außerordentlich für die gute Vermittlung, und als ich mich nach der Krönung bei ihm beurlaubte, ersuchte er mich, in etlichen Tagen, bis dorthin er von Mainz wieder zurück sein werde, morgens zu ihm zu kommen. "Wir wollen", sprach er, "uns noch ein bißchen über die teutsche Staatsverfassung miteinander unterhalten." Ich erschien also, und wir gingen so eine Stunde im Zimmer auf und ab, sprachen von der teutschen Staatsverfassung. Ich hielt sie für glücklich, er nicht so ganz. Ich gab ihm das Beispiel, daß im (80) Teutschen Reiche jeder, der bedrängt würde, seinen Herrn verklagen könne. Der Diener dürfe nicht abgedankt werden, ohne es verschuldet zu haben pp. Er meinte, dergleichen Prozesse dauerten aber sehr lange, und ich versicherte ihm, daß es ganz wenig Zeit brauche, um ein Mandat S. C. zu erhalten. Endlich schieden wir voneinander, und ich empfahl mich seiner Gnade.

Ersuchungsschreiben des durchlauchtigsten Kurfürsten von Köln wegen Quartier und Benachrichtigung, wie Höchstsie in dem Teutschen Hause zu Sachsenhausen logieren werden auch wünschen, Ihro Staatsministers und sonst ohnentbehrliche Diener nahebei sich zu haben, deswegen man sich mit Ihro Kammerdiener Thiele benehmen möchte.

Das am heutigen Tage eingekommene Ersuchungsschreiben von des Kurfürsten von Köln Durchlaucht wegen der Quartiere, worin Höchstgedachter Kurfürst zugleich benachrichtiget, wie Höchstihroselben das in Sachsenhausen gelegene Teutsche Haus zu Ihro Residenz nehmen und dabei wünschten, Höchstihro Staatsministers, auch sonst etwa ohnentbehrliche Diener in der Nähe zu haben, weswegen sich mit dem die Kammerfouriersdienste zu versehen habenden Kammerdiener Thiele zu benehmen, ist hier unter Zahl 48.

Am 21. Mai
  Fortdauernde Bequartierung. Bericht nach Dresden und Einschickung der eingelangten Fourierlisten.
wurde unter fortwährender Quartierbesichtigung und -beziehung Bericht nach Dresden erstattet - Zahl 49 - und die von Kur(81)böhmen, Kurbrandenburg und Kurhannover übergebenen Fourierlisten, die alle Herrn Reichsfourier Wasser von mir jederzeit zugestellt wurden, in Abschrift beigelegt.
  Die Hoffouriere melden sich bei ihrer Ankunft sogleich bei dem Reichsquartiermeister.

Hier kommt zu bemerken, daß die Hoffouriere sich bei dem Reichsquartiermeister sogleich gemeldet haben, wenn sie ankamen.
Der kurkölnische und der kurtrierische entschuldigen sich, daß sie ihre Fourierlisten erst erwarten.
Der kurkölnische und kurtrierische entschuldigen sich, daß sie die Fourierlisten noch erwarteten.

Am 22. Mai
Langte ein Schreiben aus Pappenheim ein mit Übersendung eines Ersuchungsschreibens von dem Herrn Reichsvizekanzler wegen Quartier für sich und einen Teil der Geheimen Reichskanzlei, weiter eines Ersuchungsschreibens von der kurfürstlichen Regierung zu Hannover wegen Quartier.
kam ein Schreiben von dem Herrn Kanzleirat Freyer aus Pappenheim - Zahl 50 a, mittelst welchem ein Ersuchungsschreiben von des Herrn Reichsvizekanzlers Fürsten von Colloredo Hochfürstlicher Gnaden um Quartier für sich und einen Teil der Geheimen Reichskanzlei - Zahl 51 - und ein gleiches Ersuchungsschreiben von der kurfürstlichen Regierung von Hannover, die Quartierung betreffend - Zahl 52, übersandt worden.

Da bereits seit vielen Monaten ein Theater zu Frankfurt ist, so habe ich darauf angetragen, daß der Direktor sich bei mir melden müsse. Das wollte nicht recht gehen. Indessen kam er (nachdem er mir tags vorhero in einem Billett - Zahl 53 - versicherte, des andern Tags zu erscheinen, und ich, dann Herr Reichsfourier freien Eintritt hätten, davon er bitte, noch heute Gebrauch zu machen) doch endlich,
Einleitung und würkliche Abgebung einer freien Loge in der Komödie, die Reichserbmarschallische Loge bezeichnet, freier Eintritt des Reichsquartiermeisters und überhaupt des reichserbmarschallischen Kanzleipersonals.
und ich machte mit ihm, un(82)ter den nötigen Vorstellungen der reichserbamtlichen Gerechtsamen, aus, daß vor den Herrn Reichserbmarschall eine Freiloge, die
Reichserbmarschallische
Loge,
bezeichnet ist, auch etliche Freibilletts also unentgeltlich abgegeben werden. In Ansehung der Freibilletts wendete er ein, daß damit außerordentlicher Unterschleif vorginge. Es wäre ihm dahero wünschenswerter, wenn man davon abzustehen belieben möchte. Dagegen von ihm die Generalorde werde

gestellet werden, daß, wer von der reichserbmarschallischen Kanzlei, besonders ich Reichsquartiermeister, käme, man jederzeit frei passieren werde. Der Herr Reichsfourier Wasser ging auch den selbigen Abend hienein. Ich aber konnte wegen des Drangs von wichtigen Geschäften nicht, ging aber zur andern Zeit etlichmal hienein - einmal in das Parterre, ein andermal in Logen, immer aber unentgeltlich.

Das Nämliche bei dem Nationaltheater. Bei dessen Aufbauung fällt etwas zusammen.

Es wurde aber ein neues Theater nicht weit von dem beständigen, wie sie es heißen, "Nationaltheater", aufgebaut, unter der nämlichen Direktion, wo ebenfalls und eigentlich währender Wahl und Krönung Schauspiele gegeben worden und das Reichserbmarschall(83)amt Freiloge und freien Eintritt hatte. Bei dem Aufbauen fiel etwas zusammen und schlug etliche Arbeiter tot, und viele wurden stark blessiert.

Die kurkölnischen Distriktsbesitzer machen noch Forderung von der letztvorigen Krönung.

Da sich der merkwürdige Zustand bei der Quartierung des kurkölnischen Distrikts ereignete, daß viele Hausbesitzer laute Klagen geführt, wie sie von der vorigen Krönung her noch zu fordern hätten und ein für allemal ihre Quartiere nicht hergeben, wenn sie nicht vorhero befriediget würden, so hat der kurkölnische Hoffourier es über sich genommen, bei seinem Höchsten Hofe diese Befriedigung zu bewürken, wenn die Hausbesitzer bei Seiner Kurfürstlichen Durchlaucht durch eine einzureichende ehrerbietigste Bittschrift Vorstellung machen würden. Dies geschah auch, und Seine Kurfürstliche Durchlaucht ließen die in Frage gewesenen Rückstände bezahlen. Indessen war diese Negotiation mit vielfachen Besprechungen, Vorschlägen und Einleitungen, Protestationen und Gegenprotestationen verknüpft. Zur Haupteinleitung bat der kurkölnische Hoffourier eine schriftliche Beurkundung vom Reichsquartiermeisteramte, die ihm - Zahl 50 b - erteilt worden.

Am 23. Mai.
Vorausbemerkung
Es ist den sämtlichen Herren zu Pappenheim bekannt, und sie müssen solches auf alle Fälle gewissenhaft bezeugen, daß Seine Regierende Hochgräfliche Exzellenz sich alle einkommenden schriftlichen Angelegenheiten vorlesen, oder eigentlich referieren lassen. Ich habe (84) dahero, um auch die oft nicht zu erlangende Zeit nur, sozusagen im Fluge, wegzunehmen, immer an den Herrn Kanzleirat Mayer, der das Kabinettreferat hat, geschrieben, dabei

diesem das Nötige gemeldet und die nach Dresden gesandten Berichte in Abschrift beigelegt.
Übles Betragen des vorigen Reichsfouriers Freyer mit Quartiermäkeleien.
Unter diesen Meldungen mußte ich dann, nach meiner Pflicht, bemerken, wie man in ganz Frankfurt über den Herrn Rat Freyer, der, wie schon gesagt, bei letzterer Krönung Reichsfourier war, auf die übelste Art öffentlich gesprochen. Die Deputation, welcher ich den Herrn Wasser als Reichsfourier vorstellte, erklärte, wie es ihr sehr angenehm zu vernehmen wäre, daß der Herr Freyer nicht wieder mitgekommen wäre, indeme sie nicht dafür hätten stehen können, daß ihm etwas Unangenehmes widerfahren wäre. Überall an allen Gesellschaften an der Table d'hôte, in der Folge an Botschaftertafeln hörte man von ihm, am hauptsächlichsten aber bei dem Quartiermachen, daß er mit den Quartieren gemäkelt [habe] und nach Gunst und Gabe zu Werke gegangen seie. Er hatte dadurch das ganze Hohe Reichserb(85)marschallamt so sehr verhaßt gemacht, daß des kurmainzischen Herrn Ministers Freiherrn von Seckendorf Exzellenz, mit welchem ich zu Mainz auch über diesen so wichtigen Gegenstand umständlich gesprochen habe, mich äußerst gebeten, alles anzuwenden, um die Würde dieses Hohen Amtes wieder empfehlend zu machen. Dabei mir Hochgedachter Herr Minister, als ich ihm erzählte, was mir die Deputation gleich anfangs über Herrn Freyer erklärte, in die Rede mit den Worten fuhr:
"Nein, totgeschlagen hätten sie ihn!".
(Des ersten kursächsischen Hohen Herrn Wahlbotschafters Grafen von Schönberg Exzellenz äußerten, wie Sie erst nachher so viel von dem Herrn Freyer erfahren hätten und, wenn Sie dieses dortmals gewußt, Sie eine Untersuchungskommission niedergesetzt hätten. Auch sprachen Hochgedachter Herr Wahlbotschafter einmal öffentlich an der Tafel davon, wo außer des zweiten kursächsischen Herrn Wahlbotschafters Grafen von Riaucour Exzellenz die beeden Herren Reichserbmarschalle Karl und Ferdinand Gnaden Gnaden, ich, Herr Kanzleirat Körndörfer, der kursächsische Herr Kanzlei(86)direktor Günther, ein junger Herr Bethmann und noch mehrere Personen saßen.)

Ganz natürlich mußte ich nach meinen Pflichten diesen, gleich anfangs mir aufgestoßenen, so wichtigen Vorgang, sowie auch in der Folge Herrn Kanzleirat Mayer und dieser es wieder Seiner Regierenden Hochgräflichen Exzellenz melden. Herr Kanzleirat Freyer versuchte, sich nun, gewiß sehr unrecht, an mir zu rächen. Ich erhielt also heute ein von demselben konzipiertes Schreiben von des amtierenden Herrn Reichserbmarschalls Grafen Karl

Hochgräflicher Gnaden - Zahl 54, darin mir viele und harte Vorwürfe gemacht wurden:

1. Hatte ich das Depariische Haus, welches gleich am Römer ist und ganz herrliche Zimmer und Meublen hatte, für die beeden Herren Reichserbmarschalle Gnaden Gnaden genommen (es hat hernach des dritten Hohen kursächsischen Wahlbotschafters Grafen von Löben Exzellenz darin gewohnt), da das für Hochgedachte Herren Reichsmarschalle vorhero ausgesuchte Leersische Haus für des zweiten kurbrandenburgischen Hohen Wahlbotschafters Grafen von Görtz Exzellenz nach dem Befehl von Dresden - man sehe S. 37, 39, 61, Zahl 43 - mußte gegeben werden. Dagegen man desto weniger etwas machen konnte, als erstlich die Zeit zu weiterer Vorstellung leicht erachtlich zu kurz war und zweitens (87) der Vorgang, wo bei der letzten Wahl und Krönung des Herrn Reichserbmarschallen weiland Hochgräfliche Exzellenz Hochdiese Ihr Quartier an des damals ebenfallsigen Hohen kursächsischen 2. Herrn Wahlbotschafters Grafen von Riaucour Exzellenz abtreten mußten. Man sehe S. 60.

2. Wegen der Frau Gräfin von Görz, deren Aufenthalt ich endlich erfuhr, habe ich alles getan, was ich nur immer konnte (man sehe S. 60).

3. Wegen der Reservequartiere ließ sich des Herrn Freyers Absicht in der Zahl 19 schon blicken. Daß ich das, was ich und der Herr Reichsfourier von ihm uns mußten sagen lassen, im Vertrauen an denjenigen Kollegen geschrieben, der das Kabinettsreferat hat, war gewiß noch Schonung für Herrn Freyer. Die beeden Herren Reichserbmarschalle Gnaden Gnaden haben es selbst von des ersten Hohen kursächsischen Herrn Botschafters Exzellenz vernommen. Die von Hochgedachtem Herrn Wahlbotschafter getane Äußerung, eine Untersuchungskommission niederzusetzen, die Erklärung des Hohen kurmainzischen Herrn Finanzministers Freiherrn von Seckendorf Exzellenz deuteten doch ziemlich auf eine Klage hin. Gegen mich wurde gottlob! keine geführt. Vielmehr rechtfertigt mich auch hier wieder [die] Beilage unter Zahl 241 (88) S. 81, 82, was ich wegen des Schauspiels getan habe. Überhaupt darf ich mich nicht fürchten, dem Hohen Reichserbmarschallamte einen wesentlichen Schaden in Ansehung dessen Hoher Befugnisse hauptsächlich dessen Ehre und Würde zugefügt zu haben, soviel nämlich bei dem ganz unaussprechlichen Drange von Geschäften und Besorgungen möglich und tunlich war.

Der amtierende Herr Reichserbmarschall hat sein Quartier bei der verwittibten Madame Bernis in der Saalgasse.

Da der Termin zur Abreise der Herren Reichserbmarschallen Gnaden Gnaden schon in 3 Tagen war, so habe ich vorläufig der Madame Bernis Quartier in der Saalgasse im brandenburgischen Distrikt, wo sonst eine der Hohen kurbrandenburgischen Botschaften bequartiert war, ausgesucht - die Zimmer sind sehr hübsch und die Aussicht auf den Main ganz unvergleichlich schön - und deswegen eine Estafette nach Pappenheim geschickt.

Ich antwortete und konnte mich sehr leicht auf alle diese harten Beschuldigungen verantworten (89), welches nach Zahl 55 heute, am 24. Mai geschah.

Reichsquartiermeister speist bei dem königlich-preußischen Gesandten am Oberrheinischen Kreise Freiherrn von Hochstetter auf seinem Landgut.

Am nämlichen Tage erhielte ich von dem königlich-preußischen Gesandten Freiherrn von Hochstetter ein sehr höfliches Einladungsschreiben auf sein Gut Praunheim, welches er mir durch seinen Läufer schickte, Zahl 56. Ich fuhr mit den Herren Stadtdeputierten hin. Es war sehr großes Traktament und waren viele Personen von Range, auch etliche preußische Herren Officiers, dabei. Übrigens mit Einquartierung fortgefahren.

Sprache, daß die Hohen Wahlbotschaften keinem fremden Kaufmann die Erlaubnis erteilen würde, unter ihrem Schutze zu handlen. Der Reichsquartiermeister macht gegen die Stadtdeputation die nötige Äußerung über ein diesfallsiges gedrucktes magistratisches Avertissement.

Kam auch bei gelegentlichen Gesprächen vor, daß dermalen die Hohen Wahlbotschaften schwerlich einem fremden Kaufmann die Erlaubnis erteilen würden, unter ihrem Schutze zu handlen oder auszulegen, da ich besonders gegen die Stadtdeputation wegen eines in die öffentlichen Zeitungen gedruckten magistratischen Avertissements - Zahl 57 - die nötigen Äußerungen getan (man sehe voriges Tagebuch S. 84, 89);

Diese gesandtschaftliche Erklärung bestätigen der erste kursächsische Herr Wahlbotschafter.

wie denn würklich auch des ersten (90) kursächsischen Herrn Wahlbotschafters Grafen von Schönberg Exzellenz in der Folge erklärt haben, daß man keine fremde Handelsleute protegieren werde.

Die jetzigen Zeitumstände tragen viel hiezu bei.

Überhaupt muß hier bemerkt werden, wie man von Seiten der Hohen Wahlbotschaften äußerst vorsichtig zu Werke gegangen, indem der französische Freiheitssinn große Aufmerksamkeit erregte.

Am 25. Mai
erhielt ich ein Schreiben aus Pappenheim von dem Herrn Kanzleirat Mayer - Zahl 58, welches seinen Bezug auf die S. 83 pp. hat.

Immer mit Quartieren fortgefahren.
Wurde mit Quartierbesichtigung, Einfourierung und dergleichen fortgefahren.

Am 26. Mai
Mit dem kursächsischen Hoffourier wegen des Bethmännischen Quartiers noch immer Unterhandlungen gepflogen.
morgens noch mit Quartieren beschäftigt und mit dem kursächsischen Hoffourier wegen des Bethmännischen Quartiers noch immerfortdauernde Unterhandlungen gepflogen (man sehe S. 57 pp.).
Zu dem kurmainzischen Herrn Finanzminister Freiherrn von Seckendorf nach Mainz gereist.
Mittags fuhr ich mit dem Herrn General und Obermarschallskommissär von Gmelin nach Mainz in des Herrn Generals Equipage, um auf Befehl Seiner des ältesten Herrn Reichserbmarschallen, meines gnädigsten Herren, Hochgräflicher Exzellenz (91) des kurmainzischen Herrn Finanzministers Freiherrn von Seckendorf Exzellenz aufzuwarten. Dies geschah also, Hochgedachter Herr Minister konnten mich aber den Abend nicht mehr sprechen und ließen mich auf den andern Tag als den heiligen Pfingsttag zur Tafel einladen. Da ich aber diesen Tag abends einen sehr guten Freund des Herrn Bethmann zu mir in Frankfurt bestellt, um vielleicht doch noch gedachten Herrn Bethmann in Güte zur Hergebung seines Quartiers für des Herrn Grafen von Schönberg Exzellenz zu bewegen, so mußte ich die Tafel verbitten, weil ich mittags mit dem Herrn General von Gmelin wieder abzureisen genötigt war. Ich erwartete dahero [am] Vormittag Seiner Exzellenz noch auf. Wir sprachen von dem Hause Pappenheim, von der Hohen Familie, von dem Reichserbmarschallamte (man sehe S. 85), und ich beurlaubte mich sodann. Dieser Herr Minister hatte so viel gefälliges Zutrauen gegen mich, daß er sich am Krönungstage, als Seine Majestät der Kaiser in dem großen Kaisersaale auf dem Römer (92) speisten und meine Besorgnisse dabei zuließen, viel mit mir unterhielt.
Weitere Unterhandlung wegen des Bethmännischen Quartiers.
Als ich abends zu Frankfurt wieder ankam, besprach ich mich sogleich mit dem bethmännischen Freund, der mir zwar einige Versicherungen machte. Es konnte aber nicht Staat darauf gemacht werden, indem er erklärte, daß Herr Bethmann das vorige Mal zu viel gelitten, er zwar immer noch erbötig wäre, sein Quartier dem Herrn Botschafter zu überlassen, nimmermehr aber dessen Gemahlin.

Ankunft und gleich des andern Morgens wieder erfolgte Abreise Ihro Königlich Hoheiten Erzherzogs Karl.
Diesen Abend kamen Ihro Königliche Hohheiten der Erzherzog Karl hier an, blieben diese Nacht da, gingen aber gleich des andern Morgens nach den Niederlanden ab.

Am 28. Mai, als am 2. Feiertage,
da ich endlich erfahren, wo sich die Frau Gräfin von Görz dermalen aufhalte (man sehe S. 60), so habe ich sogleich an sie geschrieben und Herrn Geheimen Rat Schulin die sichere Bestellung des Briefes aufgegeben - Zahl 59.
Antwortschreiben von der Stadt Aachen wegen Reichsquartierung.
Langte ein Antwortschreiben von der Reichsstadt Aachen ein - Zahl 60, auf die unter Zahl 4, 5, 26, 27 bemerkten Schreiben sich beziehend (man sehe S. 3, 17). In diesem Antwortschreiben füget Aachen an, daß bei der letzten (93) Krönung der Reichsstadt Nürnberg die Quartiersfreiheit (eigentlich das Reichsquartier) zugeteilt wäre worden und man also gleiches von Seiten Aachens hoffe und sich versichere, man werde einer katholischen Reichsstadt dasjenige nicht verweigern, was einer evangelischen bereits zugesagt ist. (Bemerkung: In dem vorigen Krönungstagebuche findet sich keine Spur davon.) Das Mehrere hievon weiters unten an seiner Stelle, S. 122.

Speiste ich, wie schon bemerkt, zu Praunheim bei dem königlich-preußischen Gesandten am Oberrheinischen Kreise Freiherrn von Hochstetter.
Buchhändler Jacobi aus Weißenburg will in Gesellschaft des Hofbuchdruckers Seybold einen Bücherglückshafen errichten.
Erhielt ich ein Schreiben von dem Buchhändler in der Reichsstadt Weißenburg, Herrn Jacobi, der mit dem Hofbuchdrucker Seybold zu Pappenheim einen Bücherglückshafen während Wahl und Krönung zu Frankfurt errichten wollte - Zahl 61 a, 61 b, dabei er noch um ein Quartier auf einem öffentlichen Platz bittet. Sowie man aber in Hinsicht der oben schon bemerkten vorläufigen Äußerungen die Absicht der Hohen Wahlbotschaften vernommen und sich wohl befürchten ließ, es dürften (94) sich auch wohl Bücher, Zeit- und Flugschriften, die keine Zensur passiert haben, einschleichen, so konnte man voraus schon mutmaßen, daß dieser Plan nicht werde ausgeführt werden können. Indessen die nächster Tage erwartete Ankunft des Herrn Reichserbmarschallen Hochgräflicher Gnaden das Nähere bestimmen wird. Diese ganze vorgehabte Unternehmung hat sich, wie leicht vorauszusehen war, zerschlagen - Zahl 122 und Seite 196.

Da indessen sämtliche Hoffouriere mit Ausschluß des kurbrandenburgischen, Herrn Neuhahn, der täglich erwartet wird, (man sehe S. 108) eingetroffen, die sich folglich bei mir gemeldet und die Erwartung ihrer Listen versicherten, außer dem pfalzbayrischen nicht, der sie übergab, und welche ich gleich nach geschehener Durchlesung dem Reichsfourier zustellte,
   Der Kurfürst von Mainz nimmt das Quartier im fürstlich Taxischen Palais.
so zeigten mir der mainzische an, wie Seine Kurfürstliche Gnaden das Quartier im fürstlich Taxischen Palais nehmen,
   Der Kurfürst von Köln im Teutschen Hause.
der kölnische, daß Seine Kurfürstliche Durchlaucht im Teutschen Hause,
   Der Kurfürst von Trier im Engel.
der trierische, daß Seine Kurfürstliche Durchlaucht im Engel logieren würden.
   Alle diese Quartiere wurden vom Reichsquartiermeisteramte und der Stadtdeputation besehen.
Überall besah ich von Reichsquartiermeisteramts wegen mit der Stadtdeputation (95) diese Quartiere.
   Der Königin von Ungarn Majestät kommen auch nach Frankfurt.
Unter anderm benachrichtigte mich der kurböhmische Hoffourier, daß Ihro Königlich Majestät die Königin von Ungarn auch kommen würden;
   Auch soll der Kurfürst von Pfalzbayern eintreffen, welch letzteres aber nicht erfolgte.
so wie der pfalzbayrische glaubt, es möchten vielleicht Seine Kurfürstliche Durchlaucht von Pfalzbayern auch kommen. Doch wisse er es nicht gewiß.
   Namen sämtlicher Hoffouriere.
Um obgedachte Hoffouriere mit Namen zu kennen, so stehen solche hier:
Kurmainz: Herr Aull, Haushofmeister und Hofmarschallamtsbeisitzer
Kurköln: Herr Wohack - es besorgte aber die Geschäfte eigentlich Herr Hoffourier Thiele
Kurtrier: Herr Gern
Kurböhmen: Herr von Caballini, Quartiermeister
Kurpfalz: Herr von Meurad, Hofrat
Kursachsen: Herr Blaßmann
Kurbrandenburg: Herr Neuhahn
Kurhannover: Herr Schlüter, Oberhofkommissär.

Diese Hoffouriere hatten immer einen, auch zwei Adjunkten mit sich. (96)

Die Hoffouriere der drei geistlichen Kurhöfe erklären ausdrücklich, wie ihre Höfe keinem ihrer Protektionisten Reichsquartier gestatten.
Kommt noch hier anzumerken, daß die Hoffouriere der drei geistlichen Kurhöfe ausdrücklich erklärten, wie ihre Hohen Kurhöfe keinem ihrer Protektionisten Reichsquartierung gestatteten.

Am 29. Mai
Erstattung Berichts nach Dresden.
erstattete ich Bericht von obigen der merkwürdigsten Ereignissen nach Dresden, da ich alle Tage die Ankunft des Herrn Reichserbmarschallen Hochgräfliche Gnaden erwartete - Zahl 62 a. Wurde das Allerhöchste königlich-großbritannische und kurfürstlich-braunschweigische Ersuchungsschreiben wegen der Quartiere für diese Hohe Wahlbotschaft hieher genommen - Zahl 62 b.
Mit Quartieren fortgefahren, auch die kurfürstlichen Wappen angeschlagen.
Unter allen diesen Geschäften wurde immer mit Besichtigung der Quartiere, Bezeichnungen, auch schon Anschlagungen der kurfürstlichen Wappen fortgefahren und veranstaltet.
Der Reichsprofoß besorgt die Wappenanschlagung. Die Stadt verlangt, sich auch darein zu mischen, auch zuweilen die Hoffouriere.
Diese Wappenanschlagung besorgt der Reichsprofoß. Man sucht, sich von Seiten der Stadt auch darein zu mischen. Auch geschieht es, daß Hoffouriere sie anschlagen lassen. Es wird aber immer die nötige Vorkehr von Seiten des Reichserbmarschall(97)amts dagegen getroffen, und erhält sich dieses Hohe Erbamt in diesem Besitze.
Schreiben der Stadt Nürnberg die Reichseinquartierung betreffend nebst Antwort darauf.
Langte ein Schreiben von der Reichsstadt Nürnberg die Reichseinquartierung betreffend ein, nebst Abschrift einer dieserwegen an das Höchste Erzmarschallamt gemachten untertänigsten Vorstellung - Zahl 63 b, 63 c. Zugleich die von dem Herrn Kanzleirat Körndörfer verfertigte Antwort - Zahl 63 d.

Am 30. Mai
> **Die Stadt Frankfurt überschickt die Beantwortung der von dem Herrn Hofrat Löblein bei letztvoriger Krönung übergebenen Denkschrift die Jurisdiktion betreffend.**

überschickt die Stadt die Beantwortung der von dem Herrn Hofrat Löblein unterm 24. Juli 1790 bei der vorigen Krönung an den Magistrat übergebenen Denkschrift - Zahl 64 (man sehe voriges Tagebuch, S. 104) - die Jurisdiktion betreffend und diese dort befindliche Löbleinische Denkschrift im Konzept, dann Abschrift des Konzepts und wie diese Denkschrift auf Veranlassung des dortmaligen und dermaligen dritten kursächsischen Herrn Wahlbotschafters Grafen von Löben Exzellenz ist abgeändert worden. Ich will aus Schonung, da der Diensteifer das Übertriebene mag hervorgebracht haben, nicht hieher setzen, wie sich des ersten kursächsischen Herrn Wahlbotschafters Grafen von (98) Schönberg Exzellenz über diese dermalige Schrift gegen mich herausgelassen haben, auch wie andere ganz uninteressierte Personen davon geurteilt haben.

> **Gewiß redlicher Wunsch, daß diese Irrungen entweder rechtlich oder gütlich mögen auseinandergesetzt werden.**

Über diesen ganzen, dem Hohen Reichserbmarschallamte so sehr wichtigen Gegenstand glaube ich, meine pflichtmäßigen Gedanken zu äußern, daß es äußerst nötig seie, mit der Stadt Frankfurt und dadurch mit sämtlichen Reichstädten einen Verein zu treffen, oder, wenn dieses nicht zu bewerkstelligen wäre, doch eher die richterliche Klage anzubringen, als immerzu zu warten, bis eine Krönung oder sonst ein Reichsakt sich ereignet. Leicht bemessend, wenn ein solcher Reichsakt vor sich geht, so hat man tausenderlei Dinge zu besorgen - nun soll man sich erst mit Jurisdiktionsirrungen abgeben, die bekanntermaßen immer von sehr weiten Umfange sind, Untersuchungen, Beweise pp. verlangen. Die Stadt, darin man sich befindet, hat die Staatsgewalt in Händen. Man kann also nichts unternehmen, - man protestiert, zankt sich herum und richtet damit nichts aus. Mit Gewalt kann man nichts durchsetzen, weil, wie gedacht, die Stadt die Staatsgewalt in Händen hat. Die Hohen Botschaften und (99) dann hauptsächlich die kursächsische als erzmarschallamtliche haben immer in hochwichtigen Staatsgeschäften zu tun. Hochsie wollen und können würklich öfters nicht gleich eine vorkommende Ereignis entscheiden. Man wird ihnen zuletzt lästig, es mischen sich Persönlichkeiten, die von Neide und dergleichen gereizt werden, ein. Und so wünscht gewiß jeder Biedere eine glückliche fest dauernde Ausmittlung. Des jüngst verstorbenen ältesten amtsführenden Herrn Reichserbmarschallen weiland Hochgräfliche Exzellenz haben dieses zu erreichen gesucht, man sehe voriges Tagbuch S. 177.

Ich gab mir auch, da ich mir schmeicheln durfte, etwas bei der Stadt mit Erfolge ausrichten zu können, alle ordentliche Mühe, und die Hohe kursächsische Wahlbotschaft genehmigte es ganz, einen solchen Vergleich zustande zu bringen. Mein Bestreben bei jeglichem Vorgang zielte dahin ab, und ich hatte es in der Folge so weit, daß, wenn das ganze Krönungsgeschäfte vorbei und alles wieder ruhig und müßig gewesen wäre, die Vergleichspunktationen sollten vorgenommen werden. Der Herr Senator Moors, einer der städtischen (100) Deputierten, der das ganze System innen hatte, hatte bereits etlichundneunzig Punkte aufgesetzt. Unendliche Besprechungen, Insinuationen gehörten freilich dazu. Es wäre aber gewiß ein segensvolles Geschäft gewesen. Ein unglücklicher Zufall warf mein ganzes Gebäude nieder. Vielleicht, daß [es] mit der Zeit doch noch gehen könnte. Man sehe Seite 196.

Der kurbrandenburgische Gesandtschaftsmarschall ersucht den Reichsquartiermeister, ihm eine Stunde zu geben, mit ihm zu sprechen.

Erhielt ich ein Billett von dem kurbrandenburgischen Herrn Gesandtschaftsmarschall von Schack, darin derselbe mich ersucht, ihm eine Stunde zu geben, mit mir zu sprechen - Zahl 65. Ich schickte ihm wieder ein Billett, machte ihm die schicklichen Komplimente darin und mußte ihm wohl die Stunde geben, weil meine Geschäfte mir keine Zeit zum Komplimenten ließen.

Kam mit dem Freiherrn von Hochstetter, war mit den Bemühungen vor seinen Hof sehr zufrieden, wünschte aber für sich ein anderes Quartier, beschwerte sich, daß die königlichen Bedienten nicht gut bequartiert wären pp.

Er kam mit dem schon oft erwähnten Herrn Gesandten von Hochstetter, war mit den Bemühungen der Botschaftersquartiere vor seinen Hof sehr zufrieden, wünschte aber für sich ein anderes Quartier (es war bei Herrn Kaufmann Jordis in der Saalgasse, wo sehr schöne Zimmer und eine unvergleichliche Aussicht auf den Main hinaus war.

Reichsquartiermeisters Quartier.

Ich nahm es hernach zu meinem Quartiere, da es nur 2 Häuser von dem Herrn Reichserbmarschall weg war.), dann beschwerte er sich, daß die königlichen Bedienten nicht gut bequartiert seien, und verlangte für jeden Bedienten ein eigenes Zimmer, so auch für die Bedienten des ersten Botschafters Fürsten von Sacken. Ich stellte dagegen (101) vor, daß dies unmöglich seie, versicherte, gleich selbst hinzufahren und die Quartiere zu visitieren, tat es auch und fand sie sehr gut und hell, nur einige Treppen hoch. Und da die Treppen neu, so wie auch die Zimmer, waren, hatten die doch sehr breiten Treppen keine Geländer, dahero ich sorgte, daß noch welche hinzukamen.

Der kursächsische Hoffourier übergibt Abschrift eines erhaltenen Schreibens aus Dresden das Bethmännische Haus betreffend.
Am nämlichen Tag übergab mir der kursächsische Hoffourier Abschrift eines erhaltenen Schreibens von Dresden, das Quartier des Herr Banquiers Bethmann für des Herrn Grafen von Schönberg Exzellenz betreffend - Zahl 66. Man sehe S. 57 pp.

Am 31. Mai
Bei dem Quartiermachen mußte man sich teilen.
immer mit Quartierbesichtigungen und Einfourierungen fortgefahren, so daß wir uns teilen mußten, nämlich ich Reichsquartiermeister mit dem einen Stadtdeputierten Herrn Barckhausen, dann Herr Senator Dr. Moors mit dem Herrn Reichsfourier.
Die beeden Herren Reichserbmarschalle kommen an, aber inkognito.
Kamen die beeden Herren Reichserbmarschalle Grafen Karl und Ferdinand Gnaden Gnaden an, stiegen im Wirtshause "Zum Römischen Kaiser" ab, blieben aber noch inkognito.
Graf Degenfeld und der zweibrückische Minister von Eßbeck schrieben; ersterer um Befreiung des Schönberger Hofs, der andere um Quartier bei seinem Bruder.
Langte ein Schreiben von dem Herrn Kanzleirat Freyer aus Pappenheim ein, darin 2 Schreiben von dem Herrn Grafen von Degenfeld wegen Befreiung des Schönberger Hofs und wegen Quartiers des herzoglich-zweibrückischen Herrn Ministers von Eßbeck bei seinem Bruder, übersandt worden. Darauf auch Hinsicht genommen worden. Eingeschlossen waren Zahl 67, 68, 69.

Am 1. Juni
Die Herren Reichserbmarschalle nehmen Quartiere in der Saalgasse bei der verwittibten Madame Bernis, allda auch Herr Kanzleirat Körndörfer logiert.
nahmen die beeden Reichserbmarschalle Hochgräfliche Gnaden ihr Quartier in der Saalgasse bei der Madame Bernis, wo auch Herr Kanzlei(102)rat Körndörfer logierte. Dieses Quartier ist eigentlich in dem kurbrandenburgischen Distrikte, man hat aber von diesem Hofe alles zugestanden.
Kommt die Bagage und das Personal von Pappenheim an.

Am nämlichen Tage kam die Bagage und der Personalstand von Pappenheim an und wurde in der Gegend des Hauptquartiers einfouriert.
Der amtierende Reichserbmarschall erteilen dem kurmainzischen Hoflieferanten nebst einigen Personen von diesem die Erlaubnis, Stöcke zu tragen, wenn es nicht von dem Höchsten Kurkollegium verboten wird.
Haben der amtierende Reichserbmarschall Hochgräfliche Gnaden dem kurmainzischen Hoflieferanten Mayer Moises aus Mainz nebst 15 nämlichen Personen von seinen Leuten die Erlaubnis erteilt, währender Wahl und Krönung Stöcke tragen zu dürfen, wenn es nicht von dem Hohen Kurkollegium verboten wird, und mußte diesen Leuten eine schriftliche Erlaubnis darüber erteilt werden - Zahl 70.

Immer mit Quartiermachen fortgefahren.

Am 2. Juni
Die beeden Herren Reichserbmarschalle reisen nach Mainz.
gingen die beeden Herren Reichserbmarschalle nach Mainz zu Hoch-(103)ihro Herrn Oheim, dem kurfürstlich-mainzischen Finanzminister Freiherrn von Seckendorf Exzellenz.
Die Hausbesitzer des kursächsischen ersten Wahlbotschafterquartiers übergeben wegen der Sicherheit ihrer Häuser einen Aufsatz.
Am nämlichen Tage hat der Herr Brönner und Konsorten, welche wegen ihres Hauses, das bei der Madame Bernard wegen des Quartiers des kursächsischen ersten Herrn Wahlbotschafters Grafen von Schönberg Exzellenz mußte durchgebrochen werden, einen schriftlichen Aufsatz übergeben, wo man mit der Versicherung auf sein unzähliges Überlaufen und Vorstellen, daß man den genauesten Bedacht werde darauf nehmen, ihn endlich beruhigte (man sehe Seite 60) - Zahl 71.
Einen Wirt, der einen Jungen auf den Tod geschlagen und durchgegangen, läßt der Magistrat durch Trommelschlag ausrufen.
Hat sich ereignet, daß der Bürger und Wirt zur "Stadt Karlsruhe" einen Jungen in seinem Hause wegen eines auf ihn gehalten Verdachts bis auf den Tod geschlagen und sich darauf flüchtig ge(104)macht habe. Dahero [hat] der Magistrat diesen abtrünnigen Bürger durch öffentlichen Trommelschlag ausrufen lassen.

Reichsquartiermeister beschwert sich, daß ihm von diesem öffentlichen Vorgange keine Wissenschaft mitgeteilt worden.
Da mir nun als Reichsquartiermeister nichts von einem solchen öffentlichen Vorgang, wo durch einen Trommelschlag ein Zusammenlauf veranstaltet worden, gemeldet wurde, so gab ich dieses den beeden Herren Stadtdeputierten beschwerend zu erkennen. Dagegen erwidert worden, wie dermalen der Wahltag noch nicht geöffnet seie und dieser Abtrünnige ein Bürger, folglich unter der Stadt Jurisdiktion seie. Es blieb also bei Protestieren und Gegenprotestieren.
Des König in Preußen Majestät werden inkognito zu Frankfurt sein, bei einer Reise nach Koblenz.
Endlich erzählte der angekommene brandenburgische Hoffourier, wie Seine Majestät der König in Preußen nach Koblenz gingen und zu Frankfurt inkognito sein würden.
Kamen aber nicht, sondern fuhren nur um die Stadt herum.
Seine Majestät kamen aber nicht, sondern fuhren um die Stadt herum, so daß vor dem Tore die Pferde gewechselt wurden. Diesem Tage, auch wohl am 3. als am Sonntage, teils Quartier gemacht, teils einige Häuser besehen.

Am 3. Juni
Kamen viele Bagagewägen und Schiffe an.
kamen viele Bagagewägen, auch Schiffe von den (105) Hohen Botschaftern, auch Hausoffizianten mit an, welches aufs neue eine Menge Besorgungen, Klagen, Erinnerungen pp. verursachte.

Am 4. Juni
Österreichische Truppen fahren auf dem Main vorbei nach den Niederlanden, auch etliche hundert Preußen aus dem Ansbachischen nach Nimwegen.
fuhren, wie immer, viele, meistens aber österreichische Truppen auf dem Main vorbei nach den Niederlanden, auch etliche hundert Preußen aus dem Ansbachischen nach Nimwegen. Man sehe S. 78.
Bericht nach Dresden
Am nämlischen Tage wurde untertänigster Bericht nach Dresden erstattet - Zahl 72 - und besonders die S. 68 pp. vorgekommene Geschichte mit den Fourierlisten gemeldet.

Am 5. Juni
Denkschrift an den Magistrat in Jurisdiktionssachen.
eine Denkschrift an den Magistrat zu Frankfurt am Main verfertiget und übersandt, darin angeführt worden, daß die neulich überschickte Beantwortung der hofrat-löbleinischen Denkschrift (man sehe S. 97) zu seiner Zeit würde beantwortet werden, dermalen aber nur, unter allgemeiner feierlicher Verwahrung der Hohen reichserbmarschallischen Befugnisse die gedruckten Einfourierungszettul (man sehe S. 68 pp.) und der Vorgang mit dem durch den Trommelschlag geschehenen Ausrufe (man sehe S. 104) in Anregung gebracht wurde - Zahl 73 a.
Vorstellung der Stadt wegen Fackeln.
Gedruckte Mandat der Stadt, auf das Feuer wohl achtzuhaben (106), dagegen die Stadt wegen der Fackeln dringende Vorstellung auf den Polizeikonferenzen machte, welches auch fleißigst den Gesandtschaftsmarschällen eingebunden worden ist - Zahl 73 b.
Billett von dem kurbrandenburgischen Herrn Gesandtschaftsmarschall wegen der königlichen Wägen.
Erhielt ich ein Billett von dem kurbrandenburgischen Herrn Gesandtschaftsmarschall von Schack die weitere Besorgung der königlichen Wägen [betreffend], welches sich denn endlich auch nach vielen Negotüren gehoben - Zahl 74 a.

Am 6. Juni
Antwort an den Herrn Reichsvizekanzler. Die Herren Reichserbmarschälle kommen von Mainz wieder zurück.
wurde Antwortschreiben an des Herrn Reichsvizekanzlers Fürsten zu Colloredo-Mannsfeld [Exzellenz] nach Wien verfertiget und abgeschickt, da indessen die beeden Herren Reichserbmarschalle Hochgräfliche Gnaden wieder von Mainz zurückkamen - Zahl 75 (man sehe S. 81 und Zahl 51). Je näher die Ankunft der Hohen Botschaften kam, je eifriger und oft bis in die Nacht hienein wurde mit dem Einquartieren fortgefahren, da es dazwischen immer Besprechungen der Hoffouriere oder der Hausbesitzer Anfragen, Zurechtweisungen, Vermittlungen gab, wie die obenangeführte Zahl 74 a und 74 b zeigt.
Ankunft des 2. kurpfälzischen Herrn Wahlbotschafters.
Am 6., abends gegen 5 Uhr trafen des zweiten kurpfälzischen Hohen Herrn Wahlbotschafters von Grein Exzellenz an und stiegen in Ihro Quartier auf der Zeil bei Herrn Pansa ab.
Ankunft des 2. kurbrandenburgischen Herrn Wahlbotschafters.

Am nämlichen Abend gegen 8 Uhr langten des zweiten kurbrandenburgischen Herrn Wahlbotschafters Grafen von Görtz [Exzellenz] an und stiegen auf dem Großen Hirschgraben bei Madame Leers ab. Welch beeden Hohen Herren Wahlbotschaftern ich des andern Tags (107) aufgewartet und Hochihnen wegen der Fourierlisten und gedruckten Einfourierungszettul gesprochen und wie ich dabei unter nötiger Vorbehaltung aller Zuständigkeiten verfuhr. Ihro Exzellenzien billigten alles, so wie sie überhaupt sehr gefällig waren.

Am 7. Juni
Die Erlaubnis kommt von Dresden, daß einer von den beeden ältesten Herren Söhnen die Verwaltung des Erbmarschallamts bei den Wahl- und Krönungsfeierlichkeiten übertragen erhalte.
langte das Höchste Reskript von Dresden ein, vermög welchem die Erlaubnis erteilt wurde, daß einer von den beeden Hochgräflichen ältesten Herren Söhnen die Verwaltung der erbmarschallischen Amtsverrichtungen bei dem nächstbevorstehenden Wahlkonvent und den Krönungsfeierlichkeiten übertragen erhalte, mit dem Auftrage, daß derselbe in den ersten Tagen des nächstkommenden Monats Julius zu Frankfurt eintreffe und gleich nach seiner Ankunft untertänigste Anzeige davon erstatte - Zahl 76 a.
Dieses ganze wichtige Geschäft geht in der größten Eile.
Bemerkung, daß alles früher und in der größten Eile ging, welches so unsägliche Mühe und Arbeit kostete, denn am 3. Juli war die kurfürstliche Zusammenkunft erst bestimmt, und schon am 14. Juli war die Krönung (man sehe Zahl 9), deswegen alles eher angestellt und mit der größten Eile betrieben wurde.
Ankunft des 2. kurbraunschweigischen Herrn Wahlbotschafters.
Am nämlichen Tage abends gegen 8 Uhr trafen des zweiten kurbraunschweigischen Hohen Herrn Wahlbotschafters Freiherrn von Ompteda Exzellenz ein und stiegen in Ihrem Quartiere bei Herrn Gontard auf dem Roßmarkte ab.
Ein Verzeichnis, daraus auf einmal die Namen der Höchsten Kurhöfe, die der Hohen Herren Wahlbotschafter und der Quartierbesitzer, auch die Zeit der Ankunft zu ersehen.
Unter Zeichen ♄ ist hier das Verzeichnis (diese Beilage ist zwischen den 144. und 145. Beilagen zu finden), woraus auf einmal die (108) Namen der Höchsten Kurhöfe, die der Hohen Botschaften und die der Quartierbesitzer, dann die Zeit der Ankunft zu übersehen, wo nur immer, wenn man die Torzettul gebracht, es einverleibt wurde.

Am 8. Juni
> **Der angekommene kurbrandenburgische Hoffourier stellt sich bei dem Reichsquartiermeister durch ein Billett des Gesandtschaftsmarschalls vor.**

überbrachte mir der heute angekommene kurbrandenburgische Hoffourier Neuhahn ein Billett - Zahl 76 b - von dem Herrn Gesandtschaftsmarschall von Schack, darin dieser mir ihn vorstellte (man sehe S. 94).

> **Aufwartung des Reichsquartiermeisters bei dem 2. kurbraunschweigischen Herrn Wahlbotschafter und Besprechung wegen der gedruckten Einfourierungszettul.**

Früh wartete ich des kurbraunschweigischen Herrn Botschafters Freiherrn von Ompteda Exzellenz auf und besprach mich mit Hochdenselben besonders wegen der Fourieristen und der gedruckten Einfourierungszettul und wie ich mit der nötigen Vorbehaltung aller Zuständigkeiten verfuhr. Seine Exzellenz billigten alles und waren überhaupt sehr gefällig.

> **Worin das Kompliment des Reichsquartiermeisters bei einer solchen Aufwartung besteht.**

(Um einem künftigen Herrn Reichsquartiermeister die Idee zu geben, was eine solche Aufwartung eigentlich in sich fasse, so ist sie weiter nichts, als nach den allgemeinen Komplimenten die Erkundigung, ob das Quartier den Beifall Seiner Exzellenz habe, ob vielleicht ein oder das andere noch deswegen zu besorgen wäre.)

> **Im ganzen kurbraunschweigischen Distrikt ist jedermann bereit zur Quartiersabgabe.**

Ich muß hier anfügen, daß in dem ganzen hannöverischen Distrikte jedermann, besonders die Hausbesitzer der beeden Botschafterswohnungen mit der größten Bereitwilligkeit ihre Quartiere überlassen haben, welches lange nicht von den meisten andern Botschaften kann gesagt werden, wie sich solches durch die bereits angezeigten (109) Umstände beweiset. Diese kurbraunschweigische Hohe Botschaft hat durch sehr großmütige Angedenken, so sie den Quartierbesitzern zurücklassen, und durch das ganze Betragen sich diese Zuneigung erworben.

> **Der älteste Herr Sohn des Regierenden Herrn Reichserbmarschalls und Grafen, Karl, übernimmt die Verwaltung des Reichserbmarschallamtes, welches nach Dresden berichtet wird.**

Nachdem des ältesten Herrn Sohns Grafen Karl Hochgräfliche Gnaden die Verwaltung des Hohen Erbmarschallamtes übernommen, so wurde dies und daß Hochsie bereits in Frankfurt sich befinden, nach Dresden berichtlich angezeigt - Zahl 77.

Lassen Ihre Ankunft durch Herrn Kanzleirat Körndörfer den ältesten Herr Bürgermeister wissen.
Ließen Hochgedacht amtierender Herr Reichserbmarschall Ihro Ankunft durch den Herrn Kanzleirat Körndörfer dem ältesten Herrn Bürgermeister zu wissen machen, wie ermeldten Herrn Körndörfers Tagebuch das Umständliche davon besagen muß.

Am 9. Juni
Der Herr Reichserbmarschall werden durch eine Stadtdeputation feierlichst bewillkommt.
wurden des amtierenden Herrn Reichserbmarschalls Hochgräfliche Gnaden durch eine Stadtdeputation feierlichst bewillkommt. Die Deputierten waren Herr (110) Schöff von Barckhausen, Herr Senator Moors und Herr Syndikus Hochstädter. Sie fuhren in einem Stadtstaatswagen unter Voraustretung der Stadtlivree und waren in ihrer Staatskleidung schwarz, mit seidenen Mänteln angekleidet. Da es bei der letzten Krönung wegen des Zeremoniells Verdrießlichkeiten abgegeben hatte (man sehe voriges Tagbuch, S. 81), welche so weit gingen, daß die Deputation, als der damalige Herr Reichserbmarschall auf den Römer fuhren, von dem alten Zeremoniell abging, so wurde diesmal das alte und gewöhnliche Zeremoniell wieder angenommen.
Zeremoniell dabei.
Demzufolge wurde die Deputation durch mich als Reichsquartiermeister mit dem Herrn Kanzleirat Körndörfer unten am Wagen bei dem Aussteigen empfangen, sie hienauf begleitet. Die Bedienten stunden auf den Treppen und dem Saale und im Vorzimmer der Bereuter als Hausoffiziant. Der Herr Reichserbmarschall gingen der Deputation bis etwas in das Vorzimmer heraus entgegen. Im Audienzzimmer hielt der Herr Syndikus eine (111) Anrede, darauf setzten sich der Herr Reichserbmarschall und die Deputation. Ich als Reichsquartiermeister und der Herr Kanzleirat Körndörfer blieben stehen. Nach einer Weile beurlaubte sich die Deputation wieder und wurde so zurückbegleitet wie empfangen.
Das gewöhnliche Ehrengeschenk von der Stadt wird gebracht.
Das gewöhnliche Ehrengeschenk von der Stadt, welches bei obiger Komplimentierung angeboten und auch einige Tage darauf gebracht wurde, muß Herr Kanzleirat Körndörfer in seinem Haustagebuche umständlich haben. Es besteht in drei Ohmen Rheinwein.

Verhältnis des Reichsquartiermeisters im Dienste gegen den amtierenden Herrn Reichserbmarschall.
Ich ging alle Morgen sicher zu des amtierenden Herrn Reichserbmarschallen Hochgräfliche Gnaden, um über die so vielen Gegenstände zu sprechen und zu bereden, auch öfters zwischen der Zeit. Hochsie ließen mich auch zuweilen rufen, wie Sie denn öfters die Gnade hatten, mich zuweilen zur Tafel zu nehmen, und überhaupt Sich sehr gnädig gegen mich bewiesen.
Billett vom kurkölnischen Hoffourier wegen Schönberger Hof.
Am nämlichen Tage erhielt ich ein Billett von dem kurkölnischen Hoffourier Herrn Thiele wegen des Schönburger Hofs, der zwar ein ganz feiner Kopf, aber (112) auch einrissig und unnachgiebig [war]; wie ich denn auch wegen des Schönberger Hofs, welchen des Herrn Reichserbmarschalls Hochgräfliche Gnaden doch, wenn es möglich wäre, gerne befreiet ließen und den man auch nicht gebraucht hat, da es an Quartieren nicht fehlte, immer von ihm überloffen und bei jeder Gelegenheit von ihm angegangen worden - Zahl 78. Diese Billetts können eine Probe abgeben, wie man von diesen Hoffourieren geplagt war.
Gleiches vom kurböhmischen wegen Mitteilung der Namen und Wohnungen der Hohen Wahlbotschaften.
Am nämlichen Tage ein gleiches von dem kurböhmischen Hoffourier Herrn von Caballini wegen Namen und Wohnungen der andern Botschaften - Zahl 79.
Der Herr Reichsmarschall lassen die Hohen Herrn Wahlbotschafter durch den Herrn Kanzleirat Körndörfer bekomplimentieren.
Des Herrn Reichserbmarschalls Hochgräfliche Gnaden ließen die Hohen Herren Wahlbotschafter Exzellenzien durch den Herrn Kanzleirat Körndörfer bekomplimentieren, der in meinem herrschaftlichen Wagen, mit einem herrschaftlichen Bedienten aufstehend, fuhr.
Gegenkomplimente durch Sekretäre; Herr Reichsmarschall machen sodann die Visiten selbst.
Die Gegenkomplimente durch Sekretarien, auch daß Hochgedachter Herr (113) Reichserbmarschall sodann die Visiten selbst gemacht, muß das Haustagebuch gedachten Herrn Kanzleirats Körndörfer des mehrern bewähren.
Vermeidung einer Irrung wegen der herrschaftlichen Equipage und des Reichsquartiermeisters seiner beim Herumfahren eines zeitigen Kanzleirats.
Um künftig einer Irrung vorzubeugen, welche doch alle so viel nur möglich zu beseitigen, ist hier anzumerken, daß der herrschaftliche Kutscher vorgebracht, es seie bei der vorigen Krönung der Herr Kanzleirat Löblein in des

Herrn Reichsquartiermeisters Wagen herumgefahren. Damals war der nun selige Herr Reichsquartiermeister krank und mußte also seine Equipage dem Herrn Kanzleirat Löblein, der überhaupt seine Dienste tat, geben. Aber sonst hat der Reichsquartiermeister den ganzen Tag selbst herumzufahren und darf es nicht wagen, seine Equipage wegzulassen, er müßte denn herrschaftliche Equipage dafür bekommen. Überhaupt ist es bemessen, wenn der zeitige Kanzleirat, als von dem Herrn Reichserbmarschall abgesandt, mit herrschaftlicher Equipage fährt und nicht mit des Reichsquartiermeisters seiner und dieser herrschaftliche sodann haben muß.
Ankunft des 2. kurmainzischen Herrn Wahlbotschafters.
Langten des zweiten kurmainzischen Hohen Herrn Wahlbotschafters Freiherrn von Albini Exzellenz hier an und stiegen in Ihro Quartier im Kompostell (dieses Kompostell ist ein großes weitläufiges Haus von innen und gehört Kurmainz) ab (Zeichen *h*).(114)
Reichsquartiermeister will aufwarten, der Herr Botschafter sind aber nicht zu Haus.
Wollte ich dem gestern abend angekommenen kurmainzischen Herrn Wahlbotschafter Freiherrn von Albini Exzellenz aufwarten, traf Sie aber nicht an.

Am 10. Juni
Ankunft des 2. kurkölnischen Herrn Wahlbotschafters.
nachmittags trafen des zweiten kurkölnischen Hohen Herrn Wahlbotschafters Freiherrn von Waldenfels Exzellenz ein und stiegen in Ihrem Quartiere bei Madame Pasaquai auf dem Liebfrauenberg ab (man sehe Zeichen *h*),
Reichsquartiermeister wartet auf.
darauf ich sogleich hinfuhr und aufwartete, auch sehr gefällig aufgenommen wurde.
Ankunft des dritten kurtrierischen Herrn Wahlbotschafters.
Abends ½9 Uhr langten des dritten kurtrierischen Hohen Herrn Botschafters von Hügel Exzellenz an und stiegen in Ihrem Quartiere bei Herrn Münch in der Töngesgasse ab (man sehe Zeichen *h*).
Mit Einquartieren unaufhörlich beschäftiget.
Immer fortgefahren, Quartiere zu besorgen.

Am 11. Juni
Ankunft des 2. kurböhmischen Herrn Wahlbotschafters.

kamen des Morgens 9 Uhr des kurböhmischen 2. Hohen Herrn Wahlbotschafters Freiherrn von Bartenstein Exzellenz an und stiegen in Ihrem Quartiere im Junghofe ab.
Reichsquartiermeisters Aufwartung.
Nachmittags Hochihnen von mir aufgewartet.
Auch dem obgedachten 3. kurtrierischen Herrn Botschafter.
Auch des Herrn von Hügel Exzellenz aufgewartet. (115)
Ankunft des ersten kurkölnischen Herrn Botschafters.
Abends gegen 8 Uhr trafen des ersten kurkölnischen Hohen Herrn Wahlbotschafters Grafen von Oettingen-Baldern Hochwürdige Exzellenz ein und stiegen in Ihrem Quartiere in der Töngesgasse bei Herrn Bolongaro Crevena ab (man sehe Zeichen *h*).
Gleiche des kursächsischen ersten Herrn Botschafters.
Auch um diese Zeit langten des ersten kursächsischen Hohen Herrn Wahlbotschafters Grafen von Schönberg Exzellenz an und stiegen in Ihrem Quartiere bei Herrn Stadtlieutenant Brönner und Madame Bernard ab (man sehe Zeichen *h*).

Am 12. Juni
Bei dem neu erbauenden Nationaltheater bricht ein Balken, und ein Handwerksmann fällt sich zu Tod, der andere wird tödlich verwundet.
ereignete sich das Unglück, daß in dem auf dem Heumarkte erbauenden Nationaltheater ein Balken, der etwas faul war und welchen die Handwerksleute übergelegt, entzweigebrochen und ein Handwerksmann sich gleich zu Tode gefallen, der andere aber tödlich verwundet wurde.
Besprechung mit dem kurmainzischen 2. Herrn Botschafter bei der Aufwartung wegen der Übergebung der Fourierlisten von den 3 geistlichen Kurhöfen.
Da sich die Hoffouriere der drei geistlichen Kurhöfe noch immer weigerten, ihre Listen zu übergeben, und nur solche vorzeigten, so sprach ich heute des 2. kurmainzischen Hohen Herrn Wahlbotschafters Freiherrn von Albini Exzellenz, Hoch(116)welchem ich aufwartete, darüber. Hochdieser berufte sich auf einen Beschluß des Höchsten Kurkollegiums von 1745, nach welchem jedem Kurhofe sein Distrikt angewiesen werden, und was er davon nicht brauche, wieder zurück gegeben werden solle. Wir unterredeten uns lange darüber, und ich meinte, daß dieserwegen doch die Listen übergeben werden.

Der Einsturz bei dem Nationaltheater verursachte, daß des Herrn Reichserbmarschallen Hochgräfliche Gnaden dem Magistrat aufzugeben für nötig fanden, die größte Sorgsamkeit bei fernern Baus zu beobachten, auch selbst Augenschein nahmen, und wie solches geschehen, die baldige Nachricht zu verlangen, maßen Hochsie sich auf jeden Fall außer Verantwortung wollen gesetzt haben.
Wird das Nötige an den Herrn Reichserbtürhüter geschrieben (man sehe S. 118),
Auch veranstaltete Hochgedachter Herr Reichserbmarschall, daß an den Herrn Reichserbtürhüter Grafen von Werthern das Nötige zu seiner Hieherkunft in der gewöhnlichen Form geschrieben werden,
auch an den kurmainzischen Oberstallmeister wegen einer Walltrappe.
wie nicht minder an den kurmainzischen Herrn Ober(117)stallmeister Grafen von Elz wegen einer Walltrappe.
Eine Denkschrift an den Magistrat wegen Sicherstellung des Baues des Nationaltheaters.
Wurde die Denkschrift an den Magistrat wegen Sicherstellung des Baues des Nationaltheaters sogleich verfertiget und übersandt -Zahl 80.
Bericht nach Dresden.
Bericht nach Dresden erstattet - Zahl 81.
Reichsquartiermeister wartet dem kursächsischen ersten Herrn Wahlbotschafter auf. Unterredung mit demselben.
Des kursächsischen ersten Herrn Wahlbotschafters Grafen von Schönberg Exzellenz aufgewartet, Hochwelche lange mit mir besonders von der vorigen Krönung, von dem reichserbmarschallischen damaligen Personal und der Kanzlei sprachen, mit welcher Sie nicht weniger als zufrieden waren.
Befreiung von den Berichten nach Dresden bei der nunmehrigen Anwesenheit der Botschaft selbst.
Da Sie nun selbst jetzo anwesend wären, so befreiten Sie mich von den Berichterstattungen nach Dresden. Von Ihren eigenen Quartiersangelegenheiten erwähnten Sie ganz nichts und waren vielmehr sehr gütig.
Wurde an den kurmainzischen Herrn Oberstallmeister Grafen von Elz nach Mainz wegen der Walltrappe geschrieben - Zahl 82.
Reichsquartiermeister wartet dem ersten kurkölnischen Herrn Wahlbotschafter auf.
Des kurkölnischen ersten Herrn Wahlbotschafters Hochwürdiger Exzellenz aufgewartet. (118)
Ankunft des ersten kurbrandenburgischen Herrn Wahlbotschafters.

Langten vormittags gegen 11 Uhr des ersten kurbrandenburgischen Hohen Wahlbotschafters Fürsten von Osten, genannt Sacken, Durchlaucht an und stiegen in Ihro Quartier bei dem königlich-preußischen Kammerherrn von Malabert ab - Zeichen ♄. Nachmittags Hochihnen aufgewartet.

Gleiche des ersten kurbraunschweigischen.
Gegen 12 Uhr mittags kamen des ersten kurbraunschweigischen Hohen Herrn Wahlbotschafters von Beulwitz Exzellenz an und stiegen in Hochihro Quartier bei Herrn Pelly ab - Zeichen ♄. Auch hier nachmittags aufgewartet.

Wurde das Nötige in gewöhnlicher Form an den Reichstürhüter Grafen von Werthern abgelassen - Zahl 83.

Des Stadtlieutenant Brönners Bedingnisse wegen seines Quartiers werden dem kursächsischen Hoffouriere zugestellt.
Wurden auf unaufhörliches Andringen des Herrn Stadtlieutenants Brönner seine unter Zahl 71, S. 103 übergebenen Bedingnisse wegen seines Quartiers für die kursächsische Hohe Wahlbotschaft bei dem Reichsquartieramte abermals durchlesen und dem kursächsischen Hoffourier Blaßmann zugestellt; dabei geblieben - Zahl 84.

(119)
Der kurmainzische Hoffourier verlangt von der Fürstin von Dessau Hause einige Zimmer.
Da der kurmainzische Hoffourier Aull unaufhörlich bald vorstellungsweise, bald drohend darauf gedrungen, wenigstens einige Zimmer von dem Quartier der Fürstin Dessau, weil dieses Haus nicht weit von dem fürstlich Taxischen Palais, wo Ihro Kurfürstliche Gnaden gewohnt haben, liegt, zu erhalten,
Diese Fürstin gibt solche auch her.
so erklärte sich diese Fürstin auch nach neuer, abermaliger unendlicher Mühe zur Abgabe von 4 Zimmern,
Der kurmainzische Koadjutor soll hieneinkommen.
welches dem Hoffourier aber nicht genug war, denn es sollte der Koadjutor von Mainz in dieses Quartier kommen. Dies kostete also eine ganze neue Negotiation. Die Fürstin, die unter obigen 4 Zimmern nichts weniger als im mittlern Stockwerke wollte verstanden wissen, schlug ein für allemal Küche und Stallung ab.
Gibt neuen Anstand deswegen.
So viel ich auch mit derselben selbst, mit ihrem Kavalier Herrn von Panckert und mit ihrem Hofrat Herrn Piehl, der zugleich Bürger zu Frankfurt ist, auf dessen Namen auch das von der Fürstin bewohnende und ihr eigentlich zugehörige Haus steht, gesprochen. Da nun nichts anders zu tun war, als endlich

abermals Ernst zu zeigen, so schrieb ich ein Billett an den (120) Herrn von Panckert - Zahl 85.
Die Fürstin versteht sich nun zu gar nichts.
Eben aber als ich es zusiegeln wollte, erhielt ich eines von dem Herrn Hofrat Piehl - Zahl 86, nach welchem die Fürstin sich nicht versteht und es auf alles ankommen läßt.
Absprache des Reichsquartiermeisters mit dem 2. kurmainzischen Herrn Wahlbotschafter deswegen.
Diese Geschichte endigte sich so: Ich wartete, nach genommener Absprache mit des 2. kurmainzischen Hohen Herrn Wahlbotschafters Freiherrn von Albini Exzellenz, auf die morgende Ankunft des ersten Hohen Herrn Wahlbotschafters Freiherrn von Fechenbach Hochwürdiger Exzellenz. Hochdiesem stellte ich alles vor, und Sie waren mit mir der Meinung, daß die Prinzessin an Seine Kurfürstliche Gnaden zu Mainz selbst sich wenden und um Vermittlung bitten sollte. Es war aber diese Dame auch dazu nicht zu bringen. Sie merkte, daß auch dieser Hof sie nicht auf das Äußerste treiben würde. Indessen wurde ich von dem unaufhörlichen Andringen des (121) Hoffouriers einigermaßen befreiet, wozu noch kam, daß Hochgedachter Herr Koadjutor zu Erfurt bleiben mußten, da Seine Majestät der König von Preußen dort erwartet wurden,
Der Koadjutor erhält sein Quartier in des Kurfürsten von Mainz Palais selbst.
und als jener, doch etwas spät, zu Frankfurt eintrafen, erhielten Hochsie Ihr Quartier bei Seiner Kurfürstlichen Gnaden selbst in dem Taxischen Palais, und die Fürstin blieb endlich frei.
Der kursächsische erste Wahlbotschafter will den Römer besehen.
Abends ließen des ersten kursächsischen Hohen Herrn Wahlbotschafters Grafen von Schönberg Exzellenz mir durch den kursächsischen Gesandtschaftsrat Müller wissen, wie Sie morgen 11 Uhr Vormittag den Römer besehen wollten.

Am 14. Juni
Der erste kurmainzische Wahlbotschafter kommt an, dem der Reichsquartiermeister sogleich aufwartet.
langten früh gegen 9 Uhr des ersten Hohen kurmainzischen Wahlbotschafters Freiherrn von Fechenbach Hochwürdige Exzellenz an und stiegen in Ihro Quartier im Kompostell ab (Zeichen ♄), Hochwelchem ich sogleich aufgewartet.

Ein französischer Offizier und ein Advokat bekommen auf dem Spaziergange Händel miteinander und werden von der Wache in Verhaft genommen. Reichsquartiermeister protestiert, da die Arrestierung von Seiten der Stadt geschehen, und verlangt die Auslieferung.

Da vor etlichen Abenden bei der Hauptwache ein französischer Offizier und ein fremder Advokat auf dem Spaziergange Händel miteinander angefangen, und solche von der gleich herbeigekommenen Wache in Verhaft ge(122)nommen worden, so hat man vom Reichsquartiermeisteramte nicht nur sogleich mündlich unter der gehörigen Verwahrung die Auslieferung, da die Untersuchung sich zur reichserbmarschallischen Gerichtsbarkeit eignet, verlanget, sondern solches auch, weil solche nicht erfolgt, schriftlich wiederholt - Zahl 87.

Solche erfolgte nicht; vielmehr eine Gegenprotestation.

Es geschah aber nichts, vielmehr erfolgte sowohl mündlich als ebenfalls schriftlich eine neuartige Gegenverwahrung, wie weiter unten vorkommen wird - S. 199.

Ankunft des 2. kursächsischen Herrn Wahlbotschafters.

Kamen gestern abends des zweiten kursächsischen Hohen Herrn Wahlbotschafters Grafen von Riaucour Exzellenz an und stiegen in Ihrem Quartiere auf dem Großen Hirschgraben ab (man sehe Zeichen *h*),

Reichsquartiermeisters Aufwartung bei demselben.

Hochwelchem ich des andern Tags aufgewartet.

Der Nürnberger und zugleich aachnische Bevollmächtigte kommt an und verlangt Reichsquartier für die Insignien und die Deputation.

Kommt ein sicherer Herr Hofrat und Kammergerichtsprokurator von Bostel aus Wetzlar als Bevollmächtigter der beeden Reichsstädte Nürnberg und Aachen und verlangt mittelst abschriftlichen Reskripts von dem Höchsten Kurhofe zu Sachsen - Zahl 88 - Reichsquartier für die zu überbringenden Insignien und die Deputa(123)tionen (man sehe S. 3, 92, 93, 97).

Kursächsischer erster Herr Wahlbotschafter spricht mit dem Reichsquartiermeister deswegen, und es wird das Verlangen für billig erkennt.

Des Herrn Grafen von Schönberg Exzellenz sprachen auch deswegen umständlich mit mir und hielten, so wie ich und gewiß jedermann, die Reichsquartierung für äußerst billig.

Die Stadt macht Einwendung dagegen; ihre Gründe werden angeführt.

Allein, die Stadt und die [städtische] Deputation machten dagegen Einwendungen, daß es wider das Herkommen seie. Allzeit hätten diese beeden Reichsstädte, denen an der Ehre, die Krone und Insignien aufbewahren und bei der Krönung so ansehnliche Funktionen verrichten zu dürfen, schon genügen müsse, die Quartiere nicht nach dem Reichsquartierfuße bezahlt. Die Bürgerschaft, besonders aber die angesehenen großen Häuser müßten die nicht geringe Beschwerlichkeit der Reichsquartiere ohnehin erdulden, und es entginge also wenigstens etlichen großen Häusern der sonstige Nutzen, den sie von Nürnberg und Aachen gehabt hätten. Bekanntlich beruhe in Staatsangelegenheiten des Reichs alles auf altem Herkommen, sie müßten sich also hierauf feier(124)lichst berufen.

Dies alles veranlaßt weitläufige und umständliche Unterhandlungen.

Diese Geschichte veranlaßte eine der weitläufigsten Unterhandlungen - Zahl 89, die der Bevollmächtigte von beeden Reichsstädten, Herr von Bostel, auf alle mögliche Art und zur größten Beschwernis, da man alle Augenblick von ihm persönliche Visiten und Erinnerungen hatte, betrieb und der Drang von allen möglichen Besorgnissen ohnehin immer größer wurde.

Die Sache machte sich endlich so, daß die beeden Städte um einen billigern Preis als sonsten Quartier erhielten,

Endlich machte sich die Sache so, daß man die beeden Quartiere um einen billigern Preis zu erhalten suchte, als beede Städte sonst bezahlten.

und endlich diese Quartiere mit dem reichserbmarschallischen Zeichen bezeichnet.

Doch war dieses dem Herrn von Bostel noch nicht genug, ohnerachtet dieser billigere Preis erreicht wurde. Er verlangte, daß die beeden Quartiere mit dem reichserbmarschallischen gewöhnlichen Quartierzeichen sollten bemerkt werden. Die Stadt protestierte dagegen wieder. Ich ließ aber doch, da gewiß die Krone und die Insignien sich zum Reichsquartier eignen, diese Zeichen anschreiben. Nürnberg bekam das Quartier auf dem Großen Hirschgraben bei der Frau Kanzleidirektorin (125) Häberlein und Aachen auf der Zeil im Roten Hause.

Einrichtung auf dem Römer zur kurfürstlichen Konferenz, und wer solche unter reichserbmarschallischer Aufsicht besorgt, nebst der Art, wie alles bei und während solcher Konferenzen zugeht.

Ehe noch des ersten kursächsischen Hohen Herrn Wahlbotschafters Grafen von Schönberg Exzellenz (man sehe S. 121) Einsicht auf dem Römer nahmen, wurde durch den Bauschreiber Barbe, der auf dem Römer wohnt und alles dieses auf der Stadt Herbeischaffung zu besorgen hat, die Einrichtung getroffen und von mir besehen. Um sich eine Idee von dem Konferenzzimmer zu machen, so ist hier nachstehender Riß:

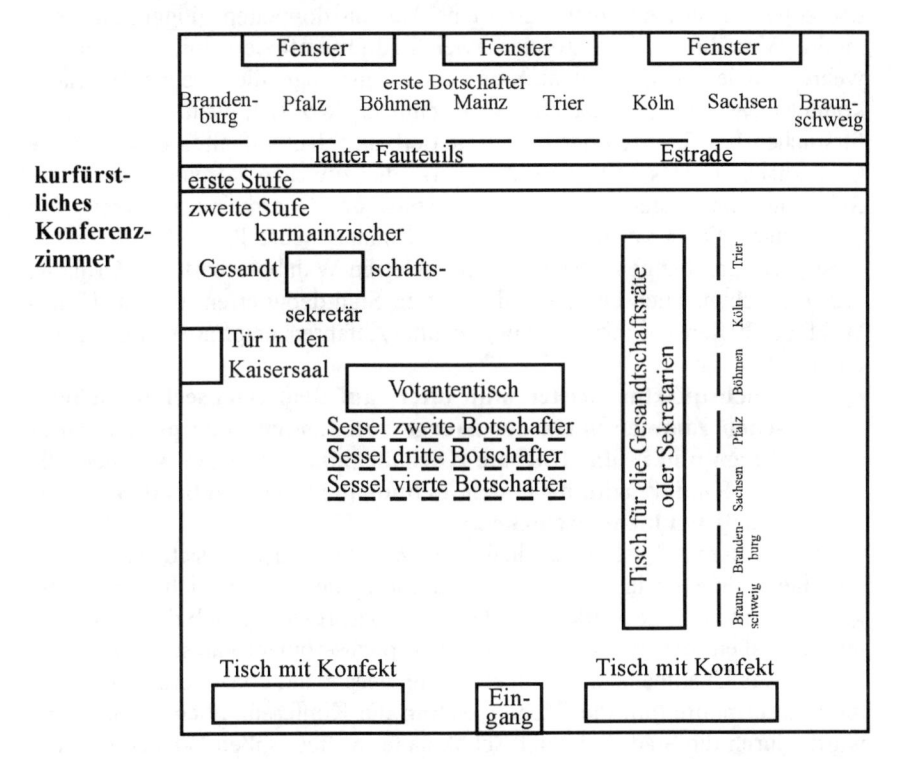

```
                          Fenster          Fenster              Fenster
                              erste Botschafter
                  Branden-  Pfalz   Böhmen  Mainz   Trier    Köln   Sachsen   Braun-
                  burg                                                        schweig
                          lauter Fauteuils                 Estrade
kurfürst-         erste Stufe
liches            zweite Stufe
Konferenz-           kurmainzischer
zimmer            Gesandt          schafts-                              Trier
                           sekretär                                      Köln
                  Tür in den                                             Böhmen
                  Kaisersaal                                             Pfalz
                              Votantentisch                              Sachsen
                           Sessel zweite Botschafter                     Branden-
                           Sessel dritte Botschafter                     burg
                           Sessel vierte Botschafter                     Braun-
                                                                         schweig
                           Tisch für die Gesandtschaftsräte
                           oder Sekretarien

                  Tisch mit Konfekt              Tisch mit Konfekt
                                        Ein-
                                        gang
```

Die Fauteuils waren von rotem Samt (126) mit goldenen Borten, die Estrade mit roten Boy, der Votantentisch mit einer rotsamtenen Decke, gewöhnliche Stühle und der Sekretariatstisch mit rotem Tuche bedeckt. Sowohl auf dem Votanten- als Sekretariatstische war vor jedem Stand ein silbernes Schreibzeug wie einige geschnittene Federn und ein Buch Papier.

Auf dem Römerplatz wird eine Hauptwache von Brettern gebauet, wo eine Kompagnie Stadtsoldaten die Wache hat.
Auch wurde auf dem Römerplatze eine Hauptwache von Brettern aufgebauet, wo eine Kompagnie mit fliegender Fahne von Stadtgrenadieren die Wache hatte und immer morgens gegen 10 Uhr durch eine andere abgelöst wurde. Ehe man in das Konferenzzimmer - vor dessen Türe außen der Stadtkanzlist und Stadtfourier (der dermalige hieß Jungmichel) gut angekleidet und den Degen anhabend sich während den Konferenzen aufhalten muß, deswegen er einen Stuhl hat und sich an der Türe setzen kann, wo er, wenn

inwendig gelitten wird, in das Zimmer tritt, die Befehle anhört und sie sodann herausbringt - kam, wurde ein Gang von Latten gemacht und mit rotem Boy überzogen, in welchen man durch eine Tür mit doppelten Flügeln eintreten mußte. Vor dieser Türe stunden zwei Stadtunteroffiziere mit kurzem Gewehre, sowie auch vor dem Kaisersaal, wenn man die Treppen hienaufkommt. Das reichserbmarschallische Zimmer, wo sich während der kurfürstlichen Konferenzen der Herr Reichserbmarschall aufhalten und auch die Gesandtschaftsmarschälle und Kavaliers, die zuweilen kommen, dann der Reichsquartiermeister, war jenes, wo sonst der Oberrheinische Kreis sich versammlet. Dann wurden noch etliche Zimmer nebst Retiraden für allenfallsige Besprechungen einzelner Hoher Herren Wahlbotschafter in Ordnung (127) gerichtet, auch eines vor die Herren Stadtdeputierten, die die Hohen Wahlbotschaften bei ihren Ankunften und Abfahren empfingen und begleiteten.

Reichsquartiermeister muß öfters auf dem reichserbmarschallischen Zimmer unter der Menge von Leuten konzipieren, mundieren und in das Höchste Kurkollegium durch den vor der Tür des Konferenzimmers sich befindenden wachhabenden Stadtkanzlisten hineinschicken.

Sowohl in dem reichserbmarschallischen Zimmer, wo man sich mit Spielen unterhielt, als auch in dem Stadtdeputationszimmer, wohin ich auch öfters ging, um eine Menge Vorkommenheiten zu besorgen (wie ich denn auch öfter unter allem diesen Getümmel auf dem reichserbmarschallischen Zimmer, wenn etwas Unaufhaltsames sich ereignete, geschwind konzipieren und selbst mundieren mußte, um die Sache gleich in die Konferenz noch zu bringen), wurde durch die Stadtlivree mit Schokolade, Kaffee, süßen Weinen und Erfrischungen und Konfekt bedient (alles dieses geht auf der Stadt Kosten).

Der erste kursächsische Botschafter besieht den Römer.
Am nämlichen Tage, nämlich am 14. Juni, fuhren des kursächsischen ersten Herrn Wahlbotschafters Grafen von Schönberg Exzellenz nur in einem zweispännigen Wagen auf den Römer, alle diese Anstalten zu besehen,

Der Herr Reichserbmarschall ist dabei anwesend sowie der Reichsquartiermeister.
und waren des Herrn Reichserbmarschalls Hochgräfliche Gnaden, ich als Reichsquartiermeister, dann die städtischen (128) Herren Deputierten da. Der Hohe Herr Botschafter wurden von der städtischen Deputation unten an der Türe

> (Hier ist, wenn man in den Römer tritt, linker Hand ein sehr enger Aufenthaltsort für die Herren Stadtdeputierten, die die Hohen Wahlbotschaften empfangen und erwarten müssen. Er ist mit gemachten

Papiertapeten ausgeziert. Dieser Herren Deputierten sind vier, da sich immer 2 und 2 ablösen, und müssen nicht mit den Herren Deputierten vermischt werden, die zur Einquartierung verordnet sind.)
des Römers empfangen, von mir an der Treppe der großen Stiegen und von dem Herrn Reichserbmarschall auf dem ersten Absatz dieser großen Treppe, doch ohne Marschallsstab. Auch hatten die Deputierten keine Mäntel, weil dieses eigentlich keine Auffahrt war. Des Herrn Wahlbotschafters Exzellenz besahen alles und waren mit der Einrichtung vollkommen zufrieden, darauf Sie wieder nach Hause fuhren.

Der Herr Reichserbmarschall mit Ihrem Herrn Bruder, der Reichsquartiermeister und Herr Kanzleirat Körndörfer speisten mittags bei diesem ersten Herrn Wahlbotschafter.
Mittags speisten des Herrn Reichserbmarschallen Hochgräfliche Gnaden, Ihr gnädiger Herr Bruder Ferdinand, ich Reichsquartiermeister, Herr Kanzleirat Körndörfer bei Hochgedachtem Herrn Grafen von Schönberg, wo (129) auch des zweiten kursächsischen Herrn Wahlbotschafters Grafen von Riaucour Exzellenz waren (man sehe S. 85).

Ein Billett von dem kurbrandenburgischen Herrn Botschaftsmarschall wegen Wagenremisen.
Am nämlichen Tage ein weiters Billett von dem kurbrandenburgischen Herrn Gesandtschaftsmarschall von Schack wegen einer andern Wagenremise erhalten, welches auch besorgt wurde - Zahl 89 b.

Am 15. Juni
Antwort schriftlich von der Stadt wegen Sicherheit und Festigkeit des Schauspielhauses.
langte von dem Magistrate eine Gegendenkschrift wegen Sicherheit und Festigkeit des Schauspielhauses ein - Zahl 90, so daß keine Gefahr mehr zu fürchten (man sehe S. 115 pp. und Zahl 80).

Billett von dem kurböhmischen Hoffourier, daß die Domkirche auf Kosten seines Kurhofs, jedoch ohne Präjudiz, geschehe.
Am nämlichen Tage erhielt ich ein Billett von dem kurböhmischen Quartiermeister Herrn von Caballini - Zahl 91 - die Besorgung der Domkirche [betreffend] und daß es auf Kosten seines Kurhofs ohne Präjudiz geschehe, welches auch veranstaltet worden.

Der Dom wird besichtiget.
Bei der ersten Besichtigung des Doms erklärte mir der Domkustos, und ich glaube, es ist notwendig, hieher zu bemerken,

Drei Hauptsolennitäten sind im Dom bei jeder Wahl und Krönung.
daß drei Hauptsolennitäten in dem Dome bei einer Wahl und Krönung existieren.

1) Die Wahl
2) Die Beschwörung der Wahlkapitulation, welches auch der Einzug geheißen wird.
3) Die Krönung

Also dreierlei solenne Züge dahin.
Es seien also auch drei solenne (130) Züge in den Dom und müsse immer der Dom inwendig verändert werden. Einen Umstand muß ich hier nicht minder berühren, der mich in eine schröckliche Verlegenheit setzte und vor einen künftigen Reichsquartiermeister nötig ist.

Gang in die Kirche durch den Kreuzgang.
Sowohl die Hohen Herren Wahlbotschafter bei der Wahl als auch Ihro Majestät der Kaiser bei der Beschwörung der Wahlkapitulation gehen in die Kirche durch den Kreuzgang,
nämlich so:

Beschreibung der Domkirche und des Kreuzgangs.

Eine kleine Tür. Durch die sind Seine Majestät die Kaiserin mit dem Gefolge gegangen, um die Zeremonie anzusehen.

Kirche

gegen die Pfarreisen

Tür in die Kirche

Innentür der Domkirche

Dieser mit Zahl 2 bezeichnete Kreuzgang ist eigentlich der sogenannte Kreuzgang, den mit Zahl 1 bemerkten habe ich nur zum Gegensatze auch Kreuzgang genannt und ihm die Zahl 1 beigegeben.

* Dieser mit 1 bezeichnete Kreuzgang war mit Tapeten behangen.

1 Kreuzgang

2 Kreuzgang

2 Kreuzgang

*Dieser mit 2 bezeichnete Kreuzgang war mit keinen Tapeten behangen.

2 Kreuzgang

1 Kreuzgang

Tür des Doms oder Stiegen; oder auch Tür zum Kreuzgang

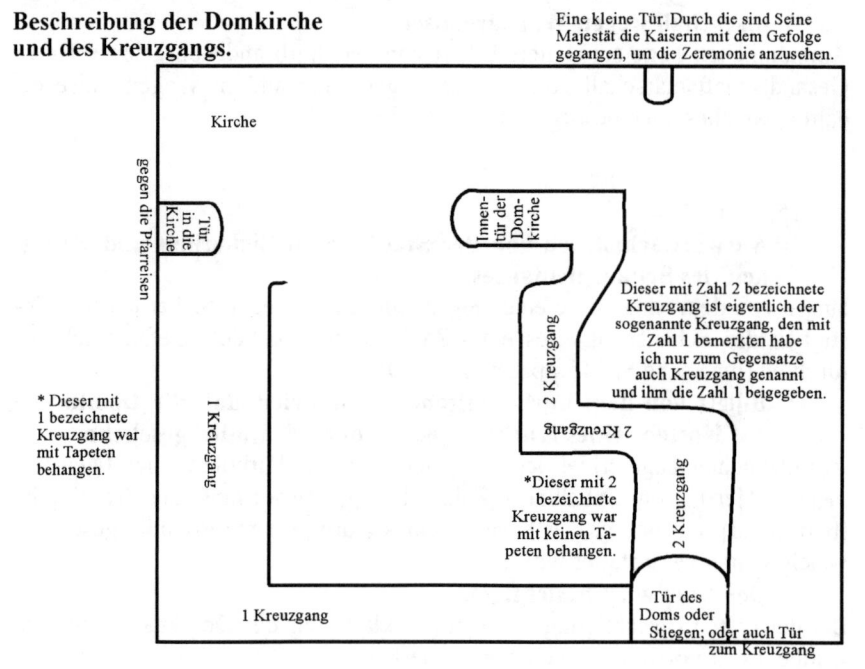

Durch die Tür zum Kreuzgang (131) und durch diesen eigentlichen mit Zahl 2 bezeichneten Kreuzgang gehen also die Hohen Herren Wahlbotschafter bei der Wahl als auch selbst Ihro Majestät der Kaiser bei der Beschwörung der Wahlkapitulation hienein in die Kirche und wieder heraus.

Seine Majestät der Kaiser mit dem ganzen in die Kirche gehörenden Zuge gehen, wenn Allerhöchstsie gekrönt sind, durch eine andere Tür, nämlich durch die gegen die Pfarreisen, heraus; auch geht der ganze Zug und Seine Majestät am Krönungstage durch einen andern Kreuzgang, der in nebigem Rißschnitt bezeichnet ist, in die Kirche, aber durch die ordentliche Tür zum Kreuzgang hienein.

Am Krönungstage aber gehen Ihro Majestät der Kaiser mit dem ganzen in die Kirche gehörenden Zug durch den von mir mit Zahl 1 bezeichneten Kreuzgang in die Kirche und nach der Krönung durch die Türe gegen die Pfarreisen heraus.

Der Reichsquartiermeister und der Reichserbtürhüter stehen an der Türe des Kreuzgangs.

Bei der Türe am Kreuzgang stehen der Reichsquartiermeister und der Reichserbtürhüter Graf von Werthern (diesmal war es ein Freiherr von Werthern).

Letzterer geht mit dem Herrn Reichserbmarschall bei der Wahl, wenn die Botschaften eingetreten, voran und bleibt vor dem Chor. Der Herr Reichserbmarschall geht in den Chor. Bei der Unterschreibung und Beschwörung der Wahlkapitulation geht der Herr Reichserbmarschall mit dem bloßen Schwerte an der Seite Seiner Majestät.

Letzterer geht, wenn die Hohen Wahlbotschaften und Ihro Majestät der Kaiser (hier aber sind der Herr Reichserbmarschall an der Allerhöchsten Seite mit dem bloßen Schwerte) eintreten, mit dem Herrn Reichserbmarschall (dieser nur bei der Wahl) voran, und bleibt vor dem Chor stehen. Der Herr Reichserbmarschall aber geht in den Chor hienein, wie alles weiter unten.

Der Reichsquartiermeister bleibt mit einem Kommando sächsischer Schweizer beständig bei der Tür, die zugemacht ist, und niemand ohne Billett kommt hienein.

Der Reichsquartiermeister bleibt mit einem Kommando der sächsischen Schweizergarde beständig bei der Türe, die, sobald der Zug bei allen 3 Solennitäten in der Kirche ist, zugemacht und niemand (132) ohne Billett eingelassen wird.

Der Reichsquartiermeister hat den Schlüssel zur Tür und sperrt auf und zu.

Der Reichsquartiermeister hat den Schlüssel zur Türe und muß allzeit auf- und zumachen. Ein beständiges Klopfen von außen und, wenn man aufmacht, ein unbändiges Hereindrängen von Menschen, die oft jene, die Billetts haben, zurückdrücken, stoßen und eindringen, so daß man des Lebens und der geraden Glieder nicht mehr sicher ist und sich öfters mit Anrufung des sächsischen Schweizerkommandos helfen mußte, macht diesen Dienst äußerst beschwerlich. Es steht zwar nicht nur Bürgerkommando, sondern auch von dem Stadtmilitär außen postiert. Aber die entsetzliche Menge von Menschen kann nicht zurückgehalten werden, wenn sie so andringt.

Hat einen Kanzlisten bei sich, um ihn hier oder da hinzuschikken.

Ich hatte einen Kanzlisten bei mir, um ihn hier oder da hinzuschicken (denn keine Livree durfte hienein), und ich kann nicht anders sagen, er tat gewiß seine Schuldigkeit (er heißt Landmann), wurde ihm auch bei irgendeinem Gedränge sein angehabter Degen entzwei(133)gebrochen. Allein, zuweilen hatten wir alle genug zu tun, daß wir nur die Tür wieder zu brachten.

Hat Schlosser bestellt, wenn durch das unaufhörliche Auf- und Zumachen etwas am Schlosse oder Schlüssel fehlt.

So ließ ich mir auch ein paar Schlosser, gut angekleidet, holen, um sie geschwind zu gebrauchen, wenn am Schlosse der Türe oder am Schlüssel durch das beständige Auf- und Zusperren etwas fehlte. Ich wies ihnen einen Platz an mit der schärfsten Bedeutung, ja nicht wegzugehen, und hielt sie ganz gut in Augen, als auf einmal bei einem Einlasse das Gedräng wieder so arg wurde, und wie es vorbei war, ich meine beeden Schlosser nicht mehr zu Gesicht bekam, also auch diese Vorsicht vereitelt war. Unter solcher Lage konnte ich von keiner Solennität in der Kirche etwas sehen, weil ich meinen Posten nicht verlassen wollte. Der Herr Kanzleirat Körndörfer war auf der Emporkirche, (134) wo die Frauen Gemahlinnen der Hohen Herren Wahlbotschafter, der russische Gesandte waren, um da Sorge für die Ordnung zu haben, der Herr Reichsfourier hatte so zu tun und den bei mir gehabten Kanzlisten wollte ich nicht allein lassen und ihm die Aufsicht anvertrauen. Nur um doch sagen zu können, ich seie in der Kirche gewesen, ging ich auf wenige Minuten hin, denn es ist ein ziemlicher Weg durch den Kreuzgang in die Kirche. Es wollte auch der Rottenmeister von den sächsischen Schweizern den Schlüssel zur Türe einstweilen aufbewahren. Ich gab ihn aber nicht aus meiner Hand, weil ich immer hätte verantwortlich bleiben müssen, wenn etwas geschehen wäre.

Ich blieb also beständig in dem Kreuzgange inwendig bei der Türe mit meinen Leuten, ging auf und (135) ab. Zuweilen kam ein oder der andere aus der

Kirche, auch Leute von einer Treppe, die von oben herab gleich bei der Tür war, unter andern auch ein paar Geistliche von dieser Kirche bei der Solennität, als Seine Majestät der Kaiser die Wahlkapitulation beschworen. Beede sprachen mit mir von diesen Solennitäten. Unter anderm erzählte einer, wie Ihro Majestät der Kaiser bei dem heutigem Rückwege zu einer andern Türe hinausgingen. Der andere behauptete, dies geschehe am Krönungstage. Beede versicherten, es gewiß von etlichen Krönungen her zu wissen. Mir wurde dabei sehr warm, denn die ganze Livree, Hausoffizianten und die Equipagen waren schon zum Abholen rangiert. Es hätte also eine völlige Umänderung geschehen müssen, die die größte Verwirrung verursacht hätte. (136) In die Kirche zu gehen, mich bei der Hohen kursächsischen Wahlbotschaft zu erkundigen, wäre zu auffallend gewesen, und erst noch die große Frage, ob Hochdieselbe hätte Auskunft geben können. Nach Haus zu laufen und in den Krönungstagebüchern nachzusehen, wäre nicht möglich gewesen, erstlich von meinem Posten wegzugehen. Denn bis ich mich durch [die] Menge von so vielen tausend Menschen im Hinaus- und Hereinweg durchgedrängt hätte, zumalen es schon gegen das Ende der Solennität war und der Rückzug bald anging... Und wenn ich es auch in einem Tagebuche gefunden hätte, wäre erst doch darauf angekommen, ob es richtig aufgezeichnet seie, weil doch ein Geistlicher von der Kirche die Versicherung machte. Auch hatte ich bei jeder Solennität drei Auszüge aus den Tagebüchern machen lassen und einen dem Herrn Reichserbmarschall allzeit tagsvorhero überreicht, einen steckte ich im Sack und einen gab ich dem Reichsfourier.

Beruhigte mich in etwas. Immer aber blieb mir doch der Gedanke, es seie möglich, daß dieser Geistliche Recht habe. Ich habe dies sorgfältigst in der Anlage Zahl 197 bemerkt.
Ich fand auch in dem bei mir gehabten 1764., daß es heißt: "pp. bis zur äußersten Kirchtür pp.", und dies beruhigte mich in etwas. Immer aber blieb mir doch der Gedanke, es seie möglich, daß dieser Geistliche Recht habe. Ich habe dies sorgfältigst in der Anlage Zahl 197 bemerkt. Ich fragte wohl hundertmal beede Geistlichen, und jeder blieb bei seiner (137) Versicherung, die mich doch insoferne noch aufrichtete, als die Sache im Zweifel war. Unter solcher grausamen Verlegenheit war die Solennität zu Ende, und wie herzlich froh war ich, als ich den Zug von der Kirche heraus in den Kreuzgang ankommen sah, und also der Satz richtig war, daß nur am Krönungstage der Ausgang durch die Tür bei den Pfarreisen geschehe. Dieser eine Geistliche hatte die beeden Solennitäten in seiner Idee verwirrt. Eine Probe, wie man auf alle Umstände genau denken und ja für die Zukunft sorgen müsse. Nicht nur Menschenpflicht, seinem Nachfolger das schwere Amt zu erleichtern, sondern auch Pflicht für den Dienst erfordert es.

Reichsquartiermeister speist bei dem ersten kurbraunschweigischen Wahlbotschafter.
Am nämlichen Tage, also am 15. Juni, speiste ich bei des ersten kurbraunschweigischen Hohen Herrn Wahlbotschafters Freiherrn von Beulwitz Exzellenz Mittag in Gesellschaft vieler Herren und Damen, nachdem ich etliche Tage vorhero durch ein Billett - Zahl 92 - dazu eingeladen wurde.
Das reichserbmarschallische Wappen wird an das Hauptquartier über das Tor angemacht.
Wurde auch das reichserbmarschallische Wappen, wie bei den Hohen Botschaften, (138) an das Hauptquartier angemacht.
Solches hat der Wirt zum "Römischen Kaiser" aufbewahrt.
Dieses Wappen hatte der Wirt zum "Römischen Kaiser", Herr Krug, aufbewahrt. Es wurde wieder frischgemacht nach der Krönung, auf des Herrn Krugs Anerbieten, der sich überhaupt sehr zuneigend für das Hohe Erbmarschallamt bewiesen hat, ihm zur weitern Aufbewahrung wieder zugestellt.
Die Hohen Botschaften halten im kurmainzischen Quartiere vorläufige Konferenz.
Da die anwesenden Hohen Wahlbotschaften unter sich vorläufige Konferenzen und Besprechungen im Kompostell, kurmainzischen Quartiere, hielten,
Die Hasardspiele, und also auch Pharo, sind geschärftest verboten.
so kam abends der kursächsische Herr Kanzleidirektor Hofrat Günther zu mir und brachte mir die Nachricht, daß währender ganzen Wahl- und Krönungszeit alle Hasardspiele, und also auch das Pharo, geschärftest verboten seien.
Besprechung deswegen, daß dem Reichserbmarschallamte an seinen Gebühren dadurch beträchtlicher Abbruch geschehe.
Ich sprach lange mit ihm darüber, daß dem Hohen Reichserbmarschallamte dadurch an seinen Einkünften, die ohnehin immermehr geschmälert würden, ein wichtiger Gegenstand entginge, daß man gewiß alle Beseitigung von (139) Unbilligkeiten und Eigennützigkeiten bei den bereits schon vorgekommenen Ereignissen bewährt habe und dergleichen. Herr Kanzleidirektor mußte dies alles selbst bekennen und sah es auch wohl ein. Indessen meinte er denn doch, daß die kurfürstlichen Gratialen, übrige herkömmliche Präsenten und Gebühren was ganz Ansehnliches machten.
Das Verbot wird gedruckt,
Hierauf wurden, wie das letzte Mal, 300 Exemplarien von dem Verbote der Hasardspiele gleich tagsdarauf, als am 16., gedruckt, davon unter Zahl 93 eines anliegt,
Solches geschieht auch von Seiten des Magistrats.

welches auch von Seiten des Magistrats geschah, wie Zahl 94 a zeigt,
> **Durch den Reichsfourier werden in jede Gesandtschaftskanzlei Exemplarien geschickt. Auch an den Herrn Bürgermeister.**

darauf durch den Reichsfourier in jede Gesandtschaftskanzlei 20 Exemplarien und in die kursächsische mehrere gesandt wurden, auch 60 an den Herrn Bürgermeister von Lauterbach.
> **Dessen ohngeachtet wurde heimlich gespielt.**

Ohnerachtet dieses Verbots, wie es denn leider meistens geschieht, wurde denn doch heimlich das Hasardspiel getrieben, auch die Kommerzspiele sehr hoch gespielt.
> **Der Herr Reichserbmarschall lassen deswegen einen Überfall machen.**

Des Herrn Reichserbmarschallen (140) Hochgräfliche Gnaden ließen auch würklich einen Überfall bei Nacht in dem Quartiere des herzoglich-sachsen-meiningischen Herrn Geschäftsführers de la Motte durch den Reichsfourier und Reichsprofoß mit Beigebung der Wache machen, wie des Herrn Wasser Tagebuch zeigen wird. Man konnte aber nichts erhalten, obwohlen aller Verdacht da war - Zahl 94 b.
> **Da der kurmainzische Herr Oberstallmeister nicht zu Hause war, so wurde sich wegen der Walltrappe an den Herrn Minister Freiherrn von Seckendorf gewendet.**

Am nämlichen Tage wurde, da der kurmainzische Herr Oberstallmeister Graf von Elz, an welchen wegen der Walltrappe (man sehe S. 117 und Zahl 82) geschrieben worden, nicht zu Haus war, an des kurmainzischen Herrn Ministers Freiherrn von Seckendorf Exzellenz deswegen sich schriftlich gewendet - Zahl 95.
> **Mit dem 2. kursächsischen Herrn Botschafter vorläufige Polizeikonferenz gehalten.**

Am nämlichen Tage war bei des zweiten kursächsischen Herr Wahlbotschafters Grafen Riaucour vorläufige Polizeikonferenz zwischen Hochdemselben, mir und den städti(141)schen Herren Deputierten.

[Körndörfer vom 16. Juni, Seite 47 ff.]

Nachmittags waren Herr Reichsquartiermeister und ich zu des (48) Herrn Grafen von Riaucour Exzellenz in vorhabenden Polizeieinrichtungen bestellt, wozu wir die dahin Bezug habenden Akten mitbringen mußten. Nach deren Vorlegung und Übersicht wurde nicht alleine der kommende Donnerstag, als den 21., zur gewöhnlichen Polizeikonferenz anberaumt, sondern auch weiters aufgegeben, daß das bei gestriger Privatkonferenz beliebte Verbot wegen der

Hasardspiele von Reichserbmarschallamts wegen sogleich zum Druck befördert, auch über die hier ankommende Fremden, besonders die Franzosen ein wachsames Aug sowohl unter den Toren als in den Wirts- und (49) Gasthäusern gehalten werden solle. Zu dem Ende auch sehr gut und zu beobachtende Vorsicht sein möchte, wenn, so wie in andern Ländern geschiehet, in den Gasthäusern gedruckte Tabellen abgegeben würden, worinnen die Fremden ihre Namen, Charakter, Verrichtungen und Aufenthalt einzuschreiben, und die Wirte alle Abende einen solchen Zettel zur Oberpolizeidirektion mit einzuschicken hätten. Bei unserer Zurückkunft fertigten sodann Herr Reichsquartiermeister mit mir nachstehende Tabelle

Namen des Fremden	
Dessen Charakter	
Woher er komme?	
Ursache seines hiesigen Aufenthalts?	
Wie lange er hier verbleibe?	
Wohin er wieder zu reisen gedenke?	

(50) und schickten solche zur beliebigen Genehmigung oder Abänderung an Hochersagten Herrn Grafen zurück.

Unter allen diesen Ereignissen immer mit Einquartierung fortgefahren
Während allen diesen Vorgängen wurde noch immer mit Besichtigung und Aufzeichnungen der Quartiere fortgefahren
und eine Menge der unangenehmsten Irrungen beigelegt.
und eine Menge bald von dieser, bald von jener Seite eingekommene Beschwerden abgetan, Augenschein gehalten und entschieden. So kamen der Herr Reichskanzleioffizial von Neumüller, der wegen der Reichskanzleiquartiere das Ansuchen stellte und diese besorgte, und der kurböhmische Kommissär Herr von Caballini, über welchen sich auch der königlich-ungarische und böhmische Resident von Rödlein beschwerte, daß er im Einquartieren zu sehr von diesen belastet werde, immer zusammen, und ich mußte immer den Mittelsmann machen. Der kurbrandenburgische Hoffourier lamentierte oft über den Fürsten von Sacken und nahm mir öfters meine so kostba-

re Zeit weg. Hier erhielt ich oft eine Visite, dort wurde ich zu einem Botschafter bestellt. Der Herr Hofrat von Bostel als nürnbergischer und aachenischer Geschäftsträger, dessen Fleiß und Unverdrossenheit im Negotüren ich, ohnerachtet ich bis zur Ungeduld von ihm angegangen (142) wurde, doch im Herzen bewundern mußte, kostete mich manche halbe Stunde und wohl mehr. Meistenteils mußte ich mich unter starker Anwesenheit von bedeutenden Personen frisieren und ankleiden lassen. Ich schickte sie auch gar fort, wenn ich ausfahren mußte.

Am 17. Juni, als sonntags,
Erster Ansagszettul zur kurfürstlichen Zusammenkunft auf dem Römer.
wurde durch einen kurmainzischen Kanzlisten Seiner des Herrn Reichserbmarschalls Hochgräflicher Gnaden ein Ansagszettul zur ersten kurfürstlichen Zusammenkunft auf dem Römer morgen, als Montag, am 18. dieses Monats, 11 Uhr zugeschickt - Zahl 96.
Der Reichsquartiermeister fährt bei den ersten Herren Wahlbotschaftern herum, es anzusagen. Bei Kursachsen wird angefangen.
Diesemnach fuhr ich in meiner Equipage mit meinen 2 Bedienten aufstehend zu allen den Hohen Herren Wahlbotschaftern - nicht nach dem Range, sondern nach den Quartieren, bei Kursachsen aber fing ich an - um die Zusammenkunft anzusagen. Und so machte ich es denn in der Folge bei jeder Ansage. Diesmal sagte ich es den Hohen Herren Wahlbotschaftern selbst, nachhero aber zuweilen einem Haus(143)offizianten, zuweilen dem Portier, zuweilen wieder den Herren Botschaftern selbst. Letzteres tat ich allzeit, wenn eine wichtige Ereignis war, z. B. bei Unterschreibung der Wahlkapitulation, bei der Krönung, auch wenn ich allenfalls etwas mit einem der Hohen Herren Botschafter zu sprechen hatte.
Ankunft des ersten kurtrierischen Herrn Wahlbotschafters.
Am nämlichen Tage morgens kam des ersten kurtrierischen Hohen Herrn Wahlbotschafters Grafen von Walderndorf Exzellenz an und stiegen in Ihrem Quartiere bei Herrn Bolongaro Crevena in der Töngesgasse ab (man sehe Zeichen *h*).
Gleiche des kurpfälzischen.
Am nämlichen Tage nachmittags langten auch des ersten kurpfälzischen Hohen Herrn Wahlbotschafters Grafen von Oberndorf Exzellenz an und nahmen Ihr Quartier bei Herrn von Lersner und von Barckhausen auf der Zeil - Zeichen *h*.

Magistrat verlangt, daß der Reichsquartiermeister dem ältesten Bürgermeister die kurfürstliche Zusammenkunft benachrichtiget.
Hier muß noch bemerkt werden, daß ich dem Herrn Bürgermeister von Lauterbach durch den Reichsfourier die kurfürstliche Zusammenkunft auf dem Römer zu wissen machen ließ. Man beschwere sich von Seiten des Magistrats dagegen und berufte sich auf das Herkommen, wie der Reichsquartiermeister solche Nachricht selbst dem ältesten Bürgermeister gebracht habe. In den (144) Tagebüchern fand sich hievon gar nichts, außer in einem von Herrn Kanzleirat Löblein, welches Herr Reichsfourier Wasser vorzeigte, wie des verstorbenen Herrn Reichserbmarschallen Hohen Angedenkens dem Herr Kanzleirat Löblein bei letzterer Krönung, der die Reichsquartiermeistersstelle vertreten hat, als dieser Gegenstand ebenfalls in Frage kam, ausdrücklich befohlen, daß der Reichsquartiermeister die persönliche Nachricht dem regierenden Bürgermeister überbringen solle. Um also nicht neue Weitläufigkeiten anzufangen, besorgte ich diese Nachricht, jedoch mit einer gelegentlich oberflächlich geäußerten Bedenklichkeit.

An einem dieser Tage speiste ich bei des kurbrandenburgischen 2. Hohen Herrn Wahlbotschafters Grafen von Görtz Exzellenz in Gesellschaft von sehr vielen Personen beiderlei Geschlechts. Sonst bei keinem Hohen Herrn Botschafter außer den drei schon gedachten. Der kurmainzische Herr Gesandtschaftsmarschall Freiherr von Geißmar entschuldigte sich, wo er mich sah, sehr gefällig, daß sein Hof mir noch ein Diner schuldig wäre. Es wäre aber eine solche Menge von noch einzuladenden Personen aufgezeichnet, daß er nicht wisse, wie er es wegen der Kürze der Zeit mache, da bekanntlich gleich nach der Krönung Seine Majestät der Kaiser und Seine Majestät die Kaiserin, dann Seine Majestät der König in Preußen nebst so vielen Höchsten und Hohen Herrschaften nach Mainz kämen und dieses alles unübersehbare Besorgungen verursachte. Ich dankte ihm vor die bezeugende Aufmerksamkeit und versicherte ihm, wie er und (145) ich wahrlich mehr zu besorgen hätten, als auf mein Diner zu denken.

Reichsquartiermeister wird zu dem ersten kurbrandenburgischen Botschafter in die Gesellschaft eingeladen.
Des ersten kurbrandenburgischen Hohen Herrn Wahlbotschafters Fürsten von Sacken Durchlaucht ließen mich durch den Gesandtschaftsmarschall Herrn von Schack bei einer Marschallskonferenz zur Gesellschaft einladen, dahin ich auch fuhr. Es waren eine Menge Fürsten und andere Personen von hohem Range, auch die beeden Herren Reichserbmarschälle, da. Endlich kamen auch Seine Kurfürstliche Gnaden zu Mainz mit einem großen Hofstaate.

Es waren alle Zimmer so voll, daß man sich nicht rühren konnte, dennoch wurde auch getanzt. Der Tag war außerordentlich heiß. Ich blieb nur etliche Stunde, da ich noch vielerlei Geschäfte für selbigen Abend hatte.
Gefälliges, gastfreies Betragen der stadt-frankfurtischen Personen.
Überhaupt muß ich hier wiederholen, daß man zu Frankfurt sehr gastfrei und gefällig ist. Die besten Häuser, einzelne Familien, machten sich ein ganz besonders Geschäft daraus, einen zum Diner oder Supper zu haben, welche denn immer mit vielen Pracht und Aufwande verknüpft waren. (146) Auch sahen sie es sehr gerne, wenn man sie in ihren Gärten oder auf ihren Landhäusern besuchte - nur schade, daß man so wenig Zeit dazu hatte. Gar oft mußte ich es abschlagen, wieder absagen lassen. Oft kam ich zum Diner oder Supper zu spät, worüber man auch wohl zuweilen Gesichter machte. Ich war so wenig Herr von meiner Zeit, daß mein Mittagessen manchmal in einem Glas Burgunder und einem Stück Nürnberger Lebkuchen, den mir die nürnbergischen Herren Deputierten schickten, bestand. Bei solchen Gelegenheiten konnte man manche Ereignis, die öfters von unangenehmsten Erfolgen wären geworden, ausgleichen und sich darüber benehmen. Ebenso speiste ich etliche Mal bei den reichsstadt-nürnbergischen und aachnischen Herren Deputierten.

Am 18. Juni
Reichsquartiermeister besieht alle Früh den Römer sehr früh, ob alles in Ordnung.
ging ich in aller Früh nur im Überrock auf den Römer und sah, ob alles in Ordnung ist, das ich auch richtig fand, welches ich auch allezeit, wenn Konferenz war, tat (man sehe S. 125 pp.).
Die Botschaften benehmen sich, bei großen Zeremonien bunt zu erscheinen, sonst aber die kaiserliche Trauer zu behalten, jedoch nur für sich, aber nicht ihre Equipagen und Livreen. Nur Kurböhmen fuhr in Trauerequipage und -livree auf, aber auch bunt bei den Zeremonien.
Vorbemerkung, daß sich darüber unter den Hohen Wahlbotschaften benommen worden, zwar bei den großen Zeremonien bunt zu erscheinen, gewöhnlich aber die kaiserliche Trauer zu behalten, doch die Equipagen und die Livreen nicht (147) in der Trauer. Nur die kurböhmische Hohe Wahlbotschaft fuhr in Trauerequipage und mit Trauerlivree auf, aber auch bunt bei den Zeremonien.

Beschreibung des Komitats des amtierenden Herrn Reichserbmarschalls.

<u>Weitere Vorbemerkung.</u>
Des Herrn Reichserbmarschallen Hochgräfliche Gnaden hatten diesmal nur einen Zug von 6 Pferden, auch keine Pagen, anfangs auch keinen Kavalier. Ein sicherer Herr von Hertwig, graf-metternichscher Kanzleidirektor, der bei dem Hohen Grafenkollegium sehr bedeutend ist, ließ durch einen sichern Herrn Hofrat Plitt bei mir um Reichsquartier ansuchen. Da nun die Hohen Wahlbotschaften keinem Protektionisten Reichsquartier zu geben beschlossen (man sehe S. 78 pp.), so schlug ich es dem Herrn Hofrat Plitt ab. Dieser stellte mir die Wichtigkeit und den Einfluß des Herrn von Hertwig und daß er dem Hochgräflichen Hause Pappenheim, besonders wegen erneuernden Sitzes und Stimme in einem der Hohen Grafenkollegien, (148) sehr nützlich sein könnte so umständlich vor, daß ich ihm endlich antwortete:

"Gut, er soll Reichsquartier haben, wenn er unser Kavalier während Krönung werden will. Es kann uns sodann kein Vorwurf gemacht werden."

Herr Hofrat Plitt nahm es auf sich, mit ihm darüber zu sprechen, und ich, des Herrn Reichserbmarschallen Hochgräflicher Gnaden davon Vortrag zu machen. Nun war zwar Herr von Hertwig etwas ausgewachsen. Allein, es gab mehr seines Gelichters, gleich einer bei der kurmainzischen Suite. Der Herr Reichserbmarschall nahm ihn also an, und er erklärte sich auch dazu, und sein Einfluß in die Geschäfte des Hohen Reichsgrafenstandes hat sich auch durch seine vielen Angelegenheiten bewähret. Er hatte wenig Zeit über zu seinem Dienste als Kavalier (149), er kam auch spät an. Er nahm sich wegen der Sitze im Dom, wegen der Tafel im Römer am Krönungstage für die Herren Reichsgrafen sehr empfehlend an. Er schickte auch mir am Ende das von dem Hohen Reichsgrafenkollegium dem Reichsquartiermeister bestimmte Gratial von fünfzig Dukaten in Natur, so wie solches von jedem kurfürstlichen Hofe eigentlich bestimmt, aber zuweilen von einigen weniger gegeben wird; davon mehreres unten.

Auffahrt des Herrn Reichserbmarschalls auf den Römer.

Dies nun alles als notwendig vorausgesetzt, fuhren des amtierenden Herren Reichserbmarschalls Grafen Karl Hochgräfliche Gnaden morgens nach 10 Uhr in nachfolgendem Zeremoniell auf:

1) Der Portier
(war ein junger Böhm aus Pappenheim)
2) 4 Bediente, Paar und Paar
(waren Werkmann, Gunald aus Pappenheim und ein eigener Bedienter des Herrn Reichserbmarschalls; dann noch der 4.)

3) Jäger Fischer und Fugger (150) aus Pappenheim, ersterer machte den Hausmeister, dann der Bereuter
4) Der Reichsfourier Herr Wasser
5) Des amtierenden Herrn Reichserbmarschalls Grafen Karl Hochgräfliche Gnaden in einem 6spännigen Wagen, Ihre Uniform anhabend. Neben dem Wagen an beeden Schlägen gingen auf jeder Seite ein Hatschier (Wagner und Hochmut aus Pappenheim) in Livreekleidern, roten Mänteln, Hüte mit goldenen Dressen und hohen Federbüschen aufhabend, Degen an der Seite und Hellebarden, die sie im Gehen auf der Schulter trugen.
6) Meine 2 Bedienten, Steinlein und Mayer aus Pappenheim
7) Ich in meinem eigenen 2spännigen Wagen, den Marschallsstab bei mir habend.

Alles diesmal in Gala, wobei noch zu bemerken, daß außer dem Portier, Kutschern und Hatschieren die Bedienten, Jäger und der Bereuter sowie auch der Reichsfourier und meine 2 Bedienten die Hüte nicht aufsetzen durf(151)ten, sondern in der Hand tragen mußten, wie es auch bei allen Botschaften war.

Die Wache rückt aus.

Die in dem gegenüber dem Römer befindlichen Wachhause (man sehe Seite 126) befindliche Kompagnie mit ihren Offizieren rückte bei dem Vorbeizuge aus, präsentierte das Gewehr, und die Offiziere salutierten. Vor dem Römer waren schon eine Menge Leute, um die Züge zu sehen.

Der Reichprofoß Tabin (aus Pappenheim) mit seinem Stabe in der Hand...

Livree des Reichsprofossens.

(dieser Reichsprofoß hatte eine dunkelblaue Livree mit weißen Knöpfen, roten Aufschlägen und Kragen und Weste mit Silber besetzt, auch silberne Dresse auf dem Hut, dann einen Degen an.

Dessen Stab.

Sein Stab ist etwas über ein Schuh lang, 2 Daumen ohngefähr dick, rund und schwarz gebeizt, oben und unten eines Daumens breit mit Metall beschlagen, das versilbert ist. Auf der oberen Seite geht durch eine kleine Öffnung ein blaues Bänd'gen, mit welchen er diesen (152) Stab öfters an einen Knopf des Rocks hängt, so wie die Querpfeifer bei dem Militär zuweilen ihre Pfeifen anhängen)

... war unter dem Römer und macht Platz.

Empfang des Herrn Reichserbmarschalls auf dem Römer.

Bei der Türe des Römers wurden Hochgedachter Herr Reichserbmarschall von dem Stadtkanzlisten Herrn Jungmichel empfangen, die Treppe hienauf begleitet, allwo Ihnen die magistratische Deputation, welche aus denen Herren Senator Schlosser, Schöff Bonn, Dr. Rothahn bestund, entgegenkam. Unten vor der Türe des Römers postierten sich die beeden reichserbmarschallischen Hatschiere, welche die ganze Zeit der Konferenzen, bis alles wieder abgefahren ist, da stehen müssen. Der Herr Reichserbmarschall gingen in ihr Zimmer mit mir und die Deputation hinab in ihren Aufenthalt inwendig nah an der Römertüre (man sehe S. 128).

Reichsquartiermeisters Besorgung des Marschallsstabs.

Den Marschallsstab lehnte ich in dem reichserb(153)marschallische Zimmer in ein gewisses Eck, um solchen geschwind allzeit dem Herrn Reichserbmarschall einhändigen zu können.

Der Reichsfourier mußte unten bei der Römertüre stehenbleiben, um auf die Wägen und das An- und Abfahren achtzuhaben.

Ein reichserbmarschallischer Bedienter muß unten am Römer achthaben und geschwind melden, wenn eine Botschaft anfährt.

Überdies mußte auch ein reichserbmarschallischer Bedienter unten warten und geschwind hienaufspringen und es melden, wenn eine Botschaft angefahren kam.

Ankunft der Botschaften auf dem Römer.

Endlich langten denn die Hohen Wahlbotschaften in großem Staate mit Voraustretung der Kavaliere, Räte, Offizianten, Bedienten, Läufers pp. nach und nach an. Bei der kurbrandenburgischen ritt immer vor dem Wagen der Hohen Herren Botschafter ein königlicher Stallmeister.

Die Livree kommt nicht in den Römer, die Offizianten nur bis an die Treppe,

Die Livree kam nicht in den Römer, die Offizianten kamen herein, durften aber nicht die Treppe hienauf, sondern mußten unten bei der Treppe stehenbleiben und sodann, wenn die Botschaft die Treppe hienauf war, wieder fortgehen.

die Räte und Kavaliere aber hienauf.

Die Ka(154)valiere und Räte gingen die Treppe mit hienauf bis an die äußere Türe, wo die 2 Stadtunteroffiziere Wache stunden (man sehe S. 126), und warteten, bis die Herren Botschafter in den Konferenzsaal hienein und der Herr Reichserbmarschall und ich, dann die 2 Ratsdeputierten aus dem Vorgemach wieder heraus waren. Einige gingen sodann in das reichsmarschallische Zimmer, einige kehrten wieder zurück und fanden sich, so wie alles wieder, in der von jeder Wahlbotschaft ihnen bestimmten Zeit zur Abholung wieder ein.

Die Wahlbotschafter fahren immer zusammen in einem Wagen.

Alle Wahlbotschafter jeden Kurhofs fuhren immer zusammen in einem Wagen, und wenn es auch 3 Wahlbotschafter waren. Meistens waren es nur 3 sechsspännige Züge von jeder Wahlbotschaft,
> **Die Legationssekretäre fahren in einem 2spännigen Wagen hinterdrein.**

hinter dem Botschafterswagen fuhr immer der Legationssekretär in einem 2spännigen Wagen seines Kurhofs,
> **Die Legationssekretäre gehen gleich mit den Botschaftern hinter ihnen in das Konferenzzimmer.**

der denn auch allzeit hinter den Hohen Herren Wahlbot(155)schaftern unmittelbar drein und auch in das Konferenzzimmer trat und meistens ein Portefeuille oder Buch entweder selbst trug oder durch einen Bedienten, vermutlich ein Kanzleidiener, der die Hoflivree anhatte, tragen ließ.

> **Herr Reichserbmarschall empfängt die Herren Wahlbotschafter auf der Mitte der Treppe, der Reichsquartiermeister unten an der Treppe, die Stadtdeputierten an der Türe des Römers.**

Der amtierende Herr Reichserbmarschall empfing mit dem Marschallstab in der Hand auf der Mitte der Treppe, oder eigentlich auf dem Absatze der Teppe, die Hohen Herren Wahlbotschafter, und ich Reichsquartiermeister unten an der Treppe, die Stadtdeputierten unter der Türe des Römers.

> **Zug einer Botschaft im Hinaufgehen.**

Der Zug geht folgend: Voran die Hausoffizianten, dann die Kavaliers und Räte (an solennen Tägen waren von beeden letztern Klassen mehrere), die 2 Stadtdeputierten, dann die Herren Wahlbotschafter, hinterdrein der Legationssekretär. Unten an der Treppe tritt der Reichsquartiermeister zwischen die Stadtdeputation und die Wahlbotschaften und oben auf dem Absatz der Treppe endlich der Herr Reichserbmarschall zwischen den Reichsquartiermeister und die Wahlbotschaft. So wird (156) diese Hohe Wahlbotschaft bis an die Türe des Konferenzsaals, die der davor stehende Stadtkanzlist (man sehe S. 126 pp.) aufmacht, begleitet, wo auf der rechten Seite vor dem Zimmer der Herr Reichserbmarschall, gegenüber der Reichsquartiermeister und die beeden Stadtdeputierten ebenfalls gegeneinander stehen bleiben. Sobald die Türe zu ist, gibt der Reichserbmarschall dem Reichsquartiermeister den Marschallstab, und man geht in das reichsmarschallische Zimmer, die Deputation aber in ein anderes, wie unten schon wieder 2 Deputierte sind (man sehe S. 128). Kaum aber ist man oft in den Zimmern, und zuweilen kommt man gar nicht hienein, als schon wieder die Ankunft einer Botschaft gemeldet wird und man kaum geschwind genug die Trepp hienab kam, um zu dem Empfange wieder bereit zu sein,

Öfters kommen etliche Botschaften miteinander angefahren. Wie sich da verhalten wird.
wie es denn auch sich ereignet, daß gerade bei einer Aufführung eine Botschaft unten anfährt, die also nur von den 2 andern Stadtdeputierten aufgeführt wird und gegen Hochwelche man sich sodann entschuldigte.
Die Wach tritt ins Gewehr, macht die Honneurs.
Sobald eine Hohe Wahlbotschaft ankommt, tritt die (157) ganze Wach gegen den Römer über ins Gewehr. Es wird der Marsch geschlagen und salutiert.
Im Auffahren wird kein Rang beobachtet, aber im Abfahren.
Im Auffahren wird kein Rang beobachtet. Dagegen im Abfahren, und ist diese Rangordnung folgende:
Kurmainz
Kurtrier - alterniert mit Köln, so daß Trier anfängt
Kurköln - alterniert mit Trier
Kurböhmen
Kurpfalz
Kursachsen
Kurbrandenburg
Kurbraunschweig.
Die Wägen fahren zuweilen und meistenteils zurück. Zuweilen, wenn die Konferenzen nur kurz sind, bleiben sie auf dem Römerplatze rangiert stehen, wie jede Botschaft ihren Leuten befiehlt.
Der Reichsfourier rangiert die Wägen und ruft die Equipagen nach dem Range auf.
Der Reichsfourier rangiert die Equipagen. Bei dem Abfahren ruft der Reichsfourier, der unter der Römertür steht, die Equipagen des abfahrenden Kurhofs laut auf, z. B.
"Kurmainz!" pp.,
und sodann fahren diese aufgerufenen Equipagen vor die Römertür nach und nach an. (158)
Bei Kurtrier und Kurköln wird immer gewechselt und bei Trier angefangen, z. B. bei der heutigen Auffahrt wird
"Kurtrier!"
gerufen, bei der nächsten
"Kurköln!",
bei der folgenden wieder
"Kurtrier!"
und so fort.
Zu bemerken, daß die Kurhöfe Pfalzbayern und Hannover
"Kurpfalz!"

und "Kurbraunschweig!" gerufen, auch diese Benennungen in allen diesen Staatsvorgängen so beibehalten werden. **Die Abführung der Herren Botschafter geschieht zwar auf die nämliche Art wie das Aufführen, der Reichsquartiermeister führt aber die Botschaften bis an die Römertür.** Das Herunterführen der Hohen Wahlbotschaften geschieht zwar auf die nämliche Art wie das Hinaufführen, nämlich (159) es treten die Kavaliers, die beeden Ratsdeputierten voran, dann der Reichsquartiermeister, der Herr Reichserbmarschall mit dem Marschallsstab, die Hohe Botschaft, der Legationssekretär. Die Bedienten, Offizianten stehen schon vor den Equipagen in der Reihe, die angefahren sind. Der Herr Reichserbmarschall bleiben auf dem Absatze der Treppe, wie bei dem Aufführen, stehen. Der Reichsquartiermeister aber muß bis unter die Römertüre (man sehe S. 474 Krönungstagebuch Josephs II., Seite 1) mit begleiten. Sowie sämtliche Hohe Wahlbotschaften abgefahren sind, kehrten des Herrn Reichserbmarschallen Hochgräfliche Gnaden und ich Reichsquartiermeister in der nämlichen Ordnung wieder zurück, als sie aufführen. (160)

Um die Hohe Namen der Wahlbotschaften gleich in einem Überblicke zu haben, werden solche weiter unten folgen, indeme noch einige aus sind (man sehe S. 213).

Namen der Herren Legationssekretäre.
Die Legationssekretäre waren:
Von Kurmainz: Herr Hof- und Regierungsrat von Roth,
von Kurtrier: Herr Hof- und Regierungsrat des Heiligen Römischen Reichs Ritter und Edler von Vacano,
von Kurköln: Herr Geheimer und Oberappellationsrat Müller,
von Kurböhmen: Herr Botschaftsoffizial von Schwab,
von Kurpfalz: Herr Regierungs- und Hofgerichtsrat von Weiler,
von Kursachsen: Herr Hofrat und Kanzleidirektor Günther, (161)
von Kurbrandenburg: Herr Legationsrat Ganz,
von Kurbraunschweig: Herr Archivrat, dann Land- und Lehnfiskal Kestner.

Diktatur halten die Legationssekretäre.
Diese Herren Legationsräte und -sekretäre hielten denn Diktatur, meistens gleich nachmittags des Konferenztags, auch zuweilen andere Täge, auf dem

Römer in einem eigenen dazugerichteten Zimmer, wohin sie jeder in einem 2spännige Hofwagen seines Hofs mit Bedienten führen.
Die Ansag dazu geschieht durch den Reichsfourier.
Die Ansage zu der Diktatur wird aus der kurmainzischen Kanzlei dem Reichsquartiermeister benachrichtiget, nebst der Stunde, darauf dieser dem Reichsfourier die Ansage aufgibt, der sie bei jeder Gesandtschaftskanzlei besorgen muß.

Am nämlichen Tage langte ein Promemoria von der Stadt ein auf das diesseitige (man sehe S. 105 und Zahl 73) - Zahl 97, welches einstweilen zu den Akten getan und (162) gelegentlich die Befugnisse des Hohen Reichserbmarschallamts wiederholt mündlich verwahrt wurden.
Das Braunfels bleibt bestimmt für Seine Majestät, wird immermehr zubereitet; auch Schranken für die Sicherheit der fußgehenden Personen.
Wie bereits S. 73 pp. bemerkt, daß das Braunfels für Seine Majestät den König von Ungarn und Böhmen und für Seine Majestät die Königin, dann für die Erzherzoge Königliche Hoheiten bestimmt worden, so blieb es auch dabei und wurde immer mehr und mehr dazu eingerichtet. Ich ließ auch, weil es dort etwas enge wegen der vielen an- und abfahrenden Equipagen und der Menge von Menschen [war und] gefährlich für die Fußgänger hätte werden können, an den Häusern gegenüber Schranken für die zu Fuß Gehenden errichten, welches das Stadtbauwesen, so Herr Schöff von Günderode dirigierte, besorgte. Die Schranken wurden schwarz und gelb angestrichen, so, wie (163) die zwei Pfähle zu den Laternen vor dem Tore des Braunfels.
Vor dem Tore des Braunfels stunden 2 Posten von österreichischer Infanterie.
Vor oder unter diesem Tore stunden einstweilen zwei Posten von österreichischer Infanterie.
Vorschlag über den Zug aus dem kaiserlichen Quartiere in den Dom.
Da die Hohe kurmainzische Wahlbotschaft nur mündlich verlangt, daß dem Höchsten Kurkollegium fördersamst ein Vorschlag über den Zug vom künftig kaiserlichen Quartier (dem Braunfels, man sehe eben 162) in den Dom untertänigst vorgelegt werden solle,
Marschallskonferenz deswegen.
so haben des Herrn Reichserbmarschalls Hochgräfliche Gnaden eine Marschallskonferenz auf morgen früh 8 Uhr auf dem Römer in dem reichserbmarschallischen Zimmer durch den Reichsfourier ansagen lassen.

Namen der Herren Gesandtschaftsmarschälle.
Um auch der Herren Gesandtschaftsmarschälle Namen aufgezeichnet zu finden, so folgen sie hier:
Von Kurmainz: Freiherr von Geißmar,
von Kurtrier: Freiherr von Esch (164),
von Kurköln: Herr Graf von Groß,
von Kurböhmen: Herr Graf von Herberstein,
von Kurpfalz: Herr Graf von Vieregg,
von Kursachsen: Freiherr von Künneriz,
von Kurbrandenburg: Freiherr von Schack,
von Kurbraunschweig: Freiherr von Lenthe.

Visiten der Herren Marschälle dem Reichsquartiermeister und dessen Gegenvisite.
Diese Herren Gesandtschaftsmarschälle schickten mir Visitebillets, fuhren auch bei meinem Quartier zum Teile an, zum Teile kamen sie so zu mir, und ich machte es wieder so, doch persönlich kam ich zu keinem. Manche waren nicht zu Haus, wenn ich anfuhr, und öfters hinzufahren hatte ich keine Zeit.

Am 19. Juni
Besichtigung und Einrichtung des reichserbmarschallischen Zimmers auf dem Römer.
besah ich sehr früh in dem reichserbmarschallischen Zimmer die Einrichtung, allwo eine lange Tafel mit Tuch bedeckt war, die nötigen Sessel, Schreibzeug. Vor jedem Platz lag Papier und etliche geschnittene Federn. Obenan der Stuhl für den Herrn Reichserbmarschall, auf beeden Seiten die Stühle für die Herren Gesandtschaftsmarschälle und unten gegenüber (165) für mich, den Reichsquartiermeister, der das Protokoll führt.
Der Rechneischreiber auf dem Römer besorgt alle die Einrichtungen allda, ausgenommen die Lüsters.
Alle diese Wahl- und Krönungseinrichtungen besorgt der auf dem Römer wohnende Rechneischreiber.

Diese Marschallskonferenztafel war so:

```
                    Reichserbmarschall
                    ──────────────────
  Mainz         |┌──────────────────┐|  Trier
                |│                  │|  wechselweis mit
                |│                  │|  Köln
  Köln          |│                  │|
  wechselweis   |│                  │|
  mit Trier     |│                  │|
                |│                  │|  |Böhmen
  Pfalz         |│                  │|  |Sachsen
  Brandenburg | |└──────────────────┘|  |Braunschweig
                    ──────────────────
                    Reichsquartiermeister
```

Man geht zu den Marschallskonferenzen nur in Überröcken.
Zu diesen Konferenzen gingen meistenteils der Herr Reichserbmarschall und die übrigen Herren Marschälle auch nur wohl in Überröcken.
Die Stadt bewirtet durch den Rechneischreiber mit Erfrischungen.
Immer und bei allen Zusammenkünften wurde mit Kaffee, Schokolade, süßen Weinen und Konfekt, Obst von der Stadt durch den Rechneischreiber und die Stadtlivree bedient.

Um 8 Uhr kamen die Herren (166) Marschälle zusammen, und nachdem man sich gesetzt hatte,
Vortrag des Herrn Reichserbmarschalls bei der ersten Konferenz. Bei allen Konferenzen macht der Herr Reichserbmarschall den Vortrag.
machten der Herr Reichserbmarschall einen Vortrag, dessen Inhalt unter Zahl 98 hier anliegt. Diesemnach wurde fördersamst der Zug (dieser Zug bedeutet den am Krönungstage) von dem künftigen kaiserlichen Quartiere anbefohlenermaßen in Beratung genommen,
Dafürhalten über den Krönungszug.
darauf einmütig dafür gehalten, daß solcher vom Braunfels, als dem künftig kaiserlichen Quartiere, über die Katharinapforte bei der Hauptwache vorbei durch die Zeil in die Fahrgasse, sodann in die Kannengießergasse gerade in die Kirch der bemessenste sein möchte, wo dann einige bei der Kannengießergasse befindliche hölzerne Trödlerbuden vorhero wegzubringen wären,
Gehaltener Augenschein deswegen.

weswegen denn der Herr Reichserbmarschall mit den Herren Gesandtschaftsmarschällen also gleich selbst Augenschein eingenommen und von dem Vorschlage desto mehr überzeugt worden. (167)
Gleiches Dafürhalten über den Zug bei der Wahl.
In dieser Sitzung wurde auch die Einrichtung des Doms und der Zug dahin bei der Wahl ebenfalls gänzlich vorbereitet, so daß solcher auf Höchsten kurfürstlichen Befehl alsogleich könne untertänigst einbefördert werden. Diese vorläufige Einrichtung wurde folgendermaßen bewerkstelliget, daß Auszüge von den Tagebüchern von 1764 und besonders 1790, worin das 1790ger angeführt ist, abgelesen wurde (bei III, und zwar 8., der kurmainzische Herr Gesandtschaftsmarschall einen Auszug ausbittet, so auch besorgt worden) und nur einstweilen die Bemerkungen dabei aufgezeichnet. Unter diesen Bemerkungen kommt auch vor,
Kurmainz und Kurböhmen besorgen Samt und Galonen
daß Proben vom Samt und Galonen vorgelegt worden, welche Kurmainz und Kurböhmen besorgt, dabei der kurböhmische Herr Gesandtschaftsmarschall erkläret, sich nach dem Herkommen zu richten;
sowie die Proklamation der kurmainzische Domprobst.
daß weiters die Proklamation der kurmainzische Herr Domprobst (man sehe S. 281) besorget, weil der Herr Domdechant Botschafter ist;
Kurbrandenburg erlaubt den königlichen Bedienten Degen.
daß man dem (168) kurbrandenburgischen Herrn Gesandtschaftsmarschall vorläufig vorgestellt, wie keine Bedienten Seitengewehre, außer was Husaren wären, haben dürften (man sehe Zahl [?]), derselbe aber erwidert, wie die königlich-preußischen Hofbedienten das Recht hätten, immer Degen tragen zu dürfen, und er ihnen also diese Recht nicht nehmen dürfe;
Die Allerhöchst kaiserliche Familie muß im Dom besonders plaziert werden.
daß die Allerhöchst kaiserliche Familie in dem Dom besonders müsse plaziert werden (man sehe S. 313);
daß, da sehr wenige Frauen Gemahlinnen der Hohen Herren Botschafter hier wären, Damen von der ersten Klasse noch Platz haben werden (man sehe S. 313);
Der Domkustos muß schleunigst den Dom ausleeren.
daß endlich der Domkustos auf das schleunigste in dem Dom ausräumen lassen solle - Zahlen 99, 100, 101.
Das diesfallsige Marschallprotokoll wird durch einen reichserbmarschallischen Kanzlisten an die Gesandtschaftsmarschälle herumgetragen.

Dieses Protokoll wurde zu Haus verfertiget und durch einen reichserbmarschallischen Kanzlisten an die Herren Gesandtschaftsmarschälle herumgeschickt, aber meistens waren sie nicht zu Hause, oder es blieb bei einem oder dem andern liegen, und doch wollte es ein jeder gerne haben;
Das reichserbmarschallische Protokoll wird auf dem Römer durch den reichserbmarschallischen Kanzlisten den Hoffourieren diktiert.
so(169)dann durch einen reichserbmarschallischen Kanzlisten auf dem Römer in einem Zimmer den Hoffourieren, oder wer dazu geschickt wurde, diktiert.
Wird mittelst Berichts von dem Reichserbmarschallamt an das Höchste Kurkollegium eingesandt und dieser Bericht durch einen reichserbmarschallischen Kanzlisten an die Hohe kurmainzische Wahlbotschaft geschickt.
Am nämlichen Tage wurde dieses Protokoll von dem Reichserbmarschall mittelst Berichts an das Höchste Kurkollegium eingesandt und durch einen Kanzlisten an die Hohe kurmainzische Wahlbotschaft geschickt - Zahl 102.
Zuweilen hat man wegen der Eil dem kurmainzischen Botschafter bei dem Aufführen dergleichen Berichte und Besorgungen selbst behändigt, auch den vor dem Zimmer wachhabenden Stadtkanzlisten hieneingesandt.
Die Eile, womit alles ging, machte es, daß man den kurmainzischen Hohen Herren Wahlbotschaftern einen Bericht im Heraufführen bei Auffahrten selbst behändigte, auch durch den vor dem Konferenzzimmer wachhabenden Stadtkanzlisten einen in die Konferenz schickte.
Der Kurfürst von Mainz kommt inkognito an und geht wieder ab.
Am nämlichen Tage kamen Seine Kurfürstliche Gnaden von Mainz hier inkognito an, stiegen im Kompostell ab und kehrten gegen Abend nach Mainz wieder zurück.
Ansage zur Konferenz
Wurde aus der kurmainzischen Kanzlei ein weiterer Ansagzettul zur kurfürstlichen Zusammenkunft auf dem Römer auf morgen, (170) den 20. dieses Monats, um 10 Uhr überschickt - Zahl 130. Dahero ich sogleich bei den ersten Hohen Herren Wahlbotschaftern herumfuhr und die Ansage besorgte.
Nürnberg sucht um Reichsquartier an.
Langte ein Schreiben von Bürgermeister und Rat der Reichsstadt Nürnberg an mich Reichsquartiermeister ein - Zahl 104, darin um die Zuweisung eines Reichsquartiers angesucht wird
Sendet Fourierliste.

und deswegen eine Fourier- und Quartierliste mitgesandt wird (diese Liste wird am Ende mit den andern Fourierlisten angemerkt und beigelegt), man sehe S. 122 pp.

Der Stadt Nürnberg wird zu erkennen gegeben, daß jeder Kurhof dermalen sein Personal einschränke.

Ich sprach über diesen Gegenstand nochmals mit des kursächsischen ersten Herrn Wahlbotschafters Grafen von Schönberg Exzellenz, welche mir unter anderm aufgaben, der Stadt Nürnberg zu erkennen zu geben, daß jeder Kurhof sein abgeschicktes Personal dermalen ziemlich eingeschränkt habe, welches ich auch getreulich benachrichtigte, wie sich bald unten zeigen wird.

Die Stadt bleibt aber dennoch bei dem alten Herkommen.

Allein, die Stadt blieb bei ihren alten Herkommen. (171)

Am 20. Juni
besah ich früh morgens auf dem Römer wieder, ob alles in Ordnung seie. Welches ich auch bestens eingerichtet fand.

Kanzleidirektor Freiherr von Hertwig bittet um Reichsquartier.

Überschickte mir Herr Hofrat Plitt des gräflich-metternichschen Herrn Kanzleidirektors Freiherrn von Hertwig Bitte um Reichsquartier - Zahl 105, 106, beede zeigen von der Wichtigkeit dieses Mannes (man sehe S. 147).

Fuhren des Herrn Reichserbmarschalls Hochgräfliche Gnaden wie das erste Mal, aber nicht mehr in Gala, sondern mit der gewöhnlichen Livree, sowie auch ich auf den Römer zum Empfang der Hohen Wahlbotschaften

Der Herr Reichserbmarschall übergeben die Bittschrift wegen der Gratialien im Hinaufführen dem kurmainzischen ersten Herrn Botschafter.

und hatten die untertänigste Bittschrift an das Höchste Kurkollegium wegen Verwilligung eines außerordentlichen Beitrags zur Bestreitung der schweren Kosten bei jetzigem Wahl- und Krönungstage - Zahl 107 - bei sich. Diese übergaben Hochsie im Heraufführen an das Konferenzzimmer den beeden Hohen kurmainzischen Herren Wahlbotschaftern Exzellenz (172) Exzellenz,

Darüber wurde vorhero schon mit den Herren Botschaftern sich besprochen.

nachdeme Sie vorhero schon gelegentlich bei allen Hohen Botschaften den Gegenstand empfohlen haben.

Zahlung dieser Gratialien.

Einige Kurhöfe bezahlten dieses Gratial ganz, wie z. B. Sachsen, Braunschweig. Mainz zahlte mir fl. 5 weniger, um, wie dieser Höchste Kurhof sich

erklärte, kein Recht daraus zu machen und es zu einem bestimmten Quantum kommen zu lassen; einige weniger, wie z. B. Kurpfalz, Köln (man sehe weiter unten S. 346 und Zahl 216). Diese Höfe, [die] weniger gegeben, nahmen zur Ursache an, wie die Kürze der Zeit des angedauerten Wahl- und Krönungsgeschäftes müsse betrachtet werden. Mir als Reichsquartiermeister ging es nicht besser mit Kurpfalz und Kurbrandenburg mit meinem gewöhnlichen Gratial (man sehe davon unten mit mehrerm S. 179, 183). Alle diese Gelder wurden bei dem Herrn Kanzleirat Körndörfer bezahlt, nur Kurmainz überschickte es mir sowie auch die Stadt Frankfurt das gewöhnliche und vertragsmäßige Quantum, (173) wie meine Rechnung ausweist,
   Man sehe die Rechnungen darüber.
es wird also des Herrn Kanzleirats Körndörfer Tagebuch und Rechnungen das alles umständlicher bewähren.
   Worin diese Gratialien bestehen.
Um auch hier die Idee von solchem Gratialquantum zu bemerken, so gibt jeder kurfürstliche Hof dem Herrn Reichserbmarschall ein Gratial, darum derselbe schriftlich bei dem ganzen Höchsten Kurkollegium insgesamt, nicht einzelweis, wie Zahl 107 zeigt, nachsucht und vorhero aber bei den Hohen Wahlbotschaften, auch wohl gelegentlich den Herren Kurfürsten selbst diese Angelegenheit mündlich und sorgsamst empfiehlt. Dieses Gratial bestehet gewöhnlich im Gelde und hängt wohl von der Gnade jeden Kurhofs ab. So hat Kurtrier im Jahre 1742 bei der Krönung weiland Karls VII. ein paar goldene mit Brillanten besezte Schuhschnallen von mittlerer Größe dem Herrn Reichserbmarschall zum Präsent gemacht. Es ist also das Quantum nicht gleich. Die Krönungsrechnungen, die zwar nicht in dem pappenheimischen Archive, wohin sie doch eigentlich gehören (die dermalige ist in das Archiv abgegeben), zeigen dieses.

Bemerkung: Diese Krönungsrechnungen haben die Herren Reichserbmarschalle bei sich behalten, (174) man machte ein Geheimnis daraus. Die von 1764 und die von 1790 haben des Hochseligen des ältesten amtsführenden Herrn Reichserbmarschallen weiland Hochgräfliche Exzellenz zu sich genommen, und ist zu hoffen, daß sie werden in das Archiv gegeben werden. Die dermalige hat Herr Kanzleirat Körndörfer, die gewiß in das Archiv kommt, sowie auch diese, welche ich über die eingenommenen Gelder, nämlich:

das kurmainzische Gratial mit	fl. 3495-
das ausgetragene Quantum von der Stadt Frankfurt	fl. 800-
	fl. 4295-,

geführt, und die schon völlig fertig, auch zur Revision übergeben und revidiert ist. Bei diesen untertänigsten Ansuchen wird immer auch ein heimfallendes Reichslehn angetragen, auch womöglich um ein Römermonat, auch wohl um zwei, nebst den Gratialen, nachdem man eben etwas beabsichtet oder sich Hoffnung macht, etwas erlangen zu können. Dermalen konnte man auf kein Römermonat zielen, weil bei der letztern eines (175) erhalten wurde, davon aber das wenigste noch bezahlt war und wegen der unglücklichen, so weitaussehenden Kriegszeiten, wer weiß, wann, wird berichtiget werden. Man glaubte dahero die Erlaubnis, einen Zoll in dem Weiten Walde zu erhalten. Auch verlautete schon, daß nicht jeder Kurhof die Gratifikationen wie das letzte Mal würde geben, weil die Ereignis zu nahe war und der Aufenthalt kurz dauern werde. Es mußte also mündlich und gelegentlich mehr negotiiert werden. Dieserwegen wurde auch die dermalige, oben schon unter Zahl 107 angemerkte Bittschrift so eingerichtet, wie sie vorliegt.

Einkünfte eines Herrn Reichserbmarschalls von einer Wahl und Krönung.

Da ich glaube, daß hier der Ort seie, von den abwerfenden Einkünften und Nutzungen eines Herrn Reichserbmarschalls zu sprechen, um solche doch vor die Zukunft mit einem fliegenden Auge gleich vor sich zu sehen, so will ich sie, wie solche dermalen eingegangen sind und in des Herrn Kanzleirats Körndörfer Rechnung befindlich (176) sind, hieher nach der Reihe setzen:

Von Kurmainz	fl. 3495 --
(das kurmainzische steht in meiner Rechnung S. 1)	
Kurtrier	fl. 2000 --
Kurköln	fl. 2000 --
Kurböhmen	fl. 5333,20
(in eintausend Stück Dukaten bestanden)	
Kurpfalz	fl. 2000 --
Kursachsen	fl. 3500 --
Kurbrandenburg	fl. 3250 --
Kurbraunschweig	fl. 3500 --
Von der Stadt Frankfurt	fl. 800 --
(diese fl. 800 stehen in meiner Rechnung S. 1)	
	nebst dem Traghimmel,
(Dieser ist von mir hieher gebracht worden mit meiner Bagage.)	
	drei Ohmen Wein.
Von der Frankfurter Judenschaft mit 30 Dukaten	fl. 160 --
	fl. 2603,20

Von Kursachsen:
Der silberne Strich mit dem Streichmaße, der Marschallsstab, ein Pferd mit Sattel und Zeug wegen des Haberritts - der Herr Reichserbmarschall und, wenigstens soviel bekannt, die letztern Herren Vorfahren haben allezeit ihr eigenes, dazu gewohnt wordenes Pferd geritten.

Die Hälfte des roten Samtes im Dom, dann die Hälfte der goldnen Quasten und Borten nebst denen zu (177) den Fußtritten verbrauchten Matten. Die andere Hälfte wird unter die sämtlichen Herren Gesandtschaftsmarschälle verteilt.

(Den Wein, den silbernen Strich, Marschallsstab und Samt nebst Borten hat der Jäger Fischer, der den Hausmeister machte, mit der herrschaftlichen Bagage nach Pappenheim geschafft, der des ältesten Herrn Reichserbmarschallen Hochgräflicher Exzellenz alles selbst einlieferte, so auch das kursächsische Pferd.)

Die Abnutzungen, die dem Hohen Erbamte von der Polizei gebühren, werden immer unbedeutender, es ist auch mit der Würde des Amtes selbst nicht recht vereinbar. Eigentlich sollte, wie alle Höchsten Erzämter ihre Erbämter, also hauptsächlich das Höchste Erzmarschallamt entschädigen. Das Hasardspielen wird, wie billig, verboten, bei den Komödien muß man mit aller Behutsamkeit zu Werke gehen, daß man eine Loge, die Reichserbmarschallische Loge, herausbringt. Die Stadt hat den Vertrag von 1614 und 1619 vor sich. Bei Einquartierungen hatte man, wie schon oben umständlich vorkam, die härtesten Vorwürfe von Quartiermäkeleien der vorigen Krönung erdulden müssen. Zu vorigen Zeiten wurden öfters fremde Potentatengesandte eingeholt, welches (178) den Herren Reichserbmarschallen ansehnliche Präsente eintrug, welches sich vielleicht wieder ereignen könnte. So erhielten der selige Herr Reichserbmarschall Hohen Angedenkens bei letzterer Krönung von des Königs von Neapel Majestät eine kostbare Dose.

Geschenke von Seiner Majestät des Kaisers und Seiner Majestät der Kaiserin.

Endlich folgen die Allerhöchsten Geschenke von des Kaisers Majestät und der Kaiserin Majestät. Als der Herr Erbmarschall die Nachricht Seiner Kaiserlichen Majestät nach Würzburg von der Wahl alleruntertänigst überbrachten, erhielten Sie eine blauunterlegte, goldene runde Tabatiere mit dem vollkommen ähnlichen Brustbilde Seiner Majestät, gedoppelt mit großen Brillanten besetzt, dann weiters eine längliche goldene dergleichen mit Brillanten. Des Herrn Grafen Ferdinand Hochgräfliche Gnaden eine goldene Tabatiere mit [dem in] einfachen Brillanten gesetzten Namen "Franz der 2te". Die anwesende Regierende Frau Reichserbmarschallin und Gräfin zu Pappenheim (179) Hochgräfliche Exzellenz, Mutter des Regierenden Herrn Reichserbmarschalls, ein mit Brillanten garniertes Medaillon mit der Kaiserin Majestät Brustbild, eine mit einer brillantenen Rose gefaßte Haarnadel. Alles dieses zeigt des Herrn Kanzleirats Körndörfer Rechnung und Tagebuch. Diese Geschenke brachte der kaiserliche Zahlmeister Herr von Mayer in das reichserbmarschallische Hauptquartier. Erstbemerktes körndörferisches Tagebuch und Seite 337 gegenwärtigen Tagebuchs zeigt dies umständlich.

Einkünfte eines Reichsquartiermeisters bei einer Wahl und Krönung.

Ebenso ist es wohl nötig, des Reichsquartiermeisters Einkünfte und Nutzungen hieher zu bemerken, weil doch gewiß daran gelegen, wenn er sich gehörig und seinem Posten gemäß equipieren muß. Er erhält von jedem Kurhofe 50 Dukaten, aber nur Kurbraunschweig zahlte solche in der Natur, und zwar in lauter neuen Dukaten mit dem Brustbilde des nun erwählten Kaisers Majestät, die übrigen Kurhöfe zahlten im Silbergelde fl. 250 --, aber Kurpfalz nur fl. 200 -- und Kurbrandenburg auch nur fl. 200--. Letzterer Kurhof (180) gab das vorige Mal dem Reichsquartiermeister gar nichts, man sehe voriges Tagebuch diesfallsigen Briefwechsel. Kurböhmen zahlte nichts, weil man sich auf die goldene Gnadenkette mit einem Medaillon, deren Wert zusammen auf 100 Dukaten auf dem Papiere, wo sie eingewickelt war, geschrieben stund, berufte, die der Reichsquartiermeister von Seiner Majestät dem Kaiser erhält. Kursachsen aber gab fl. 600 --, welches immer so viel bezahlt. Das Reichsgrafenkollegium zahlt so viel als ein Kurhof, und zwar 50 Dukaten in der Natur. Die Stadt Frankfurt zahlt fl. 150 --, Nürnberg 12 Dukaten und Aachen 30 Bouteillen Champagnerwein. Um dieses alles nun auf einen Überblick zu haben, so stehet der ganze Betrag folgend:

Kurmainz	fl. 250 --
Kurtrier	fl. 250 --
Kurköln	fl. 250 --
Kurböhmen	fl. 500 --
(man bekommt aber, wenn man die Gnadenkette verkauft, nicht soviel dafür)	
Kurpfalz	fl. 200 --
Kursachsen	fl. 600 --
Kurbrandenburg	fl. 200 --
Kurbraunschweig	fl. 250 --
in Dukaten	
das Reichsgrafenkollegium	fl. 250 --
in Dukaten	

die Reichsstädte
Frankfurt fl. 150 --
Nürnberg fl. 60 --
in Dukaten
fl. 2960 -- (181)
Aachen 30 Bouteillen Champagnerwein.
Ferner schickten etliche Botschaften in die reichserbmarschallische Kanzlei einige Gebühren, man sehe des Herrn Kanzleirats Körndörfer Tagebuch, S. 187.

Keine Quartiersmäkelei.
Freilich, wenn ein Reichsquartiermeister sich mit Quartiersgeschichten will abgeben oder, um es mit dem eigentlichen Namen zu nennen, damit mäkeln will, kann ihm dieses viel eintragen. Es hat aber der Höchste Kurhof Sachsen als die Innwohner Frankfurts dagegen gesorgt, und ist es auch nicht jedes seine Sache. Ich habe keinen Kreuzer bekommen und, ohnerachtet mir versiegelte Pakete dargereicht worden, alles, ich glaube, nach meiner Pflicht, abgewiesen. Ich konnte aber auch dagegen bei vorgefallenen Ereignissen jedermann frisch unter die Augen treten. In die Komödie geht der Reichsquartiermeister unentgeltlich, auch bezahlt er nach (182) dem Torsperren kein Einlaßgeld. Von seinem gräflich reichserbmarschallischen Hofe erhält der Reichsquartiermeister Taggeld fl. 8 -- und dann das Quartiergeld, Reisekosten (aber keine Zehrung unterwegs) und den Transport seiner Equipagen. Dagegen muß der Reichsquartiermeister halten: 2 Bediente, 2 Kutscher, 2 Pferde. Seine Leute müssen außer einer ordentlichen Livree Staatslivree haben. Dann muß er einen Staatswagen sich anschaffen, Einflechtzeug und verhältnismäßige Geschirre neben den gewöhnlichen. Er selbst muß mit nötigen Kleidern nach der Mode sich versehen. Meine Equipierung kostete mich über zweitausend Gulden, einschließlich meiner Leute. Bei der Teurung, die zu Frankfurt bei solchen Gelegenheiten leicht bemessend herrscht, langen die fl. 8 -- täglich für soviele Leute und 2 Pferde nicht zu. Und wenn man wieder zurückkommt und ein und anders verkaufen will, bekommt man wenig dafür. Bei Kurpfalz habe ich zwar gelegentlich Vorstellung gemacht, allein, es blieb bei der (183) dem Herrn Reichserbmarschall nicht minder gegebenen Erklärung, daß man die Kürze der Zeit im Augenmerke haben müsse, wo der kostspielige Aufwand also nicht lange gedauert habe. Die Bemerkung, daß die Equipierung doch immer die nämlichen Ausgaben verursacht hätten und solche Equipierung zur schuldigst beweisenden Ehre dieser Höchsten Reichsversammlung geschehe, machte keinen Eindruck. Von Kurbrandenburg war ebenfalls nichts weiter zu hoffen. Wegen Kurböhmen wurde mir durch den hiesigen Agenten zu Wien, Herrn von Fichtel, dem ich

aufgebeten, bei des Freiherrn von Bartenstein Exzellenz, an Hochwelchen ich ich auch selbst geschrieben, aber keine Antwort erhielt, Vorstellung zu machen, vernachrichtiget, daß niemals wegen der ohnehin empfangenden Gnadenkette etwas noch außerdem bezahlt worden wäre. Und obschon der verstorbene Herr Reichsquartiermeister Schnetter es von letzterer Krönung bekommen, so wäre es darauf und daran, (184) daß man solches ex capite indebiti wieder zurückfordere. Zu diesen fehlgesuchten Negotürungen trug sehr viel bei, daß die Hohen Herren Botschafter Exzellenzien so bald abreisten, die meisten nach Mainz, wohin Seine Majestät der Kaiser gleich 4 Tage nach der Krönung gingen.

Um die bestimmte Uhr 10 vormittags fuhren die Hohen Herren Botschafter Exzellenzien, Durchlaucht und Exzellenzien, diesmal aber nicht so in Gala, auf, und wurden dann, wie schon oben beschrieben, auf- und nach geendigter Sitzung wie gewöhnlich und oben bei der ersten schon bemerkt wieder abgeführt.

Die Stadtdeputation verlangt, bei den Marschallskonferenzen zu sein, wird aber darüber verständigt.

Da sich die Stadtdeputation erkläret und verlangt hat, bei den Marschallskonferenzen beizusitzen, solches aber ungewöhnlich war, so wurde dieselbe durch eine Denkschrift hierüber verständiget - Zahl 108. Wurde aus der kurmainzischen Kanzlei schriftlich überschickt, mit den erforderlichen (185) Vorbereitungsanstalten zu der künftigen Wahlhandlung ohne längern Aufenthalt [zu beginnen] - Zahl 109. Diesemnach wurde sogleich auf morgen früh Marschallkonferenz veranstaltet.

Magistrat protestiert wegen reichserbmarschallischer Erlaubnis, ein Tor offenzulassen.

Da vor etlichen Tagen aus dem reichserbmarschallischen Hauptquartiere zwei geschriebene Zettul die Offenlassung des Eschenheimer Tors betreffend gekommen, so übersandte der Magistrat eine protestierende Denkschrift deswegen - Zahl 110, die die Hohe reichserzmarschallische kursächsische Botschaft sehr unterstützte und des ersten Herrn Botschafters Grafen von Schönberg Exzellenz es gar übel aufnahmen, mit dem Beisatze, daß, wenn Sie selbst ein Tor offen behalten wollten, Sie darum ansuchen ließen. Es wurde dahero mit den städtischen Herren Deputierten die Sache abgemacht und auf alle Fälle die Hohen reichserbamtlichen Befugnisse soviel möglich gewahret.

Am 21. Juni
Der Zug in die Kirch und die Anstalt allda wird in einer Marschallskonferenz weiters besorgt.
versammelten sich diesen Morgen 8 Uhr die Herren (186) Gesandtschaftsmarschälle, denen gestern noch durch den Reichsfourier Ansage geschehen, und der Reichserbmarschall nebst mir Reichsquartiermeister auf dem Römer in dem reichserbmarschallischen Zimmer, wo dann die in letzterer Konferenz vorbereiteten und (man sehe S. 67) schon beratenen Gegenstände fördersamst zu Protokoll gebracht wurden, so daß die im Jahre 1764 und 1790 sowohl wegen des Zugs in die Kirche als der Anstalten daselbst gefertigten Protokolle mit beigesetzten darauf ergangenen Höchsten kurfürstlichen Kollegialentschließungen verlesen und letztere bei jedem Artikel mit den neuesten untertänigsten Vorschlägen ebenfalls angesetzt (diese Protokolle von 1764 und 1790 liegen hier unter Zahl 111, 112 abschriftlich an), wie dieses Zahl 113 umständlich zeigt. Dieses Protokoll wurde dann durch einen reichserbmarschallischen Kanzlisten wie gewöhnlich den Herren Gesandtschaftsmarschällen in ihr Quartier zur Einsicht gesandt, aber auch spät wieder zurückerhalten. (187) Freilich wäre diese große Unbequemlichkeit recht gut zu vermeiden, wenn das Protokoll gleich in der Sitzung förmlich könnte gemacht und ordentlich abgelesen werden. Aber es wird zu viel geeilt, und man muß sich nur meistenteils Bemerkungen aufzeichnen.
Das kurfürstliche Dispensations- und Salvationsdekret wegen der zur Wahl nicht gehörigen Personen wird von der kurmainzischen Wahlbotschaft gesandt.
Wurde durch einen kurmainzischen Kanzleidiener das erlassene Höchste kurfürstliche Dispensations- und Salvationsdekret wegen der Emigration der zur Wahlstadt nicht gehörigen Personen, wes Standes und Wesens selbige sein mögen, unter kurfürstlich mainzischer Fertigung in teutscher und lateinischer Sprache dem Reichserbmarschallamte zugesandt - Zahl 114, 115.
Bemerkung: Der päpstliche Nuntius hielt sich einige Zeit inkognito als Particulier auf.
Polizeikonferenz.
Wurde durch des 2. kursächsischen Herrn Wahlbotschafters Grafen von Riaucour Exzellenz diesen Abend 6 Uhr eine Polizeikonferenz veranstaltet,
Zeremonien dabei.
dahero fuhren (188) der amtierende Herr Reichserbmarschall in einem 2spännigen Wagen auf den Römer (welche von den beeden zum Quartierwesen bestimmten Herren Deputierten von Barckhausen und Moors am Ende der Treppe und von mir an der Tür des Römers empfangen wurden), dahin ich mich nur zu Fuß, nachdeme ich vorhero das sogenannte dazu bestimmte

und eingerichtete Konsistorialzimmer in Augenschein genommen habe, verfügte und die erstgedachten verordneten beeden Herren Deputierten von Barckhausen und Moors schon antraf. Der Herr Graf von Riaucour fuhr ebenfalls in einem 2spännigen Wagen und wurde von dem Herrn Reichserbmarschall in der Mitte der Treppe, jedoch ohne Marschallsstab, empfangen. Ich stunde unten an der Treppe an meinem gewöhnlichen Platz und die beeden Ratsdeputierten nicht ganz an dem Platz, wo die Deputierten, welche bei der solennen (189) Auffahrt die Herren Wahlbotschafter empfangen, sondern etwas mehr rückwarts gegen mich, und dies verursachte, daß der Herr Graf von Riaucour bei dem Eintritt im Römer stehen blieb, und die Deputierten blieben auch stehen. Als dies eine Weile so dauerte, machte ich endlich den Deputierten den Vorschlag, ich wollte, doch unbeschadet meiner Befugnisse, mit ihnen dem Herrn Grafen entgegen gehen. Das half, und dieser Streit wurde so beendigt, sonst hättem wir vielleicht den ganzen Abend so gegeneinander stehen dürfen; die gute Zeit wäre vorüber gegangen, und wir hatten wahrlich jede Minute zu ersparen.

Sitzung bei der Polizeikonferenz.

Man ging also in das Konferenzzimmer, welches das Konsistorial(190)zimmer ist, und die Sitzung war folgend:

	Herr Graf von Riaucour	
Herr Reichserbmarschall		
Reichsquartiermeister		Herr von Barckhausen
	Herr Senator Moors	
Tisch mit kalten Wein	und	Tisch Speisen Wein
	Eingang	

Herr Graf von Riaucour hat ein Fauteuil, Herr Reichserbmarschall einen Lehnstuhl ohne Lehne, ich einen etwas abgeänderten und so auch die beeden

Deputierten. Auf den beeden Tischen stunden kalte gerauchete Speisen, Schinken, Würste, Burgunder- und Rheinwein, wovon (191) man aber, da man eben von Tafeln kam, nichts oder gar wenig genoß.
Der kursächsische 2. Botschafter eröffnet die Sitzung mit einer Rede.
Der Herr Graf von Riaucour eröffnete die Sitzung mit einer abgelesenen Rede, die er zu Protokoll, welches der Reichsquartiermeister führt, gab und die unter Zahl 115 a anliegt. Nachdeme man dem Herrn Botschafter das bemessene Kompliment allerseits darüber machte und die schuldigste Bereitwilligkeit versicherte,
Die Polizei- und Taxordnung wird eingerichtet.
so wurde von mir die letzte, also 1790ste, Polizei- und Taxordnung verlesen, zu einer Vorschrift aber das 1745ste Protokoll genommen, davon eine Abschrift Zahl 115 b, und bei jedem Artikel das Zweckmäßige beschlossen, wie das von mir abgehaltene Protokoll Zahl 116 bewährt. (192)
Eine Tabelle wegen der ankommenden Fremden.
Die von den Stadtdeputierten bei dem Artikel 9 vorgekommene Tabelle wegen der angekommenen Fremden hab ich vorhero schon mit dem Herrn Grafen von Riaucour projektiert, die mir desto lebhafter im Gedächtnis war, weil ich nur dergleichen zu Ansbach und in dem Ansbachischen gesehen habe. Ein Formular davon sowie von dem bemerkten Mandat ist unter Zahl 117, 118 zu finden. Allein, gerade die Rubrik, die den Grund zu dieser Tabelle gab, "Geschäfte", blieb meistens leer, wie z. B. Zahl 119 zeigt (mir begegnete zu Ansbach selbst, daß ich bei einer Durchreise, wo ich nur da übernachtete, unter diese Rubrik setzen mußte: "um zu übernachten"), so wie überhaupt die besten Verordnungen, Einrichtungen wenig fruchteten. Die Zeit war zu kurz, man hatte tausenderlei andere Besorgungen. (193) Die bei einigen Artikeln von der Stadtdeputation sich erbetene Erlaubnis zur Relation wurde zugesagt und der baldigste Vortrag erwartet, worauf man sich in der nämlichen Art, als man ankam, wieder zurückverfügte.
Ansage zur kurfürstlichen Zusammenkunft.
Da bei meiner Nachhauskunft ein Ansagzettul zur morgenden kurfürstlichen Zusammenkunft - Zahl 120 - da war, so fuhr ich noch späten Abends zur Ansage herum und besorgte allerlei in meiner nur wenige Stunden gedauerten Abwesenheit vorgekommene Gegenstände, dergleichen oft so viel vorkamen, daß die Kanzlisten manchmal etliche Stunden warten mußten, bis ich sie nur sprechen konnte. (194)

Am 22. Juni
Auffahrt der Wahlbotschaften.
geschah die Auffahrt der Hohen Wahlbotschaften, wobei alles wie gewöhnlich herging.
In Ansehung des Zugs wurde beschlossen, daß es bei dem Berichte bleiben, nur der Zug durch die Töngesgasse gehen sollte.
In dieser Zusammenkunft wurde über die Berichte den Zug betreffend (man sehe S. 166, 186) beschlossen, daß es bei dem Berichte jedoch mit der Abänderung sein Verbleiben habe, daß statt durch die Zeil der Zug durch die Töngesgasse gehen soll, wofern nicht etwa das Erbmarschallamt hiergegen ein erhebliches Lokalhindernis vorzustellen habe, welches solchenfalls ohne Zeitverlust zu gewärtigen sei,
In Ansehung des Zugs bei dem Wahltag bleibt es wie vorhin.
übrigens bleibe es in Ansehung des Zuges am Wahltage so wie vorhin - Zahl 121 a, 122 b.(195)

Diesem Tage, so wie alle Tage, fortgefahren, Quartiere zu besehen, vorgekommene Irrungen, Verweigerungen, Beschwerden darüber ausgemittelt.
Der Magistrat dringt auf die Ausschaffung der Putzmacherinnen, die dem Herrn Reichserbmarschall von Damen aus Mainz empfohlen waren.
Da dem amtierenden Herrn Reichserbmarschall von verschiedenen Damen aus Mainz eine Putzmacherin empfohlen worden, welcher Sie die Protektion erteilt haben, die aber dieses mißbraucht sollen haben, hauptsächlich aber die Hohen Wahlbotschaften keine Protektion an irgendeinige Handelsleute für diesmal zu geben sich erklärten, so hat der Magistrat auf die Ausschaffung dieser Putzmacherin gedrungen, die jedoch Hochgedachter Herr Reichserbmarschall in Hinsicht auf die reichsmarschallische (196) Befugnisse (davon aber der Vergleich von 1614 in dergleichen Ereignissen nicht günstig ist) fort in Schutz behielten, darüber weitaussehende Unannehmlichkeiten entstunden, davon unten mehr. Man sehe Seite 100.

Am 23. Juni
Die Spekulation des Buchhändlers Jacobi aus Weißenburg unterbleibt.
erhielt man von der Stadt ein Promemoria - Zahl 122, darin gegen die Erlaubnis des Buchhändlers Jacobi aus Weißenburg, der noch immer auf die Empfehlung des Kanzleirats Freyer sich steifte, und man von ihm beständig überloffen wurde (man sehe S. 93 und Zahl 61), protestiert wurde, welches

auch der Herr amtierende Reichserbmarschall abstellten und dem Jacobi ein für allemal solches erklärt wurde. (197)
Conclusum des kurfürstlichen Wahlkonvents, daß der Wahlakt wie das vorige Mal geschehen solle.
Langte ein Conclusum des Höchsten kurfürstlichen Wahlkonvents von gestern ein - Zahl 123, daß der Wahlakt so wie das vorige Mal als auch jetzt wieder zu geschehen und dahero die von dem letzten und jetzigen Wahlkonvente genehmigte sogenannte "Note über den Vollzug des Wahlakts" - Zahl 124 - wieder zur Norm zu dienen habe,
Wieviel Personen bei dem Wahlakte eingelassen und welche?
auch daß, wie das letzte Mal, bei dem Wahlakt in das Konklave nur acht Personen von jedem Kurhof, einschlüssig der Herren Kurfürsten in Person, sodann in das Chor zwanzig Personen, einschlüssig der Konklavisten, ein- und zugelassen sein,
Ohne Billett soll niemand eingelassen werden.
und daß von dem Erbmarschalle niemand (die Hohen Botschaften, wie sich von selbst versteht, und die sonstigen bei dem Wahlaktus nötigen Personen (198) ausgenommen) ohne ein Billett, worauf der Namen eines jeden, welcher in das Konklave oder in das Chor eingelassen sein will, bemerket und von einer Botschaft unterzeichnet sein soll, [eingelassen werden soll].
Der Magistrat wird ersucht, ein genaues Verzeichnis aller da befindlichen fürstlichen, gräflichen und anderer Standespersonen mitzuteilen.
Wurde durch eine Denkschrift - Zahl 125 - der Magistrat ersucht, ein genaues Verzeichnis aller da befindlichen fürstlichen, gräflichen und anderer Standespersonen oder deren Angesandten und unverbürgerten Residenten unverweilt mitzuteilen.
Protestation der Stadt und diesseitige Verwahrung über die arrestierten Personen, die auf der Promenade Händel hatten.
Ferner langte eine Ge(199)gendenk- und Protestationsschrift des Magistrats ein - Zahl 128 - über die von der Stadt arrestierten fremden Personen, die auf der Promenade Händel hatten (man sehe S. 122). Gelegentlich verwahrte ich sogleich bei einer gehabten Unterredung die reichserbmarschallische Befugnis, so wie der Magistrat die seinige.
Der Magistrat häuft Protestationen, welche reprotestierend zurückgegeben werden.
So wie seit der Geschichte mit der französischen Putzmacherin der Magistrat völlig umgekehrt war. So kam eine Protestation und Reprotestation mündlich und schriftlich nach der andern. Von der Art ist die - Zahl 129 - wegen der vom Reichserbmarschallamte ebenfalls ausgeteilten Einfourierungsbilletten

(man sehe S. 70); auch hier wurde gelegentlich beederseitige Befugnis verwahrt. (200)
Der kurmainzische Gesandtschaftsmarschall rechtfertigt sich über das lange Ausbleiben der in Umlauf seienden Marschallsprotokolle.
Da die Gesandtschaftsmarschälle die Konferenzprotokolle so lang behielten, so rechtfertigte der kurmainzische Freiherr von Geismar sich mit einem mir behändigten Umlaufe an dieselben - Zahl 130.
Antwort an die Reichsstadt Nürnberg wegen Reichsquartiers.
Wurde der Reichsstadt Nürnberg ihr Schreiben (man sehe Seite 170 und Zahl 104) beantwortet und, wie schon gedacht, dabei auf Anhandgebung des 1. kursächsischen Herrn Wahlbotschafters Grafen von Schönberg Exzellenz zu erkennen gegeben, daß jeder Höchste Kurhof seinen Personalstand dermalen einschränke. Aber die Stadt blieb bei ihrem Herkommen - Zahl 131. Da Seiner Regierenden Hochgräflichen Exzellenz ein Vorschlag von mir geschah, ob nicht dermalen die (201) Zeit wäre, den Zoll in dem Weiten Wald in Bewegung zu bringen und ihn zu erhalten zu suchen, so kam die Antwort darüber ein, wurde aber in der Folge auf Höchste Veranlassung für diesmal nicht mehr betrieben - Zahl 131, 132. Langte ein Schreiben von dem Herrn Kaufmann Zaggelmayer aus Augsburg ein, darin er mir den Herrn Reichsstadtvogt daselbst, von Imhof, zur geneigten Aufnahme empfahl, dessen ich mich auch tätig annahm - Zahl 133 (er, nämlich der Herr Reichsstadtvogt, erwiderte mir solches nicht, als ich in Augsburg war; ich konnte ihn nicht einmal zu sprechen bekommen).
Der Magistrat will den Sicherheitseid nicht eher veranstalten, bis nicht wegen der Putzmacherin Genugtuung erfolgt.
Jene Ereignis mit der Putzmacherin (man sehe S. 196) hat sich so eingehängt, daß der Magistrat erklärte, wie der bevorstehende (202) Sicherheitseid nicht könne veranstaltet werden, bevor nicht die verlangte Genugtuung erfolge. Alle von mir gesuchten Ausmittlungswege waren vergebens, doch gab ich noch lange nicht die Hoffnung auf, da besonders der amtierende Herr Reichserbmarschall sich zu einer etwelchen Erklärung verstunden, aber nicht auf solche Art, als es verlangt wurde. Des 1. kursächsischen Herrn Wahlbotschafters Exzellenz, die ohnehin gar nicht viel Günstiges für das Reichserbmarschallamt taten, waren sehr aufgebracht, drohten mit Anzeigen an den Höchsten reichserzmarschallischen Kurhof, und die Französin mußte fort. (203)
Ernsthafte Ereignis, die der Reichsquartiermeister mit dem 1. kursächsischen Wahlbotschafter Grafen von Schönberg hatte.

Ich selbst hatte mit diesem Herrn Wahlbotschafter einen bedeutenden Vorfall, da ich mir über einen Gegenstand bei ihm Rat erholen wollte. Es war nachmittags nach der Tafel. Seine Antwort war kurz und ein Ausdruck, den nur die niedrigsten Menschen brauchen - er hieß:
"Ich sch... drein!", mit dem Beisatze: "Ich befehle es in's Teufels Namen!" -
brachte mir das Blut in Wallung, und ich gab ihm sein unartiges Betragen ziemlich zu verstehen, ging fort und fuhr gleich zu des 3. kursächsischen Wahlbotschafters Herrn Grafen von Löben Exzellenz, denn der 2., Graf von Riaucour, war schon alt und untätig. Der Herr (204) Graf von Löben suchte mich zu besänftigen, daß der Herr Graf von Schönberg den Temperamentsfehler hätte, hitzig zu sein, davon er mir verschiedene Beispiele von wichtigen Personen, denen er es so machte, anführte. Er bereue es aber gleich wieder und suche, es gut zu machen. Ich erklärte dem Herrn Grafen von Löben aber, wie ich ein für allemal ein solches, für einen Minister gedoppelt unbemessenes, Betragen nicht wieder aushielte. Es möche auch daraus entstehen, was da wolle, denn es waren bei dieser Unart noch etliche Personen, unter andern des kurtrierischen Wahlbotschafters Freiherrn von Duminique Exzellenz. Dem kursächsischen Herrn Kanzleidirektor Günther (205) sagte ich diese Geschichte mit noch umständlichern treffenden Bemerkungen, der ihn ebenfalls zu entschuldigen suchte. Indessen haben wir uns wenig mehr gesehen, und ich habe keinen Abschied bei ihm genommen. Die etlichen Male, da ich ihn noch zu sprechen hatte, war er höflich, und einmal sagte er mir: "I, nu, machen Sie es, wie Sie wollen."

Am 24. Juni
Ansag zur kurfürstlichen Konferenz.
wurde ein Ansagzettul auf den morgenden 25. Juni zur Zusammenkunft gebracht - Zahl 134, dahero ich solche Ansag herumfahrend besorgte.
Die Hoffouriere verursachen sehr viele Mühe.
Verschiedene Hofkommissäre und Hoffouriere, von denen man stündlich und augenblicklich überloffen wurde und deren Klagen ohne End (206) waren, setzten sich zuweilen so auf ihre Köpfe, daß sie bei manchem Hauseigentümer schlechterdings nicht nachgeben wollten; ein Beispiel hievon zeigt Zahl 135.

Jener weitaussehende Vorgang mit den beeden Reichsstädten Nürnberg und Aachen (man sehe S. 3, 16, 92, 97, 122) in Ansehung der Reichsquartiere für sie wird nur noch hier angeführt, da in dem nach chronologischer Ordnung hier Zahl 136 beiliegenden Billett des kursächsischen Herrn Kanzleidirektors Günther davon die Rede ist. Diese auf den etlichen Bögen erzählten Ereignisse können weitere Ideen von den Besorgnissen und steten Unannehmlichkeiten abgeben, die man hatte; (207) dabei noch immer mit Besichtigung der Häuser und Einquartierung fortgefahren wurde.

Am 25. Juni
Auffahrt zur kurfürstlichen Konferenz.
war die Auffahrt zur kurfürstlichen Zusammenkunft wie gewöhnlich. Den ganzen Tag mit den nun schon näher bekannten Geschäften zugebracht.
Ankunft des ersten kurböhmischen Wahlbotschafters Fürsten von Esterhazy Durchlaucht.
An diesem Tage kamen des ersten Herrn Wahlbotschafters Fürsten von Esterhazy Durchlaucht an, zu welchem ich sogleich fuhr und sehr gnädig von ihme empfangen wurde. Er stieg in seinem vorhero bestens eingerichteten Quartiere im Cronstettenstift ab (man sehe die Tabelle Zeichen f).
Ankunft des 3. kursächsischen Herrn Wahlbotschafters Grafen von Löben Exzellenz.
Später abends kamen auch des kursächsischen (208) 3. Herrn Wahlbotschafters Grafen von Löben Exzellenz in Ihrem Quartiere bei Herrn de Pary hinter dem Römer an, dem ich des andern Tags aufwartete (man sehe Zeichen h).
Meistens ist nachmittags Diktatur, wenn vormittags kurfürstliche Zusammenkunft war. Zur Diktatur sagt der Reichsfourier an.
Bemerkung, daß meistenteils gleich nachmittags, wenn des Morgens und vormittags kurfürstliche Zusammenkunft war, Diktatur vorging (zur Diktatur fahren die Legationssekretäre in einem 2spännigen Wagen ihrer Höfe), wozu der Reichsfourier mußte ansagen.

Am 26. Juni
wurde eine Zusammenkunft von denen Herren Stadtdeputierten und dem Herrn Kanzleirat Körndörfer gehalten, da ich erkrankt und 1½ Tage das Bett hüten (209) mußte, weil ich schlechterdings nicht mehr aufbleiben konnte, wohl aber vormittags noch einer Marschallkonferenz beiwohnte.
Die Stadtdeputation gibt ihre Erinnerungen zur Polizei- und Taxordnung.

Zu jener Konferenz übergaben die Herren Stadtdeputierten ihre Monita zur grundgelegten Polizei- und Taxordnung de anno 1790 (man sehe S. 193) - Zahl 137.

Ansagzettul.

Langte ein Ansagzettul von der kurmainzischen Kanzlei ein - Zahl 138 - zur morgenden kurfürstlichen Zusammenkunft, und besorgte Herr Kanzleirat Körndörfer diese Ansag mit meiner Equipage.

Aus Nürnberg kommt ein Kronjunker oder -kavalier mit einem Schreiben an.

Am nämlichen Tage kam ein Kronkavalier aus Nürnberg mit einem Schreiben von dortiger Stadt an den amtierenden Herrn Reichserbmarschall - Zahl 139 a - und einem an mich - Zahl 139 b, mit welchem die Quar(210)tierssache gar in die Ordnung gebracht wurde (man sehe Seite 124).

Antwort an des Herzogs zu Sachsen-Meiningen Durchlaucht.

Wurde ein Antwortschreiben an des Herzogs von Sachsen-Meiningen Durchlaucht erlassen - Zahl 140 a, 140 b, darin Hochdemselben das angesuchte Quartier bei Herrn Chevalier de la Motte zugesichert ist.

Reskript aus Dresden, daß ein Kommando sächsische Schweizer nach Frankfurt abgehe.

Langte ein Reskript aus Dresden ein - Zahl 141, daß zur Verrichtung der herkömmlichen Wachen ein Kommando von ohngefähr 50 kursächsischen Schweizergarden an Offizieren und Gemeinen nach Frankfurt abgeschickt werde, dahero ich Reichsquartiermeister das Nötige zu besorgen hätte, wozu ich mich auch, da ich gottlob wieder besser wurde, sogleich anschickte.

In dem vormittägigen Marschallprotokoll - Zahl 142 - (211) wurde beschlossen, die Ursache, warum man den Zug (nämlich der kaiserliche Zug am Tage des Einzugs oder wenn die Wahlkapitulation beschworen und unterschrieben wird, dann am Tage der Krönung) über die Zeit vorgeschlagen hat, anzuführen,

Bei dem Wahlakte sollen die Botschafterswägen zum Abholen auf den Kornmarkte herab pp. sich stellen.

zugleich wegen des Vollzugs des Wahlakts (man sehe Seite 197) sich auf die Einschickung des Protokolls zu berufen und bei dem Sekuritätseid in Ansehung der nach Haus kehrenden Botschaftswägen zu Höchstem Ermessen anheim zu stellen, daß solche nach der Auffahrt nach Hause kehren und zum Abholen sich auf den Kornmarkt herab und durch die Mainzer Gasse auf den Römer herauf nach der Reihe herstellen, die Livree aber nach Haus (212) gehen und mit den abholenden Wägen wieder zurückkommen solle - Zahl 143, 144.

Nur einzig und allein vom Reichsmarschallamte wird alles, was aus der Marschallskonferenz kommt und dahin geht, besorgt.
Hiebei ist zu bemerken, daß alles, was aus den Marschallskonferenzen beschlossen, überhaupt von da an das Höchste Kurkollegium einbefördert wird, nur einzig und allein von dem Reichserbmarschallamte geschehe und also auch unterschrieben und ausgefertiget so auch wieder von dem Höchsten Kurkollegium nur einzig und allein an das Reichserbmarschallamt zurück beobachtet (den Beweis findet man in allen Fertigungen hin und her) werde.

Ankunft des 2. kurtrierischen Wahlbotschafters Freiherrn von Duminique.
Mittags kam des 2. kurtrierischen Herrn Wahlbotschafters Freiherr von Duminique [Exzellenz] an und hatten ihr Quartier bei Herrn von Reineck in der Hasengasse, man sehe Zeichen ♄. (213)

Namen der Hohen Herren Wahlbotschafter.
Da nunmehro die sämtlichen Hohen Herren Wahlbotschafter beisammen sind, so stehen solche zur geschwindern Übersicht namentlich hier:

Kurmainz	1) Freiherr von Fechenbach
	2) Freiherr von Albini
Kurtrier	1) Graf von Walderndorf
	2) Freiherr von Duminique
	3) Freiherr von Hügel
Kurköln	1) Graf von Oettingen-Baldern
	2) Herr von Waldenfels
Kurböhmen	1) Fürst von Esterhazy
	2) Freiherr von Bartenstein
Kurpfalz	1) Graf von Oberndorf
	2) Herr von Grein
Kursachsen	1) Graf von Schönberg
	2) Graf von Riaucour
	3) Graf von Löben
Kurbrandenburg	1) Fürst von Osten, genannt Sacken
	2) Graf von Görtz
Kurbraunschweig	1) Herr von Beulwitz
	2) Herr von Ompteda. (214)

Am 27. Juni
erhielt der amtierende Herr Reichserbmarschall eine Denkschrift von dem Magistrate wegen eines Bürgers und Weinwirtes namens Lorenz Busch, der

an den Kanzleirat Freyer von der Krönung Leopolds Allerhöchsten Andenkens noch eine Forderung hat - Zahl 145.
Auffahrt der Herren Wahlbotschafter.
Geschah die heutige Auffahrt zur kurfürstlichen Zusammenkunft wie gewöhnlich.
Das kurfürstliche Emigrationsdekret langt ein.
Langte das kurfürstliche Emigrationsdekret ein - Zahl 146, darin benachrichtiget wird,
Die Wahl soll am 5. Juli geschehen.
daß am 5. des künftigen Monats Julius die Wahl des künftigen Römischen Königs (215) geschieht, deswegen tags vor der Pflichtleistung der Stadt Frankfurt, die acht Tag vor der Wahl vor sich geht, alle zu der Wahl nicht gehörigen fremden Personen, dieselben seien, wer sie wollen, nunmehr aus dieser Stadt geschafft werden sollen. Der Herr Reichserbmarschall habe sich dahero unverlängt zu dem päpstlichen Herrn Nuntio, ingleichen zu den königlichen Gesandtschaften, Fürsten und anderen reichsständischen Personen, wie auch den Fürsten und reichsständischen Gesandten, Deputierten und Abgeordneten zu verfügen und denenselben im Namen und von wegen eines (216) Hohen kurfürstlichen Collegii mit mehrerm Glimpf vorzutragen, was gestalten aus letztmaliger seiner Vorstellung und des Hohen kurfürstlichen Collegii erlassenem Decreto erinnerlich sein wäre, daß - ob zwar vermög der Goldnen Bulle und der uralten Observanz gleich anfangs des angetretenen Geschäfts der römischen Königswahl alle dazu nicht gehörige fremde Personen, wes Stands und Würde dieselben auch seien, ausgeschafft werden sollen - ein Hohes kurfürstliches Kollegium dennoch aus gewissen Ursachen für selbiges Mal und dergestalt, daß es der Goldnen Bulle ohne Nachteil (217) seie, auch in's Künftig zu keinem Präjudiz oder Konsequenz gereichen solle, mithin die obgedachten päpstlichen, königlichen und anderen Gesandten, auch fürstlichen und sonstigen reichsständischen Personen insoweit dispensieren wollen, daß sie bis auf weitere Anzeig hier verbleiben, indessen jedoch sich zum Ausweichen parat halten mögen. Nachdem aber vermög solchen Conclusums der fremden Personen Ausschaffung jetzt nicht mehr länger als acht Tage vor der Wahl zu verschieben sei, also als sie erstgedachte der Reichsfundamentalgesetze und altüblichen Observanz sich bequemen und dahero den 28. dieses Monats aus hiesiger (218) Stadt sich verfügen und aus selbiger, bis solche Wahl errichtet sein wird, bleiben möchten. Andere fremde Personen aber hätte er Reichserbmarschall auf Art und Weise wie gewöhnlich auf besagten 28. dieses Monats auszuschaffen.

Hat man der Stadt sogleich Nachricht davon gegeben, um das Verzeichnis aller fremden, zur Wahl nicht gehörigen Personen zu haben - Zahl 147. Übersendet die Stadt diese Verzeichnisse - Zahl 148, 149, 150.
Schreiben von dem Reichstürhüter, daß er die Reise nach Frankfurt antreten werde.
Langte ein Schreiben von dem Herrn Reichserbtürhüter Freiherrn von Werthern ein - Zahl 151, darin derselbe meldet, daß er zur obliegenden Ausübung des ihm als ältesten seines Geschlechts (219) zukommenden Amts die Reise nach der Wahlstadt unverzüglich antreten werde und hoffe, daß wegen des erforderlichen verfassungsmäßigen Quartiers die nötige Veranstaltung werde getroffen werden.
Dessen Quartier.
Dies geschah auch. Der Herr Erbtürhüter bekam das Quartier in dem kursächsischen Distrikt, welches er bei der letztern Wahl und Krönung hatte (es war das Heiderische Haus). Die Meublen aber mußte er besonders bezahlen, da das Quartier ganz leer stand.
Der ohnehin täglich zunehmende Geschäftsdrang wird noch mehr vergrößert.
Ohnerachtet man bisher unaufhörlich mit hunderterlei Besorgungen beschäftiget war, so kann es doch mit dem Geschäftsdrang nicht verglichen werden, der nun einfiel: Es war wie (220) ein alle Dämme durchreißender Strom, an ein Ausschnaufen war gar nicht zu gedenken, und statt, daß man Bemerkungen aufzeichnen sollte, gegenwärtiges Tagebuch daraus zu verfertigen, mußten nur immerdar neue Besorgungen aufgezeichnet werden, die täglich und stündlich vorzunehmen waren, um ja nichts zu vergessen. Man sollte an 20 Orten zugleich sein. An eine Nachtruh war so wenig zu gedenken, daß man sich nur zuweilen etliche Stunden des Nachts auf das Bett hinwarf und da, für Sorgfalt, ja nichts zu vergessen, keine rechte Ruh hatte, weil die Eilfertigkeit, womit diesmal alles gehen mußte, keinen Aufschub leiden durfte.
Neues kurfürstliches Dekret wegen Verschiebung des Verpflichtungsakts und der Emigration.
Kam ein weiteres kurfürstliches Dekret, daß, obschon der Verpflichtungsakt auf (221) Montag, den 2. Julius verschoben worden ist, das Hohe Kollegium dennoch dabei belassen habe, daß denen Fremden nach Inhalt des Decreti Emigrationis acht Tage vor der Wahl auszuwandern beschlossen wurde - Zahl 152.
Der Herr Reichserbmarschall und Reichsquartiermeister befolgen das Emigrationsdekret.
Diesemnach besorgte der amtierende Herr Reichserbmarschall mittelst schriftlichen Auszugs der diesfallsigen kurfürstlichen Verordnungen - Zahl

153 - und des schriftlichen Vortrags - Zahl 154 - bei dem päpstlichen Nuntio, dem russisch-kaiserlichen und königlich-dänischen Gesandten, dann den regierenden Reichsfürsten in Person, ich Reichsquartiermeister aber bei den übrigen Höchst und Hohen Herrschaften, reichsständischen Gesandtschaften und Abgeordneten, nachgebornen Fürsten, Prinzen, Grafen und Herren, Residenten, Agenten (222) und Deputierten [die Emigrationsverkündigung]. Die meisten waren nicht zu Haus, und wurde dahero Abschrift von erstermeldter Verordnung abgegeben. Viele von diesen und andern Personen erhielten Protektionen, einige von dem Herrn Reichserbmarschall, einige von dieser oder jener Wahlbotschaft.

Vorgang deswegen zwischen dem 2. kurmainzischen Herrn Wahlbotschafter und dem Reichsquartiermeister.

<u>Bemerkung:</u> Den Abend, als die Emigrationsverkündigung geschah, ließ mich der 2. kurmainzische Botschafter Freiherr von Albini nachts durch einen Läufer zu sich rufen. Da ich vermutete, es wäre vielleicht ein Fehler begangen worden, so schlug ich geschwind die Tagebücher auf, bemerkte mit eingelegten Papieren die Plätze, wo von der Emigration gehandelt wurde und legte die Bücher auf meinen Platz mit der meinen Leuten gegebenen Ordre, (223) wenn ich durch einen der kurmainzischen Leute die Bücher holen ließ, mit den Abholenden zu gehen und mir solche zu bringen. Als ich kam, entschuldigte er sich, mich noch so spät bemühen zu müssen und daß ich ihn im Schlafrock fände. "Wir haben einen Bock gemacht", sprach er, "Der päpstliche Nuntius hat sich noch nicht legitimiert, und wir haben ihm doch schon die Emigration angekündigt." Wir sprachen eine Weile über diesen Gegenstand und glaubten, es würde sich dieser Umstand wohl heben lassen, welches auch erfolgte. Bei dem Abgehen sagte ich: "Ich war bang, daß ich vielleicht einen Bock gemacht hätte" und wäre dahero sehr froh, von meiner Sorg befreiet zu sein. Die Antwort war: "Sie machen keinen Bock, das hab ich schon beobachtet." Mit der be(224)messenen verdankenden Erwiderung schied ich wieder ab und setze diese Geschichte zum Gegenhalt des Betragens des Grafen von Schönberg hieher, der mir anfangs zwar ebenfalls viel Gefälliges sagte, nur aber an jenem Nachmittag dem Burgunder oder sonst einem Lieblingswein zu sehr nachgab.

Ankündigung der Emigration der nicht standes- und rangmäßigen Personen.

In Ansehung der nicht standes- und rangmäßigen Personen wurde die Emigration durch den Reichsprofoß in den Wirtshäusern angekündigt. Dagegen die Stadt, wie auch das vorige Mal geschehen, protestierte - Zahl 155.

Unter allen diesen Geschäften wurden noch immer Quartiere besehen.

Unter allen diesen Ereignissen und Arbeiten mußte noch immerfort Quartiere besehen, Anstände darüber gehoben,
> **Einrichtung des Doms.**

auch die Einrichtung im Dom, wohin sich der amtierende Herr Reichserbmarschall (225) mit denen Herren Gesandtschaftsmarschällen und mir Reichsquartiermeister öfters verfügten, besorgt werden.

Am 28. Juni,
nachdeme die Stadtdeputation ihre Erinnerungen zu der zu verfertigenden Polizei- und Taxordnung übergeben hat und solches des 2. kursächsischen Wahlbotschafters von Riaucour Exzellenz durch mich Reichsquartiermeister angezeigt wurde,
> **Polizeikonferenz, darin die Preise bestimmt wurden.**

so hat derselbe die heutige Sitzung veranstaltet, wo dann bei dem
> Artikul **XVI.**

der Haber auf fl. 3 bis fl. 4½, das Stroh auf fl. 6 bis 7, das Heu auf fl. 1, 12 Kr. bis fl. 1, 50 Kr., jedoch ohne Konsequenz und nur in Hinsicht der dermaligen Umstände gesetzt,
> bei Artikul **XVII.**

das Buchenholz auf fl. 5 bis fl. 6, (226) das Eichenholz auf fl. 3 bis fl. 3, 40 Kr.
> und bei Artikul **XX.**

die Fütterung und Stallmiete Tag und Nacht 50 bis 65 Kreuzer. Da aber der Wirt allein Heu und Stroh hergibt, von jedem Pferde 28 bis 34 Kreuzer, für die bloße Stallmiete aber, wenn der Stand an Raufen, Krippen und aller Zugehör tüchtig, 12 bis 15 Kr., und für einen geringern 8 bis 9 Kreuzer.

> **Da die Stadt bei ihren Erinnerungen etwas von einer Jurisdiktionsverwahrung anführte, so wurde solches als nicht geschehen erklärt.**

So wie die Stadt am Ende ihrer schriftlich übergebenen Erinnerungen eine Art von Jurisdiktionsverwahrung anführte, so wurde diese Neuerung keineswegs angenommen und daher völlig als ungeschehen betrachtet, welches man den anwesenden Herren Deputierten erklärte - Zahl 156 a, 156 b.

> **Zur Publikation der Polizei- und Taxordnung wurden 2 Trompeter und 1 Pauker von der Stadt requiriert.**

Weil nun übermorgen, so Gott will, als am 30. dieses Monats (227) die feierliche Kundmachung dieser Polizei- und Taxordnung auf die gewöhnliche Art geschehen soll und man außer den kursächsischen Trompetern noch zwei

Trompeter und einen Pauker nötig hat, so wurde durch eine Denkschrift - Zahl 157 - der Magistrat darum ersucht.
Die Polizeikonferenzen sind gewöhnlich abends.
Diese Polizeikonferenz war, wie gewöhnlich, gegen Abend.
Weitere Besorgung im Dom.
Früh war Marschallskonferenz oder eigentlich nur Besprechung, wo man sogleich in den Dom ging und die Einrichtungen so betrieb, daß am 3. längstens 4. Juli alles bereit sein mußte. Die Einrichtung im Dom und die Kosten besorgen Kurböhmen und Kurmainz und der Domkustos. Dieser ihre Tagebücher bewähren alles. Eine kleine Idee kann man sich aus dem Kupfer machen (228) im gedruckten Tagebuche der Krönung Leopolds II. Majestät, Seite 278.
Eigenheit der kurböhmischen Hoffouriere bei Tapezierung der Kirche.
Auch hier mußte man den Launen derer Hoffourier, Hoftapezierer pp. öfters nachgeben. So wollte ich noch etliche Stufen Erhöhungen mit rotem Tuche bedeckt haben, da die hölzernen Stufen gar keinen guten Anblick machten. Ich konnte es nicht dazu bringen. Der kurböhmische Hoffourier entschuldigte sich, er habe nicht Tapeten genug. Mit größter Not brachte ich ihn noch zu einer Tapezerie bei dem Rang, wo auf beeden Seiten Gesandte, Grafen und angesehene Personen saßen.
Die Leute dringen schon jetzo stark in die Domkirche, Anstalten deswegen.
Kaum war ich in meinem Quartiere, daselbst eine Menge Leute auf mich warteten, schickte der Domkustos: Die Leute drängen so in die Kirche, wenn jemand von den Arbeitern oder in die (229) Kirch gehörigen Personen hin und wieder ging, weil schon jetzo jedermann alles sehen wollte, daß er sich nicht mehr zu helfen wisse. Er müsse alle Türen aufmachen und alles preisgeben. Ich besorgte gleich, daß Wache vor die Türen kam.
Die Polizei- und Taxordnung kommt zum Druck.
Nun mußte ich mich nur geschwind über die Bemerkungen zu der in den Druck zu gebenden Polizei- und Taxordnung machen. Ich nahm dahero das 1790ste, zog die neuen Erinnerungen aus dem letzten Polizeiprotokoll heraus und gab es so in die Druckerei, um ja diese nicht aufzuhalten.
Konnte wegen der Kürze der Zeit doch nicht gleich befördert werden, dahero dem Reichsfourier, der ohnehin nur einen Auszug abliest, solcher gestellt wurde.
Sie konnte aber doch nicht fertig werden, indessen ohnehin nur ein schriftlicher Auszug dem Reichsfourier zum Ablesen gegeben wird.
Austeilung der gedruckten Exemplarien.

Diese gedruckte Polizei- und Taxordnung ist hier unter Zahl 158 und wurde (230) durch den Reichsfourier in Botschaftskanzleien, auch dem Magistrat, und durch den Reichsprofoß hier und da erteilt.

[Körndörfer, vom 28. Juni, Seite 89 ff.:]
Auf die erhaltene Nachricht des Herrn Buchhändlers Jacobi aus der Reichsstadt Weißenburg, welchen Excellentissimus Illustrissimus regnans schon unterm 22. Juni eine schriftliche Protektion zur Errichtung einer Glücksbude zu Büchern zu Pappenheim selbst erteilet, welches aber der hiesige Stadtrat dadurch zu hintertreiben gesuchet, daß dem Kaufmann Kiefhaber allhier, an welchen sich Herr Jacobi gewendet und einen Pack Bücher schon voraus geschicket und dieser solches angezeiget und dessen Originalschreiben beim Rechneiamt vorgezeiget hatte, bei Strafe verboten wurde, weder ein Gewölb hierzu herzugeben, noch weniger in seinem Haus einen Platz zur Errichtung der ermeldten Glücksbude zu überlassen (90), sondern vielmehr das Päckchen Bücher wieder zurückzuschicken, begab ich mich nach vorherig mir erbetener Stunde zum 1. kursächsischen Herrn Wahlbotschafter Grafen von Schönberg Exzellenz und berichtete ihm nicht alleine das städtische Betragen und die offenbaren Eingriffe in die erbmarschallischen, schon längerhin ausgeübten Gerechtsamen, sondern bat auch um Hochgefällige Unterstützung gegen dieselben. Sodann meldete ich ihm auch, daß mir der Reichsprofoß angezeiget, wie der Stadtrat einem Juden die schriftliche Erlaubnis erteilet hätte, einen Stock tragen zu dürfen. Jedoch wäre in diesem Schein, vielleicht aus Vorsicht oder Furcht, der kursächsisch erzmarschallischen Polizeiordnung (91) nicht ganz sichtbarlich zu nahe zu treten, nur generaliter, keineswegs aber auf die Wahl- und Krönungszeit einen Stock zu tragen, die Erlaubnis ausgestellet worden. Ich erklärte also, daß ich dem Reichsprofoßen den Auftrag erteilet hätte, dem ermeldten Juden sogleich nach der nächster Tagen publizieret werdenden Polizeiordnung, wenn er solchem mit dem Stock ansichtig würde, ihn wegzunehmen und zum Erbmarschallamt zu beliefern.

Allein weder dieses noch die von Herrn Jacobi zu errichten gesuchte Glücksbude wollte genehmiget werden, weil es nur Veranlassungen zu Verdrüsslichkeiten mit der Stadt geben möchte, die man möglichst zu vermeiden suchen müsse.(92) Ich erwiderte, daß das Erbmarschallamt dadurch nicht alleine um seine Gerechtsamen, sondern auch um einen beträchtlichen Teil seiner ehevorig jederzeit gehabten Akzidentien kommen würde, womit doch öfters einige Nebenunkosten, deren man nicht wenig hätte, bestritten worden wären p. Das Resultat war aber immer dahin bestimmt, mit der Stadt alle nur möglichen Demeleen zu vermeiden und lieber zu convenieren oder zu ignorieren als bei gegenwärtigen kritischen Zeiten eine Veranlassung zu Streitigkeiten zu geben pp. Da alle meine Vorstellungen den erwünschten Endzweck nicht erreichen konnten, so bat ich nur (93) noch um möglichste Unterstützung bei dem sächsischen Kurhof sowohl als bei denen andern Herren Wahlbotschaftern, daß dieser dem Reichserbmarschallamt dadurch zukommende Abgang durch einige Vermehrung der erteilten Gratialen wieder ersetzet werden möchten, welches ermeldter Herr Graf auch zu tun versicherten.

Am 29. Juni.
Kundmachung des Magistrats, daß der Schirmungs und Sicherheitseid geleistet werde, auch der Wahltag bestimmt sei.
Heute wurde von dem Magistrate durch Trompeten- und Paukenschall der Bürgerschaft auf allen öffentlichen Plätzen kundgemacht, daß auf nächstkommenden den zweiten Juli, so Gott will, der Schirmungs- und Sicherheitseid geleistet werden solle, auch den nächsten Donnerstag, als am 5. Juli der Wahltag bestimmt sei.

Nachdeme der Herr Kanzleirat Freyer zu Pappenheim unaufhörlich um die Rettung seiner Ehre über die ausgestreuten üblen Nachreden Genugtuung verlangte, und, wenn seine Unschuld richtig gewesen wäre, sein Verlangen äußerst billig sein müßte, so hat man diese Sache durch eine Denk(231)schrift an den Magistrat gebracht - Zahl 159. Der amtierende Herr Reichserbmarschall, die aber den Mann besser kannten und seine über alle Beschreibungen gegangenen Hardieshe, haben ihn zurückgewiesen. Er sturb, dieser Herr Freyer, zu Pappenheim, nachdeme er Schulden hinterlassen, viele ihm anvertraute Gelder, besonders heilige Gelder, angegriffen, die hernach mit Verkaufung seiner Meublen bezahlt wurden. Doch war er dabei so frech und drohte noch mit Klagen an ein Höchstes Reichsgericht, als man ihn mit Gewalt zur Ablegung seiner Rechnungen zwingen mußte, bis er endlich überwiesen und dadurch gedemütigt wurde. Ich würde dies hier nicht anführen, wenn ich mich nicht rechtfertigen müßte.

Unter Zahl 160 ein Einladungsbillett zum Beispiel, daß ich mir schon getrauet hätte, bei dem Magistrat was auszurichten.
Der Freiherr von Hertwig übergibt eine Note wegen Besorgung der Herren Reichsgrafen.
Übergab der Freiherr von Hertwig als Deputierter ob Seiten des anwesenden Reichsgrafenstandes (dieser Freiherr von Hertwig war zugleich der Kavalier bei der (232) reichserbmarschallischen Suite) eine Note - Zahl 161, die Besorgung derer Herren Reichsgrafen betreffend.
Ansagzettul.
Kam aus der kurmainzischen Kanzlei ein Ansagzettul zu einer morgendlichen kurfürstlichen Zusammenkunft - Zahl 162, deswegen ich die Ansag gewöhnlich besorgte. Obzwar von der kursächsischen vortrefflichen Gesandtschaft die Weisung kam, den Reichsstädten Aachen und Nürnberg die Einquartierung nach der Reichstaxe anzuzeichnen,
Die Stadt Frankfurt legt sich gegen die Reichsquartierung für die Stadt Nürnberg und Aachen ein.
so hat sich doch die Stadt Frankfurt protestierend dagegen eingelegt, und ihre Gründe haben, außer dem Herkommen, noch das Gewicht, daß die Ehre, solche Reichskleinodien aufzubewahren, die höhere Bezahlung der Quartiere abwiege. Indessen ist diese weitwendige Sach beigelegt (man sehe S. 124) und hier nur die diesfallsige an Hochermeldte Botschaft (233) erstattete Denkschrift unter Zahl 163 angelegt.
Überfall wegen einer vermuteten Pharobank.
Da angezeigt wurde, daß bei dem herzoglich sachsen-meiningischen Herrn Residenten de la Motte Pharo gespielt wurde, so veranstaltete der amtierende Reichserbmarschall durch den Reichsfourier Wasser, der Wach zu Hülf hatte, einen Überfall, wie dessen Tagebuch umständlich ergeben wird. Nun hat man zwar die gegründetste Vermutung gehabt, aber die Spielenden nicht mehr auf der Tat ertappt.
Anzeige deswegen an das Höchste Kurkollegium.
Es wurde also die Anzeig an das Höchste Kurkollegium gemacht - Zahl 164 a, 164 b. Da aber so viele wichtigere Ereignisse vor waren, so unterblieb dieses Geschäft. (234)

Am 30. Juni
Verkündigung der Polizei- und Taxordnung.
geschah die Verkündigung der Polizei- und Taxordnung. Da ich seit vielen Jahren die Beschwerlichkeit habe, mit dem Schwindel behaftet zu sein, und nicht mehr zu Pferd sitzen kann, so ein leidenschaftlicher Reiter ich in meiner

Jugend war, so bat ich bei dem amtierenden Herrn Reichserbmarschall sowohl als bei dem ersten kursächsischen Herrn Wahlbotschafter um die Erlaubnis, daß Herr Kanzleirat Körndörfer diese Funktion verrichten dürfe, welches mir auch sehr gern bewilligt wurde und von gedachtem Herrn Kanzleirat geschah. Den ganzen Vorgang sehe man in der Beilage 165.

[Körndörfer, vom 30. Juni, Seite 95 ff.:]
Am 30. Juni
> *war die Publikation der erzmarschallischen Polizei- und Taxordnung, welche mit folgendem Solennium geschah: (96)*
> *Weil auf heutigen Samstag auch zugleich die 6. Wahlkonferenz und Auffahrt auf dem Römer angesagt war und doch noch vor Ablegung des Sekuritätseids, welcher Actus auf nächstkommenden Montag, den 2. Juli bereits anberaumt worden, die kursächsische Polizei- und Taxordnung behörig publiziert werden sollte, gleichwohlen aber wegen Mangel der Zeit noch kein einziges Exemplar in der Druckerei fertig war, so wurde von solcher nur ein schriftlicher Extrakt entworfen und auf den gewöhnlichen Plätzen von dem Reichsfourier abgelesen und publiziert. Da aber der Herr Reichsquartiermeister, teils anderer Geschäfte halber und teils des Reitens (97) ungewohnt, dieser Publikation nicht selbst beiwohnen konnten, so ersuchten Sie mich, hiebei deren Stelle zu übernehmen. Nach vorhero gemachter Bestellung erschienen also heutigen Morgen, früh um 7 Uhr die gewöhnlichermaßen erforderlichen 2 kursächsischen und 2 Stadttrompeter nebst einem Pauker von der Stadt mit ihren Pferden, sämtlich in kursächsischer neuer Livree, im erbmarschallischen Hauptquartier, und nachdeme der Herr Reichsfourier und der Reichsprofoß ebenfalls angekommen waren, verzehrte man erst das in einem kalten Kalbsbraten, dann Bratwürsten und einem Gugelhupfen benebst (98) einiger Flaschen Wein bestandene Frühstück und ritt sodann, nachdem die mitanwesenden Personen, welche unten im Hof hielten, ebenfalls einen Trunk und etwas Brot erhalten hatten, in folgender Ordnung aus dem Saalhof:*
>   *1. der Reichsprofoß mit seinem Stab in der Hand*
>   *2. der Reichsfourier*
>   *3. 2 Trompeter*
>   *4. 1 Pauker*
>   *5. 2 übrigen Trompeter, hernach*
>   *6. ich, der Kanzleirat, namens des Herrn Reichsquartiermeisters*
>   *7. die 2 hochgräflichen Stalleute und*

8. *die 2 Bedienten des Herrn Reichsquartiermeisters,*
der gehabten Trauer ohngeachtet (99) in Halbgala und die Bedienten in ihren Staatslivreen, die Saalgasse durch und sodann die Buchgasse hinauf vor das Quartier des kursächsischen erstern Herrn Wahlbotschafters Grafen von Schönberg Exzellenz bei Herrn Lieutenant Brönner aufm Kornmarkt. Hier wurde haltgemacht, von denen Trompetern unter dem Schall der Pauken zweimal auf vorgehabten Notenblättern angestoßen, hierauf von dem Reichsprofoßen an die sich versammelten Personen gerufen: "Hüte herunter!", und sodann von dem Reichsfourier der Extrakt der beschlossenen Polizei- und Taxordnung laut und verständlich vorgelesen.(100) Nach dessen Beendigung wurde von den Trompetern unter dem Paukenschlag nochmalen ein Marsch geblasen und sodann dieser Platz verlassen. Hierauf wurde das 2. Mal aufm Roßmarkt vor dem Quartier des kurböhmischen Herrn Wahlbotschafters Fürsten von Esterhazy, das 3. Mal auf der Zeil bei der Konstablerwache, das 4. Mal in der Fahrgasse bei der Mehlwage, das 5. Mal zu Sachsenhausen, ohnweit dem Brunnen, das 6. Mal aufm Römerberg, gleich außerhalb dem Römer, und das 7. Mal auf dem Liebfrauenberg, beim Eingang der Töngesgasse vor dem (101) von Barckhausenischen Haus, ein gleiches wiederholet und sodann durch die Neue Kräme übern Römerberg der Zug wieder in den Saalhof gemachet. Bei unserer Zurückkunft wurden von denen Trompetern zu Pferde unten im Hof noch etliche Stücke nach Noten geblasen und hierauf die Überbleibsel des Frühstücks und des Weins vollends verzehrt, welches gegen 11 Uhr gewesen. Gewöhnlichermaßen wurden sonsten bei dieser Publikation auch verschiedene Exemplaria von dieser Taxordnung unter die versammelten Personen, von dem Reichsprofoßen verteilt. (102) Weil solche aber dermal noch in der Druckerei gewesen, so mußte es für dieses Mal unterbleiben.

Auffahrt der Botschaften.
Erfolgte die gewöhnliche Auffahrt der Hohen Wahlbotschaften. (235)

Der Magistrat wendet sich wegen der Putzmacherin an das Höchste Reichserzmarschallamt.
Hat der Magistrat über jene unangenehme Ereignis mit der Putzmacherin aus Mainz sich an das Hohe Reichserzmarschallamt durch eine Denkschrift - Zahl 166, 167 - gewendet und sich sogar geäußert, den Sicherheitseid nicht leisten zu lassen, bis vorhero Genugtuung erfolge. Dies verursachte keine geringe Negotiation.

Der Herr Reichserbmarschall machten Versicherungen und Erklärungen, blieben aber standhaft darauf, Ihrer Würde und Ihrem Charakter nichts zu nahe treten zu lassen.
Der amtierende Herr Reichserbmarschall machten nach Ihrer Herzensgüte Versicherungen und Erklärungen, aber blieben standhaft darauf, Ihrer Würde und Ihrem Charakter nichts nahe treten zu lassen. Auch wurden Sie von einigen Botschaften vermocht, eine schriftliche (236) Erklärung von sich zu geben, dadurch wenigstens der von der Stadt immer noch geäußerte Ausstand der Leistung des Sicherheitseids gehoben wurde und also, wie gleich folgen wird, vor sich ging.
Die kursächsische Botschaft überschickt den Marschallstab, dann den silbernen Strich nebst Strichmaße. Der Strich mit dem Strichmaße kam später.
Nachmittags wurde der neugefertigte Marschallsstab mit einem silbernen großen Knopf, wo ein silberner Löw das kursächsische Wappen hält, und der silberne Strich nebst Streicher von der kursächsischen Wahlbotschaft überschickt. Ich habe den kursächsischen Gesandtschaftsmarschall Herrn von Künneriz sehr oft erinnern müssen. Er entschuldigte sich immer, daß der Strich nebst dem Streicher noch nicht fertig sei, denn diese beeden Stücke wür(237)den in Frankfurt gemacht (man sehe Seite 307). Auch fällt mir soeben bei, daß der Strich mit dem Streicher später kam als der Marschallsstab.
Besprechung hierüber mit dem ersten kursächsischen Herrn Wahlbotschafter.
Gleich bei meiner ersten Aufwartung bei dem ersten kursächsischen Herrn Wahlbotschafter sagte mir dieser, es würde von seinem Höchsten Kurhofe der Marschallsstab und der Strich mit dem Streicher dem Herrn Reichserbmarschall wieder gegeben werden, gab dabei zu verstehen, daß es eine besondere Gnade sei, und meinte, es sollten von den vorigen Krönungen noch welche vorhanden sein. Ich erwiderte ihm, wie solche Gegenstände zu den Einkünften des Reichserbmarschallamts geeignet wären, auch jederzeit von dem Höchsten Kurofe wären verabfolgt worden. Und es blieb also bei dem Alten, nachdem wir noch eine Wei(238)le über die Ausgaben und Einnahmen des Reichserbmarschallamts sprachen.

Am 1. Juli.
Schriftliche Weisung von Kurmainz, zum Sicherheitseid und nach diesem zur Konferenz anzusagen.
langte eine schriftliche Weisung von Kurmainz ein - Zahl 168, auf morgen, den 2. dieses Monats zur Beeidung des Magistrats, der Bürgerschaft und

Garnison und nach vollbrachter Eidesleistung zur Session anzusagen, welches von mir, wie bei den gewöhnlichen Ansagen, besorgt wurde.
Einrichtung hiezu auf dem Römer wird veranstaltet.
Nun mußte also die nötige Einrichtung in dem sogenannten Kaisersaal auf dem Römer veranstaltet werden,
Der erste kursächsische Botschafter besieht solche selbst.
welche der 1. kursächsische Herr Wahlbotschafter Graf von Schönberg ebenfalls besichtigte (dies wird von der Stadt besorgt).
Ankunft der Frau Mutter des Herrn Reichserbmarschalls.
An diesem Tage kamen die Frau Reichserbmarschallin und (239) regierende Gräfin, Mutter des amtierenden Herrn Reichserbmarschalls, an und bekamen Reichsquartier, Hochwelcher ich sogleich meine Aufwartung machte und für Anschaffung der Meublen sorgte.

Am 2. Juli.
Bei dem heutigen Tag, wo der Sicherheitseid abgelegt,
Die Frankfurter Landmiliz besetzt die Tore.
wurden gleich morgens die Wachplätze und die Tore von der gestern schon eingetroffenen Frankfurter Landmiliz besetzt;
Solche sind versperrt und werden solang zugelassen, bis der Akt vorbei ist.
die Tore versperrt und solange zugelassen, bis der Schwörungsakt vorbei war. Der Hergang war folgend:
Die Einrichtung auf dem Römer zum Sicherheitseide.
Bei der Römertür war außen ein etliche Schuh von der Erde erhöhtes, mit rotem Boy behangenes Gerüst aufgeschlagen. In dem Kaisersaal auf dem Römer eine Stufen hohe Bühne, mit einem rot(240)samtenen Thronhimmel und acht Fauteuils für die ersten Herren Wahlbotschafter, denn nur diese vollzogen den Akt.
Der Akt der Sicherheitsleistung selbst.
Gegen 8 Uhr des Morgens versammelte sich der Magistrat nebst denen Herren Syndici in der Ratstube. Die Bürgerschaft mit Beisassen kamen vor den Quartieren ihrer Bürgerhauptleute zusammen, von wo aus sie quartierweis, ohne Gewehr und ohne Degen, mit kleinen Fahnen, auf welchen die Zahl jeden Quartiers steht, auf den Römerberg zogen. Die Geschlechter von dem adeligen Hause Alt-Limburg und Frauenstein, das Kollegium der Herren Graduierten versammelten sich besonders und hatten ihre Plätze an der Bühne. Hinter diesen waren die bürgerlichen Herren Einundfünfziger und Neuner. [Da]hinter die (241) drei Bürgerkavalleriekompagnien zu Fuß und

die vierzehn Quartiere der Bürgerschaft. Gegen 9 Uhr fuhren der amtierende Herr Reichserbmarschall nebst mir in Gala auf. Bald nachhero die sämtlichen Herren Wahlbotschafter, ebenfalls in Gala. Nachdeme alles versammlet war, so verfügte sich der Herr Reichserbmarschall in das Konferenzzimmer und führten die ersten Herren Wahlbotschafter, voraustretend mit dem Marschallsstab in der Hand und vorhero ich als Reichsquartiermeister, in den Kaisersaal. Vorhero war die kursächsische Schweizergarde schon auf diesen Saal gezogen und hatte einen Offizier, dann 1 Trompeter und 1 Pfeifer bei sich.

Hier eine nötige Bemerkung: (242)
Wohin sich der kursächsische Schweizer Offizier postiert.
Der Offizier fragte mich, wo er sich, wenn der halbe Kreis formiert wäre, mit dem Trommler und Pfeifer hinzustellen hätte. Das wußte ich nicht und fand es auch nicht in den bei mir gehabten Auszügen der 1764. und 1790. Tagebücher, die ich über jeden Akt allzeit machen ließ, nicht. Ich ratete ihm, sich an die Seite zu postieren, wo die Hohen Botschaften in den Kreis traten, um sich an ihre Plätze zu verfügen. Er stellte sich aber in die Mitte.
Nachstehendes kann zu einer Idee dienen:

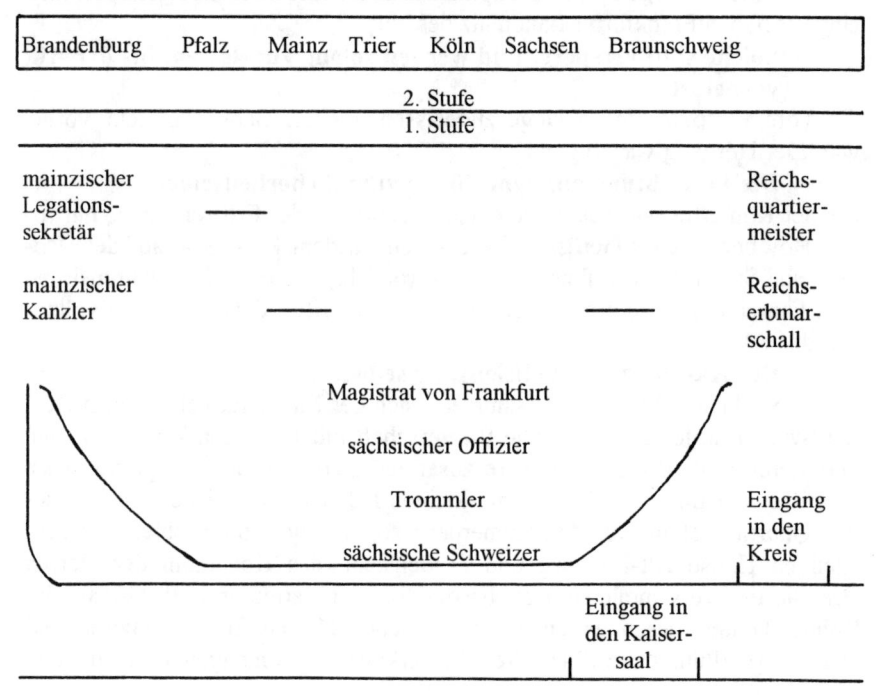

| Brandenburg | Pfalz | Mainz | Trier | Köln | Sachsen | Braunschweig |

2. Stufe
1. Stufe

| mainzischer Legationssekretär | | | | | | Reichsquartiermeister |
| mainzischer Kanzler | | | | | | Reichserbmarschall |

Magistrat von Frankfurt

sächsischer Offizier

Trommler

sächsische Schweizer

Eingang in den Kreis

Eingang in den Kaisersaal

(243) Als sich die ersten Herren Wahlbotschafter gesetzt hatten, stellte sich der 2. kurmainzische Wahlbotschafter und Kanzler Freiherr von Albini auf die rechte Seite der Bühne und etwas hinter ihm der kurmainzische Legationssekretär von Roth, links der amtierende Herr Reichserbmarschall und etwas hinter ihm ich, der Reichsquartiermeister. Bei dem Eintritt in den Saal öffnete sich der mit sächsischer Schweizergarde formierte Kreis, und das Spiel wurde gerührt, und schloß sich wieder zu, sobald die Hohe Versammlung darin war, auch nachher der Magistrat und die Herren Stadtoffiziere. Sowohl die zweiten und dritten Herren Wahlbotschafter als andere, nur zu viele, Zuschauer waren da, auch (244) etliche Damen, für welche der erste kursächsische Herr Wahlbotschafter Graf von Schönberg (der etwas vorhero nochmals kam, um die Einrichtungen zu sehen) dergestalt wollte gesorgt haben - ohnerachtet er, da er die Einrichtung etliche Tage vorhero hatte gesehen, nichts sagte - daß eine Estrade rechts an [der] oberen Ecke, wenn man in den Kaisersaal hienein geht, sollte errichtet sein. Da er mich darüber zur Rede setzte und erzählte, daß bei der letzten Wahl und Krönung eine da gewesen sei, davon in keinem Tagebuch was steht, so gab ich ihm zur Antwort, daß Sessel für die Damen dort bereitstünden und man ja nur den Platz von da offen erhalten durfte, wo sodann die Damen alles sehen könnten. Das geschah; der Herr Botschafter wies selbst (245) die Personen weg, die sich dortin zu stellen Mienen machten.

Für Seine Majestät die Kaiserin und die kaiserlichen Herrschaften wurde eine Erhöhung im Kaisersaal bereitet, wo Allerhöchstsie am Krönungstage alles übersehen konnten. Auch besahen diese Allerhöchsten Personen den Zug aus dem Dom in denen neben dem Römer für Allerhöchstsie bestimmten Zimmern.

Bemerkung:
Bei dem Krönungsakt, um speisen zu sehen, wurde eine Erhöhung an diesem Platze für die Kaiserin Majestät und für die kaiserlichen Herrschaften gebauet, eine Treppe hienaufgemacht, die mit rotem Tuche bezogen war sowie die Erhöhung mit rotem Samt. Allerhöchstgedachte Seine Majestät sahen den Hergang von der Kirch in den Römer an dem Krönungstage in eigenen für Allerhöchstsie bestimmten Zimmern am Römer, dahin Sie durch den Römer geführt wurden.

Der kurmainzische Kanzler hielt eine kurze Rede und rufte mir zu: "Herr Reichsquartiermeister, lassen Sie den Magistrat heraufkommen!" Ich ging also in die Ratsstube, wo der Rat versammlet war, deutete ihm solches an und kehrte wieder an meinen Platz zurück. Gleich danach erschien der Magistrat. Der gemachte (246) militärische Halbkreis öffnete sich, der Magistrat

trat ein und stellte sich in Reihen. Der Herr Kanzler machte ihm den Vorhalt, und der kurmainzische Herr Botschaftssekretär las den Eid vor, welchen der Magistrat wörtlich nachgesprochen, hierauf das Handgelöbnis Mann für Mann dem ersten kurmainzischen Herrn Wahlbotschafter Freiherrn von Fechenbach geleistet hat. Hierauf begab sich der Magistrat in der nämlichen Ordnung zurück, und der Herr Kanzler rufte mir abermals zu, die Herren Oberoffiziere und Capitäne zu benachrichtigen. Diese waren in einem besonderen Zimmer versammlet und erschienen ebenfalls gleich, nachdeme ich mich vorhero wieder an meinen Platz begab. Als auch diese sich wieder zurückverfügt hatten, erho(247)ben sich Hochermeldter kurmainzischer 1. Herr Wahlbotschafter Freiherr von Fechenbach mit dem 2., dem Herrn Kanzler Freiherrn von Albini, ferner dem kurmainzischen Herrn Botschaftssekretär von Roth unter Vortretung meiner Reichsquartiermeisters, dann des amtierenden Herrn Reichserbmarschalls, und der Zug ging auf die vor dem Römer schon obenbemerkte Bühne, wohin auch einige der übrigen Hohen Herren 1. Botschafter sich verfügten, die andern aber oben in dem Kaisersaale am Fenster zusahen. Auf der Bühne stund ebenso der kurmainzische Herr Botschaftssekretär sowie der amtierende Herr Reichserbmarschall und ich Reichsquartiermeister wie bei der Bühne auf dem (248) Kaisersaale. Auf einen bemessenen Vortrag des Herrn Kanzlers und den von dem Herrn Botschaftssekretär abgelesenen Eid schwur die Bürgerschaft die derselben vorgesagten Worte nach. Hierauf und da die Bürgerschaft abgezogen war, rückte die Stadtgarnison heran, die ebenfalls den Eid auf die nämliche Art abschwur und sodann abmarschierte.

Hier kommt zu bemerken, daß bei diesem Schwörungsakt die ersten Herren Wahlbotschafter bedeckt waren, bei dem Schwur selbst aber die Hüte abnahmen. Vor dem Eingang in den Kaisersaal und vor dem Eingang in die Bühne vor dem Römer 2 kursächsische Schweizer, vor der Römertüre aber die reichserb(249)marschallischen 2 Trabanten wie allzeit, wenn ein Akt auf dem Römer war, stunden (nur wie die Büffette einmal aufgerichtet waren, hatten sie vor dem Kaisersaal die Wach).

Nachdeme auch dieser Akt vollbracht war, ging der Zug wie hienab also auch wieder herauf und dann in das kurfürstliche Konferenzzimmer, woselbst noch Konferenz gehalten und sich sodann auf die gewöhnliche Art nach Haus begeben wurde.
    Die Verkündigung des Wahltags geschieht von Seiten des Magistrats.

Geschah von Seiten des Magistrats die Verkündung des auf nächstkommenden 5. dieses Monats festgesetzten Wahltags unter Trompeten- und Paukenschall, auch zugleich wegen der Ausschaffung der Fremden.
Die Stadt Aachen bedankt sich schriftlich gegen den Reichsquartiermeister und empfiehlt sich weiters.
Langte ein Schreiben von (250) der Reichsstadt Aachen an mich Reichsquartiermeister ein - Zahl 169, darin sich die Stadt nicht nur für die bisherige Besorgung bedankte, sondern auch in Ansehung der weitern Aufmerksamkeit empfiehlt.
Gleiches an den Herrn Reichserbmarschall.
Gleiches kam an den amtierenden Herrn Reichserbmarschall - Zahl 170. In beeden wurde angezeigt, daß die Deputierten mit den Insignien am 8. dieses Monats zu Frankfurt eintreffen werden.
So auch ein dergleichen Schreiben von der Stadt Nürnberg an den Herrn Reichserbmarschall.
So kam auch ein Danksagungs- und Benachrichtigungsschreiben von dem Magistrat zu Nürnberg an den amtierenden Herrn Reichserbmarschall, daß die Gesandtschaft mit den Reichsinsignien heute, am (251) 2. Juli, von Nürnberg abginge - Zahl 171. (Daß beede Städte wegen des Reichsquartiers sich zu geschwind bedankt haben, ist schon oben angezeigt.)
Die Verteidigung und Erklärung des Herrn Reichserbmarschalls an das Höchste Reichserzmarschallamt wegen der Beschwerde der Stadt.
Wurde an das Hohe Reichserzmarschallamt die Verteidigung und Erklärung des amtierenden Herrn Reichserbmarschalls über die magistratische Klage (unter Zahl 166, Seite 235) wegen der Putzmacherin eingesandt - Zahl 166. Es wurde aber immer darauf bestanden, daß eine schriftliche Erklärung an den Magistrat geschehen müsse, und da solche noch nicht erfolgte, so hatte ich, wenn ich die Herren Wahlbotschafter bei dem (252) Abführen von der untersten Treppe bis an die Römertür [führte], beständig Fragen, ob es noch nicht geschehen, von den meisten, besonders von den kursächsischen, sogar von dem Herrn Grafen von Löben, auszuhalten, die desto auffallender waren, als die Menge von Zuschauern immer glauben mußte, es wurde mit mir gezankt.
Weisung, daß der königlich-dänische Gesandte, da er sich legitimiert hat, ebenfalls bis zum Tage der Wahl zu dulden.
Kam eine Weisung von dem Höchsten Kurkollegium - Zahl 173, 174 - an das Reichserbmarschallamt, daß beschlossen worden sei:
1. den königlich-dänischen Gesandten von Wächtern, indeme er sich bei dem Hohen Kollegium ehestens legitimieren zu wollen sich geäußert, eben-

falls bis zum Tag vor der Wahl hier zu dulden, dieses ihm aber mit beifügender Ursach von dem Reichsquartiermeister zu erkennen zu geben sei,

Der Herr Reichserbmarschall hat dem päpstlichen Nuntius und dem russisch kaiserlichen Minister zu hinterbringen, daß nun auch in Ansehung ihrer das Decretum Emigrationis in Erfüllung gehe.

übrigens (253) wäre ferner beliebt, daß an dem gedachten Tage vor der Wahl der Reichserbmarschall sich nochmal zu dem päpstlichen Nuntius und dem russisch kaiserlichen bevollmächtigten Minister verfügen solle, um ihnen zu hinterbringen, daß nunmehr das Decretum Emigrationis auch in Ansehung ihrer in Erfüllung gehe. Was hingegen den königlich-dänischen Gesandten betreffe, so hänge es davon ab, [ob] dieser sich mittlerweile würklich noch legitimieren werde. Geschehe dieses nicht, so sei demselben am erwähnten Tage eben dasselbige durch den Reichsquartiermeister auszurichten. (Bemerkung: Ist alles befolgt worden) (254)

Der Zug am Wahltage und andere Vorkehrungen wurde bestätigt, außer etlichen Abänderungen.

2. auf den erbmarschallischen Bericht vom 26. Juni (Zahl 142), den Zug am Wahltage die Veranstaltung in der Kirche und einige andere Vorträge betreffend, seie beschlossen:

ad I., II.: placet,
ad III.: wie 1790,
ad IV.: ebenfalls,
ad V, VI: placet.

Auf die übrigen Anfragen: wie 1790, deswegen eine Abschrift zugestellt wurde (Zahl 174).

Die Weisung wegen Empfang des neuen Reichsoberhaupts wird ergehen.

Den Empfang des neuen Reichsoberhaupts in specie betreffend, werde Ihm Reichserbmarschall, sobald hierüber das Erforderliche festgesetzt sei, die nötige Weisung zukommen.

Wegen Entfernung des bürgerlichen Wachhauses soll Herr Reichserbmarschall sich mit dem Magistrate benehmen und noch einen gründlichen Bericht erstatten.

Wegen der Entfernung der Wach vom Liebfrauenberg soll Reichserbmarschall, da die Wach gleichwohl von diesem Platz nicht ganz (255) werde entfernt werden können, sich darüber zuvorderst mit dem Magistrate benehmen und nach hinlänglich untersuchten Lokalumständen allenfalls hierüber einen

eigenen gründlichen Bericht noch erstatten (man sehe Zahl 113 und die am Ende dieser Zahl gesetzte Nachricht).
Wie der Zug am Krönungstage einzurichten.
In Ansehung des Berichts vom 26. Juni (man sehe Zahl 142, 143), den Zug am Krönungstag betreffend, war beschlossen:
1. daß es bei dem vorhin beliebten Zug sein Verbleiben habe, nämlich über die Töngesgasse.
2. Sei dem Erbmarschall die Note den Wahlakt betreffend zu seiner Bemessung Abschrift zu erteilen, welches sub Lit. B beiliegt - Zahl 175.
Die Rangierung der Wägen.
3. placet den Punkt die Rangierung der Wägen (256) bei dem Sekuritätseide.

Am 3. Juli
Bericht, daß das bürgerliche Wachhaus statthaben möchte.
wurde der reichserbmarschallische Bericht wegen des bürgerlichen Wachhauses an das Höchste Kurkollegium erstattet und darauf angetragen, daß solches statthabe - Zahl 175 (man sehe, neben angezeigter, Zahl 113 und deren am Ende beigesetzte Nachricht).
Besorgung der Billetts zur Einlassung in die Kirch.
Besorgte man Billetts zur Einlassung in die Kirch und in den Chor bei dem Wahltage.
Ob diese von dem Reichsmarschallamte allein ausgeteilt werden?
Da nun die Rede war, wie alle Einlaßbillette nur einzig und allein von dem Reichserbmarschallamte ausgeteilt würden, die Botschaften aber ebenfalls welche austeilten und viel vor und dagegen gesprochen wurde, so fand sich in dem Tagebuche von Kaiser Karls VI. glorwürdigsten (257) Andenkens, daß solche ebenfalls von den Botschaften ausgeteilt worden (man sehe dieses Diariums 1. Teil, ganz am Ende).
Dergleichen Billett sind in der Anlage zum Anschauen angeheftet.
Zur Anschauung sind solche Billetts auf eine Karte aufgeheftet, die hier Zahl 176 anliegt. In dem Dom mußte unaufhörlich nachgesehen und Besprechungen gehalten, Anordnung getroffen werden.
Ankunft des Kurfürsten von Mainz.
Kamen vormittags Seine Kurfürstliche Gnaden von Mainz an und stiegen in dem Taxischen Palast als Ihrem Quartiere ab, wo eine mainzische Grenadierkompagnie die Wach hatte.

Auch des Kurfürsten von Trier.
(die Ankunft des Kurfürsten von Köln sehe man Seite 297)
Nachmittags langten auch Seine Kurfürstliche Durchlaucht zu Trier an und nahmen Ihr Quartier bei Herrn Bolongaro (258) in der Töngesgasse ein. Mit diesem Quartiere hatte man sehr viele Arbeit und unangenehme Auftritte, weil bei letzterer Wahl und Krönung so sehr viel an dem Hause ruiniert worden ist, daß das Gebäude selbst Schaden litte. Herr Bolongaro wollte es, da wieder so viele Einrichtungen sollten gemacht werden, ein für allemal nicht hergeben. Da man bei einer solchen Unterredung merkte, daß eine von diesem Hofe bestellte Lieferung, die man nicht ihm aufgab, die Hauptursach dieser beharrlichen Weigerung sein möchte, so wurde diese Lieferung doch ihm zugewiesen und dadurch der Anstand ganz gehoben.

Der Herr Reichserbmarschall macht diesen beeden Kurfürsten das Ankunftskompliment und sagen Höchstihnen zur Konferenz selbst an.
Den beeden Höchsten Kurfürsten machten (259) der amtierende Herr Reichserbmarschall das Kompliment selbst, auch sagten sie Höchstihnen zur Konferenz allzeit selbst an,

Der Reichsquartiermeister dennoch Höchstihren ersten Wahlbotschaftern.
ich Reichsquartiermeister dennoch auch ihren ersten Botschaftern.

Bemerkung,
Diesmal hielt kein Kurfürst einen Einzug.
1. daß diesmal kein Kurfürst einen Einzug hielt;
Zeremonien, wie die Kurfürsten auf dem Römer empfangen werden, wenn Höchstsie zur Konferenz fahren.
2. bei der Auffahrt der Kurfürsten zur Zusammenkunft auf den Römer [wird] jeder Kurfürst von 4 Ratsdeputierten am Wagen, von dem Reichsquartiermeister etliche Schritt rückwärts, von dem Reichserbmarschall an der Türe des Römers empfangen, sodann unter gewöhnlicher (260) Voraustretung bis an die Treppe geführt werden, an dieser Treppe, da wo sonst des Reichsquartiermeisters Platz ist, Ihre Botschaft finden, die Höchstsie immer mit Voraustretung der Ratsdeputation, des Reichsquartiermeisters und des Herrn Reichserbmarschalls begleitet und oben an der Treppe von den übrigen Botschaftern bekomplimentiert und so in das kurfürstliche Konferenzzimmer, immerfort mit schon bemerkter Voraustretung der Stadtdeputation und des Reichsmarschallamts, gebracht werden;
3. daß vor jeden der 3 geistlichen Kurfürsten 3 (261) besondere Zimmer zur Retirade waren.

Weitere Bemerkung:
In die Voraustretung bei der Auf- und Abführung soll niemand eindringen.
Die voraustretende Stadtdeputation, der Reichsquartiermeister und der Herr Reichserbmarschall läßt niemand dazwischen eintreten. Der kurbrandenburgische Gesandtschaftsmarschall von Schack wollte einmal zwischen die beeden Stadtdeputierten, nämlich nach ihnen, eintreten, als die kurbrandenburgische Botschaft aufgeführt wurde, der eine Deputierte namens Schlosser beredete dieses gleich, und da überhaupt der Gesandtschaftsmarschall sowie sein erster Botschafter nicht just mit der Stadt harmonisch war, so gab es ein und andere Red und Wiederred, der Gesandtschaftsmarschall ging dazwischen, neben und wie er sich helfen konnte, vor die Zukunft aber unterblieb's.

Aufmerksamkeit auf die Retiradezimmer.
Mit den 3 Retiradezimmern (262) für die 3 Kurfürsten muß sich sehr in Obacht genommen werden: Als Seine Majestät der Kaiser von der Krönung in die Retirade wollten begleitet werden, unterhielten Allerhöchstsie sich vor dem Zimmer mit den Umstehenden, und da Sie müd waren, gingen Sie in eines der offengestandenen kurfürstlichen Zimmer und setzten sich. Nun konnte der 3. Kurfürst kein Zimmer finden, und es hieß gleich, es ist kein Zimmer vor den Kurfürsten da, bis sich die Ursach entdeckte und der Kurfürst zu dem andern ging.

Wenn eine solenne Auffahrt war, so gingen oder fuhren die Botschaftsräte und -kavaliere alle mit. Diese gingen jederzeit voraus und (263) in den Römer hienein, die Treppe hienauf bis an die äußere Tür des Konferenzsaals, wo 2 Stadtgarnisonunteroffiziere stehen. Dann gehen sie entweder wieder ab oder in das reichsmarschallische Zimmer.

Verschiedene Baubesorgungen mit der Stadt.
Diesem Tag wurde auch mit der Stadtbaudirektion, welcher ein Schöff von Günderode vorstund, viel Notwendiges besorgt, um die Straßen zu dem Wahlzug in Ordnung zu haben,

Belobung deren Willfährigkeit in diesem Punkte.
und muß man sowohl der Stadt als ihrem Baudirektor zu Ruhme nachsagen, daß dieses Geschäft mit der größten Bereitwilligkeit seien Gang hatte.

Gleiche Benehmung mit dem ersten Bürgermeister wegen des Wahltags.
Ebenso benahm man sich mit dem regierenden Bürgermeister von Lauterbach und den beeden Stadt- und Quartierungsdeputierten übermorgen, als am Wahl(264)tage, herkömmlicher Anstalten, und wurde alles aufs Pünktlichste zu beobachten versichert.

Am 4. Juli
Die Emigration wird gar besorgt.
wurde die Emigrationssach durch den amtierenden Herrn Reichserbmarschall und durch mich Reichsquartiermeister besorgt (man sehe Seite 221, 224, 252),
Austeilung der Protektionsbilletts (nur in der Stadt bleiben und nicht emigrieren zu dürfen) und der in der Kirch zur Wahl.
auch Protektionsbilletts und Billetts in die Kirch zur Wahl ausgegeben.
Das Reichserbmarschallamt erhält aus dem Kurkollegium die Liste sämtlicher anwesenden Höchsten und Hohen Personen.
Von dem Höchsten Kurkollegium erhält das Reichserbmarschallamt die Fourierlisten sämtlicher hier anwesenden Höchsten Herren Kurfürsten und der abwesenden Gesandtschaft, um die dem Magistrat ungesäumt zuzustellen - Zahl 177, welches auch geschah.
Weisung dem Herrn Reichserbmarschall, denen hier anwesenden Herren Kurfürsten zur Wahl anzusagen.
Gleich erhielt der Herr Erbmarschall eine Höchste (265) Weisung, denen hier anwesenden Herren Kurfürsten und deren abwesenden Herren Botschaftern auf morgen Donnerstag, den 5. dieses Monats, vormittags 8 Uhr auf hiesigem Rathause zu erscheinen und sich fürders von da in allhiesig St. Bartholomäi Stiftskirch zur Wahl eines Römischen Königs zu verfügen, anzusagen - Zahl 178.
Verkündigung, daß die Sturmglocke gelitten werde.
Weil bei dem morgenden so wichtigen Tage die Sturmglocke gelitten wird, so wurde das heute von dem Magistrat verkündet, damit niemand deswegen in Schröcken gerate.
Die Stadttore werden geschlossen und die Schlüssel Seiner Kurfürstlichen Gnaden von Mainz überliefert.
Gegen Abend wurden die Stadttore geschlossen und die (266) Stadtschlüssel durch die beeden Bürgermeister von Lauterbach und Mühl an Seine Kurfürstliche Gnaden zu Mainz überbracht. Diese wurden in 2 Laden von 4 Stadtsoldaten unter Bedeckung von Stadtgrenadieren getragen. Die beeden Bürgermeister fuhren unter Voraustretung der Einspänniger, Stadt- und eigener Bedienter in einem Wagen.
Herrn Kanzleirat Körndörfer von Pappenheim wird aufgetragen, für die ersten Damen, die Erlaubnis haben, in die Kirch zu kommen, zu sorgen.
Dem Herrn Kanzleirat Körndörfer wurde aufgetragen, für die Damen, welche die Erlaubnis hatten, in die Kirch zu kommen, Sorge zu tragen. (267)

Am 5. Juli
war der große Tag, der uns unser neues Reichsoberhaupt verschaffte.
Die Sturmglocke wird gelitten.
Früh um 6 Uhr wurde das Zeichen durch Läutung der Sturmglocke gegeben, welches bis 7 Uhr dauerte.
Die bürgerliche Kavallerie und Infanterie bezieht ihre Plätze.
Zu der Zeit bezog die bürgerliche Kavallerie und die Infanterie, dann die Stadtgarnison ihre Plätze.
Die Stadtschlüssel werden von Kurmainz dem Herrn Reichserbmarschall ausgeliefert.
Die Stadtschlüssel wurden in 2 Küsten oder Laden durch ein Kommando der kurmainzischen Leibgarde von einem Offizier und 20 Mann an den amtierenden Herrn Reichserbmarschall in das Hauptquatier überliefert,
Welcher sie in das Konklave bringt.
welche Hochgedachter amtierender Herr Reichserbmarschall in Ihrem sechsspännigen Staatswagen unter Vortragung der beeden Küsten und (268) der Begleitung einiger Dienerschaft in die St. Bartholomäi Kirch und in das Konklave brachten,
Empfängt von dem Domkustos die Kirchschlüssel, welche er dem Herrn Reichserbtürhüter und dieser dem Reichsquartiermeister übergibt.
auch von dem Domkustos die sämtlichen Kirchenschlüssel empfingen, welche Sie - jedoch den zum Konklave für sich behaltend - dem Reichserbtürhüter Freiherrn von Werthern übergab, der sie so dann mir, dem Reichsquartiermeister, behändigte. Daß sich Besprechungen mit dem Herrn Reichserbtürhüter nötig machten, auch noch Besichtigung in der Kirche, kann man sich leicht vorstellen. Ich war schon des Morgens 4 Uhr nur im Überrock auf den Straßen, wodurch der Zug ging, in der Kirche und auf dem Römer.
Der Herr Reichserbmarschall kehrt wieder zurück und kleidet sich in spanische Tracht und fährt auf den Römer.
Der amtierende Herr Reichserbmarschall fuhr sodann wieder zurück und kleidete sich in das spanische reiche Kleid, darauf Ihre Auffahrt (269) wie gewöhnlich, jedoch in Gala, auf den Römer geschah.
Ankunft auf dem Römer der Herren Kurfürsten und Wahlbotschafter.
Gegen 9 Uhr kamen die beeden Herren Kurfürsten von Mainz und Trier, dann die ersten Herren Wahlbotschafter, letztere in spanischer reicher Tracht, auch Kurböhmen war in Gala und nicht in der Trauer, in vielen sechsspännigen Staatswägen mit Voraustretung der zahlreichen Dienerschaften, Räte und Kavaliere.

Anstalt, wie Wägen und sämtliche Suiten rangiert wurden.
Die Wägen fuhren hienabwärts gegen die Saal- und Mainzer Gasse, und die Dienerschaft stellte sich außerhalb des Römers, die Hausoffizianten unten am Römer, und die Räte und Kavaliere waren oben im Römer auf dem Vorsaal und in den Zimmern, wo man sie nur unterbringen konnte. Denn es waren (270) eine Meng, und der Platz auf dem ganzen Römer ist nicht groß.
Die Pferde zum Reiten werden von den Unterstallmeistern und ihren Leuten vor dem Römer bereitgehalten.
Die prächtig aufgeputzten Pferde, auf welchen die Kurfürsten und ersten Wahlbotschafter in den Dom ritten, wurden von den Unterstallmeistern auf dem Römer bereitgehalten.
Die Kurfürsten ziehen sich auf dem Römer in ihren Retiradezimmern um.
Die beeden Kurfürsten, Höchstwelche sich mit den ersten Herren Wahlbotschaftern in das Konferenzzimmer begeben hatten, gingen bald darauf in ihr Retiradezimmer und ließen sich ihre Kurhabita anziehen, denn vorhero hatten sie einen langen schwarzen, mit dergleichen Spitzen besetzten Talar an, worauf sie sich wieder in das Konferenzzimmer begaben. (271)
Der Herr Reichserbmarschall und Reichsquartiermeister verfügen sich indessen in die Kirch.
Der amtierende Herr Reichserbmarschall und ich Reichsquartiermeister verfügten uns indessen in die Kirch, wo der Reichserbtürhüter schon war, um unsere Funktionen zu verrichten. Die Menge vieler tausend, tausend Menschen war entsetzlich, und ich ging nur zu Fuß durch Nebengäß'gen in den Dom.
Die 2. und 3. Herren Wahlbotschafter ebenfalls.
Die 2. und 3. Herren Wahlbotschafter fuhren ebenfalls in 6spännigen Staatswägen und reichen spanischen Kleidern von ihrem Quartiere aus einstweilen in die Kirch,
Auch Damen.
auch einige der großen Damen.
Jene nehmen ihren Aufenthalt in der Sakristei linker Hand.
und erstere nahmen ihren Aufenthalt indessen in der linker Hand des Chors, wenn man diesen eingeht, sich befindenden Sakristei.
Der feierliche Zug geht an.
Um 10 Uhr fing der feierliche Zug nach der Wahl- und Domkirch, nach ihrem Rang, (272) der Kurfürsten an.
Die Abführung im Römer besorgt der Bruder des amtierenden Herrn Reichserbmarschalls und Herr Kanzleirat Körndörfer.

Die Abführung geschah von dem Herrn Grafen Ferdinand, Bruder des amtierenden Herrn Reichserbmarschalls, und Herrn Kanzleirat Körndörfer.

[Körndörfer, vom 5. Juli, Seite 124 f.:]
Bei dieser Gelegenheit, da der Zug wegen überaus großer Menge (125) der Menschen in eine etwelche Stockung geraten und von einem unten im Rathaus mit befindlich gewesenen Hoffourier vorgerufen wurde: "Avance! avance!", antworteten Ihro Kurfürstliche Durchlaucht zu Trier, vor Höchstwelchen ich Kanzleirat eben mit stunde: "Wir wählen anheute einen deutschen Kaiser und wollen uns also auch der deutschen und keiner fremden Sprache bedienen!"

Die bürgerliche Infanterie macht Spalier und hält die beste Ordnung.
Die bürgerliche Infanterie machte vom Römer bis zum Dom Spalier, wo der Zug durchging, und hielt die beste Ordnung, so daß man vor den tausend Menschen während des Zugs nicht beschwert wurde. Ebenso hielt sie Ordnung bei beedesmaligen kaiserlichen Zügen in und aus der Kirche.

Die Kavallerie steht nicht weit mehr von der Kirch auf einem Platze.
Die Kavallerie stund an einem Platze nicht so gar weit mehr von der Kirche.

Ein geistlicher Kurfürst zu Pferd ist im gedruckten Tagebuche Leopolds II. weiland Majestät Wahl- und Krönungstagebuche zu sehen.
Einen geistlichen Kurfürsten zu Pferd abgemalt kann man in dem gedruckten Tagebuche Kaiser Leopolds II. Allerhöchsten Andenkens sehen. (273)

Die mainzische, trierische Garde, auch die kurkölnische Garde sind unten im Römer aufgestellt.
Im Römer unten waren die beeden kurmainzischen und kurtrierischen Garden, auch die kurkölnische aufgestellt.

Die kursächsischen Schweizer in der Kirche.
In der Kirche waren bei dem Haupteingang 1 kursächsischer Rottenmeister mit 10 kursächsischen Schweizern, innerhalb 10 dergleichen Mann, 2 Mann an der zweiten oder inneren Kirchtür, wenn man durch den Kreuzgang kam, 2 Mann am Eingang des Chors und zwei Mann vor dem Konklave. Die übrige Mannschaft mit ihren Oberoffizieren, Trommlern und Pfeifern waren in der Mitte des Kreuzgangs aufgestellt.

Diese lassen keine bewaffnete Garde ein.
Die kursächsischen Schweizer ließen keine bewaffnete Garde ein. Sogar die reichserbmar(274)schall-pappenheimischen 2 Trabanten mußten ihre Helle-

barden inwendig an die Türe lehnen, ohnerachtet der eine, namens Wagner, der bei der vorigen Krönung dabei war, versicherte, daß sie solche behalten hätten. Ich wollte also darauf beharren, es half aber nichts, und zu weitern Maßregeln war keine Zeit, denn der Zug drückte schon nur die etliche Minuten, da dies vorging. Aber es ereignete sich noch eine weitläufigere Geschicht. Sonst hatte es mit der kurmainzischen Garde Anstände gegeben, die auch in die Kirch wollte. Das wurde diesmal schon voraus beseitigt.

Vorgang deswegen mit der kurtrierischen Garde.
Aber es kam die trierische Garde mit Gewehr und wollte hienein, die säch- (275)sischen Schweizer litten das nicht. Jene wollten die Türe mit Gewalt hienein aufmachen, und diese drückten dagegen zu. Endlich hieb ein trierischer Gardeunteroffizier mit blankem Palasch zwischen der Tür, die die sächsische Garde nicht ganz zubringen konnte, immer hienein. Die sächsische Garde wollte mit den Hellebarden dagegen. Ich sprang dazwischen - freilich war es kein angenehmes Geschäft, aber es mußte sein - und verlangte Ruh und Ordnung. Und ihre Offizire endlich kapitulierten mir, ohne daß die Offiziere kommen konnten, weil diese in ihrem Dienste (276) waren, daß die trierische Garde ihr Obergewehr inwendig an die Tür lehnen und sodann in die Kirch kommen könnten. Das geschah auch, und es wurde sodann Fried.

Das Eindringen in die Tür des Doms war überhaupt äußerst stark.
Überhaupt war an der Türe sowohl diesmal als bei den folgenden zwein Solennitäten keine geringe Plag. Sooft jemand mit Billett anpochte und eingelassen wurde, drang eine Menge Menschen mit ein, so daß ich verschiedenemalen die sächsische Schweizergarde mußte anrufen lassen, auch den Wachen der Stadt und den von der bürgerlichen Infanterie, die außen herum stunden, aufgab, den Zugang zu verwehren.

Während des ganzen Zugs wird mit allen Glocken gelitten.
Während des ganzen Zugs (277) wurde mit allen Glocken der Stadt geläutet.

An der Domtür steht der Reichsquartiermeister und der Reichserbtürhüter, letzterer in seiner eigenen vorgeschriebenen Tracht.
Beede nehmen die Einlaßbilletts ab.
An der Tür der Kirch stund der Erbtürhüter Freiherr von Werthern in einem spanischen Habit von Silberstoff, aber nur einem schwarzen kurzen spanischen samtenen Mantel mit goldenen Spitzen, und ich Reichsquartiermeister und nahmen die Einlaßbilletts.

Beschrieb des ganzen Zugs in die Kirch.
Der Zug selbst ist in der Zahl 179, 180, [den] Frankfurter Zeitungen, sowie der ganze Wahlakt beschrieben. Denn wenn ein Reichsquartiermeister seinen Posten in der Kirche nicht verlassen will, und das soll und darf er nicht (wenn

aus jener Ereignis mit der trierischen Garde Weitläufigkeiten entstanden wären, so wäre ich verantwortlich worden, wenn ich nicht an meinem Platz geblieben wäre), so sieht er und kann wenig oder gar nichts sehen. Der Herr Kanzleirat Körndörfer mußte auf der Emporkirche sein, und der Kavalier hatte sich unter die Leute so verloren, daß man ihn am Tag, als Seine Majestät die Wahlkapitulation beschwor, nicht finden konnte - Zahl 180 b. Bei dem ersten Zug war er noch nicht hier.

Die reichserbmarschallische Suite muß bei den drei Zügen in die Kirch jederzeit den Anfang machen.

(nur (278) muß hier noch bemerkt werden, daß bei diesem Zuge so wie bei jedem der 3 Züge - und also auch der zwei nachfolgenden - die reichserbmarschallische Suite den Anfang machte - zuerst der Reichsprofoß mit dem Stabe, dann die beeden Hatschiere, darauf die Livree, die Hausoffizianten;

Reichsquartiermeister tritt aus dem Zug, wenn er an die Domtür kommt, heraus und stellt sich an seinen Posten, wo der Reichserbtürhüter schon steht.

bei den kaiserlichen 2 Zügen ich, der Reichsquartiermeister, wo ich sodann, sobald der Zug ankam, mich zu dem Reichserbtürhüter auf die andere Seite stellte. Dann folgte Kurbraunschweig.)

Der Herr Reichserbmarschall führt die Herren Kurfürsten und Wahlbotschafter, die unter der Kirchtüre von der versammleten Geistlichkeit empfangen werden, nebst Reichserbtürhüter in den Chor, vor welchem letzterer stehenbleibt, der erstere aber die Plätze im Chor anweist.

Der amtierende Herr Reichs(279)erbmarschall führte die Herren Kurfürsten und die ersten Herren Wahlbotschafter, die unter der Kirchtür von der versammleten Geistlichkeit unter Vortretung des kurmainzischen Weihbischofs mit Darreichung [des Weihwassers] an den katholischen Teil empfangen werden und wo sie sowohl die Kur- als spanischen Hüte abnehmen, in den Chor, nebst dem Erbtürhüter, welch letzterer vor dem Chor stehen bleibt, ersterer aber diese Hohen Wahlpersonen in den Chor führt und ihnen sowie den schon anwesenden 2. und 3. Botschaftern den Platz anweist.

Einrichtung dieser Plätze.
Diese Plätze waren (280) wie sonst so eingerichtet:

auf der Seite des Evangeliums	in der Mitte	auf der Epistelseite
Kurmainz in Person	Kurtrier in Person	Kurköln
Kurböhmen		Kurpfalz
Kursachsen		Kurbrandenburg
Kurbraunschweig		
(erstere Herren Botschafter)		(erstere Herren Botschafter)
	2. und 3. kurtrierische Botschafter	
2. und 3. Herren Botschafter		
		1 kurkölnischer
2. kurmainzischer		1 kurpfälzischer
1 kurböhmischer		
2 kursächsische		1 kurbrandenburgischer
1 kurbraunschweigischer		

Die Sitze sind von rotem Samt und goldnen Borten. Auf jedem ist auf schwarzen, oben angemachten Täfl'gen mit goldenen Buchstaben der Kurhof angemerkt.
Die Sitze der Herren Kurfürsten und Botschafter waren von rotem Samt mit Gold besetzt, wobei den Herren Kurfürsten ihre mit goldnen Quasten noch mehr ausgeziert waren. An jedem Sitze war auf (281) schwarzen, oben angemachten Täfl'gen mit goldenen Buchstaben angemerkt, z. B. "Kurmainz" pp.
Beschrieb des Wahlakts.
Nach geschehener Wahl, in der schon angemerkten Zahl 180 umständlich beschrieben,
Die Herren Kurfürsten und Wahlbotschafter werden von dem Reichserbmarschall auf die Proklamationsbühne geführt.
wurden die Herren Kurfürsten und Wahlbotschafter von dem Herrn Reichserbmarschall auf die vor dem Chor errichtete Proklamationsbühne mit dem Marschallsstab geführt
Der erzstift-mainzische Dompropst verrichtet die Proklamation.
und, nach allda eingenommenen Plätzen, von dem erzstift-mainzischen Dompropsten Grafen von der Leyen die Proklamation unter Trompeten- und Paukenschall gemacht,

Von dem Reichsquartiermeister wird die Tür unter dem Rufe: "Vivat Franz II.!" eröffnet und das Volk eingelassen.
von mir Reichsquartiermeister die Kirchtür unter dem Rufe: "Vivat Franz II.!" eröffnet und das Volk eingelassen.

Das "Herr Gott, dich loben wir" wird angestimmt, 100 Kanonen werden abgefeuert, 100 bei dem Abzug von der Kirch und 100 beim Nachhauskehren, auch alle Glocken gelitten.
Hierauf wurde das "Herr Gott, dich loben wir pp." (282) mit einer vortrefflichen Musik angestimmt und 300 Kanonen abgefeuert, nämlich 100 sogleich bei der Verkündung, 100 bei dem Abzug von der Kirche nach dem Römer und 100 beim Nachhauskehren, auch alle Glocken der Stadt gelitten.

Der Rückzug ist wie der Herzug.
Der Rückzug nach dem Römer geschah wieder wie der Herzug. Auf dem Römer besorgte die Aufführung der Herr Graf Ferdinand, Bruder des amtierenden Herrn Reichserbmarschalls, und der Herr Kanzleirat Körndörfer.

Der Herr Reichserbmarschall brachte auf die nämliche Art die Stadtschlüssel wieder zurück wie dahin, auch von Seiten Kurmainz.
Der amtierende Herr Reichserbmarschall brachte auf die nämliche Art wie hin also auch wieder zurück die Stadttorschlüssel in Ihr, das reichserbmarschallische Hauptquartier, woselbst das hingekommene kurmainzische (283) Kommando solche Schlüssel wieder übernahm und in das kurmainzische Hauptquartier brachte.

Die Herren Kurfürsten fahren vom Römer nach Haus, auch die ersten Herren Botschaftern, die übrigen gleich von der Kirche.
Als auch endlich die Herren Kurfürsten und ersten Botschafter (die 2. und 3. fuhren besonders in Staatswägen von der Kirche ab) von dem Römer nach Haus fuhren,

Der Herr Reichserbmarschall bringt Seiner Majestät dem Kaiser die Nachricht als Kurier.
so schickten sich der amtierende Herr Reichserbmarschall zu der Reise nach Würzburg, woselbst Seine neu erwählte Kaiserliche Majestät sich aufhielten, um Allerhöchstihroselben die Nachricht als Kurier mit Vorreitung 30 blasender Postillons zu überbringen

- Besorgung der Postpferde.
die Posten waren schon bestellt (man sehe Herrn Kanzleirats Körndörfer Tagebuch) -

Der Herr Reichserbmarschall wird von Seiner Majestät beschenkt.
wurden von Seiner Majestät sehr gnädig aufgenommen und mit einer prächtigen Dose, reich mit großen Brillanten besetzt, beschenkt. (284)
Der Prinz von Württemberg überbrachte das Diplom.
Der Prinz von Württemberg überbrachte das Diplom.
Der kurböhmische 1. Botschafter gibt Ball nebst einer Illumination.
Abends war bei dem kurböhmischen ersten Herrn Wahlbotschafter Fürsten von Esterhazy, dessen Hotel, noch mehr aber am Abend der Krönung, illuminiert war (sonst war keine Illumination), große Gesellschaft. Auch gab dieser Fürst einen großen Freiball, wozu er ein eigenes Haus im Garten des Roten Hauses auf der Zeil bauen ließ, welches ihn sehr viel Geld kostete. Es wurden viele hundert, wohl tausend Freibillette ausgeteilt. Mir wurde ebenfalls eines geschickt. Ich aber machte keinen Gebrauch davon - ich war zu sehr beschäftigt.

Am 6. Juli
Ansagzettul zur kurfürstlichen Zusammenkunft.
kam von Kurmainz ein Ansagzettul zu einer morgenden kurfürstlichen Zusammenkunft - Zahl 181, welche Ansag ich wie gewöhnlich besorgte.
Nachricht von der Reichstadt Aachen, daß sie in Frankfurt zeitlich eintreffen.
Kam ein Schreiben von der Reichstadt-Aachener Deputation ein - Zahl 182, daß sie mit den Insignien bereits zu Rödelheim eingetroffen seie und dahero morgen zeitlich zu Frankfurt eintreffen werden. Es wurden (285) dahero die nötigen Veranstaltungen zur Einholung getroffen.
Beschrieb der aachnischen Insignien.
Um umständlich zu wissen, in was eigentlich diese Insignien bestehen, so sind solche:
1) Kaiser Karls des Großen Schwert,
2) das mit Edelstein besetzte heilige Evangelienbuch,
3) ein mit Edelstein besetztes Käst'gen, darin die Erde, worauf des heiligen Stephans Blut geflossen, aufgehoben wird.

Nachricht, daß des andern Tags die Insignien von Nürnberg eintreffen werden.
Auch meldete der reichsstadt-nürnbergische Kronkavalier von Grundherr (man sehe Seite 209) sich, daß auch diese Insignien morgen eintreffen werden, zu deren Einholung man auch ebenfalls die Anstalten machte.
Beschrieb dieser Kleinodien von Nürnberg.
Um auch diese Kleinodien (286) zu beschreiben, so bestehen sie:
1) Die Reichskrone,
2) der Reichsapfel,
3) der Reichsszepter,
4) das Schwert Kaiser Karls des Großen,
5) das Schwert des heiligen Mauritius,
6) das Pluvial oder Mantelkleid,
7) die Dalmatika oder das priesterliche Unterkleid,
8) die Alba, auch ein Unterkleid von weißem Taft,
9) die Stola, ein Überschlag,
10) zwei Gürtel zur Aufschürzung,
11) die Handschuh,
12) die Strümpfe,
13) die Schuhe.
Sie haben zu Nürnberg bei diesen Reichskleinodien noch verschiedene heilige Reliquien, die aber bei der Krönung nicht gebraucht werden. (287)

Im Dom und auf dem Kaisersaal, im letztern wegen der Büffetter, fast stündlich nachgesehen

Am 7. Juli
wurde die Auf- und Abführung bei heutiger kurfürstlicher Zusammenkunft wie gewöhnlich besorgt.
Einholung der Aachner Insignien.
Nachmittags wurde die Einholung der Aachner Deputation folgend vorgenommen: Von dem reichserbmarschallischen Hauptquartier aus ritt
1) der Reichsfourier,
2) Herr Kanzleirat Körndörfer,
3) zwei herrschaftliche Reitknechte,
4) ein herrschaftlich 2spänniger Staatswagen und 2 herrschaftliche Bediente, in der Staatslivree vorausgehend, (Da bei der Herrschaft kein 4sitziger Wagen dies(288)mal war, meiner aber 4sitzig war, so gab ich meinen und erhielt dafür einen herrschaftlichen. Ich bemerke dies daran für die Zukunft,

weil hier absolut ein 4sitziger Wagen sein muß, um die Reichskleinodien vorwärts zu legen, wo 2 Deputierte rückwärts sitzen.)
5) Mein des Reichsquartiermeisters Wagen, meine 2 Bedienten in der Staatslivree vorher gehend (Bemerkung: Die Bedienten gingen nur in der Stadt vor den Wägen, vor dem Tore stellten sie sich auf. Im Hereinzug aber gingen sie auch den ganzen Zug vor den Wägen.)

Bei dem Wachtturm vor dem Bockenheimer Tor, war eine Kompagnie Frankfurter Stadtkavallerie (289) unter Anführung des zum Quartierwesen verordneten Deputierten Herrn Senator Moors. Nach einer kurzen Verweilung kam der Aachner Zug an. Ich Reichsquartiermeister bekomplementierte die Deputation, welches ohngefähr darin bestand, daß man über ihre Ankunft Glück wünsche und hier sei, ihre kostbaren Kleinodien in die Krönungsstadt einzuführen, deswegen ihnen die hier seienden Wägen angeboten wären. Der Syndikus verdankte dieses alles namens der Reichsstadt und der Deputation, und 2 Deputierte setzten sich in den 4sitzigen Wagen, die Kleinodien vorwärts habend, und einer setzte sich zu mir in meinen. So ging der Zug in die (290) Stadt bis in das für sie bestimmte Quartier im Roten Hause (es ist eigentlich neben dem Roten Hause, ein neues, sehr schönes Gebäud, und gehört dem Wirt zum Roten Haus). Die Suite war sehr stark, auch ist ein kurpfälzisches Kommando Kavallerie mit einem Offizier dabei, ferner der pfälzische Landvogt, weil Kurpfalz Schutz- und Schirmherr von Aachen ist. Bei dem Wachturm wurden etliche Stück und auch Gewehr abgefeuert, die zu nichts halfen, als daß einige Pferde toll wurden. Gleich ging es von da wieder fort, auf die nämliche Art wie bei Aachen zur Einholung der reichsstadt-nürnbergischen Deputation, die dann, auf die nämliche Weise bekomplementiert und in die herrschaftlichen Wägen genommen, mit (291) ihren Kleinodien und einer zahlreichen Suite eingeführt worden. Nur daß sie die Kleinodien nicht in den Wagen wegen der Menge mitnahmen, sondern solche auf dem mit 6 Pferden bespannten eigenen Krönungswagen ließen, der mit einem Kommando nürnbergischer Stadtgarde und Trompetern bedeckt war. Die Erwartung dieser Reichskleinodien geschah über Sachsenhausen hienaus bis zu dem sogenannten Schultheißen Hof, und das Quartier in der Stadt für diese Deputation war an dem Großen Hirschgraben bei der Frau Kanzleidirektorin Häberlein.

Hier eine Bemerkung.
Bei dem Einzuge reiten die sogenannten reichsstadt-nürnbergischen Kronkavaliere, sonst Kronjunker, neben dem Kronwagen (292) dicht. Schon sagte mir der die Stadt-Frankfurter bürgerliche Kavallerie anführende Deputierte

Herr Senator Moors, wie die Frankfurter Stadtkavallerie sich immer den kleinen Spaß mache und die Herren Kronkavaliere (denn auch die Frankfurter Stadtkavallerie begleitet den Krönungswagen auf beeden Seiten) im Einreiten in die Stadt etwas hindrückten. Ich machte dem Herrn Senator gleich meine Bemerkung, aber er konnte oder wollte es nicht mehr ändern. Auch sah ich wohl, daß einer von diesen Kronkavalieren vor zu dem anführenden Herrn Senator Moors sprengte. Es muß also in der Folge, wenn mehrere Muße zur Rangierung dergleichen Gegenstände ist, dahin gearbeitet werden, daß es unterbleibe, weil sonst Unordnung daraus entstehen könnte. (293)

Die Stadtdeputationen warten dem Herrn Reichserbmarschall auf und bedanken sich.
Vor diesen Einholungen statteten beede Deputationen dem amtierenden Herrn Reichserbmarschall bei ihrer Aufwartung Dank ab.

Benehmung zwischen dem Reichserbmarschallamte und der Stadt Frankfurt.
Wie man sich mit der Stadt Frankfurt über solche Sachen benahm, zeigt Zahl 183.

Weisung von dem Kurkollegium an das Reichserbmarschallamt, den ganzen Akt des königlichen Empfangs und Zugs in die Kirch in einen Aufsatz zu bringen.
Wurde aus der kurmainzischen Kanzlei eine kurfürstliche Kollegialweisung und Protokollauszug dem Reichserbmarschallamte zugesandt - Zahl 184, 185, zu seiner Bemessung, um nunmehro sämtlichen Botschaftsmarschällen den ganzen Akt des königlichen Empfangs und Zugs in die Kirch in einen ausführlichen Aufsatz zu bringen, auch, ob und was nach Lokal- und sonstigen Umständen hierin etwa zu ändern sein möchte, zeitig zu berichten. (294)

Der Reichsquartiermeister soll in dem kaiserlichen Quartiere genaue Visitation anstellen.
Erhielt ich ein an den königlich-böhmischen und nunmehro eigentlich schon römisch-königlichen Oberhofkommissär gerichtetes Billett von dem kurböhmischen Botschaftsmarschall Grafen von Herberstein, vermög welchem ich in dem kaiserlichen Quartier alles zu untersuchen hatte, um allenfallsiges vorbereitetes Unglück abzuwenden - Zahl 186.

Der Oberhofmeister und der Gardeobrist tun dies selbst.
Es protestierten aber der Oberhofmeister und der Gardeobrist, daß ihnen dieses zukäme.

Die Staatsfrag hierüber wird aufgelegt, aber die Zeit zur Entscheidung war nicht da.
Hier war nun die große Staatsfrag: Nach der Wahlkapitulation dürfen die kaiserlichen Offizialen den Reichsoffizialen keine Hinderung machen. Aber

der Kaiser war zwar gewählt, doch noch hatte er keinen Einzug gehalten, noch war er nicht gekrönt. Die Entscheidung (295) möchte wohl bis jetzo noch nicht erfolgt sein, und dort mußte man mit Minuten geizen. Ich mußte also nachgeben und die reichserbmarschallischen Rechte verwahren.

Reichsquartiermeister visitiert dagegen den tapezierten Kreuzgang in der Kirche.
Auch wurde ich dadurch in seiner Art entschädigt, daß ich in der Kirche jenen Kreuzgang, wo Seine Majestät zur Krönung in die inwendige Kirche gehen und welcher ganz tapeziert ist, mit kursächsischen Schweizern ganz genau mit Aufhebung der Tapeten visitiert und sonst niemanden dazu ließ.

Marschallskonferenz.
Wurde morgens früh zu der Marschallskonferenz gewöhnlich angesagt und mit hunderterlei Quartierssachen, Nachsehungen und Aufzeichnungen, was (296) nun zu besorgen, den Abend und die Nacht zugebracht.

Am 8. Juli
Der Empfang und Zug beraten und vorbereitet.
wurde in der heutigen Marschallskonferenz das gestern erhaltene Höchstkurfürstliche Protokoll, den Akt des königlichen Empfangs und Zugs in die Kirch [betreffend], vorgelesen, beraten und die untertänigsten Vorschläge in ein Protokoll gebracht - Zahl 187, 188, 189; in diesem kommt alles vor.

Das Protokoll an das Höchste Kurkollegium gebracht.
Dieses in der größten Eile verfaßte Protokoll wurde sogleich von Reichsmarschallamts wegen an das Höchste Kurkollegium befördert - Zahl 190.

Die Quartiersbesorgungen wurden immer dringender.
Je näher der Tag kam, wo die Ankunft Seiner Majestät geschah, desto dringender wurden die Quartiersbesorgungen. (297)

Am 9. Juli
bat Herr Senator Moors um einige Fourierlisten, der Polizei- und Taxkonferenz Protokolle, auch noch mehrere gedruckte Polizei- und Taxordnungsexemplarien - Zahl 191, die er auch erhielt.

Der Kurfürst von Köln langte an.
Langten auch Seine Kurfürstliche Durchlaucht zu Köln, ebenfalls inkognito, an und stiegen in Ihrem Quartiere im Teutschen Hause zu Sachsenhausen ab. Abends war das bereits bemerkte Festin des kurböhmischen ersten Herrn Wahlbotschafters Fürsten von Esterhazy,

Ordnung wegen An- und Abfahrens der Wägen bei dem Feste, welches der 1. kurböhmische Botschafter gab.
deswegen man, wegen Anfahrens und Abfahrens der Wägen, überhaupt Haltung der Ordnung und Wachen die nötigen Vor(298)kehrungen und Unterredungen zu besorgen hatte.

Am 10. Juli
Ansag zur kurfürstlichen Zusammenkunft.
erhielt man eine Weisung aus der kurmainzischen Kanzlei, zur kurfürstlichen Zusammenkunft auf morgenden 11. [anzusagen], und wurde die Ansag wie gewöhnlich von mir, bei den Herren Kurfürsten selbst aber durch den amtierenden Herrn Reichserbmarschall besorgt.
Die Straßen, wodurch der Zug geht, visitiert.
Alle Straßen, wo der Zug durchging, mit dem städtischen Baudirektor Herrn von Günderode besehen, wo oben die Rinnen an Dächern sind und hervorragen, mußten weggenommen, alle Kräme weggeschafft, kurz, alles rein gemacht werden.
Reichsquartiermeister speist etliche Male bei der Nürnberger und Aachner Deputation.
Speiste ich, so wie etliche Male, bei der nürnbergischen Krondeputation (299), also auch heute, und noch etliche Male bei der Aachner.
Die Herren Kurfürsten machen unter sich Visiten in Zeremonie, auch die weltlichen Herren Botschafter bei ersteren.
Machten die 3 Herren Kurfürsten unter sich und sodann der weltlichen abwesenden Herren Kurfürsten Herren Botschafter bei erstern in völligem Staate in lauter 6spännigen Wägen mit einem sehr zahlreichen Gefolge ihre Zeremoniellvisiten.

Am 11. Juli
Seine Majestät der Kaiser, Seine Majestät die Kaiserin, dann der Erzherzog Karl und Joseph Königliche Hoheiten kommen inkognito an.
erwartete man die Ankunft Seiner Majestät, die auch gegen Abend inkognito erfolgte, nebst Allerhöchstihro Frauen Gemahlin Majestät und des Erzherzogs Karl und Joseph Königliche Hoheiten, in vielen 6 und vierspännigen Wägen mit Postpferden bespannt, und stiegen in dem für Allerhöchstsie bestimmten Quartiere zum Braunfels ab.

Vor den Zimmern hat die Teutsche Noblegarde die Wache. Auf den Treppen die bürgerlichen Stadtoffiziere.
Vor den Zimmern hatten die Teutschen Noblegardisten (300) die Wache, auf den Treppen die bürgerlichen stadt-frankfurtischen Offiziere. Im Dom immer nachgesehen, immer Quartiere fortgemacht und Billetts in die Kirche verfertiget.

Entschluß des Höchsten Kurkollegiums an das Reichserbmarschallamt über die letzterem eingegebenen Vorträge.
Erhielt das Reichserbmarschallamt die Höchste Entschließung über die eingegebenen letzteren Vorstellungen - Zahl 193, 194, wonach alles sogleich besorgt wurde.

Ansag zur Rezeption Seiner Römisch Königlichen Majestät auf dem Römer.
Auch eine weitere Weisung zur Ansag, auf morgenden Vormittag, halb elf Uhr zur Rezeption Seiner Königlichen Majestät auf dem Römer anzusagen - Zahl 195.

Billett von dem Freiherr von Hertwig, sich mit dem Reichsquartiermeister zu besprechen.
Erhielt ich ein Billett von dem Herrn Kanzleidirektor - als Deputierter vom Reichsgrafenstand - Freiherrn von Hertwig, unserm Kavalier, wo er als Deputierter von dem (301) gesamten Grafenstande sich mit mir zu benehmen habe - Zahl 196.

Der Gegenstand dieser Benehmung.
Diese Benehmung hatte zum Gegenstande die Plazierung in der Kirche, die Besorgung der Tafel für die Herren Reichsgrafen. Alles dies wurde zu ihrer Zufriedenheit beobachtet.

Am 12. Juli
Akt, wo Seine Majestät die Wahlkapitulation unterschrieb und beschwor.
war die feierliche Handlung, wo die Wahlkapitulation von Seiner Majestät beschworen und der Zug vor sich ging. Morgens 7 Uhr wurde die Allerhöchste Anwesenheit durch Abfeurung von einhundert Kanonen und Läutung aller Glocken verkündet. Die Stadt überreichte in corpore die Stadtschlüssel in allertiefster Ehrfurcht. Der amtierende Herr Reichserbmarschall fuhren in spanischem reichen Kleide in einem sechsspän(302)nigen Galawagen unter Vortretung der Livree, Hausoffizianten, des Reichsfouriers, der allzeit bei Auf- und Abfahrten mitgehen mußte, und hatten das reichserzmarschallische Kurschwert, so auf ausdrückliches Verlangen des kursächsischen ersten Bot-

schafters [von] dessen, nämlich des Botschafters, Quartiere von dem Herrn Grafen Ferdinand, Bruder des amtierenden Herrn Reichserbmarschalls, sollte selbst abgeholt werden, welches endlich aber doch durch den reichserbmarschallischen Kavalier Freiherr von Hertwig geschah (wie es dabei mit der Rückbringung ging, beweist Zahl 180), auf den Römer, und ich hatte wie gewöhnlich den Marschallsstab bei mir in meinem Wagen. Die Aufführung der Herren Kurfürsten und der Herren (303) Botschafter geschah wie gewöhnlich, die Abführung aber durch den Herrn Grafen Ferdinand. Denn ich als Reichsquartiermeister mußte im Zuge mit fort und der Herr Kanzleirat Körndörfer auf die Emporkirch in die Kirche. Der ganze Zug ist in den kurfürstlichen und marschallischen Protokollen, die unter Zahl 187, 188, 189, 194 [anliegen], genau und umständlich bemerkt. Und da ich als Reichsquartiermeister bei meinem Posten an der Kirchtüre auch wieder bleiben mußte, so konnte ich natürlich nichts bemerken. Um aber den Akt auch bei diesem Tagebuche zu haben, ließ ich solchen beschreiben und liegt er unter Zahl 197 hier an.

Weisung zur Ansag, daß die Herren Kurfürsten und Prinzipalgesandten, Fürsten - die geistlichen in der Stiftskirche und die weltlichen im römisch-königlichen Quartiere - erscheinen, um dem Krönungsakt beizuwohnen.

Kam aus der kurmainzischen Gesandtschaftskanzlei eine Weisung, den Herren Kurfürsten und deren abwesenden Ge(304)sandten, auch übrigen anwesenden Fürsten und Ständen, und zwar den Herren Kurfürsten und Prinzipalgesandten zuerst und den Fürsten hernach, der Herr Reichserbmarschall in seiner eigenen Person anzusagen, damit sie auf nächstkünftigem Samstag, den 14. dieses Monats Julius, vormittags 8 Uhr - die geistlichen in der St. Bartholomäus-Stiftskirche, die weltlichen aber im römisch-königlichen Quartiere - erscheinen und den Krönungsakt Seiner Römisch Königlichen Majestät beiwohnen mögen. Anbei habe das Reichserbmarschallamt nach dem sich zu achten, was ihm in ein so andern von kurfürstlichen Hohem Kollegiums wegen zum Verhalt erteilt worden (305) oder noch erteilt werden wird - Zahl 198. Dieser Verhalt ist Zahl 99, 100 und Seite 167 dieses Tagebuchs zu sehen, weiters kam nichts mehr Schriftliches, es war bei keiner Behörde Zeit zum Schreiben, weil alles eilte, jeder, der bei dem großen Tage im Dienste war, hunderterlei Besorgungen hatte. Alles bereitete sich schon nach dem wichtigen Tage sogleich nach Mainz zu der großen Zusammenkunft.

Erhielte ich ein Empfehlungsschreiben von dem reichserbmarschall-pappenheimischen Herrn Prokurator Hofmann zu Wetzlar - Zahl 199 a, welches mir

2 Herren von Sienen, Söhne des Herrn Bürgermeisters zu Hamburg überbrachten. Mit so vieler Bereitwilligkeit ich dieser Empfeh(306)lung zu entsprechen wünschte, so war mir dieses schlechterdings nicht möglich, doch ließ ich ihnen auf dem Römer und in der Kirche alles zeigen.

Die königlich-preußischen Truppen marschieren am Krönungstage des Morgens durch die Stadt.

Wie schon bemerkt, sind die nach Niederlanden marschierenden königlich-preußischen Regimenter alle durch die Stadt, sogar am Krönungstage selbst, des Morgens gezogen.

Austeilung der Billetts in die Kirch.

Die Austeilung der Billetten in die Kirch wurden besorgt, und dies verursachte keine geringe Arbeit.

Mit diesen und, fast kann man sagen, alle Minuten abgewechselten Gegenständen hat man heute, den 13., den ganzen Tag zugebracht,

Das Pferd zum Haberritt und der silberne Strich nebst dem Streichmaße, alles von Kursachsen, wird gebracht.

wo auch das von Kursachsen dem Herrn Reichserbmarschall zum Haberritt mit Sattel und Zeug gebührende Pferd durch (307) einen kursächsischen Stallmeister und 2 kursächsische Stalleute, so wie durch einen kursächsischen Trompeter der silberne Strich mit dem Streichmaß in das reichserbmarschallische Hauptquartier gebracht wurden, und sich nur wenige Stunden auf's Bett zur Ruhe geworfen,

denn heute,
am 14. Juli,

Reichsquartiermeister besucht des Morgens sehr früh nochmals die Plätze.

besah ich des Morgens 4 Uhr im Überrock die Straßen, wo der Zug ging, die Kirch, nochmals den Platz, wo der Haber auf dem Römerberg aufgeschüttet wurde die Küche, wo der Ochs schon einige Täge gebraten wurde, den Römer, die Zimmer, Retiraden.

Akt der Krönung.

Früh wurden alle Glocken von 6 bis ½ 7 Uhr gelitten, die bürgerliche Infanterie und Kavallerie, auch die Garnison zogen auf ihre Plätze und besetzten die (308) Straßen, wo der Zug durchging, da die Infanterie eine Reihe auf beeden Seiten bildete und die Kavallerie sich an dem Platz postierte, wo sie am Wahltage stand. Alles wie an jenem Tage, auch hielt die bürgerliche Infanterie abermals wieder sehr gute Ordnung.

Der amtierende Herr Reichserbmarschall begaben sich in folgender Ordnung auf den Römer:
1) Der Reichsprofoß,
2) der Reichsfourier,
3) der Portier,
4) Laquaien,
5) Hausoffizianten,
6) Der amtierende Herr Reichserbmarschall im reichen spanischen Habit, in Ihrem sechsspännigen Wagen, auf beeden Seiten die Trabanten (außer dem spanischen Habit geschah der Zug bei jeder Auffahrt auf solche Art) (309),
7) der Bereuter,
8) das Pferd zum Haberritt, von 2 reichserbmarschallischen Reitknechten geführt,
9) meine 2 Bedienten,
10) ich in meinem Wagen, den Marschallsstab wie gewöhnlich, den silbernen Strich und Streichmesser bei mir habend.

Nun folgten die ersten Herren Wahlbotschafter in Gala und spanischen reichen Mantelkleidungen auf den Römer und wurden wie gewöhnlich aufgeführt. Die 3 geistlichen Herren Kurfürsten fuhren jeder besonders aus Dero Hotel in die Stifts- und Domkirche St. Bartholomäus, so, wie die 2. und 3. Herren Wahlbotschafter. Die Deputierten brachten in diese Kirch die Reichsinsignien. (310) Zur Nachricht hier wegen der Zeremonien mit Aachen und Nürnberg - Zahl 199. (Dieser Zug und was alles dabei beobachtet wird, ist sehr eigentlich und umständlich in dem gedruckten Krönungstagebuche Kaiser Leopolds II. Allerhöchsten Angedenkens, Seite 316 beschrieben. Dieses gedruckte Tagebuch, welches im Archiv zu Pappenheim ist, ist unendlich besser als das über die Wahl und Krönung unsers jetzo glorreich regierenden Kaisers Franz II. Majestät.)

Nachdem nun die ersten Herren Wahlbotschafter auf dem Römer beisammen waren, erhielt der amtierende Herr Reichserbmarschall den Auftrag, Seiner Majestät zu hinterbringen, daß, wenn es Allerhöchst gefällig, man bereit sei, sich nach Allerhöchstihrem Hoflager zu begeben, um Seine Majestät nach der Krönungskirch zu begleiten. Hierauf begaben sich der Herr Reichserbmarschall herunter, (311) stiegen vor dem Römer unter Trompeten- und Paukenschall zu Pferde und ritten in das kaiserliche Quartier ebenso mit ihrer Suite voraus, als wie sie auf den Römer fuhren. Der Herr Graf Ferdinand hatte die Besorgung die Kaiserin Majestät an der einen Kirchtür, die für Allerhöchstihroselben bestimmt war, zu erwarten und Allerhöchstsie mit den übrigen kaiserlichen Herrschaften (die Frau Mutter des amtierenden Herrn Reichserbmarschalls waren auf ausdrückliches Verlangen der Kaiserin Majestät mit in dem Gefolge) auf (312) die Emporkirch zu begleiten, deswegen auch vor dieser Kirchtür ein Kommando von der Stadtgarnison postiert war. Der Herr Kanzleirat Körndörfer mußte auf der Emporkirche gegenüber für die Damen und den kaiserlich russischen, den königlich-dänischen Gesandten, dann päpstlichen Nuntius sorgen. Als der amtierende Herr Reichserbmarschall in dem kaiserlichen Quartier ankam und bei dem Herrn Obristkämmerer sich anmeldete, erhielten Sie die Antwort unmittelbar, (313) daß Seine Majestät die alsbaldige Abholung genehmigten. Deswegen kehrten der Herr Reichserbmarschall wieder zurück und benachrichtigten dies den noch versammleten ersten Herren Wahlbotschaftern. Diesemnach kamen die Herren Wahlbotschafter unter Voraustretung des Herrn Reichserbmarschalls herunter und bestiegen so wie der Herr Reichserbmarschall ihre vor dem Römer gehaltenen Pferde, darauf der Zug unter Läutung aller Glocken (314) (die Tore wurden, sobald ein morgens eingerücktes königlich-preußisches Regiment durch die Stadt passiert war und vor des Kaisers Majestät Quartier vorbeiparadierte, zugeschlossen) in das kaiserliche Quartier ging. Bei der Ankunft traten der Herr Reichserbmarschall unmittelbar vor die Herren Botschafter und gingen bis an die Tür des Audienzzimmers vor ihnen her, hier blieben Sie stehen, bis die Herren Botschafter darin waren, und folgten sodann ebenfalls hienein. (315) Der erste kursächsische Herr Wahlbotschafter übergab dem Herrn Reichserbmarschall das Schwert St. Mauritii. Die Reichsinsignien kamen indessen auch - wiewohl beinahe etwas zu spät - an. Der Herr Reichserbmarschall trat sofort damit, unmittelbar vor Ihro Kaiserlichen Majestät die Treppe hienabgehend, vor, wo sich dann Ihro Majestät sofort, die Herren Wahlbotschafter, der Herr Reichserbmarschall und die Herren Erbbeamten, alles mit entblößtem Haupte (Seine Majestät hatten die Hauskron auf) (316) zu Pferd setzten und der Herr Reichserbmarschall, mit entblößtem Schwerte aufwärts, Seiner Majestät vorritten. Bei dem Aufsteigen hielt der reichserbmarschallische Kavalier das Schwert sowie auch bei dem Absteigen im Dom. Im Zug ging der Kavalier rechts, trug den Hut mit Imperialfedern, und links der Bereuter statt des Stallmeisters. Als man nun bei der Tür der Domkirche abstieg, traten der Herr Reichserbmarschall mit dem Schwerte abermals vor und gingen so durch den Gang der Kirche durch bis an den Krönungsaltar. Sowie Seine Majestät sich auf den Thron erhoben, so stellte (317) der Herr Reichserbmarschall sich auf dessen mittlerer Stufe zur rechten Hand. Ich als Reichsquartiermeister mußte mich wie alles, was zum Zug gehörte, einschließen, so wie jeder Hof mit seinen Leuten, Kavalieren und Räten, und trat wie bei den 2 schon vorherigen Zügen bei der Ankunft in die Kirch an meinen Platz zu den kursächsischen Schweizern und dem Reichstürhüter, um die Billetts abzunehmen (keine geringe Plag). Der Reichsquartiermeister sieht von allem wenig oder nichts und hat die meiste Plag bei dem Wahl-und Krönungsgeschäft. Die umständliche Beschreibung dieses Krönungsakts liegt als ein Auszug von (318) dem gedruckten Krönungstagebuche Kaisers Franz II. Majestät Seite 163 hier unter Zahl 200 und 201 an. Der Rückzug ging an der Tür bei dem Pfarreisen hienaus (man sehe Seite 130), unter abermaliger Läutung aller Glocken und 2. Abfeurung der Kanonen, alles zu Fuß über eine bretterne, mit weiß und gelbem und schwarzem Tuche überdeckte Brück, wo dann Seine Majestät in völlig kaiserlichem Ornat, [die] die Kaiserkron auf, den Reichsapfel und Szepter in der Hand hatten, in den Römer, wie alles dies umständlich die Zahl 200 ausweist.

Bemerkung:

Um nicht konfus zu wer(319)den, sei folgende Erzählung: Den Nachmittag vor der Krönung sah ich, daß die bretterne Brücke gelegt wurde, auch des Morgens noch - beim Zug war alles weg. Mir wurde bang, es seie da eine Konfusion vorgegangen, die nun nicht mehr abzuändern wäre gewesen. Endlich, als der Zug in der Kirch war, sah ich, daß die Brücken während des Krönungsakts, nicht ohne geringe Mühe unter dem Gedränge von so viel tausend, tausend Menschen, wieder hingetan und des Nachmittags nur zur Probe aufgemacht waren.

Als die Krönung vorbei war, wurde die gewöhnliche Kirchtür mit Übergebung des Schlüssels von mir an den Dom(320)kustos zugemacht, die Tür beim Pfarreisen auch, und ich eilte, konvoiiert von den kursächsischen Schweizern, auf den Römer voraus, wurde aber zusamt den sächsischen Schweizern von der Menge halb tot gedrückt. Hier nahm ich den Marschallsstab, den Strich und das Streichmaß, den ich dem Rathaus- oder Römerverwalter aufzuheben gab und wo ich nur immer genug aufzusehen hatte, daß mir unter der Menge von Leuten, die auf dem Römer, der an und für sich sehr eng ist, schon waren und noch immer mehr ankamen, nichts weg kam. Der Zug kam nun in den Römer an, und nach einiger Ausrufung gingen Seine Majestät in den Kaisersaal, wo (321) die Tische gedeckt waren:

Einer auf einer Erhöhung unter einen Baldachin für Seine Majestät.

Drei, jeder besonders, für die 3 geistlichen Kurfürsten.

Ein langer für die Fürsten, von kaiserlicher Bedienung serviert.

Tische für die Gesandten, und jedem 3 bedeckte Schüsseln gesetzt.

Die Gesandten speisten aber nicht davon, sondern wie sogleich folgen wird. Indessen sind jedem Gesandten, von seinem Hofe versehen, reiche Büffetts aufgestellt. Die Reichsgrafen, welche ich Reichsquartiermeister etliche Tage vorher durch Billetts ad actum coronationis et ad epulum, vor jedes anwesenden Reichsgrafen Quartier fahrend, einlud, speisten an der in der kaiserlichen Retirade für sie servierten Tafel. (322) Die Zeremonien bei den Herren Reichsgrafen und ihre Prärogativen sind in dem gedruckten Tagebuche der Wahl und Krönung Leopolds II., Seite 329, umständlich beschrieben, und [dieses] ist in dem Archiv zu Pappenheim. Die Herren Botschafter speisten bei dem ersten kursächsischen Herrn Wahlbotschafter Grafen von Schönberg, welchem ich mußte melden lassen, wenn das Dessert bei Seiner Majestät aufgetragen wurde, wo die Herren Botschafter sich alsda wieder einfanden. Der Herr Botschafter wohnte nicht weit vom Römer - aber um zu bemerken, wenn das Dessert aufgetragen wurde, dazu gehörte Mühe.

Man konnte sich kaum von der Stelle rühren, und bald wurde da, bald dort eine Schüssel oder etliche (323) Assietten durchgedrängt, selbst bei dem solennen Auftragen der Speisen mußten sich die Herren ganz unbeschreiblich plagen. Der kursächsische Schweizer-Rottenmeister verstund das besser, als die Kaiserin Majestät kam und ich Allerhöchstsie just noch sah, und rufte:
"Platz, Ihro Majestät die Kaiserin!",
fing er an, auszuräumen, und schleuderte eine mit doppelten Bändern gezierte Exzellenz in ein Eck hienein.

Seine Majestät wurden in das Retiradezimmer, das das Wahlkonferenzzimmer ist, von den Herren Kurfürsten und Botschaftern begleitet und von den Erbämtern die Insignien auf den Tisch gelegt, wornach die Herren Kurfürsten in ihre Retiradezimmer und die Herren Botschafter in das reichserbmarschallische Zimmer sich auf kurze Zeit begaben, darauf Ihre Majestät von Ihrem Retiradezimmer in den großen Kaisersaal geführt (324) wurden und, ehe sich Allerhöchstihroselben zur Tafel setzten, von den Erbämtern die Funktionen verrichtet. Um dieses anzusehen, plazierte man sich folgend an die Fenster:
Auf der rechten Hand das erste Fenster:
Kurmainz,   ⎫
Kurtrier,   ⎬   in Person
Kurköln;   ⎭

das 2. Fenster:
Ihro Kaiserliche Majestät Allerhöchst mit Kron, Szepter und Reichsapfel;

das 3. Fenster war mit dem Baldachin verdeckt;

das 4. Fenster:
Kurböhmen,
Kurpfalz;
                                          alle ersten Herren Botschafter
das 5. Fenster:
Kursachsen,
Kurbrandenburg,
Kurbraunschweig.

Hierauf ging der amtierende Herr Reichserbmarschall unter Vortretung meiner, des Reichsquartiermeisters, da ich das siberne Maß und den Streicher in der Hand hatte, aus dem Saal in Begleitung ihrer 2 Trabanten, nebst 2 kaiserlichen Trabanten (eigentlich Noble(325)gardisten) und 2 kursächsischen Schweizern, setzte sich unter Trompeten- und Paukenschall zu Pferd, ritt in den Schranken (der des frühen Morgens aufgemacht und der Haber hingeschafft wird). Auf der rechten Seite ging ich mit dem Streichmaß in der Hand, das Maß selbst nahmen der Herr Reichserbmarschall, als Sie aufgestiegen waren, auf der linken der Bereuter. Sowie der Herr Reichserbmarschall den Haber aufgefaßt hatten, gab ich Ihnen das Streichmaß, darauf Sie den Haber abgestrichen mir den Streicher wieder gaben, das Maß gegen Seine Majestät hinhielten, solches umkehrend wieder ausschütteten, sodann [wie] oben so (326) wieder an den Römer hinritten, mir das Maß vor dem Absteigen zustellten, wo Sie, ich vortretend, wieder in den kaiserlichen Saal geführt wurden. Nach diesem kamen die übrigen Erbämter, wie dies die Zahl 200 ausweist, nur habe ich hier zu bemerken, daß, da es mit diesen Erbämtern, bis man sie immer unter der Menge auf den Kaisersaal fand, sehr langsam herging, ich sie laut aufgerufen habe, und zwar dreimal, z.B.
"Erbtruchseß!",
weiter nichts. Sie kamen auch bei dem dritten Aufrufe richtig zu mir hin, sogar entschuldigte sich einer, daß er nicht gleich kam, weil (327) sich, sagte er hinzu, die Erbämter allzeit bei Seiner Kaiserlichen [Majestät] vorhero beurlauben müßten. Dann ist auf weiters zu benachrichtigen, wie der Reichsquartiermeister jedem Erbbeamten vom Kaisersaal bis unten an die Römertür vortreten, dort auf seine Rückkunft warten und ihn wieder auf den Kaisersaal zurückführen müsse. Es geschah einmal nicht und erregte eine sehr weitläufige, unangenehme Geschichte (man sehe 11. Sektion des Wahl- und Krönungstagebuchs Josephs II. Allerhöchsten Angedenkens, Seite 411). Auch wird jeder Herr Erbbeamte in seiner Funktion mit 2 kaiserlichen Trabanten (Noblegardisten) und 2 kursächsischen Schweizern begleitet, so wie auch jede Funktion bei Trompeten- und Paukenschall verrichtet wurde. (328)

Als die Erbämter nun ihre Funktion verrichtet hatten, wurden Ihro Majestät von den Herren Kurfürsten wieder in das Retiradezimmer (welches gleich an dem Kaisersaal ist und nur von diesem Saale die Tür geht) abermals geführt, inzwischen angerichtet und aufgetragen, darauf Ihro Majestät durch die Herren Kurfürsten und ersten Botschaftern zur Tafel geführt, wobei die Erbämter die Insignien vorgetragen, die auf einen Tisch gelegt werden, und die 2. und 3. Botschafter nachfolgten. Die Speisen für Seine Kaiserliche Majestät wurden von lauter Reichsgrafen aufgetragen, (der Erbtruchseß Graf zur Zeil, trug nach dem Herkommen die erste Schüssel). Der Herr Reichserbmarschall ging mit dem Marschallsstab jederzeit voraus, dann ich, vorhero die Herolde, dann 2 kaiserliche Trabanten, 2 kursächsische Schweizer. (329) Die Kurfürsten wurden durch ihre eigenen Hofämter bedient. Was das alles in dem Römer, der an und für sich ziemlich eng ist, unter einer solchen Menge von Zuschauern für ein Gewirr machte, läßt sich nicht beschreiben. Nachdem Seine Majestät von der Tafel aufgestanden (während welcher ganzen Zeit der Herr Reichserbmarschall mit dem Schwert immer rechter Hand neben Seiner Majestät standen) und bei dem Eintragen des Desserts die Herren Botschafter wiederkamen, wurden Allerhöchstsie von den Herren Kurfürsten und Botschaftern mit abermaliger Vortragung der Insignien, wobei der Herr Reichserbmarschall natürlicherweis immer das Schwert [trug], in Ihre Retirade, in welcher, (330) wie schon gedacht, die reichsgräfliche Tafel war, diese aber bis dortin mußte hienausgeschafft sein, begleitet.

Sodann geschah der Rückzug in das kaiserliche Hauptquartier. Zuerst die Herren Gesandten nach ihrer gewöhnlichen Ordnung in 6spännigen Wagen, dann die Reichserbämter mit den Insignien zu Pferde mit entblößten Häuptern, Ihro Kurfürstliche Durchlaucht zu Trier in Ihro Wagen, Seine Kaiserliche Majestät in Allerhöchstihro Wagen, dann Seine Kurfürstliche Gnaden zu Mainz und endlich Ihro Kurfürstliche Durchlaucht zu Köln, jeder in seinem Wagen. Der Herr Reichserbmarschall ritt neben dem kaiserlichen Wagen mit dem Schwert, welches er die Treppe ins (331) kaiserliche Quartiere hienauf so, wie die übrigen Erbämter, vortrug, oben im Zimmer dem kursächsischen Gesandten übergab, der es auf den Tisch legte, so, wie die übrigen Insignien auf einen Tisch getan wurden. Endlich beurlaubten sich die Herren Kurfürsten und die ersten Herren Wahlbotschafter und fuhren in der gewöhnlichen Ordnung und Rang ab und in ihr Quartier, sowie auch der Herr Reichserbmarschall und die übrige Herren Erbbeamten.

Abends war in der großen Ratsstube Tafel vom kaiserlichen Hof serviert für die reichsstädtischen Deputationen und Gesandtschaften, wo ich als Reichsquartiermeister auch eingeladen war, aber sehr spät kommen konnte, weil (332) abends noch eine große Illumination bei dem Herrn Fürsten von Esterhazy war und da wegen der Wägen und Erhaltung der Ordnung eine Menge zu sorgen war.

Am 15. Juli war Ruhetag.
Ansag zur kurfürstlichen Zusammenkunft.
Kam ein Ansagzettul aus der kurmainzischen Kanzlei auf Morgen zu einer Zusammenkunft, Vormittag ½12 Uhr - Zahl 202 - welches ich wie gewöhnlich besorgte.
Einen französischen Geistlichen ließen der Herr Reichserbmarschall arrestieren.
Als vor etlichen Tagen ein emigrierter französischer Geistlicher in dem kaiserlichen Quartier immer so nahe an die Allerhöchste Person Seiner Kaiserlichen Majestät hindrang, so ließen ihn der Herr Reichserbmarschall auf der Bürgerwach arrestieren. Es fand sich aber, daß er im Kopf nicht richtig war, (333)
Mainz übernimmt ihn zur lebenslänglichen Versorgung, da er nicht richtig im Kopf ist.
und Kurmainz übernahm ihn zur lebenslänglichen Versorgung - Zahl 203 a.
Ferner ließen der Herr Reichserbmarschall einen Hofmeister aus der Stadt arrestieren.
Indessen gab diese und noch eine Arrestierung, die Hochgedachter Herr Reichserbmarschall veranstaltete, da ein Hofmeister aus der Stadt auf einem öffentlichen Ball über den Adel sehr nachteilig sprach, mit dem Magistrate neue Irrungen - Zahl 203 b, die man mit Protestationen und Gegenprotestationen auf sich ließ (man sehe Zahl 228),
Der Magistrat macht diesen frei. Beede Arrestierungen verursachen Protestationen und Gegenprotestationen.
indessen der Hofmeister von dem Magistrate wieder frei gemacht wurde und der Offizier von der Wach Verweis erhielt; davon unten mit mehrerm.

An diesem Tag wurde durch Herrn Kanzleirat Körndörfer der Samt und die goldenen Borten in der Wahl- und Krönungs(334)kirche geteilt, man sehe dessen Tagebuch, Seite 171.
Bemerkung, daß von dem Samt und den goldenen Borten pp. dem Herrn Reichserbmarschall die Hälfte gehöre, die andere Hälfte aber die übrigen Herren Botschaftsmarschälle teilen.

Bemerkung, daß währender Zeit, als die Anstalten in der Kirche bearbeitet wurden und die Tapeten pp. da waren, immer in der Nacht gewacht werden mußte.
Der Traghimmel wird von dem Magistrate zurückgehalten.
Da sonst gleich demselben Nachmittag der Traghimmel, unter welchem Seine Kaiserliche Majestät ritten, in des Herrn Reichserbmarschalls Quartier durch Unteroffiziere von der Stadtgarnison gebracht worden ist, [es] diesmal aber unterblieb (diesen Traghimmel läßt die Stadt machen, und er gehört nach ge(335)machtem Gebrauche dem Herrn Reichserbmarschall), so machte ich die gehörige Anregung, erhielt aber zu meiner nicht wenigen Verwunderung eine ausweichende Antwort, die Anregung auf die noch immer ausbleibende Erklärung des Herrn Reichserbmarschalls wegen des Vorgangs mit ihrem Herrn Bürgermeister Mühl machte. Meine Vorstellungen dagegen wollten nicht durchgreifen, und was für Negotiationen dazu gehörten, wird unten weiters vorkommen.
Huldigungsakt.
Da morgen früh die Huldigung für Ihro Majestät den Kaiser war, so mußten die nötigen Anstalten dazu vorgekehrt werden.
Bemerkung: Diese Huldigung geschieht auf dem Römer, und die Erbämter stehen an dem (336) Throne, worauf Seine Kaiserliche Majestät sitzen. Bei dieser Feierlichkeit sind Seine Majestät und die Erbämter und die kaiserlichen und Reichsämter in schwarzer spanischer Tracht gekleidet. Wir hatten aber kein schwarzes spanisches Kleid, dahero der Herr Reichserbmarschall in der Uniform waren. Auch war die Rede, in was für einer Ordnung die Erbämter am Throne stehen. Man arrangierte sich also nach Gutbefinden, doch daß der Herr Reichserbmarschall mit dem bloßen Schwerte rechts Seiner Majestät des Kaisers standen. Die umständliche Beschreibung ist Zahl 204, 205 a auch in dem geschriebenen Tagebuche der Wahl und Krönung Francisci I. allerglorwürdigsten Angedenkens, Seite 737.

Solche Huldigung erfolgte nun heute am 16. Juli. (337)
Nachdeme auch diese wichtige Ereignis getan war, so geschah die Auffahrt der Herren Gesandten, welche auf heute angesagt war.

[Körndörfer vom 16. Juli, S. 174 f.]
Auf Mittag wurde ich zum (175) Herrn Botschafter Freiherrn von Beulwitz, weil ich bei der vorgewesenen Krönung Hochdero Frauen Gemahlin, welche von ihrer ganzen Gesellschaft verlassen wurde,

ich aber solche bis in das Quartier des Herrn Gesandten von Waldenfels aufm Liebfrauenberg begleitet und für den Auflauf des Pöbels gesichert hatte, zur Tafel invitieret.

Am 17. Juli
Der kaiserliche Zahlmeister überbringt die Präsente.
überbrachte der kaiserliche Zahlmeister von Mayer die kaiserlichen Geschenke und das kurböhmische Gratial in das Hauptquartier des Herrn Reichserbmarschalls, welches in dem Tagebuche des Herrn Kanzleirats Körndörfer, Seite 175 umständlich beschrieben ist.
[ebenda:]
Am 17.
überbrachte der Herr Zahlmeister von Mayer die kaiserlichen Präsente in das reichserbmarschallamtliche Quartier, als
1. eine mit des Kaisers Brustbild gezierte, mit 75 Stück große Brillanten (176) doppelt garnierte goldene, mit blau unterlegte Tabatiere, für die am 10. currentis überbrachte erfreuliche Nachricht nach Würzburg der für Ihre Majestät dem Kaiser ausgefallenen Wahl,
2. eine mit des Kaisers Brustbild versehene, mit weit größern Brillanten einfach garnierte goldene Dose für den amtführenden Herrn Reichserbmarschall, Grafen Karl Hochgräflich Gnaden, dann
3. eine mit des Kaisers Namen F S (Franziscus Secundus) versehene (177) und mit ziemlich großen Brillanten einfach garnierte Dose für den nachältest-amtsführenden Herrn Reichserbmarschall Grafen Ferdinand Hochgräfliche Gnaden, welche 3 Piecen die Regierende Frau Gräfin Exzellenz bei Hochdero Rückreise mit nach Bayreuth zur Verwahrung übernommen haben. Ferner
4. ein großes Medaillon mit dem Brustbild der Kaiserin Majestät mit vielen Brillanten sehr prächtig gefaßt, ingleichen
5. eine Zitternadel, mit 19 großen Brillanten eingesetzt. Beide letzten Stücke für die Regierende Frau Gräfin (178) von Pappenheim Exzellenz, Hochwelche die Kaiserin in die Kirche begleitet und Herr Graf Ferdinand vorgeritten haben. Und endlich
6. 1000 Stück Dukaten als ein Gratiale von Kurböhmen.

Wofür gedachtem Herrn Zahlmeister 10 Karolin Douceur überreichet worden.

[Körndörfer, Seite 187 f.:]
Endlich ist noch wegen der Zukunft zu bemerken nötig, wie viel von den respèe Kurhöfen und Ständen nach der vollbrachten Krönung Kaisers Franz II. zur reichserbmarschallamtlichen Kanzlei an Gratifikationen bezahlt worden sind, als:
36 fl. Kurmainz
30 fl. Kurtrier
30 fl. Kurköln
30 fl. Kurböhmen
22 fl. Kurpfalz
30 fl. Kursachsen
30 fl. Kurbrandenburg
20 fl. Kurbraunschweig
20 fl. von der Reichsstadt Nürnberg
55 fl. von der Reichsstadt Aachen
11 fl. von der Reichsstadt Frankfurt
----
254 fl. Summe, welche zwi(188)schen dem Herrn Reichsquartiermeister, mir Kanzleirat und dem Reichsfourier gleichteilig verteilet, von letzterm aber 7 fl. 20 Kr. als ein angeblich observanzmäßiges Honorarium von den Aachnern 55 fl. im voraus abgezogen worden. Wovon auf einen Anteil gekommen: 84 fl. 40 Kr.

Die goldene Gnadenkette, die ich von Seiner Majestät dem Kaiser statt des kurböhmischen Gratials erhielt, mußte ich, wie die andern Subalternen, bei dem Herrn Zahlmeister von Mayer abholen - Zahl 205 b. Ich sagte darüber dem Hofkommissär von Caballini meine Gedanken. Er fand es selbst nicht schicklich, indessen hat er mir doch angeraten, es zu tun. Es dürfte gar vergessen werden, weil Herr von Mayer unendlich viel Besorgungen hätte und gleich abreisen müßte.

Da bei meiner Aufwartung bei dem kaiserlichen Herrn Kommis(338)sär, Reichshofrat Graf von Elz, und auch bei dem 2. kaiserlichen Herrn Kommissär, Reichsreferendar von Franck, mit welch letzterm ich sehr öfters Gelegenheit hatte zu sprechen,

Veranstaltung zur Taxordnung.
die Abrede genommen wurde, auf heute eine Zusammenkunft zur Regulierung der Taxordnung zu veranstalten, und ich den 2. kursächsischen Gesandten Grafen von Riaucour davon benachrichtigte, so erfolgte auch solche auf dem Römer,
Konferenz deswegen und die Zeremonien dabei.
und waren die Zeremonien dabei wie bei gewöhnlichen Polizeikonferenzen, nur war die Sitzung folgend abgeändert:

	Graf von Elz	Freiherr von Frank	
Graf von Riaucour			Reichs-erb-marschall
	städtischer Deputierter	Reichs-quartier-meister	städtischer Deputierter

Der Herr Graf von Riaucour las eine kurze Rede ab - Zahl 206, darauf das im Jahre 1790 verfaßte (339) Regulativ verlesen und beschlossen wurde, alles bei dem nämlichen Preise zu lassen, den Termin der Quartierszahlung aber auf den 10. Junius zu setzen. Auch weil der ausgeschriebene Wahltag bekanntermaßen dermalen antizipiert worden, so möchte der Ausdruck "als den Anfang des kurfürstlichen Kollegialkonvents" wegzulassen sein. Es wurde hier viel von Reservequartieren gesprochen, es schien aber die Idee, die man bei Wahl und Krönung zu Frankfurt von Reservequartieren hat, nicht so ganz eingenommen worden zu sein, weil man bei der Einquartierung jene Distrikte "Reservequartiere" nennt, die (340) keinem kurfürstlichen Hof als seinem Distrikte von jeher ausgewiesen und bestimmt sind, als z. B. nun der althannöverische, weil durch den Eingang von der Kur Bayerns dieser Distrikt leer wurde. Dagegen die Herren Kommissäre jedes im allgemeinen leere übrig gebliebene Quartier "Reservequartier" glaubten. Es blieb also bei der Unterredung über diesen Gegenstand, darauf nach dem von mir Reichsquartiermeister verfaßten Protokoll - Zahl 207 - die Sitzung sich endigte und die Zeremonien ebenso bei dem Abgehen wie bei dem Empfang waren. (341)
Allerhöchst kaiserliche Genehmigung der Taxordnung.
Langte ein Allerhöchst kaiserliches Reskript ein - Zahl 208, darin die Taxordnung - Zahl 209 - allergnädigst genehmigt und dem Herrn Reichserbmarschall befohlen wurde, daß er solche wegen bevorstehender Abreis Ihrer Kaiserlichen Majestät und der Herren Kurfürsten ohne Zeitverlust nicht allein abwesend publizieren, sondern auch zum Druck befördern lassen solle, welch

letzteres auch sogleich alleruntertänigst befolgt - Zahl 210, ersteres aber bis nach der Abreise Seiner Kaiserlichen Majestät von darum verschoben wurde, weil man kaiserlicherseits die Trompeter und den Pauker immer dazu haben will, welches Kursachsen zu vermeiden sucht. (342)
Etliche kurfürstliche Gratialien, dann das Geschenk von der Judenschaft kommt ein.
Kamen die Gratialien von Kurpfalz und Kurtrier, man sehe des Herrn Kanzleirats KörndörferTagebuch, S. 178, auch 30 Stück Dukaten von der Judenschaft zu Frankfurt (man sehe dieses eben angeführte, Seite 178).
(Der Herr Kanzleirat Körndörfer hat alle Gratialien - außer Mainz und das Quantum der Stadt Frankfurt nicht, beede letzten empfing ich - eingenommen, wie seine und meine Rechnungen dartun.)
Ein Promemoria von der kursächsischen Botschaft die Irrung mit dem Herr Bürgermeister Mühl betreffend.
Erschien aus der kursächsischen Botschaft ein Promemoria, die jene Irrung mit dem Herrn Bürgermeister Mühl zum Gegenstand hat - Zahl 211 a, 211 b, 211 c. Da man zur geschwinden Verfertigung der Stellage in der Kirche alles übersehen und noch Schreiner aufnehmen mußte, die mit Versprechungen zu beständiger Arbeit angefeuert wurden,
Schreinerarbeit hat Anstand.
so wollte sich von Kurböhmen geweigert (343) werden, sie zu bezahlen, deswegen man sich an den kurböhmischen 2. Herrn Wahlbotschafter, weil der erste schon fort war, durch eine Denkschrift für die Schreiner verwendete - Zahl 212 - und auch die kursächsische Wahlbotschaft deswegen anging - Zahl 213 a, 213 b, 213 c, 213 d, 213 e.
Auch die Wächter im Dom mit Kurmainz.
Da auch der kurmainzische Hoffourier Aull Anstände machte, die Wächter in der Kirch zu bezahlen, so mußte auch da sich verwendet werden - Zahl 214 a, 214 b.
Magistrat verweigert noch immer den Traghimmel, auch die fl. 800, welche die Stadt dem Herrn Reichserbmarschall zu bezahlen hat.
Indessen konnte man den Magistrat so wenig zur Überlieferung des Traghimmels bringen, daß er auch die vertragsmäßigen fl. 800 zu bezahlen sich so lang weigerte, bis eine Erklärung und Revers, die dem Magistrat (344) genugtun würde, erfolgte. Es wurde dahero solche erinnerungsweis ausgestellt - Zahl 215, aber nicht hinlänglich geachtet, und die Verweigerung blieb die vorige. Von Kursachsen war keine Unterstützung zu hoffen (man sehe die letztere Denkschrift - Zahl 211 a).

Am 19. Juli,
Abreis Seiner Majestät des Kaisers und der Allerhöchsten Herrschaft.
morgens halb acht Uhr erfolgte die Abreis Seiner Kaiserlichen Majestät nach Mainz. Es wurden 300 Kanonen abgefeuert, die Bürgerschaft paradierte und der Magistrat beurlaubte sich allerutertänigst. Der Kurfürst von Köln reiste mit ab.
Des Königs in Preußen Majestät reist vor der Stadt vorbei.
Nachmittags reiste des Königs in Preußen Majestät (345) vor der Stadt Frankfurt ebenfalls nach Mainz vorbei, und die Pferde wurden vor dem Bockenheimer Tor gewechselt. Bald darauf wurde Frankfurt leer, da die meisten Herrschaften und Gesandten, alles nach Mainz gingen, wohin der Kurfürst von Mainz gleich nach der Krönung sich verfügte.

Am 20. Juli
Begleitung der nürnbergischen und aachnischen Insignien.
wurde die nürnbergische und aachnische Kron- und Insigniendeputation auf die nämliche Art wieder begleitet, als sie empfangen wurde.
Verkündigung der kaiserlichen Taxordnung.
Auch ist die kaiserliche Taxordnung auf die nämliche Art wie die kursächsische heute verkündet worden.
Vorstellung über die Ergänzung der Gratialien.
Da die kurfürstlichen Gratialien von Pfalz, Trier, Köln nicht so reichlich ausfielen als (346) bei der 1790sten Wahl und Krönung, so wurde diesfalls eine Vorstellung (leider ohne Erfolg) gemacht - 216.
Kurbrandenburgisches Gratial.
Erhielten der Herr Reichserbmarschall von der kurbrandenburgischen Wahlbotschaft darin eine Anweisung auf 2000 Taler als Gratial, nebst einer Belobung Ihres geführten Amts - Zahl 217. In diesem Schreiben verlangen die beeden Herren Botschafter, daß sich der Herr Reichserbmarschall bei Seiner Majestät dem König und Kurfürsten von Brandenburg bedanken sollen, welches auch sofort geschah, wie gleich unten vorkommen wird.

Am 21. Juli
Die Stadt erklärt die Ursach ihrer Weigerung.
langte ein Promemoria von der Stadt (347) ein, worin die Ursach der Verweigerung angeführt ist - Zahl 218.

Vor den Herrn Reichserbtürhüter wurden Meublen besorgt und von ihm bezahlt (man sehe Seite 349).
Da ich für den Herrn Reichserbtürhüter, der auch seine Gemahlin mit hatte, Meublen veraccordierte und ich ihn vor seiner Abreise nicht mehr sehen konnte, indessen dem Tapezier 12 Karolins, die bestimmt waren, bezahlt habe, so forderte ich solche schriftlich von ihm - Zahl 219.
Der reichserbmarschallische Kavalier beurlaubt sich bei dem Reichsquartiermeister.
Erhielt ich ein Beurlaubungsschreiben von unserm Marschallskavalier - Zahl 220.
Irrung wegen eine Stallmiete mit der Reichsstadt Aachen.
Da sich wegen einer Stallmiete der Aachner Deputation, welche Herr Kanzleirat Körndörfer besorgt hat, eine Irrung sich ergeben, so schrieb gedachter Herr Kanzleirat an den Herrn Bürgermeister von Klotz zu Aachen deswegen, wie Zahl 221, 222 besagen. (348)

Der 22. Juli wurde unter mehrfältiger Besorgung allerlei Akten zugebracht,
Ausgleichung und Vermittlung verschiedener Quartierirrungen.
denn nun gab es eine Menge Anstände und Bezahlungen auszugleichen: der wollte zuviel bezahlt haben, der zu viel verlangen, hier war etwas verdorben, dort fehlte an Meublen was. Zu diesem wurde eine eigene Untersuchungszusammenkunft veranstaltet, wie weiter unten. Heute war nur der Anfang.
Schönberger Hof.
Der kurkölnische Hoffourier, der unablässig daran war, in dem Schönberger Hof nur ein Quartier, wenn man es gleich nicht brauche, angezeichnet zu haben, um seinem Distrikt (dieser Hof liegt im kurkölnischen Distrikt) nichts zu vergeben, war unerträglich. Da man zuletzt die Quartiere nicht alle brauchte, so war leicht dem Grafen von Schönberg zu deferieren, denn sonst galten meine Grundsätze, die ich auch hier wiederholte, daß, wo Kaiser und Reich die Quartiere selbst nötig hat, kein Privilegium dagegen angeführt werden könne - Zahl 222 b, 222 c, 222 d.

Am 23. Juli
wurde das Danksagungsschreiben an Seine Königlich-Preußische Majestät Kurfürsten von Brandenburg abgefaßt - Zahl 223 - und durch ein gleiches an die beeden Herren Wahlbotschafter befördert - Zahl 224. (349)

Kam ein Schreiben an mich von dem Herrn Reichserbtürhüter ein, vermög dessen mir die oben bemerkte Auslag vergütet wurde - 225, 226. (Er beschwert sich zwar, daß die Bezahlung für die Meublen gegen das vorigemal viel sei. Aber da alles nur geschwind gehen mußte und kaum ein Tag mehr vor seiner Ankunft war, so mußte man recht froh sein, daß man diese Meublen bekam. Lange zu handlen und da und dort Nachfrag zu halten, ob man nichts wohlfeiler bekäme, dazu hatte man keine Zeit. Auch ließ sich der Tapezier keinen Kreuzer abbrechen. Es heißt, es ist die Krönung, und da hilft alle Vorstellung nichts.)

Kursächsisches Gratial.

Kam auch das kursächsische Gratial durch den Hofkassier Kuhno ein, man sehe des Herrn Kanzleirats Körndörfer Tagebuch, Seite 181, und Rechnung, dann Zahl 226 b.

Da der Magistrat zur Überlassung des Traghimmels und Bezahlung der fl. 800 nicht zu bewegen, so stellt der Herr Reichserbmarschall die Erklärung aus.

Da der Magistrat [sich] ein für allemal zur Übergebung des Traghimmels und Bezahlung der fl. 800 nicht verstehen wollte, so entschlossen (350) sich der Herr Reichserbmarschall auf geschehene Vorstellung, durch die unter Zahl 227 beiliegende Denkschrift zu erklären, und reisten zur Armee ab. Auch ging der Herr Kanzleirat Körndörfer ab und der Reichsfourier, endlich die ganze reichserbmarschallische Suite, letztere zu Wasser. Ich mußte aber noch bis am 18. August bleiben, um sowohl die Irrungen über die Einquartierungen als auch wegen des Traghimmels und der fl. 800 einmal zu schlichten. Bei den Einquartierungen zeigten sich besonders manche Hoffouriere, selbst solche, die bei dem ganzen Einquartierungsgeschäfte sich sehr gut benahmen, hartnäckig und äußerst unnachgiebig.

Die Stadt konnte diesmal nicht wie sonst die Protokolle einsenden.

Sonsten schickt die Stadt die hierüber abhaltenden Protokolle, die vom Reichsquartiermeister dem Reichsfourier abgegeben werden, noch abschriftlich (351) nach,

Der unglückliche französische, ganz wenig hernach sich ereignete, Überfall vereitelte alles.

dermalen aber vereitelte der unglückliche französische Überfall alles, und nur etliche Monate Unterschied, so wäre die ganze Reichsversammlung in die sonderbarste Lage gekommen.

Am 27. Juli
Die Stadt protestiert gegen die oben bemerkte Arrestierung.
erhielt ich ein Promemoria von der Stadt, welche gegen den Vorgang auf dem Masquenball, man sehe Seite 232, 233, protestierte - Zahl 228.

Am 28. Juli
Noch eine Protestation, die beantwortet und überhaupt die reichsmarschallischen Befugnisse gewahrt wurden.
erhielt ich ein weiteres, welches das unter Zahl 227 bemerkte beantwortete - Zahl 229. Ob man nun schon glauben sollte, daß jetzo etwas Ruh erfolgte, so war doch das lange nicht.
Die Quartierirrungen häufen sich.
Je mehr die Suiten von den Gesandtschaften eilten abzureisen, je mehr wurde man mit Quartierirrungen überlof(352)fen. Die Hoffouriere hatten zuweilen unter sich selbst Verdruß, und so ging es immer, wenn ich auch über die nur in der größten Unordnung auf meinen Tischen gelegenen Papiere wollte, um sie in die Ordnung zu bringen, was nachzuholen, Bemerkungen aufzuzeichnen. So war keine Ruh, unaufhörlich Überlaufen.
Mainzisches Gratial.
Erhielt ich das kurmainzische Gratial mit fl. 3495 und stellte eine Quittung darüber aus - Zahl 230 (man sehe meine Rechnung). Kurmainz erklärte, von darum fl. 5 weniger als das vorige Mal zu zahlen, um kein Recht daraus machen zu lassen.
Die oben bemerkte Erklärung der Stadt wird beantwortet.
Um jene unter Zahl 229 anlegende magistratische Schrift nicht unbeantwortet zu lassen und der (353) Sach eine andere Wendung zu geben, weil doch einmal ein Ausgang mußte werden, versuchte ich solches durch die unter Zahl 231 angeheftete Denkschrift.
Auch dieses und alle Negotiationen helfen nichts.
Allein, auch da wollte es nicht gehen. Ich fing dahero den mündlichen Negotiationsweg an, den ich hier und da schon nur gelegentlich gebraucht habe. Ich mußte aber manches Unangenehme hören. Man war über den Herrn Bürgermeister Mühl aufgebracht, daß er sich nicht anders verhalten habe; man gab nicht undeutlich zu verstehen, daß die Bürgerschaft ihren Chef nicht beleidigen ließ. Auf meine Drohungen zu klagen, antwortete man, wie dieses nur erwartet würde. (354)

Am 1. August
dem Jud Reutlinger aus Pappenheim einen Paß erteilt - Zahl 232.

Noch eine Protestation der Stadt wegen Ausschließens des Stadtfouriers bei Anheftung der Wappen.

Kam eine Protestation der Stadt, welche gegen die Ausschließung des Stadtfouriers bei Anheftung der Wappen und Schilder eingelegt wurde - Zahl 233, 234.

Gegenprotestation.

Da man nun immer über diesen Gegenstand im Streit ist, so wurde, da eben die Deputation bei mir auf dem Zimmer [war], die Gegenprotestation gemacht und die diesseitigen Befugnisse solviert.

Weitere Protestation wegen Bezeichnung der stadt-nürnbergischen und aachnischen Quartiere.

Noch kam mit Obigem zugleich eine weitere Protestation, daß bei dem reichsstadt-aachnischen Quartiere die reichsmarschallamtliche Bezeichnung geschah - Zahl 235, man sehe Seite 124.

Die Nichtigkeit dieser Protestation wird erklärt.

Weil denn aber immer eine Protestation um die andere (355) kam, so fing ich denn endlich auch an, ungeduldig zu werden, und erklärte den Herren Deputierten die Nichtigkeit ihrer Protestationen. Es war aber auch dies von keinem Erfolge. Vielmehr erhielt ich Antwort auf meine unter Zahl 231 bemerkte Vorstellung - Zahl 236.

Herr Reichserbmarschall stellt endlich den Revers aus.

Da immittelst auf die geschehene Vorstellung der amtierende Herr Reichserbmarschall den Revers ausstellten und mir solchen - Zahl 237 - zusandten, so überschickte ich solchen dem Magistrat durch eine Denkschrift - 238 a, 238 b.

Aber auch dies genügte nicht.

Alles dies aber wollte noch nichts fruchten, und ich sah mich genötigt, unverrichteter (356) Dinge abzureisen. Endlich kam ich noch auf den Gedanken: Der Magistrat, und besonders einzelne Glieder waren, soviel wir uns auch schriftlich und mündlich miteinander herumgearbeitet haben, im Grunde mit meinem Betragen gegen die Bürgerschaft sehr zufrieden und versicherten mir das bei verschiedenen Gelegenheiten, auch bei meinen vorläufigen Abschiedsvisiten, wie ich denn auch auf Kosten des Magistrats auf einem Landhause, wie es noch jedem Reichsquartiermeister geschah, ebenfalls traktiert wurde. Ich stellte also den ersten und wichtigsten Personen des Magistrats vor, wie auffallend das vor mich, nicht allein jetzo, sondern auf ewig fort(357)hienein sein müßte, wenn es hieß, gerade bei mir wurde von

der Stadt Frankfurt das so lange Zeit Gewöhnliche nicht abgereicht. Nicht jeder wisse, was die Ursach sei - genug, es hieße, bei mir unterblieb es.
Der letzte Versuch glückte endlich.
Ausfolgung des Traghimmels und Bezahlung der fl. 800.
Dies fand Eindruck. Ich erhielt die fl. 800 und mußte eine Quittung, wie gewöhnlich auf fl. 400, in der gewöhnlichen Form,
>Bemerkung: Das Reichserbmarschallamt prätendiert die vertragsmäßigen fl. 1000; die Stadt wendet ein, es sei kein allgemeiner Reichstag, und beruft sich auf einen noch neuern Vertrag, wo nur fl. 400 bestimmt sind. Dahero eine Ausmittlung geschah, die auf fl. 800 gesetzt wurde.

deswegen mir die von 1790 vorgelegt wurde, ausstellen, und etliche Tage darauf kamen die Unteroffiziere von der Garnison abends in mein Quartier und brachten mir auch den Traghimmel (man sehe meine Rechnung und die Zahlen 239, 240).
Abreis des Reichsquartiermeisters.
Endlich packte ich denn nun meine Tagebücher (358) und die Papiere zusammen in die Küsten und reiste ab. Da ich aber nicht nur das kurmainzische Gratial und das Frankfurter Quantum, sondern noch mehr vor den Herrn Reichserbmarschall bei mir hatte, so mir Herr Kanzleirat Körndörfer daließ und ich ihm bei meiner Zürückkunft überließ, so konnt ich bei der Nacht nicht reisen und kam also am 21. August glücklich, gottlob!, in Pappenheim an.
Rechtfertigung des Reichsquartiermeisters, daß man mit seiner Direktion zufrieden war.
Zu meiner Rechtfertigung, daß man mit meiner Direktion zufrieden war, erhielt ich von dem amtierenden Herrn Reichserbmarschall einen sehr schönen Ring und von dem Herrn kursächsischen Gesandten zu Regensburg Grafen von Hohenthal ein Belobungsschreiben - Zahl 241. (359) Kamen noch Danksagungsschreiben von den beeden königlich-preußischen kurfürstlich-brandenburgischen Fürsten von Sacken und Grafen von Görtz aus Berlin und Regensburg auf jenes Schreiben, welches Zahl 224 anliegt - Zahl 242, 243.

Dem Abend, als ich fortging, erhielt ich von dem Magistrate noch ein Promemoria - Zahl 244, darin ein Einschluß an den Herrn Reichserbmarschall war - Zahl 245, mit dem Ersuchen, solches Schreiben an Hochgedachten Herrn Reichserbmarschall zu senden. Ich nahm es mit mir fort; der leidige Krieg machte, daß man, und ich gestehe, der Gegen(360)stand war mir immer traurig, das Schreiben nicht abschickte. Ich erbrach es also, und da es endlich eine Erklärung ist, daß der Magistrat auch beruhigt ist, so legte ich es zu den Akten, und alles ist nun der Vergessenheit übergeben und ein Vorhang darüber gezogen.

Da auch an die kurkölnischen und kurpfälzischen Botschafter Grafen von Oettingen-Baldern und Grafen von Oberndorf eine schriftliche Vorstellung wegen Ergänzung der Gratialen der beeden Höfe nach Maße von 1790 erging, so kamen die Antworten, aber abschläglich, Zahl 246, 247, auch eine Antwort (361) von dem ersten kurbraunschweigischen Herrn Botschafter von Beulwitz auf das diesseitige Danksagungsschreiben - Zahl 248.
Noch ein paar Briefe von dem Herrn Kaufmann Tretter aus Marktsteft über meine Bagage - Zahl 249, 250.

Noch eine überhauptige Bemerkung, daß immer ein junger Mann aus Pappenheim, z. B. als Sekretär, zu einem solchen Geschäfte genommen werde. Denn bei diesem Geschäfte ist Lokalkenntnis das Wichtigste. Wenn also nur jemand da ist, der schon dabei war, so ist halb gearbeitet. Dieser junge Mann muß angehalten werden, daß er fleißig in den Tagebüchern (362) studiere und sich Kenntnis sammle. Kurz, es muß immer ein Zögling da sein, der sich hauptsächlich den reichserbmarschallischen Gegenständen widme.

von Müller

2. Abschnitt:

Anlagen

zur

Wahl und

Krönung Franz II.

AD 1792

- I -

[HHStA, MEA, W.u.K.A., Fasz. 85]

Brief des Reichsvizekanzlers von Colloredo-Mannsfeld an den Kurfürsten von Mainz vom 1. März 1792 - Benachrichtigung vom Tod Leopolds II., Sperrung des Reichshofrates

Hochwürdigster Erzbischof, gnädigster Kurfürst und Herr!

Eurer Gnaden muß ich leider die gewiß höchstunerwartete und höchstbetrübte Nachricht mitteilen, daß es dem Gebieter über Leben und Tod gefallen hat, Seine Kaiserliche Majestät, unser würdigstes Reichsoberhaupt nach einer ganz kurzen Krankheit herüber aus diesem zeitlichen in das ewige Leben abzurufen. Eurer Gnaden hatte ich in einem gestern abgelaufenen, Hochdenselben vermutlich aber noch nicht zugekommenen Schreiben von der Unpäßlichkeit Seiner Kaiserlichen Majestät, die noch gestern nach Aussage der Ärzte gar nicht gefährlich oder bedenklich war, in der besten Hoffnung die Anzeige gemacht, daß ich bald imstande sein würde, Eurer Gnaden vollkommen beruhigende Nachrichten zu erteilen, aber leider war heute Nachmittag ein Viertl nach 3 Uhr der unglückliche Schlag schon vollbracht! Die Größe dieses Verlustes für unser deutsches Vaterland, besonders bei den jetzigen Umständen, darf ich Eurer Gnaden nach Hochdero erleuchtesten Einsichten ebensowenig beschreiben als die allgemeine Bestürzung, welche diese höchstunerwartete und unglückliche Ereignis dahier verursachet und woran auch Eure Gnaden nach Hochdero persönlichen freundschaftlichen Gesinnungen gegen Seine abgelebte Kaiserliche Majestät gewiß den lebhaftesten Anteil nehmen.

Ich habe inzwischen in diesem trauervollen Augenblick mittelst alsbaldiger Sperrung des Reichshofrats und Verwahrung der kaiserlichen Insiegeln alles dasjenige erfüllt, was mir als Hochdero Stellvertreter in dergleichen Fällen zu tun obliegt, und werde nicht ermangeln, nach Maßgabe des letztern Vorgangs auch alles weitere gehörig zu beobachten. Ich erwarte zugleich bei diesen betrübten Umständen Eurer Gnaden allenfallsige hohe Befehle, die ich allenthalben schuldigst zu vollziehen nicht entstehen werde, und empfehle übrigens mich und die nun abermals verwaiste Reichskanzlei zu Eurer Gnaden hohen Schutz in derjenigen vollkommensten Verehrung, in der ich beharre.

Wien, den 1ten März 1792.

Eurer Gnaden

gehorsamer Diener
Franz Gundaker zu Colloredo-Mannsfeld

- II -

[Anlage Zahl 38b zum Tagebuch von Müller, HHStA, RK, W.u.K.A., Fasz.101d, und HHStA, MEA, W.u.K.A., Fasz. 85]

Gedruckter Frankfurter Ratserlaß vom 8. März 1792 - Traueranstalten wegen des Todes Leopolds II.

Wir, Bürgermeister und Rat des heiligen Reichs Stadt Frankfurt am Main, tun hiermit jedermänniglich kund und zu wissen, wie die jeden teutscher Nation tief erschütternde Nachricht eingelaufen, daß der weiland Allerdurchlauchtigste, Großmächtigste und Unüberwindlichste Fürst und Herr, LEOPOLDUS der Zweite, erwählter Römischer Kaiser, zu allen Zeiten Mehrer des Reichs Tit[ulus] ple[nus], Unser allergnädigster Kaiser und Herr nunmehro höchstselig- und allerglorwürdigsten Gedächtnisses Donnerstag, den 1ten hujus, nachmittags nach drei Uhr durch einen überraschenden Tod dieser Zeitlichkeit entzogen worden.

Wann wir uns zwar versehen, daß diese das ganze heilige Römische Reich in die höchstempfindlichste Trauer versetzende Ereignis jedermann schon von selbst bewegen wird, sein im Herzen tragendes Leidwesen über den schmerzhaften Verlust des so billig beliebten Allerhöchsten Oberhauptes mit der Tat an Tag zu legen, so haben wir auch zur Bezeugung Unsers hierüber empfindenden Beileids und zur alleruntertänigsten schuldigen Beobachtung des uns obliegenden obrigkeitlichen Amts verordnet, befehlen hiemit auch ernstlich und wollen, daß in der Stadt und auf den Dorfschaften, bis zu fernerer Verfügung, sowohl bei Hochzeiten und andern gemeinen Gastmälern und Zusammenkünften als auch in öffentlichen Herbergen, Gast- und Wirtshäusern alle Konzerte, Musike, Tänze, Klang- und Saitenspiel und überhaupt alle und jede öffentlichen Lustbarkeiten bei Tag und bei Nacht unterlassen sein und bleiben sollen, dagegen wir einen jeden ermahnen, sich eines stillen

Wandels und Betragens zu befleißigen und vorzüglich sich angelegen sein zu lassen, von der unendlichen und die Schicksale der Menschen bestimmenden Güte des Allerhöchsten die Abwendung alles Widrigen, welches durch diesen erlittenen Verlust dem heiligen Römischen Reich zubereitet werden möchte, in Gnaden zu erbitten, auch sich von Seiner alle Bedürfnisse umfassenden Fürsorge einer baldigen Anstellung eines andern Oberhaupts zu gewärtigen, unter dessen reichsväterlichem Schutz und Schirm jedermann in Ruhe und Frieden seinem Vaterland nützlich und seinem Gewerb beförderlich sich möge erweisen können.

Wie wir nun der vertraulichen Zuversicht leben, es werde jedermann dieser, aus der schmerzhaften Lage des erlittenen Verlustes gehobenen Verordnung sich so willig als gebührend fügen und nachkommen, so werden auch die Übertreter die verdienende und unausbleibliche Bestrafung sich selbsten beizumessen haben.

Geschlossen bei Rat,
Donnerstags, den 8. März 1792.

- III -

[HHStA, MEA, W.u.K.A., Fasz. 86]

Erstes Kurmainzer Gutachten: Mainz als Ort der Kaiserwahl? - vermutlich Anfang März 1792

**Bemerkungen zu der Frage,
ob es tunlich und rätlich sei, daß die bevorstehende Kaiserwahl für dieses Mal zu Mainz vorgenommen werde.**

Um die eben bemerkte Frage nach dem Unterschied ihres doppelten Gesichtspunktes zu beantworten, werde ich erst über das, was rechtlich und den hiesigen Umständen nach tunlich ist, dann aber über das, was vorteilhaft und rätlich ist, meine wenigen Bemerkungen hieher setzen.

Ad quaestionem juris.

Vermöge der güldnen Bulle soll die Wahl eines römischen Königs und künftigen Kaisers zu Frankfurt am Main, die erste Krönung aber zu Aachen vorgenommen werden (dies war die deutsche Krönung, die zweite war die langobardische [in Mailand] und die dritte die römische; nur die erste ist noch in usu). Schon die güldene Bulle selbst macht hievon die Ausnahme in verbis: nisi impedimentum legitimum obviaret. Pro impedimento legitimo wird gehalten, wenn die Sicherheit oder das Wohl des Wahl- und Krönungsgeschäfts zu erfordern scheine, daß die Handlung anderswo vollzogen würde. Aus solchem Grunde sind mehrfältig andere Wahl- und Krönungsorte bestimmt worden. Der Krönungsakt insbesondere wird schon seit Carl dem V^{ten} in verschiedenen Reichsstädten und meistens in loco electionis vorgenommen. Die Wahl Ferdinands des I. ging zu Köln vor. Rudolph der II. und Ferdinand der III. wurden zu Regensburg - Ferdinand der IV^{te} und Joseph der I. zu Augsburg erwählet.

Die Entscheidung, ob die Sicherheit oder das Wohl des Geschäfts dessen Vornahme anderswo als zu Frankfurt nötig oder rätlich mache, hängt von der Erkenntnis des kurfürstlichen Kollegiums ab. Und da alle Kollegialschlüsse vi unionis electoralis durch die Mehrheit der Stimmen abgefaßt werden, so sind auch hier die Majora ohne Anstand gültig, obgleich in den oben gedachten Fällen der Schluß immer einhellig ausfiel.

Wenn das Colllegium pro futuris temporibus verbindliche Vorschriften zu errichten hat, so können die Schlüsse nicht wohl anderst als durch eine Kollegialversammlung und Deliberation zustandekommen. Wenn aber bloß die Meinung der Kurfürsten und ihre Einwilligung zu einer vorübergehenden Handlung einzuholen ist, so geschieht solches dann de usu durch den Weg der Zirkularschreiben, welche Kurmainz ad Singulos Electores erläßt und alsdann nach dem Resultate der mehrern Gesinnungen zu Werke geht. Sooft die Entschließung gefaßt ward, daß die Wahl nicht zu Frankfurt sondern anderstwo zu vollbringen sei, sooft wurden dem dortigen Magistrate Reversales de non praejudicando ausgestellt und der Stadt ihre jura vorbehalten. Auch pflegte man, eine Frankfurter Ratsdeputation zu verlangen und zuzulassen, welche dem anderstwo statthabenden Wahl- und Krönungsakte beiwohnte.

Eigentlich soll der locus electionis nach der bisherigen Observanz eine Reichsstadt sein, damit alle jura, welche die güldne Bulle und das Herkommen dem Wahlkonvente und den dabei eintretenden Behörden, besonders dem Erz- und Erbmarschallamte beilegen, ungehindert ausgeübt werden können. Dies war und ist die natürliche Ursache, warum man alle Reichskonvente und Deputationen de regula in den Reichsstädten zu halten pflegt. Allein, es ist doch kein gesetzliches Verbot vorhanden, daß solches nicht auch an solchen Orten geschehen dürfe, die sonst einem Landesherrn unterworfen sind. Nur versteht es sich in diesem Fall ex natura negotii et circumstantiarum von selbst, daß einesteils der Landesherr darum begrüßet[?] werde und gewissermaßen seine Einwilligung erteilen müsse, sodann daß er andernteils geschehen lasse, daß von dem Wahlkonvente und den dabei eintretenden Behörden alle herkömmlichen Zuständigkeiten ebenso wie zu Frankfurt zur Ausübung kommen, mithin der locus electionis pro illo tempore in eine der güldnen Bulle und dem Herkommen völlig gemäße Dependenz gegen über das Kollegium und den in functione begriffenen Erz- oder Erbämtern versetzt werde. Dieser Punkt ist bei Mediatsstädten insgemein der Stein des Anstoßes, weil immer ein Mißtrauen gehegt wird, daß die Landesherrschaft einer solchen Stadt zu Kollisionen und Zerrung mit dem Konvente oder dessen Behörden Anlaß geben möchte.

Indessen bleibt doch in Folge der obstehenden Sätze keinem Zweifel unterworfen, daß die Vornahme der nächstbevorstehenden Kaiserwahl in der hiesigen Residenz suppositis supponendis keineswegs für untunlich zu achten sei. Ich setze nämlich voraus, daß der zur Kaiserwürde bestimmte hohe Kompetent sich seines Orts* ...

[Randbemerkung:]
*Ich halte es nicht für rätlich, daß Kurmainz selbst eine Absicht blikken lasse, daß der Konvent hier gehalten werde. Die übrigen Kurhöfe convenieren ungern darin, einer diesseitigen Stadt den Vorteil der Kaiserwahl zuzuwenden, weil es in der menschlichen Eigenliebe schon liegt, daß man demjenigen, der vor anderen besondere Vorrechte und Prärogativen auszuüben hat, keine weiteren Vorteile mehr gönnt, sondern die alten eher einzuschränken sucht. Es ist sodann ein leicht ermeßliches Vorurteil, daß jeder Konvent in einer fremden Residenz geniert zu sein befürchtet und deswegen immer die Auswahl einer Reichsstadt praeferiert. Auch ist bei Kursachsen die Besorgnis zur Vermutung, daß ihre erz- und erbmarschallischen Rechte wenigstens indirekten Hindernissen oder Schwierigkeiten in der Ausübung ausgesetzt sein möchten. Ich will hier der Nebenvorteile nicht gedenken, die dem Erbmarschallamt in einer Reichsstadt zufließen. Die Polizeierlaubnisse, die begünstigende Nachsicht des Spiels, der Handel auf den Zuschauerbühnen und -plätzen sind viele Gulden dazu. Endlich liegt den Kursachsen ihr jus custodiae mit der sächsischen Guarde immer am Herzen, und hierzu dürfte diesem Hofe die Lokalität einer fremden Residenz am wenigsten schicklich scheinen.

... ein Geschäft daraus mache, für die Einwilligung der übrigen Kurhöfe zu sorgen, welche sich aus allerhand Ursachen nicht gern dazu verstehen werden, wenn die Sache nicht zu eben der Zeit, wo die Stimmzuführung pro futura electione erfolgt, als eine Gefälligkeit verlangt wird. Ich setze voraus, daß der Antrag auf die für diesmal vorzüglich in Betracht zu ziehende völlige Sicherheit des Wahlkonventes und der dabei eintreffenden allerhöchsten Personen gegründet, auch zu erkennen gegeben werde, daß solche Sicherheit sich in mehrfacher Rücksicht dermal weit besser zu Mainz als zu Frankfurt erzielen lasse.

Wollte man dabei die Vornahme des Geschäfts unter den Augen des Kurfürstlichen Höchsten decani und die Erleichterung der demselben obliegenden Funktionen mit pro motivo nehmen, so würde solches noch zur Bestärkung der vorliegenden Gründe gereichen.

Ich setze sodann voraus, daß man den Kurhöfen und besonders dem kursächsischen deutlich und ausdrücklich erkläre, wie es keinen Anstand haben würde, daß der Wahlkonvent und alle bei der Wahl eintretenden Behörden, besonders das Reichserz- und Erbmarschallamt ihre Zuständigkeiten in der Stadt Mainz ebenso wie zu Frankfurt ohne die mindeste Hindernis auszuüben hätten, auch gutfindenden Falls die kursächsische Garde den ihr obliegenden

Dienst auf dem herkömmlichen Fuße[?] dort verrichten könne, indem es die Absicht habe, daß die Stadt und Bürgerschaft zu Mainz, hieselbst die dasige[?] Guarnison, in die nämlichen Verhältnisse gesetzt werde, die bei jeder andern Wahlstadt der güldnen Bulle und dem Herkommen gemäß sind.

Ich setze ferner voraus, daß die Antwort auf diesen Antrag des künftigen Thronkompetenten a potiori innerhalb 4 bis 6 Wochen eintreffen könnte und daß alsdann, wenn sie günstig ausfiele, sogleich von Seite des Kurfürstlichen Höchsten decani via Zirkularschreiben ad Singulos Electores erlassen und auf die Zusammenkunft in der Stadt Mainz in dem schon bekannten termino förmlich angetragen, darüber die Meinung und Einwilligung eines jeden Kurhofes baldmöglichst verlangt, sonst das unausbleiblich darauf zu erwartende Resultat demnächst den sämtlichen Kurhöfen in via conclusi nochmal bekannt gemacht würde.

Mittlerweile und von dem Augenblick, so man von der ersten Erklärung der meisten Kurhöfe benachrichtiget wäre, mußte der Stadt Frankfurt schon von der vorseienden Abänderung in Ansehung des Wahlortes zu dem Ende Eröffnung getan werden, damit man dort mit allen Zubereitungen und Anstalten einstweilen anstehe und die weitere Gesinnung des Kurkollegiums abwarte. Dagegen müßten solche von eben diesem Augenblick hier zu Mainz auf das Schleunigste vorgekehrt werden, damit man Zeit genug gewinne, um noch zur rechten Zeit alles in Ordnung bringen zu können. Es ist aber eine auf den hiesigen Tatumständen[?] beruhende Frage, ob man von Seiten der hiesigen Stadt in Ansehung der Unterkunft, der Subsistenz und der sonst zu beobachtenden Formalität das Erforderliche allenthalben zu leisten und beizubringen imstande sein würde. Ich sehe meinesorts diesen Punkt für den unbeträchtlichsten an und glaube, im voraus vorsehen zu dürfen, daß bei einer methodischen Behandlung [...] alle Requisiten oder Mittel der Ausführung ohne allen Anstand zu bestimmen und ausfindig zu machen sein würden.

Die Hauptsache kömmt darauf an, daß für alle Hauptgegenstände z. B.
a.) für das locale der Wahlkonvente, des bürgerlichen und militärischen Verpflichtungsakts, der Wahlceremonie in choro et conclavi, der Krönungsceremonie in der Kirche, der darauf folgenden curiae Imperialis cum epulo et functionibus archiofficiorum p.,
b.) für das Quartierwesen der Botschaften und ihrer Angehörigen, dann des Erbmarschallamts, der Deputationen von Aachen, Nürnberg und Frankfurt, auch der sonst eintreffenden Fremden p.,

c.) für die Unterkunft der allerhöchsten Herrschaft, wie auch für jene der in Person erscheinenden Höchsten Kurfürsten und etwa sonst eintreffende regierende Fürsten von großen Häusern p.,
d.) für die Subsistenz aller Gattungen, einschlüssig der Grund[?]bedürfnisse, der Fourage und dergleichen,
e.) für die übrige Stadtpolizei samt den Sicherheitsanstalten,
f.) für die Beobachtung der ce[remon]ialis in Ansehung des Empfangs und der Beglückwünschung, der Einholung, der Begleitung, der etwa von Seiten der Stadt vorzunehmenden Beschenkungen pp. Gleich anfangs [müßten] besondere, aus schicklichen und der Sache kundigen Personen zu bestimmende Deputationen niedergesetzt und jeder Deputation eine Instruktion erteilt werde, wie sich dieselbe dasjenige, was in solchen Fällen zu Frankfurt vorgegangen, bekannt zu machen, darauf die ganzen Details vorzulegen und die Mittel zuverlässig anzugeben habe, wie das erforderliche zu jedermanns Befriedigung zu leisten, auch dort, wo es auf fremde Beihilfe oder Anschaffung ankömmt, die zweckmäßigen Maßregeln auf eine ausgiebige Art zu ergreifen wären.

Ich will nun in Folge hier merken, daß ad a. das neue Rathaus zu den Wahlkonventen leicht einzurichten sei, daß die Domkirche und die Kapitelstube zu dem Wahl- und Krönungszeremoniarium alle Bequemlichkeit dabietet, daß die curia regalis cum epulo et executionibus archiofficiorum nicht wohl irgendanderst als im Festinsaal am Hof statthaben könne und daß auf dem Schloßplatz alle im Freien zu vollziehenden ceremoniae hinlänglichen Raum fänden. Was insbesondere die vor der Wahl hergehende Verpflichtung der Bürgerschaft und Guarnison betrifft, bleibt das Rathaus für den Rat wegen des gleichhin zu leistenden Eids, für die Bürgerschaft und Soldateska aber müßte auf dem Markte eine Bühne errichtet werden, um solche dort defilieren und beeidigen zu lassen.

Weit schwerer würde es ad b. mit der Unterbringung der Botschafter und ihren Angehörigen fallen. Deren hätte man wenigstens 14 zu bequartieren, wenn auch jeder Hof (außer Kurmainz) nur zwei Botschafter ernennte. Die Stadt müßte zu solchem Ende in 7 Bezirke eingeteilt, in jedem Bezirk wenigstens zwei ansehnliche Häuser ausersehen, diese zu Botschafterquartieren bestimmt und dann im ganzen Bezirk alle Wohnungen visitiert werden, die zu kleinern Quartieren tauglich wären. Dies alles müßte von der desfallsigen Deputation vorgearbeitet, die Eigentümer und Bewohner der Häuser einstweilen disponiert und dann, wenn das Erbmarschallamt zur Quartierbesorgung erscheine, mit diesem letztern alles de concreto reguliert werden. Die vielen neuen Häuser in der Stadt würden die Sache sehr erleichtern, zumal wenn noch einige Zeit übrig wäre, solche vollends in erhabenen Stand zu setzen.

Ad c.) Für die allerhöchste Herrschaft läßt sich keine andere Unterkunft geben als im Schlosse, wo alsdann die Tafelceremonie in die coronationis auch desto festlicher statthaben könnte. Seine Kurfürstliche Gnaden könnten zu solcher Zeit die Favorite beziehen, aber wenn auch diese etwa einer andern höchsten Herrschaft eingeräumt würde, so wäre das Deutsche Haus vielleicht als Interimsquartier pro Illustrissimo sowohl als für den Herrn Koadjutor das schicklichste.
Kurköln und Kurtrier würden von selbst in einem der adlichen Hôtels aufgenommen werden, so daß man nicht notwendig hätte, sich darum viel Mühe zu geben. Und so würden auch die Personen vom ersten Stande aus dem kaiserlichen und kurfürstlichen Gefolge durch zu veranlassende freiwillige Willfährigkeit der adlichen Hausbesitzer wohl unterzubringen sein. Denn in einem solchen Falle bliebe ihnen weder Entschuldigung noch Ausflucht übrig, und die meisten würden aus besonderen Beweggründen ihre Bereitwilligkeit zu bezeugen und geltend zu machen suchen. Die übrigen Angehörigen des kaiserlichen und der kurfürstlichen Höfe erhielten Logis in der Nähe ihre Plazierung bei kurfürstlichen Räten und geistlichen Personen.
Überhaupt dürfte niemand, von welchem Stand er sei, der entbehrlichen Teil in seiner Wohnung hat, im Falle der Erfodernis verschont bleiben, eher daß er entweder in via requisitionis oder, wo von Bürgern, kurfürstlichen Dienern und geistlichen Personen die Frage ist, durch andere angemessene Wege für die kurze Zeit der Wahl und Krönung zur Aufnahme eines solchen Fremden, dem man Quartier **schuldig** ist, bewogen werde.
Was aber jene Fremden betrifft, die vi legis et usu hier Quartier zu fodern haben, für diese müßten nicht nur die Wirte den größten Teil ihrer Gasthäuser freigeben, sondern auch jedem Particulier würde etwas von seiner Wohnung übrig belassen werden, um daraus ein höheres Logisgeld erlösen zu können, als für die ex officio angewiesenen Quartiere gewöhnlich ist, oder um sonst ihre Freunde und Verwandte aufnehmen zu können. Es besteht eine Tax für diese letzten, die aber mäßig ist und die in der letzten Krönung für das kurmainzische Gefolge nicht viel über 4000 fl. ausgemacht hat.

Ad d.) ist die hiesige Lage in Ansehung des Artikels der Subsistenz ungemein vorteilhaft. Nur die Gartengewächse [...] sind vielleicht hier nicht so häufig wie zu Frankfurt, doch würde sich alles, was aus der Gegend um Frankfurt herzuholen ist, durch Beförderung und allenfallsige Erweiterung der Marktschiffsanstalten auch ebenso häufig und so wohlfeil hierher ziehen lassen, als wenn man es im ähnlichen Falle zu Frankfurt hatte. Die nämliche Vermehrung der Marktschiffs- und sonstiger Wasserfahrtsanstalten müßten auch den Rhein hinauf und hinab statthaben, und von der pfälzischen Nebenfahrt[?] zu Land würde die freie Zufuhr leicht zu bewirken sein.

Ad e.) Die Polizei- und Sicherheitsanstalten können hier wenigstens ebenso gut als in Frankfurt vorgekehrt werden. Doch hätte man große und strenge Vorsicht zu treffen, daß sich keinerlei Gesinde und zumal keine unbekannten Franzosen, die mit unentbehrlicher[?] Legitimation nicht versehen wären, einfinden, als wozu diesmal eigene und besondere Anstalten notwendig sein werden, das Geschäft möge nun zu Frankfurt oder hier vorgehen.

Ad f.) Zeigen die Frankfurter Wahl- und Krönungsdiaria, wievielerlei Cer[emon]ialien von dem dortigen Rat beobachtet worden sind. Solche können hier insgesamt ihre Anwendung finden, und da kein hinlängliches Stadtratspersonal vorhanden ist, so wäre vorzüglich das Vice[?]amts- und Stadtgerichtspersonal dazu schicklich, und der Stadtrat selbst könnte durch die angesehensten Mitglieder des hiesigen Handelsstands vermehrt werden.
Ob das hiesige Militär so wie zu Frankfurt in Pflicht zu nehmen wäre, solches könnte dem Wahlkonvente zu bestimmen überlassen werden. Schicklich wäre es vielleicht, wenn nur ein Regiment zum Dienste des Wahlgeschäft bestimmt sei und solches alsdann nach der herkömmlichen Formel beeidigt würde. Doch da I[llustrissi]mus als erstes Mitglied des Kollegiums den Eid immer a potiori mitempfangen, so hat es keine Inkonvenienz, daß Ihre Militärs auch ganz in die eidliche Verbindlichkeit gegen das hohe Kollegium gesetzt würden.

Kurz, es kann im wesentlichen hier alles geleistet werden, was bei den Wahl- und Krönungshandlungen üblich ist, und wenn sich Anstände ereignen, so wird es auch an Auswegen nicht fehlen, solche zu heben, wenn nämlich zu den Anstalten geschritten werden müßte. Allein so wie ich noch zweifle, daß die übrigen Kurhöfe und besonders der kursächsische zur Beistimmung und Einwilligung werden zu bringen sein, also ist auch der Punkt der Rätlichkeit, ob man diesseits Ursache habe, die Einwilligung des Wiener Hofes in Absicht auf die Beistimmung der übrigen Höfe vor sich gehen zu lassen oder gar zu betreiben, noch einigen Zweifels gründlich ausgesetzt, die ich gleich anführen werde.

Ad quaestionem consilii.

Es ist bekannt, daß die Obrigkeit der Wahl- und Krönungsstadt mit mehrerlei Kosten belegt ist, die ex aerario publico bestritten werden und die diesem immer beschwerlich fallen, wenn auch der Partikulier, besonders die Kaufleute, Professionisten und Gastwirte, die Hauseigentümer [...] p.p. sich sehr bereichern.

Ich habe dermal nicht Zeit genug, in das specificum dieser Kosten hier einzugehen. Die Wahl- und Krönungsstadt muß zu ihren Anstalten, zu den öffentlichen Handlungen und Funktionen so viel von ihren eigenen Angehörigen und Untergebenen in Bewegung setzen, ihnen Entschädigung und Belohnung, auch ständige Taggelder auswenden, mancherlei Einrichtungen treffen, mancherlei Veränderung in den Gebäuden vornehmen, mancherlei Bühnen errichten, allerlei requisita beischaffen, ansehnliche Beschenkungen unter dem Maße[?] des Ehrenweins bestreiten, zu Illuminationen, Festins und Denkmünzen so vieles verwenden, dem neuen Kaiser selbst ein so beträchtliches Wahlgeschenk übereignen, daß im ganzen große Summen herauskommen, die zu Frankfurt sich immer auf mehr als einmal 100/m fl. sollen belaufen haben. Diesen Kosten käme nun noch hinzu, daß Seine Kurfürstliche Gnaden der Bewirtung des kaiserlichen Hofes, wenigstens, was die allerhöchste Herrschaft betrifft, gar nicht ausweichen, noch zugeben könnte, daß diese das Quartier sowohl als die Tafel anderswo als am Hofe nähmen, wodurch also gar vieles nur bloß auf Einrichtung und Anschaffung zur Ausgabe kommen würde, was man im voraus nicht genau zu beurteilen vermögend ist. Es würden auch sonst dem Hofe tägliche Tafel- und Appartementskosten, sowohl als unumgängliche Verwendung zu öffentlicher Lustbarkeit und zu Festins und Freudenbezeugung zur Last fallen, die sich ebenfalls schwer berechnen und in keinem Falle so beschneiden oder vermindern lassen, daß nicht das aerarium dadurch einen lästigen Zuwachs an denen der Wahl und Krönung vorzüglich gewidmeten Geldaufwendungen erhielte.

Indessen sind diese zween Artikel, nämlich die Kosten und die Schwierigkeit der Einstimmung der übrigen Kurhöfe, auch die einzigen, die ich in Rücksicht der Tunlichkeit und selbst der Rätlichkeit des hier vorzunehmenden Wahl- und Krönungsaktes für erheblich ansehe. Es wäre zu wünschen, daß solchen aus dem Grunde abgeholfen werden könnte, und in solchem Falle könnte für das hiesige Publikum nichts wünschlicher sein als die Realisierung des in quaestione befangenen Antrags.

Ich habe oben vorausgesetzt, daß man den Wiener Hof den Versuch machen lassen solle, ob und wiefern die Kurhöfe sich zur Bestätigung des außerordentlichen Beispiels einer sozusagen am Hofe des Erzkanzlers vorzunehmenden Kaiserwahl werden willfährig finden lassen. Ich füge nur noch bei, daß man sich bei der ganzen Negotiation diesseits gar nicht herausstellen dürfe, um im Falle eines mißlingenden Erfolges gar nicht kompromittieret zu werden. Ich glaube sodann, daß im Gegenfalle, wenn nämlich der Versuch reussierte, alsdann der Vorteil einer hiesigen Wahl und Krönung für die Stadt Mainz und zum Teil auch für das Rheingau in Ansehung der Weinkonsumption allzu wichtig und vorteilhaft sei, als daß man wegen des noch übrigen Bedenkens der Kosten eine solche Quelle des hiesigen Wohlstandes aus Hand lassen solle. Es ist nicht leicht, sich von der Beträchtlichkeit der Geldsummen die in einer Wahl- und Krönungsstadt zurückbleiben, richtige Begriffe zu machen. Den Kaiser und die Kurhöfe betrifft es gewiß mit mehr als einer Million. Unser Hof hat das letzte Mal ungefähr 40/m fl. allein an Kostgeldern ausgegeben, die den Frankfurter Gastgebern und Wirten größtenteils in die Hände geflossen sind. Was ist nun von Fremden, vom König von Neapel an bis zum letzten der unzähligen Dienstpersonen, nicht verzehrt worden?

Es wird von dem hiesigen Hofe allemal ein beträchtliches gespart, wenn weder eine Botschaft noch das kurfürstliche Hoflager nach Frankfurt gehen muß. Vielleicht kompensiert sich wohl gar der größte Teil, wo nicht der ganze, des im besagten Falle zu bestreitenden extraordinaren Aufwandes am hiesigen Hofe, wenn jene Ersparnis genau untersucht wird. Und dann ist dabei zu beachten, daß zu Frankfurt das Douceur ganz verloren ist, hier aber größtenteils im Circulo des einheimischen Publikums bleibt und solches bereichert, zumal wenn die Belohnungen, Verehrungen und Trinkgelder dazu kommen, die bei der Bewirtung der allerhöchsten Herrschaften ausfallen. Man nehme sodann die Kürze des Aufenthalts dieser Herrschaften - man sehe, daß das Extraordinaire des Hofaufwandes den ordinairen Betrag der Hofausgaben miteinschließe und folglich allemal nicht bloßer Verlust sei - man lasse noch die politischen Vorteile nicht ganz außer acht, die der hiesige Aufenthalt des jungen Monarchen und das mit ihm zu knüpfende Band eines dauerhaften freundschaftlichen Vertrauens nach sich ziehen könnte, so wird der sonst sehr reelle Anstand einer etwaigen Kostentragung sich sehr aus den Augen verlieren.

Selbst der künftige Kaiser möchte eben dieserwegen desto geneigter sein, dem Erzstifte für die vielfältigen Extrakosten, die Kurmainz bei den öftern Interregna und sonstigen Reichsangelegenheiten hat, bei irgendeiner Gelegenheit zur Entschädigung zu verhelfen, zu welchem Ende sich vielleicht mit gutem Erfolge auf eine vom Reich zu bestätigende Exspektative[?] pro casu künftiger Reichserledigung oder pro casu der zurückzubringenden Avultorum[?] Imperii antragen ließe, dergestalt, daß der Kaiser auf dem Kongreß des Reichs durch wirksame Unterstützung sicherstellen hülfe.

Was hiernächst die Kosten betrifft, die der hiesigen Stadt zum Belast fallen könnten, so läßt sich auch darein noch noch eine nähere Einsicht nehmen und der Betracht darauf richten, daß die rubra gemäßiget oder gar vermindert würden, welche ihren Bezug auf entbehrliche Formalitäten haben, z. B. die kostspieligen Einholungen, Begleitungen und Aufzüge, welche ohnehin pro hac vice meist umgangen werden dürften. Item die Preisgebung der Geräte, der Bedeckung des Prozessionszuges mit Borden, der [?] Fußtreppen[?] im kaiserlichen Speisesaal und dergleichen. Item die Versehungen und Beschenkungen, die sich hiesige Stadt kaum [wird] künftig leisten können. Doch halte ich dafür, daß die Praesentierung des Ehrenweins in einem Lande und bei einer Stadt, deren Umkreis mit den vortrefflichsten Weinprodukten gesegnet ist, an die allerhöchst und höchsten Herrschaften, auch an die Botschaften der Kurhöfe nicht zu unterlassen sein dürfte. Bliebe alsdann gleichwohl noch eine merkliche Summe solcher Kosten übrig, die sich nicht abwenden ließen, so würde hiesige Stadt in Betreff der großen Geldsummen, die in das hiesige Publikum ausflössen und den Wohlstand der Stadt vermehrten, <u>auf ihren eigenen Kredit</u> ein in der Zeitfolge ohne alle Beschwernis wiederabzulegendes Kapital aufzunehmen haben, wozu die ohnehin mit einer sehr geringen herrschaftlichen Schatzung von 4/m fl. beschwerte Bürgerschaft das ihrige in einem Verlauf von einem Jahr leicht und gern beitragen könnte.

Ich besorge indessen, daß der Fall einer hier zu vollziehenden Wahl und Krönung nicht existieren dürfte, weil ich mir kaum vorstelle, daß der adsensus reliquorum Electorum folgen werde. Ich werde daher die Frage zu zergliedern suchen, was zu Frankfurt an den vorzüglich mit Kosten verbundenen, aber zum Umsetzen der Sache nicht gehörigen Artikeln der Ausgaben nicht entstehen und zu ersparen möglich sei. Ich bitte in solcher Absicht um die Mitteilung der letzten Rechnung, um die Rubra vor mir zu haben, auf welche sich die Ersparung erstrecken muß, wenn sie nicht ins kleine und unbedeutende gehen soll, sondern nur die Wirtschaft wichtiger Posten betreffen soll.

- IV -

[HHStA, MEA, W.u.K.A., Fasz. 86]

Zweites Kurmainzer Gutachten: Mainz als Krönungsort? - vermutlich Anfang März 1792

**Neuersgetätigte Bemerkung ad quaestionem:
ob der Krönungsakt nicht wenigstens hier in Mainz zu vollbringen sei?**

Um die Frage mit Verläßlichkeit zu beantworten, ob nicht wenigstens der Krönungsakt für dies Mal hier in Mainz geschehen könne? habe ich vordersamst den Vergleich noch einzusehen für nötig erachtet, welcher anno 1657 über das Krönungsgeschäft zwischen Kurmainz und Kurköln geschlossen worden ist. Ich finde, daß solcher Vergleich beide höchsten Kurhöfe verbindet, sich dahin zu bemühen und es vermitteln zu suchen, daß die Frage, ob die Krönung in einem anderen als dem in der güldenen Bulle bestimmten Orte verrichtet werden soll? im kurfürstlichen Collegio bei Überlegung des heiligen Wahleids und vor der Wahl jedesmal vorgenommen werde. Vermög dieser Übereinkunft hätte also das Kurkollegium auch darüber zu entscheiden, wo eigentlich die Krönung geschehen solle, und es käme abermal auf die Einwilligung der Kurhöfe an, wenn man bewirken wolle, daß für diesmal die Handlung hier zu geschehen habe.
Das Geschäft scheine folglich den nämlichen Umschweife unterworfen zu sein, welche dabei obwalten, daß man hier beide actus, nämlich die Wahl und Krönung zugleich vornehme. Indessen ergibt sich zwischen diesen Fällen gleichwohl ein merklicher Unterschied, welcher in folgendem besteht:
In Ansehung des Krönungsakts (vorausgesetzt, daß dessen Vollbringung zu Aachen, als dem gesetzlich bestimmten Ort, nicht statthaben möge) hängt die anderweite Ortsbestimmung hauptsächlich von der persönlichen Gesinnung des Neoeligendi ab, welcher alsdann, wenn die Handlung vorsichgehen soll, schon die Reichsregierung angetreten hat. Das Gesetz legt obgenanntem bei seiner Wahl nur auf, daß er die Krone förderlichst zu empfangen verspreche, läßt aber allerhöchstdemselben hoc ipso die nähere Bestimmung der eigentlichen Zeit dazu, die leichtmerklich von dem Zusammenhange mehrerer Umstände abhängt. Der Neoeligendus könnte also die Krönung vor der Hand noch auszusetzen für nötig finden, und wenn es demnächst auf die Erfüllung des Gesetzes ankömmt, so drückt sich die alshin gehörige Stelle der Wahlkapitulation folgendermaßen aus:

Als auch dem erwählten römischen Kaiser geziemet und er damit verspricht, die römisch-königliche Krone förderlichst zu empfangen, so soll und will er alles dasjenige dabei tun, so sich desselben gebühret, auch alle und jede Kurfürsten, um ihr Amt zu versehen, zu solcher Krönung erfodern.

Diese Stelle liefert den genügsamen Beweis, daß man in Ansehung der Krönung dem Kaiser quoad tempus et locum nichts Bestimmtes vorschreiben wolle, sondern sich von Seiten der Kurfürsten mit der Einladung und Zulassung zur Ausübung ihrer Amtszuständigkeit begnüge. Es ist auch daher bei dem Wahlkonvente üblich, daß zu der oben erhobenen Frage in Ansehung des Krönungsorts nicht vorher geschritten werde, als bis man von der Gesinnung des Kronkompetenten, welchem die Majora zugesichert sind, schon unterrichtet ist, und folglich in deren Gemäßheit die praeparatoria coronationis einzuleiten vermag.

Sollte also der Neoeligendus dazu geneigt sein, den actum coronationis für diesmal an einem anderen Orte als zu Frankfurt vollziehen zu lassen, sollte er hierzu die Stadt Mainz, tanquam Metropolim Consenatoris -

[Einschub am Rand:] vor der güldenen Bulle und folglich vor der itzigen Form des Geschäfts sind mehrere Wahl- und Krönungsactus hier zu Mainz vorgegangen, und dazu gab hauptsächlich die qualitas Sacri consenatoris Anlaß

- bestimmen wollen, so ließe sich kaum erwarten, daß dem Verlangen eines künftigen Kaisers hierunter ex parte Collegii auf Grund gegangen werde. Es ist auch sehr natürlich, daß er hierüber als über eine in seiner Person zu vollziehende Handlung seine eigene Gesinnung zu erkennen gebe - ja, es ist dem Geiste der obgedachten dispositionis capitulationis völlig gemäß, daß der in solchem Betreff nicht beschränkte Wille des künftigen Kaisers vor allem erwartet werde. Die Krönung ist in diesem Stücke von der Wahl wohl zu unterscheiden. Letztere gibt dem eligendo erst das Dasein, und er kann sich auf solche noch keinen entscheidenden Einfluß zueignen. Die Krönung aber setzt die kaiserliche Gewalt und Würde schon voraus, vermög welcher der Neoelectus alsdann a potiori über die Lokalität seiner Krönung zu disponieren haben muß.

Ich setze nun: das Verlangen des künftigen Kaisers veranlaßte wirklich, daß die Krönung pro hac vice hier festgesetzt würde. In solchem Fall wäre der Gang, den das Geschäft quoad praeparatoria und selbst in seinem Fortgange nehmen müßte, ungefähr folgender: Da die Beschwörung der Wahlkapitulation in eigener Person geleistet werden muß, um hierauf die kaiserliche Re-

gierung antreten zu können, und da diese Beschwörung seit Karl dem V^ten in loco electionis zu geschehen pflegt, so ist es rätlich, daß solches auch diesmal nicht unterlassen werde.
Der Neoelectus hat aber hierbei nicht notwendig, noch dürfte es pflichtig sein, die ohnehin von jeher ad actum mora facultatis gehörig gewesene Einzugszeremonie bei der bloßen Kapitulationsbeschwörung zu beobachten. Jene Zeremonie rührt von der Krönung eigends her und bestand schon ehedem, wo von der Kapitulation keine Frage war, in der solennen Einholung des Kronkandidaten!

Der neue Kaiser würde also im gegebenen Falle die gesetzliche Erfordernis vollkommen erfüllen, wenn er z. B. die Wahlnotifikation zu Aschaffenburg erwartete, alsdann von dort sich ad locum electionis verfügte, in dem von der Domkirche nicht entfernten Kompostell absteige, mit einigen in Bereitschaft zu haltenden Paradewägen ins Konklave führe, die Beschwörung der Wahlkapitulation wie gewöhnlich bewerkstelligte, die Aufwartung des Kurkonventes noch im Kompostell annähme und solchemnach die Reise <u>von Frankfurt nach Mainz</u> fortsetzte.

In dieser Zeit müßte durch das mit den Kurhöfen gepflogene Benehmen schon der Konvent getroffen sein, das eines Teils die höchsten Kurfürsten, die in persona bei der Krönung erscheinen wollen, sich ebenfalls in Mainz einfinden und dort bei der Ankunft des Kaisers gegenwärtig wären. Sodann, daß die legati absentium schon mit der Vollmacht und Weisung versehen wären, sich gleich nach der Beschwörung ad locum coronationis zu begeben, um dort die gewöhnlichen Funktionen bei dieser Handlung zu verrichten.
Von Seiten des Wahlkonventes müßten die Insignien von Aachen und Nürnberg schon vor der Hand zur Krönungsstadt ersucht und beordnet sein, damit sie ebenfalls bei der Ankunft des Kaisers schon zur Hand wären.

Der Krönungsakt selbst könnte alsdann suppositis ordinibus supponendis (wovon der Articul in den actis vorliegt und allentfalls zur rechten Zeit zu besorgen wäre) in wenigen Tagen post adventum Augustissimi vor sich gehen und vollbracht werden. Ob bei dieser Gelegenheit ein förmlicher Einzug in die Stadt Mainz wolle gehalten werden, solches hinge von dem Gutbefinden Augustissimi und von dem vorher darüber zu pflegenden Vernehmen ab. Andernfalls könnte der Einzug bloß darin bestehen, daß Augustissimus durch Seine Kurfürstliche Gnaden und durch dero cortege - wobei die persönlich anwesenden Herren Kurfürsten I[llustrissi]mum Kurf.[?] würden begleiten wollen, zwischen Cassel [= Kastel] und Hochheim - in Galla eingeholt und in das für Allerhöchstsie bestimmte Quartier geführt werden.

Dadurch würden Augustissimo sowohl als den Kurfürsten der kostspielige apparatus eines Frankfurter Einzugs und einer Frankfurter Einholung völlig erspart, und was durch das kurfürstliche cortege hier geschähe, wäre keinen besonderen Kosten unterworfen. Die allerhöchst und höchste Herrschaft wäre dabei von dem ganzen Frankfurter Aufenthalt entledigt, und der hiesige Aufenthalt würde sich wesentlich nur auf eine kurze Zeit beschränken. Es würde also die Ersparnis hauptsächlich auf diesen wenigen, aber wesentlichen Gegenständen beruhen. Seine Kurfürstliche Gnaden zu Mainz würden den Kaiser schon zur Abholung empfangen müssen und machten die Tour über Frankfurt hierher am nämlichen Tage, wo der Kaiser abging, voraus, um im Konklave die Wahlbeschwörung persönlich abnehmen zu können.

In der Krönungsstadt und während des kaiserlichen Sejours fielen die Formalitäten und Verhältnisse meistens hinweg, die mit dem Wahlgeschäfte verbunden sind. Von der Verpflichtung der hiesigen Bürgerschaft und des Militärs wäre gar keine Frage, weil sie bloß auf die Wahl ihren Bezug hat. Die Autorität des kurfürstlichen Kollegiums cessierte mit dem Wahlkonvente. Die Polizeianordnung des Erzmarschallamts, die Quartieranordnung des Erbmarschallamts wären hier nicht mehr anwendbar, weil von einem Reichs- oder Kurkonvente keine Frage mehr ist.
Nur träten alle Erz- und respée Erbämter mit ihren sonst ad ceremoniam coronationis gehörigen Verrichtungen ein, wobei auch Kursachsen und der Erbmarschall Graf von Pappenheim Verschiedenes zu tun haben.
[Randbemerkung:] Die Krönungsarbeit ist nicht besser als aus dem Krönungsritual zu ersehen, welches in lateinischer Sprache gedruckt bei den Akten liegt.
Es ist auch nicht eher[?], daß Kursachsen die Krönungskirche mit seiner Guarde zu besetzen pflege und daß man dieses von Seiten Mainz' durch verschiedene Übereinkünfte selbst anerkannt habe. Wenn nun die Handlungen der Wahl und Krönung geteilt sind und nur von der einzelnen Krönungsceremonie die Frage ist, so wird Sachsen sich gern dazu verstehen, diesmal dem höchsten Consecrator die Wache zu der Kirche durch seine guarde intra praejudicium[?] und cura universali[?] allein zu überlassen.

Sowohl ante als post coronationem wird der Kaiser in processione solemni abgeholt und respeé wieder zurückgeführt. Diese Feierlichkeit ist nicht wohl auszulassen, und da der actus ostensibilis pro populo hauptsächlich darin besteht, so darf die procession auch nicht beschränkt sein, sondern es ist zu raten, daß sie aus dem Dom bis ins Schloß gerüstet werde, damit sie durch die Länge des Zuges für eine große Menge Volkes sichtbar sei. Es wird ohnehin nicht leicht nur an der Kirche als dem Dom den hinlänglichen Raum haben, um alle fremden und hiesigen Standespersonen zu fassen und ihnen die Gelegenheit der Beiwohnung bei dem Krönungsakte zu verschaffen, auch noch über dieses den Raum für den Thron zum Ritterschlag zu gewähren. Die Petruskirche wäre allzu nahe am Schlosse, wohin der Kaiser post coronationem processualiter zu führen wäre. Der Zug aus dem Dom würde für die Eigentümer der in aspectu gelegenen Häuser eine starke Quelle des in hiesige Stadt fließenden Verdienstes sein.

Ob aber post coronationem die curia imperialis cum solemni epulo wolle gehalten werden, das ist eine Frage, die zwar abermal von dem Willen des Kaisers abhängt, indem es schon an sich ein ad actum mora facultatis gehörige bloße Zeremonialhandlung ist und ursprünglich auch die _erste_ curia regalis vel imperialis nicht zu Aachen nach der Krönung, sondern vi aurea bulla eigends zu Nürnberg gehalten wurde. Indessen ist es doch beinahe die einzige Gelegenheit, wo die erz- und erbamtlichen Funktionen noch durch die Archiofficiales Imperii, eorumque repraesentantes, vel Subofficiales haereditarios verrichtet und gleichsam in viridi usu erhalten werden. Ich würde also nicht raten, daß diesseits auf die Unterlassung dieses Aktes angetragen werde, weil man sich von den Kurhöfen sowohl als den deutschen Staatsrechtslehrern den Vorwurf zuziehen möchte, für künftig völlige Vergessenheit der erz- und erbamtlichen Verrichtungen den ersten Anlaß gegeben zu haben. Wiefern dieser Actus aber Ursache der Kosten, die damit verbunden sind, der Krönungsstadt oder dem kurfürstlichen Hofe zur Last fiele, solches weiß ich eigends nicht. Die Tafeln oder vielmehr die Speisen dazu würden aber vom Hofe besorgt werden müssen, und da das ganze epulum nur pro forma ist, so kann der Kostenaufwand eben nicht beträchtlich sein.

Es ist sonst noch ein anderer Vorschlag, der dahin geht, daß futurus caesar von hier aus nach Frankfurt zur Kapitulationsbeschwörung sowohl als zur Krönung führe und beide actus in continuo vollzogen würden, dergestalt, daß Allerhöchstdieselbe abends wieder hierher zurückkehren könnte. Es würde dieser Vorschlag zur Sommerzeit zwar allerdings ausführbar sein, was den schicklichen Hergang der Sache betrifft. Es könnte aber für den jungen Monarchen, der nicht von starker Complexion ist, nur allzu starke Strapaze sein, zumal, wenn die Krönung grad in einer sehr warmen Witterung anfiel. Und dann würde die eilende Ankunft und Rückkehr als ein Umstand ausgedeutet werden, dem die Majestät der Handlung entgegenstehe. Doch möchten sich gegen die Zeit der Wahl und Krönung vielleicht solche evenements hervortun, die des Kaisers Gegenwart anderswo als zu Frankfurt erforderten und die alsdann eine auf das tempus specificum beschränkte Eilfertigkeit in Rücksicht des Krönungsaktes rechtfertigen könnten. Ich hielte also diesen Vorschlag nur unter solchen Umständen für rätlich, die ich hierher von der gewöhnlichen Dauer seines Aufenthalts zu Frankfurt zu machen fähig wäre.

Ich bemerke sodann, daß hoc casu Seine Kurfürstlichen Gnaden und die übrigen Kurfürsten doch mit ihrem vollen Hofstaate zu Frankfurt sein müßten, welches immer ohne einen doppelten Posten unseres für dort hat und für hier nicht abgehen könnte.

- V -

[HHStA, RK, W.u.K.A., Fasz. 100 a]

Vortrag des österreichischen Staatskanzlers von Kaunitz-Rietberg an Franz vom 2. April 1792 -
Einsparungen bei der Wahl und Krönung

Allergnädigster König und Herr!

Eurer Apostolischen Majestät erster Obristhofmeister Fürst von Starhemberg hat bei verschiedener Gelegenheit zu erkennen gegeben, wie sehr erwünschlich es sei, daß bei der bevorstehenden römischen Kaiserwahl auf die größtmögliche, mit dem Dekorum des höchsten Hofes und mit der Dignität des Geschäftes nur immer vereinbarliche Unköstenersparung der Bedacht möchte genommen werden.

Von der Gründlichkeit dieser Erinnerung vollkommen überzeugt, habe ich auch diesen wichtigen Punkt zu einem Hauptgegenstand der Weisungen gemacht, die ich Eurer Majestät zur Begnehmigung unterm 10ten vorigen Monats vorgelegt habe und durch welche die königlichen Minister an den Kurhöfen den Auftrag erhielten, das Wahlgeschäft nach dem Wunsche Eurer Majestät zu befördern. Bei der Unköstenersparung schien es mir auf zwei Hauptpunkte anzukommen, nämlich auf die schleunige Vornahme der Kaiserwahl und auf Weglassung der unwesentlichen Feierlichkeiten, die bloß zur

Pracht gehören. Die Abkürzung des Wahlkonvents führet schon eine große Ersparnis mit sich. Da aber der Wahlkonvent ganz allein durch das Kapitulationsgeschäft verlängert werden kann, setzten Eure Majestät bei den Erklärungen, die Höchstdieselben wegen Erlangung der Kaiserkrone machen ließen, als eine Conditio sine qua non ihrer Bewerbungen voraus, daß die Kurhöfe keine neue Zusätze zu der Kapitulation auf den Tapet bringen oder doch die mehrere unter ihnen keinen von einem oder dem andern Kurhofe gemachten Erinnerungen stattgeben wollen.

Die obbemerkten Weisungen waren an den Kurhöfen noch kaum angelangt, als von mehreren die Nachricht gegeben wurde, daß der allgemeine Wunsch Eure Majestät zum Kaiser bestimme, daß man die größtmögliche Beförderung dieses Geschäfts wünsche und hiezu alles beizutragen bereit sei. Brandenburg, Trier, Mainz und Sachsen haben in der Hauptsache die ersten positiven Zusicherungen gegeben; und zur Stunde haben sich alle Kurhöfe erklärt, daß sie den Antrag, allen unnötigen Köstenaufwand zu ersparen, ihrem eigenen Wunsch und den Zeitumständen wohlangemessen finden.

Diese allgemeine Zusicherung veranlaßte mich, wegen Verminderung der Pracht und unwesentlichen Feierlichkeiten durch die königlichen Minister an den Kurhöfen folgende vier Punkte in Antrag bringen und mir eine schleunige Erklärung hierüber erbitten zu lassen.

1^{tens} wäre man diesseits geneigt, nur einen Botschafter cum facultate substituendi, wie doch dieses ohnehin gewöhnlich ist, abzuschicken, weil bei dem Wahl- und Krönungsakt der erste Botschafter allein zu fonctionieren hat, in den Konferenzen kein Geschäft vorkommen, und wenn dieses vorkömmt, mit negativen Äußerungen hintangehalten werden soll; dadurch aber dem höchsten Hofe eine Auslage von mehreren tausend Gulden erspart und das Botschaftsgefolg ansehnlich vermindert wird, welches die Quartiersanstalten sehr erleichtert und auch wieder Auslagen ersparet.
2^{tens} wünsche man, daß der feierliche Einzug unterbleiben möchte, da dieser sehr große Unkösten verursacht, große Zubereitungen erfordert und lediglich zur Pracht dienet.
3^{tens} wäre sehr gut, wenn sowohl das Botschafts- als der Herren Kurfürsten eigenes Gefolg, soviel es immer der Anstand gestattet, vermindert würde.
4^{tens} Die königlich-böhmische Botschaft und königliche Suite erscheinen ohnehin noch in der Trauer; man könnte also die Übereinkunft treffen, daß die Gala erst mit dem Wahltag anfange und gleich zwei Tage nach der Krönung wieder abgelegt werde.

Einen Tag nach Abgang der Weisungen, in denen diese Anträge enthalten waren, erhalte ich von dem Grafen von Schlick das untertänigst angelegene Schreiben mit der Punktation der kurmainzischen Vorschläge, wie ein großer Teil der Wahl- und Krönungskosten ersparet werden könnte. Diese Punkte kommen in der Wesenheit mit den diesseitigen überein und sind folgende:

1^{tens} In der Beschleunigung des Geschäfts und in der Abkürzung des Frankfurter Aufenthalts liege die wesentliche Ersparnis.

2^{tens} Der feierliche Einzug und die Einholung des neuen Reichsoberhaupts sollte dermal unterbleiben. Dadurch werden berittene Garden und Edelknaben erspart, Pferdzüge und das Gefolg würde im nämlichen Verhältnisse vermindert.

Drittens lasse sich zwar in Ansehung des Gefolges nicht wohl etwas Gewisses durch alle Klassen bestimmen. Man könnte aber übereinkommen, daß jeder Hof sich bloß auf das Anständige beschränke.

4^{tens} Die Damen vermehren vorzüglich den Aufwand; es dürfte also rätlich sein, keine Damen mitzunehmen.

5^{tens} könnten sich die Botschafter wegen der Tafeln einverstehen und die Täge des kurzen Aufenthalts unter sich verteilen.

Der kurmainzische Hof wünscht angelegentlich, daß diese Punktation durch die Minister Euer Majestät bei den übrigen Kurhöfen unterstützt werden möchte, wozu ich auch mit höchster Begnehmigung denselben den Auftrag zu erteilen nicht ermangeln werde.

Nur finde ich nötig, bei dem 4ten Punkt der mainzischen Punktation eine Bemerkung zu machen. Da Seine Majestät die Königin Eure Majestät begleiten, kann zwar das Gefolg der Damen verhältnismäßig vermindert, aber nicht umgangen werden. Hiebei wird es aber auf die höchste Entschließung ankommen, ob Seine Majestät an dem Krönungsort inkognito sich aufhalten oder aber ein öffentliche Aufwartung annehmen wollen.

In einem Schreiben an den kurmainzischen Gesandten Freiherrn von Walter macht der kurmainzische Hof noch den zweifachen Antrag, daß Eure Majestät nach der Kaiserwahl den Reichshofrat nicht in Frankfurt sondern hier zu Wien möchten eröffnen und durch die Reichskanzlei alle nach der Krönung zu erlassenden Expeditionen eben auch da möchten vorbereiten lassen, welches denn die Zahl des Reichshofrats- und Reichskanzleipersonals vermindern würde.

Bei dem ersten Antrag erspart der Herr Erzkanzler eine für ihn beschwerliche Zeremonie, der Aufenthalt in Frankfurt wird dadurch verkürzet und Eure

Majestät ersparen Unkösten, weil den zu dieser Zeremonie nach Frankfurt reisenden Reichshofräten die Auslagen ersetzt werden müssen. Selbst der Reichshofrat gewinnt dadurch die Zeit zur Vornahme wichtiger Geschäfte, indem was in Frankfurt herkömmt, ohnehin nur pro forma geschieht und von keiner Bedeutung sein kann.

Der zweite Antrag scheint mir ebenfalls nicht dem geringsten Anstand unterworfen zu sein und könnte diesemnach das Gefolg der Reichskanzlei merklich vermindern, Reisekösten und Diäten erspart werden. Selbst für den Reichsvizekanzler wird dies bequemlicher sein, der nach diesen Anstalten eine Küche zu halten und größern Aufwand zu machen nicht mehr in dem Falle wäre. Mit Begnehmigung Eurer Majestät werde ich daher nicht entstehen, ihm von dieser zutreffenden Einleitung die Eröffnung zu machen.

In dem Schreiben des Grafen von Schlick geschieht auch von dem Wunsche und herkömmlichen Antrage des Herrn Kurfürsten Meldung, daß Eure Majestät mit der höchsten Familie Ihre Wohnung in seiner Residenz zu Mainz nehmen möchten. Und Er glaubt, daß Höchstdieselben dann keine Wohnung in Frankfurt nötig hätten. Allein, so gut dieser Antrag gemeint ist und Eure Majestät dem Herrn Kurfürsten Ihre Erkenntlichkeit in den verbindlichsten Ausdrücken erkennen zu geben geruhen dürften, so kann derselbe dennoch nicht wohl angenommen werden. Der Anstand erfordert durchaus, daß Eure Majestät Ihren Hof in Frankfurt halten und sich durch keine Ersparung dieser Art von Ihren Vorfahren auszeichnen. Der Aufenthalt in Mainz würde Euer Majestät ganz gewiß nicht wohlfeiler zu stehen kommen, weil die Präsente dadurch ungemein vermehrt würden. Der sämtliche Hofstaat könnte nicht wohl in Mainz untergebracht, müßte daher in Frankfurt einquartiert werden, folgbar täglich zwischen Mainz und Frankfurt auf der Straße sein, welches unaushaltbare Beschwerlichkeiten veranlassen würde. Die wohlgesinnte Reichsstadt Frankfurt könnte wohl auch schmerzlich empfinden und als ein Zeichen einer Ungnade oder Abneigung betrachten, wenn Eure Majestät in ihren Mauern nicht den Wohnsitz nehmen wollten. Ich bin daher der unmaßgeblichsten Meinung, daß diese Einladung auf die höflichste Art und unter einem nach obigen Bemerkungen sich von selbst ergebenden Vorwand abzulehnen wäre.

Hingegen könnten Eure Majestät dem Herrn Kurfürsten das Vergnügen machen, die Reise über München, Mannheim nach Mainz einleiten zu lassen und dort, wie dies sonst ohnehin zu Aschaffenburg meistens zu geschehen pflegte, einige Tage auszuruhen. Bei dieser Gelegenheit würde Eure Majestät auch den Herrn Kurfürsten von der Pfalz mit einem Besuch beehren und dadurch verbinden können. Welches in politischer Rücksicht, da die gute Stimmung dieses Herrn für den höchsten Dienst in mehrern Betracht sehr wichtig ist, allerdings erwünschlich wäre.

Wenn Eure Majestät diesen untertänigsten Vorschlägen und Bemerkungen den höchsten Beifall schenken, würde ich an die königlichen Minister im Reiche die zweckmäßigen Aufträge erlassen, vor allem aber mit Euer Majestät ersten Obersthofmeister mich in das genaueste Einvernehmen setzen und dasjenige, was er diesfalls einzuleiten seines Amts erachten wird, auf alle Art meinerseits unterstützen.

[Randnotiz]
Ich genehmige ihren Antrag, doch kann ich noch nicht bestimmt sagen, ob Ihre Königin Majestät mitgehen wird oder nicht.
   Franz

Wien, den 2ten April 1792.   Kaunitz-R[ietberg]

- VI -

[HHStA, RK, W.u.K.A., Fasz. 100a]

Vortrag des österreichischen Staatskanzlers von Kaunitz-Rietberg an Franz vom 28. April 1792 -
Fortführung des Reichstages unter den Reichsvikaren

Ew. Majestät!

Die beiden Reichsvikarien, der Herr Kurfürst von der Pfalz und der Herr Kurfürst von Sachsen, haben Eure Majestät als vorzüglichsten Mitstand des Reichs um Unterstützung ersucht, damit die Fortsetzung des Reichstags sub auspiciis Vicariorum bewirket werden möchte. Dies Verlangen ist in sich ganz billig, und steht allerdings den Reichsvikarien nach der goldenen Bulle und der kaiserlichen Wahlkapitulation das Recht zu, die Reichstagsberatschlagungen zu kontinuieren. Allein über die Art, unter der Autorität der

Reichsvikarien die Reichstagsgeschäfte zu behandeln, haben sich in jedem Zwischenreich viele Anstände ergeben, die zur Stunde noch nicht gehoben sind, indem die unvermutete Erledigung des kaiserlichen Thrones gehindert hat, diese Sache bei der Reichsversammlung, wohin solche bei dem letzten Wahlkonvent verwiesen wurde, in wesentliche Deliberation zu bringen. Dermal behauptet noch ein großer Teil der Reichsstände die Selbständigkeit des Reichstags ohne besondere Mitwirkung der Reichsverweser; einige Reichsstände wollen denselben gewisse Vorzüge zugestehen, kein Reichsstand aber hat sich noch bestimmt für die Annahme derjenigen Forderungen geäußert, welche die Vikariatshöfe unterm 6ten Juli 1790 zu Regensburg übergeben ließen und durch welche dieselben die in dem von einigen Ständen ohne Teilnahme der Kurböhmen und des Hauses Österreich verfaßten Concluso enthaltenen Modifikationen der Vikariatsautorität bei Reichstagsberatschlagungen verworfen haben. Kurpfalz scheint dermal geneigt, sich einige dieser Modifikationen gefallen zu lassen; Kursachsen bestehet aber größtenteils auf seinen Fordrungen.

Bei diesen Umständen schien es mir der Lage, in welcher sich das Haus Österreich befindet, und den Absichten Eurer Majestät am angemessensten, sich auf gute Art aus der Sache zu halten, wie dies auch in dem vorigen Interregnum mit guter Wirkung geschehen ist. Hierzu kömmt der Umstand zustatten, daß Eurer Majestät Minister auf dem Reichstag noch nicht legitimiert sind und auch während des Zwischenreichs, ohne eben über der Vikarien Autorität und Vorzüge neue Anstände zu veranlassen, nicht wohl legitimiert werden können.

Nach diesen Betrachtungen sind die zwei Antwortschreiben abgemessen worden, die ich zur höchsten Begnehmigung und Unterfertigung Eurer Majestät in den Nebenlagen untertänigst vorzulegen die Ehre habe.

Placet
Franz

Kaunitz-R[ietberg]

Wien, den 28. April 1792.

- VII -

[Anlage Zahl 17 zum Tagebuch von Müller,
HHStA, RK, W.u.K.A., Fasz. 101 d]

Vollmacht des Reichserbmarschalls Graf Friedrich Wilhelm von Pappenheim für den Reichsquartiermeister von Müller vom 1. Mai 1792

Wir, Friedrich Wilhelm, der Älteste Amtführende des Heiligen Römischen Reichs Erbmarschall, auch Forst- und Jägermeister im Nordgau, Regierender Graf und Herr zu Pappenheim, Herr auf Rothenstein, Balden und Bellenberg p.p., Ihro Römischen Kaiserlichen Majestät wirklicher Kämmerer und des Hochfürstlichen Baden-Durelachischen Ordens der Treue Ritter p.p.

Urkunden hiemit, demnach von Seiner Kurfürstlichen Gnaden zu Mainz, um des gesamten Heiligen Römischen Reichs Nutzen und Wohlfahrt willen, vermög der güldenen Bulle und des Herkommens ein kurfürstlicher Wahlkonvent auf den dritten Julius des jetzt laufenden Jahres nach Frankfurt am Main ausgeschrieben und von sämtlichen hohen Kurfürsten für genehm gehalten, auch von Ihro Kurfürstlichen Durchlaucht zu Sachsen als des Heiligen Römischen Reichs Erzmarschallen in Schrift sub dato Dresden den 18^n des erst verflossenen Monats April Uns als des Reichserbmarschallen mit dem gnädigsten Begehren intimieret worden, hiebei Unserer Amtsobliegenheit ein Genüge zu tun und daher entweder in eigener Person förderlichst nach besagtem Frankfurt abzugehen oder den Reichsquartiermeister unverzüglich dahin abzufertigen und demselben zu befehlen, sich beständig daselbst aufzuhalten und der Besichtigung, Bestellung und Auszeichnung der gehörigen und notwendigen Reichsquartiere und anderer Unserm Erbamte von Alters Herkommen obliegenden Prärogatorien halber das Nötige zu besorgen,
daß Wir zu solchem Ende den Wohlgebornen Unsern Kanzleidirektor und Reichsquartiermeister, auch lieben getreuen Hieronymus Gottfried von Müller abgeordnet und vollkommene Gewalt erteilt haben, erteilen ihm auch solche hiemit in kräftigster Form Rechtens also und dergestalt, daß er von Unsertwegen fördersamst sich allda einfinden, bei ankommenden kurfürstlichen hohen Gesandtschaften und dasigem wohllöblichen Stadtmagistrat, auch wo es sonsten nötig sein wird, sich kraft dies legitimieren und die Notdurft von Unsertwegen, gleich ob Wir selbst zugegen wären, seiner obhabenden Instruktion gemäß verhandeln und richten soll.

Die Wir anbei die Versicherung tun und bei Unsern gräflichen Worten Gereden, alles dasjenige, was Unser Reichsquartiermeister also in Unserm Namen verrichten und handlen wird, fest und unverbrüchlich auch ihn dieserwegen gegen männiglich zu vertreten und schadlos zu halten.

Urkundlich unter vorgedrücktem Unserm angebornen gräflichen Insiegel und eigenhändiger Unterschrift.
Pappenheim, den 1ten Mai 1792.

Wilhelm, Graf und Herr zu Pappenheim

- VIII -

[HHStA, MEA, W.u.K.A., Fasz. 85]

Franz an den Kurfürsten von Mainz vom 5. Mai 1792 -
Beschleunigung der Wahl

Franz von Gottes Gnaden König zu Ungarn und Böheim, Erzherzog zu Österreich, Herzog zu Burgund und zu Lothringen, Großherzog zu Toskana.

Hochwürdigster Kurfürst, besonders lieber Herr Vetter!

Zur nämlichen Zeit, als Uns das schätzbare Schreiben Eurer Liebden mit der Abschrift der kurhannövrischen Äußerung über die Antizipierung des auf den 3ten Juli ausgeschriebenen Wahlkonvents zukam, erhielten Wir auch hierüber die freundschaftliche Eröffnung des königlich-preußischen Hofes, wovon Wir bloß zu Dero Wissenschaft im Vertrauen deren wesentlichen Inhalt hier abschriftlich anschließen.

Da nun Eure Liebden unsern Maßnehmungen beizutreten geneigt sind und mit uns wegen der dringenden Notwendigkeit, dieses Geschäft zu befördern, gleiche Gesinnungen hegen, so erteilen Wir Unserer Botschaft den Befehl, den 15ten Juni in Frankfurt einzutreffen, und daß von den übrigen Kurhöfen wenigstens ein Botschafter erscheine, werden Unsere Gesandten in dem Reich angewiesen, die Verwendungen Eurer Liebden nachdrücklichst zu unterstützen. Es erscheine nun die kurhannövrische Botschaft oder nicht, so kann doch diese Zeit zu Vorbereitung und Einleitung des Geschäfts vorteilhaft angewendet werden, daß dann, wann es an dem gesetzten Tag zur wirklichen Eröffnung des Wahlkonvents kömmt, alle Anstände oder Schwierigkeiten gehoben sind oder doch leicht gehoben werden können, besonders da es den Anschein nicht hat, daß Kurhannover das Geschäft durch wesentliche Hindernisse aufzuhalten gesinnt sei.

Um Unsererseits in dem Geschäft nicht die geringste Verzögerung zu verursachen, waren Wir gesinnt, den 25ten Juni von hier abzureisen. Bei dem Umstand aber, wo die angetragene Antizipation nicht statthaben kann, wollen Wir wegen Bestimmung des eigentliche Tages unserer Abreise Uns lediglich nach der Meinung Eurer Liebden richten und dadurch unsere unbegrenzte Bereitwilligkeit zur Beförderung des gemeinsamen Wunsches wie auch einen Beweis des Vertrauens, das Wir in Eure Liebden setzen, an Tag legen.

Wir verbleiben anbei Deroselben mit besonderer Freundschaft, Hochachtung und allem Guten beständig wohl beigetan.
Gegeben in Unserer Stadt Wien, den 5ten Mai 1792, Unserer Reiche im ersten Jahre.

Eurer Liebden
freundwilliger Vetter
Franz

Kaunitz

Anton Freiherr von Spielmann

Copia

Das königlich-großbritannische kurfürstlich-braunschweig-lüneburgische Ministerium äußert in einem Schreiben an das königlich-preußische Ministerium de dato 13. April dieses Jahres große Bedenklichkeiten wegen der Antizipation des Wahlkonvents. Es glaubt überdies, daß das Wahlgeschäft bei der allerseitigen Stimmung sich ohnehin in kurzer Zeit werde beendigen lassen, und versichert dabei, gänzlich damit einverstanden zu sein, daß solches möglichst beschleuniget werde.

Das königlich-preußische Ministerium hat hierauf unterm 20. desselben Monats geantwortet, wie man einige Bedenklichkeiten bei der früheren Ansetzung des Wahlkonvents nicht finden könne, indem die Goldene Bulle zwar eine gesetzliche Frist bestimme, in welcher die Wahl längstens vorgenommen werden solle, aber nicht wehret, daß solches früher geschehe. Dieses hänge also lediglich von dem kurfürstlichen Collegio ab. Die königlich-preußischen Botschafter würden gegen die Mitte des Monats Junii zu Frankfurt eintreffen. Übrigens würden sich selbige, ohne dem Juri adcapitulandi Abbruch zu tun, diesesmal aller Monitorum enthalten.

- IX -

[HHStA, RK, W.u.K.A., Fasz. 100 a]

Aus der mainzischen Reichskanzlei vom 21. Mai 1792

Bemerkungen über die möglichste Beschleunigung des künftigen
Wahl- und Krönungsgeschäfts

Bei dem eben bemerkten, für Deutschland sehr wichtigem Geschäft gibt es wesentliche und auf Formalitäten Bezug habende Gegenstände. Erstere hangen von der Politik der Höfe ab, durch welche die Zahl der monitorum zur Kapitulation vermehrt oder vermindert wird. In der letztern war die Zahl außerordentlich groß, und dennoch wurde das ganze Wahlgeschäft in gleichsam zwei Monaten beendigt, denn ich rechne den Julius ganz ab, in welchem man nur Vorwand zur Aufhaltung des Geschäfts suchte. Die gegenwärtige Zusammenkunft der Höfe und das ganz konstitutionsmäßige Benehmen des kaiserlichen Hofes unter der letzten, leider so kurzen Regierung lassen hoffen, daß dieses Mal fast gar keine oder doch sehr wenige Monita erscheinen werden. Denn außer jenen wegen der Laudemien, der Estampilie und dem Majestätstitul weiß ich keines, welches dermal einem der Höfe sehr angelegen sein sollte, zu nennen, und diese Beseitigung dürfte auch durch Wiederholung der vorigen zum Teil wegen der bekannten Angelegenheiten und der kurzen Regierung des höchstseligen Kaisers nicht zu Erfüllung gekommene Zusicherungen nicht schwer zu erwirken sein.

Das Kapitulationsgeschäft selbst würde also nicht viel Zeit erfordern und in zwei, höchstens drei Sessionen beendiget werden können, wenn man besonders von Seiten des Directorii selbe noch einmal den Anfang des Geschäfts sorgfältig durchgehen und von einigen, sich vielleicht darin vorfindenden grammatikalischen Fehlern reinigen wollte, um nicht einer Botschaft welche sich das vorige Mal in ihren Monitis sehr damit beschäftigte, abermal Stoff zu aufhaltenden Monitis zu geben. Die übrige Zeit und Sessionen würden also lediglich dem Zeremoniell, der Beeidigung der Stadt, Wahlhandlung und Krönung gewidmet werden können, und hiezu dächte ich, wären 4 Sitzungen oder Täge um so hinreichender, als alles noch in frischem Andenken ruhet und also keiner langen Diskussion unterworfen sein dürfte. Nur müßten alle Nebensachen, welche öfters unangenehme Verzögerungen veranlassen, noch vor Anfang des Kongresses oder durch ohnehin herkömmliche Präliminarkonferenz beseitigt werden.

Hierher gehört

a. die Übereinkunft wegen Anfang des Kongresses und Einrichtung des Konsultationszimmers

b. die Weglassung der Titulaturen bei Ablesung der Vollmachten sowohl als bei der Diktatur

c. die Kommunikation der Monitorum, welche das letzte Mal stuckweise und langsam erfolgte, daher auch mit zu der Verzögerung beitrug

d. die allenfalls nötigen Polizeianstalten zur allgemeinen Sicherheit, über das Spiel etc. p.

Zeremoniell

Erstens: wenn solches anzufangen

2tens: Visiten en Corps

3tens: Begleitung bei den Auffahrten

4tens: Rezeption auf dem Römer

5tens: Gebrauch der Mantelkleidung

(N.B.: hierbei ist von dem in letzterer Versammlung redigierten Concluso Gebrauch zu machen)

6tens: Benehmung gegen fremde Gesandten

e. Übereinkunft wegen Erlassung der Emigrationsdekrete, Salvationes, welche letztere aber in der Folge reproponiert in ein Conlusum zu bringen sind.

Andere Nebensachen, welche in keiner allgemeinen Konferenz beseitigt werden können, sind die mit ein oder dem andern Hofe vorkommenden Kollisionen; so hat deren Mainz verschiedene mit Sachsen in Rücksicht der Bezeichnung der Garde, mit Böhmen als künftigen Kaiser wegen dem Leuchten der Knaben und mit Pfalz wegen Begleitung der Insignien durch das Mainzische gehabt, durch gütliche Übereinkunft aber gehoben. Wegen dieser letztern dürfte es vielleicht gut sein, die letzte Übereinkunft einstweilen vorläufig durch ministerielle Verhandlungen zu erneuern, bei den übrigen hat es ohnehin sein Verbleiben. So hat Trier und Köln schon lang Präzedenzstreite, welche das letzte Mal durch Vermittlung der mainzischen Botschaft für den Fall und ohne Nachteil für beide Teile verglichen wurden; vermutlich wird das nämliche Temperament wieder adoptiert werden.

Wenn dieses alles wohl präpariert und keine oder wenige Monita kommen, so könnte in der ersten Sitzung auch schon der Wahltag bestimmt und die nötigen Expeditionen wegen den Insignien und Requisitionen wegen deren Passierung an die Stände beliebt und verlesen werden, nachdem solche in dem Ansagzettul bemerkt worden. Damit aber dieses ohne Widerspruch geschehen könne, würden Negationes von hieraus nötig sein, besonders bei Hannover, welches immer gegen zu frühzeitige Bestimmung eifert.

Nach geendigtem Kapitulationsgeschäft könnte das Reichsmarschallamtsprotokoll über vollzogenen Einrichtung der Kirche und den Aufzügen verlesen und beliebt werden. Wornach für dermal nur noch die Beeidigung der Stadt und Garnison übrigbliebe, zu deren Bestimmung es darauf ankommt, ob die Herren Kurfürsten diese Handlung für wichtig genug ansehen, um solche in höchster Person vornehmen zu wollen. Im verneinenden Fall könnte dieselbe den Tag vor der Kurfürsten Ankunft vorgenommen werden, und alsdann 3 Tag nach der höchsten Ankunft Seiner Kurfürstlichen Gnaden, als welche zu den Zeremoniellaudienzen und Visiten hinreichend wäre, die Wahl könnte vorgenommen werden.
Wenn es dem kaiserlichen Hof ebenso um Abkürzung des Geschäfts zu tun sein sollte, so könnte die allerhöchste Ankunft den 2ten Tag zur Krönung und den 8ten oder 9ten wieder zur Abreise bestimmt werden.

Wenn diese bemerkungsweise gewagten Vorschläge einiger Rücksicht gewürdiget werden sollten, so erforderte dieses ganze Geschäft bis zur Wahl, von der ersten Präliminarkonferenz an zu rechnen, 14 Tage und diese samt Krönung und allerhöchstem Aufenthalt beiläufig 10 Tage, und dieses ganze höchstwichtige Geschäft würde ohne Übereilung in 24 Tägen glücklich vollbracht sein.

- X -

[Anlage Zahl 64 zum Tagebuch von Müller,
HHStA, RK, W.u.K.A., Fasz. 101 d]

Jurisdiktionsstreitigkeitem zwischen dem Reichserbmarschallamt und der Stadt Frankfurt: Antwort des Frankfurter Rats vom 30. Mai 1792 auf eine reichserbmarschallische Denkschrift von der Krönung 1790

Reichsstadt-Frankfurter Beantwortung
der vom Herrn Hofrat Löblein sub 24. Juli
1790 ad Magistratum übergebenen
Denkschrift.
de dato 26. et praes[entis] 30. Mai 1792

Pro memoria
Soweit man abseiten hiesiger Reichsstadt entfernt ist, dem wohllöblichen Reichserbmarschallamte von seinen wohlhergebrachten vertragsmäßigen Gerechtsamen irgendetwas abstreichen zu wollen, so wenig ist einem hochedlen und hochweisen Rat, nachdem dasjenige näher betrachtet worden, was der hochgräflich pappenheimische Herr Regierungs-, Kanzlei- und Konsistorialrat Löblein in der weitläufigen Denkschrift vom 24. Juli 1790 anzuführen und zu deducieren sich die undankbare Mühe genommen hat, auch nur der mindeste Zweifel aufgestiegen, daß bei den in gedachtem Jahr neuerlich erregten Konzessionsirrungen jenen Befugnissen diesseits irgends zu nahe getreten worden sein mögte.

§ 2
Man hält sich abseiten des wohllöblichen Reichserbmarschallamts für berechtigt, zu den Konzessionen, welche der hiesige Magistrat vermöge seiner incontestabeln obrigkeitlichen Befugnis denjenigen Personen erteilt, so beim kaiserlichen Wahltag Schauspiele oder andere öffentliche Lustbarkeiten veranstalten, in dem Maße zu konkurrieren, daß dieselben auch die erbmarschallische Mitbewilligung nachzusuchen und dafür mit einem Stücke Geld oder wenigstens Abgebung einiger Freibillets sich abzufinden gehalten sein sollten, ohnerachtet der bekannte Vertrag vom Jahr 1614, § 3, ausdrücklich besagt, daß der Herr Reichserbmarschall der Zivil- und Kriminaljurisdiktion über die <u>Fremden</u>, sich zur Zeit währender Reichsversammlung in den Reichsstädten aufhaltenden, zu- oder abreisenden und die Stände des Reichs

wie auch dero oder fremder Potentaten Gesandt- und Botschaften nicht berührenden, das ist solche Personen, welche zu der im Anfange dieses Paragraphen erwähnten und der reichserbmarschallischen Ziviljurisdiktion simpliciter überlassenen Klasse der Diener und Gesinde der Reichsstände, fremder Potentaten oder Gesandten nicht gehören und welchen der reichserbmarschallischen Gerichtsbarkeit nicht unterworfenen Personen ebendaselbst[?] die fremden Krämer, Fechter, Spieler, Spielleute und unzüchtigen Weiber namentlich beigezählt werden, und <u>alles</u> dessen, was solcher Jurisdiktion abhängig ist, wie auch der daherfließenden Emolumenten und <u>Utilien, wie das Namen haben möge</u>, sich ferner nicht mehr anmaßen solle; über die <u>einheimischen</u> Personen hingegen, als welche kundbarlich einzig und allein der Jurisdiktion ihrer reichsstädtischen Obrigkeit untergeben und, wie zum Überfluß selbst in gedachtem Vertrag etlichemal ausdrücklich erinnert wird, der reichserbmarschallischen Botmäßigkeit nicht unterworfen sind, außer der von der Prävention abhangenden Kaptur oder Beistehung in Kriminalfällen einiges Recht oder Disposition eigends einräumt, mithin einen zeitlichen Herrn Reichserbmarschall von aller mitwirkenden Konkurrenz bei den dergleichen Personen erteilten obrigkeitlichen Konzessionen und Partizipation an den davon fallenden Utilien, sie bestehen nun in einer Geldabgabe oder statt deren [in] einem oder mehrern Freibillets, gänzlich ausschließt.

§ 3

Die Gründe, worauf diese neuerliche Behauptung beruht, sollen darin bestehen, daß

1.) von den beiden bekannten Verträgen vom Jahr 1614 und 1619 der erstere abseiten der Reichsstadt Frankfurt durchlöchert worden, der zweite aber wegen ermangelnden Konsenses der hochgräflichen Herren Agnaten, wie auch der reichserzmarschallischen und kaiserlichen Bestätigung für die nachgefolgten Herren Reichserbmarschälle unverbindlich sei, mithin

2.) es bei der kaiserlichen Provisionalordnung vom Jahr 1582 geblieben, das ist die Herren Reichserbmarschälle ihre alten Rechte und Gerechtigkeiten behalten hätten und

3.) aus diesem Gesichtspunkte die von dasiger Seite in Absicht der in Frage stehenden Konzessionserteilungen hin und wieder bewerkstelligten actus possessorii, davon noch mehrere von den Jahren 1741, 1742, 1745 und 1764 angeführt werden, betrachtet werden müßten.

§ 4

Man hat hierauf zu erwidern die Ehre, daß man

ad 1. der Beschuldigung, als ob hiesige Reichsstadt den ersten Vertrag vom Jahr 1614 durchlöchert habe, keineswegs geständig sei, vielmehr derselben als kundbarlich ungegründet widersprechen müsse. Denn obzwar bei dem ersten nach Errichtung sotanen Vertrags im Jahr 1619 sich zugetragenen Falle einer Kaiserwahl über ein und andere Gegenstände zwischen dem damaligen Herrn Reichserbmarschall und hiesiger Reichsstadt sich neue Differentien hervorgetan, und die letztere die im § 3 erstgedachten Vertrags dem Herrn Reichserbmarschall zugesagte Summe von 1000 Gulden, so demselben nach völligem Anfang eines Reichstags bezahlt werden sollte, auch bei jedem Wahltage zu entrichten wegen augenscheinlicher Diversität der Fälle und der Gründe, worauf jenes Versprechen beruhete, sich billig geweigert hat, so sind jedoch auch diese Irrungen durch den neuen Vergleich vom Jahr 1619, welcher den alten in den strittigen Punkten erläuterte und erklärte, ebenwohl friedlich beigelegt und beide Verträge hierauf von hiesiger Reichsstadt auch dadurch, daß man bei allen nachherigen Wahltägen das Versprochene nicht nur pünktlich geleistet, sondern auch ohne Schuldigkeit von seiner Uneigennützigkeit noch weitere reelle Beweise dargelegt hat, getreulich erfüllt worden.

§ 5

Wie demnach die Reichsstadt zu fordern bestens berechtigt ist, daß man auch anderer Seits nach dem Vertrag von 1614 sich genau richte, also gilt dieses nicht weniger von dem zweiten unter Mitwirkung und Beistimmung der damals hier anwesenden erzmarschallischen Herrn Vizekanzler und Räte als Unterhändler abgeschlossenen und von denselben mitunterzeichneten, von deren höchsten Herren Prinzipalen aber folgends nicht mißbilligten, sondern stillschweigend genehmigten Vergleich, dessen ausdrückliche Ratifikation, wenn nicht bei den damals bereits ausgebrochenen Reichsunruhen andere wichtigere und dringendere Geschäfte dazwischen gekommen wären und die Beiseitsetzung dieser minder wichtigen und dringenden Angelegenheit veranlaßt hätten, ohne Schwierigkeit gleichfalls würde auszuwürken gewesen sein, welches unter dem Vorwande des ermangelten agnatischen Konsenses vergeblich angefochten wird, nachdem die sämtlichen zeitherigen Herren Reichserbmarschälle das mittelst dieses Vergleichs zugestandene Geldquantum und weitern Utile bei den in den Jahren 1698, 1711, 1742, 1745, 1764 und selbst dem zuletzt im Jahr 1790 hier gehaltenen Wahltägen angenommen, mithin ipso facto dessen Gültig- und Verbindlichkeit in allen und jeden vorgekommenen Fällen anerkannt haben.

§ 6
Wenn es indessen mit den Verträgen von dem Jahre 1614 und 1619 diese Beschaffenheit nicht hätte und selbige, doch unzugegebenermaßen, als unverbindlich angesehen werden könnten, so wäre jedoch

ad 2. auch in diesem Falle für das wohllöbliche Reichserbmarschallamt nichts gewonnen.
Denn alsdann würde die Sache in die Lage, in der sie vor Errichtung dieser Verträge sich befand, lediglich zurückgesetzt. Damals waren aber bekanntlich die Reichsstände einer- und der derzeitige Herr Reichserbmarschall andererseits wegen der von letzterm allzuweit ausgedehnten Grenzen der reichserbmarschallischen Befugnisse in einen Rechtsstreit verwickelt, welcher von der deshalb angeordneten kaiserlichen Kommission instruiert war und vermöge eines von derselben vermittelten Kompromisses von dem kaiserlichen Reichskammergericht entschieden werden sollte.

§ 7
Diese rechtliche Entscheidung müßte also vor allen Dingen nachgesucht und abgewartet, immittelst und bis dahin aber es so gehalten werden, wie es ante litem notam gehalten worden, wo die Reichsstädte dem Herrn Reichserbmarschall der Befugnis, die befragten Konzessionsgebühren zu beziehen, keineswegs geständig gewesen, noch derselbe in einer diesfallsigen possessione manutenibili sich befunden, im Gegenteil demselbigen, als er zuerst im Jahre 1566 auf dem damaligen Reichstag zu Augsburg der Erhebung dergleichen Gebühren von den fremden Krämern sich anmaßen wollen, dieser neuerlichen Anmutung und Anmaßung forthin gänzlich in Ruhe und müßig zu stehen und sich derselben zu enthalten durch ein kaiserliches Dekret vom 17. Februar gedachten Jahres anbefohlen worden.

§ 8
Bei dieser Bewandnis, und da die in der Mitte liegenden, in viridi observantia bestehenden klaren Verträge einen jezeitigen Herrn Reichserbmarschall von der Jurisdiktion sowohl über die oben § 2 benannten Personen als auch von aller Partizipation an den in der Frage begriffenen Konzessionsutilien undisputierlich ausschließen, müssen

ad 3. die laudierten anderseitigen actus possessorii, worauf der neuerliche Anspruch auf die Konzessionskonkurrenz gebauet werden wolle, in Absicht ihrer rechtlichen Wirkung aus einem ganz andern Gesichtspunkt beurteilt werden.

§ 9

Denn als solche actus, mittelst deren in dem wohllöblichen Reichserbmarschallamte kompetierende Gerechtsame ausgeübt und dergestalt in deren rechtlichen Besitze sich erhalten worden, kann man sie nicht betrachten. Sie sind vielmehr im Grunde nichts anders als wahre Eingriffe in die diesseitigen, auf klaren und verbindlichen Verträgen beruhenden Befugnisse und unberechtigte Anmaßungen, welche der neuerlich prätendierten Konkurrenz zu den befragten Konzessionen um so minder zu einiger Stütze dienen können, als

a. die in den beiden Schnetter- und Löbleinischen Promemoria vom 22. Juni und 24. Juli enumerierten actus praetense possessorii, derenthalben man sich jenseits bloß auf eine in causa propria kein gültiges Zeugnis gewährende reichserbmarschallische Privatadnotation bezieht, durchaus unbescheinigt sind und, wenn es darauf ankäme, vorerst gebührend dargetan werden müßten, worauf man zu bestehen sich um so mehr veranlaßt und berechtigt fände, als ein und andere Angaben, (wie zum Beispiel der in dem diesseitigen Promemoria vom 3ten Juli 1790 sub N° 3 berührte angebliche Vorgang, ingleichen was beim 30. Januar 1764 in Betreff der französischen Komödianten erzählt wird, da doch an diesem Tage weder ein ordentlicher noch außerordentlicher Ratssitz test[amenti] Protoc[olli] gehalten worden, mithin, was von einer namens des ganzen Magistrats von dem damaligen ältern Herrn Bürgermeister aus der Ratsstube zurückgebrachten Versicherung angeführt wird, sich unmöglich begeben haben kann) offenbar irrig und dem wahren Verhältnis der Sache nicht gemäß sind.

b. Soviel aber diese angeblichen actus praetense possessorios selbst belangt, wenn man dieselben die Musterung passieren läßt, gleichbald in die Augen fällt, daß eine nicht geringe Zahl derselben auf das, was man damit dartun will, daß nämlich das wohllöbliche Reichserbmarschallamt Konzessionen zu Schauspielen oder andern öffentliche Lustbarkeiten mit erteilet und davon ein utile genossen, gar keine Beziehung habe, wohin die Vorgänge vom 9., 14., 15., 24. und 30. Januar, 11., 16., 18., 19. Februar 1764, vom Juli 1745, sodann 31. Januar, 16. und 17. April, 17. Juni, 30. November, 1. und 7. December 1741 gehören, als wo bloß von eingelegten Interzessionen bei dem hiesigen Magistrat oder bei andern Personen, von Anrichtung eines Spieltisches im erbmarschallischen Zimmer im Römer, von geschehenen Quartieranweisungen, von ein und andern in Absicht der Livreebedienten getroffenen Polizeiverfügungen u. d. g., mithin von lauter actibus heterogensis Erwähnung geschieht, und endlich

c. was die übrigen allegierten actus betrifft, wo um die in Frage stehenden Konzessionen bei dem wohllöblichen Reichserbmarschallamte angeblich nachgesucht und solche wirklich erteilt, auch dafür von den Impetranten[?] Freibillets oder gar Freilogen abgegeben worden sein sollen, diesen sämtlichen actibus, wenn es auch damit seine noch gar nicht erwiesene und teils unerweisliche Richtigkeit hätte, als[?] vitium clandestinitatis unzweifentlich anklebt, indem nicht nur schon vorhin erinnertermaßen in den gedruckten kaiserlichen Wahl- und Krönungsdiariis, wo gleichwohl mehrern ex parte magistratus francofurtensis erteilten Konzessionen Erwähnung geschieht, sondern auch in den sämtlichen diesseitigen Actis und Protocollis, in welchen letztern doch alle sonstigen auf die Gerechtsamen hiesiger Reichsstadt irgend Beziehung habenden Vorgänge und Handlungen des wohllöblichen Reichserbmarschallamts aufs Sorgfältigste aufgezeichnet zu werden pflegen, nicht die geringste Spur auch nur von einem einzigen der angeblichen reichserbmarschallischen Concessionsconcurren[tiae] actuum irgendwo angetroffen ist, woraus sich denn kein anderer Schluß ziehen läßt, als daß man abseiten gedachten wohllöblichen Amts von der Gültigkeit und steten Verbindlichkeit der Verträge de anno 1614 und 1619 und seiner daraus erkannten Unbefugnis an den befragten Konzessionen und den davon abfallenden Utilitäten teilzunehmen jederzeit überzeugt gewesen und ebendeswegen die jezuweilen sich angemaßten Eingriffe in die privative Zuständigkeit der hiesigen reichsstädtischen Obrigkeit gegen diese in der, wiewohl mißlungenen, Absicht geheim gehalten habe, um sich unter der Hand in qualemqualem possessionem der intendierten Konkurrenz zu schwingen und unter Vorschützung solcher, wenngleich fehlerhafter actuum praetense possessoriorum darin zu erhalten.

§ 10

Sowenig aber der damalige hiesige Magistrat, wenn er von diesen actibus praetense possessoriis zu seiner Zeit Kenntnis erlangt hätte, dergleichen an sich unbefugten und noch überdies vertragswidrigen Eingriffe in seine rechtliche Zuständigkeit würde nachgesehen haben, sowenig kann und wird auch dermalen ein hochedler und hochweiser Rat zugeben, daß seine, zumal auf so klaren und diesseits jederzeit sancte beobachteten Veträgen mit beruhenden, durch den die Territorialsuperiorität sowohl den Reichsstädten als andern höchst- und hohen Reichsständen versichernden Westphälischen Frieden befestigten, incontestablen obrigkeitlichen Gerechtsamen in einige Wege geschmälert und er durch die jenseitigen verheimlichten an sich unberechtigten angeblichen Besitzactus von dem privativen Exercitio bewegt von seiner bestgegründeten Befugnis verdrängt werde.

§ 11
Ein hochedler und hochweiser Rat glaubt demnach mit der sichern Hoffnung sich schmeicheln zu dürfen, daß man nunmehr abseiten des jetzigen wohllöblichen Reichserbmarschallamts nach seiner erleuchteten Einsicht und billigen Gedenkensart sich in Absicht der Vorgänge vom Jahr 1790 und abgedrungenen Verteidigung der diesseitigen Gerechtsamen, worüber man vorhin Beschwerde führen zu müssen vermeint hat, nicht nur gänzlich beruhigen, sondern auch bei gegenwärtigem kaiserlichen Wahltag und künftighin die hiesige Reichsstadt in dem Besitze ihrer privativen Konzessionsgerechtsamen wider Recht und Verträge zu beeinträchtigen ferner nicht versuchen und dergestalt bei den vorigen Wahltägen neben Leistung der stipulierten Prästationen weiter bezeigten guten Willen zu erhalten von selbst geneigt sein werde.

Wo im übrigen man dem wohllöblichen Reichserbmarschallamt zu sonstigen angenehmen Erweisungen stets willig und bereit verbleibt.

Frankfurt, den 26. Mai 1792.

Stadtkanzlei
allhier
Metzler
pro tempore Kanzleirat

- XI -

[Anlage Zahl 71 zum Tagebuch von Müller,
HHStA, RK, W.u.K.A., Fasz. 101 d]

Bedingungen der Frankfurter Hausbesitzer Heinrich Remigius und Johann Karl Brönner hinsichtlich der Überlassung ihres Hauses an den 1. kursächsischen Wahlbotschafter vom 1. Juni 1792

Bei Überlassung des Hauses zum Boldstein zum kursächsischen Gesandtschaftsquartier

1.)

Das Haus zum Boldstein, welches im Jahr 1790 zu dem ersten kursächsischen Gesandtschaftsquartier gezogen worden, hat ungemein mehr gelitten, als man anfänglich glaubte, und da bei der Schadensersetzung nicht soviel herausgekommen, als die deshalb erforderlich gewesenen Maurer-, Schreiner- und Weißbinderarbeit gekostet hat, so behalten sich die Eigentümer des Hauses ausdrücklich, ihren erweislichen Schaden in Aufrechnung zu bringen.

2.)

Eben dieses tritt in Ansehung der künftigen Schäden ein, welche diese Behausung während der bevorstehenden Wahl- und Krönungszeit ohne Unterschied sowohl am Bau desselben als an Zimmern, Holzarbeit, Beschlägen und sonsten treffen könnte; als worüber die Eigentümer gesichert zu sein bitten

3.)

Da die Beleuchtung des Dachwerks nicht anders als mit Gefahr des Hauses verbunden ist, so wird solche angelegentlich abgebeten, und falls darauf bestanden werde, so kann solche unvermöglich eher statthaben, bis deshalb den Eigentümern Sicherheit für Brandsachen geleistet sein wird.

4.)

Zur Verminderung des in Billigkeit und Recht gegründeten, bereits vorbehaltenen Schadenersatzes gereicht die Vorsicht, daß alle Coffre und Kisten wie überhaupt sämtliche Bagage nicht zur steinernen, sondern der andern Treppe hinauftransportiert werde.

Ferner,
5.)
daß auf den Gängen in den Lampen zur Verhütung verderblicher Unreinigkeiten kein Öl gebrannt, sondern allenfalls die Überbleibsel von Wachslichtern hierzu verwendet werden.
Nichtsdestoweniger,
6.)
daß Leute zu Reinigung der Zimmer und insbesondere auch einige Wächter und Aufseher, damit keine Unordnung zum Schaden des Hauses einreiße, auf Kosten der hohen Gesandtschaft bestellt werden. Allenfalls ist man erbötig, hierzu zuverlässige Personen vorzuschlagen.
Auch wird vorbehalten,
7.)
daß aller der Mobilien halber, welche nebst der Wohnung zu überlassen es die Absicht haben möchte, mit den Eigentümern in Ansehung des allenfalls erfolgenden Schadens besonders übereingekommen werde.
8.)
Ferner vorbehalten, daß Madame Bernard mit dem übrigen Teil der nicht überlassenen Wohnung keinesweges durch einen Abschlag auf dem Gang von der Hauptstiege abgesondert werde.

Frankfurt, den 1. Juni 1792

      Heinrich Remigius und Johann Karl Brönner

- XII -

[HHStA, Reichsakten in specie, Fasz. 69]

Bemerkungen bei Gelegenheit der Reise Seiner Majestät des Kaisers Franz II. in das deutsche Reich verfaßt vom Hofrat des Staatskanzlers Baron Daiser anno 1792

Wien, im Juni 1792
Daiser

Allgemeine
Bemerkungen bei Gelegenheit der Reise Seiner Apostolischen Majestät in das Reich.

Die verwinkelte Verfassung des deutschen Reichs, der geschäftige und etwas eitle Charakter der deutschen Reichsbürger, die kleinen und vielfältigen Interessen der vielen kleinen Reichsstände, die mehr oder weniger unter sich und mit dem Reichsoberhaupte gespannt sind, folglich sich beständig in ihren Absichten und Maßnehmungen kreuzen, macht in den Ministerialäußerungen, nicht mehr aber in den Äußerungen meines großen Fürsten, dessen Teilnahme von entscheidenden Folgen ist, die größte Behutsamkeit nötig.

Seit dem Tode des Kaisers Franz I. kann man den deutschen Patriotismus, der nie sehr gespannt war, fast als ganz verloren ansehen und ist eine ganz egoistische Politik an dessen Stelle getreten. Die weltlichen Fürsten sind bloß auf die Vergrößerung ihres Hauses bedacht, schlagen sich meistens auf die Partie, von der sie sich in einem bestimmten Zeitpunkt den größten Vorteil erwarten, wechseln ihre Verbindungen nach der augenblicklichen Konvenienz, und wenn sie von ihrem Ministerium gut bedient sind, wie es meistens der Fall ist, halten sie sich zwischen zwei größeren Höfen unentschieden, lassen um sich werben, erwecken von sich große Erwartungen und schieben oft auf diese Art in der politischen Welt und besonders, wenn im Reiche Frieden herrscht, eine im Verhältnis ihres Unvermögens nicht unbedeutende Rolle. Die geistlichen Fürsten, welche anstatt von einem dauerhaften Staatsinteresse meistens nur von Familieninteresse geleitet werden, folgen beinahe den nämlichen Grundsätzen, nur überlassen sie sich mehr ihren Leidenschaften und ihre Staaten den Fügungen des Schicksals.

Aus dieser allgemeinen Bemerkung folgt, daß ein Hof, der sich um Einfluß in dem deutschen Reich bewirbt, Feinde und Freunde mit großer Mäßigung und Vorsicht behandeln muß, daß man auf die nachdrücklichsten Beteuerungen nicht zu viel bauen und auch die Merkmale der Abneigung nicht leicht für sehr bedenklich ansehen darf - mit dem kommenden Tag entsteht ein neues Interesse und mit diesem eine plötzliche Änderung der Gesinnungen. Die Reichsstände sind überhaupt von ihrer Hoheit sehr eingenommen und werden daher sehr geschmeichelt von den Höflichkeiten der Großen und müssen von dem Ministerium immer mit viel Unterscheidung und Distinktion behandelt werden.

Seine Apostolische Majestät werden im Reiche dermal schon sehr geehrt und geliebt, und Höchstdieselbe sind sicher, durch Ihre Herablassung, durch Freundlichkeit und zuvorkommendes Betragen auf der Reise durch das Reich sich alle Herzen zu gewinnen und überall die lebhaftesten Beteuerungen von unverbrüchlichster Devotion zu vernehmen. Man ist im Reiche überhaupt sehr beredt, man drückt sich gut aus; man überläßt sich aber gern der rednerischen Phantasie, wird weitschweifig und sagt im Tone der größten Offenherzigkeit vielfältig Dinge, wobei nichts gedacht wird. Mehr oder weniger findet man Leute dieser Art überall, im Reiche aber ist dieses unter Fürsten und ihren Ministern ziemlich allgemein, und es wird diese Bemerkung nur aus der Ursache gemacht, damit der höchste Hof diesen freundschaftlichen Beteuerungen keinen zu großen Wert beilege, solche nicht durch wichtige Vertraulichkeiten oder durch bestimmte Zusicherungen zu erwidern sich verpflichtet glaube, wodurch für Ihn in der Folge, wenn die Beteuerungen durch die Tat nicht realisiert werden, einige Verlegenheit entstehen könnte, besonders da man im Reiche alle Beteuerungen so geschickt zu clausulieren weiß, daß immer mehr als ein scheinbarer Vorwand übrigbleibt, von dem, was man offen ließ, nichts zu tun. Anstatt alles Vorwandes dient den Reichsständen meisten das Unvermögen zur Entschuldigung, welches aus wahren oder eingebildeten Bedürfnissen fast überall wirklich entsteht. Da es aber unter der Würde des höchsten Hofes ist, Vorwände zur Nichterfüllung auch übereilter Zusicherungen zu suchen, und derselbe solche ohne Verletzung des Anstandes auch nicht immer finden kann, so muß man auch Höflichkeiten nur mit Höflichkeiten und nur die Tat mit der Tat erwidern.

Alles, was man im Reiche von dem Erzhause Österreich fordert, wird immer als eine unbedeutende Kleinigkeit vorgestellt. Als in München Graf Vieregg dem Grafen Lehrbach bei Gelegenheit der kurpfälzischen Wahlstimme von Zurückstellung des Innviertels wieder Erwähnung machte, sprach er hiervon wie von einem Rittergut. Hingegen setzen die Reichsstände bei ihren Forderungen immer das strengste Recht ganz in dem Tone der redlichen Überzeugung voraus, und wenn man ihnen nicht gleich willfährt, sind sie gewöhnt, von Übermacht, von Ungerechtigkeit und Unterdrückung zu sprechen und auf diese Art durch unmittelbare Vorstellungen ihrer vorgeblich unleidentlichen Kränkungen das zu erhalten, was die Hofstellen als Verteidiger der Hausgerechtsamen ihnen ohne Verletzung ihrer Dienertreue nicht zusprechen und zugestehen können.

Da Österreich seit mehrhundert Jahren immer mit seiner Macht an der Spitze des Reichs oder seiner Kanzlei stand, hat man sich im Reiche gewöhnt, alles, was einzelne Stände etwa für das Allgemeine oder ihrer eigenen Erhaltung willen taten und litten, dem Erzhaus als Aufopferungen und Beweise besonderer Devotion anzusehen; und dies ist nun wirklich wieder der Fall. Vor zwei Jahren war alles in Furcht und Schrecken vor den französischen Unternehmungen und wegen gewaltsamer Verbreitung der französischen Staatsgrundsätze; und da nun die durch allgemeines Geschrei aufgeforderten Mächte dem Feind entgegenrücken, wollen viele Reichsstände den freien Durchzug, das sogenannte Dach und Fach, die Verpflegung um dreifachen Preis und den Vorzug, den man den beiden Höfen beim Einkauf von Frankreich eingesteht, schon als rücksichtswürdige Gefälligkeiten geltend machen.

Diese gar nicht neuen Bemerkungen über den eitlen, eigennützigen und nicht immer redlichen Charakter der deutschen Reichsstände, die immer nach Art aller kleinen Fürsten die Absicht haben, sich auf Unkosten der größeren zu erhalten und zu erweitern, sollen einzig die Notwendigkeit eines vorsichtigen Benehmens mit ihren Ministern beweisen, die keine Absicht verabsäumen, durch alle nur möglichen Krümmungen und Wendungen einen mehr oder weniger wichtigen Vorteil zu erschleichen.

Als die Wirkung der politischen Eitelkeit und der überspannten Begriffe von Wichtigkeit, die an reichsständischen kleinen Höfen herrschen und in welcher die reichsständischen Geschäftsmänner ihren Herrn aus Rücksicht auf ihre eigene Wichtigkeit unterhalten, kann man den ewigen Hang betrachten, immer von Staatsgeschäften ohne Unterschied zu reden. Es ist eingeführte Gewohnheit und herrschender Ton, an Tafeln und in allen Gesellschaften bei

Hofe wie bei den Ministern und dem Adel von Bedeutung die Geschäfte zum gewöhnlichen Gegenstand der Unterhaltung zu machen. Die gesellschaftlichen Versammlungen im Reiche gleichen meistens einem politischen Kaffeehause, wo alles, was die Zeitungen geben, widergegeben wird. Dieses macht die Gesellschaft unangenehm, langweilig, gezwungen und beschwerlich, weil ein großer Herr und jeder Geschäftsmann von einem höheren Range seine Äußerungen immer mit der Behutsamkeit abmessen muß, als wenn sie zu Protokoll genommen und mit politischen Glossen begleitet der Welt im Druck mitgeteilt würden. Man muß sich daher sehr im Allgemeinen halten, hundert Anfragen fallen lassen und oft durch eine höfliche Wendung und, wenn man dazu aufgelegt ist, sich mit gefälligem Witz aus der Verlegenheit ziehen.

Die kurze Zeit von drei Wochen, in welcher die Reise durch das Reich gemacht wird, die Zeit erfordernden großen und gehäuften Fcierlichkeiten, die Menge der Leute, die auf der Reise und in Frankfurt Seiner Majestät vorgestellt werden müssen, werden mehr als die Bescheidenheit der reichsständischen Minister Höchstdieselben der Beschwerlichkeit entheben, über allgemeine und Privatangelegenheiten der Reichsstände sich zu äußern. Die laufenden Staatsgeschäfte, besonders die zu leitenden Unternehmungen des Krieges, und dann die zum Besten des Reichs nicht zu vernachlässigende Sorgfalt der teueren Gesundheit Seiner Apostolischen Majestät geben einen vollgiltigen, billigen Vorwand, die Audienzen abzukürzen und Diskussionen über nicht dringende Reichs- und Kreisgeschäfte abzubrechen. Es scheint daher nötig, daß die ersten Minister, welche Seine Apostolische Majestät begleiten, auf eine dem Rang der Audienzsuchenden angemessene Art zu erkennen geben, daß Seiner Apostolischen Majestät, bei dieser Gelegenheit von Geschäften oder besonderen Angelegenheiten zu sprechen, es an der nötigen Zeit gebreche, zur näheren Überlegung aber, wenn die Sache wichtig und dringend wäre, gerne schriftliche Aufsätze annehmen würden.

Indessen sind einige Gegenstände, welche als allgemeine Reichsangelegenheiten oder doch als Angelegenheiten mehrerer Reichsstände die Aufmerksamkeit des Reichs teilen, worüber Unterredungen teils nötig, teils unvermeidlich sind und worüber man daher zur Bequemlichkeit Seiner Majestät und des hohen Ministeriums einige Bemerkungen vorzulegen nicht umgehen darf.

Diese Gegenstände sind: die Angelegenheit der in Elsaß und Lothringen begüterten Reichsstände, der ausgebrochene Krieg, die österreichischen Verbindungen mit Preußen, die von Trier und andern Reichsständen sehr eifrig unterstützten französischen Prinzen mit ihrer Partei, die russische Fordrung im Reich, als Garant des westphälischen Friedens erkannt zu werden, und dann die hitzigen Bemerkungen des Herrn Landgrafen von Hessen-Kassel um die Kurwürde.

Es ist bekannt, daß die durch die französische Revolution in ihren Besitzungen und Gerechtsamen gekränkten Reichsstände mit dringlichen Vorstellungen an den Kaiser und das Reich sich gewendet, ihre Beschwerden als offenbare Verletzungen des münsterischen und rijswijkischen Friedens, folglich als die Sache des ganzen Reichs dargestellt und um nachdrücklichste Unterstützung gebeten haben. Bei dem Wahlkonvent von 1790 nahm das kurfürstliche Kollegium die Sache in ernsthafte Überlegung und forderte den neuerwählten Kaiser bei seinen übernommenen Pflichten um Schutz und Beistand gegen die traktatwidrigen Schlüsse und Verfügungen der Krone Frankreichs auf. Seine Kaiserliche Majestät wurde von dem kurfürstlichen Kollegium ersucht, sich wegen Abhülfe dieser Beschwerden zu verwenden und, wenn dieses ohne Frucht sein sollte, mit den Reichsständen auf dem Reichstag die weiteren Maßregeln in Überlegung zu nehmen und alles, was die Lage der Umstände nur immer erheischen und gestalten mag, anzuwenden und beizulegen, daß den bedrängten Ständen und Angehörigen ihre Rechte und Güter mit allen Nutzungen zurückgegeben und erstattet werden mögen.

Seine Kaiserliche Majestät erließen auch wirklich unter dem 14. Dezember 1790 das verlangte Vorstellungsschreiben an den König von Frankreich, die Antwort war aber weder in der Form anständig noch in der Sache befriedigend. Das Schreiben war eigentlich bloß an den König von Hungarn und Böhmen als Alliierten von Frankreich gerichtet, und das französische Ministerium wollte sich mit dem Kaiser als Reichsoberhaupt nicht einlassen. Im vorigen Jahre kam endlich die Sache bei der Versammlung in Vortrag und wurde unter dem 6. August von dem Reiche der Schluß gefaßt, daß
a.) das gesamte Reich auf den mit Frankreich errichteten Friedensschlüssen festhalte und die von einzelnen Reichsständen wegen ihrer unmittelbaren Besitzungen in Elsaß und Lothringen ohne Bewilligung des Kaisers und Reichs eingegangene Nachgiebigkeit und Unterverfügung als ungültig und unverbindlich anzusehen sei;
b.) gegen die traktatwidrigen Verfügungen der französischen Nationalversammlung wären die Rechte der Kaiserlichen Majestät und des Reichs zu verwahren, und man könne nach der Reichsverfassung und dem allgemeinen Reichsverbande nicht entstehen, sich der gekränkten Stände reichskonstitutionsmäßig anzunehmen;

c.) da das Antwortschreiben weder in der Form noch in der Sache der Erwartung entspreche, wäre sowohl deswegen als in der Sache ein neuerliches Vorstellungsschreiben in des gesamten Reichs Namen an den König von Frankreich zu erlassen;
und endlich werden

d.) Seine Kaiserliche Majestät belangt, Maßregeln bei den Kreisen gegen die Verfasser und Verbreiter aufrührerischer Schriften zu veranlassen, auch mittels Herstellung der reichskonstitutionsmäßigen Verfassung des gemeinsamen Reichswehr- und Verteidigungsstandes dafür zu sorgen, daß Gehorsam, Ordnung, Ruhe und Sicherheit im Reiche gehandhabt werde.

Inzwischen begab es sich, daß die Flucht des Königs von Frankreich mißlang und er gleichsam gefangen nach Paris zurückgeführet wurde. Dieser Umstand mußte Seine Kaiserliche Majestät über die Art, dieses Reichsgutachten in Erfüllung zu bringen, unschlüssig machen. Da aber der allerchristlichste König die Protestationen seiner Freiheit an allen Höfen wiederholte, erließ der Kaiser unter dem 3. Dezember 1791 ein nachdrückliches Schreiben an Ihn und zugleich ein Ermahnungsschreiben an die kreisausschreibenden Kreisfürsten; eines und das andere nach dem Sinne des obenangeführten Schlusses. Auch wurde hiervon mit dem Ratifikationsdekrete vom 11. Dezember des nämlichen Jahres der Reichsversammlung Nachricht gegeben.

Wenige Tage vor dem Tode Kaiser Leopolds des Zweiten gegen Ende Hornungs diesen Jahres wurde auf dieses Schreiben in französischer Sprache geantwortet, und gaben der König von Frankreich in demselben und seine Minister würklich allgemeine gute Versicherungen, daß man den Beschwerden der Reichsfürsten durch Leistung einer angemessenen Entschädigung abzuhelfen bereit sei. Das Antwortschreiben konnte nun nicht mehr dem Reiche durch ein Kommissionsdekret vorgelegt werden, ob es aber durch die Reichskanzlei an den Erzkanzler und durch diesen an das kurfürstliche Kollegium gelangt sei, ist nicht bekannt.

Mittlerweile wurden seine Majestät in der Eigenschaft als mächtiger Reichsstand von mehreren Reichsständen, insbesondere aber von den geistlichen Kurfürsten auf das dringlichste ersucht, gegen Frankreich eine nachdrückliche Sprache zu führen, und als man dieses nicht gleich tat, wie man wünschte, und nicht eilig zu ernstlichern Maßregeln schritt, wurde er von einigen Reichsfürsten mit Vorwürfen überhäuft. Um den allgemeinen Wunsch zu erfüllen, betrieb der verewigte Kaiser das Concert mit anderen großen Höfen mit neuem Eifer und kam mit Frankreich zu ernstlichen Erklärungen. Ohne

Concert mit den übrigen Höfen waren ernstliche Maßnehmungen gegen Frankreich unmöglich, das Reich und der höchste Hof wären dadurch ganz unnütz kompromittiert und der nun ausgebrochene Krieg gleich in das Herz des deutschen Reichs gespielt worden. Dessenungeachtet glaubte der kurtrierische Hof, angeeifert von den französischen Emigranten, die Gefahr, feindlich überfallen zu werden, sehr nahe, forderte durch einen eigenen Kurier Rußland unter dem ganz neuen Titel als Garant des westphälischen Friedens zum Beistand auf, und nach vierzehn Tagen, als man überdachte, daß die österreichische Hülfe doch näher als die russische sei, verlangte Kurtrier und erhielt auch eine positive Zusicherung einer eilenden Hülfe auf den Falle eines würklichen unprevenierten Angriffes. Dadurch wurde aber die Aufrichtigkeit Frankreichs auf das Höchste und die glücklichen Unterhandlungen durch unleidentliche Forderungen der Nationalversammlung dem Unterbruch nahe gebracht.

Der unvorzusehende schnelle Tod Leopolds, durch den der höchste Hof der besonderen reichsoberhauptlichen Pflicht, für das allgemeine Beste zu sorgen, überhoben wurde, hätte denselben ganz aus der Verlegenheit ziehen können, wenn er als eine Verlegenheit betrachtet hätte, sich für die Ehre des Reichs und der gekränkten Reichsstände vor den Riß zu stellen. Sein glorwürdiger Nachfolger blieb aber dem angenommenen Sisteme auch als Reichsstand treu, hielt unter seiner Würde, bei der Verlegenheit, in der sich das Reich nach den eigenen Schilderungen der meisten Reichsstände befand, sich zurückzuziehen, und so kam es denn endlich durch eine in jedem Betracht ungerechte Kriegserklärung gegen den König von Hungarn und Böhmen zum Bruch.

Die bloße Erwähnung des Hergangs der Sache ist genug, alle Reichsstände zu überzeugen, daß dieser Krieg in seiner Entstehung, in seinen Absichten und so auch in seinen möglichen Folgen das Reich wesentlich interessieren und die einzelne Kriegserklärung gegen Österreich und Friedenserklärungen im Reiche ein aller Aufmerksamkeit unwürdiger, elender Kunstgriff sei, um die Reichsstände einzuschläfern und die Zahl der gerechten Feinde Frankreichs zu vermindern.

Ist der Ausgang dieses Krieges glücklich, so muß den gekränkten Reichsständen auf ein oder die andere Art Genugtuung geleistet werden, ist er aber unglücklich, so würden die zügellosen Frankreicher mit ihren Siegen auch ihren politischen Glauben, der jedem nach einer gewissen Verfassung bestehenden Staat den Untergang drohet, wenigstens in den angrenzenden Provinzen Deutschlands verbreiten und diese Freunde des Menschengeschlechts die Scenen von Avignon in den deutschen Provinzen erneuern.

Dermal dringt der höchste Hof einverständlich mit dem von Preußen bloß auf die Herstellung der Kreiskriegsverfassung auf das Triplum, damit das Reich für seine innere Sicherheit zu sorgen imstande ist und die zwei Höfe dem Feind mit ganzer Macht entgegengehen können. Den Reichsständen hat man freigestellt, wie sie uns unterstützen wollen, es ist aber zur Stunde noch gar nichts geschehen. Nun scheint alles auf den Reichstag ausgesetzt zu sein, wo der Anteil des gesamten Reichs an dem Krieg entschieden werden soll. An der Mehrheit für die Frage *an?* sollte man nicht zweifeln. In Ansehung des *quomodo* will Kurmainz auf die Verwilligung von hundert Römermonaten antragen, die eine Summe von sechs Millionen im moderierten Anschlag betragen könnten. Um die Reichsstände irre zu machen, werden von den französischen Ministern die Vergleichsverträge allerorten erneuert. Man hat aber durch die königlichen Minister vorstellen lassen, daß ohne Einwilligung des ganzen Reichs die lädierten Reichsstände in keine Vergleichshandlungen eingehen könnten, daß die Anträge unbestimmt seien und in Frankreich, wo man dermal die rechtmäßige Gewalt nicht kennt und alles zum innerlichen Krieg vorbereitet ist, man mit Sicherheit keinen Vertrag schließen kann und es am Ende immer undankbarer sein würde, wenn das Reich die zwei kriegführenden Mächte hülflos ließe, da eben diese, in sich zwar leeren, Anträge als eine Wirkung ihrer ernstlichen Demonstrationen zu betrachten sind. Die dermaligen ernsten Verbindungen zwischen Österreich und Preußen sind allerdings eine wahre Angelegenheit der deutschen Reichsstände, die aber schwerlich bei dieser Gelegenheit einen Gegenstand öffentlicher Gespräche abgeben dürfte. Man kann sagen, diese Allianz sei unseren Freunden und unseren Feinden gleich unangenehm. Die ersteren besorgen Hinterlist für uns und das ganze Reich. Die anderen gönnen uns die Erholung nicht, die wir von dieser Seite erlangt haben; sie hören ungern auf, eine Rolle gegen uns zu spielen und fürchten sich vor dem Vergeltungsrecht. Nach den mißlungenen vielen Versuchen, diese Verbindung gleich in ihrer Entstehung wieder zu trennen, ist man nun in unruhiger Erwartung ihrer Wirkungen. Der Artikel in dem Allianztraktat wegen Erhaltung der Reichskonstitution wird aber nicht geglaubt, weil der Traktat noch nicht bekannt geworden oder nicht für befriedigend gehalten. Die mündlichen Versicherungen Seiner Majestät, jeden Reichsstand bei dem Seinigen zu schützen, werden bei Gutgesinnten eine volle Überzeugung von der Redlichkeit unserer Absichten wirken. Die bisher Übelgesinnten werden Höchstdieselbe durch Achtungsbezeugungen besänftigen, ihnen so begegnen, wie ihnen von Preußen begegnet wird, und auf diese

Art ihnen vergessen machen, zu welcher Partei sie gehörten. Allen Reichsständen aber ohne Unterschied dürfte es nicht schwer fallen, einleuchtend zu beweisen, daß durch diese Allianz beide mächtigen Höfe sich die Hände gebunden, dem Reich lästig zu werden, daß die Ruhe Deutschlands dadurch gegründet werde und daß nun bei dieser glücklichen Vereinigung sich auf dem Reichstag vieles zum allgemeinen Besten durchsetzen lasse, was die ewige Rivalität beider Höfe ewig gehindert hat. Bei dieser Angelegenheit darf man nicht unbemerkt lassen, daß man nun im Reiche schon anfängt, zwischen dem österreichischen und dem preußischen Benehmen Vergleichungen anzustellen, die zum Vorteile des höchsten Hofes ausfallen. Da aber möglicherweise die Absicht, Scheelsucht zu erregen, verborgen sein kann, so dürften Seine Majestät ihrer Weisheit angemessen finden, für diese günstige Beurteilung zu danken und das, was man Preußen mit Grunde oder unbillig zu Last legt, auf die natürlichste Art zu entschuldigen. Nebst dem dürfte sich in der Folge durch die Erfahrung bestätigen, daß die Reichsstände zur Zeit, wo zwei große Mächte sich ängstlich um ihre Gunst bewarben, beiden Parteien oder unnütz waren oder den geringsten Dienst teuer verkauften, nun aber von beiden vereinigten Höfen mit weniger Aufwand wohl benutzt werden können.

Bei dieser Gelegenheit dürfte öfter in Gegenwart Seiner Majestät oder des Ministeriums von Koadjutorien zugunsten der Erzherzogen gesprochen werden. Einige mögen es in guter, redlicher Absicht tun, andere aber bloß, um die höchsten Gesinnungen hierüber zu erforschen. Zur Zeit, als Preußen gegen Österreich im Reiche arbeitete, mochte man die geistlichen Fürsten durch die Vorstellung schüchtern, daß bald Erzherzoge sich in die Bischofssitze im Reiche teilen und dann durch Säcularisierungen man das Haus zu vergrößern trachten werde. Kaiser Joseph II. widerlegte durch die Tat diese Einbildung, er mischte sich nie in die geistlichen Wahlen, ließ ihnen ihren kanonischen Lauf, und wenn ein Minister des Hofes eine Partei besonders unterstützte, geschah es gegen seinen Willen; und daß dieses im Reich Eindruck machte, beweist, weil man es noch an Ihm rühmt. Die Einleitungen der Wahlen zu diesem Endzweck macht viel Aufsehen, ist immer mit beträchtlichen Kosten für den Staat verbunden, der dadurch im Grunde sehr wenig oder nichts gewinnt. Ein Erzherzog, der seine Apanage im Lande verzehrt, kann Seiner Majestät im Militär oder als Gouverneur in den Provinzen ersprießliche Dienste leisten. Als Bischof oder Erzbischof im Reich genießt er zwar ansehnliche Einkünfte, verzehret sie aber und seine Familieneinkünfte außer Land. Von der königlichen Familie abgesondert, kann er leicht widrig eingenommen werden und seine Gesinnungen ändern. Der österreichischen Monarchie Gutes zu tun, kann er durch sein Kapitel, durch seine Landstände leicht gehindert werden, er kann ebensoleicht den Staat durch sein Benehmen im Reiche in Verlegenheit setzen als dessen Nutzen befördern.

Noch mehr unsicher aber ist der Vorteil für den Staat, wenn er sich für einen anderen Kandidaten vorzüglich verwendet. Die Kaiserin Maria Theresia hat mit großen Unkosten manchen zum Bischof im Reich und dadurch sich viele Undankbare gemacht. Diese Herrn überlassen sich gar zu gern auf einem so bequemen Sitz ihren Launen und dem Privatinteresse. Sie ändern in ihrer Regierung fast bei jeder Veranlassung ihre Gesinnungen; man muß beinahe bei jedem Geschäfte die Negotiation wieder von vorne anfangen; der gutgesinnte Kapitular kann als Bischof widrig eingenommen und der Übelgesinnte kann durch hundert Mittel, da der Weg, durch ihre Leidenschaften zu wirken, meistens sehr leicht ist, im Falle der ernstlichen Notwendigkeit auch gewonnen werden und nimmt als Bischof selbst oft eine andere Denkart an. Aus diesen Betrachtungen dürften Seine Majestät in solche Anträge nicht einzugehen und zu erklären für gut finden, daß Höchstdieselbe ebenfalls der kanonischen Wahl ihren geraden Ausgang lassen wollen; wenn sich ein Erzherzog zum geistlichen Stande entschlossen und das Kapitel oder der Fürst einen solchen Antrag zu machen dem Besten eines Hochstifts angemessen erachten würde, wollten sich Seine Majestät sich hierüber näher erklären, indessen sei Höchstdemselben das aufrichtige Vertrauen der Reichsstände schätzbarer als andere Vorteile. Das *chi sprezza compra* möchte hier wohl seine gute Verwendung haben, wird man am Ende die Sache, wenn man sie will, deutlich leichter erhalten als durch Bezeigung eines angelegentlichen Verlangens.

Über die geforderte Anerkenntnis der russischen Garantie des westphälischen Friedens ist man nun im Reiche sehr verlegen; Rußland sucht aus guten Absichten schon lange seinen Einfluß im Reich zu gründen und zu erweitern. Die Macht und das Ansehen, das dieser Hof in Europa behauptet, erleichtert ihm hiezu den Weg, und bei dem Teschener Frieden gelang es demselben das erste Mal, an Reichssachen auf eine unterscheidende Art teilzunehmen. In der Elsasser Sache trugen die russischen Minister im Reiche den gekränkten Ständen die Protektion ihres Hofes an, und dadurch ließ sich Kurtrier in einem Augenblick der Übertreibung verführen, diesen Hof unter dem wichtigen Titel eines Garant des westphälischen Friedens feierlich aufzufordern; Rußland nahm dies utiliter an, und man erwartet nun, daß der russische Einfluß in wichtigen Reichsangelegenheiten als konstitutionsmäßig anerkannt werde. Der Grund, auf dem diese Pretension beruht, ist schwach; Rußland ist zwar Garant des Teschener Friedens, in welchem der westphälische Frieden, soweit er auf Bayern Bezug hatte, angeführet und bestätiget ist. Aber daraus folgt nicht, daß diesem Hof die Garantie des westphälischen Friedens übertragen wurde, wovon damals keine Frage war und wozu die positive Einwilligung der eigentlichen Garans, nämlich Frankreichs und Schwedens erfordert würde. Der russische Einfluß war allerdings dem kaiserlichen Hof lästig und könnte dem Erzhaus mit der Zeit gefährlich werden, und es muß allen patriotischen Reichsständen unangenehm sein, noch einer fremden großen Macht eine Einmischung in ihre Angelegenheiten zu gestatten. Der schwedische (vorpommerische) Gesandte und auch der kurhannovrische haben sich dagegen auf dem Reichstag schon erkläret; mehrere Reichsstände dürften sich dagegen setzen, und wenn der höchste Hof wenigstens neutral bleibt, Rußland nicht unterstützt und auch keine Unterstützung hoffen läßt, wird eine Anerkenntnis dieser Forderung nicht zustand kommen. Bisher hat man diesfalls sich beschränkt, den russischen Ministern zu erkennen zu geben, daß man sich dieser Sache nicht annehme, daß die eigentliche Garans in dem Friedensinstrumente enthalten sei, daß die Erweiterung der Garantie die Sache des ganzen Reichs wäre, daß die Reichsstände wie jeder selbständige Staat fremden Einfluß zu verhindern suchen, daß Österreich sich nicht das Ansehen geben könne, seine Alliierten gleichsam in das Reich einführen zu wollen, daß dies die Stände schüchtern und über hierbei etwa verborgene gefährliche Absichten aufsichtig machen könnte und daß endlich dem russischen Hof in einem besonderen Fall, wo es sein Staatsinteresse erfordern sollte, im Reiche durch sein eigenes Ansehen und durch seine Verbindungen auch ohne diesen Vorwand sich den nötigen Einfluß zu verschaffen nicht schwer sein würde.

Aus was für politischen Ursachen die russischen Minister die Sache und Grundsätze der französischen Prinzen so hitzig verteidigen müssen, ist seiner Majestät wohlbekannt. Die Hauptursache ist vielleicht, sich in Frankreich durch sie einen wichtigen Einfluß zu verschaffen und durch sie am Ende bei Beendigung der französischen Angelegenheiten mit den zwei kriegführenden Mächten und ohne große Gefahr und Unkosten ein entscheidendes Wort zu führen. Da die Prinzen leichtsinnig und ebenso leichtsinnig beraten sind, ist möglich, daß diese Absicht erreicht wird und der höchste Hof, weil er diesen Herren nicht immer zu Willen seie, mit Undank belohnt wird. Um die Früchte der Unternehmungen gegen Frankreich nicht zu verlieren, schien daher immer nötig, die Eitelkeit dieser Herren soviel möglich zu schonen und zu befriedigen. Vielleicht gelingt es Seiner Majestät, ihnen bei dieser Gelegenheit in mündlichen Unterredungen begreiflich zu machen, daß es nicht von den zwei kriegführenden Mächten abhangen würde, die alte, zu sehr zertrümmerte Verfassung des Reichs wiederherzustellen; daß beide Höfe in der französischen Staatsverfassung nichts ohne Gutfinden und gegen den Wunsch des ganz in Freiheit gesetzten Königs und der rechtmäßigen Repräsentanten der Nation unternehmen würden. Auf die nämliche Art dürften Seine Majestät sich gegen diejenigen Reichsstände äußern, die in parteiischer Rücksicht auf sich selbst der alten französischen Verfassung und den Entwürfen der Prinzen das Wort sprechen.

Das zudringlich eifrige Bewerben des Herrn Landgrafen von Hessen-Kassel um die Kurwürde setzt die meisten, besonders geistliche Kurfürsten in große Verlegenheit. Dieser Herr hatte kaum seine Truppen von 12.000 Mann auf den Kriegsfuß gesetzt und im oberrheinischen Kreise etwas näher gegen die Grenzen vorrücken lassen, als er von Trier mit etwas unfreundlicher Zudringlichkeit, aber von Kurmainz eine förmliche Zusicherung der Stimme zur Kurwürde als *conditio sine qua non* verlangte. Kurtrier wankte schon, Kurmainz antwortete aber standhaft, daß der Kurfürst für seine Person, wenn der Landgraf nicht auf die allgemeine Sicherheit des Kreises von selbst Rücksicht nehmen wollte, auch den angetragenen Beistand unter einer solchen Bedingung, deren Erfüllung nicht von ihm abhängt, sich verbitten müsse.

Im Jahre 1790 hat der Landgraf den höchsten Hof mit diesem Gesuche sehr angelegen; es wurde aber einer bestimmten Äußerung unter dem schicklichen Vorwande ausgewichen, daß die Frage, ob eine neunte Kur zu errichten sei, von dem ganzen Reiche vor allen entschieden werden müsse. Die Frage *an* und *quomodo* wird wirklich bei dem Reiche fast unübersteigliche Hindernisse finden. Bei acht Stimmen entstehen öfters paria und ist also härter zu einem Schluß zu gelangen. Bei dem letzten Wahltag war dieses dem Kompetenten um die Kaiserwürde vorteilhaft. Böhmen machte mit Pfalz, Trier und Köln (ohne Mainz) fast immer paria, und so fielen fast alle protestantischen monita durch. In anderen Fällen aber kann dieses dem kaiserlichen Hof auch beschwerlich fallen. Die Fürsten müssen hingegen gern sehen, daß das kurfürstliche Kollegium sich in einiger Verlegenheit findet. Übrigens, fällt die neunte Kurwürde auf ein protestantisches Haus, so werden die Katholischen widersprechen, und so umgekehrt. Wollte man zwei Kuren errichten zugunsten eines protestantischen und eines katholischen Fürsten, so werden sich die geistlichen Fürsten beklagen, und gebe man ihrem Verlangen nach, so würden Salzburg und Würzburg auch die Kurwürde verlangen. Eine solche Vermehrung in dem kurfürstlichen Kollegium würde aber große Verwirrung verursachen und oder zu Unterdrückung des Fürstenstandes oder zum Nachteil des kurfürstlichen Ansehens gereichen. Der preußische Hof scheint nicht so geneigt, eine positive Zusicherung dem Landgrafen zu geben, doch dürfte er eher für diesen Kompetenten als für den Herzog von Würtenberg sich verwenden.

Preußen hat sich jedoch erkläret, daß es nicht rätlich wäre, dem Landgrafen alle Hoffnung zu nehmen, um ihn nicht für die gemeine Sache untätig zu machen. Seine Apostolische Majestät haben dermal keine Ursache, sich für einen der zwei Kompetenten besonders zu verwenden. Hessen-Kassel hat um das Erzhaus Österreich keine Verdienste aufzuweisen. Der jetztregierende Herzog [von Würtenberg] ist aber, wo nicht unter die Abgeneigten, doch unter die Wandelbaren zu zählen. Er hat für sich, daß er und sein Haus nahe verwandt und von gleicher Religion ist, er hat aber wider sich, daß er uns zu nahe gelegen und als Kurfürst in Vorderösterreich sich dann zu viel herausnehmen dürfte. Diese Betrachtungen dürften hinlänglich sein, um die Notwendigkeit zu erweisen, daß die Frage von Errichtung der neunten Kur hintanzustellen sei. Seine Apostolische Majestät dürften daher in den unvermeidlichen Äußerungen hierüber für gut finden, dem Landgrafen die unverkennbaren Schwierigkeiten bei der Frage *an?* vorzustellen und ihm begreiflich zu machen, daß Höchstdieselbe, bevor das ganze Reich hierüber entschieden, mit Anstand sich über die Frage *quomodo* unmöglich äußern und für einen noch so würdigen Kompetenten eine Vorliebe zeigen könnten. Dieses würde die Stimmenfreiheit genieren, und Seine Majestät sei weit entfernt, dem mindesten Ihrer Reichsmitstände eine moralische Gewalt anzutun. Der Landgraf könnte aber versichert sein, daß Böhmen bloß auf das Beste des Reichs Rücksicht nehmen und den unverkennbaren Verdiensten des Hauses gewiß bei jeder Gelegenheit die verdiente Gerechtigkeit leisten werde. Dem Herzog von Würtenberg aber oder seinen Ministern dürften sich Seine Majestät bei diesen Umständen beschränken zu erklären, daß Höchstdieselbe sich diesfalls gegen niemand verbindlich gemacht hätten, der Meinung des Reichs über Entscheidung der Frage *an* nicht vorgreifen und am Ende ihre Entschließungen lediglich nach dem allgemeinen Besten des Reichs abmessen würden.

Besondere Bemerkungen bei Gelegenheit der Reise Seiner Apostolischen Majestät in das Reich mit besonderer Hinsicht auf die Höfe und Orte, wo sich Seine Majestät aufhalten.

Zu Regensburg ist dermal der Reichstag zum ersten Mal sub auspiciis vicariorum versammelt und der Fürstbischof von Regensburg zum Prinzipalkommissarius von beiden Vikariathöfen ernannt worden. Diese Erneurung konnte nach den Gesetzen nicht bestritten werden, so unlieb sie vielen Reichsständen war. Dem höchsten Hof aber ist ein Reichstag sub auspiciis vicariorum immer angenehmer als ein selbständiger, sich selbst überlassener. Über die Aktivität dieser dermal bloß zum Schein ernannten Prinzipalkommission ist aber noch alles im Streit. Die österreichischen und böhmischen Komizialen sind aber noch nicht neu legitimiert und dürfen, um an keiner Seite anzustoßen, an allem, was im Zwischenreiche vorging, keinen Teil nehmen. Der Fürstbischof von Regensburg, ein würdiger, tätiger und verständiger Mann, der sich um die Unterstützung des höchsten Hofes sehr zu bemühen scheint, hatte die Aufmerksamkeit, sich vor Übernahme der Prinzipalkommission um die Gesinnungen des höchsten Hofes zu erkundigen, und man gab zu erkennen, daß man ihm diesen Vorzug und die Ehre herzlich gönne. Wenn Seine Majestät die Gesandten der verschiedenen Höfe dort sehen wollen, so wird die Kürze der Zeit nicht gestatten, viel anzuhören, und sind auch die kleinfügigen Intrigen, die dort die Minister unter sich in Abgang besserer Beschäftigungen spielen, der höchsten Aufmerksamkeit ganz unwürdig. Unter den Domkapitularen ist der Domdechant seines freien Geistes und vieler Verbindungen wegen merkwürdig, der Graf Sternberg aber seiner Devotion und Geschicklichkeit wegen Seiner Majestät ohnehin bekannt. Der Domkapitular von Wolf macht Profession von seiner Ergebenheit an den höchsten Hof. Man sieht aber nie eine Probe hiervon, man tadelt seinen Lebenswandel und hält ihn für einen etwas unruhigen Geist. Es ist möglich, daß der Fürstbischof von einer zugunsten eines Erzherzogen einzuleitenden Koadjutorienwahl in Regensburg und Berchtoldsgaden spricht, welches aber Seine Majestät ohne bestimmte Äußerung lediglich in Gnaden aufnehmen dürften.

Zu Nürnberg werden Seine Majestät vermutlich von dem Magistrat um Protektion in seinen Streitigkeiten mit Preußen und Kurpfalz angegangen werden; der preußische Hof hat allen Reichsständen, mit denen er nun als Besitzer der brandenburgischen Fürstentümer in Franken Differenzien hat, Vergleichsanträge machen lassen, zu deren Annahme die Minister Seiner Apostolischen Majestät auf preußisches Verlangen zu raten angewiesen sind.

Kurpfalz streitet mit der Stadt Nürnberg über einige Besitzungen, die böhmische Lehen sind, und es ergeht eben eine Abmahnung an Nürnberg als böhmischen Vasallen, super re feudali mit Kurpfalz nicht vor dem Kammergericht, sondern nur vor der böhmischen Lehensschranne sich rechtlich einzulassen. In Ansehung Preußens dürften Seine Majestät den Magistrat durch Erwähnung von der Gerechtigkeit des Königs trösten, in Ansehung Kurpfalz' aber sich äußern, daß es sich um einen Rechtsstreit hier handle, der auf dem gehörigen Weg zu behandeln wäre, in billigen Dingen aber sich diese Reichsstadt immer des Schutzes Seiner Majestät in jeder Eigenschaft würde zu erfreuen haben.

Von der Bescheidenheit des in jeder Rücksicht ehrwürdigen Fürstbischofs von Würzburg haben Seine Majestät nicht zu fürchten, mit diesen Geschäftserzählungen belästigt zu werden, wohl aber werden dieselbe Ihn über die schwarzen Vorstellungen, die er sich von der fürchterlichen preußischen Nachbarschaft macht, zu trösten haben. Dieses Fürsten Direktorialrechte sind durch den Vertrag mit Anspach von 1755 sichergestellt, Preußen erklärt, sich an solche halten und überhaupt alles beim alten Herkommen belassen zu wollen. Dieser Fürst wünscht vielleicht mehr als jeder andere, einen Erzherzog zum Nachfolger zu haben, aber eben aus den Ursachen, warum es dieser für sein Hochstift zuträglich findet, dürfte es das Erzhaus Österreich bedenklich finden und sich nicht gern in unnötige Kollisionen mit Preußen versetzen wollen. Im Kapitel verdient der Domdechant Freiherr von Zobel [wegen] seiner aufrichtigen und vorzüglichen Ergebenheit, die er in wichtigen Begebenheiten, besonders bei den niederländischen Unruhen dem höchsten Hofe geleistet hat, eine besondere Rücksicht. Der Geheime Rat Wagner ist der Geschäftsmann, der des Fürsten ganzes Vertrauen hat und durch eine gnädige Aufnahme von Seiner Majestät für ihren Dienst vorteilhaft kann gewonnen werden.

In Frankfurt sind der Feierlichkeiten und der Leute, die Seine Majestät umgeben, so viele, daß von besonderen Geschäften zu reden kaum möglich ist.
Der Kurfürst von Mainz, ein Herr von vielem Verstand, edlem Anstand und feiner Lebensart, hat seines Ansehens und der Gesinnungen wegen, die er äußert, auf besondere Unterscheidung vollen Anspruch. Er ist aber immer nicht ohne Vorsicht zu behandeln, und wäre bedenklich, ihm ein ganz unbegrenztes Vertrauen zu bezeigen, weil er ohnehin gern einen hohen Ton annimmt, um sich greift und der Eitelkeit, die Geschäfte des Reichs allein zu leiten, oft nicht genug widersteht, auch nicht selten an seinem Hof Leuten sein Vertrauen schenkt oder es rauben läßt, die seiner nicht würdig oder

zweideutig sind. Wenn Seine Majestät sich das Ansehen geben, von dem Erzkanzler Unterricht in allgemeinen Reichsgeschäften zu nehmen, so können Höchstdieselbe vieles erfahren und mit der Äußerung, daß sie alles reichlich überdenken und zur guten Wissenschaft nehmen würden, können Seine Majestät sich nicht verfänglich machen. Der Koadjutor Freiherr von Dahlberg ist über den bisherigen Geschäftsgang am Mainzer Hofe nicht ganz mit Unrecht mißvergnügt und erscheint dort selten. Seine ausgebrei[te]ten Kenntnisse, sein civilisierter Geist, sein geselliger Charakter und sein anständiger Lebenswandel verschaffen ihm eine große herkömmliche Konsideration. Man tadelte an ihm überspannte Ideen, und man besorgte von ihm viele Entwürfe, die mehr das Produkt der erhitzten Phantasie als der ruhigen Überlegung sein dürften. Metaphysische Spekulationen, in die er sich in seiner Jugend versteifte, und das Werk, das Universum genannt, so er schrieb, gaben Gelegenheit zu dieser Vermutung. Seit einigen Jahren soll er sich geändert haben; ganz in sich verschlossen ist aber seine Denkart wie sein Charakter nun fast unergrundlich geworden. Niemand zieht indessen seine Rechtschaffenheit und seine guten Gesinnungen in Zweifel, obschon jede Partei in und außer Mainz unschlüssig ist, was für Erwartungen sie auf seine Regierung gründen soll. Ohne dem Kurfürsten Gelegenheit zur Scheelsucht zu geben, dürften Seine Majestät der Klugheit angemessen finden, ihn nach seinem Rang zu unterscheiden. Der erste mainzische Wahlbotschafter Freiherr von Fechenbach ist das Urbild der altdeutschen Redlichkeit und dabei ein Mann von Einsicht und Geschäftskenntnis. Baron Albini, zweiter kurmainzischer Wahlbotschafter und Hofkanzler, ist gelehrt, geschickt, dem höchsten Hof nur aus Überzeugung ergeben, dabei ist er unbestechlich ehrlich, und man kann ihm nur eine leicht zu beleidigende Eitelkeit vorwerfen, daher er auch durch Lobsprüche mehr als durch Geld, und wenn ihn Seine Majestät mit einem gnädigen Ausdruck die geheime Ratswürde versprechen, vielleicht auf seine Lebenszeit gewonnen werden [kann]. Die Eigenschaften des geheimen Staatsreferendärs von Müller sind Seiner Majestät bei einer anderen Gelegenheit angerühmt worden, und kann dieser gründliche und bekannte Gelehrte seinerzeit nach seinem Wunsch nützlich in den österreichischen Staaten verwendet werden. Die berühmte Freiin von Coudenhove hat nun seit der österreichischen Verbindung mit Preußen an dem mainzischen Hof fast allen Einfluß verloren, wo sie im engsten Einverständis mit dem preußischen Minister B. Stein beständig gegen uns gearbeitet hat. Dieses Weib muß jedoch immer ihres listigen Geistes wegen noch mit Schonung behandelt werden, und selbst den Herrn Kurfürsten würde es beleidigen, wenn sie ganz vernachlässigt würde.

In den Unterredungen mit dem Herrn Kurfürsten von Mainz wird Seiner Majestät die Wiedereinsetzung des Fürsten von Basel sehr dringend empfohlen werden. Allein hier wäre nicht unschicklich, dem Kurfürsten zu benehmen, daß, wenn er den Rat, den ihm Seiner Majestät Hof- und Staatskanzler oft gab, gefolgt, sich mit seinen Untertanen verglichen und mit den schweizerischen Kantonen seiner Sicherheit wegen einverstanden hätte, er sich nun in der Verlegenheit und dem Unglück nicht finden würde, aus dem er nun nicht so eilig, als man wünscht, gerettet werden kann.

Über die Höfe von Trier und Köln ist kein Stoff zu Bemerkungen, da Seine Majestät von allen Umständen wohl unterrichtet sind und an den guten Gesinnungen dieser Fürsten nicht zweifeln können. Der kurkölnische Staatsminister von Waldenfels soll wegen nicht erhaltener ersten Bitten unter der vorigen Regierung mißvergnügt sein. Der Charakter des kurtrierischen Ministers Freiherrn von Duminique ist Seiner Majestät sehr wohl bekannt und so auch der dritte kurtrierische Minister Freiherr von Hügel, dessen gutes Benehmen Freiherr von Bartenstein sehr anrühmt, welcher letzterer auch nicht ermangeln wird, bei Seiner Majestät Ankunft von dem Betragen der Botschafter der übrigen Höfe und von der Rücksicht, die jeder derselben verdient, gewissenhaften Vortrag mündlich zu erteilen.

In Frankfurt erscheint nebst vielen fürstlichen Gesandten auch eine Gesandtschaft des Grafenkollegiums, und da dürfte es nicht unschicklich sein, unter der Hand auf eine Art von don gratuit für Seine Kaiserliche Majestät den Antrag zu machen. Der Reichshofrat Graf von Solms-Laubach ließ sich vielleicht gern zum Mittelmann gebrauchen und könnte von dem Ministerium Seiner Majestät zu dieser Negotiation in der Stille nützlich verwendet werden. Im Jahre 1790 war der Grafenstand schon gut zu einem solchen Subsidium gestimmt, man sprach von Errichtung eines Korps von 1.000 Mann, das man Seiner Kaiserlichen Majestät präsentieren wollte. Die Sache aber wurde von niemandem betrieben und war vielleicht nur ein frommer Wunsch eines einzelnen gutgesinnten Grafen. Dermal aber, da der Grafenstand seine oft wiederholten Devotionsbeteuerungen zu betätigen Gelegenheit hat, dürfte er sich auf diese Art, und zwar gleich nach der Krönung Seiner Majestät, auszuzeichnen verbunden achten.

Die nämliche Einleitung könnte in Frankfurt durch die Ablegaten der Reichsritterschaft getroffen werden, die dem Erzhaus viele Verbindlichkeit hat und eigentlich als unmittelbare Untertanen des Kaisers dessen Unterstützung ihre Freiheiten und ihre Erhaltung zu verdanken haben. Bei der Krönung selbst hat die Reichsritterschaft dem neuerwählten Kaiser ein Geschenk von beiläufig 30.000 Gulden zu präsentieren. Bei dem Grafen Schlick haben sich zwar einige Ritterschaftsmitglieder unter der Hand erkundiget, ob nicht die Nachlassung dieses Krönungsdonatives von 8.000 Gulden dermal, da die Krönungen so schnell aufeinander folgen, zu erhalten wäre. Diese Anfrage ist aber als unbescheiden unbeantwortet geblieben, und wird Seiner Majestät Erzkanzler nicht anständig finden, von dem alten Gebrauche abzugehen. Ob aber anstatt in Geld Seine Majestät das Geschenk in Naturalien für Armeen annehmen wollen, hängt von dem höchsten Gutfinden ab. Wenn die Reichsritterschaft dieses Geschenk zu leisten hart fände, was wäre für ein Beitrag zu dem Krieg zu erwarten? Von den kläglichen Vorstellungen des Unvermögens darf man sich nicht irre machen lassen, diese sind gewöhnlich, wenn etwas gefordert wird. Hingegen werden das Ansehen und die guten Dienste, welche die Ritterschaft einem jeweiligen Kaiser zu leisten imstande und bereit ist, in das unendliche erhoben, sobald von Rücksichten die Rede ist, die sie von dem Kaiser und dem Erzhause erwartet. Zu dem siebenjährigen Krieg hat die Reichsritterschaft jährlich dem Kaiser einen Beitrag von 320.000 bis 360.000 Gulden geleistet. Bevor jedoch dieser Krieg als ein Reichskrieg erklärt werde, können seine Majestät nach der Strenge kein eigentlichen Subside caritatif fordern. Wenn aber die Kantone jetzt gleich, da das Bedürfnis am größten ist, mit einem freiwilligen außerordentlichen Subside in Geld oder Früchten Seine Majestät schleunig zu unterstützen sich entschlössen, könnte ihnen dann eine Mäßigung derjenigen Subsidien zugesichert werden, die in kurzem Seine Majestät nach dem beständigen Herkommen zu fordern berechtigt sind.

Nun erübrigen nur noch einige Bemerkungen über den Münchnerhof, den Seine Majestät auf dem Rückweg zu besuchen sich entschlossen haben. Die Unterredung mit dem Herrn Kurfürsten fordert eine besondere Überlegung, und können vermutlich die Gegenstände derselben noch nicht bestimmt werden. Der Charakter, die Denkungsart und Gesinnungen des Kurfürsten sind bekannt. Seine Kinder und eine Königskrone sind die Lieblingsideen, mit denen sich sein Herz und seine Eitelkeit bis ins Grabe beschäftigen wird. Dieses sind auch die schwachen, unverwahrten Seiten, auf denen man ihm leicht zukommen kann. Man kann nicht sagen, daß dieser Herr sich von einem eigentlichen Günstling leiten läßt. Wer seiner Hauptleidenschaft in einem bestimmten Fall schmeichelt, ist versichert, Gehör zu finden. Die Liebe zum Geld, die bei ihm den Schein des Geizes hat, ist im Grunde für ihn nur Mittel, seine Hauptneigungen zu befriedigen. In dem Herzen dieses Fürsten liegt eine Neigung für das Haus Österreich, die durch die Überlegung, daß dasselbe ihm zur Erreichung seiner Absichten dienlich sein kann, ihre Nahrung findet.

Wien, im Juni 1792

Daiser.

- XIII -

[HHStA, RK, W.u.K.A., Fasz. 100 b]

Nachrichten über ein von den Franzosen geplantes Attentat auf Franz während des Aufenthalts in Frankfurt

Copia Schreiben des Freiherrn von Sumerau an mich Grafen von Schlick de dato Freiburg, den 11. Juni 1792:

Ich kann mir unmöglich versagen, Eurer [Exzellenz] im engsten Vertrauen von einer Sache zu schreiben, die mir ganz außerordentlich nahe am Herzen liegt und die auch wirklich für die ganze österreichische Monarchie von äußerster Wichtigkeit ist.

Schon im Monat April dieses Jahres erhielt ich von einem meiner vertrauten Kundschafter aus Straßburg die geheime Nachricht, daß die rasende Jakobinerklub unserem besten Monarchen nach dem Leben streben und zu Vollführung dieser Greueltat verschiedene Emissairs ausschicken wolle. Ich säumte daher nicht, diese wichtige Nachricht mittelst einer eigenen Estaffette an des Herrn Hof- und Staatskanzlers Fürstliche Gnaden einzubegleiten, damit gegen dieses greuliche Vorhaben in Zeiten die erforderlichen Vorsehungen getroffen werden könnten.

Unterm 1. des Monats kam mir von dem nämlichen Kundschafter die Nachricht zu, daß die Jakobiner Klub zur Ausführung ihres schrecklichen Vorhabens die Zeit der Frankfurter Krönung benutzen und bei dieser Gelegenheit unseren teuersten König ermorden lassen wolle. Dieser Nachricht wurde von dem Vertrauten noch insbesondere beigefüget, daß unumgänglich notwendig seie, diesfalls alle erdenklichen Vorsichten für die Sicherheit zu treffen, und daß man sogar die Fußböden in den Zimmern desselben genau untersuchen solle, ob solche nicht allenfalls mit Pulver unterlegt seien. Ich ermangelte nicht, auch diese Nachricht noch am nämlichen Tage an des Herrn Fürsten von Kaunitz Fürstliche Gnaden gelangen zu lassen.

Nun ließ mir erst dieser Tage ein bekannter rechtschaffener Mann aus Straßburg, der nicht einmal bei mir genannt sein, vielweniger sich einem Schreiben anvertrauen wollte, durch einen vertrauten Kaufmann die neuerliche Nachricht, daß die Jakobiner Klub die Ermordung unsers besten Monarchen bei Gelegenheit der Frankfurter Krönung, koste es auch, was es wolle, förmlich abgeschlossen habe, mit der dringendsten Bitte hinterbringen, womit doch diesfalls für die Sicherheit des Königs alle menschenmöglichen Vorsehungen in Zeiten getroffen werden möchten.

Die Jakobiner Klube ist eine Rotte rasender Ungeheuer, welche zu allen Greueltaten aufgelegt sind und von welchen man besonders dermal, wo ihr eigenes Schicksal selbst so gefährlich auf dem Spiele stehet, die boshaftesten und schrecklichsten Unternehmungen nicht ohne Grund erwarten und besorgen muß. Ich kann daher Euer [Exzellenz] nicht [ver]bergen, daß mich obige Nachrichten äußerst beunruhigen und mich für die Sicherheit der geheiligten Person unseres besten Königs um so mehr besorgt machen, als sotane Nachrichten von Seiten herkommen, die von bekannter Rechtschaffenheit sind und die nicht einmal genannt werden wollen, vielweniger hierdurch eine Belohnung oder sonstiges Interesse suchen, die mithin allerdings Glauben verdienen.

Gleichwie ich mich nun veranlasset finde, von dieser würklich erhaltenen Nachricht unter einem an des Herrn Hof- und Staatskanzlers Fürstliche Gnaden die wiederholte Nachricht Anzeige zu machen, so konnte ich mich auch nicht enthalten, Eurer [Exzellenz] als dem nächsten königlichen Ministre bei Frankfurt all obiges im hergebrachten Vertrauen und in der Absicht zu eröffnen, um Hochderoselben erlauchten Ermessen zu unterstellen, ob und was diesfalls für Vorkehrungen für die Sicherheit des Königs Majestät in Frankfurt getroffen werden könnten.

- XIV -

[Anlage Zahl 114 zum Tagebuch von Müller,
HHStA, RK, W.u.K.A., Fasz. 101 d]

Entwurf des Salvationsdekrets, zugestellt von der mainzischen Kanzlei an das Reichserbmarschallamt, vom 21. Juni 1792

Demnach zufolge klarer Verordnung der goldenen Bulle gleich nach Eröffnung und Anfang eines römisch-königlichen Wahltages alle fremden, zur Wahlstadt nicht gehörigen Personen, wes Standes und Wesens selbige sein mögen, sich aus der Wahlstadt hinwegbegeben sollen, ein hohes kurfürstliches Kollegium aber gegenwärtig besonderer Umstände wegen für jetzt annoch in Ansehung des päpstlichen Nuntius, dann der in- und auswärtigen Gesandtschaften, auch fürstlichen und sonstigen Standespersonen, kreisständischen Deputierten und Räte, wenn deren einige sich wirklich dahier aufhalten oder während der gegenwärtigen Wahlzeit in solcher Eigenschaft sich hier annoch einfinden sollten, bis auf weitere, des obgedachten kurfürstlichen Wahlcollegii Verfügung mit feierlichem Vorbehalt dessen, was gedachte goldene Bulle mit sich bringt, annoch nachgesehen; als wäre von Reichserbmarschallamts wegen zu obgemeldeten Personen, wenn deren einige hier seien, nach Empfang dieses sich zu begeben, sofort denenselben geziemend vorzustellen und zu bedeuten, was Maßen des Heiligen Römischen Reichs Grundgesetze mit sich bringen, daß in hiesiger Stadt Frankfurt, solang der Wahltag dauere, niemand Fremdes, außer denen Kurfürsten oder deren Wahlgesandten und zu ihren Hofhaltungen gehörigen Personen, verbleiben oder gelassen werden sollen.

Es habe jedoch ein hohes kurfürstliches Kollegium für diesmal aus besonderen Ursachen und gegenwärtigen Umständen dergestalten, daß es der goldnen Bulle ohne Nachteil sei und zu einigem Abbruch oder Folge nicht gereichen, vielmehr derselben künftighin allerdings nachgelebet werden solle, mit obwohlgedachten in- und auswärtigen Gesandten, fürstlichen oder sonst Reichstandspersonen, auch kreisständischen Deputierten und Räten insoweit dispensieren wollen, daß sie bis auf weitere Anfrage in hiesiger Stadt verbleiben, immittels aber sich gefaßt machen und halten mögen, sobald ihnen fernere Ankündigung geschehen wird, den Reichsgrundgesetzen und altüblichem Herkommen sich ohnfehlbar zu bequemen und alsdann bis nach verrichteter Wahl aus hiesiger Stadt sich zu begeben, gestalten ein kurfürstliches hohes Wahlkollegium solches in Zeiten also verfügen zu lassen für gut angesehen habe.

Signatum Frankfurt, den 21ten Junius 1792.
kurfürstlich-mainzische Kanzlei

- XV -

[HHStA, MEA, W.u.K.A., Fasz. 85]

Gedruckte gemeinsame Erlasse des Reichserbmarschallamts und des Frankfurter Magistrats vom 6. bzw. 21. Juni 1792 - Verbot des Glücksspiels

Wir, Bürgermeister und Rat dieser des heiligen Reichs Stadt Frankfurt am Main fügen hiemit zu wissen:

Demnach Uns von des heiligen Römischen Reichs Hochlöblichen Erbmarschallenamt nachgesetzte, die Hazardspiele und hohen Wetten betreffende Verordnung:

> Nachdeme von den hochansehnlichen, zu gegenwärtigem Wahltage allhier versammleten Botschaften, daß alle und jede Hazardspiele sowie alle hohe Wetten bei Commercespielen bei Konfiskation des auf das Spiel gesetzten Geldes und sonstiger willkürlicher Bestrafung der Kontravenienten ernstlich verboten sein, auch die bekannten Spieler von Profession, sobald sie sich irgends eines geheimen Betriebs ihrer Spielprofession verdächtig machen, sogleich aus der Stadt geschafft werden sollen, für gut und heilsam befunden worden und also erwartet wird, daß jedermänniglich sich von selbst bescheiden werde, die Commercespiel im Verhältnis mit seinem Vermögen und nicht übertrieben hoch zu spielen, damit es nicht auch hierunter anderweiter Vorsehung bedürfe, so wird solche hiermit öffentlich kundgemacht, damit die seit der Zeit der Wahlversammlung sich hier aufhaltenden oder noch ankommenden Fremden sich darnach gebührend achten und für Verantwortung und Schaden hüten können.

Frankfurt am Main, am 6. Junius 1792.

(L.S.) Des heiligen Römischen Reichs
Erbmarschallamt.

mit dem Ersuchen Kommunikation geschehen, daß wir solche dem Herkommen gemäß publizieren, auch in Ansehung der Untergebenen Unsers Orts eine gleichmäßige Verfügung treffen möchten.

Als bringen wir obinserierte, auf rühmlichste Veranlassung der zu gegenwärtigem Wahlkonvent allhier versammleten höchstansehnlichen Herren Botschafter ergangene Verordnung des Reichserbmarschallamts hiermit zu jedermanns Wissenschaft und gebieten und befehlen auch allen hiesigen Bürgern, Beisassen, Schutzangehörigen und Unserer Jurisdiktion untergebenen bereits hier befindlichen oder noch anhero kommenden Fremden sowohl Unserm, den 19. hujus erlassenen Verbot des Hazardspielens und hohen Wettens halber als auch den darin erholten ältern Verordnungen, namentlich dem Ratsedikt vom 21. Januar 1779, bei Vermeidung der darin angedrohten Strafe pünktlich nachzuleben und in nichts denenselben entgegen zu handlen; als wodurch sich ein jeder vor Strafe und Schaden hüten wird.

(L.S.) Geschlossen bei Rat
Donnerstags, den 21. Junius 1792.

- XVI -

[Anlage Zahl 124 zum Tagebuch von Müller, HHStA, RK, W.u.K.A., Fasz. 101 e]

Summarische Note
über den Vollzug des Wahlaktes

Dictatum Frankfurt am 23. Junius 1792.

Pridie wird e Cancellaria Moguntina zur Wahl mittels des Reichserbmarschallamtes angesagt, dem ältern Bürgermeister zur Einlieferung der Torschlüssel die Stunde per Secretarium gegeben, da dann 2 Bürgermeister mit den Schlüsseln erscheinen und nach gehabter Audienz solche in 2 verschlossenen Kästen übergeben.

In Die Electionis wird frühe von 7 bis 8 Uhr die Sturmglocke geläutet, die Bürgerschaft und Soldateska zieht auf ihre angewiesenen Plätze auf, und die Torschlüssel werden durch einen Kornett und 16 Mann kurfürstlicher Leibgarde an den Reichserbmarschall geliefert, welcher solche durch die seinige dem 6spännigen Wagen, darin er in die Wahlkirche fährt, vortragen läßt, in das Konklave verwahrt und von dort auf den Römer fährt, um die Herren Kurfürsten und ihre Botschafter zu empfangen.

Zur bestimmten Stunde fahren die höchsten Herren Kurfürsten und der Abwesenden erste Herrn Botschafter mit ihrem ordinari Korteggio von Ministern, Kavalieren, welche alle zu Fuß gehen, auf den Römer, werden von dem Reichserbmarschalle unten respective und auf der Mitte der Treppe empfangen und in das Konferenzzimmer begleitet, von wannen die höchsten Herren Kurfürsten sich in ihre Retirade begeben und die Kurhabiten anziehen, nachdem die Herren Botschafter schon mit ihren Mantelkleidern auf dem Römer eingetroffen sind.

Solchemnach geht der kurfürstliche Ritt und Prozession zur Wahlkirche in verglichener Ordnung unter der sonst bekannten und beschriebenen Begleitung einzelweise vor sich.

Bei der Kirche steigen die höchsten Herren Kurfürsten und die Herren Botschafter ab, gehen in Begleitung ihrer Erb- und

Obermarschallämter in den Kreuzgang, an dessem vordern Tore die kurmainzische Garde zur Rechten und die kursächsische zur Linken die Wachtparade machen. Unter dem Tore steht der Reichstürhüter mit einem Marschallsstabe, an dem Eingange des Kreuzganges aber der mainzische Weihebischof mit aufgesetzter Mitra und Chorkappe, dann Probst und Capitulares Ecclesiae samt andern Geistlichen, alle in Chorkappen. Der Weihebischof gibt den höchsten Herren Kurfürsten und den katholischen Herren Botschaftern das Weihewasser, geht cum Clero in der Ordnung zur Kirche vorher. Bei dem Eintritte in die Kirche nehmen die höchsten Herren Kurfürsten ihre Kurhüte, die Botschafter aber ihre Hüte ab und verfügen sich also in den Chor, wo bei dem Eingange zur Rechten die kurmainzische und zur Linken die kursächsische Garde die Wache halten.

In Choro, woselbst die zweiten und dritten Herren Botschafter in Zeremonialkleidung bei Anlangung der höchsten Herren Kurfürsten schon suo loco & ordine in ihren Ständen sich befinden, okkupieren die Kurfürsten und ersten Herren Botschafter ihre zubereiteten Stände ordine sequenti:

Ex parte Evangelii	in medio	ex parte Epistolae
Mainz	Trier	Köln
Böhmen		Sachsen
Pfalz		Braunschweig
Brandenburg		

Über den Stühlen sind die Namen auf Pergament geschrieben und in goldenen Rahmen gefaßt.

Vor Kurmainz steht der kurmainzische Erbmarschall mit dem Schwerte, die Spitze oben, und der Hofmarschall mit dem Marschallsstabe durante Missa.

Ein gleiches ist von den andern in Person gegenwärtigen höchsten Herren Kurfürsten zu beobachten.

Hierauf tritt der mainzische Weihebischof ad Celebrandam Missam vor den Altar mit den Ministranten und Assistenten und stimmt das Veni Creator Spiritus an. Hoc finito singt er die Kollekte und fängt die Messe an.

In Missa verbleiben Electores et Legati Catholici, jene der augsburgischen Konfession aber treten sogleich nach der Präfation in das Konklave und bleiben dort bis post sumtionem.

Lecto Evangelio wird solches von dem Stiftspropste Electoribus & Legatis primis zu Küssen gereicht. Sie werden 3mal in-

	zensiert, und unter dem Agnus Dei wird ihnen das Pacem zu Küssen gegeben.
Finita Missa	intoniert Suffraganeus mit angelegter Chorkappe das Veni Creator Spiritus, cui respondet Musica. Hoc finito & discedente Presbytero wird ein Evangelienbuch unten auf den Altar gelegt und treten Electores & Legati primi an den Altar, stellen sich in der sogenannten Lateralordnung und wenden das Gesicht zum Volke.
	Seine Kurfürstliche Gnaden zu Mainz tun reliquis Electoribus & Legatis primis die Anrede, verlangt darin den gewöhnlichen Eid und erbietet sich dazu seines Orts. Reliqui Electores & Legati erbieten sich dazu, worauf Kurtrier von den auf dem Altare bereit liegenden Formulis juramentorum jene pro Mainz zu sich nimmt und Seiner Kurfürstlichen Gnaden zustellt, welche solche mit den auf die Brust gelegten Fingern ablesen und sich damit verpflichten.
Darauf	ruft Kurmainz die übrigen Electores und Botschafter suo ordine auf und stellet simili modo einem jeden seine Eidesformel nach und nach zu, womit sie in die Mitte des Altars treten und mit den auf die Brust respective und auf das Evangelium gelegten Fingern den Eid ablesen und abschwören. Wie die Eidesformeln abgelesen worden, werden sie dem zweiten kurmainzischen Wahlbotschafter und demnächst dem geheimen Secretarius zugestellt.
Während	der Verpflichtung stehen beide Notarii unten etwas von dem Altare zurück, sehen und hören den Vorgang und Kurmainz requiriret solche, worauf Notarius primarius sich willig erkläret und den Umstand zu Zeugen requiriret.

Sequuntur hic Nomina testium

<u>Praestitis Juramentis</u> gehen Electores & Legati an ihre Stelle zurück.

<u>Suffraganeus cum Suis</u> bleibt während der Eidesleistung a Cornu Epistolae stehen, und intoniert ersterer nach der Eidesleistung das Veni Sancte Spiritus und singt demnach die Kollekte.

<u>Nach diesem gehen</u> Electores und erste Botschafter der Abwesenden suo ordine in das Konklave linealiter, nehmen auch im Conclavi die Session linealiter. Auf dem Altari Conclavis liegt das Evangelium bei brennenden Kerzen.

<u>Post breve Intervallum</u> werden die übrigen Herren Botschafter und Räte mit dem kurmainzischen geheimen Sekretarius, auch beiden Notariis & testibus, durch den Reichserbmarschall ins Konklave

respective berufen und eingelassen und stellen sich der kurmainzische zweite Herr Wahlbotschafter ad Cornu Evangelii gegenüber Ihro Kurfürstliche Gnaden zu Mainz, und diesem schließt der geheime Sekretarius, dem aber beide Notarii sich an.

Hierauf machen Seine Kurfürstliche Gnaden den Vortrag, ob nämlich etwas der Wahl Hinderliches vorwalte. Electores und Botschafter replizieren (suppositis supponendis) mit Nein.

Hiernächst kontinuieren Seine Kurfürstliche Gnaden den Vortrag und verlangen Handgelöbnis, daß die Majora in Casu Discrepantiae gelten sollen und daß Legati Electorales auf den Fall, wo ihr gnädigster Herr erwählt würde, die Kapitulation beschwören wollen.

<u>Stipulatione hac facta</u> requirieren Seine Kurfürstliche Gnaden abermal Notarios juxta Formulam.

Notarii erbieten sich und requirieren testes.

<u>Hisce discedunt omnes</u> exceptis Electoribus und ersten Botschaftern & incipit Electio.

<u>In ipsa Electione</u> reden Seine Kurfürstliche Gnaden das Kollegium an und rufen solchemnach die übrigen Stimmen suo ordine auf, werden aber Ihrer eigenen Stimme halber von Kursachsen aufgerufen, welche abgegeben wird.

<u>Hierauf</u> werden die übrigen Botschafter, Räte, Notarii und Zeugen wieder gefordert und eingelassen, von Seiner Kurfürstlichen Gnaden sofort die Anrede gehalten.

<u>Nach</u> gehaltener dieser Anrede fragen Seine Kurfürstliche Gnaden reliquos Eligentes, ob dieses nicht ihr wahrer Wille sei, quod illi (suppositis supponendis) affirmant.

<u>Worauf</u> Seine Kurfürstliche Hoheit die Notarios abermal requirieren.

<u>Notarii</u> erbieten sich und requirieren ihre Zeugen. Seine Kurfürstliche Gnaden machen hierauf der Botschaft des Neoelecti den Vortrag.

<u>Diese Botschaft</u> produziert in dessen Verfolg die Vollmacht. Die Vollmacht wird per Secretarium intimum abgelesen und ratione manus & Sigilli vorgezeigt und rekognosziert. Hierauf tun Seine Kurfürstliche Gnaden der gedachten Botschaft des Gewählten den Vortrag (hier wird die Wahlkapitulation unterschrieben), wornächst derselben von dem zweiten kurmainzischen Wahlbotschafter die Eidesformel zugestellet und also der Eid vor dem

Altare mit Legung der Hände auf das Evangelium abgeschworen wird. Praestito Juramento geht die Botschaft des Neugewählten auf ihre vorigen Plätze, der zweite kurmainzische Herr Wahlbotschafter aber stellt seiner Kurfürstlichen Gnaden die Proklamation des Neoelecti zu Händen, welche von Höchstihnen verlesen und also der Gewählte in Conclavi proklamiert wird. Hoc facto requirieren Seine Kurfürstliche Gnaden die Notarios weiter, diese aber ihre Zeugen, worauf Höchstdieselbe dem ersten Botschafter des Neoelecti die Gratulation abstatten und darauf die Danksagung empfangen.

Hisce discessum e Conclavi in den Chor; die höchsten Herren Kurfürsten aber und die ersten Herren Botschafter gehen unter Vortretung des Reichserbmarschalls durch den Chor, auf die Proklamationsbühne, nehmen dort auf den bereiteten Stühlen den Sitz wie sie bei der ersten Verpflichtung vor dem Altare gestanden. Hinter den höchsten Herrn Kurfürsten stehen die Ober- und Hofmarschälle, neben Kurmainz aber der Reichserbmarschall und der kurmainzische zweite Wahlbotschafter.

Hierauf stellen seine Kurfürstliche Gnaden demjenigen, der die Proklamation verrichten soll, den Proklamationszettel zu, welcher den Neugewählten Versus Populum proklamiert, dem das Volk mit Vivat Rex antwortet. Darauf folgen Trompeten und Pauken, die Stadtglocken werden geläutet, die Kanonen abgefeuert, währenddem Seine Kurfürstliche Gnaden und die Botschafter von der Bühne in den Chor zurück in ihre vorige Stelle gehen, das Te Deum auswarten. Nach geendigtem Te Deum geruhen die höchsten Herrn Kurfürsten nochmal in das Konklave zurückzukehren, um das Notifikationsschreiben an den neuerwählten Römischen König zu unterschreiben, und demnächst, wie in die Kirche also auch zurück, unter der zweiten Abfeuerung der Kanonen in den Römer reiten, wo die höchsten Herren Kurfürsten sich umkleiden und den Rückzug in ihre Quartiere, so wie die Herren Botschafter in die ihrigen, nehmen.

- XVII -

[HHStA, MEA, W.u.K.A., Fasz. 85]

Gedruckter Frankfurter Ratserlaß vom 26. Juni 1792 -
Leistung des Sicherheitseides

Wir, Bürgermeister und Rat dieser des heiligen Reichs Stadt Frankfurt am Main tun jedermann kund und zu wissen:
Demnach die bei gegenwärtigem kaiserlichen Wahlkonvent allhier versammleten kurfürstlichen höchstansehnlichen Herren Botschafter und Gesandten Uns anzeigen zu lassen geruhen wollen, daß zukünftigen Montag, den 2. des kommenden Monats Julius, vormittags nach Inhalt der güldenen Bulle der gewöhnliche Schirmungs- und Sicherungseid von Uns dem Rat, der Bürgerschaft und dem Kriegsvolk geleistet und abgeschworen werden solle,
als benachrichtigen Wir hiermit alle und jede dieser Stadt Bürger, Beisassen und alle ihme zu Pflichten Angehörige davon und befehlen anbei ihnen und einem jeden insbesondere ernstlich, daß sie gedachten Montag Vormittag vor 10 Uhr ohne Gewehr, in ihren Mänteln oder andrer anständiger Kleidung auf dem Römerberg erscheinen und des Orts anhören und vernehmen, was ihnen die höchstansehnlichen Herren Botschafter und Gesandten obgedacht schuldigen Sicher- und Schirmungseides wegen vorhalten lassen werden, demselben sich untertänigst bequemen, den Eid unter der von dem höchstlöblichen kurfürstlichen Collegio gnädigst erteilten Modifikation gehorsamst abschwören und leisten, auch dabei alle gebührende Ehrerbietung, Respekt und Bescheidenheit erzeigen und beweisen sollen.
Wornach sich jeder zu richten und vor Strafe zu hüten wissen wird.

Geschlossen bei Rat,
den 26. Junii 1792.

- XVIII -

[HHStA, MEA, W.u.K.A., Fasz. 85]

Gedruckter Frankfurter Ratserlaß vom 28. Juni 1792 -
Ausschaffung der Fremden, Verhalten der Juden

Wir, Bürgermeister und Rat dieser des heiligen Reichs Stadt Frankfurt am Main fügen hiermit jedermann zu wissen:
Demnach Uns von Seiten der anwesenden höchstansehnlichen Herren Wahlbotschafter und Gesandten zu gegenwärtigem Wahltag die Anzeige geschehen, daß bis Donnerstag, den 5ten zukünftigen Monats, die Wahl eines Römischen Kaisers wirklich vorgenommen werden soll, als erinnern Wir hiermit, kraft der nach Inhalt der goldenen Bulle dem höchstlöblichen kurfürstlichen Collegio den 2ten künftigen Monats zu leistenden Eidespflichten und des den 27. hujus an Uns ergangenen Dekrets besagten höchstlöblichen Collegii, alle und jede Fremden, sie seien auch, wer sie wollen, welche zu einem der höchstansehnlichen Gesandtschaftskomitaten nicht gehörig sind, aufs ernstlichste und befehlen ihnen bei Leibes- und anderer Strafe, je nach Befinden, daß sie [sich] von nun an ohnverlängt von hier weg und aus hiesiger Stadt begeben sollen. Auch ermahnen Wir alle Bürger und Beisassen, daß sie keinem solcher Fremden bei gleichmäßiger Strafe einen heimlichen Aufenthalt geben sollen, sondern befehlen ihnen, dieselbe, soviel an ihnen ist, von sich ab- und auszuschaffen, mit Ausnahme jedoch derjenigen, welche sich in einer der höchstansehnlichen Wahlbotschaften Protektion oder Fourierliste befinden, als welchen in diesem Fall hier zu verbleiben unverwehrt ist.

Ingleichen sollen auch alle dermalen hier sich befindenden fremden Juden bei ohnausbleiblicher schwerer Strafe sich ohnverzüglich von hier wegbegeben, sonsten aber alle und sonderlich die unter hiesigen Schutz stehenden Juden in Zeit solcher kaiserlichen Wahl auf den Gassen sich nicht betreten lassen, sondern in ihren Wohnungen still verhalten, damit Wir gebührende Ahndung fürzunehmen nicht Ursach haben mögen.
Wornach sich ein jeder zu richten und vor Strafe zu hüten wissen wird.

Geschlossen bei Rat,
den 28. Junius 1792.

- XIX -

[Anlage Zahl 94 b zum Tagebuch von Müller,
HHStA, RK, W.u.K.A., Fasz. 101 d]

"Überfall" bei Herrn de la Motte wegen Verdachts des Glücksspiels, Bericht des Reichsfouriers Wasser vom 28. Juni 1792

Pro Memoria

Auf die Seiner des amtsführenden Herrn Reichserbmarschall Grafen von Pappenheim Hochgräflichen Gnaden geschehenen Anzeige, daß sich des höchsten Verbots ohngeachtet in dem Türkenschuß auf der Zeil täglich eine Gesellschaft zu Hazardspielen versamle, wurde mir von Hochdenenselben sogleich die Weisung gegeben, mich der Sache näher zu erkundigen und sodann die bestmöglichsten Anstalten zu treffen, um die Spieler zu überfallen und das vorgefundene Geld zu konfiszieren. Ich ermangelte dahero auch nicht, dem gnädigen Befehl zufolge alle diejenigen Maßregeln zu nehmen, welche nur immer auf den besten Erfolg abzielen konnten.

In dieser Absicht ging ich nach 10 Uhr erst alleine an gedachtes Haus, um womöglich näheres Licht in die Sache zu bekommen, woselbst ich denn auch die Fenster des ersten Stocks, welche in die Hasengasse gehen, mit Jalousien verschlossen fand, jedoch in dem mittlern dieser Zimmer, welches als das eigentliche Spielzimmer angegeben worden war, sehr merklich Licht durch die Jalousien schimmern sah. Die an die Zeil gehende Haustür war eröffnet, die Treppe wohl erleuchtet und von einem der Bedienten besetzt.

Von hier aus verfügte ich mich nach der Hauptwache, um mit dem auf Requisition von dem Herrn Bürgermeister zur Unterstützung zugegebenen Lieutenant Herrn Roth das Nötige zu verabreden. Dieser gab sodann der bis auf 17 Mann verstärkten und über die Zeil gehenden Patrouille die Ordre, um 3/4 auf 17 Uhr wieder auf dem nämlichen Weg zurückzukommen und sich bei Ansicht unser in zwei Teile zu trennen und uns in einiger Entfernung zu folgen. Ich aber verfügte mich indessen in den Saalhof, um den daselbst befindlichen Reichsprofoß Tabin und die zu diesem Geschäft bestimmten 2 hochgräflichen Bedienten abzuholen. Mit diesen ging ich sodann zurück nach der Hauptwache, von wo ich sie in einiger Entfernung von gedachtem Herrn Lieutenant und mir vorausgehen ließ. In der Gegend des Roten Hauses begegneten wir der Patrouille, welche uns bis an den Türkenschuß nach obenbemerkter Weisung folgte.

Als wir daselbst angelangt waren, blieb Herr Lieutenant Roth an der Ecke zurück. Ich aber ging mit dem Reichsprofoß und den zwei Bedienten an die Türe. Da ich sie verschlossen fand, ließ ich den einen der Bedienten anläuten, worauf sogleich ein Bedienter an die Türe kam und sie, nachdem ihm in französischer Sprache bedeutet wurde, daß man mit dem Herrn de la Motte zu sprechen wünschte, eröffnete. Dieser wurde denn sogleich, jedoch ohne die geringste Gewalt zu gebrauchen, von den beeden hochgräflichen Bedienten zurückgehalten.

Ich aber stieg sogleich mit mehrgedachtem Herrn Lieutenant und dem Reichsprofoß die Treppe hinauf und ging auf die mir vis à vis derselben bezeichnete und mit kleinen Fenstern versehene Türe los. Sie verschloß einen kleinen Vorplatz vor dem Spielzimmer, und da sie von einem sich darinnen befindlichen Bedienten, der äußerst verlegen schien, auf mein Begehren nicht eröffnet werden wollte, so wandte ich mich sogleich an die Nebenstehenden, weil ich in dem Zimmer einige Bewegungen verspürte, und riß sie in möglichster Geschwindigkeit auf, wobei ich zugleich einen wahrscheinlich zu mehrerer Sicherheit vorgestellten Tisch umwarf.

Neben diesem Zimmer war ein kleineres und zwar erleuchtet. Hier traf ich zwei l'Ombretische an, aber nur an einem derselben saßen zum Schein spielende Personen, welche in der äußersten Verlegenheit waren und von denen einer die Karten mischte, dabei waren aber weder Geld noch Marquen zu sehen. Die übrigen 8 - 10 Personen aber standen verstreut und in merkbarer Bestürzung um denselben.

Von diesem Zimmer kam ich in das größere, von dem auf dem verschlossenen Vorplatz befindlich gewesenen Bedienten bewachte Zimmer. Hierinnen stand eine lange Tafel, welche ganz abgeleert war und von welcher alle bis auf zwei mit Polster versehenen und vis à vis in der Mitte stehenden Stühle abgerückt waren. Von denen darinnen befindlichen zwei Personen war einer sehr bemüht, die Lichter auszulöschen, der andere hingegen, welcher Herr de la Motte selbst war, beschwerte sich gegen mich so heftig, als es seine Verlegenheit zuließ, wider dieses ungewöhnliche Verfahren und versicherte, daß er sich deshalb bei Seiner Hochgräflichen Gnaden dem Herrn Reichserbmarschall nachdrücklichst beklagen werde.

Ich versicherte hierauf, daß ihm dieses unbenommen bliebe, daß ich aber auch im Gegenteil nicht ermangeln würde, alle die verdächtigen Umstände pflichtschuldigst zu referieren, welche nur allzudeutlich von einem vorgewesenen und durch unsere Ankunft gestörten Hazardspiele zeugten. Er suchte sich hierauf aufs Beste zu beschönigen und gab die zuweiligen Soupers, welche er seinen Freunden zu geben pflege, als die Ursache eines auf diese Art eingrichteten Zimmers an.

Die ganze Gesellschaft bestund ohngefähr aus 14 - 16 Personen, von welchen ich aber außer Herrn de la Motte und Oberst Adriani keinen kannte.

Frankfurt am Main, den 28. Juni 1792.

Wasser
Reichsfourier

- XX -

[Anlage Zahl 158 zum Tagebuch von Müller, HHStA, RK, W.u.K.A., Fasz. 101 d]

Gedruckte kursächsische Polizei- und Taxordnung vom 30. Juni 1792

**Polizei-
und
Taxordnung**

wie solche auf Befehl, und von wegen Seiner Kurfürstlichen Durchlaucht zu Sachsen p., auch dermaligen Vicarii in Landen des sächsischen Rechtens, und an Enden in solch Vikariat gehörig, als des Heiligen Römischen Reichs Erzmarschalls auf dem allhier in Frankfurt am Main angestellten kaiserlichen Wahltage am 30ten Junius 1792 publizieret worden.

Demnach auf erfolgtes Ableben des weiland Allerdurchlauchtigsten, Großmächtigsten und Unüberwindlichsten Fürsten und Herrn, Herrn Leopolds des Zweiten, erwählten Römischen Kaisers, zu allen Zeiten Mehrer des Reichs pp. glorwürdigsten Andenkens, ein hohes kurfürstliches Kollegium auf dem allhier zu Frankfurt am Main nach Anleitung der Goldenen Bulle angestellten und ausgeschriebenen Wahltage durch dero ansehnliche Botschafter und Gesandten zusammengekommen; so haben Ihro Kurfürstliche Durchlaucht zu Sachsen, auch dermaliger Vicarius in Landen des sächsischen Rechtens und an Enden in solch Vicariat, kraft Ihres tragenden Reichserzmarschallamts durch Dero anher abgeschickte gevollmächtigte Gesandschaft, dem Herkommen gemäß, mit Zuziehung des Reichserbmarschalls, und nachdem E[in] E[dler] Rat allhier über ein und anderes vorher notdürftig vernommen worden, folgende Ordnung verfassen und publizieren lassen.

Articulus I.
Männiglich soll sich friedlich und bescheidentlich halten.

Es sollen alle diejenigen, welche zu diesem kurfürstlichen Wahltag erfordert sind, auch die unerfordert denselben besuchen oder sonsten hierherkommen, was Würden, Standes oder Wesens sie sind, samt ihren Dienern und Angehörigen, niemand ausgeschlossen, sich in ihren Herbergen und sonsten gegen männiglich friedlich und dermaßen unbeschwerlich erzeigen, damit dieselben untereinander keinen Rumor noch andere unziemliche Händel anfahen und sonderlich diejenigen, welche nicht erfordert, den Erforderten keine Unruhe oder einige Ungelegenheit, hingegen auch diese jenen keine Beschwerde zuziehen, bei Vermeidung ernstlicher Strafe. Wie denn auch alle Duelle, Provokationen, Raufen, Balgen und Ausfordern, es geschehe aus was vermeinter Ursache es immer wolle, auch Entblößung der Wehren, nicht minder Tragung allerhand heimlichen Gewehrs und dergleichen, bei hohen und niedern Standespersonen, in und außer der Stadt gänzlich und allerdings verboten werden mit dieser ausgedruckten Commination, daß gegen den Provokanten sowohl als erscheinenden Teil unabläßliche Leib- und Lebensstrafe, ohne Unterschied der Personen, alsobald ganz ernstlich vorgenommen werden soll. Und wird der hiesige Magistrat hiemit erinnert, der gesamten Bürgerschaft ernstlich und bei Strafe anzusagen und aufzulegen, daß, sobald in einem bürgerlichen Haus oder auch auf der Gasse vor dem Haus bei Tag oder Nacht ein solcher Rumor oder Handel sich erhübe, durch und in welchem Pistolen, Degen, Messer, Prügel, Steine und andere gefährliche Instrumente gezückt, entblößet oder ergriffen würden, der Bürger schuldig sein soll, solches dem nächsten Wachposten anzuzeigen, welcher auch gleichfalls befehliget, nebst dem Bürger dem Rumor zuzulaufen, die Frevler und Übertreter ohne Ansehen der Person in die Wachstuben wohl verwahrlich einzuführen und mit ehester Gelegenheit solches derjenigen Instanz, wo die Sache ihrer Eigenschaft nach hingehört, kundzumachen, auch auf derselben Begehren nebst der gründlichen Nachricht und eingezogenen Verhör, wie sich die Tat beschaffen gefunden, verabfolgen zu lassen.

Es sollen auch insgemein alle und jede, was Nation, Würden, oder Standes dieselben sein, respektive ehrerbietig und freundlich einander begegnen und keiner dem andern wegen der unterschiedlichen Sprachen, Sitten und Kleider noch einigerlei anderer, sonderlich Religions- und Glaubenssachen willen weder mit Worten, Schriften noch in andere Wege antasten, schelten, schmähen, verachten und verspotten, in oder außerhalb der Kirchen Ungelegenheit anfangen noch sonst etwas Tätliches einer gegen den andern fürnehmen oder den Seinigen zu tun gestatten, auch von den Wahl- und Reichssachen nichts Unbedächtliches diskurrieren, bei Vermeidung der Strafe, welche diesfalls nach Befinden eines jeden Verbrechens fürgenommen werden soll.

Ob sich aber einer über den andern einigerlei Ursachen halben zu beschweren vermeinte, der soll denselben vor seiner ordentlichen richterlichen Instanz verklagen und sich hieran genügen lassen.

Articulus II.

Jedermann soll sich sowohl bei Tag als Nacht auf der Gasse ehrbar und still halten.

Es sollen sich auch alle Gäste und auswärtigen Personen und derselben Diener sowohl bei Nacht als Tag auf den Gassen ehrbarlich bezeigen, keine Unruhe mit Geschrei und ungewöhnlichem Gepoch oder sonst erregen, sich zu niemand nötigen, sondern männiglich ungehindert seines Wegs gehen und passieren lassen, des Abends auch zu rechter Zeit, die Bürger und Einheimischen längstens um 10 Uhr, die Fremden aber um 11 Uhr, über welche Zeit dem Wirt ebenfalls einige Gäste zu setzen oder Zechstunden zu dulden unter gleicher Pön hiemit verboten wird, in ihre Herbergen und Quartiere sich begeben, und da jemand Herrendienste oder anderer redlichen Geschäfte halber bei Tag in seine Herberge nicht kommen möchte und also zu Nacht über die Gasse gehen müßte, der oder dieselbigen sollen sich züchtig oder gebührlich halten, bei Vermeidung ernstlicher Strafe.

Articulus III.

Von Rumor, Schlägerei und Auflauf.

Überhaupt soll männiglich, es seien Einheimische oder Fremde, besonders auch die Livreebedienten, sie mögen entweder in öffentlichen Herbergen oder zum Dienst oder Aufwartung ihrer Herrschaften an andern Orten versammelt sein, sich aller Zusammenrottierung, Tumultuierens, Auflaufs oder andern Unfugs oder Lärmens bei unausbleiblicher Leib- oder Lebensstrafe enthalten und sollen, sobald dergleichen von einigen unternommen werden wollte, die übrigen sich alsobald von den tumultuierenden absondern und sich keineswegs darunter mengen oder zu einer oder andern Partei schlagen noch den Auflauf vergrößern. Es sollen vielmehr alle und jede denenjenigen, welche von zustehender Amtsobrigkeit und Gewalts wegen Friede gebieten, allen geziemenden Respekt und Gehorsam bezeigen, wie denn auch jede Obrigkeit, der es zeit fürwährenden kurfürstlichen Wahltags allhier zustehet, die am ersten zu solchem Tumult, Auflauf oder Schlägerei kommt, die Personen, welche unter solchem Unfug und dabei betreten werden, gefänglich anzunehmen Macht und Gewalt haben, auch sich derselben Obrigkeit keiner widersetzen noch unter dem Schein, als ob er ihrer Jurisdiktion und Gerichtszwang nicht unterworfen sei, gegen sie entschütten oder ausreden soll, bei Leibs- und anderer empfindlichen arbitrarischen Strafe, doch sollen die, welche also gefänglich angenommen und des Stadtmagistrats Jurisdiktion nicht unterworfen sind, nachmals dem Reichserbmarschallamte ausgefolgt und überantwortet werden. Und da der hiesige Magistrat hierbei erinnert worden, in dergleichen entstehenden Tumulten neben der nötigen bürgerlichen Mannschaft ein hinlängliches Corps von der Garnison mit aufgepflanzten Bajonetten gegen die Tumultuierenden unverzüglich anmarschieren und solche auseinanderstreuen zu lassen, so hat sich jeder um so mehr für Schaden und Unglück zu hüten und bei Leib- und Lebensstrafe keinen Widerstand zu tun.

Articulus IV.

Von Verwahrung Feuer und Lichts und Unterlassung des Tobackrauchens an gefährlichen Orten.
Jedermänniglich soll mit dem Feuer und den Lichtern in den Kammern, Schornsteinen, Küchen, Ställen und aller Orten gute Vorsicht gebrauchen, die Wirte die Rauchfänge auf ihre Unkosten fleißig, und zwar, wo kein heftiges Feuer gemacht wird, alle 3 Wochen, in Küchen aber, wo gekocht und andern Orten, wo starkes Feuer gemacht wird, alle 14 Tage kehren lassen, wie denn dieserwegen die Schornsteinfeger befehligt sind, zu gewissen Zeiten herumzugehen und acht darauf zu haben, damit durch Unfleiß und Verwahrlosung diesfalls kein Schaden entstehe, und da jemand befunden würde, durch welchen Feuerschaden verursachet wäre, derselbe samt Wendung und Kehrung solchen Schadens mit Ernst gestrafet werden; und weilen durch das Tobackrauchen oftmals Feuersbrünste entstanden, als soll sich dessen männiglich auf Böden, in Ställen oder wo sich sonsten leichtlich Feuer fangen könnte, gänzlich enthalten; nicht weniger sich niemand unterfangen, mit den Fackeln unvorsichtig umzugehen oder selbige an den Häusern, Dächern und Kellerlöchern, welche jedoch auch von der Bürgerschaft mit keiner brennen-

den Materie zu verwahren sind, anzustreichen oder auszuklopfen, wobei zugleich Pechfackeln zu führen gänzlich verboten wird. Und wer hierüber sträflich betreten würde, soll solcher Gestalt angesehen werden, daß sich andere daran zu spiegeln Ursache haben mögen.

Articulus V.

Daß kein Gewehr in der Stadt abgeschossen werden soll.

Es soll auch zu mehrerer Verhütung Feuersgefahr und anderer Unruhe niemand, wer der auch seie, weder bei Tag noch Nacht, innerhalb der Stadt Frankfurt Ringmauern oder außerhalb derselben nächst den Stadttoren wie auch auf den Wällen einiges Gewehr abschießen noch auf einigerlei Weise mit Raqueten oder anderm Feuerwerk umgehen, sondern wer damit kurzweilen oder sich versuchen will, der mag es außerhalb der Stadt und den dazu verordneten Orten, da es ohne Gefahr geschehen mag, tun. So soll auch keiner, der nicht über Land zu reisen willens, in der Stadt Pistolen oder anderes Schießgewehr führen oder nachführen lassen, bei ernstlicher Strafe.

Articulus VI.

Von verbotenem Degen und Stocktragen.

Nachdem von den auf gegenwärtigem Wahltage allhier versammelten Gesandtschaften gutbefunden und beliebt worden, daß Dero, wie auch alle anderen Livreebediente keine Degen und Hirschfänger wie auch keine Stöcke tragen sollen, so wird solches hierdurch von Reichsmarschallamts wegen ausdrücklich eingeschärft und haben sich alle und jede seit der Zeit der Versammlung hier befindlichen oder ankommenden Fremden in Ansehen ihrer Domestiken und Livreebedienten ebenfalls darnach gebührend zu achten, nicht weniger alle Kauf- und Handelsdiener und Jungen, auch andere Professionsverwandten und Künstlergesellen des Degen- und Hirschfängertragens, gleichwie auch jedermann aller Stöcke mit verborgenen Klingen, ingleichen der Stöcke mit Blei eingegossen und insonderheit derjenigen langen Pallasche, welche neuerlich als Stöcke gebraucht werden, ingleichen alle und jede Handwerksgesellen und Knechte, nebst den Lehnlaquaien und andern dergleichen Bedienten, sowohl des Stock- als Degen- und Hirschfängertragens an Sonn-, Fest- und Werktagen, wie auch die Juden sich des Stocktragens gänzlich zu äußern und zu enthalten oder widrigenfalls zu gewarten, daß ihnen solche abgenommen und konfisziert, auch andere willkürliche Strafe gegen die Übertreter unausbleiblich vorgekehrt werden sollen.

Articulus VII.

Wie man sich in Feuersnöten verhalten soll.

Da aber gegen Verhoffen Feuer auskommt, welches Gott gnädiglich verhüten wolle, so soll kein Fremder, wer der auch sei, bei Tag oder Nacht weder Löschens noch anderer Ursachen halber, zulaufen dann allein diejenigen, welche nach hiesiger gemeiner Stadtfeuerordnung dazu gehörig, die Fremden aber in ihren Herbergen verbleiben, oder, da sie auf Abmahnen der Verordneten zum Feuer nicht abseitsgehen und in Unglück geraten werden, niemand als ihnen selbst die Schuld zuzumessen haben. Jedoch mögen der Kurfürsten und Dero Gesandtschaften, Hofgesinde und Diener sich zu Abwendung Schadens und Gefahr zu ihren Herrschaften verfügen, wie in solchen Fällen ohnedem billig und gebräuchlich ist.

Es soll auch ein jeder die Verordneten, oder wer sonsten von dem Reichserbmarschallamte oder dem Magistrat von gemeiner Stadt wegen hiezu befehliget sein würde, unverweigerlich, bei Vermeidung ernstlicher Strafe, in das Haus, welches der Gefahr unterworfen ist oder daraus die Rettung geschehen müßte, einzulassen schuldig sein, wobei zugleich auch dem ältesten oder nachältesten Herrn Reichserbmarschalle, wenn sie in solchen Fällen in eigenen Personen zur Rettung kommen, mit gebührendem Respekte zu begegnen ist und auf deren heilsame Erinnerungen alle tunliche Rücksicht von den Ratsdeputierten genommen werden wird.

Articulus VIII.

Von herrenlosem Gesindel, Bettlern und siechen Personen.

Es sollen auch alle und jede Personen, was Nation oder Standes sie sind, welche nicht Herrendienste haben und solche bescheinen können, ingleichen diejenigen, welche kein Handwerk oder sonsten ehrliche Handtierung treiben, worunter insbesondere die unzüchtigen Weibspersonen, auch die fremden ausländischen Bettler und Siechen, Gebrechlichen und mit abscheulichen Leibesschäden oder der hinfallenden Seuche beladenen kranken Leute, alsobald nach Verkündung dieser Ordnung ohne allen Verzug sich aus der Stadt verfügen und ferner darinnen und sonderlich die Bettler weder um und neben den Kirchen noch sonsten und außerhalb der Stadt an dem Graben nicht finden noch betreten lassen oder zu gemeiner Stadtarbeit mit angelegten Springen, Ketten und Banden geschmiedet und dadurch von Faulheit und Müßiggang abgehalten werden, weshalber auch dermalen aufs neue schärfere Verordnungen ergangen. Es soll auch niemand denjenigen, welche dieselben hinaus- und wegzuschaffen von Rats wegen hierzu sonderlich verordnet, hinderlich sein; alles bei Strafe der Verweisung.

Articulus IX.

Von Aufzeichnung fremder so ankommender als abreisender Personen.
Damit man auch wissen könne, was für fremde Leute und Personen, nach und nach hereinkommen oder wiederum abreisen, so soll ein jeder Torschreiber und Haus- oder Gastwirt, bei welchem eine oder mehr Personen einkehret, bei 10 fl. dem Magistrat zu bezahlender Strafe täglich nach geschlossenen Toren dem Reichserbmarschall (immaßen ohne gebührende Anzeige bei demselben wie auch bei dem Rat kein Bürger oder Innwohner der Stadt jemanden fremden, wer der auch sei, in seine Behausung logieren und einnehmen soll) deren Namen und Qualität aufgezeichnet in einem förmlichen gedruckten Zettel einschicken, und ob sie sich allhier aufhalten oder wann sie wieder verreisen, dabei Meldung tun und solange sich Fremde bei ihnen aufhalten, damit fortfahren.

Articulus X.

Wie sich die Gäste gegen die Wirte und die Wirte gegen die Gäste zu verhalten haben.
Es soll kein Gast, wes Würden, Standes oder Wesens er sei, seinem Wirt, bei dem er herberget, desgleichen auch der Wirt dem Gast einigerlei Weise beschweren noch in Worten oder Werken beleidigen und sonderlich der Gast weder Fütterung, Heu, Stroh, Holz, Licht, Essig, Salz noch sonst etwas, wie dieses Namen haben mag, wider seines Wirts Willen und ohne vorhergehende Vergleichung und richtige Bezahlung eines jeden Werts, darum sie sich vergleichen, fordern oder nehmen, sondern ein jeder das Seinige, das er fordern und nehmen will, alsobald zu des Verkäufers billigem Vergnügen bezahlen. Wer aber hierwider handeln würde, der soll nach Befindung seines Verbrechen, ernstlich darüber gestraft werden.

Articulus XI.

Von Entscheidung entstandener Irrung zwischen Gästen und Wirten.
Sollten sich auch zwischen den Gästen und Wirten über ein und andern der vorhergehenden Punkte Irrungen und Streit begeben, so soll des Heiligen Reichs Erbmarschall mit Zuziehung eines E[dlen] Rats allhier, sooft es die Not erfordert, dem Herkommen und der Billigkeit gemäß entscheiden, was

nur zwischen den streitenden Parteien gehandelt und erörtert wird; dabei soll es sein Verbleiben haben.

Articulus XII.

Vom Abstellen und Verbot des schädlichen Vorkaufs.

Zur besseren Verhütung des schädlichen Vorkaufs, wodurch nicht wenig Teurung und allerhand Ungelegenheiten zu gewarten, wird hiermit aller Vorkauf bei männiglich durchaus abgestellet und verboten, dahingegen ernstlich befohlen und geordnet, daß hinfort keiner, es sei Bürger oder Inwohner allhier oder Fremder in den umliegenden Fürstentümern und Landen angesessen, auch sonsten, bei Kurfürsten, Fürsten und Ständen des Reichs bedienet, Christ oder Jude, niemand ausgenommen, durch sich selbst oder andere derselben Verordnete, nicht allein in der Stadt, sondern auch außer derselben, auf 5 Meil Weges um die Stadt herum einigerlei Proviant zum Verkauf auf zukaufen sich unterstehen, sondern alles und jedes ohne alle Ausnahme und Vorkauf auf die von gemeiner Stadt verordneten offenen feilen Märkte gebracht werden soll, bei schwerer Strafe, auch Verlierung alles dessen, was wider diese Ordnung erkauft oder verkauft worden, zu welchem Ende gewisse Personen, die darauf scharf Achtung zu geben, bestellt worden und dem Angeber jedesmal der dritte Teil von dem Konfiszierten zukommen solle.

Articulus XIII.

Von allerhand Viktualien insgemein.

Was von allerhand Lebensmitteln auf den offenen Markt zu feilem offenen Verkauf gebracht wird, als Kapaunen, Hühner, Vögel und anderes Wildbret, Gänse, Enten, Eier, Butter und Käs, auch Salat, Kraut, Rüben und dergleichen Gartenwerk, darüber soll der Marktmeister, welcher dazu absonderlich bestellet und verordnet, seiner Pflicht und Spezialinstruktion gemäß, fleißige und scharfe Aufsicht haben, daß solches in billigem Wert verkaufet und niemand darbei übersetzt werde, auch hievon und wie ein jedwedes an Wert stehe, fällt oder steigt, und was ferner zu erinnern nötig sein wird, dem Reichsmarschallen von der Stadt wöchentlich richtige Anzeige und Kommunikation geschehen.

Articulus XIV.

Vom Fleisch-, Fisch-, Brot-, Wein- und Bierkauf.

Soviel den Fleisch-, Fisch-, Brot-, Wein- und Bierkauf betrifft, nachdem die diesfalls von E. E. Rat vorgeschriebenen Ordnungen gründlich untersucht und dasjenige dabei veranstaltet und erinnert worden, hiernächst auch die zur Rechenei Deputierten darauf zu halten geordnet und jedes Handwerks geschworne Meister deswegen insonderheit darüber vereidet sind, daß Fleisch, Fisch und Brot, wie auch Wein und Bier, so man verzapfet, jedesmal in billigem Wert geschätzet werde, so wird es bei solchen gefaßten und revidierten Ordnungen für diesmal gelassen - jedoch mit ausdrücklichen Vorbehalt, solche nach Befinden der Umstände, die man wenigstens von 14 Tagen zu 14 Tagen ferner untersuchen wird, zu ändern oder, wo es die Notdurft erfordern würde, eine absonderliche Taxe, mit Zuziehung des Reichserbmarschalls und Ratsdeputierten, deshalben dem Herkommen gemäß aufzurichten.

Articulus XV.

Von Beobachtung der Spezialtaxe.

Damit nur gemeldtermaßen über die bei dieser Stadt allbereit vorhandenen Spezialordnungen der Metzger, Fischer, Bäcker, Wein- und Bierverzäpfer, Holzverkäufer und anderer desto fester gehalten werde, haben die zur Rechnei Deputierten in Erinnerung tragenden Amts wie auch die geschwornen Meister in Kraft ihres geleisteten Eides alle notdürftige Fürsehung zu tun und fleißige Aufsicht zu tragen, daß kein Mißbrauch oder Unterschleif erfolgen möge. So sollen sie auch dem Reichserbmarschalle die Taxe von allen Viktualien, an Speisewaren und Getränken, ingleichen von dem Holz, das zu Wasser ankommt, wöchentlich kommunizieren, und daferne nach Befinden etwas erinnert wird, dasselbe in gebührende Obacht nehmen.

Articulus XVI.

Von Verkaufung Hafers, Heues und Strohs.

Soviel den Tax des Haferkaufs anlanget, soll das Achtel oder Malter bis auf anderwärtige Verordnung, wenn er von gutem Kern und sonsten ohne Mangel ist, jetzo um fl. 3 bis fl. 4 15 kr., das Fuder Stroh, nämlich 16 Bausch ins Quartier geführt, nach Unterschied des Gewichts, für fl. 6 bis fl. 7 und der Zentner Heu, nach Beschaffenheit der Güte, um fl. 1 12 bis fl. 1 50 kr. verkauft, was aber mit Lasten zu feilem Kauf herein gebracht wird, gewogen und nach Betrag des Gewichtes bezahlet werden, alles jedoch ohne Konsequenz und lediglich in Hinsicht der dermaligen Umstände.

Articulus XVII.

Vom Holz- und Kohlenkauf.
Weil dasjenige Holz, welches zu Wasser anherkommt, jederzeit von E. E. Rats dieser Stadt dazu Verordneten geschätzt wird, mag es dabei sein Verbleiben haben. Was aber an Waldholz zu Lande anhergeführt wird, davon soll der Stecken 4 Schuh langen Buchenscheitholzes um 5 bis 6 fl., des vierschuhigten Eichenholzes aber für 3 fl. bis 3 fl. 40 kr. verkauft und dem Käufer vor das Haus oder Quartier geführt werden. Will aber jemand einen Wagen voll überhaupt kaufen, das stehet ihm frei und mag sich des Werts mit dem Verkäufer vergleichen. So sollen auch die Kohlen durch die geschwornen Meister der Feuerwerker taxiert und jedesmal an der Holzstube eine Tafel mit dem angeschriebenen Preise ausgehangt werden. Dahero zur Verhütung alles Unterschleifs oder Verteuerung hiedurch verboten wird, daß weder diejenigen, welche die Kohlen anher bringen, dieselben vor der Taxierung jemanden anbieten oder verkaufen, noch auch die, welche deren benötiget sind, solche vorhero kaufen oder behandeln sollen.

Articulus XVIII.

Von Zehrungen und Mahlzeiten in den offenen Wirtshäusern.
Welcher offene Wirt oder Gasthalter zur Mahlzeit drei gute Fleischgerichte, worunter gebraten, gesotten Hennen oder ander gut tauglich Fleisch, dazu Suppen, Gemüse, Käs und Obst gibt, dem soll die Mahlzeit mit Einschluß eines Maßes Bier bezahlet werden um 45 bis 50 Kr. Gibt aber ein Wirt dreierlei Fischgerichte, als Hecht, Karpfen, gebratene und gebackene Fische samt Suppen, Gemüse, Käs und Obst, so soll ihm für die Mahlzeit von jeder Person 60 bis 72 Kr. bezahlt werden, jedoch dieses nur wegen jetziger besonderen Umstände und ohne Konsequenz auf künftige Zeiten also gesetzt sein.

Belangend aber übrigens den Wein, Bier und anderes Getränke, welches entweder bei dem Wirt zu nehmen oder anderswo holen zu lassen dem Gast frei gestellt bleibt, soll solches nach Laut des Taxes absonderlich bezahlet und zu männiglicher Wissenschaft vor jedes Wirtshaus oder Gasthof eine Tafel ausgehängt, auch davon der Preis von allem Getränk, das er schenkt, wie auch von Mahlzeiten und Stallmieten, angeschrieben werden. Sodann soll für eines Dieners Fleischmahlzeit samt einer Kanne oder Maß Bier 15 Kr., für eine Fischmahlzeit aber gleichfalls mit einer Maß Bier, mehr nicht als 20 bis 24 Kr. bezahlt werden. Es mag auch ein jeder Gast sich mit seinem Wirt nach ihrer beider Gelegenheit und Wille allein um die Mahlzeit oder sonst des Essens oder Getränks halber vergleichen und dann, soviel die Gäste außerhalb der Mahlzeit und obgesetzter Ordnung, von Speis und Trank haben wollen, das sollen sie dem Wirt sonderbar nach dieser Satzung bezahlen oder sich dessen mit ihm auch sonderlich vergleichen. Gleichen Verstand hat es auch mit den Morgensuppen oder Frühstücken, auch Nacht und Schlaftrunken, daß, wo ein Gast für sich oder sein Gesinde sich dessen gebrauchen wollte, er dem Wirt dafür sonderlich Zahlung tun soll.

Articulus XIX.

Von Quartieren und Herbergen, Stuben, Kammern, Betten und Lagerstätten.

Welcher Gast in einer offenen Herberge zehrt, von seinem Wirt Futter und Mahl nimmt und doch keine sonderbare Stube und Gemach hätte, sondern allein der gemeinen Gaststube sich gebrauchte, der soll für solche Herberge dem Wirt nichts bezahlen, sich aber mit diesem des Schlafgeldes oder einer besonderen Stube und Gemachs halber, da er dergleichen verlangen würde, auf ein leidentliches absonderlich vergleichen. Belangend aber die Quartiere in den bürgerlichen Häusern soll jetzt gestalten Dingen nach aus der besten Stube und Kammer mit einem wohlbereiteten Bett wöchentlich 6, 7 bis 8 fl., aus einer mittelmäßigen Stube, Kammer und Bett 4 bis 5 fl., aus einer geringen Stube oder Kammer allein mit dem Bette 2 bis 2½ fl. wöchentlich, daferne man sich in einem oder anderem hierüber mit dem Wirte nicht vorhero besonders verglichen, als wobei es sonsten lediglich verbleibet und bei Stube und Kammer auch der Boden, das Vorhaus, Küche, Stühle, Tisch und Bänke miteingerechnet sind, die Betten aber, so man sich deren allein gebrauchen wollte, entweder nach vorstehender Ordnung und Preis wöchentlich oder für jede Nacht für ein Herrnbett 10 bis 12 Kr. bezahlt; über dieses jeder Gast seinem Wirte, wo er etwas an Hausrat, Betten und Leingewande verdorben oder zerissen, dasselbe ohne Entgelt des Hauszinses wiedergutzumachen angehalten werden. Mit den respective königlichen und kurfürstlichen und der abwesenden Kurfürsten, Gesandtschaften, Offizieren und Dienerquartieren aber hat es eine andere Bewandnis und wird dem Herkommen nach sowohl der Quartiere als Stallungen halber eine besondere und leidentlichere Taxe gemacht und publizieret werden.

Articulus XX.
Von Stallungen und Stallmieten.

Welcher Gast bei dem Wirt zehret und Pferde hat, woferne der Wirt alles Futter an Hafer, Heu und Stroh genüglich dargibt, der soll dem Wirt für solche Fütterung und Stallmiete Tag und Nacht von jedem Pferd 50 bis 65 Kr., da aber der Wirt allein Heu und Stroh hergibt, von jedem Pferd 28 bis 34 Kr., für die bloße Stallmiete aber, wenn der Stand an Reifen [=Raufen], Krippen und aller Zugehör tüchtig, 12 bis 15 Kr. und für einen geringern nur 8 bis 9 Kr. zahlen, mit Abgebung des Hafers aber kein ander Maß gebraucht, als von der Stadt gebrannt ist, und solcher in eben dem Preise, als diese Ordnung zugibt, den Gästen verabfolget werden.

Articulus XXI.
Von Tragsesseln und Lehnkutschen.

Nachdem auch zur Bequemlichkeit der Fremden mehrere Tragsessel anzuschaffen für nötig befunden und auf diesfalls beschehene Erinnerung von dem hiesigen Magistrat die Veranstaltung gemacht worden, daß dergleichen nicht allein in mehrerer Anzahl, sondern auch an unterschiedenen Plätzen der Stadt bei Tag- und Nachtzeit dergestalt zu haben sein sollen, daß für einen Gang, innerhalb der Stadt Frankfurt bei abends um 9 Uhr 16 Kr., von 9 bis 12 Uhr des Nachts 24 Kr. und dann von 12 bis an den Morgen 30 Kr., überhaupt aber für eine Stunde zur Tagszeit 30 Kr., für 2, 3 bis 4 Stunden 50 bis 60 Kr. und für einen halben Tag oder 6 Stunden fl. 1 12 Kr., ingleichen nach Sachsenhausen und von da herüber für einen Gang 24 Kr. zu bezahlen ist - so hat es bei diesem publizierten Reglement dermalen sein Bewenden und wird männiglich hierdurch erinnert, sich solchem gemäß zu halten. Und soll weder von den Trägern, welche sich überhaupt gegen jedermann bescheiden und höflich zu bezeigen haben, ein mehreres unter dem Titel eines Trinkgeldes oder dergleichen gefordert, noch von denen, die sich derselben bedienen, jenen mehr, als wozu sie nach solcher Einrichtung gehalten sind, zugemutet, vielweniger dieselben mit ungebührlichen Schmähungen oder gar Schlägen traktieret, hiernächst auch dasjenige, was durch eines oder des andern Schuld in den Tragsesseln zerbrochen oder sonst verdorben wird, sogleich bei dem Aussteigen billigermaßen gutgetan und bezahlet werden.

Gleichergestalt ist wegen der Lehnkutschen festgestellet worden, daß auf den Fall, wenn nicht bereits ein anderes verglichen worden, die besten und propresten täglich mit 6 fl. aufs höchste, die schlechten und ordinairen aber mit 4 fl. bezahlet werden sollen.

Articulus XXII.

Von den Laternen.

Weil dermalen die Straßen und Gassen der Stadt des Nachts mit Laternen notdürftig beleuchtet sind, so wird hierdurch nachdrücklich geboten, daß sich niemand, wer der auch sei, unterstehen soll, sich an den Laternen zu vergreifen, sie einzuschlagen oder auszulöschen, widrigenfalls derselbe mit unnachbleiblicher scharfer Leibesstrafe angesehen werden soll.

Articulus XXIII.

Von der Säuberung der Gemächer, Höfe und Gassen.

Ferners soll ein jeder, er sei Gast oder Wirt, Infektion zu verhüten, die Zimmer und Gemächer rein und sauber halten auch nichts Unsauberes auf die Pflaster und Gassen schütten oder gießen, sondern sich derjenigen guten Ordnung, die der Magistrat dieserwegen besonders vorkehren wird, gehorsamlich bezeigen, worüber dann absonderlich ein ernstes Aufsehen gehalten werden soll.

Articulus XXIV.

Endlich sollen auch die Fuhrleute, Müller, Einzeler, Karrenleute pp. den gesandtschaftlichen und herrschaftlichen Kutschern weichen und sich nicht widrig stellen, desgleichen das Brennholz so nahe an die Häuser abladen und geworfen werden, daß damit nicht ganze Gassen versperret werden.

Dieses alles und jedes nun, welches in unterschiedenen Artikeln hierinnen verabfasset und verordnet ist, wollen Ihro Kurfürstliche Durchlaucht zu Sachsen pp. als des Heiligen Reichs Erzmarschall von jedermänniglich gehorsamst gehalten und dergestalt steif und fest beobachtet wissen, daß diejenigen, welche solchem in einem oder mehreren Punkten zuwider handeln, nach erfundener Übertretung an Gut und Leib obrigkeitlich, ernstlich, empfindlich und unnachlässig andern zum Beispiele und Abscheu gestraft werden sollen. Und wird vorbehalten, solche Polizei- und Taxordnung nach Gelegenheit der Sachen und der Zeit zu ändern, zu mindern, zu mehren oder respective gar aufzuheben.

Urkundlich ist diese Verordnung behörig vollzogen und zu männiglichs Wissenschaft gebracht worden.

So geschehen Frankfurt, am Main am 30ten Junius 1792.

L[ocus] S[igilli]

- XXI -

[Anlage Zahl 166 zum Tagebuch von Müller, HHStA, RK, W.u.K.A., Fasz. 101 d]

Denkschrift des Rats an das Erzmarschallamt vom 30. Juni 1792 - Streit mit dem Erbmarschall wegen der französischen Putzmacherinnen

Promemoria

Die ununterbrochene Sorgfalt, welche ein hochedler Rat anwendet, in der gegenwärtigen Kaiserwahl- und Krönungszeit alles zu erfüllen, was teils seine reichsständische Obliegenheit, teils die Erhaltung einer Polizei und Ordnung ihm zur Pflicht macht, läßt ihn verhoffen, daß in betreff eines die unangenehmsten Empfindungen erregenden Vorfalls ein hohes Reichserzmarschallamt die abhelfliche Einwirkung geneigtest zu verwilligen geruhen werde.

Nachdem nämlich zu Kenntnis eines hohen Rats gekommen war, daß sich auf der Allerheiligengasse in dem Straßburger Hof einige Putzmacherinnen mit Namen Demoiselles Moreni aus Paris aufhalten, welche nicht allein behaupteten, Reichsquartier zu haben, sondern auch dem ausdrücklichen Verbot zuwider Handel mit ihren Putzwaren trieben, und sonsten wegen ihrer Lebensart, über welche sich der Hauswirt laut beklagte, sehr verdächtig schienen, so erließ wohlderselbe die Verordnung, daß diesen Personen der Handel verboten und dieselben um so unaufhältlicher aus der Stadt gewiesen werden sollten, als eben das von dem hohen kurfürstlichen Collegio erinnerte Emigrationsedikt publiziert werden sollte.

Die Vollziehung dieses Entschlusses übertrug ein hochedler Rat dem jüngern Herrn Bürgermeister, welcher auch, um ihn in Erfüllung zu setzen, den angeblichen Putzhändlerinnen die Aufgabe kundtun und eine Zeitfrist von 24 Stunden zur Auswanderung anberaumen ließ. Dies bewog sie, eine von ihnen an den jüngern Herrn Bürgermeister eilfertigst abzusenden, welche denn in dem Vorstand sich hauptsächlich auf einen Erlaubnisschein des Herrn Reichserbmarschalls Grafen von Pappenheim, den sie vorlegte und von welchem Abschrift beigehet, berief. Da aber der Schein offenbar über die Grenzen der reichserbmarschallischen Befugnisse ging und um so weniger also der jüngere Herr Bürgermeister sich abhalten lassen konnte, den ihm erteilten Auftrag zu verfolgen, so wurden diese Putzhändlerinnen an die ihnen kundgemachte Aufgabe nochmalen erinnert und dimittiert.

Einige Stunden nachher suchten der Herr Reichserbmarschall Graf von Pappenheim, ohne sich vorhero anmelden zu lassen, den jüngeren Herrn Bürgermeister zuerst in Ihrer Wohnung und dann im Komödiensaal auf, und nachdem sie miteinander auf die Anrede des Herrn Reichserbmarschallen, daß Sie Ihnen was Dringendes zu sagen hätten, aus dem Saale gegangen, so hat der Herr Graf sich gleich und ohne einige Erläuterungen vorhero zu erwarten beigehen lassen, in die unschicklichen und in Rücksicht des Orts, wo sie sich befanden, besonders wegen der allgemeinen Sicherheit, gefährlichen Ausdrücke gegen den Herrn Bürgermeister auszubrechen, daß sie die Aufführung des Herrn Bürgermeisters gegen Ihnen sehr impertinent fänden. Diese rasche und heftige Anrede des Herrn Grafen vermogte den Herrn Bürgermeister, die fernere Auftritte dem Publico zu entziehen und dem Herrn Reichserbmarschall zu sagen, daß Sie sich nach Haus verfügten und der Herr Graf Sie da antreffen würde, falls Sie ihm was zu eröffnen hätten. Eine heftige und nur durch die standhafte Kaltblütigkeit des Herrn Bürgermeisters nicht zu weiteren Ausbrüchen geleitete Unterredung im Haus des Herrn Bürgermeisters war eine Folge von diesem Auftritt, aus welcher nur noch anzuführen, daß der Herr Graf die Versicherung des Herrn Bürgermeisters, wie daß Sie durch einen Auftrag dazu instruiert wären, zu bezweifeln schien, bis das Conclusum Ihnen vorgezeigt wurde.

Ein hochedler Rat behelligt ungerne das hohe Reicherzmarschallamt mit der Erzählung dieses Hergangs, da es ihm Mühe macht, daß eine mit einer so ansehnlichen Reichswürde bekleidete Person sich zu einer so raschen Beleidigung verleiten lassen. Unterdessen ist er es seinem eigenen Ansehen, von welchem das Ansehen eines jeden seiner Mitglieder, sobald es in Amtsverrichtungen ist, und noch vielmehr dasjenige eines zeitigen Bürgermeisters, welcher in respektiven Vorfällen einen hochedlen Rat zu vertreten berechtigt ist, unzertrennbar ist, um so mehr schuldig, auf eine hinlängliche Satisfaktion dieser Beleidigung wegen anzutragen, als dem Herrn Grafen von Pappenheim wohl bewußt war, mit wem und in welcher Qualität Sie mit dem jüngern

Herrn Bürgermeister sprachen. Es ist auch wohlbemeldter Rat von den tiefen Einsichten der hohen kursächsischen Herren Wahlbotschafter Exzellenz, Exzellenz, Exzellenz allzu überzeugt, als daß er nur einen Augenblick dem Gedanken Platz geben sollte, daß seine Zuflucht zu dem hohen Reichserzmarschallamte ohne Wirkung verbleiben könnte, und er verspricht sich mit aller Zuversicht, von hochdemselben die ohnverlängte Weisung an den Herrn Grafen und Reichserbmarschallen zu erhalten, hieran nach einer von dem hohen Reichserzmarschallamte zu bestimmenden Art alle nötige Genugtuung zu verschaffen.

Was den Fall, über welchen dieser unangenehme Auftritt sich zugetragen hat, selbst betrifft, so kann ferner ein hochedler Rat nicht umgehen, seine Beschwerde über die Anmaßungen des Herrn Reichserbmarschallen ebenmäßig zur Kenntnis des hohen Reichserzmarschallamts zu bringen, nach welchem sich wohlgedachter Herr Graf herausnimmt, Protektionen zu erteilen und in Rücksicht derselben nicht alleine Reichsquartier anzuweisen, sondern auch Handel zu gestatten, dessen sich selbst die hohen Herren Wahlbotschafter auf diesseitige Interzessionen geneigtest enthalten. Denn wenn man auch die benannten beiden Demoisellen als zur Dienerschaft des Herrn Grafen von Pappenheim gehörig ansehen wollte, welches mit vielem Grund nach der Gattung des Gewerbs, welches sie treiben, bezweifelt werden muß, so ist doch die Unbefugnis des Herrn Reichserbmarschallen, einer fremden Person einen Handel zu verstatten, zu bestimmt in dem Vertrag de anno 1614 und dessen § 3 versus finem festgesetzt, als daß hierüber nur einiger Zweifel verbleiben sollte. Es heißt allda:
"was aber die civilem und criminalem jurisdictionem ... Anrichtung der Glückshäfen, Garküchen, Elle, Maß und Gewicht, Schutz- und Politgeld von den fremden Krämern, Fechtern, Spielern, Spielleuten und unzüchtigen Weibern, wie das Namen haben mag, so von dem Reichserbmarschallen bisher gesucht, angericht zugelassen und eingezogen werden wollen, belangen tut, solle solches alles hinführo vom Erbmarschall unterlassen und sich dessen ferner nicht anzumaßen haben."

Hiernach muß also die Anmaßung des Herrn Reichserbmarschallen beurteilt werden, und so kann auch ein hochedler Rat um so zuversichtlicher ein hohes Reichserzmarschallamt, unter hochwessen ratihabierender Mitwirkung jener Vertrag geschlossen und von Seiner Kaiserlichen Majestät bestätigt worden, ersuchen, den Herrn Grafen von Pappenheim aufs nachdrücklichste zu bewegen, dergleichen Erlaubnisscheine, wenn deren auch noch mehrere ausgestellt sein sollten, einzuziehen und den Buchstaben des Vertrags ins künftige nicht außer Augen zu setzen. Denn wenn dabei Vorschub geduldet werden sollte, so könnte ein hochedler Rat die teuren Pflichten, wozu ihn der zu leistende Sicherheitseid verbindet, nicht mehr ohne Befürchtnis, dieselben in ihrem Umfange nicht in Ausübung bringen zu können, übernehmen.

Die gegenwärtigen Verfügungen eines hohen Reichserzmarschallamts wird ein hochedler Rat mit allen in seinen Kräften stehenden angenehmen Erweisungen zu erkennen nie entstehen, so wie er mit unausgesetzter Verehrung dazu beflissen verbleibt.
Frankfurt, den 30. Juni 1792.

Stadtkanzlei allhier
Metzler
p[ro] t[empore] Kanzleirat

- XXII -

[HHStA, RK, W.u.K.A., Fasz. 100 b]

Ein Spion in Frankfurt - Bericht des 2. kurböhmischen Wahlbotschafters Freiherrn von Bartenstein in Frankfurt an den österreichischen Hof- und Staatskanzler von Kaunitz-Rietberg in Wien vom 12. Juli 1792

Durchlauchtigster Reichsfürst!
Gnädigster Fürst und Herr!

Wir haben die von Eurer Liebden und Fürstlichen Gnaden an uns unterm 2ten und 5ten dieses erlassenen Reskripte gestern und vorgestern erhalten, und wir schätzen und glücklich, aus letzterem Eurer Liebden und Fürstlichen Gnaden Zufriedenheit über unseres bisheriges Benehmen wahrzunehmen.

Gestern abends, zwischen 7 und 8 Uhr sind Seine Königliche Majestät mit Dero ganzen Suite in dem besten Wohlstand allhier angelanget. Allerhöchstdieselben wurden zu Seligenstadt von dem Herrn Kurfürsten zu Mainz mit einem Mittagsmahl bewirtet, welcher nebst deren 2 übrigen Herren Kurfürsten Seine Majestät bis dahin, so wie des Erzherzogs Karl Königliche Hoheit, welcher in der Frühe hier eingetroffen war, entgegengefahren ist. Diesen Morgen um 7 Uhr wurde die Ankunft Seiner Majestät durch hundert Kanonenschüsse publizieret, um 12 Uhr mittags wird die Beschwörung der Wahlkapitulation und übermorgen die Krönung vorgenommen werden.

Die Geschäfte sind demnach geendiget, und die Zeit wird, wie beiliegendes Protokoll bezeiget, mit ohnbedeutenden Zeremoniellanstalten zugebracht, nur hat sich vor vier Tagen der besondere Vorfall ereignet, daß in Mainz ein Bedienter des allhier sich befindenden Grafen von Witgenstein arretieret worden, der unter einem falschen Namen nächtlicher Zeit öfters an den französischen Minister de Villar Briefe gebracht hatte.

Sobald der Graf von Witgenstein Nachricht von dieser Arretierung erhielt, verlangte er abends um halb 10 Uhr annoch eine Audienz bei dem Herrn Kurfürsten zu Mainz und von diesem eine Untersuchung, um sich bei dieser über sein verdächtiges Benehmen zu rechtfertigen. Hinzu wurden die drei zweiten Botschafter von Mainz, Böhmen und Brandenburg bestimmt, welche gleich bei der ersten Unterredung aus des Grafens eigenen Aussagen wahrnahmen, daß derselbe ohnerlaubte Einverständnisse mit den französischen Demokraten gepflogen oder wenigstens die sehr ohnanständige Rolle eines Spionen gespielet habe.

Wir hätten ihn ohnverzüglich festhalten lassen, wenn er nicht unter kurpfälzischer Protektion gestanden und daher unter derselben Jurisdiktion gewesen wäre. Wir mußten uns daher begnügen, diesen Vorgang dem Herrn Grafen von Oberndorff anzuzeigen und ihn zu ersuchen, daß er ihm inzwischen seine Entfernung untersage, bis wir dessen sämtliche Schriften, welche er uns freiwillig zur Bezeugung seiner Unschuld einantwortete, würden untersuchet haben, welches ersagter Graf zu tun uns versprach.

Gestern früh sollte nun der Anfang mit der Untersuchung dieser Schriften gemacht werden. Als sich nun der Graf von Witgenstein hiezu einfand, so erklärte er auf einmal zu unserem größten Erstaunen, wie er solche von ihm selbst anverlangte Durchsuchung der von ihm ausgehändigten Skripturen nicht vorgehen lassen könnte, sondern hierüber in ein paar Stunden eine schriftliche Erklärung eingeben würde. Dieses verdächtige Betragen bewog uns, den Herrn Grafen von Oberndorff bei der gestrigen Sitzung zu ersuchen, ihm die erteilte Protektion abzunehmen, und als er sich hiezu willfährig erklärte, so wurden zugleich die Veranstaltungen getroffen, ihn in Arrest zu nehmen. Allein der kurmainzische Herr Botschafter fand bei seiner Zurückkunft aus dem Römer ein Schreiben des Grafen von Witgenstein, in welchem er ihm anzeigte, wie er mit Erlaubnis des Grafen von Oberndorff abgereist sei und in einigen Tagen wieder zurückkommen würde, dabei aber auch auf eine sehr ohnverschämte Art gegen die Untersuchung seiner Papiere protestierte.

Wir zeigten dem Herrn Grafen von Oberndorff alsobald dieses Schreiben, und da derselbe die erteilte Erlaubnis in Abrede stellte, so ließen wir noch gestern abends den Anfang mit der Untersuchung der Papiere machen, aus welchen jedoch nichts Beträchtliches wird entnommen werden können, nachdeme der Graf nach Arrestierung seines Bedienten Zeit genug gehabt hat, die verdächtigen auf die Seite zu räumen, sein schlechter und vor einen Reichsgrafen höchst ohnanständiger Charakter und Denkungsart keiner fernerer Untersuchung mehr bedarf, da er solchen selbst eingestehen müssen, auch der Verdacht einer genauen Konnexion mit den französischen Demokraten sehr gegründet ist.

Wir verharren mit tiefstem Respekt
Eurer Liebden und Fürstlichen Gnaden

Frankfurt, den 12. Juli 1792.

gehorsamster Diener
Joseph Freiherr von Bartenstein

- XXIII -

[Anlage Zahl 200 zum Tagebuch von Müller, HHStA, RK, W.u.K.A., Fasz. 101 d]

Die Krönung vom 14. Juli 1792 - ergänzt durch: Protokoll des kurfürstlichen Wahlkonvents 1792, Beilage 33, Seite 141 ff.; Moser, Teutsches Staatsrecht, 2. Teil, Seite 463 ff. (Krönung Karls VI. von 1711)

Krönungsakt des römischen Kaisers 1792

Dictatum Frankfurt, am 1. Julius 1792.
Nachdem von der vortrefflichen kurböhmischen Botschaft zu vernehmen gegeben worden, daß des römischen Königs Majestät allergnädigst entschlossen seien, auf den 14. Julius Dero kaiserliche Krönung vornehmen zu lassen, und auf die von Seiten des höchsten kurfürstlichen Kollegii an das Stift und Stadt Aachen wie auch an den Magistrat zu Nürnberg zur Beibringung der kaiserlichen in Verwahr habenden Insignien und Abordnung respektive Stifts- und städtischer Deputierten erlassenen Schreiben, gedachte Insignien samt den Deputierten unter gewöhnlicher Begleitung bereits dahier angelangt, nicht weniger die zu Assistenten bei der Krönung beschriebenen Bischöfe und Prälaten in hiesiger Stadt schon angekommen, sodann die Veranstaltungen in der St. Bartholomäuskirche von Seiten Ihro Römisch-Königlichen Majestät sowohl überhaupt nach der bei dem kurfürstlichen Kollegio getroffenen Übereinkunft als von Seiten Ihrer Kurfürstlichen Gnaden zu Mainz als Konsekrators die Bestellung des Konsekrations- und Nebenaltars gemacht, auch von Höchstderoselben der Altar in dem Konklavi gleichwie bei der Wahl besorgt, sodann von Seiten des römisch-königlichen Hofes das Nötige an den Magistrat dahier ergangen und der zur Krönung bestimmte Termin herannahete, so wurde einige Tage vorher von Seiten Kurmainz die Kollegialansage an das Reichserbmarschallamt für das kurfürstliche Kollegium herkömmlich expediert und selbigem zugestellt, die weitere gewöhnliche Intimierung und Einladungen aber von dem römisch-königlichen Hofe durch das Reichserbmarschallamt besorgt und allerseits die Stunde auf 8 Uhr vormittags angedeutet.

Sofort am Tage der Krönung selbsten begaben sich um gemeldte Stunde die geistlichen Herren Kurfürsten zu Mainz, Trier und Köln in ihren Kurhabiten mit Dero Gefolge nur in einem sechsspännigen Wagen, ein jeder absonderlich, aus ihren Quartieren in die St. Bartholomäus-, Wahl- und diesmalige Krönungskirche, woselbst die geistlichen Herren Kurfürsten ihre Pontificalia anlegten und der römisch-königlichen Majestät sämtliche nebst den mit Chorkappen bekleideten und ihre Infuln und Mitren aufhabenden Bischöfen und Prälaten, wie auch übrigen Assistenten und Ministranten erwarteten. Inzwischen sind Ihro Kurfürstliche Gnaden zu Mainz als hoher Konsekrator in Beisein Ihrer Kurfürstlichen Durchlauchten zu Trier und Köln, welche des Endes sich in die Sakristei begaben, von den aachischen und nürnbergischen Abgeordneten vermittels einer Rede und von dem Herrn Konsekrator erfolgten Antwort die allda zu höchster und hoher Beaugenscheinigung vorgelegten kaiserlichen Insignien und Ornaten überreicht, bei welcher Einlieferung dem Stifte und Stadt Aachen auf deren Begehren jedem ein gleichlautender Revers de non praejudicando von dem kurmainzischen zweiten Herrn Wahlbotschafter nomine Collegii Electoralis extradiert worden.

Gedachte Insignien und Zierraten aber haben sofort die assistierenden Bischöfe und Prälaten aus der Sakristei gebracht und selbige neben dem Konsekrationsaltar auf einen Nebenaltar ad Cornu Evangelii, das Evangelienbuch aber und Reliquias St. Stephani auf den Konsekrationsaltar gelegt.
Die von Nürnberg gebrachte, sogenannte aachische Krone hingegen, der Szepter, Reichsapfel und das nürnbergische Schwert St. Mauritii werden durch zwei von dem Herrn Konsekrator hierzu ernannte Domherren, mit ihren Chorkappen angetan, in einer Leibkutsche, worin bemeldte Herren rückwärts fuhren und die Insignien auf den ersten Sitz lagen, unter Begleitung acht vorherfahrender und in zwei Kutschen sitzender Kavaliers des Herrn Consecratoris Kurfürstlicher Gnaden, auch etlichen dessen Trabanten, zu dem Ende in das kaiserliche Quartier überbracht, damit solche Ihrer Majestät in die Kirche durch die Reichserbbeamten vorgetragen werden möchten. Das Pluviale wurde auf den Insignienaltar zurechtgelegt, die Dalmatica, Alba, Stola, Sandalien, Strümpfe, Handschuhe und Cingula aber von den nürnbergischen Abgeordneten in der Kurkapelle auf den Altar hingelegt, weilen Ihro Majestät solche demnach daselbst anzulegen hatten; die Kurkapelle wurde sofort von des römischen Reichs Türhütern, Herrn Grafen von Werthern, verschlossen.

Der weltlichen Herren Kurfürsten erstere Herren Gesandten in Zeremonialmantelkleidung erhoben sich nach dem Römer, mit dem nämlichen Gefolge wie am Wahltage, im Wagen. Sodann geschah von dannen der Ritt nach dem römisch-königlichen Quartier in gleichmäßiger Ordnung, als: zuerst die kurbraunschweigischen, dann die kurbrandenburgischen, kursächsischen, kur-

pfälzischen und kurböhmischen erstere Herren Gesandten einzelweis, wie bei dem Wahlaktus auch beobachtet worden. Und als man in das römisch-königliche Quartier gekommen, stiegen innerhalb desselben an dem innern Eingange allerseits erste Herren Gesandten von ihren Pferden und nahmen Ihro Majestät ab in Dero Zimmer. Da nun Allerhöchstdieselben auch zu Pferde gesessen und die ersten Herren Gesandten anwiederum aufgestiegen waren, ging der Zug ohngefähr um 10 Uhr nach der Wahlkirche in folgender Ordnung:
1) 2) Der Reichsprofoß mit dem Stabe in der Hand, sodann der Reichsfourier. Die reichserbmarschallische Suite
  a) Zwei Trabanten
  b) Bediente
  c) Offizianten
  d) Der Reichsquartiermeister
(Der reichserbmarschallische Kavalier und der Kanzleirat waren nicht da. Das Tagebuch besagt die Ursach. Der Reichsfourier mußte immer hin- und wieder gehen, um die Ordnung zu beobachten.)
3) Der kurbraunschweigische Fourier mit den zu sotaner Gesandtschaft gehörigen Laquaien, sofort der übrigen Gesandtschaften und endlich der anwesenden höchsten Kurfürsten Hoffouriere und Laquaien, sodann die in Livree gekleideten kaiserlichen Bedienten.
4) Die kurbraunschweigischen und andern Pagen ascendendo.
5) Die kaiserlichen, kurmainzischen, kurtrierischen Hofmarschälle mit den Stäben zu Fuß.
6) Die kaiserlichen, kurfürstlichen, und deren Gesandtschaften Räte, Legationssekretäre, Kavaliers, Minister, Kammerherrn, Grafen und Fürsten pêle-mêle. Alle mit entdeckten Häuptern zu Fuß.
7) Die kaiserlichen Trompeter und Pauker, so den ganzen Zug über bis an die Kirche geblasen.
8) Ihrer Majestät beiden Herolde zu Pferde.
Darauf folgten der abwesenden weltlichen Herren Kurfürsten gegenwärtige erste Wahlgesandte zu Pferde.
Sofort die Reichserbämter, so die Insignien, welche von den respektive erzämtlichen Kurhöfe erstern Herren Gesandten in dem kaiserlichen Kabinette ihnen zugestellt worden, getragen: nämlich:
der Reichserbtruchseß Graf Zeil-Trauchburg mit dem Reichsapfel in der Mitte, der [des] Reichserbkämmereramts dermalige Verweser, der regierende Herr Fürst von Hohenzollern-Sigmaringen, mit dem Szepter auf der rechten und der Reichserbschatzmeister Graf Prosper von Sinzendorf mit der Krone zur linken Seite, also alle drei nebeneinander.

Demnach folgte der Reichserbschenk, Herr Graf von Althan, allein in der Mitte, und ist dieses der Platz des Reichserbschenken in allen Zügen und Prozessionen am Krönungstage.
Hierauf der Reichserbmarschall, Herr Graf zu Pappenheim, mit dem bloßen Schwerte St. Mauritii; da alsdann Ihro römisch-königliche Majestät in Dero Hausornat, die Hauskrone auf dem Haupte habend, unter einem von den Ältesten des Stadtrats getragenen Himmel zu Pferde folgten. Ihro Majestät begleiteten Ihro Obristhofmeister, Obriststallmeister, Hatschier- und Trabantenhauptmann samt der Hatschiergarde auf beiden Seiten zu Fuß mit entblößten Häuptern.

Da Ihro Majestät nahe zu dem äußersten Kirchen- oder Kreuzgangtor an dem sogenannten Pfarreisen gekommen waren, gingen Ihro des Herrn Consecratoris Kurfürstliche Gnaden zu Mainz, dann Ihro Kurfürstliche Durchlauchten zu Trier und Köln, in Chorkappen gekleidet, mit ihren Infuln auf ihren Häuptern und die erzbischöflichen Stäbe oder Peda in den Händen habend, samt den assistierenden Bischöfen und Äbten bis an gedachtes Tor entgegen. Und zwar voran gingen die Canonici der Stiftskirche mit vortragenden ihrem Kreuze, hernach diejenigen, so die erzbischöflichen Kreuze tragen. Sofort die kurfürstlichen Erbmarschälle mit den Kurschwertern, deren Spitzen unterwärts, dann derjenige, so Kurmainz den silbernen Stab mit den kaiserlichen Sigillen vortrug in der Mitte, hierauf die Acolyti, Sub- et Diaconi, Director Chori, Presbyter assistens und nach selbigen die geistlichen höchsten Herren Kurfürsten und endlich die Episcopi et Abbates assistentes.

Da nun Ihro Majestät an der Kirche abstiegen, stellten Allerhöchstdieselben sich vor die inwendig stehenden geistlichen Herren Kurfürsten, empfingen von Kurmainz das Weihwasser und wurde über Ihro Majestät das gewöhnliche Gebet *Adjutorium nostrum in nomine domini* etc. ut in rituali von dem Herrn Consecratore gesprochen. Nach dessen Vollendung und vorausgegangenen Kavaliers, Ministern, Grafen und Fürsten, auch Gesandten und deren kurfürstlichen ersteren Herren Botschafter begab sich der Herr Konsekrator mit obgedachter, bis ans Kirchentor gehabten Suite und Ordnung voraus und zu dem Altare, mit dem Unterschiede, daß bei diesem Wiederhineingehen die Episcopi und Abbates assistentes vor den Ministranten gingen.

Nach dem Herrn Konsekrator folgte der Herr Reichserbmarschall mit dem bloßen Schwerte, und darauf der Römische König selbst, dem Ihro Kurfürstliche Durchlauchten von Trier und Köln auf beiden Seiten etwas rückwärts gingen und Ihro Majestät in Deroselben in Mitte der Kirche zubereiteten, etliche Staffeln hoch erhöhten Betstuhl, worüber ein freihangender Baldachin war, führten. Bei dem Eintritte in die Kirche ließen sich die auf der Orgel stehenden kaiserlichen und sämtlichen kurfürstlichen Trompeter und Pauker hören. Darauf wurde durch die königliche Kapelle die Antiphon *Ecce ego mittam Angelum meum [qui praecedat te et custodiat in via et introducat in locum, quem praeparavi]* gesungen. Von den Herren Kurfürsten und der abwesenden gegenwärtigen ersten Herren Wahlbotschaftern wie auch den Fürsten, Grafen und Herren wurden die für dieselben zubereiteten Bänke und Stühle eingenommen. Wie dann auch der anwesenden Herren Kurfürsten bis daherige Gesandten und der abwesenden zweite Herren Gesandten, weniger nicht jene der anwesenden Herren Kurfürsten, so sich, wie bei dem Receptionsactu geschehen, vorhero bereits mit sechsspännigen Wagen zu der Krönungskirche begeben hatten, ihre Stationen okkupierten, aus welchen diese jedoch bei der Einführung Ihrer Majestät heruntergegangen, soviel der Raum gestattet hat. Von den Reichserbämtern wurden zu den Seiten des königlichen Betstuhls die Insignia stehend gehalten, nämlich: ad dexteram von Herrn Grafen von Pappenheim das bloße Schwert, von dem [des] Reichserbkämmereramts dermaligen Verweser des regierenden Fürsten von Hohenzollern-Sigmaringen der Szepter; ad sinistram von dem Reichserbtruchsessen Grafen von Zeil-Trauchburg der Reichsapfel und von dem Reichserbschatzmeister Herrn Grafen von Sinzendorf die auf ein Kissen gelegte Krone. Der Reichserbschenk Herr Graf von Althan stand in der Mitte vor dem kaiserlichen Betstuhle.

Nach abgesungener obbemeldeter Antiphon wurden Ihro Majestät durch Ihre Kurfürstlichen Durchlauchten von Trier und Köln, dann die Assistentes vor den Altar geführt, und knieten daselbst auf das auf den Antritt gelegte Kissen oder zubereitete Betschabelle nieder, der Herr Konsekrator aber, den Bischofsstab in den Händen haltend, sprachen stehend über dieselben: *Domine salvum fac regem etc. [et exaudi nos in die qua invocaverimus te, Psalm 19, 10].* Da solches verrichtet, wurden Ihro Majestät von Ihren Kurfürstlichen Durchlauchten von Trier und Köln et per assistentes wieder in Dero Stuhl geführt. Von Ihren Kurfürstlichen Durchlauchten zu Trier und Köln aber wurden Ihre Stühle neben dem kaiserlichen Betstuhle, dann von den assistierenden Bischöfen und Äbten hinter denselben wieder eingenommen. Dem Herrn Consecratori wurde nach abgelegter Chorkappe das Meßgewand angelegt und von demselben das Amt *de Epiphania domini* angefangen. Der *Introitus missae* wurde durch Seiner Kurfürstlichen Gnaden zu Mainz Kapelle, desgleichen das *Kyrie Eleison* und *Gloria in Exelsis* abgesungen. Darauf folgten die gewöhnlichen Gebete und Collecten, ut in missale. Nach den

Kollekten wurde gelesen *lectio de Epiphania Domini*, desgleichen auch das Graduale und die Sequenz.

Diesemnach und ehe man das Evangelium abgesungen, wurden Ihrer Majestät von Dero Obristhofmeister, so sich mit einem Marschallsstabe beständig um Allerhöchstdieselben befand, die Hauskrone und Habit abgenommen und den umstehenden königlichen Ministern gereicht. Ihro Majestät wurden hierauf von Ihro Kurfürstlichen Durchlauchten zu Trier und Köln in Begleitung der abwesenden höchsten Herren Kurfürsten erstern Herren Wahlgesandten zu dem Altare geführt, die Reichserbämter blieben aber mit ihren Insignien suis locis stehen. Vor dem Altar procumbierten Ihre Königliche Majestät auf gelegte Kissen und sprach der Herr Konsekrator respondentibus assistentibus et sacellanis kniend die litaniam Ecclesiae usque ad versum: *ut nos exaudire digneris*. Worauf des Herrn Konsekrators Kurfürstliche Gnaden aufstunden und, den Bischofsstab in der Hand haltend, die gewöhnlichen drei Prekationen und Benediktionen beteten, welche Prekationen und Benediktionen Ihre Kurfürstliche Durchlauchten von Trier und Köln mitsprachen und zugleich die Kreuze auf einem Faldistorio kniend mitgemacht, welchemnach die Litanei vollendet wurde. Bei Anfang gedachter Litanei begaben sich die der Augsburgischen Konfession zugetanen Herren Gesandten von dem Altare hinweg auf ihre Stühle. Nach vollendeter Litanei stunden Ihro Majestät samt dem höchsten Konsekratoren und männiglichen wiederum auf, dem Herrn Consecratori wurde die Inful wieder aufgesetzt und der Stab in die Hand gegeben, sofort von Höchstdemselben dem alten Gebrauch nach Ihro Majestät folgendermaßen angeredet: *Vis sanctam fidem catholicam etc. [et apostolicam tenere et operibus justis servare? -Wollen Sie den heiligen katholischen und apostolischen Glauben halten und durch gerechte Werke bewähren?]*
Auf diese und übrigen in Rituali enthaltenen Fragen *[Vis sanctis ecclesiis, ecclesiarumque ministris fidelis esse tutor ac defensor? Vis regnum a Deo tibi concessum secundum justitiam praedecessorum tuorum regere et efficaciter defendere? Vis jura regni et imperii bona ejusdem injuste dispersa recuperare et conservare et fideliter in usus regni et imperii dispensare? Vis pauperum et divitum, viduarum et orphanorum aequus esse judex et pius defensor? Vis sanctissimo in Christo patri et domino Romano pontifici et sanctae Romanae ecclesiae subjectionem debitam et fidem reverenter exhibere?*
- Wollen Sie ein getreuer Beschützer und Verteidiger der Kirche und ihrer Diener sein? Wollen Sie das Reich, das Ihnen von Gott verliehen ist, nach der Gerechtigkeit Ihrer Vorfahrer regieren und tätig beschützen? Wollen Sie die Gerechtsamen des Königreichs und Kaisertums, die unrechtmäßigerwei-

se verstreuten Güter desselben wieder herbeibringen, erhalten und getreulich zum Nutzen des Reichs und Kaisertums verwenden? Wollen Sie ein gerechter Richter über Arme und Reiche und ein frommer Beschützer der Witwen und Waisen sein? Wollen Sie dem allerheiligsten Vater und Herrn in Christo, dem römischen Papste, und der heiligen Römischen Kirche geziemende Folge leisten?]
antworteten Ihro Majestät: *Volo.*

Darauf traten Seine Majestät näher zu dem Altar und bestätigten solche Ihre Antwort mit leiblichem Eide, mit Legung beider Finger rechter Hand auf das von Aachen mitgebrachte Evangelienbuch verbis consuetis *[Omnia praemissa, in quantum divino fultus fuero adjutorio, fideliter implebo, sic me Deus adjuvet, et sancta Dei Evangelia. - Alles vorhergesagte will ich, sofern mir Gott seine Hülfe verleihet, getreulich halten. So wahr mir Gott helfe und seine heiligen Evangelia!]*

Nach diesem befragte der höchste Konsekrator den ganzen Umstand mit lauten Worten:
Vultis tali principi [et rectori vos subjicere ipsiusque regnum firmare, fide stabilire atque jussonibus illius obtemperare, juxta apostulum: Omnis anima potestatibus sublimoribus subdita sit, sive regi tanquam praecellenti? - Wollet ihr einem solchen Fürsten und Regenten euch unterwerfen, sein Reich befestigen und mit Treue unterstützen und seinen Befehlen gehorchen, nach den Worten des Apostels: Jedermann sei der Obrigkeit untertan?(Römer 13, 1) gleichwie einem vortrefflichen König?]
Et reliqua ut in rituali. R[espondebant]: *Fiat, Fiat.*

Darauf traten Ihro Majestät wieder zurück vom Altare und knieten nieder auf das auf der untersten Staffel gemeldteten Altars gelegte Kissen. Der Herr Konsekrator aber sprach über Dieselben die gewöhnliche Benediktion: *Benedic domine hunc regem nostrum etc.* Nach vollendeter Benediktion wurden Seine Majestät zur Salbung entblößt. Hierzu traten die Herren Gesandten wieder herbei, und nahm der kurbrandenburgische erste Herr Gesandte, welcher solchenfalls den Szepter auf den Insignienaltar solange hinzulegen hatte, mit Beihülfe des königlichen Obristhofmeister und Obristkämmerers Ihro Majestät die Kleidung ab, soweit es zur Salbung nötig war. Der Herr Konsekrator, das Oleum Catechumenorum in Händen habend, sprach: *Pax tibi.* R[espondebat]: *Et cum spiritu tuo.*

Mit sotanen Oleo wurden Ihro Majestät gleich ungiert mit dem Zeichen des heiligen Kreuzes: auf den Scheitel des Hauptes, hernach oben an der Brust und zwischen den Schultern, dann an dem rechten Arm zwischen der Hand und dem Ellenbogen. Zu jeder Unktion sprach der Herr Konsekrator: *Ungo te in Regem etc. [de oleo sanctificato in nomine patris et filii et spiritus sancti]*. Immittelst hat die Kapelle die Antiphon *Unxerunt Salomonem Sadoc sacerdos et Nathan propheta in Gihon, ambulantes laeti dixerunt: Vivat rex in aeternum. Alleluja.*, vgl. 1. Könige 1, 34] gesungen. Und als der Herr Konsekrator die flache Hand des Königs salbte, sprach höchstbesagter Herr Konsekrator darzu: *Ungantur manus istae de oleo sanctificato etc.* Durch die Kapelle aber wurde ferner die Antiphon: *Unxit te Deus oleo laetitiae etc. [prae consortibus tuis]* gesungen.

Darauf geschah durch die Weihbischöfe zu Mainz und Erfurt die *abstersio olei per lanam mundam* vor dem Altar und wurden Ihro Majestät durch Ihro Kurfürstlichen Durchlauchten von Trier und Köln, sodann auch der abwesenden weltlichen Herren Kurfürsten ersten und zweiten Gesandten (welche letzten zu dem Ende herbeigetreten und wie bei Beschwörung der Kapitulation gleich nach Ihrer Majestät folgten) in die Kurkapelle geführt und dahin per Episcopos et Abbates begleitet, also zwar, daß die Bischöfe und Äbte, jedoch ohne Kaplane, ganz vorangingen. Hierauf folgten die Reichserbämter, sodann die ersten Herren kurfürstlichen Gesandten, nach diesen der Reichserbmarschall, alsdann des Römischen Königs Majestät unter Begleitung Ihrer Kurfürstlichen Durchlauchten von Trier und Köln und demnach die übrigen kurfürstlichen Herren Gesandten. Der Herr Konsekrator aber cum Ministrantibus blieb bei dem Altare zurück. Im Hin- und Hergehen aus der Kapelle trugen vor Ihrer Majestät die Reichserbämter oder deren Substituti die Insignien vor. In gemeldeter Kurkapelle wurden Ihre Majestät aus den von Nürnberg gebrachten und von dasigen Deputatis präsentierten kaiserlichen Pontifikalien die Sandalien und Kniestiefel von gedachten Deputierten, durch den kurbrandenburgischen ersten Herrn Gesandten in Beisein des kaiserlichen Obristhofmeisters die Dalmatika und Alba angezogen und darüber eine lange Stola um den Hals vorn über die Brust hinab kreuzweis in Gestalt eines Priesters angelegt. Also gekleidet wurden Allerhöchstdieselben wiederum respektive durch Ihre Kurfürstlichen Durchlauchten von Trier und Köln, dann die geist- und weltlichen Herren Gesandten, Bischöfe und Assistenten heraus vor den Altar geführt; der anwesenden höchsten Kurfürsten sämtliche Herren Gesandten und der abwesenden sofort zweite und dritte Gesandten begaben sich hinwieder in ihre Stationes.

Sodann knieten Ihro Majestät auf die unterste Staffel nieder, und standen etwas hinter Deroselben versus cornu Epistolae Kurtrier und Kurköln in höchster Person, dann hinter Höchstdenselben die kurböhmischen, kurpfälzischen, kursächsischen, kurbrandenburgischen und kurbraunschweigischen ersten Herren Gesandten.

Der Herr Konsekrator aber sprach die gewöhnlichen Gebete:
Aspice omnipotens Deus serenis obtutibus hunc gloriosum regem.
Darauf derselbe sprach: *Per omnia saecula saeculorum.*
R[espondebant:] *Amen.*
- *Dominus vobiscum*
R: *Et cum spiritu tuo.*
- *Sursum corda*
R: *Habemus ad dominum.*
Nach solcher Präfation sprach der Konsekrator ferner: *Oremus. Deus dei filius Jesus Christus dominus etc.* Welchemnach Ihro Kurfürstlichen Durchlauchten zu Trier und Köln das Schwert Caroli Magni von Aachen vom Altare nahmen, solches entblößten und es Seiner Majestät in die Hände gaben. Der Herr Konsekrator aber redeten Ihro Majestät mit folgenden Worten an: *Accipe gladium per manus Episcoporum etc. [licet indignas, vice tamen et auctoritate sanctorum apostolorum consecratas, tibi regaliter impositum, nostraeque benedictionis officio in defensionem sanctae ecclesiae divinitus ordinatum, et esto memor de quo psalmista prophetavit, dicens (Ps. 45, 4): "Accingere gladio tuo super frenum tuum, potentissime", ut in hoc per eundem vim equitatis exerceas, iniquitates molem potenter detruas, sanctam Dei ecclesiam, ejusque fideles propugnes ac protegas, nec minus sub fide falsos quam christiani nominis hostes exercreris ac destruas, viduas ac pupillos clementer adjuves et defendas, desolata restaures, restaurata conserves, ulciscaris injusta, confirmes bene disposita, quatenus haec agendo, virtutum triumpho gloriosus, justitiaeque cultor egregius, cum mundi salvatore, cujus typum geris, in nomine sine fine merearis regnare, qui cum Deo patris et sancto spiritu vivit et regnat Deus in saecula saeculorum. R.: Amen]* Und unter währendem diesem Gebete oder Anrede, bei den Worten: *accingere gladio tuo,* gaben Ihre Majestät solches Schwert dem kursächsischen ersten Herrn Gesandten, welcher solches in die Scheide gestoßen und es mit Beihülfe der kurböhmischen und kurpfälzischen ersten Herren Gesandten umgürtet.

Hiernächst wurde dem Herrn Consecratori von dem Altar ein durch den Zeremoniarium dargereichter Ring von den Assistenten übergeben, welchen

Höchstderselbe Ihrer Majestät an den Finger gesteckt, mit diesen Worten:
Accipe regiae dignitatis anulum etc. [et per hunc catholicae fidei cognosce signaculum, et ut hodie ordinaris caput et princeps regni et populi, ita perseverabilis auctor et stabilitator christianitatis et christianae fidei fias, ut felix in opere cum rege regum glorieris per aevum, cui est honor et gloria, per infinita saecula saeculorum. R.: Amen.]

Darnach nahmen zwei der Herren Assistenten den Szepter und Reichsapfel, welche ihnen von dem bei dem Insignientisch gestandenen Zermoniario gereichet, sofort von selbigen dem Herrn Consecratori zugestellt und von Höchstdiesem Ihrer Majestät, nämlich der Szepter in die rechte und der Reichsapfel in die linke Hand gegeben worden, mit diesen Worten:
Accipe virgam virtutis atque veritatis etc. [qua intellegas mulcere pios et terrere reprobos, errantibus viam pandere, lapsisque manum porrigere, disperdasque superbos et releves humiles, et aperiat tibi ostium Christum dominus noster, qui de se ipso ait (Joh. 10, 9): "Ego sum ostium, per me si quis introierit, salvabitur." Ipse est, qui est clavis David, et sceptrum Domus Israel, qui aperit, et nemo claudit, claudit, et nemo aperit, sitque tuus ductor qui eduxit vinctum de domo carceris sedentem in tenebris, et umbra mortis, et omnibus sequi merearis eum, de quo propheta David cecinit (Ps. 45, 7; Hebr. 1, 8): "Sedes tua Deus in saeculum saeculi, virga directionis, virga regni tui." Et imitando ipsum diligas iustitiam, et odio habeas iniquitatem, quia propterea unxit te Deus, Deus tuus ad exemplum illius, quem ante saecula unxerat oleo exultationis prae participibus suis Iesum Christum dominum nostrum.]

Beide solche Insignia gaben alsdann Ihre Majestät wieder von sich, nämlich den Szepter dem kurbrandenburgischen ersten Herrn Gesandten, den Reichsapfel aber an den kurpfälzischen ersten Herrn Gesandten, von welchem solcher dem Erbtruchsessen behändiget worden ist.

Hierauf zog der kursächsische Herr Gesandte das von Nürnberg gebrachte, auf dem Insignientisch gelegene große Schwert Caroli Magni aus der Scheide und übergab solches dem Reichserbmarschallen, dahingegen dieser das bis dahin gehaltene Schwert St. Mauritii wieder auf den Insignientisch gelegt hat. Ihro Majestät wurden darauf mit dem kaiserlichen Obermantel oder Pluviali von dem kurbrandenburgischen ersten Herrn Gesandten mit Zutuung der nürnbergischen Deputierten bekleidet.

Alsdann nahmen der Herr Konsekrator und Ihre Kurfürstlichen Durchlauchten zu Trier und Köln die königliche Krone und setzten solche sämtlich Ihrer Majestät auf, wozu der Herr Konsekrator sprach: *Accipe coronam regni [quae licet ab indignis, episcoporum tamen manibus, capiti tuo imponitur, quamque sanctitatis gloriam et opus fortitudinis expresse significare intellegas et per hanc te participem ministerii nostri non ignores: Ita, ut sicut nos in interioribus pastores rectoresque animarum intellegimur, ita et tu in exterioribus verus Dei cultor, strenuusque contra omnes adversitates ecclesiae Christi defensor assistas, regnique a Deo tibi dati et per officium nostrae benedictionis vice apostolorum, omniumque sanctorum, suffragio tuo regiminis commissi utilis executor, regnatorque proficuus semper appareas, ut inter gloriosos athletas, virtutum gemmis ornatus et praemio sempiternae felicitatis coronatus, cum redemptore ac salvatore, domino nostro Jesu Christo, cujus nomen vicemque gestare crederis, sine fine glorieris. Qui vivit et imperat, Deus, cum Deo patre et unitate spiritus sancti, per omnia saecula saeculorum. R.: Amen]*

Nach geschehener Krönung wurden Ihro Majestät von Ihro Kurfürstlichen Durchlauchten zu Trier und Köln zum Altar geführt, lasen daselbst aus dem Pontifikal den gewöhnlichen Eid und schwuren denselben ab, mit aufgelegten Fingern auf das von Aachen mitgebrachte Evangelienbuch, erstlich in lateinischer, hernach in deutscher Sprache.

Profiteor et promitto [coram Deo et angelis ejus a modo et deinceps legem et justitiam, pacemque sanctae Dei ecclesiae servare, populoque mihi subjecto prodesse et justitiam facere et conservare Jura regni, salvo condigno divinae misericordiae respectu, sicut cum consilio Principum et fidelium regni, atque meorum melius invenire potero, sanctissimo romano Pontifici et ecclesiae romanae, caeterisque pontificibus et ecclesiis Dei condignum et canonicum honorem volo exhibere, ea etiam, quae ab imperatoribus et regibus ecclesiae et ecclesiasticis viris collata sunt, et erogata inviolabiliter ipsis conservabo, et faciam conservari; abbatibus et ordinibus et vasallis regni honorem congruum volo praestare et exhibere Domino nostro Jesu Christo mihi praestante auxilium, fortitudinem et decorem.]

Ich gelobe und verspreche [vor Gott und seinen Engeln, daß ich jetzt und hinführo das Gesetz und die Gerechtigkeit, auch den Frieden der heiligen Kirche Gottes will halten und handhaben, auch dem Volk, so mir unterworfen ist, will nutz sein und die Gerechtigkeit verschaffen, und mitteile, daß ich des Reichs Recht mit gebührender Betrachtung göttlicher Barmherzigkeit will erhalten, wie ich solches mit Rat der Fürsten auch des Reichs, und meinen Getreuen am besten erfinden kann. Ich will auch dem allerheiligsten römischen Bischof und der römischen Kirchen Gottes auch den anderen Bischöfen und Kirchen Gottes gebührende geistliche Ehre anzeigen und diese Dinge, welche von Kaiser und Königen der Kirche und den geistlichen Männern gesammlet und gegeben sind, die will ich ungeschwächt erhalten und erhalten zu werden verschaffen, auch den Prälaten, Ständen und Lehenleuten des Reichs gebührende Ehr tragen und beweisen, soviel mir unser Herr Jesus Christus Hülfe, Stärke und Gnade verleihet.]

Nachdem solches vollbracht, wurden Ihre Majestät von Ihren Kurfürstlichen Durchlauchten von Trier und Köln wiederum in Ihren Stuhl geführt, auch dahin von denen, so die Insignia getragen, begleitet, worauf sämtliche Trompeter und Pauker sich hören ließen. Diesemnach wurde mit dem Amte der heiligen Messe fortgefahren und das Evangelium abgesungen. Darauf Kurtrier durch den Directorem Chori das Evangelienbuch überbracht und Ihro Majestät von Ihro Kurfürstlichen Durchlauchten zu küssen dargereicht [wurde]. Seine Kurfürstliche Durchlaucht von Köln aber übergaben das Incensum. Dem vorgegangenen wurde durch die kurfürstlich-mainzische Kapelle das Credo und Offertorium gesungen, unter welchem letztern Ihre Kurfürstlichen Durchlauchten zu Trier und Köln samt den assistentibus Episcopis und Abbatibus Ihro Majestät, welchen Szepter und Reichsapfel von den Reichserbämtern gereicht worden, zum Opfer führten, wo dann Allerhöchstdieselben zuvörderst kniend Patenam geküßt und darauf, den Szepter und Reichsapfel den Reichserbämtern wieder zurückgebend, Dero Opfer in das von dem Zermoniario präsentierte Becken gelegt haben. Sodann wieder nach zurückempfangenem Szepter und Reichsapfel in Dero Betstuhl gingen und Ihro von Kurtrier nach dem Offertorio der Rauch gegeben wurde.

Bei der darauf erfolgten Präfation nahmen Ihro Kurfürstlichen Durchlauchten zu Trier und Köln zu Anfang derselben Ihro Majestät die Krone ab und legten sotane Krone auf ein Kissen. Der kurbraunschweigische erstere Herr Gesandte nahm sofort die Krone von dem Kissen und reichte dieselbe dem Reichserbschatzmeister. Dieser letztere hielt sie auf einem Kissen in Händen, neben andern Reichsämtern stehend, bis dieselbe Ihro Majestät nach der Kommunion wiederum dergestalten aufgesetzt ward, daß zuvörderst der kurbrandenburgische erste Herr Gesandte mehrgemeldete Krone von dem Reichserbschatzmeister abgenommen, solche vor Ihro Majestät auf ein Kissen gestellt, sodann selbe von Ihro kurfürstlichen Durchlauchten zu Trier und Köln Ihro Kaiserlichen Majestät wieder aufs Haupt gesetzt wurde. Bei dem *Agnus Dei* brachten Ihre Kurfürstliche Durchlaucht von Trier an Seine Römisch-Kaiserliche Majestät das von dem Presbytero assitente empfangene Pacem zu küssen, Ihre Kurfürstliche Durchlaucht zu Köln präsentierte Ihro Majestät das Weihwasser. Als der Herr Konsekrator das hochwürdigste Sakrament unter der heiligen Messe empfangen, wurden Ihro Majestät durch Ihro Kurfürstlichen Durchlauchten von Trier und Köln und den Assistenten zum Altar geführt, empfingen daselbst von dem Herrn Konsekrator sacram hostiam und den Wein in des Herrn Konsekrators Kelch. Darauf wendete sich der Diakon zum Volk und sprach: *Humilitate vos ad benedictionem.*

Diesem vorgegangenen wendete sich der Herr Konsekrator gegen Ihro Majestät und sprach: *Benedicat tibi Dominus etc. [custodiatque te et sicut te voluit super suum populum in regem, ita in praesenti saeculo te felicem et aeternae felicitatis tribuat esse consortem. R.: Amen.]* Hierauf verfügte sich Ihro Majestät, von Ihren kurfürstlichen Durchlauchten zu Trier und Köln, dann den Assistenten begleitet, wiederum in Dero Betstuhl, woselbst Ihro nach einer kleinen Weile von Kurtrier und Kurköln die auf obbeschriebene Weise zurückempfangende Krone wieder aufgesetzt wurde. Der kurbraunschweigische erstere Herr Gesandte nahm sofort von dem Insignientisch Ihrer Majestät besondere Krone, stellte solche dem Reichserbschatzmeister zu, welcher dieselbe hielt.

Finito sacro wurde Ihre Majestät von dem Herrn Konsekrator, Ihren Kurfürstlichen Durchlauchten zu Trier und Köln, wie auch den weltlichen ersten Herren Gesandten samt Assistenten und Reichserbämtern in der Ordnung, welche sonst bei andern Gelegenheiten, wo das kurfürstliche hohe Kollegium Beiseins der Geistlichkeit und Reichserbämtern Ihro Majestät führen, observiert wird, auf den nebenseits aufgerichteten Thron begleitet, woselbst im Stehen die Lateralordnung gehalten wurde und die secundi Electorales hinter Ihro Kaiserlichen Majestät, wie bei andern Vorfallenheiten geschieht, sich, so viel der Platz gelitten, eingefunden haben. Immittelst wurde durch die Kapelle das Responsorium *Desiderium animae ejus etc. [tribuisti ei, Domine, et voluntate labiorum ejus non fraudasti eum]* gesungen und solchergestalt Ihro Kaiserliche Majestät auf besagtem, anstatt Caroli Magni aachischen Stuhls verordneten Thron durch die drei geistlichen Herrn Kurfürsten in Beisein der sämtlichen übrigen geist- und weltlichen höchsten Kurfürsten anwesenden Gesandten installiert; dazu der Herr Konsekrator sprach: *Sta et retine a modo locum regium etc. [quem non jure haereditario, nec paterna successione, sed principum seu electorum in regnum Allemaniae tibi noscas delegatum, maxime per authoritatem Dei omnipotens, et traditionem nostram praesentem et omnium episcoporum caeterorumque servorum Dei, et*

quanto clerum sacris altaribus propinquiorem respicis, tanto ei potiorem in locis congruis honorem impendere memineris: Quatenus mediator Dei ac hominum te mediatorem cleri ac plebis in hoc regni solio confirmare, et in regno aeterno secum regnare faciat, Jesus Christus, dominus noster, rex regum et dominus dominantium, qui cum Deo patre et spiritu sancto vivit et regnat, in saecula saeculorum. Amen.]
worauf höchstgedachter Herr Konsekrator vor Ihro Majestät sich stellten und Ihro in des gesamten kurfürstlichen Kollegii Namen gratulierten, Ihro Kaiserliche Majestät sofort eine allergnädigste Danksagungsantwort erstatteten. Diesem vorgegangenen, trat der Herr Konsekrator auf Seite, sich versus altare wendend, und intonierte den *Hymnum Ambrosianum*, welcher von der Kapelle unter Läutung der Glocken, Lösung des klein und großen Geschützes und allerseits gegenwärtigem Trompeten- und Paukenschall, auch des Volks Jubelgeschrei abgesungen wurde. Inzwischen begaben sich der Herr Konsekrator wie auch Kurtrier und Kurköln zu Ablegung ihrer Pontifikalien, auch Anlegung Dero Kurhabiten in die Sakristei.

Ihro Majestät aber wurden von dem kursächsischen ersten Herrn Gesandten das bloße Schwert Caroli Magni, welches bisher der Reichserbmarschall gehalten und der kursächsische erste Herr Gesandte demselben abgenommen, zu Handen gestellt, damit Allerhöchstdieselbe also auf dem Throne sitzend unter währendem *Te Deum Laudamus* verschiedene Grafen und Herren zu Rittern geschlagen haben. Wegen der von jedem Hof zum Ritterschlag zu Präsentierenden wurde die Zahl auf zwölf dergestalten gesetzt, daß darüber nicht hinauszugehen, wohl aber weniger zu benennen frei gestanden. Das Verzeichnis deren, so ein jeder von den Herren Kurfürsten und Gesandten zum Ritterschlag besagtermaßen präsentierte, wurde am Tage vor der Krönung dem kurmainzischen Direktorium eingeschickt, von demselben in eine Generalspezifikation gebracht und solche dem Reichsvizekanzler Fürsten von Colloredo zugesandt.

Namen der von den Kurhöfen zum Ritterschlag präsentierten Kandidaten.
Von Seiten Kurmainz.
Freiherr von Specht.
Herr Graf von Wolkenstein.
Freiherr Louis von Fechenbach.
Freiherr von Rüdt.
Freiherr von Freiberg.
Freiherr von Frankenstein.

Reichsfreiherr von Berg.
Reichsfreiherr von Spiegel.
Von Seiten Kurtrier.
Franz Lothar Freiherr von Hausen.
Karl Heinrich Freiherr von Hausen.
Freiherr von Rumling.
Graf von Firmian.
Graf von la Rosee.
Von Seiten Kurköln.
Von Kurköln wurden bei gegenwärtiger Krönung des Römischen Kaisers keine Kavaliers eingegeben, welche zu Rittern des Heiligen Römischen Reichs geschlagen zu werden wünschten, weil die dermalen hier anwesenden schon bei der letzten Krönung zu Rittern geschlagen worden.
Von kurkölnischer Geheimer Kanzlei wegen
Frankfurt, den 13. Julius 1792.
Von Seiten Kurböhmen.
Joseph Graf von Herberstein-Moltke.
Graf von Lamberg.
Nürnberger Deputierte.
Friedrich Wilhelm Karl von Tucher.
Karl Christoph Sebastian von Harrdorf.
Martin Karl Wilhelm von Wöldern.
Von Seiten Kurpfalz.
Herr Max Baron von Leiden.
Herr Carl Graf von Yrsch.
Herr Friedrich Franz Wilhelm Baron Schmitt von Rossan.
Von Seiten Kursachsen.
Herr Rudolph August von Wesenig.
Herr Wilhelm Freiherr von Gutschmid.
Herr Günther Graf von Bünau.
Von Seiten Kurbrandenburg.
Herr Johann Ludwig Freiherr von Hochstetter, königlich-preußischer Geheimer Rat und Minister am Oberrheinischen Kreis.
Herr Friedrich Wilhelm Reichsfreiherr von Malabert, genannt Neufville, königlich-preußischer Kammerherr.
Herr Georg Friedrich von Tempsky, königlich-preußischer Landältester in Schlesien, Herr der Güter Ottendorf, Sohn in

Thiergarten in Schlesien, Mittel- und Niedergerlachsheim in der Oberlausitz.
Herr Ulrich Wilhelm Moritz Freiherr von Ganzkaw, Erbherr zu Grefental in Kurland.
Herr Ferdinand Freiherr von Waldenfels, königlich-preußischer Regierungsrat zu Bayreuth.
Von Seiten Kurbraunschweig.
Herr Franz Ludwig Wilhelm von Reden.
Herr August Ludwig von Gräffe.
Herr Friedrich Albrecht Gotthelf von Ende.
Herr Friedrich Ludwig August von Wurmb.
Herr Friedrich von Eyben.
Herr Preben von Bille Brahe.
Herr Elgar von Dallwigk-Lichtenfels.

Bei dem Ritterschlag wurden die Praesentati Ihrer Ordnung nach von dem kaiserlichen Hatschierhauptmann aus gedachter Spezifikation aufgerufen, und zwar vor allen andern ist vermög uralten, dem Geschlechte deren Kämmerer von Worms, genannt von Dalberg, zustehenden kaiserlichen Privilegii nach vorheriger, von einem Reichsherolden beschehener dreimaligen Aufrufung, Herr Heribert, Kämmerer von Worms, Freiherr von und zu Dalberg, so in einem völligen Ritter- oder Turnierharnisch erschienen, zu des Heiligen Römischen Reichs Ritter geschlagen worden, welchem dann auch Ihro Kaiserliche Majestät das gewöhnliche Kleinod umgehangen haben, worauf die also Berufenen auf den kaiserlichen Thron hinaufgetreten, dabei die gebührende Reverenz beobachtet, vor Ihro Majestät sich auf die Knie niedergelassen, Allerhöchstgedachte Ihro Majestät aber mit dem Schwert des Ritters rechte Schultern zweimal berührt, welchemnach der zum Ritter Geschlagene hinwieder abgetreten. Als man in gemeldetem Hymno an den Vers: *Te ergo quaesumus famulis tuis subveni etc.* gekommen, knieten Ihro Majestät nieder, jedoch ohne sich die Krone abnehmen zu lassen, kontinuierten aber nach dessen Endigung hinwieder mit Dero Ritterschlag. Sobald der Ritterschlag vollbracht war, gaben Ihro Majestät dem kursächsischen ersten Herrn Gesandten hinwieder das Schwert und dieser solches dem Reichserbmarschall. Allerhöchstdieselben verfügten sich hierauf von dem Throne herab in Ihren vorigen Betstuhl, die drei höchsten Herren Kurfürsten aber zu dero bei dieser Vorkommenheit eigens hergebrachten Kurfürstlichen Kollegialstellen, wo gleich darauf vor Ihro Majestät der Dechant und Sänger des königlichen Stifts zu Aachen erschienen und Ihro allerunterthänigst anzeigten, wie ein jeder angehender Römischer König gleich auf Dero Krönung zu ihrem

Mitcanonico aufgenommen zu werden und dem uralten Herkommen nach das dabei gewöhnliche Jurament zu leisten pflege. Sotanes Jurament legten darauf Ihro Majestät auf dem von Aachen mitgebrachten Evangelienbuch ab, in verbis: *Nos Franciscus, divina favente Clementia Rex Ecclesiae nostrae etc. [beatae Mariae Aquisgranensis Canonicus, ad haec sancta Dei evangelia juramus, eidem ecclesiae fidelitatem, et qod ipsam, jura et bona ejusdem ab injuriis et violentiis defensabimus et faciemus defensari, ejusque privilegia omnia et singula et consuetudines ratificamus, approbamus et de novo confirmamus.]*

Nach diesem traten Ihro Kurfürstliche Gnaden zu Mainz und Ihro Kurfürstliche Durchlauchten zu Trier und Köln in ihren Kurhabiten wieder zu Ihro Majestät. Darauf ging der Zug aus der Kirche zu dem auf das sogenannte Pfarreisen gehenden Tor hinaus, unter Läutung aller Glocken und Losbrennung des groben Geschützes, über die eigens gelegte, mit schwarz, weiß und gelben Tuch bekleidete Brücke nach dem Römer, bei welchem Zug Ihro Majestät mit aufgesetzter kaiserlicher Krone und anhabenden kaiserlichen Pontifikalien wie alle andern zu Fuß gingen. Die Insignien wurden einschließlich der Hauskrone von den Reichserbämtern getragen. Sonsten wurde hier die nämliche Ordnung gehalten wie beim Zug in die Kirche, außer daß diesmal die drei geistlichen Herren Kurfürsten mit Ihren Hofstaaten und Suiten auch dabei waren. Der geistlichen höchsten Herren Kurfürsten Laquaien und Pagen gingen in ihrer Ordnung und Rang; die Minister und Kavaliere aber wie andere pêle-mêle, vor den kaiserlichen Trompetern die kurmainzischen, vor diesen die kurtrierischen und vor diesen die kurkölnischen blasend und die Pauken schlagend. Nach den Herolden der anwesenden Herren Kurfürsten Erbmarschälle mit eingestecktem und mit der Spitze unter sich gehaltenen Schwert, unter welchen Erbmarschällen auch derjenige Domherr in der Mitte mit einem Talar mitgegangen, welcher den silbernen Stab mit den Sigillen getragen. Vor den die Insignien Tragenden gingen die ersten weltlichen Gesandten zwei und zwei, dann ging Kurtrier allein; dann neben Ihrer Kaiserlichen Majestät, jedoch etwas weniges zurück, auf der rechten Kurmainz und auf der linken Seite Kurköln im Kurhabite, welche die Extremitäten des kaiserlichen Mantels oder Pluvials hielten; dann mehr beiseits Ihro Kaiserlichen Majestät Obersthofmeister, Hatschier- und Gardenhauptmann; sämtliche zweiten und dritten kurfürstlichen Herren Gesandten aber nahmen ihren Gang hinter Ihro Kaiserlichen Majestät nach ihrer Ordnung. Das gesamte kurfürstliche hohe Kollegium hierbei bedeckten Hauptes, die Reichserbämter aber wie der ganze Zug unbedeckten Hauptes. Die kaiserlichen Hatschiere und Trabanten gingen auf beiden Seiten, darauf machten die kurfürstlichen Garden den Schluß.

Sobald der Zug vorbei war, wurden die über die Gassen gelegten Bretter und Tuch preisgegeben. Damit aber hiebei keine Unordnung entstehen möchte, war abseiten eines kurfürstlichen höchsten Collegii des hiesigen Magistrats erforderten Deputierten vorhero aufgegeben worden, durch genugsame Besetzung des Zugs mit regulierter und mit geschärften Ordres versehener, wohl zusammenschließender und etwa einige Mann hochstehender Mannschaft, auch vorläufiger Verwarnung des Volks mittelst öffentlichen Aufrufs bestmögliche Vorsehung zu tun. Dann wurde insbesondere denen kaiserlichen und kurfürstlichen Garden aufgegeben, nicht nur auf Abhaltung des Volks bis zu gänzlich vollbrachtem Zuge ernstlich mitzusehen, sondern auch zumalen demselben durch selbstige Desordres keinen Vorgang zur Unordnung zu machen.

Da Ihro Majestät auf den Römer gekommen, wurden Sie von dem kurfürstlichen höchsten Collegio, welches sodann die Hüte wieder abgenommen, in das vor Allerhöchstdero Retirade zugerichtete sonst gewesene Wahlkonsultationszimmer begleitet und die Insignien daselbst auf den Tisch gelegt. Die in höchster Person anwesenden Herren Kurfürsten nahmen zu Dero Retirade jeder eines von den gegen dem Konsultationszimmer über befindlichen Zimmer ein. Die kurfürstlichen Gesandten aber sämtlich begaben sich in dasjenige Zimmer, wo sonst des Oberrheinischen Kreises Zusammenkunft ist. Nach einiger Ausruhung wurde Ihro Majestät von den höchsten Herren Kurfürsten und Gesandten hinwieder aus Ihrer Retirade in den großen Saal geführt, worin die Tische gedeckt waren. Diese sämtlichen Tische haben Ihro Majestät selbst decken lasssen; Baldachins, Sesseln und Kredenz aber waren abseiten der höchsten Herren Kurfürsten Gesandten von jedem für sich beigebracht und angeordnet. Ihro Majestät ließen auch eine Tafel in der Ordinari städtischen Ratsstube für die Stadtabgeordneten zurichten, wozu der Magistrat dahier Zinn, Silber und Getüch hergegeben.

Ehebevor sich Ihro Majestät zu Tische setzten, wurden von den respektiven Erz- und Erbämtern die in der aurea Bulla vorgeschriebenen Funktiones verrichtet, welche respektive zu sehen Ihro Kaiserliche Majestät, die höchsten Herren Kurfürsten und Herren Gesandten sich an die Fenster stellten, und zwar an das erste Fenster, auf der rechten Hand anzufangen, kamen Kurmainz, Kurköln und Kurtrier in Person, an das zweite Fenster Ihro Kaiserliche Majestät allein, das dritte war mit dem kaiserlichen Baldachin bedeckt, an das vierte kamen der kurböhmische und kurpfälzische, an das fünfte der kursächsische, kurbrandenburgische und kurbraunschweigische erstere Herren Gesandten.

Hierauf ging der Reichserbmarschall Graf zu Pappenheim in Begleitung der kaiserlichen Trabanten und Trompeter hinab (<u>Bemerkung</u>: Außer den kaiserlichen Trabanten gingen bei jeder Erbfunktion auch 2 sächsische Schweizer mit.), setzte sich zu Pferde und ritt unter Trompeten- und Paukenschall bis an den Sattelgürtel in den auf den Platz geschütteten Haufen Hafer, nahm das silberne Fruchtmaß voll Hafer, strich solches mit der silbernen Streiche ab, schüttete das Fruchtmaß wieder aus, ritt sodann auf den Römer zurück, stieg ab und verfügte sich wieder auf den Saal. Der Haufen mit Hafer aber wurde dem Volk preisgegeben. Auf dieses kam der kurbrandenburgische erste Herr Gesandte, ritt in obgedachter gewöhnlichen Begleitung vor einen mit weißer Leinwand bedeckten Tisch, nahm davon das Handbecken und Gießfaß samt der Handquehle, saß vor dem Rathaus wieder ab und trug das Handwasser auf den Saal. Der Reichserbtruchseß setzte sich zu Pferde und ritt unter mehrgemeldeter Begleitung auch unter Trompeten- und Paukenschall zu der auf dem Platz aufgeschlagenen Küche, nahm allda in eine silberne Schüssel ein Stück von dem gebratenen Ochsen und trug selbiges zugedeckt auf die kaiserliche Tafel. Nach diesem kam der Reichserbschenk Graf von Althan, ritt an den mit weißem Tuch belegten Tisch, auf welchem ein silberner Becher von 12 Mark mit Wein und Wasser gefüllet, und nahm den Becher zu sich, stieg ab und reichte Ihrer Majestät diesen Trunk. Als dieses geschehen war, kam der Reichserbschatzmeister Graf von Sinzendorf, begab sich in obgedachter Begleitung zu Pferd und ritt auf dem Platz unter Trompeten- und Paukenschall auf und her, tat aus einem anhangenden Beutel mit Gold- und Silbermünzen unterschiedliche Würfe unter das Volk und begab sich darauf wieder auf das Rathaus. Man ließ auch aus einem auf dem Platz zugerichteten Springbrunnen, worauf ein doppelter Adler gestanden, weißen und roten Wein springen, sodann Weißbrot unter das Volk auswerfen.

Da solches geschehen war, wurden Ihro Majestät von dem kurfürstlichen hohen Collegio in Ihro Retirade begleitet - inzwischen angerichtet und aufgetragen. Darauf Ihro Majestät durch die ersten kurfürstlichen Herren Gesandten und die anwesenden höchsten Herren Kurfürsten selbst in Ihrer Ordnung zur Tafel geführt wurden, wobei die Reichserbämter die Insignien vorgetragen, die secundi Electorales aber Ihrer Majestät folgten. Bei der Tafel wurde Ihrer Majestät die Krone von dem Reichserbschenken, Herrn Grafen von Althan, abgenommen. Der kurbrandenburgische erste Herr Gesandte reichte

Ihro Majestät das Wasser und die Handquehle. Die drei geistlichen Herren Kurfürsten stellten sich vor die kaiserliche Tafel: als Kurmainz in die Mitte, Kurtrier zur Rechten, Kurköln zur Linken, und sprach Kurmainz das *Benedicite*, worauf Kurtrier und Kurköln antworteten. Kurmainz, Kurtrier und Kurköln nahmen hernach den silbernen Stab mit den Sigillen demjenigen, so solchen Kurmainz vorgetragen, ab und trugen denselben aufrecht vor Ihro Majestät. Darauf lösete Kurmainz die Sigille von dem Stabe ab und legte sie vor Ihrer Majestät auf den Tisch. Ihro Majestät aber stellten solche Kurmainz sogleich wiederum zu. Solchemnach hingen Ihro Kurfürstliche Gnaden von Mainz sotane Sigille um Dero Hals, behielten sie also hangend das ganze Essen hindurch auch, auch bis in den kaiserlichen Hof und von da in Dero Quartier. Einige Tage hernach aber ließen Kurmainz gedachte Sigille dem Herrn Reichsvizekanzler zur Verwahr und den silbernen Stab vermöge goldener Bulle zu eigen zustellen. Wie dann auch das Lavoir dem kurbrandenburgischen ersten Herrn Gesandten, dem Reichserbmarschall das silberne Fruchtmaß, dem Reichserbtruchsessen die silberne Schüssel, dem Reichserbschenken sodann der silberne Becher überlassen worden sind.

Als nun, wie gedacht, Kurmainz die Sigille wieder empfangen hatte, setzten sich die geistlichen Herren Kurfürsten an Ihre zubereiteten Tafeln. Für die Gesandten wurden zwar auch Tisch gedeckt und auf deren Tische jedem drei verdeckte Schüsseln gesetzt, welche jede Gesandtschaft, wie die Buffetts, fournieret, die Gesandten aber speisten nicht daran, sondern außer dem Römer nach Belieben. Jedoch standen sich die erstern Herren Electorales in drei sechsspännigen Wagen dermaßen zeitlich auf dem Römer wieder ein, damit sie Ihro Majestät annoch an der Tafel antreffen möchten. Es wurde aber auch eine Tafel in dem Saal für die Fürsten gedeckt und aus der kaiserlichen Kammer mit Silber und Kredenz versehen, auch den Herren Fürsten von kaiserlichen Hofdienern, Stäblern, Truchsessen und andern gedienet. Bei dem Auftragen für Ihro Majestät, welches lauter Reichsgrafen verrichteten, gingen jedesmal die Herolden, zwei kaiserliche Trabanten und der Reichserbmarschall mit einem Stabe vor. Der Reichserbtruchseß aber trug die erste Schüssel der Speise. Bei dem Auftragen für die höchsten Herren Kurfürsten (welche sich durch Ihre eigene Kredenz haben bedienen lassen) gingen zwei kaiserliche Trabanten und die kaiserlichen Marschälle mit ihren Stäben vor und wurden Ihnen durch Ihro eigene Kavaliers die Speisen aufgetragen, auch während der Tafel von denselben bedient. Ihrer Majestät wurde an der Tafel von dem N. vorgeschnitten, von dem Reichserbschenken Herrn Grafen von Althan aber der Trunk von Anfang bis Ende der Tafel gereichet. Nach der Tafel wurde wie oben vor Tisch von dem kurbrandenburgischen ersten Herrn Gesandten das Handwasser gereicht und zu dem Ende das Becken vor Ihro Majestät auf die Tafel gestellt, worauf Allerhöchstdieselbe sitzend die Hände gewaschen haben. Den Herren Kurfürsten aber wurde weder vor noch nach dem Essen das Handwasser gegeben.

Als man allerseits aufgestanden war, traten die drei geistlichen Kurfürsten vor die kaiserliche Tafel. Seine Kurfürstliche Gnaden zu Mainz sprach das *Gratias*, worauf Ihro Kurfürstlichen Durchlauchten zu Trier und Köln antworteten. Diesemnach wurde Ihro Kaiserlichen Majestät die Krone von dem Reichserbschenken Grafen von Althan wieder aufgesetzt, desgleichen dann auch von gedachtem Herrn Grafen und Reichserbschenken Ihro Kaiserlichen Majestät der Sessel gerückt wurde. Darauf begaben sich Ihro Kaiserliche Majestät, die drei geistlichen Herren Kurfürsten und die Herren Gesandten ein jeder wieder in seine Retirade. Und weilen aus der vorher gebräuchlichen Preisgebung des Tuches, womit der Saal und die Tische belegt gewesen, an das umstehende Hofgesinde viel Desordres entstehen konnten, wurde selbige gleich, wie bereits im Jahr 1742 und 1745 geschehen, als ein Mißbrauch gänzlich zu unterlassen für gut befunden, mithin des Endes der Wache nachdrücklicher Befehl erteilet, damit sotaner Unfug keineswegs gestattet werden möge.

Einige Zeit hernach geschahe der gewöhnliche Einzug zum kaiserlichen Quartier dergestalten, daß die gedachten Herrn Gesandten jeder in dessen Wagen sich nach der Ordnung setzten. Hierauf folgten die Reichserbämter oder deren Substituti mit den Insignien in ihrer Ordnung entblößten Hauptes zu Pferde. Diesemnach fuhren Ihro Kurfürstliche Durchlaucht von Trier in Dero Wagen, darauf Ihro Kaiserliche Majestät in Dero Leibwagen allein, alsdann Ihro Kurfürstliche Gnaden zu Mainz in Dero Wagen, hierauf Ihro Kurfürstliche Durchlaucht von Köln in Dero Wagen. Zur Begleitung der kurfürstlichen und gesandtschaftlichen Wagen wurde allerseits anheimgestellet, sich einer konvenablen Anzahl Dero Pagen und Livreebedienten hierbei zu gebrauchen, welche letzteren sich mit Flambinen versehen hatten. Die Herren Kurfürsten und die Herren Gesandten konvoyierten Ihro Kaiserliche Majestät in Dero Zimmer, beurlaubten sich hernach bei Allerhöchstderoselben und fuhren nach Ihrer Ordnung nach Haus, zu welchem Ende die Anstalt gemacht war, daß von jedem respektive Hof und Gesandtschaft hierbei ein sechsspänniger Wagen zur Hand gewesen, welche vor dem kaiserlichen Quartier hielten.

- XXIV -

[HHStA, RK, W.u.K.A., Fasz. 100 b]

Bittschrift der Frankfurter Juden an Franz II. um gleichberechtigte Teilnahme an künftigen Kaiserkrönungen, ohne Datum

[Titelblatt]

An
Ihro Römisch Kaiserlich Majestät
Alleruntertänigste Vorstellung und Bitte Unser
der Judenschaft zu Frankfurt am Main.

den verfaßten Unterschied der
Juden am Kaiserkrönungstage betreffend.

[Text]

Allerdurchlauchtigster Großmächtigster
Kaiser,
Allergnädigster Fürst und Herr Herr!

Euer Kaiserliche Majestät wagen wir alleruntertänigst vorzustellen, daß man an dem höchsterfreulichen Krönungsfest als Zuschauer ohne Rücksicht der Religion gleich andern Glaubensgenossen mit Anteil zu nehmen wünscht, welches aber wegen irreligiosen Vorurteilen zu verhindern gesuchet worden wäre.

Zu Euer Kaiserlichen Majestät nehmen wir daher unsre einzige Zuflucht und flehen alleruntertänigst um eben diejenige Gnade, welche zur Zeit der Kaiserkrönung weiland Seiner Kaiserlichen Majestät Joseph II. glorwürdigsten Andenkens! und widerfahren, um die allermildigste Gnade nämlich, die allerhöchste Verfügung zu treffen, daß wir, die wir vor aller Unordnung von Seiten der Judenschaft Sorge tragen wollen, am Kaiserkrönungstage aus der hiesigen Judengasse und auf den Straßen gleich den Christen frei sollen passieren dürfen und daß an alle Frankfurter Stadt-Kapitains der gemessene Befehl ungesäumt erlassen werden solle, diese allergnädigste Erlaubnis in ihren Quartieren zur unfehlbaren Nachachtung bekannt zu machen.

Wir ersterben in allertiefster Demut und Ehrfurcht
Euer Kaiserliche Majestät,

[keine Unterschrift]

Project

Wir p.p. verleihen allergnädigst der Judenschaft zu Frankfurt am Main die Erlaubnis, am Kaiserkrönungstage jetzo und für der Zukunft, bis in ewige Zeiten aus der Judengasse und auf den Straßen gleich den christlichen Einwohnern und ohne allen Unterschied frei passieren zu dürfen, und befehlen hiermit bei unausbleiblicher kaiserlicher Ungnade allen Einwohnern und Fremden, dieser Unserer Begnadigung gemäß sich zu bezeugen und keine Juden auf irgendeine Weise an jenem Tage zu beunruhigen und an der allgemeinen Teilnehmung und Bewunderung zu verhindern.

Gegeben p.p.

- XXV -

[HHStA, MEA, W.u.K.A., Fasz. 85]

Franz II. an den Kurfürsten von Mainz vom 15. Juli 1792 - Übersendung der neuen kaiserlichen Siegel zur Aushändigung an das Reichskammergericht in Wetzlar

Franz der Zweite, von GOTTES Gnaden erwählter Römischer Kaiser, zu allen Zeiten Mehrer des Reichs, König in Germanien, zu Hungarn und Böheim, Erzherzog zu Österreich, Herzog zu Burgund und Lothringen, Großherzog zu Toskana pp.

Hochwürdigster lieber Nefe und Kurfürst!
Da Wir nach angetretener Unserer kaiserlichen Regierung Unsere reichsväterliche Obsorge vorzüglich auf die ungehinderte Beförderung der gottgefälligen Justiz gerichtet haben und daher erforderlich ist, daß an Unserm kaiserlichen Kammergericht zu Wetzlar die dortigen gerichtlichen Handlungen und Expeditionen nunmehr unter Unserm kaiserlichen Insiegel geführt und fort-

gesetzt werden, so wollen wir Eurer Liebden die auf Unseren kaiserlichen Namen und Wappen verfertigten Insiegeln hiemit übersenden und ersuchen dabei Euer Liebden als des heiligen Römischen Reichs Erzkanzlern freundgnädiglich, Sie wollen gedachte Unsere kaiserliche Insiegeln an unser kaiserliches Kammergericht förderlich gelangen lassen und dabei die Verfügung tun, damit erwähntes Kammergericht sich derselben immittelst von nun an in den dortigen Geschäften gewöhnlichermaßen und der Ordnung nach treu und redlich gebrauchen möge.

Wir verbleiben übrigens Eurer Liebden mit beharrlicher Freundschaft, kaiserlichen Gnaden und allem Guten vorderist wohl beigetan.

Gegeben in Unserer und des heiligen Reichs Stadt Frankfurt, den 15ten Julius, im Jahre 1792, Unserer Reiche des römischen, auch des germanischen und böhmischen im ersten.

Eurer Liebden
gutwilliger Freund
Franz

- XXVI -

[Anlage Zahl 204 zum Tagebuch von Müller,
HHStA, RK, W.u.K.A., Fasz. 101 e]

Huldigungsakt der Frankfurter Bürger am 16. Juli 1792 - beschrieben von Reichsquartiermeister von Müller

Beschreibung des Huldigungsakts

Früh von 7 - 8 Uhr ertönte die Sturmglocke. Die am kaiserlichen Quartier wachhabenden Bürger wurden von der Stadtgarnison abgelöst, welche auf den Römerberg marschierte, da Sich Seine Majestät in einem prachtvollen Zuge um 10 Uhr auf den Römer verfügten. Der Magistrat und die Syndici nebst dem ersten Kanzleipersonal traten in den Kaisersaal, wo Seine Majestät auf dem Throne sitzten, mit den Reichserbbeamten umgeben, die kaiserlichen Hofämter, Herolde und der Herr Reichsvizekanzler, dann der Herr Reichsreferendär. Die Wache wurde von den Teutschen Noblegardisten gehalten.

Der Senat stund in 3 Reihen, und sowie der Herr Reichsvizekanzler die Anrede anfing, machten sich alle die Glieder des Senats auf das linke Knie. Der Herr Syndikus Senger beantwortete diese Anred in einer ebenfalls gehaltenen sehr schönen Rede. Der Herr Reichsreferendär verlas den Huldigungseid, darauf der Senat solchen abschwor. Seine Majestät hatten während der Eidesleistung das Haupt entblößt und das von dem Herrn Reichserbmarschall bis dahin gehaltene bloße Schwert in den Händen. Hierauf entfernte sich der Senat ohne den sonst gewöhnlichen Handkuß mit einer Kniebeugung.

Bald hernach erhoben Sich Ihro Majestät auf den aus den Balken errichteten Thron, allda von dem Herrn Reichsvizekanzler an die auf dem Römerberg nach ihrer Ordnung versammlete Bürgerschaft die Anred gehalten und von dem Herrn Reichsreferendär die Eidesformel abgelesen wurde, welche solchen auch leistete. Hiebei wurden einhundert Kanonen abgefeuert, und Seine Majestät bagaben Sich auf die nämliche Art wie her so auch wieder zurück in Allerhöchstdero Quartier.

Bemerkung: In dem reichserbmarschallischen Tagebuche der Wahl und Krönung Francisci I. allerglorwürdigsten Angedenkens, Seite 337 pp., ist dieser Akt auf das genaueste und pünktlichste beschrieben. Der selige Herr Kanzleidirektor und Reichsquartiermeister Welk hatte bei seinem langen Aufenthalt zu Frankfurt Zeit und Gelegenheit, sich nach allem genauest zu erkundigen. Denn ansehen und alles genau bemerken - dazu hat ein Reichsquartiermeister, wenn er seine Schuldigkeit tun will, keine Zeit. Auch kann er vor der Menge Menschen ohnmöglich alles sehen und hören, weil er bald da, bald dort sein muß. Es muß das Tagbuch viel aus dem Munde anderer Personen ergänzt werden - von diesem dies, von jenem das.

- XXVII -

[Anlage Zahl 210 zum Tagebuch von Müller, HHStA, RK, W.u.K.A., Fasz. 101 e]

Gedruckte kaiserliche Taxordnung vom 17. Juli 1792 - Bezahlung des Reichsquartiers

Der Römisch-Kaiserlichen Majestät, unsers allergnädigsten Herrn Taxordnung, wie es allhier zu Frankfurt am Main nach glücklich vollbrachter römi-

scher Kaiserwahl und Krönung der römisch-kaiserlichen wie auch der kurfürstlichen Quartiere halber mit deren Tax und Bezahlung in allen und jeden gehalten werden solle.
Frankfurt am Main, bei Heinrich Ludwig Brönner, 1792.

Nachdem auf glücklich vollbrachte Wahl und Krönung des Allerdurchlauchtigsten Großmächtigsten Fürsten und Herrn, Herrn Franz des Zweiten, Erwählten römischen Kaisers, zu allen Zeiten Mehrern des Reiches, in Germanien, zu Hungarn, Böheim, Dalmatien, Kroatien, Sclavonien, Gallizien, Lodomerien und Jerusalem Königes, Erzherzoges zu Österreich, Herzoges zu Burgund und Lothringen, Großherzoges zu Toscana pp. vor die bis anher von der römisch-kaiserlichen wie auch kurfürstlichen Hofstaaten oder kurfürstlichen Gesandtschaftskomitaten genossene Quartiere und dabei gebrauchte Gerätschaften zu Vermeidung aller Irrung zwischen Wirt und Gästen auf geziemende herkommliche Weise eine gewisse Tax gesetzet worden, auch selbige nunmehro allergnädigster kaiserlichen Verfügung gemäß an gewöhnliche Orten und Enden und sonst der Gebühr nach zu publizieren sein wird. Als wird solches hiemit bewerkstelliget und gesagte Taxordnung kraft dieses, ingleichen durch den davon gefertigten Druck zu jedermanns Wissenschaft gebracht.

Erstlich: Soll der Gast dem Wirt in hiesigem Münzvalor
    wochentlich für eine Herrenstube oder Kammer   1 fl.
    für eine mittel Stube und Kammer   40 kr.
    für die geringste Stube und Kammer aber,   20 kr.
und wenn für eine Stube keine Kammer vorhanden, zwei Dritteile oder, so bei einer Kammer keine Stube befindlich, einen Dritteil, nach Beschaffenheit des vorbemeldten dreifachen Unterschieds, vom 10ten Junius an bezahlen, darunter aber der Boden, das Vorhaus, Küche, Tisch, Stühl, Bänke und Bettladen mitbegriffen und verstanden sind.

Zum andern ist insbesondere für ein Herrenbett
    mit zarten Leilachen wochentlich   1 fl.
    von einem mittlern Bett mit Leilachen   40 kr.
    und von einem Dienerbette   30 kr.
zu entrichten.

Zum dritten: Soviel die Stallmiete anbelangt, so soll für ein
    Pferd Tag und Nacht bezahlt werden   3 kr.

Viertens:
> Auf den Fall, daß der Gast sich der Keller und Gewölber oder des Wirts Dienstboten gebraucht und ihme dadurch sein Gewerb gesperret hätte, wie auch, wenn sich derselbe der dem Wirte zustehenden Utensilien, Küchen oder Zinngeschirr, Fürhänge, Teppiche und dergleichen bedienet oder der Wirt das Holz hergegeben hätte, so soll sich der Gast dieserhalben mit dem Wirt der Billigkeit nach besonders vergleichen.

So soll auch
fünftens,
> wenn der Gast dem Wirt etwas an Gemächern, Hausrat, Betten und Leinwand verderbt oder zerissen, derselbe solches ihm über den ordentlichen Hauszins zu vergüten und zu bezahlen schuldig sein. Wann aber endlich der Gast sich allbereit vorhero mit dem Wirt über ein oder anderes verglichen, so mag es dabei sein Verbleiben haben und soll solches hierunter nicht verstanden noch geändert sein.

Gleichwie nun dieses obbesagte kaiserliche und kurfürstliche Hofstaaten und Gesandtschaften samt deren Komitaten betrifft, so haben sich hingegen alle anderen Auswärtigen und Fremden, so zu diesem vorgewesenen kurfürstlichen Kollegial- und römisch-kaiserlichen Wahl- und Krönungstag nicht gehören, sie seien hohen oder niederen Stands, nach dem XIX. und XX^{ten} Artikul der allbereits unterm 30ten Junius letzthin publizierten Polizei- und Taxordnung zu bezeigen, es wäre denn, daß sie sich mit ihren Wirten anders verglichen, dabei es dann billig zu lassen und verbleibet.

Woferne aber der Gast und Wirt nicht einig werden, so soll die Entscheidung von dem [des] Heiligen Römischen Reiches Erbmarschall, dem Vertrag de Anno 1614 gemäß, mit Zuziehung einiger des Rats Deputierten geschehen und dem erfolgenden Ausspruch sodann ohnverweigerlich nachgelebet werden.

An diesem allen geschiehet Ihro Kaiserlichen Majestät allergnädigst gemessener Will und Meinung. Signatum in Dero und des Heiligen Römischen Reichs Stadt Frankfurt am Main, mit Ihro Römisch-Kaiserlichen Majestät vorgedruckten Insiegel, den siebenzehenden Julius Anno siebenzehenhundertundzweiundneunzig.

L[ocus] S[igilli]

- XXVIII -

[Anlage Zahl 237 zum Tagebuch von Müller, HHStA, RK,W.u.K.A., Fasz. 101 e]

Brief des Reichserbmarschalls Karl von Pappenheim an den Reichsquartiermeister von Müller vom 11. August 1792 - Streitigkeit wegen der Putzmacherinnen mit dem Magistrat

Lieber Herr Kanzleidirektor!

Für Ihr wohlmeinendes Schreiben vom 8ten August bin ich Ihnen recht sehr verbunden. Ich schicke Ihnen ammit den Revers unterschrieben zurück. Wäre ich mein eigener Herr gänzlich, so würde ich diesen Schritt nie getan haben. So aber, um meinem Vater den Verdruß zu ersparen, die 800 fl. und den Traghimmel nicht gleich zu erhalten, habe ich mir Gewalt angetan. Mein Taufname ist mit Willen nicht bei der Unterschrift, es gibt mehrere Grafen Pappenheim. Ich mag diesen Schritt nicht auf meinen Namen laden, weil ich meinen eigenen Grundsätzen nach dies nicht getan haben würde. Der Bürgermeister beleidigte mich zuerst, und ich lasse nie Beleidigungen auf mir ruhen. Dieswegen will ich auch, daß Sie die auf diesem Bogen von mir selbst verfertigte Erklärung zuverlässig in irgendeine Zeitung oder anderes öffentliche gedruckte Blatt setzen lassen. Es betrifft bloß meine Person, und man kann also auch nur dem beikommen, es kann mir gar deswegen nichts geschehen. Ich verlasse mich daher auf die sichere Vollbringung dieses meines Willens.

Daß mein Vater mit uns zufrieden ist, freut mich recht herzlich, ich habe aber noch keine Zeile von ihm erhalten. Die Ursache davon kann ich nicht erraten - auch Kanzleirat Körndörfer hat mir noch nicht geschrieben.

Meine Gesundheit ist äußerst gut, und meine dermalige Lebensart ist dazu gemacht, sie mir zu erhalten - denn Ruhe ist mein Tod, und die wird mir hier wenig zuteil, da wir sehr viel zu tun haben. Und Tätigkeit, wie Sie wissen, ist mein Leben. Bald hoffe ich noch ernstlichere Beschäftigungen zu erhalten, nachdem wir ins Luxemburgische marschieren, um dort alle vereinigt zu agieren, und da wird es eine Stück Arbeit für einen Menschen geben, der Kopf, Tätigkeit und Schnellkraft besitzt. Im übrigen vertrauen Sie so gut als ich auf das Wesen, das imstande ist, uns unter dem schrecklichsten Donner von Kanonen als wie im Federbette zu erhalten. Sein Wille geschieht allenthalben, und wir entgehen ihm nirgends, dessen bin ich vollkommen überzeugt und kenne daher das Wort "Furcht" nur dem Namen nach.

Meiner gewesenen Hausfrau und wer sich sonst noch in Frankfurt meiner erinnert, empfehlen Sie mich vielmals. In Pappenheim sagen sie jedermann viel Schönes von mir. Meinem Vater empfehle ich mich zu Gnaden, suchen Sie ihn gut gegen mich zu erhalten -i ch hasse nichts mehr als die Uneinigkeit zwischen Eltern und Kindern, und ich werde nie Ursache, sollte es auch zu meinem Schaden sein, dazu geben. Leben Sie recht wohl. Es wird mir jederzeit zum Vergnügen gereichen, Ihnen was Angenehmes erweisen zu können, und bin

Ihr

Feldlager bei Henstaedt,
den 11ten August 1792.

bereitwilligster
Karl Graf zu Pappenheim
Rittmeister

PS: meine Adresse ist
Framont
à l'Armée de Luxembourg

[Anmerkung von Müllers]
    Nachdeme die nötige Vorstellung geschehen, daß diese Art noch weitaussehender Wendungen hervorbringen würde, indeme der Magistrat ebensogewiß in gedruckten Schriften sich verteidigen würde, so unterblieb es [= der Abdruck der folgenden Erklärung]

Endes Unterzogener bekennt ammit frei und öffentlich, daß er gegen die Stadt Frankfurt sowohl als dero löblichen Magistrat jedesmal alle ihr gebührende Hochachtung hegte und auch fernerhin hegen wird, erklärt aber zugleich auch feierlichst, daß er nie einen schlechtern und niedrig denkendern Menschen kannte als das unwürdige Mitglied des löblichen Magistrats der Stadt Frankfurt, Herrn Bürgermeister Mühl, der klein und elend genug denket, vor einem Manne, der ihm, mit dem innersten Gefühl von Wahrheit, seine Meinung ins Angesicht sagt, zu zittern und zu beben gleich einem alten Weibe, ihn ums Himmels Willen bittet, die Beleidigung, welche er ihm angetan und die er selbst als ausfallend erkennet, zu vergeben [und] sie gänzlich zu vergessen und überzeugt zu sein, daß er wahre Hochachtung für Endes unterzogenen hege.

Ich, der Beleidigungen zu vergeben und zu verzeihen weiß, insofern es meine Ehre erlaubt, versprach ihm das gerne und war kaum aus seinem Zimmer, und das Geschehene war aus meinem Gedächtnis. Zu meinem nicht geringen Ärger aber, daß unsere Welt so niedrige Geschöpfe besitzt, wurde die ganze Sache durch eine niederträchtige Klage des mehrberührten Bürgermeisters Mühl wieder in mein Gedächtnis zurückgerufen, in welcher Klage er der ganzen Unterredung, die ich mit ihm hatte, eine andere Wendung gab, auch den Ausdruck, dessen ich mich gegen seine eigene Person bediente, daß sein Verfahren gegen mich impertinent sei, auslegte, als ob ich dies vom Magistrat gesagt hätte. Um also jedermann von der Unwahrheit dieser Klage zu überzeugen, erkläre ich ammit, daß dieser Ausdruck bloß ihm, Bürgermeister Mühl, wegen seiner mir persönlich angetanen, äußerst unschicklichen Behandlung galt, keineswegs aber der Stadt Frankfurt oder dero löblichem Magistrat.

Karl Graf zu Pappenheim
des Heiligen Reichs Amtsführender Erbmarschall.

WORT- UND SACHERKLÄRUNGEN

abstersio olei per lanam mundam: Abtupfen des Öls durch reine Wolle
ad celebrandam missam: zur Feier der Messe
ad dexteram (manum): zur Rechten (Hand)
ad referendum: zur Vorlage
ad sinistram (manum): zur Linken (Hand)
adhibieren: hinzuziehen
Adjunkt: beigeordneter Gehilfe eines Beamten
Adjutorium nostrum in nomine domini...: Unsere Hilfe steht im Namen des Herrn...
Administrator: Verwalter
akkordieren: vereinbaren, verhandeln
Akolyth: kath. Kleriker im 4. Grad der niederen Weihen
Alba, Albe: weißes liturgisches Untergewand der kath. Geistlichen
an: ob
Anstand: (hier:) Schwierigkeit, Problem
Antiphon: liturgischer Wechselgesang
arbitrarisch: nach Ermessen
ascendendo (ordine): in aufsteigendem (Rang)
Aspice omnipotens Deus serenis obtutibus hunc gloriosum regem: Betrachte, allmächtiger Gott, mit deinem hellen Blick diesen ruhmvollen König
Assiette: Teller
Attestat: Bestätigung
Augsburgische Konfession: evangelisch-lutherisches Bekenntnis; Name nach dem Augsburger Religionsfrieden vom 25. September 1555
Avertissement: Benachrichtigung, Nachricht
Bagage: Gepäck
Beisasse: Städter ohne volles Bürgerrecht
Benedic Domine hunc regem nostrum: Segne, Herr, diesen unseren König
Benediktion: Segen
Bereuter: = Bereiter, Zureiter von Pferden (für die festlichen Züge[?])
Betschabelle: Betschemel
Boy, Boyer: friesartiger Stoff
Chargé d'affaires: Geschäftsträger, Chef einer diplomatischen Mission
chi sprezza compra: wörtl.: "wer den Erwerb verachtet"; wer die Ware schilt, hat Lust zu kaufen; wer einen Erwerb (scheinbar) verachtet, (wird die Ware billiger erhalten)
Cingula > Zingula
Commination: Drohung

Conclusum: Beschluß
conditio sine qua non: notwendige Bedingung, ohne die etwas anderes nicht eintreten kann
Cornu Epistolae: Epistelseite = rechte Seite des kath. Altars (von der Gemeinde aus), wo der Priester die Epistel liest
Cornu Evangelii: Evangelienseite = linke Seite des kath. Altars
Corteggio: Gefolge
cum facultate substituendi: mit Ersetzungsmöglichkeit
Dalmatika: liturg. Gewand, bes. der kath. Diakone
deferieren: einem Antrag stattgeben
Dekorum: Anstand, Schicklichkeit
Denuntiation: Anzeige
dermalig: diesmalig, jetzig
Desordre: Unordnung
Diakon: zweiter Grad der kath. höheren Weihen
dimittieren: entlassen
diskurrieren: (heftig) erörtern
Domdechant in der kath. Kirche der vorgesetzte Geistliche eines Stifts
Domestique: Hausbediensteter
Domine salvum fac regem et exaudi nos in die qua invocaverimus te: Hilf, Herr, dem König und erhöre uns am Tage, an dem wir dich anrufen werden (Psalm 19, 10)
Domkustos: Kirchendiener des Doms
Domprobst: Leiter des Domkapitels
Dukaten: eine vermutlich vom Herzog (ital. duca) von Apulien 1140 zuerst geschlagene Goldmünze, damals in Deutschland 2 Reichstaler, 18 bis 20 Groschen, also ungefähr 9 Goldmark (eine Goldmark = 0,358423 g Feingold)
durante missa: während der Messe
e Cancellaria Moguntiana: aus der meinzischen Kanzlei
Ecce ego mittam Angelum meam qui praecedat te et custodiat in via et introducat in locum, quem praeparavi: Siehe, ich werde meinen Engel senden, der dir vorausgehen wird, dich auf dem Weg behüten und an den Ort führen wird, den ich bereitet habe
Einflechtzeug: Schmuck für Pferdegeschirr
Emissär: (geheimer) Abgesandter
Epiphania domini: Erscheinung des Herrn (6. Januar)
Episcopus: Bischof
Equipage: elegante Kutsche
Estafette: (reitender) Eilbote

Estampilie: frz. "estampille" = Stempel
Estrade: erhöhter Teil des Fußbodens
ex capite indebiti: aus dem Rechtsgrund des Nichtgeschuldeten
expedieren, Expedition: ausfertigen, Ausfertigung
extradieren: aushändigen
Faldistorium: Armlehnenstuhl des kath. Bischofs an der Epistelseite des Altars
Fauteuil: Sessel
fiat: es geschehe, es sei
finita missa: nach beendeter Messe
Flambine: hoher, mehrarmiger Leuchter
fonctionieren: fungieren
formulae juramentorum: Eidesformeln
Galone: Borte als Besatz
Gelichter: Art, Gattung
Gerechtsame: (Vor-)recht
Gloria in excelsis (deo): Ehre sei Gott in der Höhe
Glückshafen: volkstümliche Verlosung, Lotterie
Graduale: kurzer Psalmgesang nach der Epistel in der kath. Kirche
Gratial: Geschenk
Habit: Amtskleidung, Ordenstracht
Handquehle: Handtuch
Ha(r)tschier: Mitglied der Leibgarde einzelner Herrscher
Hazardspiel: Glücksspiel
Heiduck: ungarischer Söldner
Hisce discedant omnes exceptis Electoribus...: diese entfernen sich alle bis auf die Kurfürsten...
hoc finita: wenn dies beendet ist
Hochmeister: oberster Leiter des Deutschen Ordens und anderer geistlicher Ritterorden
Humilitate vos ad benedictionem: Erniedrigt euch (kniet nieder) zum Segen
Hymnus Ambrosianus: Ambrosianischer Lobgesang, das fälschlich auf Ambrosius zurückgeführte > Tedeum
Imperialfedern: besonders prächtige Schmuckfedern
in casu discrepantiae: für den Fall der Meinungsverschiedenheit
in die electionis: am Wahltag
in ipsa electione: bei der Wahl selbst
in medio: in der Mitte
in Zeiten: frühzeitig

Incensum: Weihrauch(faß)
incipit electio: die Wahl beginnt
Inful: herabhängende Bänder an der > Mitra
Inkonvenienz: Ungelegenheit, Unschicklichkeit
Insinuieren: Eingabe eines Schriftstückes
Instructionis loco: anstelle einer Unterweisung
Instrumentum publicum: öffentliche Urkunde
Intimierung: Aufforderung, Vorladung
Introitus missae: Eingangsgesang in der Messe
Jurisdiktion: Gerichtsbarkeit, Rechtsprechung
Jus adcapitulandi oder **decapitulandi**: Recht der Kurfürsten, bei den Verhandlungen über die Wahlkapitulation Vorschläge einzubringen
Kanzlist: Angestellter einer Kanzlei
Kaplan: dem Pfarrer untergeordneter katholischer Geistlicher
Karolin: pfälzische Goldmünze zu 3 Goldgulden
Koadjutor: der einem regierenden Bischof oder einem Benefiziaten zur Seite gestellte Beistand mit dem Recht der Nachfolge
Kollekte: kurzes Altargebet
Komitat: Geleit, Begleitung
Kommissär: Beauftragter, Bevollmächtigter
Konsekrator: "Einsegner", "Einweiher"
Konsumptibilien: Verbrauchsgüter
konzipieren: entwerfen (bei Schriftstücken)
Kopist: jmd., der eine Kopie anfertigt
Kornett: Fähnrich
Kreditiv, Akkreditiv: Beglaubigungsschreiben
Kyrie eleison: Herr, erbarme dich
Laudemium: im deutschen Recht eine Abgabe, die im Lehnsverband dem Lehnsherrn für die erteilte oder erneuerte Investitur entrichtet zu werden pflegte
Lavoir: Waschbecken
lectio: Lesung
lecto Evangelio: nach Lesung des Evangeliums
legitimieren: sich ausweisen
Leilachen: Leinenlaken
Lehensschranne: Lehensgericht [Schranne = (Richter)bank]
linealiter: der Reihe nach
Litanei: im Wechsel gesungenes Bittgebet
Locus Sigilli: Stelle des Siegels
majora (vota): die Stimmen der Mehrheit

Mandat: Weisung, Befehl
Mandat(um) S.C. = **Mandatum sine Clausula**: unbedingtes Mandat Auf Gesuch des Klägers wird dem Beklagten im Mandatsprozeß durch das Mandat, einen strafbewehrten, mit einer Ladung verbundenen gerichtlichen Befehl, ein bestimmtes Verhalten in bezug auf den Konfliktgegenstand geboten, ohne daß der Adressat der Anordnung zuvor zu seiner Verteidigung Gelegenheit gehabt hätte. Gegenbegriff zum Mandat S.C. ist das Mandatum cum Clausula justificatoria, bedingtes Mandat (M.C.C.), bei dem der Adressat seinen Widerspruch auf alle rechtlichen Gegengründe stützen durfte. Das Mandat S.C. beschränkte diese Verteidigung vornehmlich auf die Exceptio sub- et obreptionis, auf den Nachweis der Unrichtigkeit der tatsächlichen Mandatsgrundlagen (vgl. HRG "Mandatsprozeß").
Mark: Einheit für Edelmetallgewicht, zwischen 196 und 280 g
maßen: = weil
Missale: Meßbuch, **ut in missale**: wie im Meßbuch
Mitra: liturgische Mütze hoher kath. Geistlicher
Monita (pl. v. monitum): Vorschläge, Beanstandungen, Erinnerungen
mundieren: ins reine (lat. mundum) schreiben
Nefe: in der Anrede: Neffe, auch synonym für "Vetter"
Negotiation: Verhandlung
Neoelectus: der Neugewählte
nomine: im Namen
Oberrheinischer Kreis: einer der 10 Reichskreise des Heiligen Reichs, umfaßte die Hochstifte Worms, Speyer, Straßburg, Basel und Fulda, Hessen-Kassel, Hessen-Darmstadt, pfälzische und nassauische Gebiete, viele eingestreute geistliche und weltliche Herrschaften sowie die Reichsstädte Worms, Speyer, Frankfurt a.M., Friedberg, Wetzlar, Straßburg und weitere elsässische Reichsstädte.
Observanz: Herkommen, Brauch, Gewohnheitsrecht
Offertorium: Bezeichnung der Meßgebete, die die Konsekration vorbereiten
Offiziant: Bediensteter, Unterbeamter
Ohm: Flüssigkeitsmaß, bes. für Wein; in Rheinhessen 160 Liter, in Preußen 137, 404 Liter
Oleum Catechumenorum: Katechumenenöl; Salböl zur Priesterweihe und Königskrönung
l' Ombre: Jeu de l'Ombre, Kartenspiel
ordini sequenti: in folgender Ordnung
Ordre: Befehl
oremus: laßt uns beten
Pallasch: schwerer Korbsäbel

Particulier: Privatmann
Passierung: Weiterleitung
Patena, Patene: Hostienteller
Pax: Friede; im kath. Ritus der Friedenskuß, den der Priester bei der feierlichen Messe von der Eucharistie (oder vom Altar) nimmt, um ihn mit den Worten **Pax tecum** ("Friede sei mit dir!") den anwesenden Geistlichen zu übermitteln. Dies geschah, besonders an Laien, mit dem Pacificale, einem Kußgerät (**intrumentum pacis**), das in Form eines Kreuzes, Medaillons oder flacher Tafel aus reichverziertem, meist mit Bildern geschmücktem edlen Metall, Edelstein oder Holz Partikel des heiligen Kreuzes oder andere Reliquien enthielt.
Pax tibi: Friede (sei) dir
Pedum: bischöflicher Krummstab
pêle-mêle: durcheinander
Pharo: Karten(glücks)spiel
Pluviale: Krönungsmantel
Podagra: Fußgicht, Zipperlein
Pön: Strafe
Pontifikal: Formelbuch für die bischöflichen Amtshandlungen
Pontifikalien: liturgische Gewänder des kath. Bischofs
Portefeuille: Aktenmappe
post breve intervallum: nach einer kurzen Zeit
Präfation: kath. Weihegebet, bes. das Lob- und Dankgebet zur Eröffnung des Kanons der Messe
Präjudiz: hier: Vorwegnahme einer Entscheidung durch zwingendes Verhalten
praestito juramento: nach der Eidesleistung Prätention: Anmaßung
Prekation: Fürbittegebet
Presbyter: lat. Bezeichnung für: Priester (dritter Grad der kath. höheren Weihen)
pridie: tagsvorher, am Tag vorher
prokumbieren: sich vorwärts legen, vorbeugen
Prokurator: Prozeßvertreter einer Partei. Ursprüngliche Tätigkeit des P. war es, prozessuale Handlungen formgerecht bei Gericht vorzunehmen. Demgegenüber übernahm der Advokat die rechtliche Beratung der Mandanten und die Ausfertigung der Schriftsätze. Beim RGK wurde die Tätigkeit des P. und des Advokaten schon im Laufe des 16. Jahrhunderts nicht mehr scharf getrennt (vgl. HRG "Prokurator").
Promemoria: Denkschrift
Protektion: Förderung, Unterstützung, Schutz

pro tempore: zeitweilig, zur Zeit
Punktation: nicht bindender Vorvertrag, vorläufige Festlegung der Hauptpunkte eines (Staats-)Vertrags; Auflistung
Putzmacherin: Herstellerin von Waren zum Ausputz der Kleidung: Textilien (Bänder, Schnüre, Spitzen, Stickereien), Metallerzeugnisse (Pailetten, Flitter), Schmuckfedern; Putzmacherinnen hatten einen etwas anrüchigen Ruf
quoad hunc actum: (bis) zu diesem Akt
quod illi affirmant: was jene bekräftigen
quomodo: wie
ratihabieren: ratifizieren, in Kraft setzen
ratione manus et sigilli: unter Berücksichtigung der Hand (= Unterschrift) und des Siegels
redigieren: einen Text bearbeiten
Regulativ: regelnde Verordnung
Reichsquartier: das nach dem diktierten Preis der kaiserlichen Taxordnung zu bezahlende Quartier bei Reichszusammenkünften
Reichstaler: dt. Silbermünze, entsprach 24 Groschen oder Kreuzern
Relation: Bericht
reliqui: die übrigen
Remise: Wagen- oder Geräteschuppen
repartieren: zuteilen
replizieren: antworten
Requisition: (Rechts-)hilfeersuchen
Reskript: Erlaß, amtlicher Bescheid
Resident: Regierungsvertreter, Geschäftsträger
Responsorium: kirchlicher Wechselgesang
Retirade: Rückzug; Zimmer, um sich zurückzuziehen
Reverenz: Ehrerbietung
Revers: Erklärung
Revers de non praejudicando: Erklärung, daß keine (Vor-)entscheidung gefällt wird, daß ein Abweichen von bestimmten Rechtspositionen diesen für die Zukunft nicht nachteilig sein solle
Rezeß: Vergleich, Vertrag
Römermonat: neben dem Kammerzieler Steuer der Reichsstände, ursprünglich eine Kriegssteuer zu den Romzügen der Kaiser, die die monatliche Unterhaltskosten des Reichsheers umfaßte. 1737 betrug ein Römermonat 58.280 fl. (vgl. HRG "Römermonat"). Dem Reichserbmarschallamt war am 23. 1. 1792 ein Römermonat in Höhe von 83.964 fl. bewilligt worden.
Sacellanus: (= Altarist) Inhaber einer selbständigen Kirchenpfründe innerhalb einer Pfarrei

Satisfaktion: Genugtuung
Schöff(e): hier: Mitglied des Stadtmagistrats
secundi electorales: die zweiten Wahlbotschafter
Sequenz: kirchliche Gesangsfolge mit hymnenartigem Text
sequuntur hic nomina testium: es folgen an dieser Stelle die Namen der Zeugen
Sigille: Siegel
Signet: Handsiegel, Petschaft
simili modo: auf gleiche Weise
Skribent: Schreiber
Solennität: Feierlichkeit
sotan: so beschaffen, solch
Stäbler: Hofbeamter
Staffel: Stufe
Stellage: Gerüst
stipulatione hac facta: nach dieser ("gemachten") Zusage
Stola: von beiden Schultern herabhängender Seidenstreifen des kath. Priesters bei jeder Amtshandlung
Stück: Geschütz
suffraganeus: einem Erzbischof unterstellter Dözesanbischof
suis locis: an ihren Plätzen
Suite: Gefolge
sumtio: lat. Annahme; in der kath. Messe die Annahme der Gestalten von Brot und Wein bei der Kommunion
suppositis supponendis: "nach den vorauszusetzenden Voraussetzungen" - das Nötige vorausgesetzt
sursum corda: Empor die Herzen, Beginn der Praefatio zum Canon missae
Tabatiere: Schnupftabakdose
Table d'hôte: gemeinsame Speisetafel im Hotel
Tapet, aufs Tapet bringen: zur Sprache bringen
Tapezier: Handwerker, der tapeziert, mit Stoffen bespannt und Möbel polstert
Tedeum: Te deum laudamus = Dich, Gott, loben wir!
Temperament: hier: das richtige Verhältnis, die gehörige Mischung
testis: Zeuge
Trabant: Leibwächter, Diener
Traktament, traktieren: Bewirtung, bewirten
Unktion, ungieren: Salbung, salben
ut nos exaudire digneris: daß du uns erhören wollest

Veni Crator Spiritus: Anfangsworte des von Rabanus Maurus verfaßten Hymnus zu Ehren des Heiligen Geistes, von Luther übersetzt: "Komm Gott, Schöpfer, Heil'ger Geist"; nach der Goldenen Bulle, Kapitel 2, 1 zu Beginn des Wahlakts vorgeschrieben
verbis consuetis: mit den gewöhnlichen Worten
versus finem: gegen Ende
versus populum: zum Volk (gewendet)
Viktualien: Lebensmittel
vivat Rex: es lebe der König
volo: ich will
Walltrappe, Wald-Rappe: eine Decke unter dem Sattel eines Pferdes, die den Rücken und das Kreuz bedeckt
Werbinspektion: Stelle zur Anwerbung von Soldaten (im Gegensatz zur Aushebung)
Zeremoniar: kath. Geistlicher, der die Zeremonien leitet
Ziffer: Chiffre, verschlüsselte Schriftzeichen
Zingula: Gürtelschnur zum Schürzen der priesterlichen Albe

SACHREGISTER ZUM WAHL- UND KRÖNUNGSTAGEBUCH
Seitenangaben beziehen sich auf die Handschrift

Arrestierungen
- **durch die Stadt**: 121 f., 198 f.
- **durch den Reichserbmarschall**: 332, 333, 351

Audienzzimmer: 314
Bericht nach Dresden: 64, 73, 80 f., 84, 96, 105, 109, 117
Beschwörung der Wahlkapitulation > Wahlkapitulation
Bethmännisches Quartier: 90 f., 101
Billetts zum Einlaß in die Wahl- und Krönungskirche: 131 f., 187, 256 f., 264, 276 f., 300, 306, 317
Bockenheimer Tor: 288, 345
Botschaftsmarschall > Gesandtschaftsmarschall
Botschaftsräte: 126
Braunfels (Quartier): 74, 162, 166, 299
Brücke, bretterne vom Dom zum Römer: 318 f.
Bücherglückshafen: 93
Bürgermeister von Frankfurt
- **Erster**: 27, 31 f., 109, 139, 143 f., 263, 266
- **Zweiter**: 32, 266, 335, 342, 353

Bürgerschaftsquartiere: 240
Chor des Frankfurter Doms: 131, 197 f., 271, 273, 278 f., 281
Cronstettenstift: 74, 207
Dänischer Gesandter: 55, 221, 252 f., 312
Depari(isches) Haus: 86
Deputation, Deputierte
- **Frankfurter D. bei der Einquartierung**: 31 f., 41 f., 46 ff., 65, 67 ff., 78, 85, 89, 99 f., 104, 140 f., 184 f., 188, 109, 225 f., 263, 354 f.
- **Frankfurter D. bei Empfang der Kurfürsten**: 260 f.
- **Frankfurter D. bei Empfang des Reichserbmarschalls**: 152
- **Frankfurter D. bei Empfang der Wahlbotschaften**: 127 f., 156
- **Insigniend. aus Aachen und Nürnberg**: 123, 146, 250, 284, 287 ff., 298, 345, 347

Deutsches Haus: 80, 297
Diktatur nach den Wahlkonferenzen: 161, 208
Dispensations- und Salvationsdekret: 187
Dom(kirche): 129 ff., 163, 167 f., 224, 227 f., 254, 256 f., 265, 268 f., 271 ff., 287, 293, 295, 300, 303 f., 306, 309, 310, 316 f., 333 f., 343
Domkustos: 129, 168, 227 f., 268, 319 f.

Durchbrechung der Häuser: 58 f.
Eile, Eilfertigkeit bei der Wahl und Krönung: Vorb., 107. 169, 220, 305
Einfourierungszettel > **Quartierlisten**
Empfang Franz II. in Frankfurt: 253, 293, 296, 300
Erb-, Erz- > **Reichserb-, Reichserz-**
Eschenheimer Tor: 185
Fackeln, Feuer, Erlaß des Feueramts: 105
Fahrgasse: 166
Fourierlisten: 1, 73, 76, 78 f., 80 f., 105, 107, 115 f., 170, 264, 297
Frankfurter Infanterie: 267, 272, 276, 307 f.
Frankfurter Kavallerie: 241, 267, 272, 288, 292, 307 f.
französische Emigranten: 40
französischer Freiheitssinn: 90
französischer Überfall (Eroberung Frankfurts): 351
Fremde
- Emigration: 187, 214, 220 f., 224, 249, 252 f., 264
- Protektionsbilletts: 264
- Tabelle der ankommenden Fremden: 192
- Verzeichnis: 218

Garden
- kölnische: 273 f.
- mainzische: 273
- trierische: 273 ff., 277
- sächsische Schweizer: 131 ff., 210, 241 ff., 248, 273 ff., 317, 320, 323, 325, 327 f.
- nürnbergische: 291
- Teutsche Noble-Garde: 299, 324 f., 327

Gerichtsbarkeit > **Jurisdiktion**
Gesandtschaftsmarschall: 64, 106, 126, 163 (**Namen**), 177, 185 f., 225, 293, 334
- Mainz: 144, 167, 200
- Böhmen: 167
- Sachsen: 236
- Brandenburg: 77 f., 100, 106, 108, 129, 145, 168, 261

Gesandtschaftssekretär: 154, 160 f. (**Namen**), 208
- Mainz: 126, 243

Gnadenkette (kurböhm. Gratial an den Reichsquartiermeister): 180, 183, 337
Goldene Bulle: 216
Gondartisches Haus: 60

Gratialien
- **des Reichserbmarschalls**: 139, 171 ff., 337, 342, 345 f., 349, 352, 358, 360
- **des Reichsquartiermeisters**: 77, 149, 172, 337

Großer Hirschgraben: 60, 106, 122, 124
Hasengasse: 212
Haberritt, Pferd dazu: 176 f., 306, 309
Handelsleute, Protektion fremder: 89
Hauptwache: 166
Hasardspiele
- **Einkünfte des Reichserbmarschallamts daraus**: 177
- **Überfall**: 139 f., 233
- **Verbot**: 66, 138

Heiderisches Haus: 219
Herkommen: 23, 123, 167, 216, 217 f.
Hoffourier: 64, 70 f., 81, 94, 95 (**Namen**), 96, 106, 112, 205, 350, 352
- **Mainz**: 116, 119 f., 343
- **Trier**: 73, 81, 116
- **Köln**: 73, 81, 83, 111, 116, 348
- **Böhmen**: 73 f., 129, 141, 228
- **Sachsen**: 58, 90, 101, 118
- **Brandenburg**: 73, 78, 94, 104, 108, 112, 141
- **Braunschweig**: 73

Huldigungsakt der Frankfurter Bürger: 335 f.
Illumination des esterhazyischen Quartiers: 284, 332
Insignien > Reichskleinodien
Judenschaft, Frankfurter: 176, 342
Junghof: 114
Jurisdiktion
- **Streitigkeiten zwischen der Stadt und dem Reichserbmarschall**: 1, 44 ff., 97 ff., 104 f., 121 f.
- **Vergleich zwischen dem Reichserbmarschall und den Reichsstädten von 1614/1619**: 45, 177, 195

Kaiser: 43, 75, 91, 131, 135, 144, 178, 184, 262, 299, 344
Kaiserin: 144, 178 f., 245, 299, 311, 323
Kaisersaal, kaiserlicher Saal auf dem Römer: 91, 126, 238 ff., 287, 320, 323, 326 ff.
kaiserliches (= kgl. ungar.) Quartier: 73, 162 f., 294, 303 f., 312 ff.
Kammerfourier, Kölner: 80
Kannengießergasse: 166

Kanzleirat, reicherbmarschallischer: 15, 113
Kanzlist des Reichquartiermeisters: 65, 132 ff.
Kirche > Dom
Klagen der Hausbesitzer wegen der letzten Krönung: 64, 83
Koadjutor von Mainz: 119, 121
Komödie > Schauspiel
Kompliment des Reichsquartiermeisters bei der Aufwartung: 108
Kompostell: 113, 121, 138, 169
Konklave: 197, 268, 273
Konsistorialzimmer auf dem Römer: 188 f.
Kornmarkt: 211
Kreuzgang des Doms: 130 ff., 273, 295
Krönung(stag): 91, 107, 129 ff., 135, 137, 143, 262, 284, 306, 319. 345
Krönungs-
-akt: 245, 303 f., 307 ff.
-altar: 316
-kirche. > Dom
-mahl: 320 ff.
-ochse: 307
-rechnung: 316
-wagen der Nürnberger Deputation: 291
-zug: 129, 163, 166, 185, 211, 245, 255, 307 ff.
Kurfürst: 259 ff., 264 f., 298 f., 302 f., 321, 323, 328 ff.
- Mainz: 83, 94, 120 f., 145, 169, 257, 265, 269, 324, 330, 345
- Trier: 94, 257, 269, 324, 330
- Köln: 80, 94, 297, 324, 330, 344
- Pfalzbayern: 95
- Brandenburg: 346, 348
kurfürstliche Zusammenkunft > Wahlkonferenz
Kurhabit: 270
Kurhannover, Benennung als Kurbraunschweig: 158
Kurkollegium: 46, 102, 127, 171, 173, 212, 233, 252, 256, 264, 297, 300, 304
kurmainzische Kanzlei: 142, 161, 169, 232, 293, 303, 332
kurmainzischer Kanzler: 242 f., 247
kurmainzischer Dompropst: 167
Kurpfalzbayern, Benennung als Kurpfalz: 158
Kurschwert, reichserzmarschallisches: 302
Leersisches Haus: 36 ff., 61 f., 72, 86
Legationssekretär > Gesandtschaftssekretär

Liebfrauenberg: 114, 254
Loge, freie des Reichserbmarschalls: 81 f., 177
Magistrat, Frankfurter: 9, 69, 96, 103, 116, 139, 143, 185, 194, 198 f., 201, 227, 230, 235, 237, 240, 242 f., 245 f., 249, 264 f., 333 f., 343, 349, 355 f., 359
- Verordnungen:
  - **Aufbehaltung der Häuser und Quartiere**: 66
  - **Betragen während der Krönung**: 66
  - **Hasardspielverbot**: 139
  - **Reinigung von Bettel und herrenlosem Gesindel**: 66
  - **Tragen von Stöcken und Degen**: 66
  - **Traueranstalten wg. des Todes Leopolds II.**: 66

Mainzer Gasse: 211, 269
v. Malabertisches Haus: 61 ff.
Mandat S. C.: 80
Marschallskonferenz: 145, 163 ff., 184 ff., 209, 212, 227, 295 f.
Marschallsprotokoll: 165, 168 f., 200, 211, 296
Marschallsstab: 128, 150, 152, 156, 159, 176 f., 188, 236 f., 241, 281, 302, 309, 320
Mezler Bethmännisches Haus: 57 f.
Nationaltheater, Unfall beim Bau: 82 f., 115 ff.
Nuntius, päpstlicher: 187, 215, 217, 221, 223, 252 f., 312
Oberpostdirektor: 75
Oberrheinischer Kreis: 22, 36, 126
Oberstallmeister, kurmainzischer: 117, 140
Observanz > Herkommen
Pfarreisen: 131, 137, 318, 320
Pflichtleistung > Sicherheitseid
Polizei: 177
Polizeikonferenz: 105, 140 f., 187 ff., 225, 338
Polizei- und Taxordnung: 191 f., 209, 225 ff., 229, 234, 297
Postfreiheit der Briefe, Pakete und Zeitung: 30 f.
Prinzipalgesandte > Wahlbotschafter, erste
Proklamation: 167, 281
Prozeß vor dem Reichskammergericht: 79 f.
Putzmacherinnen, französische: 194, 199, 201 f., 235, 251
Quartier für die kurbrandenburgische Wahlbotschaft: 1 f., 8, 14, 22, 31 ff., 36 f., 44, 46, 50 ff., 61, 72 f., 76 f.

Quartier
-**bezeichnung und -besichtigung**: 41, 46, 60 f., 65, 73, 76, 80 f., 90, 96, 104. 114, 141, 194, 207, 224, 300, 354
-**distrikte**: 12, 23, 28 f., 33, 43, 50, 52, 56, 60 ff., 102, 108, 116, 348
-**irrungen**: 348, 351
-**konferenz**: 46
-**listen, gedruckte**: 68, 105 f., 108, 199
-**mäkeleien**: 84, 177, 181
Quartierungsfreiheit: 74 f., 93
Rat > Magistrat
Reichserbämter: 177, 323 ff., 330 ff., 335 f.,
Reichserbbeamte: 315, 327
Reichserbmarschall: 3 ff., 13, 25, 37, 39, 43, 67, 71, 77, 85 ff., 94, 96, 101 ff., 106, 109, 111 f., 116, 127, 139, 145, 147 ff., 164 ff., 171 ff., 186 ff., 195 f., 202, 209, 214 f., 221, 224, 233 ff., 241 ff., 247, 250 ff., 258 f., 261, 264, 267 f., 271 f., 278 f., 281, 283, 293, 301 f., 304, 306, 308 ff., 324 ff., 328 ff., 323 ff., 338, 341
- **Einkünfte und Geschenke bei Wahl und Krönung**: 111, 175 ff., 337, 342
Reichserbmarschallamt: 29, 44, 68 ff., 91, 96 ff., 163, 168, 195, 199, 212, 237 f., 252, 256, 264, 293, 296, 300, 304, 357
- **Einkünfte aus Spiel**: 138 f.
- **Übernahme durch Karl von Pappenheim**: 11 13, 107, 109
"**Reichserbmarschallin**" (Mutter des amtierenden Reichserbmarschalls): 178, 238 f., 311
reicherbmarschallische Suite: 147 ff., 277 f., 311, 350
reichserbmarschallischer Kavalier: 148, 278, 300, 302, 316, 347
reichserbmarschallisches Zimmer auf dem Römer: 126, 152 f., 163 ff., 263, 323
Reichserbtruchseß: 326, 328
Reichserbtürhüter: 116, 118, 131, 218 f., 268, 271, 277 ff., 317, 347, 349
Reicherzmarschall(-amt), erzmarschallisch kurfürstlicher Hof: 1 ff., 8, 26, 39, 44, 177, 202, 235, 251
Reichsfourier: 10, 15, 19, 30, 32, 48, 68, 73, 81 f., 84, 87, 134, 136, 139 f., 143, 150, 153, 157, 161, 163, 186, 208, 229 f., 235, 287, 302, 308, 350
Reichsgrafen
- **bei der Krönungstafel**: 232, 301, 321 f.
-**kollegium**: 147 f., 180
-**stand**: 300 f.

Reichskanzlei, geheime: 81, 141
Reichskleinodien: 122, 250, 232, 285 f., 287 ff., 309, 315, 323, 328 ff., 345
Reichslehen: 174
Reichsoberpostamt: 74 f.
Reichsprofoß: 19, 41, 96, 140, 151, 224, 230, 278, 308
Reichsquartier, Reichseinquartierung: 1, 17, 78, 92 f., 96 f., 122 ff., 147, 170 f, 206, 209 f., 232, 239, 249 ff.
Reichsquartiermeister: 8 ff., 10, 13 f., 18, 21, 26 ff., 32, 42, 50 f., 53 f., 65 ff., 70 f., 76 ff., 82, 100, 104, 108, 113 ff., 117, 121 ff., 127 f., 130 ff., 142 ff., 152, 155 f., 161, 164 ff., 170, 172, 185, 203, 208, 210, 221 f., 225, 241 f., 245, 247, 249 f., 252 f., 259 f., 260, 264, 268, 271, 277 f., 281, 288 f., 294, 298, 300, 303, 317, 324, 327, 338, 340, 347, 350, 356, 357 f.
- Einkünfte: 179 ff.
Reichsquartiermeisteramt: 35, 70, 83, 94, 122
Reichsvizekanzler: 81, 106
Reservedistrikt: 54
Reservequartier: 28, 34, 87, 339 f.
Resident zu Frankfurt
- kurbrandenburgischer: 22
- österrreichischer: 28
Retiradenzimmer der Kurfürsten auf dem Römer: 260, 261 f., 270, 323, 328
Römer, Frankfurter: 46 ff., 79, 86, 91, 110, 125, 127 f., 142, 146 ff., 163 ff., 168, 171, 186, 188, 208, 211, 238, 259, 268 ff., 282 f., 300, 302, 306, 307 ff., 318, 320 ff., 335, 338
Römermonat: 7, 175
Römischer Kaiser, Wirtshaus u. Wirt zum: 22, 48, 101, 138
römischer König (römisch-kgl. Majestät): 265, 300
Roßmarkt: 107
Rotes Haus: 125, 284, 290
russischer Gesandter, russisch kaiserlicher Minister: 134, 221, 252 f., 312
Saalgasse: 88, 100 f., 269
Sankt Bartholomäi Stiftskirche > Domkirche
Schauspiel (-haus): 81 ff., 88, 129, 177, 181
Schauspielergesellschaft: 40
Schönberger Hof: 101, 111 f.
Schreibmaterialien des Reichsquartiermeisters: 65 f.
Schreinerarbeiten im Dom, Zahlungsverweigerung: 342 f.
Schulzisches Haus: 48 ff.

Schutzjude: 17
Schweizerisches Haus: 8 f., 12
Sicherheitseid (Securitätseid): 201 f., 211, 215, 220 f., 230, 235, 238 ff., 256
Staatsverfassung, deutsche: 79 f.
Stadtbauwesen, Stadtbaudirektor: 162, 298
Stadtfourier: 126
Stadtkanzlist: 126, 152, 156, 169
Stadtschlüssel: 265 ff., 301
Strich und Streichmaß (Haberritt): 176 f., 236 f., 306 f., 303, 320
Sturmglocke: 265, 267
Tagebuch
- des Kanzleirats Körndörfer: 109, 113, 173, 179, 181, 283, 333 f., 337, 342, 349
- des Reichsfouriers Wasser: 140, 233
- des Reichsquartiermeisters aus dem Jahr
 - 1790 (Leopold II.): 18, 49, 60, 64, 72, 76, 77, 89, 93, 97, 99, 167, 180, 242
 - 1764 (Joseph II.): 159, 167, 242, 327
 - 1745 (Franz I.): 336
 - 1711 (Karl VI.): Vorb., 256
Tagebuch, gedrucktes
- der Krönung Franz II.: 310
- der Krönung Leopolds II.: 228, 272, 310, 322
Tagebücher, frühere: Vorb., 136, 222
Taxisches Palais: 94, 119, 121, 257
Taxordnung, kaiserliche: 3, 338, 341, 345
Theater > Nationaltheater
Töngersgasse: 114 f., 143, 194, 255, 258
Torzettel: 67
Traghimmel: 176
- Herausgabeverweigerung des Magistrats: 334, 343 f., 346 f., 349, 357
Trauerkleidung der Botschaften: 146 f.
Trommelschlag, Ausrufung eines abtrünnigen Bürgers: 103 ff.
Truppendurchmarsch, -zug
- Österreich: 105
- Preußen: 78, 105, 306, 314
- Ungarn: 78
Wache: 63, 121, 126, 140, 151, 156 f., 235
Wächter im Dom, Zahlungsverweigerung: 343

Wahl: 129 ff., 267 ff.
-**akt**: 197, 211, 281
-**diplom**: 284
-**konvent**: 23, 107
- **Nachricht an Franz II.**: 178, 283
-**termin**: 9 f., 214, 230, 249
- **Zug am Wahltag**: 129, 163, 167, 195, 263, 271 ff.
Wahlen und Krönungen, frühere
- **1790**: 9, 12, 19, 36 f., 41 f., 49 f., 57, 64, 68, 83, 87, 97, 117, 144, 183, 214, 219, 237, 244, 258
- **1764**: 29
- **1745**: 29
Wahlbotschaft: 42 f., 98, 112, 142, 146, 153, 155 ff., 194, 198
- **Mainz**: 163
- **Böhmen**: 28 f., 73, 146 f.
- **Sachsen**: 99, 185, 236, 342 f.
- **Pfalzbayern**: 73
- **Brandenburg**: 1, 8 f., 12 f., 2, 61, 88, 153, 346
Wahlbotschafter: 24 f., 28, 42 f., 65, 67, 71, 89, 107 f., 112, 130 f., 153, 184, 241, 251, 299, 302, 329
- **Gemahlinnen**: 57 f., 92, 134, 168
- **Namen**: 160, 213
- **Sachsen**: 252
- **Brandenburg**: 346, 348
Wahlbotschafter, erste: 126, 170, 240 f., 243, 248, 269 f., 278 ff., 283, 303 f., 309, 313 f., 325, 328, 331
- **Mainz**: 120 f., 169, 171, 246 f.
- **Trier**: 143
- **Köln**: 115, 117, 360
- **Böhmen**: 74, 207, 284, 297
- **Sachsen**: 57 f., 72, 85, 89 f., 92, 97 f., 115, 117, 121, 127 f., 170, 185, 200, 202 f., 234, 244, 302, 315, 322
- **Pfalzbayern**: 143, 360
- **Brandenburg**: 35 f., 78 f., 118, 145, 261
- **Braunschweig**: 118, 137, 361
Wahlbotschafter, zweite: 126, 271, 279, 309, 328
- **Mainz**: 113, 115, 120, 171, 222, 247
- **Trier**: 204, 212
- **Köln**: 114
- **Böhmen**: 114, 343

- **Sachsen**: 59, 85, 87, 122, 129, 140, 187, 191, 225, 338
- **Pfalzbayern**: 106
- **Brandenburg**: 35 f., 86, 106, 144
- **Braunschweig**: 71, 107 f.

Wahlbotschafter, dritte: 126, 271, 279, 309, 328
- **Trier**: 114
- **Sachsen**: 86, 97, 203 f., 207 f.

Wahl- und Krönungskirche > Dom(kirche)

Wahlkapitulation: 294
- Beschwörung, Unterschreibung: 129 ff., 143, 278, 301 ff.
- Zug bei der Beschwörung: 211, 293, 296, 298, 301 ff.

Wahlkonferenzen: 138, 142, 146 ff., 169, 171 ff., 193 f., 205, 207, 209, 214, 232, 234, 238, 249, 258 f., 284, 287, 298

Wahlkonferenzzimmer auf dem Römer: 125, 154 ff., 249, 260, 263, 270, 323

Walltrappe (Wald-rappe): 116 f., 140

Wappenanbringung an den Quartieren: 41, 96, 137, 354

Westfälischer Friede: 44

Zeil, Die: 49, 125, 143, 166, 211, 284

Zensur: 94

Zoll in dem weiten Wald (Reichslehen): 175, 201

RECHTSHISTORISCHE REIHE

Band 1 Studien zu den germanischen Volksrechten. Gedächtnisschrift für Wilhelm Ebel. Vorträge gehalten auf dem Fest-Symposion anläßlich des 70. Geburtstages von Wilhelm Ebel am 16. Juni 1978 in Göttingen. Götz Landwehr (Hrsg.) 1982.

Band 2 Hans Poeschel: Die Statuten der Banken, Sparkassen und Kreditgenossenschaften in Hamburg und Altona von 1710 bis 1889. 1978.

Band 3 Thomas Kolbeck: Juristenschwemmen, Untersuchungen über den juristischen Arbeitsmarkt im 19. und 20. Jahrhundert. 1978.

Band 4 Norbert Hempel: Richterleitbilder in der Weimarer Republik. 1978.

Band 5 Rolf Stratmann: Die Scheinbußen im mittelalterlichen Recht. 1978.

Band 6 Martin C. Lockert: Die niedersächsischen Stadtrechte zwischen Aller und Weser. Vorkommen und Verflechtungen. Eine Bestandsaufnahme. 1979.

Band 7 Joachim Rückert/Wolfgang Friedrich: Betriebliche Arbeiterausschüsse in Deutschland, Großbritannien und Frankreich im späten 19. und frühen 20. Jahrhundert. Eine vergleichende Studie zur Entwicklung des kollektiven Arbeitsrechts. 1979.

Band 8 Peter Bender: Die Rezeption des römischen Rechts im Urteil der deutschen Rechtswissenschaft. 1979.

Band 9 Friedrich Karl Alsdorf: Untersuchungen zur Rechtsgestalt und Teilung deutscher Ganerbenburgen. 1980.

Band 10 Dietmar Willoweit/Winfried Schich (Hrsg.): Studien zur Geschichte des sächsisch-magdeburgischen Rechts in Deutschland und Polen (Sammelband). 1980.

Band 11 Brigitte Hempel: Der Entwurf einer Polizeiordnung für das Herzogtum Sachsen-Lauenburg aus dem Jahre 1591. 1980.

Band 12 Klaus-Detlev Godau-Schüttke: Rechtsverwalter des Reiches. Staatssekretär Dr. Curt Joël. 1981.

Band 13 Rainer Polley: Anton Friedrich Justus Thibaut (AD 1772-1840) in seinen Selbstzeugnissen und Briefen. Teil 1: Abhandlung. Teil 2: Briefwechsel. Teil 3: Register zum Briefwechsel. 1982.

Band 14 Michael Wettengel: Der Streit um die Vogtei Kelkheim 1275-1276. Ein kanonischer Prozeß. 1981.

Band 15 Otto Wilhelm Krause: Naturrechtler des sechzehnten Jahrhunderts. Ihre Bedeutung für die Entwicklung eines natürlichen Privatrechts. 1982.

Band 16 Helga Spindler: Von der Genossenschaft zur Betriebsgemeinschaft. Kritische Darstellung der Sozialrechtslehre Otto von Gierkes. 1982.

Band 17 Holger Otte: Gustav Radbruchs Kieler Jahre 1919 - 1926. 1982.

Band 18 Rüdiger Teuner: Die fuldische Ritterschaft 1510 - 1656. 1982.

Band 19 Gerhard Dilcher/Rudolf Hoke/Gian Savino Pene Vidari/Hans Winterberg (Hrsg.): Grundrechte im 19. Jahrhundert. 1982.

Band 20 Karl-Hans Schloßstein: Die westfälischen Fabrikengerichtsdeputationen - Vorbilder, Werdegang und Scheitern. 1982.

Band 21 Birger Schulz: Der Republikanische Richterbund (1921-1933). 1982.

Band 22 Engelbert Krause: Die gegenseitigen Unterhaltsansprüche zwischen Eltern und Kindern in der deutschen Privatrechtsgeschichte. 1982.

Band 23 Meent W. Francksen: Staatsrat und Gesetzgebung im Großherzogtum Berg (1806-1813). 1982.

Band 24 Gerd von Sonnleithner: Bearbeitung des Handelsrechts durch Ignaz von Sonnleithner in seinem "Leitfaden über das österreichische Handels- und Wechselrecht". 1982.

Band 25 Rudolf Palme: Rechts-, Wirtschafts- und Sozialgeschichte der inneralpinen Salzwerke bis zu deren Monopolisierung. 1983.

Band 26 Helen Bosshard: Pestalozzis Staats- und Rechtsverständnis und seine Stellung in der Aufklärung. 1983.

Band 27 Jens Jessen: Die Selbstzeugnisse der deutschen Juristen. Erinnerungen, Tagebücher und Briefe. Eine Bibliographie. 1983.

Band 28 Günter Martin Jensen: Das Domanium Waldeck. Die rechtliche Zuordnung eines Fürstenvermögens. 1984.

Band 29 Johann Heinrich Kumpf: Petitionsrecht und öffentliche Meinung im Entstehungsprozeß der Paulskirchenverfassung 1848/49. 1983.

Band 30 Sabine Frey: Rechtsschutz der Juden gegen Ausweisungen im 16. Jahrhundert. 1983.

Band 31 Dietrich Joswig: Die germanische Grundstücksübertragung. 1984.

Band 32 Andreas Baryli: Konzessionssystem contra Gewerbefreiheit. Zur Diskussion der österreichischen Gewerberechtsreform 1835 bis 1860. 1984.

Band 33 Gerhard Oberkofler: Studien zur Geschichte der österreichischen Rechtswissenschaft. 1984.

Band 34 Rudolf Lauda: Kaufmännische Gewohnheit und Burgrecht bei Notker dem Deutschen. Zum Verhältnis von literarischer Tradition und zeitgenössischer Realität in der frühmittelalterlichen Rhetorik. 1984.

Band 35 Jens Jensen: Die Ehescheidung des Bischofs Hans von Lübeck von Prinzessin Julia Felicitas von Württemberg-Weiltingen AD 1648-1653. Ein Beitrag zum protestantischen Ehescheidungsrecht im Zeitalter des beginnenden Absolutismus. 1984.

Band 36 Horst Schröder: Friedrich Karl von Savigny. Geschichte und Rechtsdenken beim Übergang vom Feudalismus zum Kapitalismus in Deutschland. 1984.

Band 37 Andreas Hatzung: Dogmengeschichtliche Grundlagen und Entstehung des zivilrechtlichen Notstands. 1984.

Band 38 Matthias Klasen: Das Billwerder Landrecht. Landrecht und Landgericht in den Hamburger Elbmarschen. 1985.

Band 39 Rainer Jamin: Aufbau, Tätigkeit und Verfahren der Auseinandersetzungsbehörden bei der Durchführung der preußischen Agrarreformen. 1985.

Band 40 Henry Winter: Teilschuld, Gesamtschuld und unechte Gesamtschuld. Zur Konzeption der §§ 420 ff. BGB - Ein Beitrag zur Entstehungsgeschichte des BGB. 1985.

Band 41 Hermann Eichler: Verfassungsbewegung in Amerika und Europa. 1985.

Band 42 Dagmar Bandemer: Heinrich Albert Zachariae. Rechtsdenken zwischen Restauration und Reformation. 1985.

Band 43 Eva-Christine Frentz: Das Hamburgische Admiralitätsgericht (1623-1811). Prozeß und Rechtsprechung. 1985.

Band 44 Karl Lillig: Rechtsetzung im Herzogtum Pfalz-Zweibrücken während des 18. Jahrhunderts. Ein Beitrag zur Geschichte der territorialen Rechtsbildung. 1985.

Band 45 Walter Weber: Die Entwicklung der Sparkassen zu selbständigen Anstalten des öffentlichen Rechts. Ein Beitrag zur Entwicklung des Anstaltsbegriffs im 19. Jahrhundert. 1985.

Band 46 Bärbel Baum: Der Stabreim im Recht. Vorkommen und Bedeutung des Stabreims in Antike und Mittelalter. 1986.

Band 47 Hans Popp: Die nationalsozialistische Sicht einiger Institute des Zivilprozeß- und Gerichtsverfassungsrechts. 1986.

Band 48 John Karl-Heinz Montag: Die Lehrdarstellung des Handelsrechts von Georg Friedrich von Martens bis Meno Pöhls. Die Wissenschaft des Handelsrechts im ersten Drittel des 19. Jahrhunderts. 1986.

Band 49 Volker D. Anhäusser: Das internationale Obligationenrecht in der höchstrichterlichen Rechtsprechung des 19. Jahrhunderts. 1986.

Band 50 Udo Beer: Die Juden, das Recht und die Republik. Verbandswesen und Rechtsschutz 1919-1933. 1986.

Band 51 Herbert Grziwotz: Der moderne Verfassungsbegriff und die "Römische Verfassung" in der deutschen Forschung des 19. und 20. Jahrhunderts. 1986.

Band 52 Ralf Conradi: Karl Friedrich Eichhorn als Staatsrechtslehrer. Seine Göttinger Vorlesung über "Das Staatsrecht der deutschen Bundesstaaten" nach einer Kollegmitschrift aus dem Wintersemester 1821/22. 1987.

Band 53 Dieter Dannreuther: Der Zivilprozeß als Gegenstand der Rechtspolitik im Deutschen Reich 1871 - 1945. Ein Beitrag zur Geschichte des Zivilprozeßrechts in Deutschland. 1987.

Band 54 Stephan Felix Pauly: Organisation, Geschichte und Praxis der Gesetzesauslegung des (Königlich) Preußischen Oberverwaltungsgerichtes 1875 - 1933. 1987.

Band 55 Rüdiger Schulz: Die Entstehung des Seerechts des Allgemeinen Deutschen Handelsgesetzbuches unter besonderer Berücksichtigung der Bestimmungen über die Reederei, den Schiffer und die Schiffsmannschaft. 1987.

Band 56 Reinhold Reis: Deutsches Privatrecht in den Weistümern der Zenten Schriesheim und Kirchheim. 1987.

Band 57 Jürgen Christoph: Die politischen Reichsamnestien 1918 - 1933. 1987.

Band 58 Gerhard Oberkofler/Eduard Rabofsky: Hans Kelsen im Kriegseinsatz der k.u.k.-Wehrmacht. Eine kritische Würdigung seiner militärtheoretischen Angebote. 1988.

Band 59 Arne Wulff: Staatssekretär Prof. Dr. Dr. h.c. Franz Schlegelberger. 1876-1970. 1991.

Band 60 Gerhard Köbler (Hrsg.): Wege europäischer Rechtsgeschichte. Karl Kroeschell zum 60. Geburtstag. 1987.

Band 61 Rüdiger Hütte: Der Gemeinschaftsgedanke in den Erbrechtsreformen des Dritten Reichs. 1988.

Band 62 Markus Göldner: Politische Symbole der europäischen Integration. Fahne, Hymne, Hauptstadt, Paß, Briefmarke, Auszeichnungen. 1988.

Band 63 Wolfgang Kröner: Freiheitsstrafe und Strafvollzug in den Herzogtümern Schleswig, Holstein und Lauenburg von 1700 bis 1864. 1988.

Band 64 Werner Gaile: Die Norder Theelacht. 1988.

Band 65 Karl v. Kempis: Andreas Gaill (1526 - 1587). Zum Leben und Werk eines Juristen der frühen Neuzeit. 1988.

Band 66 Wolf-Rüdiger Osburg: Die Verwaltung Hamburgs in der Franzosenzeit. 1811-1814. 1988.

Band 67 Christian Schudnagies: Hans Frank. Aufstieg und Fall des NS-Juristen und Generalgouverneurs. 1988.

Band 68 Otmar Jung: Senatspräsident Freymuth. Richter, Sozialdemokrat und Pazifist in der Weimarer Republik. Eine politische Biographie. 1989.

Band 69 Joachim Lohner: Das landeshauptmannschaftliche Gericht in Oberösterreich zu Beginn der Neuzeit. Eine Darstellung des oberösterreichischen Prozeßrechts am obersten Territorialgericht des Landes anhand der oberösterreichischen Landtafel.1989.

Band 70 Bernd Klemann: Rudolf von Jhering und die Historische Rechtsschule. 1989.

Band 71 Adalbert Langer: Männer um die österreichische Zivilprozeßordnung 1895. Zusammenspiel / Soziales Ziel. 1990.

Band 72 Robert-Dieter Klee: Die Landessuperintendentur Lauenburg. Ursprung und Entwicklung sowie Ende der Sonderstellung des Kirchenkreises Herzogtum Lauenburg durch die nordelbische Kirchenvereinigung. 1989.

Band 73 Heinrich Herrmann: Die Gehöferschaften im Bezirk Trier. 1989.

Band 74 Wilhelm Brauneder, Franz Baltzarek (Hrsg.): Modell einer neuen Wirtschaftsordnung. Wirtschaftsverwaltung in Österreich 1914 - 1918. 1991.

Band 75 Thomas Dreyer: Die "Assecuranz- und Haverey-Ordnung" der Freien und Hansestadt Hamburg von 1731. 1990.

Band 76 Bernhard Sendler: Die Rechtssprache in den süddeutschen Stadtrechtsreformationen. 1990.

Band 77 Brigitte Lehmann: Ehevereinbarungen im 19. und 20. Jahrhundert. 1990.

Band 78 Michael Sunnus: Der NS-Rechtswahrerbund (1928-1945). Zur Geschichte der nationalsozialistischen Juristenorganisation. 1990.

Band 79 Stefan Schulz: Die historische Entwicklung des Rechts an Bienen. (§§ 961 - 964 BGB). 1990.

Band 80 Gerhard Lingelbach, Heiner Lück (Hrsg.): Deutsches Recht zwischen Sachsenspiegel und Aufklärung. Rolf Lieberwirth zum 70. Geburtstag dargebracht von Schülern, Freunden und Kollegen, herausgegeben von Gerhard Lingelbach und Heiner Lück. 1991.

Band 81 Manfred Krohn: Die deutsche Justiz im Urteil der Nationalsozialisten 1920 - 1933. 1991.

Band 82 Angelika Kühn: Privilegierung nationaler Minderheiten im Wahlrecht der Bundesrepublik Deutschland und Schleswig-Holsteins. 1991.

Band 83 Georg Brun: Leben und Werk des Rechtshistorikers Heinrich Mitteis unter besonderer Berücksichtigung seines Verhältnisses zum Nationalsozialismus. 1991.

Band 84 Wolfgang Simon: Claudius Freiherr von Schwerin. Rechtshistoriker während dreier Epochen deutscher Geschichte. 1991.

Band 85 Friedrich-Carl Wachs: Das Verordnungswerk des Reichsdemobilmachungsamtes. Stabilisierender Faktor zu Beginn der Weimarer Republik. 1991.

Band 86 Jens-Uwe Petersen: Die Vorgeschichte und die Entstehung des Mieterschutzgesetzes von 1923 nebst der Anordnung für das Verfahren vor dem Mieteinigungsamt und der Beschwerdestelle. 1991.

Band 87 Ulrike Haibach: Familienrecht in der Rechtssprache. Die historische Entwicklung zentraler Ausdrücke des geltenden Familienrechts. 1991.

Band 88 Joern Christian Nissen: Die Beratungen des Seeversicherungsausschusses der Akademie für Deutsches Recht zu einem neuen Seeversicherungsgesetz (1934-1939). Ein Beitrag zur Entwicklung der allgemeinen Lehren des Seeversicherungsrechts unter besonderer Berücksichtigung des Handelsgesetzbuchs und der Allgemeinen Deutschen Seeversicherungs-Bedingungen 1919. 1991.

Band 89 Diethard Bühler: Die Entstehung der allgemeinen Vertragsschluß-Vorschriften im Allgemeinen Deutschen Handelsgesetzbuch (ADHGB) von 1861. Ein Beitrag zur Kodifikationsgeschichte des Privatrechts im 19. Jahrhundert. 1991.

Band 90 Gerhard Oberkofler: Die Vertreter des Römischen Rechts mit deutscher Unterrichtssprache an der Karls-Universität in Prag. Vom Vormärz bis 1945. 1991.

Band 91 Ulrich Andermann: Ritterliche Gewalt und bürgerliche Selbstbehauptung. Untersuchungen zur Kriminalisierung und Bekämpfung des spätmittelalterlichen Raubrittertums am Beispiel norddeutscher Hansestädte. 1991.

Band 92 Heinz Marcus Hanke: Luftkrieg und Zivilbevölkerung. Der kriegsvölkerrechtliche Schutz der Zivilbevölkerung gegen Luftbombardements von den Anfängen bis zum Ausbruch des Zweiten Weltkrieges. 1991.

Band 93 Kirsten Kraglund: Familien- und Erbrecht. Materielles Recht und Methoden der Rechtsanwendung in der Rechtsprechung des Oberappellationsgerichts der vier Freien Städte Deutschlands zu Lübeck. 1991.

Band 94 Reinhard Lorenz: Die politische und rechtliche Stellung des Proletariats in Preußen in der Zeit zwischen den Reformen und der Revolution 1848/49. 1991.

Band 95 Eric Hilgendorf: Die Entwicklungsgeschichte der parlamentarischen Redefreiheit in Deutschland. 1991.

Band 96 Hans J. Reiter: Die Handelsgesellschaft Villeroy & Boch von der Gründung 1836 bis zum Jahr 1878. 1992.

Band 97 Martin Johannes Heller: Reform der deutschen Rechtssprache im 18. Jahrhundert. 1992.

Band 98 Michael Kotulla: Die Tragweite der Grundrechte der revidierten preußischen Verfassung vom 31.01.1850. 1992.

Band 99 Michael Siefener: Hexerei im Spiegel der Rechtstheorie. Das crimen magiae in der Literatur von 1574 bis 1608. 1992.

Band 100 Andreas Ebert-Weidenfeller: Hamburgisches Kaufmannsrecht im 17. und 18. Jahrhundert. Die Rechtsprechung des Rates und des Reichskammergerichtes. 1992.

Band 101 Enno Bommel: Die Entstehung der Verwirkungslehre in der Krise des Positivismus. 1992.

Band 102 Ralph Steppacher: Die Berücksichtigung der bäuerlichen Postulate bei der Entstehung des ZGB und der Revision des OR. Ein Beitrag zur schweizerischen Kodifikationsgeschichte (1893 - 1912). 1992.

Band 103 Martin Fleckenstein: Die Todesstrafe im Werk Carl Joseph Anton Mittermaiers (1787 - 1867). Zur Entwicklungsgeschichte eines Werkbereichs und seiner Bedeutung für Theorie- und Methodenbildung. 1992.

Band 104 Jörn Eckert: Der Kampf um die Familienfideikommisse in Deutschland. Studien zum Absterben eines Rechtsinstitutes. 1992. (2 Teile)

Band 105 Jörg Grotkopp: Beamtentum und Staatsformwechsel. Die Auswirkungen der Staatsformwechsel von 1918, 1933 und 1945 auf das Beamtenrecht und die personelle Zusammensetzung der deutschen Beamtenschaft. 1992.

Band 106 Andreas Rohde: Die Garantiehaftung des Vermieters und ihr Verhältnis zum Unmöglichkeitsrecht in dogmengeschichtlicher und modernrechtlicher Sicht. 1992.

Band 107 Tjark Siefke Kunstreich: Gesamtvertretung. Eine historisch-systematische Darstellung. 1992.

Band 108 Jürgen Krüger: Blindheit und Königtum. Die Blindheit des Königs Georg V. von Hannover als verfassungsrechtliches Problem. 1992.

Band 109 Wolfgang Putschek: Ständische Verfassung und autoritäre Verfassungspraxis in Österreich 1933-1938 mit Dokumentenanhang. Verfassung und Verfassungswirklichkeit. Mit einem Anhang: Denkschriften von Rechtsanwalt Dr. Erich Führer 1936/37. 1993.

Band 110 Klaus Hofmann: Die Verdrängung der Juden aus öffentlichem Dienst und selbständigen Berufen in Regensburg 1933-1939. 1993.

Band 111 Franz Kilger: Die Entwicklung des Telegraphenrechts im 19. Jahrhundert mit besonderer Berücksichtigung der technischen Entwicklung. Telegraphenrecht im 19. Jahrhundert. 1993.

Band 112 Wilhelm Brauneder (Hrsg.): Heiliges Römisches Reich und moderne Staatlichkeit. 1993.

Band 113 Thomas Heinrich: Das preußische Nichtehelichenrecht: Von der Aufklärung zur Reaktion. 1993.

Band 114 Gerald Kohl: Jagd und Revolution. Das Jagdrecht in den Jahren 1848 und 1849. 1993.

Band 115 Christian Schudnagies: Der Kriegs- oder Belagerungszustand im Deutschen Reich während des Ersten Weltkrieges. Eine Studie zur Entwicklung und Handhabung des deutschen Ausnahmezustandsrechts bis 1918. 1994.

Band 116 Elisabeth Bellmann: Die Internationale Kriminalistische Vereinigung (1889-1933). 1994.

Band 117 Julia Pfannkuch: Volksrichterausbildung in Sachsen 1945-1950. 1993.

Band 118 Jörg Offen: Von der Verwaltungsgemeinschaft des BGB von 1896 zur Zugewinngemeinschaft des Gleichberechtigungsgesetzes von 1957. 1994.

Band 119 Dorothee Kohlhas-Müller: Untersuchungen zur Rechtsstellung Theoderichs des Großen. 1994.

Band 120 Monika Rose: Das Gerichtswesen des Herzogtums Pfalz-Zweibrücken im 18. Jahrhundert. Ein Beitrag zur territorialen Gerichtsbarkeit im Alten Reich. 1994.

Band 121 Jörn Eckert / Hans Hattenhauer (Hrsg.): Bibel und Recht. Rechtshistorisches Kolloquium 9. - 13. Juni 1992 an der Christian-Albrechts-Universität zu Kiel. 1994.

Band 122 Robert Martin Mizia: Der Rechtsbegriff der Autonomie und die Begründung des Privatfürstenrechts in der deutschen Rechtswissenschaft des 19. Jahrhunderts. 1995.

Band 123 Walther Graf von Plettenberg: Das Fortleben des Liber Iudiciorum in Asturien/León (8. - 13. Jh.). 1994.

Band 124 Wolfgang Schulz: Das deutsche Börsengesetz. Die Entstehungsgeschichte und wirtschaftlichen Auswirkungen des Börsengesetzes von 1896. 1994.

Band 125 Frank Hagemann: Der Untersuchungsausschuß Freiheitlicher Juristen. 1949 – 1969. 1994.

Band 126 Andreas Rethmeier: "Nürnberger Rassegesetze" und Entrechtung der Juden im Zivilrecht. 1995.

Band 127 Edith Grether: Die Poesie der Throne. Die Juristen in der Fruchtbringenden Gesellschaft. 1995.

Band 128 Anna Bartels-Ishikawa: Der Lippische Thronfolgestreit. Eine Studie zu verfassungsrechtlichen Problemen des Deutschen Kaiserreiches im Spiegel der zeitgenössischen Staats. 1995.

Band 129 Jörg Schmidt: Otto Koellreutter 1883-1972. Sein Leben, sein Werk, seine Zeit. 1995.

Band 130 Christian Hattenhauer: Wahl und Krönung Franz II. AD 1792. Das Heilige Reich krönt seinen letzten Kaiser - Das Tagebuch des Reichsquartiermeisters Hieronymus Gottfried von Müller und Anlagen. 1995.

Wilhelm Brauneder (Hrsg.)

Heiliges Römisches Reich und moderne Staatlichkeit

Frankfurt/M., Berlin, Bern, New York, Paris, Wien, 1993. 221 S.
Rechtshistorische Reihe. Bd. 112
Verantwortlicher Herausgeber: Wilhelm Brauneder
ISBN 3-631-45871-1   br. DM 64.--*

Um 1800 stehen in auffallender Weise das Heilige Römische Reich als Verkörperung des Ancien Régime und das revolutionäre Frankreich als Ausdruck moderner Staatlichkeit nebeneinander: Europa sieht sich mit zwei höchst unterschiedlichen Staatsmodellen konfrontiert. Ausgehend von der Person des letzten Römisch-Deutschen Kaisers Franz II. wird die Problematik der besonderen Situation des Ancien Régime anhand einzelner Fragen der Reichsverfassung erörtert wie insbesondere der Stellung des Kaisers, der Reichskirche sowie am Stellenwert des Reiches im Lichte des aufkommenden modernen Nationalstaates und vom Standpunkt angrenzender Staaten aus.

Aus dem Inhalt: Person und Reaktionen auf die Wahl des letzten Römisch-Deutschen Kaisers Franz II. · Kaiser und Reichsverfassung · Römisch-Deutscher Kaiser und Kaiser von Österreich · Reich und Nationalstaatsgedanke · Ungarn bzw. die Niederlande und das Reich

Peter Lang ≡ **Europäischer Verlag der Wissenschaften**
Frankfurt a.M. • Berlin • Bern • New York • Paris • Wien
Auslieferung: Verlag Peter Lang AG, Jupiterstr. 15, CH-3000 Bern 15
Telefon (004131) 9411122, Telefax (004131) 9411131
- Preisänderungen vorbehalten -   *inklusive Mehrwertsteuer